Historia del Teatro Argentino en Buenos Aires

Período de constitución del teatro argentino (1700-1884)

Volumen I

Historia del teatro argentino en Buenos Aires: el período de constitución 1700-1884 / dirigida por Osvaldo Pellettieri.
– 1ª .ed. – Buenos Aires: Galerna,
656 pp.; 23x15 cm.

ISBN 950-556-466-X

1. Teatro Argentino. I. Pellettieri, Osvaldo, dir.
CDD A862.09

Esta publicación y la investigación que le dió origen fueron subsidiadas por la Secretaría de Ciencia y Técnica de la Universidad de Buenos Aires.

Esta edición es efectuada en los términos del artículo 6° de la Ley 11.723.

ISBN: 950-556-466-X

Hecho el depósito que prevé la ley 11.723
Impreso en la Argentina

Osvaldo Pellettieri
(Director)

Historia del Teatro Argentino en Buenos Aires

Período de constitución del teatro argentino (1700-1884)

Volumen I

Galerna

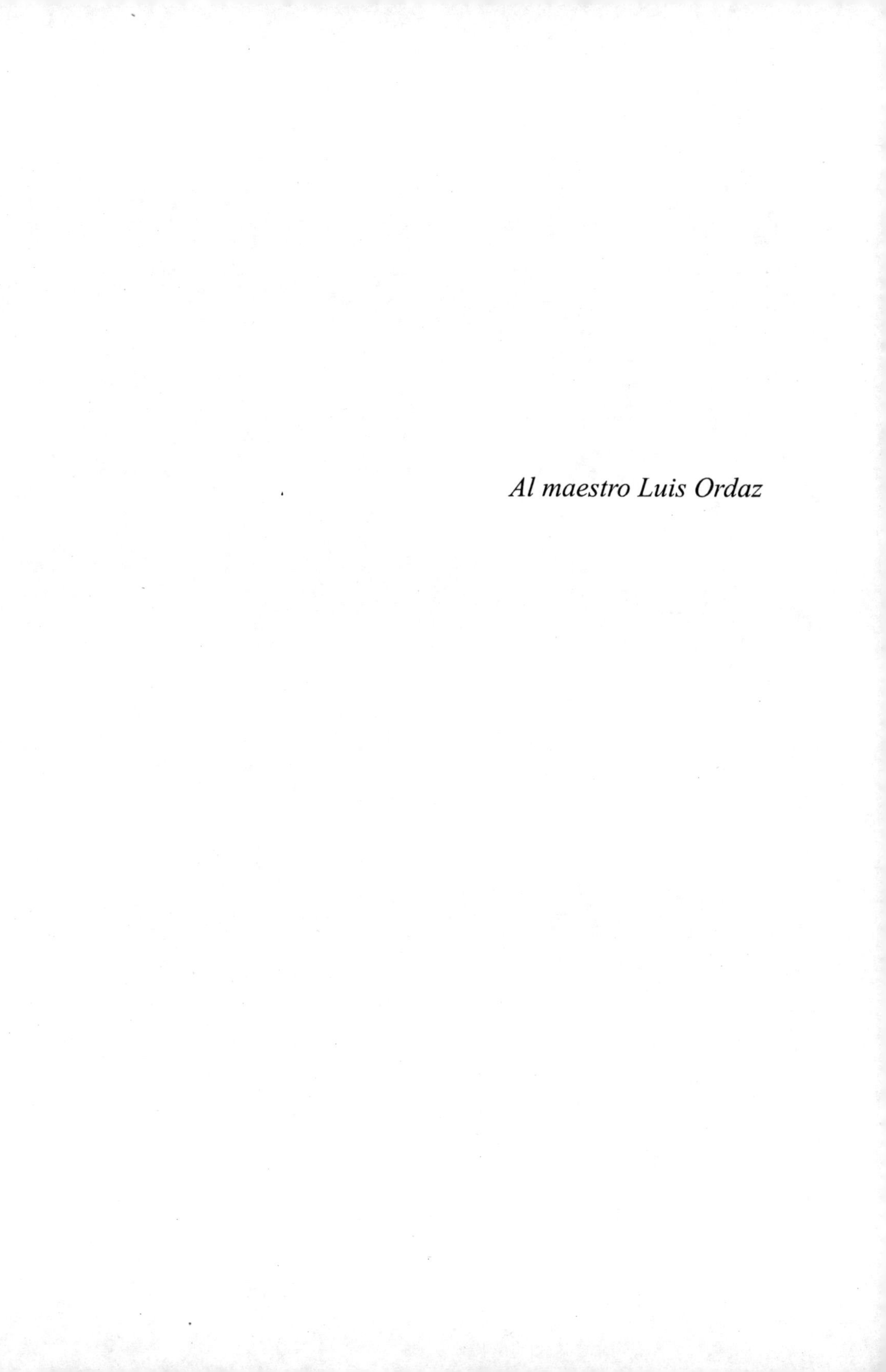

Al maestro Luis Ordaz

Galerna

HISTORIA DEL TEATRO ARGENTINO EN BUENOS AIRES (Volumen I)

Director
Osvaldo Pellettieri

Coordinadores
Laura Cilento, Patricia V. Fischer, Yanina Leonardi, Grisby Ogás Puga, Martín Rodríguez y Marina Sikora

Investigadores redactores
Alicia Aisemberg, María Ester Badín, Laura Cilento, Armida Córdoba, Delfina Fernández Frade, Patricia V. Fischer, Susana Llahí, Adriana Libonati, Liliana López, Ana Laura Lusnich, Lidia Martínez Landa, Laura Mogliani, Osvaldo Pellettieri, Martín Rodríguez, Isidro Salzman, María de los Ángeles Sanz, Marina Sikora, Beatriz Trastoy, Perla Zayas de Lima

Investigadores de fuentes
Tamara Accorinti, Marta Casale, Adriana Castagnani, Silvina Díaz, Alejandro Domínguez Benavides, Patricia V. Fischer, Víctor Godgel Carballo, Mariano González, Gabriela Guidi, Florencia Heredia, Ileana Hoffer, María Infante, Patricia Lay, Yanina Leonardi, Susana Llahí, Carla Masmún, Karina Mauro, Clara Pezzi, Fabiana Polenta, Maricel Reyna Morello, Camila Sabeckis, Silvina Sardella, Julieta Scibona, Lorena Verzero, Judith Zalazar.

Cronología
Martín Rodríguez (coordinador), Yanina Leonardi, Delfina Fernández Frade, Susana Llahí, Armida Córdoba, Silvina Díaz, Grisby Ogás Puga, Eugenia Galeano, Adriana Castagnani, Claudia Castagnani, María de los Ángeles Sanz

Coordinación técnica
Florencia Heredia, Yanina Leonardi

HISTORIA DEL TEATRO ARGENTINO EN BUENOS AIRES

HISTORIA DEL TEATRO ARGENTINO EN BUENOS AIRES (1770-1998)

PLAN GENERAL

VOLUMEN I
Período de constitución del teatro argentino (c.1700-1884):

Representaciones aisladas: distintos teatros (c.1720-1812)
Teatro de intertexto neoclásico (c.1812-1823) las églogas, las loas, la comedia, la tragedia
La gauchesca primitiva (c.1723-1823)
Teatro de intertexto romántico (1838-1884)

VOLUMEN II
Subsistema de la emancipación cultural (c.1884-1930)

Concreción del sistema y del campo teatral
Microsistema de la gauchesca teatral (1884-1896)
Microsistema del romanticismo tardío (1880-1930)
El nativismo y el melodrama social
Microsistema del sainete y la revista criolla (1890-1930)
Microsistema premoderno:
El microsistema de Florencio Sánchez (1903-1930)
El microsistema del grotesco criollo (1923-1934)
El microsistema de la comedia (1900-1930)
Precursores de la modernización del treinta (1924-1930)

VOLUMEN III
Subsistema moderno I (1930-1949)

Campo teatral y serie social
Continuidad del microsistema premoderno (1930-1949): el sainete, la comedia asainetada, el nativismo, el grotesco criollo, la comedia blanca
El teatro independiente (Primera modernización):
Primera Fase. Culturización (1930-1949). El Teatro del Pueblo. Antecedente, ideología estética. El teatro de Roberto Arlt. Otras formaciones del teatro independiente en el período
El subsistema profesional culto (1930-1949)

VOLUMEN IV
La Segunda Modernidad (1949-1976)

VOLUMEN V
Subsistema moderno (1976-1998) (Segunda y tercera fase)

Concepción de la puesta en escena
El teatro oficial
La remanencia del sistema premoderno:
La dramaturgia emergente
Concepción de la puesta en escena emergente
El teatro de resistencia
Performance

VOLUMEN VI
Diccionario de actores del teatro argentino en Buenos Aires 1700-1998

VOLUMEN VII
Diccionario de directores del teatro argentino en Buenos Aires 1700-1998

Cabe aclarar que la presente **Historia** incluye el denominado teatro en prosa para adultos, dejando otras expresiones como el teatro lírico, el denominado "teatro para niños" para otro tipo de trabajo por su enfoque y especificidad particular.

Cada volumen estará encabezado por una "Introducción para una Historia del Teatro Argentino en Buenos Aires", que dará cuenta de la metodología de la **Historia**. Además de las diferentes concepciones sobre el texto dramático y el texto espectacular y un rastreo de la recepción.

Cada entrega tendrá, además, un índice de autores y de textos dramáticos y espectaculares y una cronología con una selección de los títulos más significativos para la evolución de los respectivos microsistemas.

Osvaldo Pellettieri

Introducción: para una Historia del Teatro Argentino en Buenos Aires

1. Presupuestos básicos para la elaboración de un modelo para la Historia del Teatro Argentino. El concepto de sistema teatral

La presente investigación es parte de un proyecto de estudio total del teatro argentino desde sus orígenes, a partir de bases teóricas actualizadas y de una información crítica permanentemente al día en su evolución.

Se estudia el hecho teatral de manera totalizadora: producción del texto dramático y del texto espectacular, circulación y recepción, teniendo presente que los enunciados son aspectos integrantes de un proceso complejo que conforma el hecho teatral, que son aspectos aislables solamente en una instancia metodológica, y que se constituyen –al menos parcialmente– a partir de su constante interacción.

La observación de este proceso demuestra que en él –por su misma definición– se produce una serie de cambios que constituyen su historia interna –la evolución de las formas– y que lo sincrónico juega un rol fundamental en la descripción de textos dramáticos y espectaculares y de los cambios que se advierten en él. Su marcha está aclarada por esa historia interna, pero las transformaciones se explican por sus contactos con la serie social, especialmente por sus vínculos, sus aperturas a nuevos públicos. Por lo tanto, es conveniente precisar que la historia externa del sistema enseña que los cambios no se producen en el vacío, sino por las relaciones que establece con un segmento social que conforma un espacio que Bourdieu (1967: 135) llama campo intelectual, el que

> a la manera de un campo magnético, constituye un sistema de líneas de fuerza: esto es, los agentes o sistemas de agentes que forman parte de él pueden describirse como fuerzas que al surgir, se oponen y se agregan, confiriéndole su estructura específica en un momento dado de tiempo.

Además, es necesario analizar dentro de este "espacio social autónomo", las luchas por la legitimidad cultural, las relaciones de los agentes intelectuales con las instituciones mediadoras y las tensiones del proyecto creador de los agentes con la estructura del campo intelectual.

Al hablar de sistema literario y por extensión de sistema teatral, aludimos a lo que comúnmente se denomina tradición teatral. Tinianov (1970) distingue sistema –texto o conjunto de textos que se convierten en modelo para la producción de nuevos textos en un determinado período de la historia, cuya nota dominante es su dinamismo, su constante evolución– de tradición, que desde el punto de vista de este teórico, se caracteriza por su estatismo. Distinguimos sistema de subsistema y de microsistema. El concepto de sistema teatral es sumamente amplio, ya que abarca un grupo de países, un país, una región. Por subsistema entendemos divisiones internas dentro del sistema, cambios en los distintos niveles de texto (acción, procedimientos de la intriga, aspecto verbal/espectacular y aspecto semántico), en su evolución o en su recepción. Por microsistema se entienden las manifestaciones peculiares de distintos tipos de textos dramáticos y espectaculares dentro de los subsistemas.

El modelo adoptado investiga el teatro desde la perspectiva del cambio y la ruptura de sistemas teatrales, pero también los describe como continuidad, es decir, como entes de retención de manifestaciones dramáticas. Pensamos la historia del teatro argentino como proceso de cambios y continuidades (innovaciones, recuperaciones, redescubrimientos e intermitencias) en el cual lo sincrónico juega un rol fundamental en la descripción de textos dramáticos y espectaculares.

No tratamos de encontrar fuentes, influencias, elementos exteriores al texto, de los cuales el autor se vale para concretar la fábula. No creemos en las historias del teatro en las que un autor reemplaza a otro "por obra de su talento", ni en el advenimiento de los cambios por "influencia" de un determinado autor norteamericano o europeo. Se ve muy claro que en un planteo como el mencionado, el teatro argentino aparece sólo como resultado de una serie de influencias o bien librado a la "genialidad personal".

Contrariamente, hoy sabemos que la obra dramática y la puesta en escena argentina forma parte de un sistema teatral (Tinianov, 1970; Guillén, 1971: 375-419; Villegas, 1984: 5-40; 1988: 179-203; 181-217; Altamirano-Sarlo, 1983: 15-32), poseedor de una fuerte textualidad, con sus propios modelos, que a partir de cambios e intentos de rupturas va evolucionando en el tiempo. Sus convenciones, su verosímil, tienen su propia legalidad, modulados por sus relaciones con una comunidad de receptores.

Su correspondencia con otros sistemas, que podríamos denominar centrales –europeos y norteamericano– se concreta en un enlace con el "estímulo externo" (Golluscio de Montoya, 1984)[1] que preferimos denominar apropiaciones, entendiendo que apropiación "implica adecuar el teatro, la cultura extranjera a nuestros propias necesidades" (Pavis, 1994[a]: 337). La función que cumplen estas apropiaciones es la de intensificar el movimiento propio de nuestro sistema teatral, que, impulsado además por su relación con la serie social, produce la modernización. En este vínculo dialéctico con el sistema teatral y con las nuevas expectativas, exigencias y limitaciones de nuestro contexto social, mediatizadas por el campo intelectual, el "estímulo externo" sufre un proceso de resemantización. Se disuelve en el sistema teatral, integrándolo. Tinianov (1960: 22) ha aclarado con justeza que es necesario superar la falsa dicotomía entre tendencias propias de la literatura nacional y los intertextos extranjeros, pues ambos pueden ser tratados como pretextos: "Un mismo y único fenómeno puede, desde el punto de vista genético, remitir a un modelo extranjero y ser al mismo tiempo, el desarrollo de una tradición de la literatura nacional ajena y contraria a aquel modelo".

Para nosotros, el cambio se da por la dialéctica entre lo que denominamos productividad del sistema y apropiación de los sistema teatrales centrales. Nos apoyamos, igualmente, en el trabajo de Jameson (1971: 311-312) cuando afirma que:

> Los estudios históricos son necesariamente dialécticos y a su vez los estudios dialécticos deben ser diacrónicos, y que en ambos casos el tema que uno percibe es un resultado de las decisiones originales y determinativas del autor acerca de los "factores claves" que aportarán las categorías dominantes del trabajo. (Esto significa) que puede afirmarse que por auténticamente temporal o histórico que sea su carácter (...) una secuencia diacrónica tiende a conservar su condición de abstracción, en la medida en que es sólo una sección transversal ideal de la diversidad existencial de la historia concreta misma.

Es decir, el movimiento o cambio dentro del sistema teatral en el marco de un período diacrónico debe, generalmente, inscribirse en una secuencia dialéctica.

Pero de lo expuesto por Jameson es fácil deducir que un enfoque profundo y totalizador del fenómeno teatral además de analizarlo en sí mismo, no puede omitir las condiciones del campo histórico-social en que se produce.

Por lo tanto, hemos estructurado nuestro método de acuerdo a dos tipos de enfoque:

1. **Un eje paradigmático** concretado a través de una perspectiva diacrónica. Esto implica el esquema dialéctico, un paradigma abstracto, basado en textos paradigmáticos, símbolos de las distintas fases por las que pasó la modernidad teatral argentina. Es una determinación macrohistórica para duraciones temporales extensas que corresponde al concepto de período (Guillén, 1989: 132).

2. **Un modelo teatral concreto** basado en el estudio de los cambios producidos en la intersección de los ejes sincrónico y diacrónico.

Es una determinación microhistórica para el análisis de momentos precisos. Esto implica un estudio de los diferentes niveles de texto, la recepción, el campo intelectual y la relación con la serie social. De esta manera se complementa la perspectiva abstracto-diacrónica. Definimos modelo como la simbolización de los rasgos distintivos de la actividad de un sistema, con fines peculiares. Es un artefacto abstracto destinado a ordenar la experiencia.

Sintetizando: la parte concreta de la investigación encaminada a observar los cambios y el momento en que se producen, hemos seguido las teorías y su sistematización para el estudio de los modelos del texto dramático y del texto teatral. Por un lado, la historia interna que explica **cómo** cambia y **qué** constituye un sistema; por el otro, la historia externa que explica **por qué** cambia el sistema en contacto con la serie social a partir de la situación cultural general, la situación política y de la apropiación de nuevas formas procedentes de otra cultura, los cambios en la circulación de la cultura preexistente y el lugar ocupado por el teatrista en el campo intelectual y en la sociedad y la composición del público.

Consecuentemente, hemos puesto especial énfasis en la concreción de modelos textuales y en las obras que Jauss (1970: 27-31), denomina "epoch-making moments" que son las que instauran una nueva forma.

2. El modelo de periodización. El eje paradigmático diacrónico

Para nosotros, periodizar es determinar sistemas, aclarar su significación artística y establecer su relación con los hechos teatrales anteriores y posteriores, establecer períodos "tramos temporales dominados por un sistema de normas literarias, cuya introducción, despliegue, diversificación, integración y desarrollo pueden trazarse" (Wellek, 1983: 47), situándolos en la pluralidad cultural argentina y admitiendo su multiplicidad. Esto significa pensar que dentro del sistema teatral argentino, en todas las épocas convivieron, coexistieron, varios subsistemas, y que siempre frente al culto o dominante[2], existieron el residual[3] y el emergente[4], en un dialéctico y constante intercambio de procedimientos. El enfoque niega la linealidad de las historias tradicionales.

Para la periodización de la época que nos ocupa –la continuidad de la segunda modernidad del teatro argentino– hemos partido del concepto de sistema literario y teatral. Entendemos la obra dramática y teatral (Villegas, 1982: 9-10) como sistema funcionando dentro de un sistema teatral, relacionado con otras series: "El estudio de la evolución literaria sólo es posible si la consideramos como una serie, como un sistema puesto en correlación con otras series o sistemas y condicionado por ellos". (Tinianov, 1970: 101)

El método con que se sistematizó la investigación puede sintetizarse en el hecho de que la historia literaria o teatral es la proyección del eje sincrónico en el eje diacrónico y se manifiesta en ese eje (Jauss, 1970: 29). Para observar la evolución del sistema teatral argentino se trabajó con Tinianov (1968), quién señala tres etapas en la evolución literaria. El teórico ruso señala un primer momento en que el principio constructivo automatizado confronta con un nuevo principio contrapuesto. En un segundo momento, el nuevo principio constructivo busca aplicaciones más amplias, se extiende a un grupo mayor de fenómenos; se produce el "imperialismo" del principio constructivo. La posterior aparición de un nuevo principio determina la tercera etapa, en la que se establece una confrontación de características similares a las de la primera.

Para periodizar se ha adoptado un modelo paradigmático que permite captar los movimientos de cambio dentro del sistema teatral, un modelo cuya secuencia dialéctica señalan en sus trabajos Fowler (1971), Frye (1977), Kuhn (1971) y Masterman (1970), quien replantea el modelo de Kuhn. Trabajamos con lo que en estos tres modelos converge provechosamente, y se identifican con lo que llamaremos la dialéctica de las fases o versiones primarias o ingenuas, secundarias, canónicas o críticas y terciaria o refinadas.

El eje paradigmático diacrónico implica:

1. Una fase primaria, ingenua o intuitiva. Se afirma que el sistema teatral se desarrolla a partir de una forma primaria, conformada por los textos y autores innovadores, que crean efectos nuevos, a partir de la introducción de nuevas técnicas, pero, en general, todavía no se tiene un conocimiento claro de la renovación. No aparece aún una hermenéutica de la comunidad que ponga un nombre a los nuevos mode-

los del género. Fowler señala que entre los cultores de la forma nueva aún existe una "obediencia inconsciente" hacia el cambio. En la "forma nueva" hay todavía elementos remanentes de la "forma vieja". Según Frye nos encontramos en una etapa "ingenua", "intuitiva", pero que aporta una nueva visión de la realidad.

2. Una fase secundaria o canónica. Los creadores basan conscientemente sus creaciones en la forma que emergiera en la etapa previa. Fowler habla de "una comprensión crítica". El nuevo modo genérico es canonizado, legitimado. "Es bautizado" por el campo intelectual y tiene lugar la aparición de la crítica sistemática, que trabaja de una manera convencional. Se genera un importante grupo de seguidores. Es evidente que no puede haber formas nuevas mientras que la forma primaria no haya generado una segunda versión, de carácter crítico, en la cual se reconozca el triunfo de los nuevos modelos. Si no existe la versión canónica, el cambio teatral se hace improductivo, y las variantes se convierten en hechos "prematuros", "extraños". Para los críticos de la segunda versión, la visión de los iniciadores es "ingenua". No porque desconozcan los límites de su creación, sino porque no tienen "la información" que les dará el conocimiento de la segunda fase, o sea, ignoran cómo van a cristalizar las propuestas. La significación de las etapas anteriores es siempre iluminada por las coordenadas tendidas desde el presente.

3. Una fase terciaria, o refinada. Es la reversión total de la forma secundaria que por un lado se aleja de lo convencional, se convierte en paródica o antitética. En ella proliferan las "innovaciones conscientes", que pueden llegar a concretar una forma nueva, una experimentación "ingenua" con elementos de la "forma vieja". Por otro lado, entre tanta innovación, aparecen los epígonos de la forma anterior que reiteran sin variantes modelos ya conocidos. Es una fase que, como puede apreciarse, presenta dos tendencias: una hacia la nueva forma y otra que se inclina hacia la vieja. En el primer caso, aparecen múltiples variantes y todas tratan, inútilmente, de institucionalizar la novedad.

Este modelo puede aplicarse a todo tipo de series teatrales o literarias. Puede aplicarse al desarrollo histórico de un solo sistema (por ejemplo el teatro argentino) o a una etapa de la evolución de ese sistema (por ejemplo la modernidad en la fase refinada [1976-1998]), a períodos históricos o subsistemas teatrales (por ejemplo la emancipación cultural), a la fases o versiones de un microsistema (por ejemplo el sainete y grotesco criollos). Puede aplicarse igualmente a los autores y sus textos en cuanto a su trayectoria.

2.1 Modelo de periodización del teatro argentino en Buenos Aires

Para la determinación de los períodos, obramos lo menos subjetivamente posible, proyectando las distintas sincronías en el eje diacrónico. Para obrar el corte y para caracterizar las distintas fases de la **Historia**, obedecemos a la dialéctica interna inmanente del sistema, antes que a la organización por siglos, la adopción de nombres propios de la historia política de los movimientos o corrientes literarias que no coinciden con los tiempos característicos de nuestro sistema teatral.

1. Período de constitución (c.1700-1884).

No hay teatro de manera sistemática. No se constituye de forma duradera la producción de textos dramáticos y espectaculares, de un público y de una crítica.

1.1 Teatro de intertexto neoclásico. Se perciben tres modelos fundamentales: la alegoría, la tragedia y la comedia de costumbres.

1.2 Teatro de intertexto popular español. Es la denominada prehistoria gauchesca.

1.3 Emergencia del teatro de intertexto romántico (c.1838).

2. Subsistema de la emancipación cultural (c.1884-1930). Se concreta un sistema teatral, y a principios de siglo un campo intelectual teatral.

2.1 Microsistema de la gauchesca teatral. Comienza con el *Juan Moreira* (1884-1886) y prosigue con su ciclo, hasta 1896. Persiste como sistema popular remanente durante los primeros años del siglo veinte. Es la primera fase del subsistema de la emancipación.

2.2 Microsistema del romanticismo tardío. Advienen con *Calandria* (1896), de Martiniano Leguizamón, por lo menos, dos tipos de textos: el melodrama social y el nativismo. Su remanencia llega a la década del cincuenta.

2.3 Microsistema del sainete y la revista criolla (1890-1930). Implica tres fases a) sainete como pura fiesta; b) sainete tragicómico y c) grotesco criollo.

2.4 Microsistema premoderno. Se divide en dos tendencias: la culta o dominante –el sistema teatral de Florencio Sánchez –y la popular o residual –el sistema teatral del grotesco criollo–. Abarca el período de fines y principios de siglo hasta la década del cincuenta. Desde el treinta se convierte en remanente. Constituye la tercera fase del subsistema de la emancipación.

2.4.1 Microsistema de Florencio Sánchez. Su primera expresión emergente es *M'hijo el dotor* (1903). Al poco tiempo se torna dominante, con *Barranca abajo* (1905). Implica una tensión entre una obra dramática que pretende ser moderna y un texto espectacular a cargo de la Compañía de los Podestá con procedimientos y mentalidad finisecular. Los textos de Roberto J. Payró y de la primera época del teatro de Armando Discépolo, Pedro E. Pico, Vicente Martínez Cuitiño y Rodolfo González Pacheco, entre otros, se pueden incluir dentro de este microsistema.

2.4.2 Microsistema del grotesco criollo (1923-1934). Implica tres fases: a) grotesco asainetado, b) grotesco canónico y c) grotesco introspectivo.

2.4.3 Microsistema de la comedia (1900-1930). Implica la obra dramática de Lafèrrere, sus antecedentes y proyecciones.

2.4.4 Precursores de la modernización del treinta. Son los textos de autores como Discépolo –su denominado "teatro culto"–, Vicente Martínez Cuitiño, Elías Castelnuovo, Francisco Defilippis Novoa, Enrique Gustavino.

3. Subsistema teatral moderno (1930-1998).

Abarca el estudio de la primera modernización (microsistema del teatro independiente) y la segunda modernización (microsistema teatral del sesenta: realismo reflexivo y neovanguardia).

3.1 Microsistema teatral del teatro independiente (primera modernización). Es emergente en 1930, pero ya a fines de la década del treinta es dominante. Implica las siguientes fases o versiones:

3.1.1 Culturización (1930-1949). Consiste en la aparición de nuevos modelos dramáticos, espectaculares y el advenimiento de una nueva ideología estética. Su canon incluye la poética del Teatro del Pueblo con la dirección de Leónidas Barletta y la textualidad de Roberto Arlt.

3.1.2 Nacionalización (1949-1960). Designa una módica resemantización de lo finisecular, impulsada por la llegada de nuevos modelos europeos y norteamericanos de textos dramáticos y espectaculares y rudimentos del sistema Stanislavski.

3.1.3. Reflexiva modernización (1960-1969). Emergencia de la segunda modernidad. Epigonización del teatro independiente. Aparición del realismo reflexivo y de la neovanguardia.

3.2. Microsistema teatral culto (1930-1960). Paralelamente al microsistema teatral del teatro independiente, creció otro sistema teatral culto, el comercial. Dio a conocer una serie de autores fundamentales de los '30 a los '60.

3.3 Microsistema teatral del sainete (1930-1960). Aparece de manera remanente encarnado en el denominado "teatro de la calle Corrientes".

3.4. Microsistema teatral del sesenta (Segunda modernización). Es emergente en 1960, pero a mediados de la década se convierte en dominante. Se concreta en tres fases:

3.4.1 De la ruptura y polémica al intercambio de procedimientos (1960-1976). Designa al realismo reflexivo, la diseminación del método de Strasberg y un nuevo concepto de la puesta en escena y a la neovanguardia.

3.4.2 Canónica (1976-1985). Fase o versión canónica del microsistema en la que se producen los mejores textos, y la emergencia de autores importantes. La aparición del movimiento de Teatro Abierto.

3.4.3 Tercera fase del sistema teatral abierto en los sesenta. Emergencia de un nuevo microsistema teatral (1983/5-1998). Textos barrocos y textos remanentes. Intentos de renovación del realismo reflexivo. Cuestionamiento de la modernidad y epigonización de los textos dramáticos y espectaculares de aquella.

Aparición de los textos otoñales del microsistema. Advenimiento de los tres tipos nuevos de textualidades dramáticas y espectaculares emergentes:

3.4.3.1 Teatro de resistencia
3.4.3.2 Teatro de resemantización de lo finisecular
3.4.3.3 Teatro de parodia y cuestionamiento
3.4.3.4 Teatro de la desintegración

2.2 El modelo teatral concreto de análisis del texto dramático: métodos y técnicas de trabajo

Para determinar un modelo de análisis teatral concreto concebido a partir del estudios de los cambios productivos en la intersección de los ejes sincrónico y diacrónico, se trabajó con Todorov (1970; 1975) y el denominado modelo jerárquico, basado en el concepto de unidad mínima y de niveles jerárquicos. Este modelo, al igual que el modelo actancial de Greimas (1973ª: 263-293), fue adaptado para la característica especial de la obra dramática y de la obra teatral, a partir de su confrontación con las reflexiones de Pavis (1983: 12-17) y Ubersfeld (1982: 53-107). Basándonos en esta investigación se pudo concretar el siguiente esquema del modelo de análisis inmanente de la obra dramática:

Modelo de análisis del texto dramático

Estructura profunda (Acción)	Estructura superficial (Intriga)	Aspecto verbal (Relación palabras-realidad)	Aspecto semántico
Diseño de la intriga			
Funciones Actantes Secuencias Modelo actancial	Procedimientos Causalidad Actores Situación	Modo Tiempo Punto de vista	Cómo significa Qué significa

Este modelo constituye una "estructura sintáctica abstracta". Pasaremos a desarrollar cada uno de estos conceptos.

1) **Estructura profunda**: o nivel de la acción. La "acción" se produce en tanto los actantes toman la iniciativa de un cambio en la posición de la configuración actancial, alterando el equilibrio de las fuerzas del drama. La acción es un elemento transformador y dinámico que permite pasar lógica y temporalmente de una situación a otra. Es la ilación lógico temporal de diferentes secuencias.

A) Las "funciones" son las fuerzas de los actantes en el desarrollo de la acción. Se engendran en la composición sucesiva de las secuencias.

B) Los "actantes" son entidades generales, no antropomórficas y no figurativas. Tienen existencia teórica y lógica en el sistema lógico de la acción. Sus funciones se organizan en tres grupos binarios:

a) uno de oposición (ayudante-oponente)
b) dos de inclusión (sujeto-objeto)
(destinador-destinatario)

La relación fundamental es la de sujeto-objeto. El destinador es la causa que impulsa al sujeto hacia el objeto y el destinatario, el receptor de la acción. El ayudante y el oponente contribuyen u obstaculizan la acción del sujeto. Estas funciones pueden ser abstractas o antropomórficas. Su correlato en el nivel de la intriga son los actores.

C) Las "secuencias" son las unidades mínimas en que puede dividirse la acción. Están compuestas por un sistema de actancias y una serie orientada de funciones. Las secuencias pueden ser de cuatro tipos.

a) de desempeño: contienen pruebas, altibajos por los que pasa el actante Sujeto para desempeñar sus funciones. Hacen avanzar la acción más que ningún otro tipo de secuencia.

b) contractual: consignan pactos, acuerdos o sus rupturas.

c) disyuntiva: consignan partidas, alejamientos o retornos.

d) transicional: establecen intermedios o pausas en la acción. Pueden dividirse en dos clases:

1. referenciales.
2. situacionales.

Las secuencias se correlacionan en el nivel de la intriga con la noción de situación.

D) El modelo actancial. Lo utilizamos para comprender cómo se genera la acción en el paso de una secuencia a otra y para la construcción de modelos que nos permitan a su vez abstraer sistemas teatrales.

Este modelo puede ser aplicado a cualquier texto dramático, puesto que las funciones actanciales son universales, configuran la estructura profunda y no dependen de la intriga, que sí es propia de cada texto (Greimas, 1970: 240-270; 1973[b]:-161-176).

2) **Estructura superficial**: o nivel de la intriga. La intriga está constituida por el aspecto exterior y visible de la obra dramática y su progresión, la carnadura concreta de la obra dramática en su organización

estética de los materiales que la componen tal y como son recibidos en su dinámica. Es la sucesión detallada de los resurgimientos de la fábula, el entrelazamiento y la sucesión de conflictos y obstáculos y de los medios para superarlos.

A) Al estudiar el diseño de la intriga se analizó el grado de adaptación de los textos del corpus al modelo tradicional de intriga, caracterizado por Aristóteles en su *Poética* y complejizado con subdivisiones internas por Weiger (1978: 233-289).

Aristóteles	Principio		Medio	Fin
Weiger	Comienzo propiamente dicho	Enlace	Desarrollo	Fin Mirada final

a) Comienzo propiamente dicho: presentación de los personajes y prehistoria (hechos anteriores a la escena).

b) Enlace: momento de ruptura del equilibrio o la armonía.

c) Desarrollo: despliegue del conflicto, que ocupa siempre un lugar central en la obra.

d) Desenlace: el momento más fuerte del texto, cuando se decide y culmina el desarrollo. Se produce un fuerte cambio en el sistema de fuerzas a nivel de la estructura profunda.

e) Mirada final: corresponde al anticlímax o relajación y suele incluir una "mirada final" que funciona como sintetizadora.

B) Los "procedimientos" son los artificios escriturarios propios de cada poética para tejer la intriga. Por lo tanto, deben ser abstraídos en cada texto pues son diferentes en cada sistema dramático. Mediante su estudio se pueden abstraer poéticas.

C) Se indagó el tipo de "causalidad" de los textos del corpus a través de las propuestas teóricas de Todorov (1975: 80-86). A partir de Tomachevsky, éste teórico caracteriza dos tipos generales:

a) de orden lógico y temporal que a su vez divide en dos posibles realizaciones:

1. causalidad explícita o del relato mitológico; principio de causalidad fuertemente inscripto en una cronología y en un movimiento de implicación lógica de los hechos.

2. causalidad implícita o del relato ideológico, en que el texto evidencia regirse por una causalidad de difícil intuición, que procede según reglas profundas y de difícil abstracción.

b) de orden espacial, en que las relaciones lógico-temporales pasan a segundo plano o desaparecen.

D) Se partió de una caracterización de los "actores" como entidades individualizadas, figurativas, realizadas en la superficie del texto (coincide con la noción de personaje en el sentido tradicional), y su relación con los actantes de las obras (actores en el sentido de entidades que articulan las situaciones de la estructura de superficie), y la categoría intermedia de roles (entre la estructura profunda y la estructura de superficie).

E) Situación es el conjunto de datos escénicos y/o extraescénicos indispensable para la comprensión del texto en un momento dado de la intriga. Describir la situación es poder armar un repertorio que determina la concreción del esquema actancial y la densidad semántica de las situaciones dramáticas, tal como las define Pavis (1983: 457), como una fotografía, en un momento preciso de las relaciones de los personajes, congelamientos del desarrollo de los acontecimientos para luego describir los cuadros estéticos obtenidos.

3) **Aspecto verbal**: estudia las relaciones entre palabra y realidad (Todorov, 1975): cómo se genera una realidad ficticia a través de un discurso lingüístico pautado.

A) Todorov (1975: 58) llama "modo" a los problemas discursivos de los textos. Se consideraron las propuestas de análisis de este tipo de Ubersfeld (1982), para quien el discurso dramático, como conjunto de signos lingüísticos de una obra dramática, se caracteriza por una doble enunciación:

a) inmediata (o del hablante dramático básico o didascalias) que corresponde al discurso del relator cuyo rasgo fundamental es que es informativo y declarativo y, a la vez, básicamente conativo, es decir, que su modo es el imperativo. Va dirigido especialmente a los responsables de la puesta en escena.

b) mediata (de los personajes) que corresponde al discurso relatado. En este discurso de los personajes la autora francesa retoma la distinción de seis funciones que elaboró Jakobson (1974: 352-361):

1) referencial: lo que los personajes dicen sobre sí mismos o sobre los restantes, o información de tipo político, religioso, filosófico, etc.

2) conativa: la palabra del personaje es acción en tanto conduce a ésta: ordena, persuade, promete, etc.

3) emotiva o expresiva: destinada a producir emociones en el lector/espectador.

4) poética: es la organización interna propia del discurso de los personajes con miras de intencionalidad estética.

5) fática: asegura la posibilidad de dinamismo del circuito de la comunicación, mediante una constante integridad del canal.

6) metalingüística: el discurso refiere al propio discurso.

Para el análisis del discurso mediato trabajamos con otras categorías introducidas por Ubersfeld:

1) el idiolecto: utilizado con la intención de evidenciar particularidades lingüísticas.

2) código social: aunque no es referencial, indica la elaboración de un código pautado que remite a una clase.

3) discurso subjetivo: es el lenguaje que contribuye a la caracterización y constitución del personaje en tanto ente individual.

4) heterogeneidad en el discurso de los personajes: en el que la unidad del discurso es sólo aparente; en él aparecen los "discursos citados".

Luego de distinguir entre diálogo, dialogismo y dialéctica, propone para el estudio del diálogo en el texto dramático la siguiente distinción:

a) Distintas formas de diálogo (monólogo, soliloquio, esticomomitía, parlamento, etc.)

b) Toma en cuenta dos niveles:

1) el contenido de los enunciados del discurso

2) las informaciones concernientes a las condiciones de producción de esos enunciados.

A partir de Austin, al analizar la pragmática del diálogo teatral, Ubersfeld toma en cuenta la clasificación de:

a) actos locutorios: combinación de elementos fónicos, gramaticales y semánticos para producir cierta significación.

b) actividad perlocutoria: actividad del discurso que tiene como finalidad despertar sentimientos en otro personaje o en el lector/espectador.

c) fuerza ilocutoria: determina un contrato entre las partes (hablante y oyente) haciendo avanzar la acción.

B) En cuanto a la consideración del "tiempo", se siguió nuevamente a Todorov (1975: 56-65), y sus distinciones entre:

a) tiempo de la historia: orden lógico de los acontecimientos (fábula, tiempo narrado o tiempo del enunciado).

b) tiempo del discurso: "sujet" o tema, tiempo de la narración, tiempo de la enunciación.

Es decir, señala la diferencia entre el orden de los acontecimientos y el orden de las palabras.

De acuerdo con Todorov, se propuso tomar en cuenta:

a) Orden: importancia de las anticipaciones, retrospecciones, prospecciones en los acontecimientos.

b) Duración: en la que se distinguen cuatro casos:

1) Pausa o suspensión del tiempo.

2) Elipsis u omisión de todo un período.

3) Coincidencia perfecta entre ambos tiempos (el de la historia y el del discurso); que se da en forma de escena.

4) Dos formas intermedias ya sea que el tiempo del discurso sea más largo o más corto que el de la ficción.

c) Frecuencia, de tres posibilidades teóricas:

1) relato singulativo

2) relato repetitivo

3) relato iterativo

C) Completando lo que Todorov llama aspecto verbal, se consideró el "punto de vista" del drama, según las siguientes pautas:

a) Análisis del hablante dramático básico y su "entrega del mundo".

b) Punto de visión o focalización: "por dónde pasa la obra" según el mensaje simple (Saraiva, 1974).

c) La marca de la poética en el horizonte de recepción del público más o menos acostumbrado a las convenciones de dicho género.

Estos tres niveles se enriquecen con el aporte de elementos provistos por el trabajo de Barko y Burgess (1988).

4. **Aspecto semántico**: Los tres primeros niveles –acción, intriga, aspecto verbal– funcionan dentro del texto, dialécticamente, y están destinados a llevar a cabo una semiosis

–producción de sentido– que se concreta en el aspecto semántico, que muestra "cómo significa" y "qué significa" el texto (Todorov, 1975: 33-44; Greimas, 1973[a]; Molho, 1977, 21-38; Katz y Fodor, 1966-1967).

2.3. El modelo de análisis del texto espectacular o puesta en escena

Con relación al texto espectacular, tratamos de historizar su relación con el texto dramático. Creemos que cada puesta en escena resulta de una peculiar relación entre ambos y se ha establecido que puede haber cuatro tipos de vínculos diferentes:

1. Puesta tradicional: El director pone en práctica la

virtualidad escénica del texto dramático, actualizando lo que se hallaba implícito en él. Se concreta en la amplificación del hablante dramático básico o didascalia. Se incluyen nuevos signos que están en relación directa con los signos ya contenidos en el texto dramático. Es lo que Dufrenne (1953) denomina la "difícil docilidad del director".

2. Puesta tradicional no ortodoxa: El antecedente de la puesta en escena es una obra dramática pero que es tomada sólo como guión por un director creativo; implica la apropiación de un texto ajeno, e indica la intención de suplir el lenguaje lingüístico, por un lenguaje extralingüístico. El director sustituye, en alguna medida, al autor.

3. El texto previo es sólo una referencia. La puesta en escena suple, por medio de un lenguaje extralingüístico, el lenguaje lingüístico del dramaturgo. El autor es sustituido por el director o los actores.

4. No hay texto previo. Es la situación en la que hallan en los años sesenta las denominadas creaciones colectivas, "happenings", etc. Estos textos no tienen texto en el sentido literario (un texto dramático) como punto de partida para la puesta en escena, sino que utilizan la palabra como metalenguaje y no como fin en sí misma. Es imposible registrar en ellos todas las palabras o las acciones de los personajes, puesto que las primeras pueden llegar a ser inaudibles o inexistentes, a veces improvisadas y variables en cada función al igual que las segundas. El guión se elabora durante los ensayos y es un reflejo poco

fiel de la representación, por lo tanto, la lectura del guión es incapaz de restituir la dimensión plástica del texto y su cualidad de fragmento repetitivo. En el denominado teatro villero (teatro de agitación) en los años '70, el texto variaba de acuerdo al lugar donde se realizaban las representaciones. Se cristalizaba en un texto completo sólo al final de las mismas, cuando el fenómeno teatral como tal había dejado de existir. La característica de este guión es su carácter "provisional".

Es una forma elemental de describir el espectáculo y en general no tiene una cualidad poética en sí mismo: no remite nunca a sí mismo. Se aproxima más a un libro de instrucciones o indicaciones para llevar adelante un proyecto. Es un texto performativo (despierta sentimientos en el interlocutor) o ilocutorio (determina un contrato entre el hablante y el oyente que hace avanzar la acción). Es una etapa que precede a la realización escénica.

Asimismo, para poder definir la relación hace falta recurrir al arsenal de datos que nos provee la historia de la puesta en escena y el análisis del texto dramático y del texto teatral separadamente. Es por ello que, junto al modelo del texto dramático, hemos incluido el modelo del texto espectacular u obra teatral. Ambos, al par que captar la especificidad de uno y otro texto, tienen puntos de contacto. Como el expuesto modelo del texto dramático, el modelo de texto espectacular posee una estructura profunda o acción, una estructura superficial o intriga y un aspecto semántico. Existe una categoría teórica donde los modelos se diferencian, pero manteniendo una relación de correlato: como ya se vio, al texto dramático corresponde por su dimensión lingüística la categoría aspecto verbal, en tanto que al texto espectacular, por su dimensión plurisígnica, corresponde la categoría aspecto espectacular.

Modelo de análisis del texto espectacular

Estructura profunda	Estructura superficial	Aspecto espectacular	Aspecto semántico
	Diseño de la intriga		
Funciones	Causalidad	Espesor sígnico	Cómo significa
Actantes	Actores	Tiempo	
Secuencias	Situación	Espacio	Qué significa
Modelo actancial		Punto de vista	

Tomamos de Pavis (1994[a]: 13) el concepto de puesta en escena como: "una noción estructural, un objeto teórico y un objeto de conocimiento (...) Definida como la puesta en relación, en un espacio y un tiempo dados de diversos materiales (significantes) en función de un público".

Distinguimos así la puesta, que sería lo que para Mukarovsky (1977: 48) es el objeto estético, de la obra teatral –para Pavis, la representación– que sería un artefacto, un hecho que sólo adquiere significación a través de la recepción. El objeto propio de nuestro trabajo no es el artefacto sino el objeto estético, "el correlato que se produce en la conciencia del receptor". Aclaramos también con Pavis (1994[a]: 74) que "no se trata de reconstruir las intenciones del director de escena, sino de emitir una hipótesis sobre el sistema escogido por los productores a través de lo que el espectador recibe de él".

El espectáculo puede, según Pavis (1994[b]), ser analizado de dos maneras: como relato y como reconstrucción histórica. En el análisis de relato, el analista ha asistido a la representación y ha tenido de ella una experiencia viva y concreta. Su modelo es el relato futbolístico radial. El espectáculo es visto desde el interior de la acción. Restituye el detalle y la fuerza de los acontecimientos.

En cambio, el análisis de reconstrucción histórica, que es el que practicamos en esta tesis, recrea espectáculos del pasado a partir de documentos y testimonios. Tiene el filtro deformante de las grabaciones y los testimonios. Trabaja con documentos de la representación (programas, gacetillas), enunciados de intención de los artistas –reportajes a los participantes– grabaciones, videos, fotos, escritos durante la preparación del espectáculo y recreación de los ensayos; visión de espectáculos remanentes del mismo género, críticas periodísticas y de investigadores, caracteres de la sala de estreno (relación sala-público: espacio escenográfico). Se debe construir un significado a través de éstos y otros testimonios.

De acuerdo con este planteo, la puesta como reconstrucción se estudió según las funciones que señala Veinstein (1962: 10-11), quién describe lo que denominó "función limitada o mínima" de la puesta en escena como "la actividad que consiste en la disposición en cierto tiempo y espacio de acción, de los diversos elementos de interpretación escénica de una obra dramática".

Esas funciones y sus tareas son las siguientes:

A. Dirección de actores. Actuación. Comprende los problemas de la palabra, los silencios, la entonación, el gesto, el movimiento. El estudio del personaje y sus motivaciones. Los medios expresivos más apropiados para la interpretación del personaje. La síntesis de todo esto se encuentra en el estudio de la subpartitura o partitura preparatoria (Pavis, 1994[b])

La partitura preparatoria se corresponde con el subtexto stanislavskiano. Esta subpartitura se crea en el desarrollo de los ensayos, en los cuales se dan una serie de detalles que finalmente concretan la partitura final. Aquella es la suma de los factores situacionales y del saber hacer técnico y artístico, sobre el cual se apoyan los actores y la dirección, cuando preparan la puesta en escena. La subpartitura existe siempre detrás de la acción. Según Pavis, es el cuerpo invisible de la acción. El espectador descubre la partitura preparatoria a partir de la visión de la partitura final.

Nuestro método se basa en el hecho de que si contamos con datos suficientes para la reconstrucción de un texto espectacular determinado, debemos comparar la acción del texto dramático con la de la puesta y el aspecto verbal del texto dramático con el aspecto espectacular del texto espectacular.

Finalmente, trabajamos con lo que denominamos el ritmo del actor, que puede estar basado en la continuidad, los cortes, la acumulación y la modulación. En estos componentes del ritmo actoral está basado el hilo conductor de un espectáculo, su dinamismo. La actitud del actor, según Pavis (1994[a]: 151-152), puede ser predominantemente la de "sentir" (función semántica) o la de "mostrar" (función deíctica).

> La "función semántica" está ligada al sentido, al hecho de que el actor "representa" (esto es: construye y significa) un personaje. Tiene necesariamente una relación con la mímesis, aunque la reproducción producida por el actor no "se parezca" a su objeto. Esconde su relación con el personaje. La función deíctica concierne a la "presencia" del actor, su percepción ligada únicamente a las coordenadas espacio-temporales del momento y del lugar donde se observa. La característica específica del teatro es existir solamente en presencia pura del actor viviente ante el espectador.

En este último caso constantemente "indica" que es un actor "saliendo" y "entrando" del personaje.

B. Espacialización. Implica la escritura escénica, la proyección espacial del tiempo implícito en el texto dramático, en el guión o en la reminiscencia del texto, o dicho de otro modo, la creación del espacio teatral, lúdico, por parte del actor. A estos problemas de espacio-tiempo se integran, por ejemplo, la música, los ruidos.

La forma en que el teatrista organiza el espacio, las relaciones espaciales, que incluyen las distancias entre los personajes, el estudio de la mirada y de los ángulos de visión entre los actores que dan una pista sobre las relaciones inexpresadas de los personajes, las convenciones de la escenografía y el vestuario, la creación del ritmo teatral son analizadas por la proxemia.

C. Armonización Es el estudio del ensamble, la organización del todo teatral por parte del director. Presenta dos posibilidades:

a. Como un conjunto integrado (cuyo ejemplo puede ser la ópera, el teatro stanislavskiano, etc.): "Se supone que el inconsciente del texto (el subtexto) acompañe, en un texto paralelo, el desfile continuo –y en sí pertinente– del texto realmente pronunciado por los personajes". (Pavis, 1994ª: 82)

En este caso se quiere mostrar la verdad profunda del texto a través de la visibilidad de su subtexto.

b. Como un sistema autónomo (cuyo ejemplo puede ser el teatro de Brecht, el absurdo, etc.):
Es cuestión de demostrar cómo el propio texto dramático fue la solución imaginaria de contradicciones ideológicas reales, las de la época en la que se estableció la ficción. La puesta tiene entonces la obligación de hacer imaginable y representable la contradicción textual (Pavis, 1994ª: 82).

Muestra la contradicción de la fábula.

En esta parte de la investigación se trabajó con la división triádica del signo teatral
–ícono, índice, símbolo–. Se tomaron las secuencias pregnantes de las puesta y se clasificaron según su función predominantemente icónica, indicial o simbólica.

Además la función armonizativa concreta también el estudio de la movilidad del signo teatral (Honzl, 1971), la redundancia de dicho signo (Corvin, 1980) y la captación del ritmo teatral por parte del espectador –la relación entre el tiempo objetivado de la puesta, el tiempo objetivo y el tiempo subjetivo del espectador–.

D. Evidencia de sentido. La puesta en escena es el lugar de la aparición del sentido del proceso teatral. Stanislavski afirmaba que componer una puesta en escena consistía en hacer evidente el sentido profundo del texto dramático. Toda puesta en escena es una interpretación del texto.

Desde el punto de vista de la crítica, el estudio del metatexto de la puesta en escena nos ayuda a captar esa evidencia de sentido, pues según Pavis es: "su comentario a propósito del texto, la reescritura escénica que de éste él propone" (1994ª: 81). Es el texto no escrito de la puesta en escena. "No existe en ninguna parte como texto acabado, está diseminado en las opciones del juego escénico, de la escenografía, el ritmo, de los sistemas significantes" (1994ª: 81). Es la semantización de todo lo estudiado en las otras funciones, e implica:

a) El punto de vista –como en la obra dramática– es el estudio de la focalización de la acción y de la poética codificada.

b) Las relaciones de la puesta y el referente, que se establecen a partir de tres tipos de puesta que siempre coinciden, con la particularidad de que en todos los casos hay una que prevalece:

1. Autotextual o textual. "Se esfuerza por aprehender los mecanismos textuales y la construcción de la fábula en la lógica interna de los mismos, sin hacer referencia a un extratexto que vendría a confirmar o a contradecir el texto (...) (son las que procuran) reconstruir arqueológicamente las condiciones históricas de la representación sin abrir el texto y la puesta al nuevo contexto social, como puestas en escena herméticamente cerradas sobre una idea o tesis del director de escena y que quieren ser una recreación total, con sus principios estéticos propios (...) (implica) un universo escénico coherente y cerrado sobre sí mismo" (Pavis, 1994ª: 83).

2. Ideotextual o referencial. Son las que reúnen características totalmente inversas a la anterior. "Más que el texto, es el subtexto político social y sobre todo psicológico lo que ella desea poner en escena, como si el metatexto –la mirada que ella dirige a la obra– quisiera sustituir al texto propiamente dicho (...) Poner en escena es, para la puesta ideotextual abrirse al mundo, hasta modelar el objeto textual en conformidad con ese mundo y su nueva situación de recepción (...) asegura la "función de comunicación" (Pavis, 1994ª: 84).

3. Intertextual o de mezcla. Se sitúa en un punto intermedio entre las dos anteriores. "Relativiza cada puesta en escena como una posibilidad entre otras, la sitúa en la serie de interpretaciones, procura distanciarse polémicamente de las otras soluciones" (Pavis, 1994ª: 84).

c. Las relaciones de la puesta con la recepción del campo intelectual, que como en el caso de la obra dramática se pueden clasificar en remanentes o residuales, dominantes y emergentes.

1. Remanentes o residuales. Una puesta es residual cuando, aunque su creación sea actual, sus convenciones son el resultado de otros momentos históricos. Su sentido es todavía aceptable para amplios sectores del público que asiste al teatro.

2. Dominantes. Son las puestas que se encuentran aún en el centro del campo intelectual y de poder dominantes en la sociedad. Son canonizadas como "teatro de calidad" por las instituciones mediadores.

3. Emergentes. Son las puestas "nuevas", las que proponen una manera de hacer teatro diferente a la que está vigente. Marcan un cambio dentro del sistema teatral. Intentan avanzar más allá que las formas dominantes.

Este trabajo con el texto dramático y con el texto teatral está destinado a concretar el estudio de una poética que se definiría como la capacidad textual de seleccionar y de combinar procedimientos y convenciones teatrales con el fin de generar un efecto dramático (Jakobson, 1974: 360-361). Por otra parte, concertado el modelo, se dan inmediatamente distintas posibilidades desde el punto de vista de su vigencia: aparece el modelo, pero también sus variantes. Una poética dista de ser algo estático. Todo modelo tiene reglas obligatorias y reglas opcionales. Es por ello que en este trabajo manejamos la noción de "modelo", de "variación", de "modelo en variación" y de "modelo cristalizado" (Jakobson, 1974: 365-373). Todo microsistema teatral tiene una serie de reglas obligatorias que mantienen todos los textos de esa tendencia. Y hay, como se dijo, reglas opcionales que dichos textos pueden o no cumplir. Al estudiar el teatro lo hacemos teniendo en cuenta que implica una selección y combinación de artificios. El nivel de procedimiento es inmanente al texto pero su recepción es histórica. Es por este motivo que denominamos a nuestra metodología "neohistoricismo", ya que sin abandonar el relativismo histórico, la idea de que no se puede conocer nuestro teatro sin conocer su historia, sin dejar de lado la idea de que el hecho teatral está incluido en el devenir sociohistórico, también estudiamos los textos dramáticos y espectaculares en sus condiciones de producción. Siguiendo a Jauss (1976) afirmamos que la historia teatral se da en la intersección del eje diacrónico en el eje sincrónico. Queremos aunar el historicismo con los aportes del estructuralismo, el posestructuralismo y el formalismo. Creemos que el "neohistoricismo" une la reivindicación de los histórico y el retorno de los teatral y cuestiona las lecturas unificadoras del formalismo.[5] Se trata de una práctica plenamente consciente de que convive con el posmodernismo.

2.4 El modelo de recepción

Para cerrar el circuito de comunicación teatral, describiremos el método que hemos aplicado para observar la recepción del corpus de textos incluidos en nuestra historia. La investigación teatral argentina apenas si ha comenzado a adentrarse en los estudios de recepción del espectáculo. No se han realizado aún análisis orgánicos, salvo nuestro trabajo (Pellettieri, 1990: 153-173 y una serie de capítulos: 1994: 13-24; 63-72; 151-164), de alcances tan vastos como los realizados en Europa (Gourdon, 1982).

Hemos seguido los trabajos de Jauss (1970, 1976, 1978, 1985, 1986, 1987), y el modelo que propone Pavis (1985: 233-296; 309-316).

Partimos de Jauss (1976: 166-211) y de sus siete tesis tomando los conceptos de la peculiaridad de la literatura y el teatro que viven mientras es leída o visto; del horizonte de expectativa: el marco de la lectura dado por el lector, la serie de pautas de conocimientos acerca del género. Nuestro objetivo fue observar cómo el horizonte de expectativa de los textos dramáticos y espectaculares fue cambiando con el tiempo, y tratar de reconstruirlo desde nuestro horizonte actual.

También trabajamos con el concepto de distancia estética de Jauss –el horizonte de expectativa que rodea la aparición de la obra y la capacidad de cambio de horizonte que trae el texto–; con la fusión de horizontes –situar el texto diacrónicamente en la sucesión histórica, unir nuestro horizonte de expectativa con los horizontes anteriores reconstituidos–

Aplicamos, además, la cuarta tesis del teórico alemán: el texto es siempre una respuesta a las preguntas que le formula su época; la reconstrucción del horizonte nos permitió descubrir cuál fue la respuesta del texto.

De Jauss (1978: 210-262) tomamos el concepto de concretización: cada texto tiene varios sentidos posibles y cada lectura concretiza alguno de ellos, elimina ambigüedades. Cada concretización corresponde a distintos horizontes de expectativa. Y sobre todo, la distinción entre efecto y recepción, a nuestro juicio dos elementos fundamentales para nuestro trabajo: el efecto está determinado por el texto y sus procedimientos y es inmanente a él.

En el efecto del texto hay siempre un receptor implícito. La recepción es la que aporta el receptor explícito a la relación literaria o teatral, está condicionado por su horizonte de expectativa literario y social: sus lecturas, su historia personal, su clase social, el momento histórico en el que aparece el texto. Jauss (1987: 77) define esta relación como:

> Un análisis de la experiencia literaria del lector –o, si se quiere– de una sociedad de lectores del presente o de una época pasada debe comprender los dos lados de la relación texto/lector –es decir, el 'efecto' como elemento de esa misma concretización condicionado por el destinatario– como proceso de mediación o fusión de dos horizontes.

Nuestros estudios se han hecho sobre todo en el nivel del lector implícito:

> Como la función implícita del lector es comprobable en las estructuras objetivas del texto, es decir, es más inmediatamente captable que la función explícita, que hay que descubrir en sus a menudo ocultas condiciones subjetivas y dependencias sociales, por motivos metodológicos, la primera merece la prioridad en el acceso, al ser más fácilmente objetivable. (Jauss, 1987: 78)

Para la investigación de la recepción de nuevas textualidades europeas y norteamericanas, se consideró de acuerdo con Grimm (1977):

a. La recepción pasiva: Es la que el lector/espectador realiza del teatro "nuevo" extranjero. Esta actividad contribuye a su formación estética y constituye su horizonte de expectativa.

b. La recepción reproductiva: Es la que se traduce en ediciones argentinas de las obras de los nuevos creadores extranjeros publicados por nuestras editoriales; traducciones argentinas de teatro extranjero, editadas aquí o en el exterior; discursos sobre nuevos autores y directores extranjeros producidos por críticos argentinos –reseñas periodísticas, investigaciones universitarias, ensayos, etc.–.

c. La recepción productiva: Es la que incluye la creación de textos dramáticos y espectaculares concretados bajo el "estímulo externo" de los nuevos creadores extranjeros. Puede consistir en citas o alusiones que son significativas para la comprensión profunda del teatro argentino, en la apropiación de poéticas extranjeras, tanto a nivel de textos dramáticos como de texto espectacular.

> El terreno de la recepción productiva comprende todo el proceso de producción de una obra al ser causado o fuertemente influido por la recepción. Naturalmente, al poner el énfasis en la actividad del sujeto tratado, predomina el aspecto producción por sobre el de la estética de la recepción, ya que la recepción está aquí claramente al servicio de la producción (...) El estudio de la recepción productiva se diferencia del antiguo estudio de las influencias en la vuelta de las perspectivas. (Grimm, 1977: 142)

A partir de esta base metodológica, el modelo que rigió la investigación es el siguiente: se tuvo en cuenta en primera instancia a los emisores de los textos del corpus, los autores. Estos producen un texto condicionado por el contexto espectacular o el campo intelectual u horizonte de expectativa: las "normas", las obras que los rodean, la noción de "teatro" de ese momento histórico, las obras que aparecen implicadas en el texto, los comentarios críticos, las cartas y pretextos del autor, todo esto determina la forma de producción del texto.

También tuvimos en cuenta que la obra dramática está condicionada por el contexto social. Este concepto es un aporte teórico de Pavis (1985: 246): "il est à la fois produit par l'oeuvre, dans sa référence à un monde possible et formé par les condicions de réception de l'oeuvre. C'est tantôt le contexte dans lequel s'inscrivent les producteurs du texte, tantôt la situation du réception à l'intérieur de laquelle il est aujourd'hui perçu".

El resultado es la obra dramática que propone un significado y un significante. El director de escena, los actores y un grupo de colaboradores transforman la obra dramática en obra teatral. Proponen un significado y un significante, introducen guías que permitirán al público rastrear los sentidos a través de conductos narrativos, genéricos e ideológicos.

Esta concretización directorial está determinada por el contexto espectacular y por el contexto social contemporáneo.

El texto dramático, y luego el texto espectacular, crean un referente imaginario, que incluye un "lector implícito" por medio de la ficción, que se relaciona no de manera mecánica con el referente del contexto social real. Esto implica la vinculación del referente de la ficción con la realidad del público-lector explícita.

La obra teatral –texto espectacular– es concretizada por el espectador a partir del cuerpo y el discurso de los actores y de los diversos componentes de ese texto espectacular.

El proceso desarrollado en el presente trabajo es el siguiente: frente a la estructura que propone el texto espectacular, el receptor lleva a cabo una actividad productiva al organizar ese artefacto. El significado provisto por la obra teatral es compartido por los espectadores que realizan múltiples concretizaciones. Estas concretizaciones se operan en dos etapas: la de ficcionalización del texto espectacular –surge un mundo posible o imaginario que el receptor compara con el real y a partir de esa comparación nace el sentido del texto– y de la ideologización, que consiste en identificarlo con una ideología. Siempre el referente imaginario expresa una visión de mundo, una propuesta de mundo real.

En síntesis, se ha privilegiado el hecho de que frente a la semantización de la ficción que hace el director de los textos dados a conocer en las décadas estudiadas y reestrenados hoy, el espectador proyecta su ideología, resemantiza el texto espectacular.

Los cambios en los niveles de texto que implican reversiones de la forma secundaria traen siempre consigo cambios en la recepción y a su vez los cambios en la recepción llevan aparejados cambios textuales.

Osvaldo Pellettieri

Notas

[1] Puede ejemplificarse con el teatro por sesiones español, en el caso del sainete criollo; el "grottesco italiano" en el grotesco criollo; el teatro del absurdo en el caso de la neovanguardia del sesenta; el realismo de Miller o Williams en el realismo reflexivo de Cossa, Halac o Rozenmacher.

[2] Según Williams (1982: 189) el sistema dominante es el que designa y legitima como literario o teatral determinado tipo de textos. Aclarando que: "En la producción cultu-

ral las condiciones de dominación están por lo general claras en ciertas instituciones y formas dominantes. Estas pueden presentarse como desconectadas de las formas sociales dominantes, pero la eficacia de ambas depende de su profunda integración". Es decir, las textualidades dominantes son las que ocupan el centro del campo intelectual correspondiente al teatro que no debe ser confundido con las formas políticas y de poder dominantes en la sociedad. Son las que se constituyen en el denominado "teatro de calidad" por las instituciones mediadores, los premios, la crítica.

[3] Para Williams (1982: 190) la obra residual es la "realizada en sociedades y épocas anteriores y a menudo diferentes, pero todavía accesible y significativa", o bien, agregamos, el texto realizado contemporáneamente, pero que se pliega a una ideología estética superada. Se identifica en Argentina y Latinoamérica con el subsistema popular.

[4] Para Williams (1982: 190) los textos emergentes son los nuevos, los que marcan un cambio dentro del sistema teatral: "Intentan avanzar (y a veces lo logran) más allá de las formas dominantes y de sus relaciones socio-formales".

[5] Hay distintas corrientes dentro del planteo historicista, además de los mencionados trabajos de Jauss, en Europa cabe mencionar a Gumbrecht (1971), Burke (1993), Chartier (1996) y Guillén (1985 y 1989); y en los Estados Unidos, a pesar de que el campo intelectual está dominado por concepciones ahistóricas como el New Criticism y la deconstrucción, aparecen autores como Greeblatt (1998), Simpson (1998) y Liu (1998) que incluyen la crítica literaria en la historia. Greeblatt (1990: 186) ha sido claro: "pienso que un interés por el trasfondo teórico de los últimos años distingue al Nuevo Historicismo de la erudición histórica positivista de principio del siglo XX".

•••

CRONOLOGIA

1717

No puede ser guardar una mujer, de Agustín Moreto y Cabaña

Loa, de Antonio Fuentes del Arco y Godoy en ocasión de las fiestas que la ciudad de Santa Fe hizo al rey Felipe V (precedía a la comedia).

1721

Judith (por los alumnos del Colegio del Salvador)

Las glorias del mejor siglo

1747

Efectos de odio y amor, de Pedro Calderón de la Barca, representación realizada en un corral a cargo de los militares de la guarnición del presidio

La vida es sueño, de Pedro Calderón de la Barca, Teatrillo de la Fortaleza (compañía de actores españoles)

Las armas de la hermosura, Pedro de Calderón de la Barca (representación realizada en un corral a cargo de los militares de la guarnición del presidio)

Loa, compuesta al cumplirse el luto de seis meses por la muerte de Felipe V; en esa ocasión se celebró en Buenos Aires la ascensión de Fernando VI (representación realizada en un corral a cargo de los militares de la guarnición del presidio)

Primero es la honra, de Agustín Moreto y Cabaña (representación realizada en un corral a cargo de los militares de la guarnición del presidio)

1760

El segundo Scipión, de Pedro Calderón de la Barca

1761

Loa que hizo en esta ciudad de San Juan de Vera de las Siete Corrientes en las fiestas de la feliz exaltación al trono del muy augusto y poderoso Señor Don Carlos Tercero Rey de las Españas Indias provincia de Corrientes (en honor de Carlos III)

1789

La inclusa

Siripo, de Manuel de Lavardén, Teatro de la Ranchería

1802

El chasco de los aderezos

1803

El contrato anulado, de Benoît Joseph Marsollier de les Vivetières

1804

El barón, de Leandro Fernández de Moratín

La buena criada, de Carlo Goldoni, Coliseo Provisional

Los áspides de Cleopatra, de Francisco de Rojas Zorrilla, Coliseo Provisional

Zaira de Voltaire, Coliseo Provisional

1805

El emperador Alberto, de Antonio de Valladares y Sotomayor, Coliseo Provisional (Luis Ambrosio Morante)

La constancia española (Compañía de Eusebio Rivera)

1806

Clelia triunfante en Roma
El montañés sabe bien donde le aprieta el zapato, de Luis Antonio José Moncín

1808

Doña Inés de Castro
La lealtad más acendrada y Buenos Aires vengada, de Juan Francisco Martínez, Coliseo Provisional
Misantropía y arrepentimiento, de August von Kotzebue
Roma libre, adaptación de *Roma salvada* de Voltaire

1809

El triunfo del Ave María, de Rosette Niño, Coliseo Provisional

1811

Cómo luce la lealtad a vista de la traición, de Tomás de Añorbe y Corregel
El virtuoso argentino, Coliseo Provisional
La constante Griselda
La más hidalga hermosura, de Francisco de Rojas Zorrilla

1812

Atilio Régulo, de Pietro Metastasio
Cristina de Suecia, de Luciano Francisco Comella, Coliseo Provisional (Josefa Ocampos)
Cumplir con su obligación, de Juan Pérez de Montalbán
El 25 de Mayo o El himno de la libertad, de Luis Ambrosio Morante, Coliseo Provisional (Compañía Luis Ambrosio Morante)
El celoso y la tonta, de N. Inzusquiza
El conde Cominges, de Francisco Altés y Gurena
El falso nuncio de Portugal, de Benito Jerónimo Feijoo
El hombre de bien, de F. M. E. y C.
El triunfo de la naturaleza, de Vicente Pedro de Acuña (Vicente Nolasco de Acuña/ Vicente Pedro Velasco Da Cunha)
El villano metido o gentilhombre
Juez sordo y testigo ciego

Orestes, de Voltaire

1813

Alcira o Los americanos, de Voltaire, Coliseo Provisional
Bienvengas mal si vienes solo, de Pedro Calderón de la Barca, Coliseo Provisional
Cecilia y Dorzan, de Benoît Joseph Marsollier de los Vivetières, Coliseo Provisional
El abate l'Epee, de Jean-Nicolas Bouilly, Coliseo Provisional
El amante honrado, de Gaspar Zabala y Zamora, Coliseo Provisional (Luis Ambrosio Morante)
El buen médico o La enferma por amor, de Carlo Goldoni, Coliseo Provisional
El celoso Don Lesmes o De un convite a un cautiverio, de Vicente de Rodríguez Arellano, Coliseo Provisional
El maestro de Alejandro, de Fernando Zárate, Coliseo Provisional
El prisionero de guerra, de Carlo Goldoni, Coliseo Provisional
El sí de las niñas, de Leandro Fernández de Moratín, Coliseo Provisional
El viejo y la niña, de Leandro Fernández de Moratín, Coliseo Provisional
El triunfo del amor y la amistad, Jeuwal y Faustina, Gaspar Zabala y Zamora, Coliseo Provisional
La criada más sagaz o La mujer literata y criada más sagaz, de Gaspar Zabala y Zamora, Coliseo Provisional
La Magdalena cautiva, de Antonio de Valladares y Sotomayor, Coliseo Provisional
La mojigata, de Leandro Fernández de Moratín, Coliseo Provisional
La muerte de Catón, de José Addison, Coliseo Provisional
La muerte de César, de Voltaire, Coliseo Provisional
La señorita mal criada, Tomás de Iriarte, Coliseo Provisional
La tragedia de Otelo, de José Francisco Ducis, Coliseo Provisional
Las argentinas del Sud, Anónimo, Coliseo Provisional
Los triunfos de la patria en Salta, Anónimo, Coliseo Provisional
Marco Antonio y Cleopatra, de Víctor Alfieri, Coliseo Provisional
Pablo y Virginia, de Jacobo Enrique Bernardino Saint-Pierre, Coliseo Provisional

Siripo y Yara o El campo de la matanza (atribuida a Luis Ambrosio Morante)

1814

Adolfo y Clara o Los presos por amor, de Benoît Joseph Marsollier de los Vivetières, Coliseo Provisional
Caprichos de amor y celos, de Fermín del Rey, Coliseo Provisional
El diablo predicador, de Luis Belmonte y Bermúdez, Coliseo Provisional
El jugador inglés, de Eduard Moore, Coliseo Provisional
El valiente fanfarrón y criollo socarrón o *El criollo socarrón* o *El gaucho*, Anónimo, Coliseo Provisional
La travesura, de Jean-Nicolás Bouilly, Coliseo Provisional
Lautaro y Atahualpa, de Luciano Francisco Comella, Coliseo Provisional
Los exteriores engañosos, de Gaspar Zabala y Zamora, Coliseo Provisional
Séneca y Paulina, de Luciano Francisco Comella, Coliseo Provisional
Si una vez llega a querer, la más firme es la mujer, de José de Cañizares, Coliseo Provisional
Las víctimas del amor, de Gaspar Zabala y Zamora, Coliseo Provisional

1815

A río revuelto ganancia de pescadores, de Juan Cruz Varela
Agamenón, de Luis Juan Nepomuceno Lemercier
Cecilia viuda, de Luciano Francisco Comella
El delincuente sin saberlo
El feliz encuentro, de Carlo Goldoni
El nuevo Caupolican o el bravo patriota de Caracas, de José Manuel Sánchez, Coliseo Provisional
El señorito mimado, de Tomás de Iriarte, Coliseo Provisional
Idomeno, de Prosper Jolyot de Crébillon
Los amantes generosos, de Rochon de Chabannes
El señorito mimado, de Tomás de Iriarte

1816

Al deshonor heredado vence el honor adquirido, anónimo

Cómo ha de ser la amistad, de Luis Antonio José Moncín (Compañía Eusebio Rivera)
El carpintero de Livornia, de Alejandro Duval
El hijo del Sud, atribuida a Luis Ambrosio Morante, Coliseo Provisional
Ericia Vestal o los efectos de la tiranía paterna
La libertad civil, atribuida a Esteban de Luca, Coliseo Provisional
Ni amante más generoso ni más constante mujer
Roma libre, de Víctor Alfieri, Coliseo Provisional
Tartufo, de Molière, Coliseo Provisional
Vida y muerte del Cid y noble Martín Peláez

1817

Camila o La patriota de Sudamérica, de Camilo Henríquez, Coliseo Provisional
Cornelia Bororquia, atribuida a Luis Gutiérrez o a Luis Ambrosio Morante, Coliseo Provisional
El aldeano metido a hombre de importancia
El Cid, de Pierre Corneille
Felipe II, de Víctor Alfieri, Coliseo Provisional
La inocencia en el asilo de las virtudes, de Camilo Henríquez, Coliseo Provisional
La jornada de Maratón, de Pierre Remy Guéroult
La revolución de Tupac Amaru, de Luis Ambrosio Morante, Coliseo Provisional
Orestes, de Voltaire

1818

Arauco Libre, de José Manuel Sánchez, Coliseo Provisional
Asdrúbal, de Luciano Francisco Comella
Atenea, de Vicente Rodríguez de Arellano
El aguador de París, de Antonio Marqués y Espejo
El ánima en pena, de Laureano Mortisombis (atribuida a Luis Ambrosio Morante), Coliseo Provisional
El detall de la acción de Maipú, Anónimo, Coliseo Provisional
El duque de Viseo, de Manuel José Quintana
El imperio de la verdad
El justiciero imparcial

El triunfo, atribuida a Bartolomé Hidalgo, Coliseo Provisional
El valiente y la fantasma
El viejo tío Parras, Anónimo, Coliseo Provisional
Entre el amor y el honor, el honor primero
Indulgencia para todos, de Eduardo Gorostiza
La quincallería, de Santiago Wilde
La condesa de Castilla, de Nicasio Álvarez de Cienfuegos
La mujer de los dos maridos, de Vicente Rodríguez de Arellano
La virtud premiada o El verdadero buen hijo, de Luis Antonio José Moncín
La Zynda
Las dos tocayas, de Santiago Wilde, Coliseo Provisional
Los hijos de Edipo, de Víctor Alfieri
Los verdaderos padres de la patria, o la heroína del pueblo caraqueño
Mitrídates, de Racine
Numancia destruída, de Ignacio López de Ayala
Prisionero de guerra, de Carlo Goldoni
El mayor rival de Roma, de Luciano Francisco Comella

1819

El hipócrita político, atribuida a Valentín Alsina, Coliseo Provisional

1820

Castillos en el aire, de Jean-François Collin d'Harleville
La Raquel, de Vicente García de la Huerta

1821

Antonina, Coliseo Provisional
Aristodemo, atribuida a Miguel Cabrera de Nevares, Coliseo Provisional
Carlos y Carolina, firmada V., Coliseo Provisional
Diálogo entre Jacinto Chano y Ramón Contreras, de Bartolomé Hidalgo, Coliseo Provisional
El amor y la intriga, de Johann Christoph Friedrich von Schiller, Coliseo Provisional
El avaro, de Molière, Coliseo Provisional
El bruto, de Voltaire (Trinidad Guevara)

El criado de dos amos (¿de Carlo Goldoni?) Coliseo Provisional
El chismoso, de Francisco Vicente de Meseguer (Trinidad Guevara)
El desquite, Coliseo Provisional
El destino de Buenos Aires
El distraído, de Jean-François Regnard, Coliseo Provisional
El hombre agradecido, de Luciano Francisco Comella, Coliseo Provisional
El opresor de la familia, de Louis Benoît Picard, Coliseo Provisional
Hamlet, de William Shakespeare, Coliseo Provisional (dirección de Luis Ambrosio Morante)
Héroe republicano, Coliseo Provisional
Inés Tessandri, Coliseo Provisionalk, traducción de Manuel Andrés
La batalla de Pazco por el general San Martín, anónimo, Coliseo Provisional
La batalla de Tucumán o *Defensa y Triunfo del Tucumán por el General Manuel Belgrano*, atribuida a Luis Ambrosio Morante, Coliseo Provisional
La delirante Leonor, Coliseo Provisional, traducción de Santiago Wilde
La enterrada en vida, atribuida a Eugenio de Tapia, Coliseo Provisional
La maleta, Coliseo Provisional
Las cárceles de Lemberg, Coliseo Provisional
Las cuatro estaciones o la vida sutil, de Antonio de Valladares y Sotomayor, Coliseo Provisional
Las mujeres curiosas, Coliseo Provisional
Loa al General Belgrano, de Joaquín Culebras, Coliseo Provisional
Los hermanos enemigos, de Racine
Los rivales de sí mismos, de Charles Antoine Guillaume Pigault-Lebrun, Coliseo Provisional
Los triunfos del valor y honor en la corte de Rodrigo, Coliseo Provisional
Los zapatos de seda, Coliseo Provisional, traducción de Luis Ambrosio Morante
Nuevo Diálogo Patriótico, de Bartolomé Hidalgo, Coliseo Provisional
Tres comedias de Doña María Retazos, de Fray Francisco de Paula Castañeda, Coliseo Provisional
Tupac-Amaru, atribuida a Luis Ambrosio Morante, Coliseo Provisional
Un loco hace ciento, de María Rosa Gálvez, Coliseo Provisional

1822

Antajerjes, de Antonio Baza
Aviso a los solteros, de Francisco de Rojas
Desembarco de los rusos en Matril
Dueto de la pistola (Vicente Zapucci y Teresa Nadini)
El buen gobernador
El divorcio por amor, de Félix Enciso Castrillón
El judío (traducción del inglés de Santiago Wilde)
El médico a palos, de Molière, traducción de Fernández de Moratín
La escuela de los maridos, de Molière
La loca fingida, o El amor es un gran maestro, de Destouches
La muerte de Sócrates, de Voltaire
La viuda sagaz
Las víctimas del claustro, de Jean François Delharpe (La Harpe)
Los dos matrimonios
Relación que hace el gaucho Ramón Contreras a Jacinto Chano de todo lo que vio en las fiestas mayas de Buenos Aires en 1822, de Bartolomé Hidalgo

1823

Carlos Eduardo o la noche más terrible de un proscripto
Dido, de Juan Cruz Varela, Coliseo Provisional
El delincuente honrado, de Gaspar Melchor de Jovellanos
El esplín, de Vicente Rodríguez de Arellano
El hipócrita pancista
El hombre singular, de Luciano Francisco Comella
El huérfano inglés, de Tomás de Iriarte
El indolente, de Luciano Francisco Comella
El reconciliador o el hombre amable, de Demoustier
El severo dictador, de Apóstolo Zeno
La buena casada, de Manuel Fermín de Laviano
La condesa de Castilla
La dama boba, de Félix Lope de Vega y Carpio
La holandesa, de Gaspar Zabala y Zamora
La librería, de Tomás de Iriarte
La reconciliación, de August von Kotzebue

La virtud perseguida por la superstición y el fanatismo, de Estremera *Molina,* atribuida a Manuel Belgrano, Coliseo Provisional

1824

Argia, de Juan Cruz Varela, Coliseo Provisional
El desdén con el desdén, de Agustín Moreto y Cabaña, Coliseo Provisional
El divino Nazareno Sansón, de Joaquín Culebras, Coliseo Provisional
Fray Lucas o el monjío deshecho, Coliseo Provisional
Las dos Mendozas, Coliseo Provisional
Virginia, de Víctor Alfieri, Coliseo Provisional
Céfiro y Flora o El inconsecuente corregido, Coliseo Provisional

1825

Coronel de la guarnición o Las diabluras francesas
El barón de Illescas
El café, de Leandro Fernández de Moratín
El heredero universal, de Jean-François Regnard
El huérfano de la China, de Voltaire
El misántropo, de Molière
El secreto a voces, de Pedro Calderón de la Barca
El viajante desconocido o El coronel Basconcelos
Elvira la portuguesa
Fragilidad e hipocresía
Guerra abierta
Julieta y Romeo
La huérfana de Ginebra
La prueba caprichosa
La reconciliación de los dos hermanos, de August von Kotzebue
Manlio Capitolino, de Antoine La Fosse d'Aubigny
Otelo, de William Shakespeare
Paulino, de Tomás Añorbe y Corregel

1826

El hombre mejorado por sus remordimientos, Coliseo Provisional
El imperio de las costumbres, de Gaspar Zabala y Zamora, Coliseo Provisional

El mundo de Arpenax, Coliseo Provisional
El rústico borracho
La casa tapiada, Coliseo Provisional
La familia Sirvan o Voltaire en Castres, Coliseo Provisional
La juventud de Enrique V, Coliseo Provisional
La recompensa del arrepentimiento, de Antonio Marqués, Coliseo Provisional
Las bodas de Chivico y Pancha, Anónimo, Coliseo Provisional (dirección de Joaquín Culebras)
Los araucanos o *La conquista de Chile,* Anónimo, Coliseo Provisional
Payaso el bobo de una mujer, Coliseo Provisional
Pelayo, de Manuel José Quintana, Coliseo Provisional
Víctor o El hijo del bosque, de René-Charles de Pixérécourt, Coliseo Provisional (Compañía Félix Tiola)

1827

Al que le venga el sayo que se lo ponga, de Luis Ambrosio Morante, Coliseo Provisional
Don Giovanni, de Wolfgang Amadeus Mozart (Rosquellas, Cayetano Ricciolini)
El brasileño fanfarrón o La batalla de Ituzaingó, anónimo, Coliseo Provisional
El embustero engañado, de Luis Antonio José Moncín
El fanatismo, de Voltaire
El solterón, de Jean-François Collin d'Arleville
La posadera, de Carlo Goldoni
Los dos galeotes

1828

Atala, o los amores del desierto, de François-René vizconde de Chateaubriand, adaptación de Fernández Madrid, Coliseo Provisional
Del rey abajo, ninguno, y labrador más honrado García del Castañar, de Francisco de Rojas Zorrilla
Guatimoc o *Guatimocín,* de José Fernández Madrid, Coliseo Provisional
El pintor fingido, de Vicente Rodríguez de Arellano, Coliseo Provisional

1829

El criado sagaz o El viejo burlado (Cayetano Ricciolini)
El enemigo de las mujeres, versión de *La posadera* de Carlo Goldoni realizada por José López de Sedano, Coliseo Provisional
El incendio de Numancia, o los mártires de la libertad
El salto de la torre o Los indios Punitú
El sueño en la Capilla de Glesstorn o La fantasma de la roca negra, anónimo, Coliseo Provisional
La mujer firme, de Vicente Rodríguez de Arellano, Coliseo Provisional
La recluta en la aldea o Los achacosos fingidos
Los casos nocturnos o La criada sutil
Oscar, anónimo, Coliseo Provisional

1830

A Madrid me vuelvo, de Manuel Bretón de los Herreros, Coliseo Provisional
Adriana de Courtenay, de Joaquín Culebras, Coliseo Provisional
Al vivo hacerle creer el muerto, o castigo de la miseria
Aradin Barbarroja o La conquista de Regio, Coliseo Provisional
El asombro Xerés, o Juana de Rabicortona
El barbero de Sevilla, versión dramatizada de la obra de Pedro Agustín de Beaumarchais, Coliseo Provisional
El boticario engañado, Parque Argentino
El Cid Campeador, de Pierre Corneille, Coliseo Provisional
El conde Geraldo, el proscripto o el hombre de la selva negra
El convidado de piedra, de Tirso de Molina
El delincuente honrado, de Gaspar Melchor de Jovellanos, Coliseo Provisional
El jugador, de Jean-François Regnard
El Nazareno Sanson, de Voltaire, Coliseo Provisional
El perro de Montargis o la selva de bondi
El provinciano en Madrid o *La virtud y la tiranía*, anónimo, Coliseo Provisional
El varón de Felshein o caprichos de Federico II, de Charles Antoine Guillaume Pigàult-Lebrun
Gombela y Suniada, de Gaspar Zabala y Zamora, Coliseo Provisional

La destrucción de Numancia, de J. López Ayala, Coliseo Provisional
La escuela de las casadas, versión de la obra de Molière, Coliseo Provisional
La muerte de Riego, de Mejía
La princesa de los cabellos de oro
Lanuza, del Duque de Rivas, Coliseo Provisional
Las furias de Orestes, de Voltaire, Coliseo Provisional
Las lágrimas de una viuda, de Luciano Francisco Comella
Lord Davenant, o consecuencias de un momento de error
Los asesinos de Florencia, o sea la quinta de Palucci
Los bandos de Verona, de Francisco de Rojas Zorrilla
Los dos Pedros
Los payos inocentes
Los tres novios imperfectos, Coliseo Provisional
Numa Pompilio
Otelo, de William Shakespeare, adaptación de José Francisco Ducis, Coliseo Provisional
Raquel o La judía de Toledo, de Vicente García de la Huerta, Coliseo Provisional

1831

A suegro airado nuera prudente, de Antonio de Valladares y Sotomayor, Coliseo Provisional
Blanca de Rossi, de María Rosa Gálvez, Coliseo Provisional
Caldereros y vecindad, los dos viejos, uno llorando y otro riendo
Carlos el Temerario
Don Pedro el cruel, de J. M. Huici
Edipo, de Voltaire, Coliseo Provisional
El calderero de San Germán, de Gaspar Zabala y Zamora, Coliseo Provisional
El Duque de Pentiebre o El Buen Gobernador o Las Colegialas de Cambray, de Vicente Rodríguez de Arellano, Coliseo Provisional
El fanático por la nobleza o El Mamamuchi, de Molière, Coliseo Provisional
El inmortal Juan Padilla o Los comuneros de Castilla, de Maqueda, Coliseo Provisional
El mendigo de Bruselas

El tribunal formidable, o Roberto de Córdoba
Enrique VII de Inglaterra
Gonzalo de Córdoba
Guillermo Tell, de Friedrich Schiller, Coliseo Provisional
La bajada de Orfeo al Averno en busca de su mujer
La Elmira, de Voltaire, Coliseo Provisional
La expiación
La muerte de la reina de Escocia, de Francisco Martínez de la Rosa
La muerte de María Estuardo, de Friedrich Schiller, Coliseo Provisional
La novia de sesenta y cuatro años o Un día de lotería, de Robreño, Coliseo Provisional
La viuda de Padilla
Lafayette en Mont-Vernon
Les Rivaux D' Eux Mémes, de Charles Antoine Guillaume Pigàult-Lebrun, Parque Argentino (compañía francesa)
Los dos sargentos
Los dos sobrinos, de Manuel Bretón de los Herreros, Coliseo Provisional
Montegón y Capuleto
Morayma, de Francisco Martínez de la Rosa, Coliseo Provisional
Polder, o El verdugo de Ámsterdam, de Víctor Ducange
Treinta años o La vida de un jugador, de Víctor Ducange, Coliseo Provisional,

1832

Amalia o La ilustre camarera, adaptación de la ópera de J. M. De los Reyes, Coliseo Provisional
Avelino o el gran traidor, anónimo, Coliseo Provisional
Carlos IX o La escuela de los reyes o La noche de San Bartolomé, de Marie-Joseph Chénier, Coliseo Provisional
Cobrar en vida lo gastado en entierro, de Félix Enciso Castrillón, Coliseo Provisional
Coquetismo y presunción, de N. Arenas
¿Cuál se casa con ella?
De un convite a un cautiverio o El celoso Don Lesmes, de Vicente Rodríguez de Arellano, Coliseo Provisional

Don Pausanio Postergarino y el escribano de número don Ceferino Veloz
El astrólogo fingido, de Pedro Calderón de la Barca, Coliseo Provisional
El avariento heredero, de Víctor Joseph Étienne de Jouy
El más justo rey de Grecia, de Eugenio Gerardo Lobo, Coliseo Provisional
El muerto fingido
El testigo invisible, o la capilla en los bosques
Entre bobos anda el juego, de Francisco de Rojas Zorrilla
Inés de Castro, de Luis de Camoens, Coliseo Provisional
Los amantes de Teruel, de Luciano Francisco Comella, Coliseo Provisional
Julia de Bleoin, o la intriga más execrable
La Gabriela de Bergy, de Diego Rejón de Silva, Coliseo Provisional
La gran batalla de Nancy, o Elodia
La huerfanita o Lo que son los parientes, de Louis Benoît Picard, Coliseo Provisional
La negra Zinda, de María Rosa Gálvez, Coliseo Provisional
La nueva Inés de Castro, de Luis de Gamnes (Cannes), Coliseo Provisional
La toma de Montevideo, Anónimo, Coliseo Provisional
La Zoraida, de Juan Nicasio Álvarez de Cienfuegos
Las diez de la noche o Los efectos funestos de una resolución, de Víctor Ducange, Coliseo Provisional
Las segundas nupcias, de Gaspar Zabala y Zamora
Los amantes de Siracusa, o amor y desesperación
Los doce pares de Francia o El mejor de todos ellos, de Agustín Moreto y Cabaña, Coliseo Provisional
Los falsos amigos, Anónimo, Parque Argentino
Los templarios, de F. J. M. Raynouard, Coliseo Provisional
¿Marcela o cuál de las tres?, de Manuel Bretón de los Herreros, Coliseo Provisional
Matilde en Orleims, de A. Marqués y Espejo, Coliseo Provisional
No mas mostrador, de Mariano José de Larra, Coliseo Provisional
Para servirte me caso o La novia tapada, de J. y J. Gaspar, Coliseo Provisional

Pitaco, rey de Lesbos, de Nicasio Álvarez de Cienfuegos, Coliseo Provisional
Quince años o Los efectos de la perversión, Víctor Ducange, Coliseo Provisional
Todo o nada o El veleta, de Manuel Bretón de los Herreros, Coliseo Provisional
Un año después de la boda, de Antonio Gil y Zárate, Coliseo Provisional, Compañía Oriental

1833

A la vejez viruelas, de Manuel Bretón de los Herreros, Coliseo Provisional
Cristóbal Colón, de Luciano Francisco Comella, Coliseo Provisional
Despedida de Napoleón en Fountainebleau (de y por José Catón)
El anillo de Giges
El pasaje del Puente de Lodi por Napoleón y su ejército (de y por José Catón)
Franval y Emilia
Julia o La libertadora de la patria, de Víctor Ducange, Coliseo Provisional
La Andrómaca
La confidente casual, de Gaspar Zabala y Zamora, Coliseo Provisional
La gran Cenobia o Aureliano en Palmira, de Pietro Metastasio, Coliseo Provisional
La mujer de dos maridos, de Vicente Rodríguez de Arellano, Coliseo Provisional
La niña en la casa y la madre en la máscara, de Francisco Martínez de la Rosa
La nueva Dido
La osa o La humanidad entre los animales (de y por José Catón)
Las cuatro estaciones o La viuda sutil, de Antonio de Valladares y Sotomayor, Coliseo Provisional
Los araucanos o la conquista de Chile
Marta la Romantina, o el asombro de Francia, de José de Cañizares
Napoleón en la aldea

1834

Adelaida, Duquesa de Baviera o La bárbara prueba de fuego, de August von Kotzebué, Coliseo Provisional
Antonino, de Alejandro Dumas
El Asturiano en Madrid y Observador instruido, Luis Moncín, Coliseo Provisional
El avaro arrepentido
El aviso a los casados, de Félix Enciso Castrillón, Coliseo Provisional
El bosque peligroso, o Los bandidos de Calabria
El célebre armador Juan de Cales
El fanático por la nobleza, de Molière
El garrote más bien dado y alcalde Zalamea, refundición de la obra de Pedro Calderón de la Barca, Coliseo Provisional
El gastrónomo sin dinero, arreglo de Ventura de la Vega
El hipócrita, versión de *Tartufo* de Molière, Coliseo Provisional
El ingenioso hidalgo Don Quijote de La Mancha, versión de Ventura de la Vega, Coliseo Provisional
El justiciero José II, o la sensible carcelera
El mágico de Astracán, de Antonio de Valladares y Sotomayor
El marido ambicioso, de Louis Benoît Picard, Coliseo Provisional
El patriotismo en triunfo
El sueño, de Ventura de la Vega, Coliseo Provisional
El tirano Zamosqui en las minas de Polonia
El vanidoso humillado, de Louis Benoît Picard
El vergonzoso en palacio, de Tirso de Molina
Elmira o Los Americanos del Perú, de Voltaire, Coliseo provisional
Hércules en lucha con el león, Compañía Ecuestre Laforest-Smith
Julia, o las diez de la noche, de Víctor Ducange
La bandera libertadora o El bandido (Compañía Ecuestre Laforest-Smith)
La batalla de Montereau, Coliseo Provisional (dirección de Felipe Catón)
La batalla de Pasco
La cena de Enrique IV o La pava y yo o Ni yo ni la pava, de Désprez de Walmore y Boutiller, Coliseo Provisional
La contienda de los Dioses por el Estado Oriental, de Joaquín Culebras, Coliseo Provisional

La educanda en Londres o El colegio de Tonnington, de Víctor Ducange, Coliseo Provisional
La estatua viva o Modelo de los antiguos, Coliseo Provisional (Compañía Ecuestre Laforest-Smith)
La estrella de Sevilla, de Félix Lope de Vega y Carpio
La máscara reconciliadora, de Ventura de la Vega, Coliseo Provisional
La muerte de Arlequín, Coliseo Provisional (Compañía José Chiarini)
La muerte del gladiador (Compañía Ecuestre Laforest-Smith)
La muerte del moro en defensa de su bandera, Coliseo Provisional (Compañía Ecuestre Laforest-Smith)
La sentencia más bien dada, o el alcalde justiciero, de Antonio de Solís
La vieja y las calaveras
Las dos épocas o La destructora de su familia, de Francisca Navarro, Coliseo Provisional
Las esclavas Amazonas, de Pietro Metastasio, Coliseo Provisional
Lord Wellington o La batalla de los Aralifes, de Francisco Garmer González, Coliseo Provisional
Munuza, atribuida a Gaspar Melchor de Jovellanos
Roberto Dillon, o el católico de Irlanda, de Víctor Ducange
Washington, de D'Aubigny, Coliseo Provisional

1835

Acertar errando, de Ventura de la Vega
Catalina II de Rusia
Dido abandonada, de Racine, Coliseo Provisional
Don Dieguito, de Eduardo Gorostiza
El casamiento del gaucho santafesino, anónima, Coliseo Provisional
El chismoso, de Tomás García Suelto, Coliseo Provisional
El loco Tessandri, o el amor paternal
El sombrero que habla o Terribles consecuencias de una imprudencia, de Manuel Andrés Igual, Coliseo Provisional
El triunfo del talento o La cristiana, de Antonio Alcalá y Galiano, Coliseo Provisional
El tutor burlado, de Ramón de la Cruz
El viejo de 25 años, de Ventura de la Vega

Estatua Arlequín o Fantasma gigante de 16 pies de alto, Coliseo Provisional (Compañía Ecuestre Laforest-Smith)

La judía de Toledo o La Raquel, de Vicente García de la Huerta, Coliseo Provisional

La muerte de Abel o El primer fratricidio, de Gabriel-Marie Legouvé, Coliseo Provisional

La solterona, de Manuel Bretón de los Herreros

La tirana de Tripili (Felipe David)

Las capas o la conspiración descubierta, de Eugenio Scribe

La vuelta de Napoleón de la isla de Elba, Coliseo Provisional (Compañía Ecuestre Laforest-Smith, dirección de Felipe Catón)

Las colegialas de Cambray

Lo que puede un buen empleo, de Francisco Martínez de la Rosa, Coliseo Provisional

Los amantes burlados, de Manuel Bretón de los Herreros, Coliseo Provisional

Los celos infundados o El marido en la chimenea, de Francisco Martínez de la Rosa, Coliseo Provisional

Los viajes de José II, o la huérfana de Salzburgo

Marta la piadosa, o la devota, de Tirso de Molina

Miguel y Cristina, o el regreso de Estanislao a los cinco años

Solimán II o Las tres sultanas, de Charles-Simon Favart, Coliseo Provisional

Tanto vales cuanto tienes, de Andrés Saavedra

Timour el tártaro, Coliseo Provisional (Compañía Ecuestre Laforest-Smith)

Un año después de la boda, de Antonio Gil y Zárate

Un novio para la niña o La casa de huéspedes, de Manuel Bretón de los Herreros, Coliseo Provisional

1836

A Madrid me vuelvo, de Manuel Bretón de los Herreros

A suegro irritado nuera prudente, o el conde Zimbal

Aliatar, del Duque de Rivas, Coliseo Provisional

Amor y honor o Los estragos de las pasiones, de Antonio Alcalá y Galiano, Coliseo Provisional

Contigo pan y cebolla, de Eduardo Gorostiza, Coliseo Provisional

El auditor inglés, juez de su propio delito
El buen gobernador y defensor de las leyes
El colateral, de Louis Benoît Picard, Coliseo Provisional
El libertador, o el gobernador
El segundo año o ¿Quién tiene la culpa?, de Manuel Bretón de los Herreros, Coliseo Provisional
El tesón, o Cristina y Derval
Hermenegilda o El error funesto, de Antonio Alcalá y Galiano, Coliseo Provisional
La calumnia o La madre incógnita, de Francisco Altés y Gurena, Coliseo Provisional
La conspiración descubierta o Las capas, de Eugenio Scribe, adaptación de Ventura de la Vega, Coliseo Provisional
La dama sutil, de Luciano Francisco Comella, Coliseo Provisional
La loca fingida, de Manuel Bretón de los Herreros, Coliseo Provisional
La posada o El calavera escarmentado, de Félix Enciso Castrillón, Coliseo Provisional
La pupila, o la casa aislada
La subordinación militar
La toma de Novesia por las armas, de Alejandro Farnesio
Los compadres codiciosos
Los comuneros de Castilla, de Marquena
Los primeros amores, de Manuel Bretón de los Herreros, Coliseo Provisional
Los viajes del rey de Colonia, o el desquite
Luisa, o el desagravio
Manuel Méndez Injundia, abogado tras los montes
Nise o El candor premiado, de Antonio Gil y Zárate, Coliseo Provisional
Pedro el Grande Czar de Moscovia o El carpintero de Libonia, de Alejandro Duval, Coliseo Provisional
Silvestre y Pascual, uno adusto, otro cordial
Teodoro y Carolina, o El sepulturero de Witenberg
Un día de fiesta en Barracas, de Pedro Lacasa, dirección Fernando Quijano, Coliseo Provisional
Un tercero en discordia, de Manuel Bretón de los Herreros, Coliseo Provisional

1837

Don Juan de Alvarado
Don Tadeo, de Claudio Mamerto Cuenca
El criado de dos amos, de Carlo Goldoni, Coliseo Provisional
El diablo predicador
El entrometido o Las máscaras, de Francisco Martínez de la Rosa, Coliseo Provisional
El fratricidio o los remordimientos
El marido de mi mujer, de Ventura de la Vega, Coliseo Provisional
Incertidumbre y amor, de Eugenio de Ochoa, Coliseo Provisional
La escuela de los parientes, de Manuel Bretón de los Herreros
La venganza, de Víctor Ducange
Los caballeros de la banda, de Eugenio de Tapia, Coliseo Provisional
Los seis grados del crimen y escalones del cadalso o Una lección a la juventud, de Víctor Ducange, Coliseo Provisional
Marino Faliero, de Casimiro J-P. Delavigne, Coliseo Provisional
Napoleón lo manda, de Eugenio Scribe, Coliseo Provisional
Quince años ha, o Los incendiarios, de Víctor Ducange
Tu amor o La muerte, de Eugenio Scribe, Coliseo Provisional

1838

Aben-Humeya o La rebelión de los moriscos, de Francisco Martínez de la Rosa, Teatro Argentino
Amantes y celosos, todos son locos, de Ventura de la Vega, Teatro de la Victoria
Ana I de Francia, de Alejandro Dumas, Teatro de la Victoria
Angelo, tirano de Padua, de Víctor Hugo, Teatro de la Victoria
Bárbara Blomberg o Los herejes de Alemania, de Patricio de la Escosura, Teatro de la Victoria
Carlos o El infortunio, de Luis Méndez, Teatro Argentino
Catalina Howard, de Alejandro Dumas, Teatro de la Victoria
El arte de conspirar, de Eugenio Scribe, Teatro Argentino
El delirio por amor o La celestina, de Manuel Andrés Igual, Teatro de la Victoria
El enemigo íntimo o Las apuestas, de Eugenio Scribe, Teatro de la Victoria

El espía sin saberlo, de Eugenio Scribe, Teatro Argentino
El gondolero o El amor paternal, de G. P. Coll y Las Heras, Teatro Argentino
El honor ingles, o sea dos horas de favor
El médico de Salerno, de Juan Salvo y Vela, Teatro Argentino
El pilluelo de París, de Bayard, Teatro de la Victoria
El renegado o El triunfo de la fe, de Rafael Corvalán, Teatro Argentino
El sitio de París, tragedia del vizconde D'Harlincourt, Teatro Argentino
El Trovador, de Antonio García Gutiérrez, Teatro de la Victoria
Gonzalo Bustos de Lara o Los siete decapitados por Almanzor, de Francisco Altés y Gurena, Teatro Argentino
Hipólito, o el terremoto
La Clotilde, o el crimen por amor
La conjuración de Venecia, de Francisco Martínez de la Rosa, Teatro Argentino
La corte del buen retiro o El enano bufón e Isabel de Borbón, de Patricio de la Escosura, Teatro Argentino
La equivocación
La loca, o El testamento de una inglesa
La torre de Nesle o Margarita de Borgoña, de Alejandro Dumas, Teatro Argentino
Los espectros
Los hijos de Eduardo, de Casimiro J-P. Delavigne, Teatro de la Victoria (Trinidad Guevara)
Los narbonenses, o sea Teodoro de Clarinsal
Macías o El doncel de Vilena, de Mariano José de Larra, Teatro del la Victoria
Muérete y verás, de Bretón de los Herreros, Teatro de la Victoria
Retacón, Barbero y Comadrón, de Eugenio Scribe, Teatro de la Victoria
Valiente y justiciero y rico hombre de Alcalá, de Agustín Moreto y Cabaña, Teatro de la Victoria
Teresita, o sea una mujer del siglo XIX
Una falta o Las consecuencias, de Eugenio Scribe, Teatro Argentino
Una mancha de sangre, de Maillán, Teatro Argentino

1839

Dión triunfante en Siracusa, de F. Bonilla, Teatro de la Victoria

Don Álvaro o La fuerza del sino, del Duque de Rivas, Teatro de la Victoria

Don Quijote de la Mancha en Sierra Morena, de Ventura de la Vega, Teatro de la Victoria

El afán de figurar, de Louis Benoît Picard Teatro de la Victoria

El amigo mártir, de Manuel Bretón de los Herreros, Teatro de la Victoria

El buen juez no tiene patria

El duque de Braganza, o La revolución de Portugal

El Filipo, o La muerte del príncipe don Carlos, de Víctor Alfieri, Teatro de la Victoria

El hombre singular o Isabel I de Rusia, de Antonio de Valladares y Sotomayor, Teatro de la Victoria

El marido de las mujeres, de Francisca Navarro, Teatro de la Victoria

Juan de Padilla, o los comuneros

Kean o Desorden y genio, de Alejandro Dumas, Teatro de la Victoria

La muerte de Tasso

La Revolución de Mayo, de Juan Bautista Alberdi

María, o la niña abandonada

Mudarra González o El vengador de sus sangre, de Francisco Alté y Gurena, Teatro de la Victoria

No hay plazo que no se cumpla ni deuda que no se pague o El convidado de piedra, de Antonio de Zamora basado en *El burlador de Sevilla*, de Tirso de Molina, Teatro Argentino

Ricardo Darlington, de Alejandro Dumas, Teatro de la Victoria

Shakespeare enamorado, de Alejandro Duval, Teatro de la Victoria

1840

Cuatro épocas, de Bartolomé Mitre

Don Enrique el bastardo, o El conde de Trastamara, de Sabater

Don Juan Tenorio, de José Zorrilla, Teatro de la Victoria

Don Luis de León, o El claustro y el siglo, de José Orozco, Teatro de la Victoria

El error y el honor, de Luciano Francisco Comella, Teatro de la Victoria

El paje o El doncel de Sevilla, de García Gutiérrez, Teatro Argentino

El zapatero y el rey, de José Zorrilla, Teatro de la Victoria

La escuela de los soberanos, o la terrible noche de una revolución

La madre culpable, de Juan Gamerra, Teatro Argentino
Los frutos de Calamocha, o el pelo de dehesa
Margarita de Borgoña
María Tudor, de Víctor Hugo, Teatro de la Victoria
Olimpia o las pasiones, de Rafael L. Fuentes, Teatro de la Victoria
Policarpa Salavarrieta, de Bartolomé Mitre
Taycole, o el sacrificio gladiatorio
Todo o nada, o el veleta
Una vieja, de Manuel Bretón de los Herreros, Teatro de la Victoria

1841

¿Qué dirán? ¿Y qué se me da a mí?, de Manuel Bretón de los Herreros, Teatro de la Victoria
Don Frutos de Calamocha o El pelo de la Dehesa, de Manuel Bretón de los Herreros, Teatro Argentino
El gigante Amapolas, de Juan Bautista Alberdi
Cada cual con su razón, de José Zorrilla, Teatro de la Victoria
Hernani o El hombre misterioso, de Víctor Hugo, Teatro de la Victoria
La familia de Morombal, de C. Lafont, Teatro de la Victoria
Lázaro o El pastor de Florencia, de Joseph Bouchardy, Teatro de la Victoria
Olimpia o Las pasiones, de Rafael L. Fuentes, Teatro de la Victoria
Para ocultar una falta aparecer criminal, de Alfaro y Godínez, Teatro de la Victoria

1842

Amor y ambición o El encubierto de Valencia, de Antonio García Gutiérrez, Teatro de la Victoria
Cronwell, de Víctor Hugo, Teatro de la Victoria
Cuanto tienes, cuanto vales, del Duque de Rivas, Teatro de la Victoria
Cuarenta años de desgracia o El hombre de la máscara de hierro, de Antonio Vicente Arnault, Teatro de la Victoria
Don Jaime el Conquistador, de Patricio de la Escosura, Teatro Argentino
Toros y cañas, de Tomás Rodríguez Rubí, Teatro Argentino
El cruzado, de José Mármol
El naufragio feliz, de Gaspar de Zabala y Zamora, Circo Olímpico

El poeta, de José Mármol

El rey monje, de Antonio García Gutiérrez, Teatro Argentino

El terremoto de la Martinica, de J. de la Cruz Tirado, Teatro de la Victoria

La ponchada, de Manuel Bretón de los Herreros, Teatro Argentino

La reina Doña Urraca, de Eusebio Asquerino, Teatro Argentino

La segunda Dama Duende, de Ventura de la Vega, Teatro de la Victoria

Lances de carnaval, de Manuel Bretón de los Herreros, Teatro Argentino

Lucrecia Borgia, de Víctor Hugo, Teatro de la Victoria

María Remond o Amor y nobleza, de Gregorio Romero Larrañaga, Teatro de la Victoria

Una noche de máscaras o sea Honor y venganza, de José María Díaz, Teatro de la Victoria

1843

¡Qué hombre tan amable!, de Manuel Bretón de los Herreros, Teatro de la Victoria

A cazar me vuelvo o Las primas rivales, de Aben-Hamar, Teatro de la Victoria

Cristiano o Las máscaras negras, de Hurtado de Mendoza, Teatro Argentino

Don Juan de Suavia o El vengador de su padre, de Gil y Bauss, Teatro Argentino

Doña Blanca de Navarra, de García Ontiveros, Teatro de la Victoria

El cacique mohicano o La libertad de América del Norte, Teatro de la Victoria

El campanero de San Pablo, de Joseph Bouchardy, Teatro de la Victoria (Compañía Española José García Delgado)

El diablo cojuelo, versión de la novela de Luis Vélez de Guevara, Circo Olímpico

El eco del torrente, de José Zorrilla, Teatro de la Victoria

El héroe por fuerza, de Ventura de la Vega, Teatro de la Victoria

El hijo de la tempestad o Larga espada el Normando, de Joseph Bouchardy, Teatro Argentino

Estela o el padre y la hija, de Antonio García Gutiérrez, Teatro de la Victoria

Fabio el novicio o ¡Independientes y mártires!, de Ventura de la Vega, Teatro de la Victoria
Jorge Montiel o El corsario, de Ventura de la Vega, Teatro de la Victoria
Juan Dándolo o El contrato de sangre, de José Zorrilla, Teatro Argentino
Jurepo el Veronés o El conspirador, de Ventura de la Vega, Teatro de la Victoria
La caída de un ministro, de Ramón Navarrete Fernández y Landa, Teatro de la Victoria
La modista centinela, de Ventura de la Vega, Teatro Argentino
Llueven bofetones, de Ventura de la Vega, Teatro Argentino
Los dos virreyes, de José Zorrilla, Teatro Argentino
Marcelino el tapicero, de Ventura de la Vega, Teatro de la Victoria
Pablo el Marino o Crimen y misterio, de Gregorio Romero Larrañaga, Teatro de la Victoria
Un secreto de estado, de Ventura de la Vega, Teatro Argentino
Un vaso de agua o Causas y efectos, de Manuel Bretón de los Herreros, Teatro de la Victoria

1844

Ángela y Alfredo o La víctima de la seducción, de Alejandro Dumas, Teatro de la Victoria
Bandera negra, de Tomás Rodríguez Rubí, Teatro de la Victoria
Caín el pirata, de José Zorrilla, Teatro de la Victoria
Un año y un día, de José Zorrilla, Teatro de la Victoria
Catalina de Médicis, de Antonio Vicente Arnault, Teatro Argentino
Don Fernando el emplazado, de Manuel Bretón de los Herreros, Teatro de la Victoria
El conde Don Julián o Los africanos en España, de Miguel Agustín Príncipe y Vidaud, Teatro de la Victoria
El ermitaño de Burriach, traducción de Jaime Roldós, Teatro de la Victoria
El juglar, de Ventura de la Vega, Teatro Argentino
Elvira de Albornoz, de José María Díaz, Teatro de la Victoria
Gaspar el ganadero, de Ventura de la Vega, Teatro de la Victoria

Hernando o El doncel de Bañares, de Nicasio Biedma, Teatro de la Victoria

La cruz de malta, de Alboize, Teatro de la Victoria

La rueda de la fortuna, de Tomás Rodríguez Rubí, Teatro de la Victoria

Los dos validos o Castillos en el aire, de Tomás Rodríguez Rubí, Teatro de la Victoria

Masaniello, libertador de su patria, de Antonio Gil y Zárate, Teatro de la Victoria

Matilde o A un tiempo dama y esposa, de Antonio Gil y Zárate, Teatro de la Victoria

Son mis hijos o La recompensa del arrepentimiento, de Antonio Marqués y Espejo, Teatro de la Victoria

Vellido Dolfos o El sitio de Zamora, de J. Cordero, Teatro de la Victoria

1845

Cuentas atrasadas, de Manuel Bretón de los Herreros, Teatro de la Victoria

D. María Coronel o No hay fuerza contra el honor, de Leopoldo Augusto de Cueto, Teatro de la Victoria

Don Trifón o Todo por dinero, de Antonio Gil y Zárate, Teatro de la Victoria

El general y el jesuita, de Charles Desnoyer, Teatro de la Victoria

El guante de Coradino o Odio al yugo extranjero, de Carlos García Doncel, Teatro de la Victoria

El héroe por fuerza, Teatro de la Federación

El pordiosero del Valle de Santa María, de Jaime Roldós, Teatro Argentino

Emilia o Los remordimientos, de Ramón Navarrete Fernández y Landa, Teatro de la Victoria

Flaquezas ministeriales, de Manuel Bretón de los Herreros, Teatro de la Victoria

Luis de Borgoña o Un traidor a la patria, de Alberto Larroque, Teatro de la Victoria

La batelera de pasajes, de Manuel Bretón de los Herreros, Teatro de la Victoria

La terrible venganza de un judío, de Alboize, Teatro de la Victoria

Lealtad a un juramento o Crimen y expiación, de Ángela Grassi, Teatro de la Victoria
Odio a las mujeres, Teatro de la Federación
Perder y cobrar el cetro, o Luis XV, Teatro de la Federación
Samuel, de García Gutiérrez, Teatro de la Victoria
Si algo valgo el público lo dirá, de Nicasio Biedma, Teatro del Buen Orden
Tercera parte del zapatero y el rey, de V. Balaguer, Teatro de la Victoria
Todo por la patria, de Nicasio Biedma, Teatro de la Federación
Un ángel en la bohardilla, de Ventura de la Vega, Teatro de la Federación
El artículo 1° o Un marido de quince años, de Alberto Larroque, Teatro de la Victoria
Una víctima de Rosas, de Francisco Javier de Acha
Reconquista y defensa de Buenos Aires, de Nicasio Biedma

1846

El alcalde Ronquillo o El diablo en Valladolid, de José Zorrilla, Teatro de la Victoria
El poeta y la beneficiada, de Manuel Bretón de los Herreros, Teatro de la Victoria
El rigor de las desdichas, de Tomás Rodríguez Rubí, Teatro de la Victoria
Jacobo II, de Ventura de la Vega, Teatro de la Victoria
La conjuración del Fiesco o El triunfo, de Friedrich Schiller, Teatro de la Victoria
La mejor razón la espada, de José Zorrilla, Teatro de la Victoria
No siempre el amor es ciego, de Mariano José de Larra, Teatro de la Victoria

1847

El lacayo Ruy Blas o El tigre y el león, de Víctor Hugo, Teatro de la Victoria
La dama duende, de Pedro Calderón de la Barca, Teatro de la Victoria
Los Burgraves, de Víctor Hugo, Teatro de la Victoria
Manfredo de Suavia o El último de los reyes suavos en Italia, de Carlos Zee, Teatro Argentino

¡Ocho años más!, o sea un matrimonio

Pablo y Paulina o Los dos generales, de Charles-Simon Favart, Teatro de la Victoria

1848

Diez años en la vida de una mujer o Los malos consejos, de Eugenio Scribe, Teatro de la Victoria

El honor español, Teatro de la Victoria

La corte del buen retiro o El enano bufón, de Patricio de la Escosura, Teatro Argentino

La favorita de Luis XIII, de I. Gil, Teatro de la Victoria

La honra de mi madre, de Patricio de la Escosura, Teatro de la Victoria

Una de tantas, de Manuel Bretón de los Herreros, Teatro de la Victoria

1849

Don Francisco de Quevedo, de Eulogio Florentino Sanz y Sánchez, Teatro Argentino

El conde de Montecristo, de Alejandro Dumas, Teatro Argentino

El coronel y el tambor, de Luis Olona, Teatro Argentino

Enrique III y su corte, de Alejandro Dumas, Teatro Argentino

Fausto de Underval o Los cantones suizos, de Gregorio Romero de Larrañaga, Teatro Argentino

Guillermo de Nassau, de Losada, Teatro Argentino

La alquería de Bretaña, de Luis Olona, Teatro Argentino

La reina Margarita, de Alejandro Dumas, versión de Luis Olona, Teatro Argentino

Los mineros o Don Enrique de Trastamara, de Mr. Francis, Teatro de la Victoria

Los pensionistas de Saint-Cie, de Alejandro Dumas, Teatro de la Victoria

1850

Ascanio o Benvenuto Cellini, de Ramón Navarrete Fernández y Landa, Teatro Argentino

Borrasca del corazón, de Tomás Rodríguez Rubí, Teatro Argentino

El caballero D'Harmenthal, de Alejandro Dumas, Teatro Argentino

Juan el Rojo o La escuela de los periodistas, de Ventura de la Vega, Teatro Argentino
La condesa Leonor, de Alejandro Dumas, Teatro Argentino
Muza, de Claudio Mamerto Cuenca

1851

Antonio Pérez y Felipe II, de J. Muñoz Maldonado, Teatro Argentino
Carlota Corday, de François Ponsard, Teatro Argentino
El castillo del diablo, de Eugéne Sué, Teatro Argentino
El entierro de Urquiza, de Pedro Lacasa, Teatro de la Victoria (dirección de Fernando Quijano)
El jugador, de Tomás Rodríguez Rubí, Teatro Argentino
Las dos familias rivales, de Casimiro J-F. Delavigne, versión de G. P. Coll, Teatro Argentino

1852

Don César Bazán, Compañía Dupré
Rosas y Urquiza en Palermo, de Pedro Echagüe
Rosas, de Pedro Echagüe

1854

Guzmán el Bueno
Flor de un día, Francisco Camprodón (Compañía Española José García Delgado)

1855

Atar-Gull, de Lucio V. Mansilla
El gobierno de Nazar, anónimo
La huérfana de Junín, de Pedro Lacasa (Compañía Española José García Delgado)
La venganza de un alma noble, de Miguel García Fernández
Una noche de truenos, de Miguel García Fernández

1856

Amor y patria, Alejandro Magariños Cervantes, Teatro Victoria (Compañía de Matilde Duclós y de José Ortiz)

Camila O'Gorman, de Heraclio Fajardo, adaptación de la novela de Felisberto Pelissot
Jeroma la castañera
La dama de las camelias, de Alejandro Dumas, Teatro Victoria (Compañía de Matilde Duclós y de José Ortiz)
La locura de amor (dirección de José Ortiz)
Por no explicarse (Compañía Matilde Duclós)
Sancho García, de José Zorrilla (dirección de Juan García)

1857

El gaucho en Buenos Aires o *Todos rabian por casarse,* de Estanislao del Campo, música de Santiago Ramos
Falucho o la sublevación del Callao, de Laurindo Lapuente
Jocko (Compañía Dramática Francesa)
Un sábado en Buenos Aires, de Laurindo Lapuente
La Traviata, de Giuseppe Verdi (Enrique Tamberlick y Vera Lorini)

1858

Los celos, Teatro de la Victoria (Madame Labarrere)
El lobo marino o La maldición de un padre (Compañía Roberts)

1859

El gaucho porteño, Teatro Hipódromo (Compañía Ecuestre y Gimnástica de Alejandro Loande)

1860

Amor y virtud, de Pedro Echagüe
El gobierno de Nazar,
Flores y abrojos, de Casimiro Prieto Valdés, Teatro Victoria (Compañía de Rita Carbajo y Juan Berenguer)
La América libre, de Bernabé Demaría
Primero es la Patria, de Pedro Echagüe
Tres gobiernos bufos, de Casimiro Prieto Valdés, Teatro Victoria (Compañía de Rita Carbajo y Juan Berenguer)
Último cuadro de un drama, de Tomás Gutiérrez
Un ejemplo, de Tomás Gutiérrez
Un pollo, de Tomás Gutiérrez

1861

Amor filial, de Luis V. Varela
Genevieve o la jalousie paternelle, de Eugenio Scribe, Teatro de la Victoria (Compañía Los Bufones Parisiens, dirección de Paulina Lyon)
La femme qui trompe son mari
La neuve aux Camelias
La novia del hereje, de Vicente Fidel López, adaptación teatral de Miguel García Fernández
Les amours de Cleopatre, de Duvet y Lauzanne

1862

El destino de la América, Gran Circo Oceánico
El diablo encantador (Compañía Sudamericana Eugenio Pereira)
El mercachifle aborrecido (Compañía Sudamericana Eugenio Pereira)
Jack, el matador de gigantes, Gran Circo Oceánico
Por la virtud de mi gran Pistón, Circo Pavón (Compañía Francesa Henault)

1863

Jean Valjean, adaptación de Carlos Paz de *Los miserables*, de Víctor Hugo
La madre Ganza o El huevo de oro, Gran Circo Oceánico
Los tres amantes, Gran Circo Oceánico
El torneo o Los días de caballería andante, Gran Circo Oceánico

1864

La Revolución de Mayo, de Juana Manso de Noronha
Lucía de Miranda, de Miguel Ortega
Mala madre, de Carlos Paz
Una tía, de Lucio V. Mansilla

1865

El 25 de Mayo, de Francisco Fernández
Buenas noches, señor don Simón y tome mate, che (Compañía Los Bufones Parisiens junto al cómico español Luis Cubas)
Caridad, de Carlos Paz

El sirviente tonto, Teatro del Recreo
Freyschutz, Teatro del Recreo
Las mujeres de mármol, de Alejandro Dumas
Urganda la desconocida, Teatro del Recreo

1866

Amor filial, de Luis V. Varela
El juramento argentino
L'Amour qu'est que ça?
La grâce de Dieu, de Gustavo Lemoine
Les filles de Marbre de Alejandro Dumas (Compañía de Jeanne Philippe)
Orphée aux enfers de Jacobo Offenbach (Compañía de Jeanne Philippe)

1867

Alza y baja, Teatro Argentino (Mc Kay)
Bombardeo de Sebastopol
La creación del mundo y el diluvio universal, de José Zorrilla
Murillo, De Bermero, Teatro Argentino (Mc Kay)
Sullivan, de Malesville, Teatro Argentino (Mc Kay)

1869

Camma la sacerdotisa, de José Montanelli, Teatro Argentino (Adelaida Ristori)
Elisabetta, regina d'Inghilterra, de Pablo Giacometti, Teatro Argentino (Adelaida Ristori)
Fedra, de Racine, Teatro Argentino (Adelaida Ristori)
Giuditta, de Pablo Giacometti, Teatro Argentino (Adelaida Ristori)
Macbeth, de William Shakespeare, Teatro Argentino (Adelaida Ristori)
María Antonieta, de Pablo Giacometti, Teatro Argentino (Adelaida Ristori)
Maria Stuardo, Teatro Argentino (Adelaida Ristori)
Medea, de Gabriel-Marie Legouvé, Teatro Argentino (Adelaida Ristori)
Mirra, de Víctor Alfieri, Teatro Argentino (Adelaida Ristori)
Pia di Tolomei, de Carlos Marenco, Teatro Argentino (Adelaida Ristori)
Suor Teresa, de Luigi Camoletti, Teatro Argentino (Adelaida Ristori)
Tisbe, de Víctor Hugo, Teatro Argentino (Adelaida Ristori)

Francesca da Rimini, de Franchini, inspirada en *La divina comedia* de Dante (Adelaida Ristori)

1870

Capital por capital, de Luis V. Varela
Los tres gobiernos bufos, de Ricardo Sánchez Allú

1871

El ciego, de Luis V. Varela, Teatro de la Victoria (Compañía Italiana Tomás Salvini)
El suplicio de una mujer, de Girar, Teatro de la Alegría
Kean, o desorden y genio, Teatro de la Alegría
La fuerza de la conciencia, de E. Rossi y Luis Gualtieri, Teatro de la Alegría
La mano de Dios, de Pedro Rivas
Los dos sargentos, Teatro de la Alegría (Ernesto Rossi)
Luis XI, de Casimiro J-P. Delavigne, Teatro de la Alegría
Otelo, de William Shakespeare, Teatro de la Alegría (Ernesto Rossi)
Compañía Tomás Salvini y Enrique
Romeo y Julieta, de William Shakespeare, Teatro de la Alegría
Sansón (Compañía Tomás Salvini)
Hamlet, de William Shakespeare (Compañía Tomás Salvini)

1872

La rosa blanca, de Martín Coronado
Le voyage en Chine, Teatro Colón (Compañía Eva Garlani)
Le timbale de argent, Teatro Colón (Compañía Eva Garlani)
Les brigands, Teatro Colón (Compañía Eva Garlani)
Una venganza feliz, de Manuel López Lorenzo
Padre hermano y tío padre, de Pedro Echagüe

1873

Clorinda, de Francisco Fernández
El Genio de América, de Francisco Fernández
El sol de Mayo, de Francisco Fernández
Las cuatro candidaturas, de José García Delgado
Le femme de Calude

Le filleul de Pompignac, de Alejandro Dumas
Le jocrisse de l'amour, de Berthier
Monjoie, de Octavio Feuillet
Solané, de Francisco Fernández
Un caprice, de Alfred de Musset

1874

El corazón y la cabeza, de Martín Coronado
El sombrero de Don Adolfo, de Casimiro Prieto Valdés
Hamlet, de William Shakespeare, Teatro de la Alegría (Jacinta Pezzana)
Teresa Raquin, de Emile Zola, Teatro de la Alegría (Jacinta Pezzana)

1875

Crocco, Politeama Argentino (Compañía Ecuestre Italiana Natale Guillaume)
Don Juan Tenorio, Teatro de la Alegría (L. Burón)
El castillo de Siracusa, de Marcos Zapata, Teatro de la Alegría (L. Burón)
El frac y el chiripá, de Antonio Díaz
El guardacostas, Teatro de la Alegría (L. Burón)
El tanto por ciento, Teatro de la Alegría (L. Burón)
Hamlet, de William Shakespeare, Teatro de la Alegría (L. Burón)
Ir por lana y salir trasquilado, de Florencio Escardó
Josué, Teatro de la Alegría (L. Burón)
La carcajada, Teatro de la Alegría (L. Burón)
La huérfana de Bruselas, Teatro de la Alegría (L. Burón)
La piedra de toque, Teatro de la Alegría (L. Burón)
Los brigantes de Calabria (Compañía Ecuestre Italiana Natale Guillaume)
Traidor, inconfeso y mártir, de José Zorrilla, Teatro de la Alegría (L. Burón)
Un drama nuevo, de Manuel Tamayo y Baus, Teatro Victoria (Compañía de Hernán Cortés)

1876

Cendrillon, Circo Arena (Real Compañía Ecuestre Inglesa dirigida por Harry Williams y Jorge y Benjamin Hadwin)

El borracho, de Francisco F. Fernández (Compañía Dramática Española de Hernán Cortés)
El sepultado vivo o sean Los sustos de un imbécil (Real Compañía Inglesa Harry Williams y Jorge y Benjamin Hadwin)
Las locuras porteñas, de Luis Forlet

1877

Agustina Zaragoza, de Eduardo Bustillo
Cómo empieza y cómo acaba, de José Echegaray, Teatro de la Ópera (Compañía Dramática Española de Hernán Cortés)
Contra soberbia, humildad de Matilde Cuyás, Teatro de la Alegría (Compañía de Tula Castro y Hernán Cortés).
De gusto no hay nada escrito, de Martínez Pedroza (Compañía Dramática Española de Hernán Cortés)
Don Juan Tenorio, de José Zorrilla (Compañía de Juan Reig)
El ciego, de Luis V. Varela (Compañía Española de Juan Reig)
En el puño de la espada de José Echegaray (Compañía de Juan Reig
Haciendo la oposición, de Ramón Valladares Saavedra) (Compañía Dramática Española de Hernán Cortés)
La batalla de Santa Rosa, de Salvador Alfonso
La campana de la Almudania, de Palau y Coll (Compañía de Juan Reig)
La capilla de Lanuza, de Marcos Zapata (Compañía Dramática Española de Hernán Cortés)
La casa de campo, de José Sánchez (Compañía Dramática Española de Hernán Cortés)
La caza del ciervo, Circo Arena Real (Compañía Ecuestre Inglesa dirigida por Harry Williams y Jorge y Benjamin Hadwin)
La conciliación, de Rafael Barreda (Compañía Dramática Española de Hernán Cortés)
Flor de un día, de Francisco Camprodón (Compañía de Juan Reig)
La fe perdida (Compañía Tula Castro y Hernán Cortés)
La luz del rayo, de Velilla (Compañía Dramática Española de Hernán Cortés)
La payesa de Sarria, de Luis de Eguílaz (Compañía Dramática Española de Hernán Cortés)

La rosa blanca, de Martín Coronado, Teatro de la Ópera (Compañía Española de Hernán Cortés)

La sombra del inquisidor Torquemada, de Eduardo Bermejo (Compañía Dramática Española de Hernán Cortés)

Las dos madres, de Miguel de Pastorfido (Compañía Dramática Española de Hernán Cortés)

Los amantes de Teruel, de Juan Eugenio Hartzenbusch (Compañía Dramática Española de Hernán Cortés)

Luchas civiles, de Salvador Alfonso (Compañía Dramática Española de Hernán Cortés)

Marinos en tierra, de José Sáenz Pérez (Compañía Dramática Española de Hernán Cortés)

No la hagas y no la temas, de Eusebio Blasco (Compañía Dramática Española de Hernán Cortés)

Otro gallo le cantara, de Enrique Zúmel (Compañía Dramática Española de Hernán Cortés)

Razón de estado, de Eduardo Bustillo

Seguros contra incendios, de A. D. J. Fernández (Compañía Dramática Española de Hernán Cortés)

Siempre se acaba como se empieza, de Florencio Escardó, Teatro de la Alegría (Compañía de Tula Castro y Hernán Cortés)

Un chileno en Buenos Aires o Un marinero argentino, de Manuel Labrada y Campos

1878

Aladin o La lámpara maravillosa, Circo Arena (Gran Compañía Ecuestre Enrique Cottrelly)

Bajo la tiranía, de Martín Coronado

Cartas trascendentales, de Eduardo Bustillo (Compañía Dramática Española de Hernán Cortés)

Despotismo y tiranía o El doctor Francia, tirano del Paraguay, de Benigno T. Martínez (Compañía Dramática Española de Hernán Cortés)

El correo de la Sierra Morena, Circo Arena (Gran Compañía Ecuestre Enrique Cottrelly)

El diablo verde, Circo Arena (Gran Compañía Ecuestre Enrique Cottrelly)

El esclavo de su culpa, de Juan Antonio Cavestany (Compañía Dramática Española de Hernán Cortés)

El hombre de mundo, de Ventura de la Vega, Teatro de la Alegría (Compañía de Tula Castro y Hernán Cortés)

El maestro de hacer comedias, de Enrique Pérez Escrich, Teatro de la Alegría (Compañía de Tula Castro y Hernán Cortés)

El mártir de la libertad, de Mariano José de Larra (Compañía Dramática Española de Hernán Cortés)

El monstruo o sea el Rey de los infiernos, Circo Arena (Gran Compañía Ecuestre Enrique Cottrelly)

El sepultado vivo o sean los sustos de un imbécil, Circo Arena (Real Compañía Ecuestre Inglesa dirigida por Harry Williams y Jorge y Benjamin Hadwin)

El tanto por ciento, de Abelardo López de Ayala (Compañía Dramática Española de Hernán Cortés)

En el pilar y en la cruz, de José Echegaray (Compañía Dramática Española de Hernán Cortés)

Entre un tigre y un oso, de Salvador Mario (Luis Ocampo) (Compañía Dramática Española de Hernán Cortés)

Isabel la Católica, de Tomás Rodríguez Rubí (Compañía Dramática Española de Hernán Cortés)

L'hereu, de Francisco Luis Retés y Francisco Pérez Echevarría, Teatro de la Alegría (Compañía de Tula Castro y Hernán Cortés)

La caza del ciervo, Circo Arena (Gran Compañía Ecuestre Enrique Cottrelly)

La codicia rompe el saco, de José Borrás

La diva, de Friedrich Soler (Compañía Dramática Española de Hernán Cortés)

La esposa del vengador, de José Echegaray (Compañía Dramática Española de Hernán Cortés)

La mujer de Ulises, de Eusebio Blasco (Compañía Dramática Española de Hernán Cortés)

Lo que no puede callarse, de Eduardo Bustillo

Lo que no puede decirse, de José Echegaray (Compañía Dramática Española de Hernán Cortés)

Lo tuyo mío, de Enrique Pérez Escrich (Compañía Dramática Española de Hernán Cortés)

Luz de luna y luz de incendio, de Martín Coronado
Monteagudo, de Francisco Fernández Teatro de la Victoria (Compañía Dramática de Francisco Rodríguez)
No siempre lo bueno es bueno, de Corradi (Compañía Dramática Española de Hernán Cortés)
O locura o santidad, de José Echegaray, Teatro de la Alegría (Compañía de Tula Castro y Hernán Cortés)
Pobrecitos los pobres, de C. Perié (Compañía Dramática Española de Hernán Cortés)
Por seguir a una mujer, de Luis Olona (Compañía Dramática Española de Hernán Cortés)
Razón de Estado, de Eduardo Bustillo (Compañía Dramática Española de Hernán Cortés)
Serafín y Serafina, de Rafael Barreda (Compañía Dramática Española de Hernán Cortés)
Treinta años o la vida de un jugador, de Ventura de la Vega, Teatro de la Alegría (Compañía de Tula Castro y Hernán Cortés)
Un alma del otro mundo, de C. Perié (Compañía Dramática Española de Hernán Cortés)

1879

En el puño de la espada, de José Echegaray (Compañía Dramática Española de Hernán Cortés)
La opinión pública, de Leopoldo Cano y Masas (Compañía Dramática Española de Hernán Cortés)
Un sentenciado, de Rafael Barreda

1880

Don Juan de Serrallonga o Los bandoleros de las gulilerías, de Víctor Valaguer, (Compañía Dramática Española de Hernán Cortés)
Dora, o le Spie
El nudo gordiano, de Eugenio Sellés y Ángel (Compañía Dramática Española de Hernán Cortés)
El nuevo mandamiento, de Ramón Carrión (Compañía Dramática Española de Hernán Cortés)
En el pilar y en la cruz, de José Echegaray (Compañía Dramática Española de Hernán Cortés)

En el seno de la muerte, de José Echegaray (Compañía Dramática Española de Hernán Cortés)
Giesne el guardacostas, de Journer y Meyee (Compañía de Paolo Ferrari)
Guzmán el bueno o El sitio de tarifa, de Antonio Gil y Zárate (Compañía Dramática Española de Hernán Cortés)
Las riendas del gobierno, de Enrique Zumel (Compañía Dramática Española de Hernán Cortés)
Mesalina, de Pietro Cossa, Teatro Ópera (Adelaida Tessero)

1881

Cosi va il mondo fanciulla mía, de Paolo Ferrari (Compañía Dramática Hermanos Cuniberti y Milone)
La Marquesa de Altamira, de Eduarda García Mansilla
Los dos Tartufos burlados Politeama Argentino (Compañía Ecuestre Italiana de Natale Guillaume)
Los niños terribles, Politeama Argentino (Compañía Ecuestre Italiana de Natale Guillaume)
Masaniello, Politeama Argentino (Compañía Ecuestre Italiana de Natale Guillaume)
Pedro Micca, Politeama Argentino (Compañía Ecuestre Italiana de Natale Guillaume)
Prosa, de Pablo Ferrari, Teatro Ópera (A. Morelli)

1882

Hamlet, de William Shakespeare, Teatro Nacional (Compañía Jacinta Pezzana)
O locura o santidad, de José Echegaray, Teatro Ópera (Compañía Germán Mac Kay)

1883

El gran Galeoto, de José Echegaray, (Rafael Calvo)
¿Qué dirá la sociedad?, de David Peña

1884

El salto del Pasiego, de Salvador María Granés y Tomás y Diego Calisto Navarro, Teatro Nacional

El vergonzoso en palacio, de Tirso de Molina, Teatro Nacional (Rafael Calvo)
Frou Frou de Henry Meillac (Compañía Massenet)
Garibaldi en Aspromonte, Politeama Umberto Primo (Compañía Pablo Raffetto)
Juan Moreira, de Gutiérrez-Podestá, Circo Hermanos Carlo
La muerte en los labios, de José Echegaray, Teatro Nacional (Rafael Calvo)
La noche en Pekín, Teatro Politeama (Compañía Hermanos Carlo con Frank Brown)
La tempestad, de William Shakespeare, Teatro Nacional
Los bandidos de la Calabria, Politeama Umberto Primo (Compañía Pablo Raffetto)
Los bandidos de Sierra Morena (Gran Compañía Ecuestre Hermanos Carlo)
Los diamantes de la corona, de Francisco Asenjo Barbieri, Teatro Nacional
Ruy Blas, de Víctor Hugo (Compañía Massenet)
Serge Panine, de George Ohnet (Compañía Massenet)
Les femmes terribles, de George Ohnet, Compañía Massenet
Un drama nuevo, Teatro Nacional (Rafael Calvo)
Una noche en Pekin o un baile chinesco (Gran Compañía Ecuestre Hermanos Carlo)
El terrible cacique Tripailot (Gran Compañía Ecuestre Hermanos Carlo)

Sin fecha o de fecha incierta

¡Es un ángel! de Ceferino Suárez (Compañía Española, con Kist) (1855)
Arlequín fingido esqueleto
Armida y Reinaldo, de Vicente Rodríguez de Arellano, Coliseo Provisional (1817/1819)
Carmen, de George Bizet, Teatro Argentino de La Plata (Compañía César Ciacchi)

De potencia a potencia, de Tomás Rodríguez Rubí (Compañía Española José García Delgado)
Dios los cría y ellos se juntan, de Manuel Bretón de los Herreros (Compañía José García Delgado)
El albañil ofendido (aprobada entre 1801 y 1804)
El amor de la estanciera, anónimo (1796)
El ángel bueno y el ángel malo, de Francisco Fernández (1863)
El bandido sorprendido en un baile de máscaras
El brasileño fanfarrón
El bueno i el mal amigo, de Gaspar Zabala y Zamora (1797 o 1798)
El examen de los saynetes (1805)
El fantasma valiente
El hijo pródigo, de Voltaire
El hombre feliz de Tomás Rodríguez Rubí
El negro esclavo o morir para la Libertad, Compañía Alejandro Loande
El sastre perseguido, Compañía Ecuestre Laforest-Smith (1864)
Honra y provecho de Tomás Rodríguez Rubí
Idomeneo (1825)
Il Trovatore, de Giuseppe Verdi (Luis Lelmi)
Itiberia encadenada
José en Egipto
Juliano el apostata
La Africana de Giuseppe Verdi (Luis Lelmi)
La batalla de los Pozos
La batalla de Montereau, dirigida por Felipe Catón (1835)
La diversión de los paisanos o Las modas de París (Compañía Ecuestre Laforest-Smith) (1834)
La esposa recatada o Los moros de la vega
La muerte de Filipo
La muerte del bagre sapo
La pérdida de Jerusalén
La presumida burlada (1805)
La sombra de Pelayo o El día feliz de España, de Gaspar Zabala y Zamora
Las señorías de la moda
Lo que está de Dios, de Enrique Zúmel

Los dos amigos, de Mariano Zacarías Carzurro (Compañía Española José García Delgado)
Los soldados de plomo, de Luis de Eguílaz
Napoleón I o Los amargos recuerdos de un viejo soldado (Compañía Alejandro Loande)
Novio a pedir de boca, de Manuel Bretón de los Herreros
Prohibiciones, de Luis de Eguílaz
Rigoletto, de Giuseppe Verdi (Luis Lelmi)
Saúl y David
Tonadilla del granadero
Un matrimonio a la moda, de Ramón Navarrete Fernández y Landa (Compañía Española José García Delgado)

I• Los orígenes (c. 1700-1812)

1.1. Contexto sociohistórico. Campo de poder y teatro

por Laura Mogliani

En el marco de los dominios españoles en América, la ciudad de Santa María de los Buenos Aires, re-fundada por Juan de Garay en 1580, tuvo una posición periférica frente a la importancia política, económica y cultural de México, capital del Virreinato de Nueva España, instituido en 1535, y de Lima, capital del Virreinato del Perú, establecido en 1542, del que dependía la Gobernación del Río de la Plata, creada en 1567. La importancia económica de la ciudad se reducía a la de ser un puerto de salida de las riquezas originadas en la región minera, especialmente de Lima y Potosí. Buenos Aires estuvo muy lejos de alcanzar el esplendor cultural y artístico de las ciudades capitales citadas. La dependencia política, económica y cultural propia del sistema colonial tenía como consecuencia que las manifestaciones artísticas hispanoamericanas se rigiesen por la continuidad e imitación de las actividades desarrolladas en la metrópoli, centro creativo primario. El teatro, así como la música y la plástica, llegaba desde España por vía directa de artistas y obras provenientes de la península o desde el Perú. De ese modo también se trasladó al ámbito colonial el marcado interés por el teatro, propio de la cultura del barroco español, y el hábito de asistir a la comedia que el español traía tan arraigado.

Teatro y poder en el Buenos Aires colonial

Durante el período de la dominación hispánica, el teatro se desarrolló en Buenos Aires de forma discontinua e intermitente debido a su carácter de ciudad fronteriza en el mapa colonial. En una primera etapa, hasta 1757, la ausencia de salas teatrales tenía como correlato la falta de instituciones o formaciones teatrales. En ese período, debido a que ni el campo intelectual ni el artístico ni el teatral se habían aún configurado, estas áreas culturales no gozaban de independencia con respecto al campo de poder, tanto político como religioso. Por esa razón, todas las manifestaciones teatrales de esa primera etapa se encontraban asociadas a esos dos ámbitos: el religioso, acompañando la labor de la congregación jesuita, o el político, en el marco de los festejos por las proclamaciones, bodas o nacimientos reales.

En cuanto a las representaciones realizadas por los jesuitas, de gran desarrollo en las misiones guaraníes,[1] en la ciudad se llevaron a cabo en el marco de la labor pedagógica del Colegio del Salvador, fundado en 1712 en el predio ocupado hoy por el Colegio Nacional de Buenos Aires. De la asiduidad de estas representaciones da cuenta su prohibición en 1713, debido a que los alumnos perdían mucho tiempo de estudio en preparar la exhibición de piezas teatrales (Furlong, 1944, T. I: 200; Trenti Rocamora, 1947[c]: 47). El repertorio de estas representaciones teatrales estaba conformado por comedias latinas (Plauto y Terencio) y obras que referían acontecimientos bíblicos, como *Judith, El hijo pródigo* de Voltaire, *José en Egipto*, *Saúl y David* y *Juliano el apóstata.*

En cuanto al segundo punto, las representaciones teatrales para celebrar acontecimientos reales, el teatro siempre formaba parte de la sucesión de festejos, que generalmente duraban varios días. En este marco, su función era celebrar la gloria de la corona española, poniendo de manifiesto su poder sobre estas tierras, aunque a veces las ceremonias se realizaban muy distantes en el tiempo de los acontecimientos que les daban origen. Como afirma Garavaglia (1996), todas estas manifestaciones públicas del ceremonial de la corte virreinal (las entradas de los virreyes o gobernadores, como era el caso de Buenos Aires, las conmemoraciones de los nacimientos de príncipes o muertes de soberanos, o la entronización de un nuevo rey) cumplían de algún modo con el objetivo de representar alegóricamente la unidad indisoluble entre los súbditos y la corona, unidad mediada por la Iglesia Católica y sus ministros. Cada uno de estos actos simbólicos expresaba elementos de la estructura social y política de la sociedad colonial. En estas ceremonias no participaban sólo las elites, sino también los sectores populares urbanos, destinatarios primordiales de estas manifestaciones. Las fiestas constituyeron dentro del sistema monárquico un espacio válido de participación y expresión comunitaria y, dentro de él, el teatro ocupó un lugar central (véase 1.2. de este volumen).

Las representaciones teatrales separadas de esos dos ámbitos (el jesuita y las celebraciones reales), surgieron posteriormente en Buenos Aires también vinculadas al campo de poder, pero con otra funcionalidad: como instrumento para recolectar fondos en beneficio de ciertas instituciones ligadas a la esfera religiosa o al poder político. La primera en advertir esta condición del teatro fue la Iglesia, que con este fin avaló una solicitud de que se abriera un teatro público en esta ciudad. Cayetano Marcellano y Agramont, obispo de Buenos Aires entre 1751 y 1759, remitió una nota al Gobernador en la que solicitaba la apertura de un teatro público "donde se recreasen los ánimos, con las decentes representaciones que... acostumbran los más católicos y arreglados pueblos", parte de cuya ganancia se destinaría a cubrir la necesidad de fondos para la construcción de la Catedral (Quesada, 1868). A pesar de esto, el Cabildo negó en 1755 el permiso solicitado por el gobernador José de Andonaegui para representar comedias continuadamente.[2] Sin embargo, esta decisión tuvo una muy corta vigencia, ya que en 1756 se inició la construcción del primer teatro estable, que funcionó a partir de 1757, dirigido por Domingo Sacomano y Pedro Aguiar.

Pedro Aguiar, uno de los directores del teatro, sufrió además una inusual intervención del poder religioso. Estaba casado en España y por solicitud interpuesta en la metrópoli por su esposa, el obispo Marcellano y Agramont le ordenó en 1757 clausurar el teatro y regresar a España para hacer vida marital con su esposa bajo pena de excomunión. Aguiar desobedeció esa orden y continuó realizando representaciones, lo que motivó a las autoridades eclesiásticas a exhortar a las autoridades civiles y militares para que se cumpliera ese mandato. En medio de este conflicto, se presentaron ante el gobernador Bartolomé

Maza, compositor de música, y Francisco Vandermer, maestro de música, solicitando que Aguiar les cediera el teatro para realizar una ópera (Torre Revello, 1945: 123). El Gobernador concedió la licencia a los interesados, aunque no se han hallado registros acerca de si Maza y Vandermer llegaron a realizar funciones en ese teatro. En el documento que otorgaba la concesión se establecía el poder de control policial que se ejercería sobre el teatro, con el fin de evitar disturbios, estableciendo que las funciones debían comenzar "precisamente a la oración para que se acabe temprano y el Sargento Mayor de esta Plaza celaría el que así se observe, haciendo poner en el corral y puertas de dicha ópera los soldados que fueran necesarios para que de esta suerte se ataje cualquier ruidoso alboroto que se pueda suscitar en ella" (Torre Revello, 1945: 124).

Creación del Virreinato del Río de la Plata

En 1776, bajo el reinado de Carlos III, se creó el Virreinato del Río de la Plata, designándose a Buenos Aires como su ciudad capital. Esta creación obedeció a la política borbónica que intentaba afianzar el sistema colonial, base del sistema económico y político de las monarquías europeas durante el siglo XVIII, y lograr la reorganización económica y social de la América hispana. El estado monárquico avanzó a lo largo de ese siglo hacia un mayor control de la sociedad, mediante la afirmación de las instituciones existentes y creación de otras nuevas. Ese aumento del poder político de la corona tuvo como consecuencia el enfrentamiento con la órbita eclesiástica, cuyo punto culminante fue la expulsión de los jesuitas de América. La elección de Buenos Aires como capital obedeció, básicamente, a su ubicación estratégica para frenar el avance portugués en el Río de la Plata. La causa inmediata de la creación del Virreinato fue la ocupación de la zona de Río Grande por tropas portuguesas a principios de 1776, lo que provocó el envío desde España de una expedición militar al mando de Pedro de Cevallos, a quien se designó titular de las provincias de Río de la Plata, Paraguay, Tucumán, Potosí, Santa Cruz de la Sierra y Charcas, antes dependientes del Virreinato de Lima, así como Cuyo, dependiente de la Capitanía General de Chile. Cevallos desembarcó triunfante en Buenos Aires en 1777, pero debió regresar a España por problemas de salud.

En octubre de 1777 el rey designó virrey a Juan José de Vértiz y confirmó la creación del Virreinato del Río de la Plata. Vértiz asumió como virrey en abril de 1778, cargo que ejerció hasta 1784. Durante su gestión quiso trasladar la política reformista y progresista de la corte madrileña, dando un ordenamiento administrativo y urbano a Buenos Aires. Para cumplir ese objetivo dotó a la ciudad de iluminación y empedrado en las calles, fundó el Colegio Real de San Carlos en 1783, antecedente del Colegio Nacional de Buenos Aires y, fundamentalmente, sancionó el Reglamento de Libre Comercio, que dio impulso al puerto y afirmó el mercado interno. Estas medidas generaron un incremento del comercio, ya que desde el puerto se abastecía el amplio mercado del Cono Sur, adquiriendo la ciudad un perfil de puerto mercantil y cosmopolita. Este crecimiento económico permitió que se formara, a diferencia de otras ciudades de América colonial, una burguesía comercial activa, dinámica y ambiciosa, en contacto con Europa y los Estados Unidos.

Al convertirse en capital virreinal, Buenos Aires fue protagonista de un vertiginoso crecimiento, tanto económico como demográfico, lo que trajo como consecuencia la modificación de su aspecto urbano, en especial con relación a la edificación (el uso de blanqueo en fachadas, la construcción de casas de "altos"). Además, la jerarquización de Buenos Aires trajo aparejadas una serie de creaciones burocráticas que significaron fuentes de trabajo, ocupadas por una nueva camada de inmigrantes españoles. Otro de los efectos de este crecimiento fue la afirmación de una elite social acomodada, mejor dispuesta a la práctica y consumo de actividades artísticas. En el campo de la plástica se produjo el aumento del circuito de circulación y consumo de imágenes de arte, así como de la actividad de artistas europeos y americanos en la ciudad (Jáuregui y Penhos, 1999), mientras que en el de la música, se importaron partituras y se contrataron músicos en el extranjero (Huseby y Plesh, 1999). Pero, fundamentalmente, ese crecimiento permitió el surgimiento de un público para las diferentes manifestaciones artísticas y culturales.

Vértiz creó en 1779 la Casa de Niños Expósitos, institución benéfica de gran importancia en el ámbito cultural, debido a que en ella funcionó la imprenta que habían utilizado los jesuitas en el colegio Montserrat de Córdoba, manejada por los propios huérfanos y cuyo beneficio se utilizaba para sostener la casa cuna. Este taller tuvo a su cargo todas las publicaciones de la época, entre ellas el *Telégrafo Mercantil* en 1801, dirigido por Francisco Antonio de Cabello y Mesa; el *Semanario de Agricultura* en 1802, dirigido por Hipólito Vieytes y el *Correo de Comercio*, dirigido por Manuel Belgrano.

Teatro y poder en el nuevo Virreinato

En el Virreinato, el teatro mantuvo las funciones que tenía hasta entonces, en especial como fuente de ingresos. En 1783 se realizaron representaciones aisladas, de forma gratuita, costeadas por ciudadanos de la elite porteña. El Virrey Vértiz, habiendo reconocido los méritos de aquella diversión, dispuso que se continuaran de forma paga, con el objeto de juntar fondos para la Casa de los Niños Expósitos, que él mismo había fundado recientemente. Entusiasmado con la actividad teatral, enmarcado ese interés en la progresista gestión que llevó adelante al frente del Virreinato desde 1778, Vértiz consultó al Cabildo acerca de la conveniencia de la instalación de un teatro, para "proporcionar al considerable pueblo que ya tiene esta Capital alguna con esta diversión pública" y como "se halla establecido en otras Capitales de América, en las Cortes y Ciudades populosas de España y Europa", así como medio para contribuir al sostenimiento de la Casa de los Niños Expósitos (Torre Revello, 1945: 126; Trenti Rocamora, 1947[c]). El Cabildo dio su aprobación al proyecto, pero observó que "se procure si es posible que en la concurrencia para la diversión se evite la mezcla de los dos sexos y que (...) no se exponga a el público sin sujetarse primeramente a la censura, porque a la verdad hay algunas que retratan con tan vivos colores los sentimientos del corazón corrompido, que hacen estrago, y relajan las costumbres". Para evitarlo, proponía que se observaran las precauciones establecidas en Madrid por Fernando VI y los decretos reales expedidos sobre los establecimientos teatrales.

Esto fue el desencadenante de la fundación del Teatro de La Ranchería. Francisco Velarde solicitó al Virrey Vértiz la concesión del teatro, proponiendo hacerse cargo de su construcción y entregar dos mil pesos por año para los niños expósitos y un día de comedia a beneficio de dicha institución (Torre Revello, 1945). En esa presentación, Velarde[3] se comprometía a cumplir totalmente lo solicitado por el Cabildo:

"se observará inviolablemente la separación de sexos, concurriendo los hombres en la luneta y patio, y las mujeres en un corredor alto que servirá de cazuela y quedará por encima de los palcos", y se obligaba a presentar al Superior Gobierno las obras con anticipación para que éste las revisara y concediera o negara la licencia para que pudieran representarse. Velarde también se preocupó por satisfacer a la esfera religiosa, asegurando que no se representarían comedias durante cuaresma.

El Teatro de la Ranchería fue inaugurado el 30 de noviembre de 1783, y para esa ocasión el Virrey estableció la "Instrucción que deberá observarse para la representación de comedias en esta Ciudad", de fecha 6 de octubre de 1783.[4] El documento se inicia con la reafirmación de que la decisión de permitir la representación de comedias tenía como finalidad el beneficio de los niños expósitos, y el deseo de prevenir "todo cuanto puede servir al buen orden de la representación y de los concurrentes". Constaba de veinte cláusulas, una de las cuales establecía la obligación de los empresarios de hacerle llegar las obras al virrey antes de los ensayos, a fin de que éste las sometiera a la revisión por parte del "sujeto que me parezca y quite cuanto sea repugnante a las buenas costumbres o de mal ejemplo a los concurrentes, ya porque haya pasajes poco honestos o proposiciones contrarias a las máximas cristianas o de gobierno" (Trenti Rocamora, 1947[c]: 85-90). Por lo tanto, queda claro que la censura operaba bajo dos órdenes, el religioso y el político, y se extendía hasta aquellas obras impresas en España "con las licencias necesarias".

Otro signo de la falta de autonomía era que la función no podía comenzar hasta la llegada de los alcaldes, que se ubicaban en el palco de la ciudad, luego de lo cual la representación debía iniciarse "sin esperar a otra persona, excepto que por algún motivo avisase yo que se detenga". Tanto el Virrey como el Cabildo tenían sus palcos particulares, el del primero adornado, según da cuenta el inventario de ese teatro de 1792,[5] con una alfombra, colgaduras de raso, dos cornucopias de marco dorado, y contaba con una silla de terciopelo carmesí claveteada en plata. Los alcaldes tenían autoridad para cuidar el "buen orden del público" y la separación de sexos en la sala. La seguridad era brindada por una guardia de granaderos, apostados en diferentes lugares del teatro, quienes debían cuidar que ninguno entrase con violencia, sin pagar o presentar su entrada.

La preocupación de Vértiz por un teatro purificado de los "defectos que pueden corromper la juventud o servir de escándalo al pueblo" mediante la revisión previa de las comedias y la censura de toda "expresión inhonesta" queda demostrada en lo que expresara en su memoria al Virrey Nicolás Antonio de Arredondo, su sucesor, en la que Vértiz aseguró que asistía a las representaciones para cerciorarse del cumplimiento de esas precauciones. Esta preocupación virreinal fue continuada por Arredondo, quien hizo traer de Madrid y Valencia un centenar de comedias que llegaron a Buenos Aires en 1789.

En cuanto a la censura que se ejercía, uno de los pocos testimonios es la objeción elevada por el oidor José Márquez de Plata ante *La inclusa*, la oda de Manuel de Lavardén escrita para preceder el estreno de su tragedia *Siripo* en 1789. Lavardén hizo llegar su loa al censor a través de un amigo en común, Manuel Basavilbaso, junto con una nota (Bosch, 1943) en la que solicitaba "se miren con caridad los defectos" que no pudo evitar, como la utilización del verso libre, aunque cita en su defensa Richard Steele, que consideraba que cuando los versos eran buenos, no era relevante la versificación. Es llamativa esta cita, ya que el literato y dramaturgo inglés probablemente estuviera prohibido en las colonias españolas debido a su carácter de protestante, colaborador de Jorge I, por lo que es posible suponer que Lavardén lo debe haber conocido en su idioma original. Es evidente que la circulación de nuevas textualidades deseaba ser frenada por el poder español, ya que el Oidor censuró a la loa porque "tiene mucho de la impiedad de los filósofos de esta era, entregada a su capricho y corrupción. Se ve derramado, digámoslo así, en ella, el espíritu de Rusó (sic), sin que se ataquen sus máximas con todo el nervio correspondiente, para extinguir y aniquilar el veneno que difunden" (Bosch, 1944[b]: 81). No se ha podido comprobar si la loa llegó a representarse luego de haber sido censurada.

Teatro e Iglesia

En la relación entre el poder eclesiástico y el teatro se registraron dos prédicas objetando la labor teatral. La primera, del año 1783, fue un sermón de fraile Casimiro Ibarrola predicado en la Iglesia Catedral (Trenti Rocamora, 1948: 87), la segunda, la prédica de fraile José Costa en 1784, condenando la apertura de la Casa de Comedias (Salvadores, 1940). En cuanto a la primera, ésta provocó un verdadero enfrentamiento entre el poder político y el religioso en el que quedó reafirmada la superioridad del primero por sobre el segundo, en especial luego de la expulsión de los jesuitas en 1767. Esta prédica, anterior a la apertura de la Ranchería, se refería a las representaciones que se realizaron ese año y que propiciaron la posterior creación del teatro. Es conocida por el hallazgo de documentación que atestigua la reacción de Vértiz, quien elevó su queja al Provincial Franciscano en una nota fechada 19 de marzo de 1783, ya que la consideraba ofensiva contra la autoridad del Sumo Pontífice, del Rey y de sus ministros. Según Vértiz, Ibarrola predicó que quienes representaban, asistían y permitían la representación de comedias se encontraban en pecado mortal y quedaban excomulgados. Al referirse a quien permitía las representaciones, el virrey consideró que Ibarrola había agraviado su autoridad, por lo cual le recordó a su superior la norma (la Real Cédula de 17 de marzo de 1768) por la cual "en el púlpito ningún eclesiástico critique los asuntos pertenecientes al gobierno" y solicitó que el fraile le diera "una satisfacción".

La inauguración en 1804 del Coliseo Provisional (siguiente edificio teatral porteño, luego del incendio de La Ranchería), contó con la oposición del mercedario Fray Basilio Cruz, quien protestó por la autorización de una casa de comedias frente a un establecimiento religioso (Torre Revello, 1940[a]: 30).

Control del gobierno sobre el Coliseo Provisional

La construcción del Coliseo Provisional dio origen a calurosas protestas elevadas a la Corte por el Cabildo de la ciudad debido a los abusos que habían cometido las autoridades políticas en su contra, despojando al cuerpo de la presidencia del teatro por la instrucción de 1783, causándole "desaires y desprecios en la propia casa de comedias" (Torre Revello, 1940[a], 30). Luego de la muerte del Virrey Joaquín del Pino, ocurrida el 11 de abril de 1804, el poder pasó a la Real Audiencia, que ordenó abrir el teatro y designó Juez a un oidor miembro de la misma. Por esto, el Cabildo consideró que había sido despojado de su jurisdicción sobre el Coliseo, y esperó que el nuevo virrey Rafael de Sobremonte se hiciera cargo del gobierno para normalizar la situación. Sin embargo, cuando éste asumió el mando confirmó la resolución de la Audiencia, nombró el tribunal con jurisdicción sobre el teatro y redactó ordenanzas para su funcionamiento. Para tomar esta decisión consultó y tomó como base la práctica de Lima, ciudad donde la dirección de la Casa de Comedias era privativa de la Audiencia. El prestigio del ceremonial de la corte de Lima se extendía y, en reiteradas ocasiones, se acudía a él para dirimir alguna disputa secular o eclesiástica. Esto originó el extenso pleito del que da cuenta Trenti Rocamora (1947[c]: 183-194), ya que el Cabildo solicitó que se pusiera en vigencia el reglamento de Vértiz para la Ranchería, según el cual el gobierno del teatro era privativo de los ediles. Este conflicto de jerarquías se concretaba en problemas de protocolo (los ediles se quejaban de que los cómicos no los saludaban, como al virrey y a los oidores, antes de la función).

Según dejaron constancia el 18 de octubre de 1804, los cómicos saludaron en primer lugar al Virrey, luego al oidor Juez del Teatro y en último lugar al Palco de la Ciudad, y en otras ocasiones omitieron directamente saludar a ese palco. También denunciaron que el 2 de ese mes "se adornaron con colgaduras de damascos los Palcos del Señor Virrey y del Juez del Teatro, sin haverse puesto igual adorno ni ningún otro en el Palco de la Ciudad". Esto suscitó un nuevo conflicto de intereses con el Cabildo –que consideraba la dirección del teatro una facultad privativa de su autoridad– que amenazó la continuidad del Coliseo Provisional, ya que el Cabildo pedía su clausura y se quejaba de haber sido despojado de su autoridad.

El enfrentamiento recién concluyó cuando el 8 de julio de 1805 el Rey promulgó en Madrid una Real Cédula en la que falló a favor del Cabildo y dispuso que la Audiencia tenía solamente voto consultivo. Se dio fin a las quejas del Cabildo por la Cédula Real expedida en Madrid el 12 de junio de 1805 en la que se señalaba que, para evitar las controversias entre la corporación edilicia y las autoridades civiles, debían modificarse las instrucciones en vigor según la real cédula del 15 de abril de 1792, expedida para regular el funcionamiento del teatro en México, debiendo resolver las autoridades litigantes sus diferencias para que no dieran lugar a desaires ni quejas que pudieran hacer peligrar las buenas relaciones entre las autoridades en un lugar tan visible y público como el local del teatro, frente a una multitud de espectadores testigos. Tanto el Virrey como la Audiencia interpretaron que el Rey se refería al Coliseo definitivo que se estaba construyendo, y no al Provisional, mientras que el Cabildo no aceptó esa interpretación. Igualmente, la polémica llegó a su fin al concederle el virrey un palco de privilegio a los alcaldes, sin cortina.

Lo referido demuestra que todo se reducía a un conflicto de etiqueta y ceremonial,[6] asiduamente presente en las fuentes y documentos de la sociedad colonial ibérica. Estos antagonismos eran, para Garavaglia (1996: 8), elementos que hacían a la estructura de poder y a la cohesión social del mundo colonial. Las complejas formas de la etiqueta y el ceremonial constituían un ritual vivo y funcionaban como auténticos "signos" que expresaban situaciones conflictivas y de enfrentamiento. En esa sociedad, el ceremonial era un medio para mantener el orden social y una forma de expresión de ciertas relaciones sociales mediante un determinado comportamiento "ritualizado". Cada uno de estos signos, como la utilización de cortinas en los palcos, o el color de los almohadones en la Catedral, incomprensibles en la actualidad, tenía un contenido de significante sociales y políticos muy rico y era seguido y percibido con mucha atención por todos los participantes de algunas de las ceremonias públicas o semipúblicas que salpicaban la vida política de la colonia. Cada uno de esos actos simbólicos expresaba elementos de la estructura social y política de la sociedad. Un aspecto importante era la publicidad de un acto de desprecio al ceremonial, acto que atentaba contra el honor de quien ocupaba el cargo menospreciado. Dicha publicidad agravaba la falta, puesto que todos percibían el gesto. Una falta al ceremonial era leída como un signo de rivalidad por los cortesanos, atentos a estos actos simbólicos.

Ahora bien, estos conflictos de etiqueta escondían realmente un problema de poder: el menosprecio a los cabildantes, representantes de uno de los cuerpos más destacados, la ciudad misma. El Cabildo de Buenos Aires había sido uno de los centros de poder locales hasta la creación del Virreinato en 1776. El Ayuntamiento había compartido el poder en el ámbito local bajo el obispo y el gobernador. Pero la creación del Virreinato en 1776 y de la segunda Audiencia porteña en 1784 volvió aún más complejo el cuadro ceremonial de la ciudad, alejando a los capitulares, al cuerpo municipal, de la escena del poder. Esta circunstancia, así como otros enfrentamientos suscitados entre la Audiencia y el Cabildo estaban relacionados con la pérdida de centralidad del Cabildo.

La censura continuó ejerciéndose sobre las obras representadas en el Coliseo Provisional, como puede corroborarse en los manuscritos hallados en la Biblioteca Nacional y en el Instituto Nacional de Estudios de Teatro, en los que se registra la aprobación y la firma del censor. En 1804, se nombró censores del teatro a los eclesiásticos Vicente de Arroyo, Pantaleón Rivarola, Cayetano Rojas y Domingo Belgrado, a quien pertenece la aprobación de los manuscritos hallados en el INET. Por ejemplo, en los manuscritos *Las señorías de moda, La presumida burlada y El examen de los saynetes,* figura la anotación "Revisado Dn. Belgrano", fechada el 9 de octubre de 1805 la primera, el 10 de octubre del mismo año la segunda y el 16 de mayo de 1806 la tercera. Luego de revisar las comedias, estos censores debían remitirlas al Juez de Teatro para que les diera el voto definitivo. En caso de que una compañía presentase obras sin esta aprobación, o no acatase las indicaciones de ambas revisiones, o quitase o añadiese elementos a los textos ya aprobados, era sujeta a multas y penas.

También se censuraban los textos impresos en España y, por consiguiente, ya aprobados en la metrópoli. Por ejemplo, la comedia *El barón*, de Fernández de Moratín, impresa en Madrid en 1803, también fue aprobada por Domingo Belgrano el 28 de noviembre de 1804. La intervención de la censura en los textos omitía fragmentos que incluían, aunque mínimos, niveles de protesta social, como en la última obra citada, en la que al enumerar las cosas de las que hablaba el Barón (16) se suprimieron los siguientes versos: "Hablaba de sus vasallo/ De su apellido y sus rentas,/ De sus pleytos con el Rey,/ de sus mulas, etcétera".

En estos manuscritos también se registraban los cambios que se hacían en los textos para adaptarlos al medio criollo, como por ejemplo, las alusiones a la ciudad de Madrid en el sainete *El albañil ofendido* (entre 1801 y 1804) fueron reemplazadas por alusiones como "el pueblo" o "esta ciudad", o en *El chasco de los aderezos* (1802) en el que se tachó la palabra España y se la reemplazó por "en el país" (16). Trenti Rocamora ha atribuido estas modificaciones al censor, pero es muy probable que hayan sido realizadas por el director o el apuntador de la compañía, en quien recaía en ocasiones, como en el caso de Luis Ambrosio Morante en el Coliseo Provisional, la tarea de rescribir y adaptar los textos de acuerdo a las características del elenco.

Circulación de las ideas de la ilustración en el Río de la Plata

El pensamiento de la Ilustración, que tuvo un papel preponderante en el proceso de independencia americano, comenzó a circular muy lentamente en Buenos Aires a mediados del siglo XVIII debido a la censura. Su ingreso se produjo en el marco de la corriente del pensamiento de la España ilustrada, en oposición a la Inquisición y la escolástica. El pensamiento de la ilustración, originado a partir de los principios cartesianos de la razón, tenía sus bases en el racionalismo francés y el empirismo inglés, dejando de lado la filosofía aristotélica y la escolástica. En España, las ideas de la Ilustración debieron vencer muchas resistencias, infiltrándose en las tertulias. La ilustración española no incursionó en el tema de la religión: los ilustrados españoles jamás renegaron de su fe católica. Este pensamiento alcanzó su mayor trascendencia durante el gobierno de Carlos III y sus ministros, exponentes del despotismo ilustrado peninsular. Su gobierno se ocupó de mejorar la administración, el comercio y la producción de la metrópoli y sus colonias. Buscó limitar el poder de la Iglesia, promover la educación e impulsar la formación de juntas regionales. Algunas de esas propuestas se pusieron en práctica en las colonias, sin que resultaran suficientes para paliar la decadencia del sistema imperial.

Las nuevas corrientes del pensamiento filosófico y científico comenzaron a ingresar tímidamente en el Río de la Plata a mediados siglo XVIII. Su introducción se debió en gran parte a la obra de religiosos, el padre Tomás Falkner, discípulo de Isaac Newton; el canónigo Juan Baltasar Maciel, criollo, doctor en derecho, sacerdote, lector de los enciclopedistas franceses y de la obra de fray Benito Jerónimo de Feijoo, el introductor del pensamiento ilustrado en España. Maciel no llegó a cuestionar el poder monárquico, pero fue un impulsor del progreso económico e intelectual local. Actuó en la Catedral y en el Real Colegio de San Carlos.

A partir de la designación de Buenos Aires como capital virreinal, se había formado un reducido cenáculo de intelectuales. Maciel, eje de ese núcleo, poseía una importante biblioteca, que incluía autores prohibidos por la Inquisición. Por su inclinación al pensamiento libre fue arrestado y desterrado a Montevideo por el virrey Nicolás del Campo marqués de Loreto en 1787. Autor de versos clasicistas, Ricardo Rojas consideró que pudo haber sido el autor de *El amor de la estanciera*. En el reducido grupo de gente ilustrada del Buenos Aires virreinal sobresalía, además de Maciel, el literato y empresario Manuel de Lavardén, quien estudió leyes en Chuquisaca y España. Discípulo de Maciel, publicó en 1783 la "Sátira contra los limeños" (en la que contrapone sociedad porteña y limeña) y la ya mencionada *Siripo*, estrenada en 1789, e inspirada en la leyenda de Lucía Miranda y la tragedia del fuerte Sancti Spiritu fundado por Sebastián Caboto.

Los contactos con los criollos ilustrados que estudiaban en Europa, así como los barcos mercantes que provenían de Francia, mantenían informados a los rioplatenses de los acontecimientos relacionados con la Revolución Francesa. En 1795 circularon rumores de intentos de conspiración, de un posible motín contra el poder real por parte de un grupo de residentes franceses y de esclavos. En los últimos años del siglo XVIII y principio del XIX, los frutos del iluminismo se hacían más visibles en la sociedad rioplatense. En 1800, Francisco Antonio de Cabello y Mesa solicitó al virrey Gabriel de Avilés y del Fierro autorización para fundar un periódico y una Sociedad Patriótica, Literaria y Económica sobre el modelo de las creadas en España, formada por lo más granado de la cultura rioplatense. El Virrey no aprobó la creación de la sociedad, pero sí la aparición del periódico, en 1801, con el nombre de *Telégrafo Mercantil*, que representó un influyente medio de difusión de las nuevas ideas.[7] Publicó en su primer número la "Oda al majestuoso río Paraná", manifiesto literario de la generación ilustrada del Río de la Plata, artículos y odas dedicados a la actividad comercial, valorizando la agricultura sobre la minería, condenado a la esclavitud, que fomentaba el ocio de las elites criollas. Otra preocupación de este periódico progresista, que se publicó de 1801 a 1802, se refería a la modernización de las costumbres, y la necesidad de que hubiera en Buenos Aires una casa de comedias.

Durante los años siguientes al incendio de La Ranchería, continuó la inquietud por la ausencia de un edificio teatral en los círculos ilustrados de la ciudad. Así lo atestiguan los artículos aparecidos en el *Telégrafo Mercantil* (19/9/1801), planteando la necesidad de la existencia de representaciones teatrales en Buenos Aires:

> ¿Y es creíble que una Capital populosa, fina, rica, y mercantil carezca de un establecimiento donde se reciben las mejores lecciones del buen gusto, y de una escuela de costumbres para todas las clases de la sociedad: fuente deliciosa de los primores y encantos, sin que el copioso número de generosos patriotas arbitre un robusto fondo gratuito para su perfecta y culta erección en los días de un Gobierno feliz y protector? La falta de los teatros, dice un Sabio, que es el mas feo y fastidioso olor que puede enviar la rudeza de los pueblos.

Estos artículos, los primeros aparecidos referentes al teatro en la prensa porteña, se referían a la tragedia griega, latina y a los autores franceses neoclásicos, como Racine y Pierre Corneille, proponiéndolos como modelos teatrales, y se citaba reiteradamente a Voltaire, denominado "maestro de las nuevas bellezas en esta especie", y demuestran con que fuerza circulaba la corriente de la Ilustración, puesto que el autor criticaba al teatro barroco (Lope de Vega, Pedro Calderón de la Barca) que no cumplía las tres unidades que propugnaba el clasicismo, y reclamaba un nuevo teatro que, a imitación de Voltaire, siguiera la huella de los renovadores castellanos (Gaspar Melchor de Jovellanos, Leandro Fernández de Moratín, José Cadalso).

Es relevante observar la opinión de uno de los futuros protagonistas del proceso revolucionario, Mariano Moreno, con respecto al teatro, previa a la Revolución de Mayo. En su carácter de Síndico Procurador de la Ciudad, debió redactar un informe negando a José Cortés la habilitación de un teatro, debido a las precarias instalaciones del mismo. En su informe, consideraba al teatro "como un excelente medio para pulir una nación", ya que

> suelen ser la mejor escuela para las costumbres, el idioma y para la urbanidad general, pues como el aliciente de la diversión

> capta la atención de los espectadores, se guardan más los objetos y máximas, que se comunican; así fue muy propia la inscripción, que funda en el dicho de Horacio puso el poeta Santevel a un famoso circo: ridendo castigat mores. (Moreno, 1943, Tomo I: 191)

Otro signo de la introducción del Iluminismo en el Plata fue el cambio del gusto artístico, que fluctuó del barroco al rococó y al clasicismo. En la plástica, se observó en los años previos a la Revolución de Mayo el desarrollo del retrato individual como género desligado de lo devocional o lo religioso y la aparición de una nueva sensibilidad en la que el cultivo de lo estético comenzaba a ocupar un lugar diferenciado (Jáuregui y Penhos, 1999: 99).

En suma, el teatro en el período colonial estuvo siempre supeditado al campo de poder, careciendo de la autonomía que aporta la existencia de un campo artístico. Fue un instrumento del poder que funcionaba como una estrategia con el fin de evangelizar, exaltar al poder real, recaudar fondos para fines benéficos y como medio de diversión pública para legitimar a la ciudad, equiparándola a otras ciudades de España y América, pero durante todo ese período fue celosamente vigilado por las autoridades virreinales y religiosas, que instrumentaron tanto la censura como el control policial en las salas, sobre los actores y el público.

Notas

[1] El proyecto evangelizador jesuita respondía a la necesidad política de la corona española de dominar y cristianizar a las tribus renuentes a someterse a la autoridad colonial como los guaraníes. En ese proceso de transculturización, los jesuitas aprovecharon ciertos elementos culturales guaraníes como el valor ritual del canto y la danza. Así, la música fue una herramienta fundamental en el programa jesuítico de conversión y reducción de los indígenas en poblaciones autosuficientes, las misiones, donde se realizaban procesiones, danzas y espectáculos de índole teatral, acompañados con música, religiosa o devocional (Huseby y Plesh, 1999).

[2] Archivo General de la Nación, *Acuerdos del extinguido Cabildo de Buenos Aires*, 1926, serie III, T. I: 556.

[3] Archivo General de la Nación, *Cabildo de Buenos Aires, Propios, 1783-1787*, leg.5, S.VI, C.XX, A.4, N.1. Reproducido en Torre Revello, 1945.

[4] Trenti Rocamora halló y cotejó tres de las cuatro copias que se hicieron en 1783 de esta instrucción, publicando su "texto íntegro" (1947[c]: 85-90). Una de estas copias, se encuentra en el archivo del INET.
[5] Archivo General de la Nación *Tribunales*, Legajo C-14, Exp.22. Reproducido en Trenti Rocamora, 1947[a]: 103-114.
[6] Desde el siglo XVI la corona española buscaba disminuir el peso político de los encomenderos que habían encabezado la conquista, y ése era uno de los objetivos de la política de los virreyes. Para eso utilizó un instrumento de control, la vida de corte, rodeada de una compleja etiqueta y ceremonial, en el marco de la cual se desarrollaba una carrera en pos del honor y el prestigio. Pero el honor y el prestigio de los cortesanos era frágil y perecedero, y dependía de una serie de factores (salvo el poder del rey), entre los que se encontraba el poder del príncipe, el consenso de los iguales y la aceptación sumisa de los inferiores (Garavaglia, 1996)
[7] El *Telégrafo Mercantil* fue un periódico fundando por Francisco A. de Cabello y Mesa, cuyo número inicial apareció el 1° de abril de 1801 y el último el 8 de octubre de 1802.

•••

1.2. Teatros, empresarios y actores

por Laura Mogliani

Las primeras funciones teatrales de la ciudad de Buenos Aires se realizaron en el Colegio del Salvador, fundado por la orden jesuita a principios del siglo XVII, en el marco de su labor pedagógica, por lo que los primeros actores fueron los alumnos del colegio, quienes realizaron en 1721 dos funciones del drama *Judith*, "alegoría del triunfo de María sobre el príncipe del infierno", ante la sociedad porteña, con presencia del Cabildo completo y del Gobernador de la provincia, Bruno Mauricio de Zabala. Estos actores, a pesar de ser aficionados, se destacaban por su desempeño, ya que la crónica de la época[1] juzgaba que podrían haberse presentado ante el público español más exigente: el Rey.

Nuevas representaciones teatrales se organizaron en 1723, en el marco de los festejos realizados por el casamiento del Príncipe Luis de Asturias con Luisa Isabel de Orleáns, efectuado en España en 1722. En un acta del Cabildo del 11 de diciembre de 1723 se deja constancia de que se ha pagado a don Joseph de Arellano "gastos de las Comedias que se hicieron en esta ciudad á la celebración de la noticia de los desposorios de nuestros príncipes" (Archivo General de la Nación, *Acuerdos del Cabildo de Buenos Aires*. Buenos Aires, 1928, Serie II, Tomo V: 223).

Las funciones teatrales realizadas con el fin de celebrar diferentes acontecimientos reales se hacían en tablados armados a tal fin en forma transitoria, montados en plazas o cuarteles. Esto último ocurrió en noviembre de 1747 cuando –durante los festejos por la ascensión al trono de Fernando VI– se ofrecieron obras en un teatro construido en el Fuerte que contaba con bastidores pintados en perspectiva, que se corrían según las necesidades de la escena.[2] Torre Revello (1937: 54; 1940[b]: 27) afirma que los actores de estas dos obras, *Las armas de la hermosura* y *Efectos de odio y amor* –precedidas cada una de ellas por una loa escrita en Buenos Aires–, fueron algunos de los soldados de la guarnición del fuerte de San Baltasar de Austria, basándose en el hecho de que en el acta del Cabildo del 9 de agosto de 1747, consta que fue encargada a la tropa de la guarnición la representación de las comedias.[3] Ahora bien, esta aseveración resulta discutible ya que la memoria citada menciona las "comedias que tenían dispuestas los militares", pero se refiere en el citado párrafo a los "cómicos", sin aclarar que éstos hayan sido militares aficionados, y más adelante, al aludir al vestuario, menciona a "las damas y galanes". Otras dos obras fueron sí representadas con certeza por actores en esa misma festividad. Con la asistencia del Gobernador, el Cabildo en pleno y los oficiales de la ciudad, un grupo de doce personas convocadas de España presentó las comedias *Primero es la honra*, de Agustín Moreto y Cabaña y *La vida es sueño*, de Calderón de la Barca (Bosch, 1940[b]; Trenti Rocamora, 1947[d]: 49) en otro teatro construido a tal efecto, que contaba con dos cuerpos, el primero con siete arcos de tafetanes con colgaduras de damasco carmesí para las entradas y salidas, y el segundo compuesto de tres arcos ornamentados con retratos de los reyes y las armas reales. Para iluminar se utilizaban arañas de plata y cornucopias de cristal que se reflejaban en espejos. Entre ambos cuerpos se emplazaron tres balcones, en cuyos extremos se construyeron dos montes que permitían que se actuase sobre ellos. En estos festejos también participaron como actores indios de las misiones jesuíticas, quienes ejecutaron una ópera, cantos y danzas. Y en la Real Fortaleza también se representó una ópera por los indios de las misiones jesuíticas, quienes ejecutaron danzas al finalizar la misma (Biblioteca Nacional, cfr. LXIII).

En noviembre de 1760, con motivo de la celebración de la proclamación de Carlos III, que tuvo una duración de veintiún días, se erigió un teatro al aire libre en un ángulo de la Plaza Mayor para las representaciones teatrales, musicales y de danza (por lo que la representación de *El Segundo Scipión*, de Calderón de la Barca, debió ser interrumpida debido a una tormenta y fue repetida al día siguiente), mientras que se adaptó una habitación del Cabildo para las de ópera (Trenti Rocamora, 1947[c]: 50-51; Torre Revello, 1940[a]). El teatro, ubicado en la plaza, miraba hacia el frente del Cabildo y reproducía su fachada mediante maderas y bastidores, simulando un edificio, dentro del cual se emplazaba un amplio local de cuarenta y cinco varas de lado, destinado a la representación. El edificio simulado estaba decorado con colgaduras, espejos y alhajas, y se pintaron decoraciones con paisajes para las representaciones. La crónica remarcaba que este teatro "pudiera servir en una Corte", destacaba la iluminación de hachas de cera y faroles, el buen uso de los bastidores y el desempeño de la música (Torre Revello, 1940[b]: 44). En esa ocasión se destacó la actividad de un primer e incipiente director u organizador teatral: José de Arroyo, quien fue el responsable de buscar, contratar y alojar a los actores ambulantes, dirigir los ensayos y facilitar el vestuario. Para contar con música, ya no fue necesario requerir la ayuda de las misiones jesuíticas, puesto que se recurrió a un conjunto instrumental que parece haber sido formado sobre la base de la banda militar, con músicos anexados (Huseby y Plesh, 1999).

En 1772, en ocasión de los festejos por el nacimiento del Príncipe de Asturias, Carlos Clemente, se levantó un tablado para representar comedias en el patio de La Ranchería –lugar donde posteriormente se emplazó el teatro conocido como de la Ranchería–, y en las actas del Cabildo consta el encargo de zapatos para los cómicos (galán, rey, almirante, marqués, gracioso, reina, Porcia dama y cantarina) y el pago al pífano Francisco Taa "por la composición de música [que] se huvo de haver ejecutado en las comedias".[4]

La ciudad de Buenos Aires careció de un edificio teatral estable, construido o adaptado especialmente para ofrecer funciones teatrales hasta 1757. En 1756, se inició en la ciudad de Buenos Aires la construcción del primer teatro estable, que funcionó a partir de 1757, edificado por Pedro Aguiar, español, zapatero de profesión, y el actor Domingo Sacomano. Los documentos más significativos sobre este primer teatro estable son la escritura de arrendamiento de Domingo Sacomano de un terreno por tres años para construir en él "teatro de óperas y comedias" a partir del 20 de noviembre de 1755 y aquel por el cual Aguiar y Sacomano venden un palco de este teatro, aún antes de que se inicien las representaciones, hallados por Escalada Yriondo (1945).

Poco se sabe acerca de las características de este teatro, así como de su repertorio y elenco, salvo que en él se representaron óperas, funciones de títeres y comedias. El terreno en el que estaba emplazado medía dieciséis varas de frente por setenta de largo. Lo que sí se sabe es que sus funciones terminaban tarde, ya que de eso se queja en mayo de 1759 el mismo Obispo Marcellano y Agramont (Archivo General de la Nación, Acuerdos, s. III, t. I: 566, cfr. n.6).

Este teatro funcionó hasta 1761, fecha en que Aguiar vendió las instalaciones del teatro a la dueña del terreno arrendado, María Tomasa de Arce (Escalada Yriondo, 1945). Luego de esta empresa, como vimos en el capítulo anterior, Pedro Aguiar fue obligado a volver a España y Domingo Sacomano se dirigió a Lima, donde se instaló en 1765 como empresario de una compañía teatral (Trenti Rocamora, 1947[b]).

En 1778 se volvió a movilizar otro proyecto tendiente a crear un teatro en la ciudad. Ese año, el compositor Bartolomé Maza solicitó autorización para erigir una casa de comedias, lo que fue concedido por el Cabildo, pero no se han hallado datos de su concreción. Hubo que esperar hasta 1783 para que Buenos Aires contase por fin con un edificio teatral estable. El Cabildo aprobó el 17 de septiembre de 1783 la propuesta del Virrey Vértiz de que se erigiera un teatro en la ciudad. El 2 de noviembre de ese año, Francisco Velarde elevó al Virrey Vértiz una solicitud de la concesión de ese teatro, ofreciendo hacerse cargo de la construcción "de maderas gruesas sólidas (...) y las paredes de un tabique de ladrillo, de tal modo que no tendrá riesgo alguno de fuego". El emplazamiento del teatro se haría "en el patio que llaman de la Ranchería, donde está el cuartel" ya que la tropa lo protegería contra riesgos de fuego y otros posibles problemas a los que estaría expuestos en otro lugar (Torre Revello, 1945). Por ese motivo, el teatro, denominado en la época como "Casa de Comedias", "Corral de Comedias" o "Coliseo de Comedias", pasó a conocerse como el "Teatro de la Ranchería". Los terrenos –cuya extensión era de cincuenta y cinco varas por veintiséis de ancho– estaban situados en las actuales calles Perú y Alsina y limitaban con el Batallón de Burgos. Primitivamente habían sido un depósito de productos de las misiones jesuitas. En 1771 se celebraron en ese predio bailes públicos que fueron prohibidos en 1774 y en 1779 se instaló la Aduana, trasladada posteriormente en 1783 (Torre Revello, 1945: 125). Cuando los jesuitas fueron expulsados, sus bienes fueron administrados por la Junta Superior de las Temporalidades, a quien Velarde alquiló el terreno.

El contrato a favor de Francisco Velarde se hizo a partir del 30 de noviembre de 1783, por el término de tres años.[5] Así, el día de la inauguración del Teatro de la Ranchería, ha sido determinado como el Día del Teatro Nacional.

Su edificio fue considerado provisional, a la espera de una locación definitiva. La estructura arquitectónica era semejante a la de los corrales españoles. Estaba compuesto por un amplio galpón de paredes de madera cubierto con techo de paja. Poseía puertas en el frente y también en los laterales, que se abrirían en caso de incendio para permitir la rápida salida de los espectadores. Gracias al hallazgo en el Archivo General del inventario de La Ranchería realizado en 1792,[6] se documentó que el teatro contaba con una gran cantidad de elementos de vestuario, utilería, así como de sillas, bancos para armar el tablado, candilejas y concha de lata para el apuntador. La iluminación se realizaba mediante velas de sebo, colocadas en el contorno de la sala, a ambos lados del escenario y en dos arañas pendientes del techo. El escenario se iluminaba con velas ubicadas en las candilejas, detrás de la tabla de madera colocada por orden del Virrey para ocultar a los espectadores los pies de las actrices. En su "Instrucción que deberá observarse para la representación de comedias en esta Ciudad", en el punto segundo, estableció que las actrices no deberían vestir con indecencia ni usar trajes de hombre, salvo medio cuerpo para arriba, y en el punto tercero ordenó que se colocara la citada tabla "que cubra las luces del teatro por delante de la orquesta del alto de una tercia, para embarazar por este medio que se registren los pies de las cómicas cuando representando se acercan a dicha orquesta" (Archivo INET).

Los espectadores se dividían entre los bancos de madera ubicados en el patio, los palcos a ambos lados, y la cazuela destinada exclusivamente a las mujeres. Esta división de sexos en el público era otra de las grandes preocupaciones de Vértiz. En el cuarto artículo de la citada instrucción instituyó esta división, que debía ser controlada por los alcaldes, estableciendo a los palcos como el único espacio que podían compartir hombres y mujeres. El precio de las localidades variaba según su ubicación: entrada general, primeros bancos, cazuela o palcos. La entrada general era de dos reales para los blancos y uno para los negros (Torre Revello, 1937: 55, 1940[b]).

En este teatro se representó *Siripo*, del porteño Manuel de Lavardén durante el carnaval de 1789, primer obra estrenada en Buenos Aires de autor criollo. En el referido inventario, se cita que el teatro poseía un archivo de gran cantidad de textos teatrales, integrado por obras de Calderón, sainetes de Ramón de la Cruz, comedias, sainetes, tonadillas, sinfonías, zarzuela en prosa, y la música de *Las armas de la hermosura*, único título indicado, los que, lamentablemente, fueron destruidos por el fuego junto con el Teatro de La Ranchería. Aunque no se conoce la nómina de las restantes obras, es posible que se haya representado en ese teatro *El amor de la estanciera*, perteneciente a la gauchesca primitiva. Este manuscrito anónimo obrante en el Archivo del INET, fue copiado en papel sellado de los años 1790 y 1791, válido durante el reinado de Carlos IV, que eran utilizados como formularios impresos de contratos y despachos de aduana. Por lo tanto, debe de haber sido escrito con posterioridad a esa fecha, o luego de la muerte de ese rey, ya que a partir de ese momento el papel carecía de valor y podía ser reutilizado para otros fines.

Los problemas económicos de Velarde se iniciaron cuando la Junta de Temporalidades le exigió el pago de un alquiler por el terreno (Torre Revello, 1945: 129). En la escritura inicial no se aclaraba si éste debía o no pagar alquiler. En 1785, la Junta le exigió a Velarde el abono del alquiler del terreno sobre el cual se había construido el teatro, retroactivo a noviembre de 1783. Velarde se negó a pagar e interpuso un litigio,[7] pero no pudo evitarlo y debió cerrar el teatro. Como no fue un negocio fructífero, se sucedieron numerosos empresarios que buscaron explotarlo, pero se retiraron rápidamente. Al cumplirse en 1786 los tres años del contrato, Alfonso Vélez de Guevara solicitó la concesión, y en 1787 le vendió sus derechos a Juan Manuel Maciel y José de San Pedro Lorente, quienes al poco tiempo establecieron un pleito entre sí. En noviembre de 1789 Velarde volvió a hacerse cargo del teatro junto con Maciel, y nuevamente se suscitaron desacuerdos económicos entre ellos. En ese marco, debieron enfrentar, además, un conflicto con los actores, que le solicitaron el pago de sus sueldos por adelantado, según una queja expuesta en un memorial al Virrey el 29 de marzo de 1790, y en otro, del 23 de diciembre de ese mismo año, volvían a referirse al estado de insubordinación de los actores, así como a las pérdidas que el funcionamiento del teatro ocasionaba y a la decadencia en que éste se hallaba, por lo que pedían su clausura.

Con respecto a los actores del Teatro de la Ranchería, un informe que el gobernador de Buenos Aires, Francisco de Paula Sanz, elevó al Virrey Loreto en 1784, afirmaba que la compañía de actores que trabajaban en ese teatro estaba integrada por "gentes, todas que jamás habían visto teatro", y que los dos principales papeles de dama eran representados por hombres. El 10 de diciembre de 1787 fue contratado como maestro de música Antonio Aranaz. Debido a los enfrentamientos surgidos entre los actores y Francisco Velarde, se pudo conocer la nómina de integrantes de la compañía en 1790, ya que se incluyó en el litigio laboral una lista del elenco que trabajó en el mes julio. La misma estaba formada por Josefa Ocampos (primera dama), Mercedes San Martín y Ana Carreras (segundas damas), Juanita Ivaita (primera graciosa) Petrona Rodríguez (segunda graciosa), Esteban Sendesar (primer galán), Matías Uríes (segundo galán), Ángel Martínez (tercer galán), Antonio Mas, León Alonso, Cristóbal y Pedro Pérez (cuartos galanes), Domingo Salazar (primer barba), Andrés Moreno (segundo barba), Cayetano Esquinardo (vejete) y Juan Antonio Cárcano (cantor). En la nómina de pagos figuran también dos apuntadores, un guardarropas, cuatro cobradores, cuatro peones de tablas, un carpintero, dos peluqueros, uno para hombres y otro para mujeres, el maestro compositor Antonio Aranaz y su orquesta formada por nueve músicos (cuatro violinistas, un bajón, dos oboes y dos trompas) (Torre Revello, 1945: 133-134).

Como puede apreciarse, los papeles femeninos ya no eran representados por hombres, y la compañía contaba con un importante número de integrantes, tanto actores como personal técnico.

En junio de 1792 Pedro José de la Cuadra obtuvo la explotación del teatro, aunque apenas pudo ejercerla, ya que el 16 de agosto de ese año el teatro fue destruido por un incendio provocado por un cohete disparado desde el atrio de la iglesia de San Juan Bautista. Durante los años siguientes se realizaron representaciones esporádicas. De una de ellas ha quedado testimonio gracias al dato registrado en uno de los textos del archivo del Coliseo Provisional, en el que sobre el texto impreso de *El bueno i el mal amigo*, estrenada en Madrid en 1793, se registra en forma manuscrita una puesta en Buenos Aires en 1797 o 1798 y una repetición el 30 de noviembre de 1801. Acompañan también al texto apuntes manuscritos con indicaciones para el utilero y las máquinas, seguramente utilizados en alguna de estas funciones (o en funciones posteriores en el Coliseo Provisional). Estos apuntes indican, acto por acto, la escenografía, la iluminación y la utilería necesarias para la representación de cada escena.

Puede suponerse que algunos de los actores que llevaron esta obra a escena formaron parte del elenco del desaparecido Teatro de la Ranchería, ya que aunque de alguno figuran sólo los nombres de pila o los sobrenombres, es posible establecer una relación con miembros de aquel elenco. Por ejemplo, la primera actriz que participó en esta obra figura como "Pepa", bien pudiera ser Josefa Ocampos, la primera dama de La Ranchería, y "Anita", Ana Carreras, la segunda dama. "Moreno", pudiera ser Andrés Moreno, segundo barba de la Ranchería, y "Cayetano", Cayetano Esquinardo, vejete del elenco anterior. Otro dato de representaciones aisladas es suministrado por el manuscrito hallado en el Archivo del Instituto Nacional de Estudios de Teatro, en el que se da cuenta de una representación en 1804, y en cuyo elenco se incluye Pedro Pérez, cuarto galán de La Ranchería, pero que no figura como integrante del elenco del siguiente teatro estable, el Coliseo Provisional. Pedro Pérez, junto con Moreno, también figura en la anotación de un elenco sin fecha en el manuscrito de *El valiente y la fantasma*, hallado en el mismo archivo. Por lo tanto, es posible pensar que luego del incendio de la Ranchería, algunos actores del elenco continuaron representando en forma aislada, y luego los manuscritos se incorporaron al patrimonio del Coliseo Provisional; lo mismo que algunos actores como Josefa Ocampos, primera dama de ambos teatros.

En 1804 se inauguró un nuevo edificio teatral, el Coliseo Provisional de Comedias, que también tuvo el carácter de provisional, a la espera de la construcción de su edificio definitivo. Estaba ubicado en la intersección de las actuales calles Reconquista y Perón, frente al Convento de la Merced. Se construyó uniendo dos habitaciones de una casa preexistente, por tanto, las paredes eran de ladrillo y el techo a dos aguas, construido de tejas y cañas. El público se dividía en los bancos de luneta (platea), cazuela destinada a las mujeres, palcos, tertulia alta y baja. La iluminación era por arañas con velas colocadas desde el frente al fondo del edificio.

La compañía del Coliseo Provisional estaba dirigida por Ramón Aignasse y José Speciali(s) (seudónimo de José Herrero Ramírez) e integrada,[8] según figura en la lista de sueldos manuscrita de 1804 (Archivo INET) por el propio Speciali(s) como primer galán, Santiago Roxas (segundo galán), Antonio Pérez (tercer galán), Fernando Pose (supernumerario), Juan Miranda (gracioso), Ángel Martínez (barba), Juan Maza (quinto galán), Josefa Ocampos (primera dama), Josefa Gómez (segunda dama), Blasa Martínez (tercera dama), Valeriana Montenegro (cuarta dama). Además de los actores, figuran integrando la compañía en diferentes roles técnicos el posteriormente famoso Luis Ambrosio Morante (primer apunte), Pedro Pabola (segundo apunte), Marco Agripa (tramoyista) y un guardarropas. Por último, también figuran como cantarines, Antonina Montes de Oca y el mismo José Speciali(s), y como músico Blas Parera, quien luego fuera el autor de la música del Himno Nacional Argentino.[9]

Speciali afirmaba que llevaría a escena sólo los mejores sainetes aparecidos en la corte luego de 1799, que se había suscripto a las que se escribieran de ese momento en adelante, y que el vestuario se compondría de "todos los trajes que usaron las naciones conocidas, con insignias, órdenes, encomiendas, etcétera" (Torre Revello, 1940[b]: 30).

El repertorio de textos dramáticos que poseía el Coliseo Provisional llegaba a los mil setecientos títulos,[10] y la lectura de los manuscritos hallados en el Instituto Nacional de Estudios de Teatro y la Biblioteca Nacional permite observar la acción de la censura sobre ellos, así como los cambios que se realizaban en los textos extranjeros para su adaptación al medio criollo.

El reglamento redactado en 1804 por el virrey Sobremonte, para regular el funcionamiento del Coliseo Provisional (Peña, 1910: 241; Trenti Rocamora, 1947[d]: 151), colocaba a la labor actoral también bajo el control del régimen colonial. Ese reglamento imponía que los cómicos "no ejecuten acción ni movimiento que desdiga o cause escándalo ni añadan palabras equívocas (...) ni salgan las cómicas con indecencia en el modo de vestir, ni permitir que estas representen vestidas de hombre, sino de medio cuerpo para arriba, sino castigado con prisión o multa". También dividía los vestuarios de cómicos y cómicas, para que no se vean entre sí, buscando evitar desórdenes y el escándalo público.

A este reglamento se sumó el redactado por el Oidor Campuzano, miembro del Tribunal de Teatro, que completaba el anterior, dedicado a establecer las obligaciones del asentista (empresario), el autor (director), los cómicos y el maestro de orquesta (Trenti Rocamora, 1947[d]: 156-159).

En suma, si bien la ciudad de Buenos Aires en el período colonial no contaba con un edificio teatral propiamente dicho –ya que los tablados se armaban transitoriamente en plazas o cuarteles– que albergara un elenco con carácter estable, la necesidad de celebrar diversos acontecimientos reales fue un motivo para que los actores continuaran su labor con cierta asiduidad desde la construcción en 1783 del Teatro de La Ranchería, hasta 1792 –año del incendio de esta construcción–. Esta primera experiencia favorable llevó a los actores a continuar representando en forma aislada hasta que en 1804 comenzó sus actividades el Coliseo Provisional de Comedias. Por otro lado, se advierte un avance en cuanto a la paulatina incorporación de la mujer como intérprete de los roles femeninos –anteriormente ejecutados por hombres– a pesar de las normas sociales y éticas de la época que intervenían en las prácticas teatrales, y una ampliación en la cantidad de personal que trabajaba en pos del funcionamiento del edificio y en las puestas en escena; y la constante resistencia de productores y empresarios teatrales –ante los problemas económicos y políticos surgidos con las autoridades– tendiente a mantener en pie el teatro y la labor actoral a pesar de la falta de autonomía del campo artístico.

Notas

[1] A pesar de ser aficionados, se destacaban por su desempeño, ya que, según la crónica: "se lucieron de tal modo que el mismo Señor Gobernador juzgó que los muchachos hubieran podido representar con éxito delante los ojos del Rey. A ruegos de todos los espectadores hubo de repetirse el drama el siguiente día, y fué celebrado aún con mayor aplauso" (Furlong, 1944: 200).

[2] Según la memoria de estos festejos: "Formaron con ellos un espacioso y magnífico teatro, que merecía lugar y alabanza en el mejor coliseo, en cuyas tablas ejecutaron las dos comedias con aplauso universal y vivas con que proclamaron los del auditorio la retórica disposición de los cómicos". (Biblioteca Nacional, cfr. LXIII)

[3] Archivo General de la Nación, *Acuerdos,* serie II, tomo IX: 282.

[4] Archivo General de la Nación, *Cabildo de Buenos Aires*, S. VI, C. XIX, A. 7, N. 4: 78-80. (Torre Revello, 1945: 125)

[5] Archivo General de la Nación, *Acuerdos*, serie III, tomo VII: 234-248-250.

[6] Archivo General de la Nación *Tribunales*, Legajo C-14, Exp.22. Reproducido en Trenti Rocamora, 1947[a]: 103-114.

[7] Archivo General de la Nación, *Expediente sobre el alquiler del patio de Comedias...* Buenos Aires, División Colonia, Sección Gobierno, Cabildo de Buenos Aires, Propios, 1783, 1787, legajo 5, S. VI. C. XX, A.4, N.1.

[8] Torre Revello (1937: 56-57; 1940[b]: 29-30), cita otra conformación, seguramente perteneciente a otra fecha, indicando también los roles que interpretaban: Damas: primera Josefa Ocampos (seria y jocosa); segunda Josefa Gómez (suple primera y baila); tercera Juana Martínez (graciosa de versos, cantarina y baila); una tal Marta, la señora y de sobresaliente Ana Carrera, conocida por la Portuguesa. Galanes: primero, José Speciali(s) (profesor); segundo, Santiago Roxas (suple primero); tercero, Antonio José Pérez (suple barbas); cuarto, Ramón Pacheco, (supernumerario). Barbas: primero, Ángel Martínez, segundo, Pedro Magarrón (en lo jocoso). Graciosos: primero, Juan González (canta), segundo Diego Martínez (bolero y serio); sobresaliente, José Speciali(s) (en los sainetes). Consuetas: primero, Luis Ambrosio Morante (canta), segundo, Juan de los Reyes, (cantarín) y José Antonio Speciali. Maestro de música: El señor del País. Archivista: Luis Ambrosio Morante. Copiante: Antonio José Pérez. Tramoyista: Ramón Pacheco. Guardarropa: Pedro Magarrón; y finalmente la orquesta, que se componía de gente del país.

[9] Estos son los nombres que figuran en la lista de sueldos de la Compañía Cómica de 1804, editada en *Boletín de Estudios de Teatro.* Buenos Aires: Instituto Nacional de Estudios de Teatro, Comisión Nacional de Cultura. Año 1, nº 3: 46-47.

[10] La nómina ha sido editada por el Instituto Nacional de Estudios de Teatro en los *Boletines de Estudios de Teatro,* Buenos Aires, nros. 1, 3, 6, 9, 14, 15, 16 y 20-21 (0143-1948).

•••

1.2.1. *Siripo* de Manuel de Lavarden

Por Laura Mogliani

Siripo, de Manuel de Lavardén, fue la primera obra culta de autor "español americano" presentada en Buenos Aires.[1] Esta "tragedia de tema americano" se estrenó en el carnaval de 1789, a beneficio de los niños expósitos, en el Teatro de La Ranchería. Y junto con la loa que la precedió, denominada *La Inclusa*, tuvieron que superar un largo trámite para ser aprobadas por la censura. La mayor información sobre la obra la brinda la nota elevada por Lavardén a un amigo, Manuel Basavilbaso, para que éste intercediera con el censor, el Oidor José Márquez de Plata para que aprobara su representación. De esa nota, fechada el 3 de enero de 1789 (reproducida en Bosch, 1943 y 1944[b]) se deduce que la temática de la loa podría estar referida a los niños expósitos, a los que se destinaba el beneficio de la función de estreno, ya que afirmaba que "los casados como Hurtado y Lucía producen niños, y éstos caben por el torno de la Inclusa", buscando establecer una relación entre *Siripo* y la loa que la antecedía; además, hacía mención de un chiquillo expuesto, lo que refuerza la tesis sobre su temática. Según su autor, estaba escrita en verso suelto y adaptada a las reglas de la epopeya y la acción tenía una estructura aristotélica: constaba de principio, medio y fin, develando la intención del autor de regirse por las reglas neoclásicas. Sus personajes eran Acracia, caracterizada por el autor como "violenta", y Eusebia, "afable", Simetrio, "un buen Ermitaño", y el Coro de hombres, que cerraban la loa. Los reparos citados anteriormente puestos por el Oidor Márquez de Plata revelan la intertextualidad de la loa con las ideas del pensamiento iluminista francés (Bosch, 1944[b]: 81).

Luego, la carta de Lavardén hacía referencia a que había cumplido la sugerencia de Márquez de Plata, haciendo que Siripo muera en la extraescena y que Cayumari de la noticia al público "confirmándola con la daga ensangrentada para dulcificar la catástrofe", característica propia de la estética neoclásica, y de la regla del decoro del teatro neoclásico francés. Confesaba haber escogido un argumento sin rasgos históricos o mitológicos, aplicando en él "las observaciones metafísicas del reconocimiento y la peripecia", estos dos últimos recursos propios de la tragedia griega, adscribiendo nuevamente su texto al neoclasicismo y su voluntad de continuar las normas de la literatura clásica griega. Otro rasgo neoclásico es que aducía haber tomado "buenas medidas para su construcción", lo que corrobora esta concepción racional y normativa del arte propia de esa poética.

Del texto original de Lavardén sólo se conoce el acto segundo, y su originalidad ha sido puesta en duda por Bosch. Este acto, que perteneció al archivo de Juan María Gutiérrez y que se encuentra en la Biblioteca del Congreso de la Nación, fue publicado por Puig (1910) y reproducido por el *Boletín de Estudios de Teatro* (1945). Bosch (1943: 17) afirma que pertenece a otra obra, posterior, *Siripo y Yara, o El campo de la matanza,* que atribuye a Morante, presentada en las fiestas mayas de 1813, y repetida en 1823, 1828, 1832 (por Guevara y Diez) y 1846 (por Máximo Ximénez en Teatro de la Victoria). Bosch (1932) publicó en *La Prensa* el "Tanto General de la tragedia en 3 actos *Siripo y Yara o El Campo de la Matanza*", formado por algunos versos (probablemente los primeros o últimos de cada personaje), indicando entradas a escena por derecha o izquierda, y salidas (mutis) de los personajes de los tres actos de la obra. Su función era brindar al apuntador (traspunte) una copia de los primeros y últimos versos que decía el personaje para que, de acuerdo a esto, señalara a los actores sus entradas a escena, recordándoles su primer verso, e informar al responsable de la luz y de la escenografía cuándo debía efectuar los cambios de decorados o luces. Bosch afirma que el tanto que posee y publica, fechado en caracteres al agua de 1828, debió pertenecer al traspunte, por su forma de copia y por la rúbrica de una B, abreviatura de bastidores.

Del cotejo de este tanto publicado por Bosch con el texto del acto segundo. publicado en las dos fuentes ya mencionadas, siguiendo la copia existente en la Biblioteca del Senado de la Nación, se llega a la conclusión de que, aunque algunos de los versos citados casi coinciden en ambos textos, ("El torpe (vil) engañador donde se oculta (esconde) / ¿Esta es la buena fe de los cristianos?" Lavardén, 1945: 22), ambos textos se refieren a obras diversas, ya que no coinciden en los personajes ni la estructura de escenas, entradas y salidas de los personajes, ni en la mayoría de los versos. Por ejemplo, Miranda y Lucía están en escena desde el comienzo del acto segundo, y en la segunda escena llega Siripo, etc.

Otro tema a tener en cuenta es la imagen de los españoles que brinda cada texto: mientras que en el de Lavardén hallado por Gutiérrez se incluyen alabanzas al monarca, propias de la comedia española y del contexto histórico, en el publicado en 1936 la obra concluye con los españoles dando muerte a Siripo y Yara, quienes ruegan por una piedad que los crueles españoles les niegan, imagen propia del contexto revolucionario, en el cual los enemigos eran los españoles y se intentaba captar a los indígenas para incluirlos en el ejército revolucionario.

Más allá de esta polémica, el análisis de este segundo acto, evidentemente fragmentario, permite observar que en él, Lavardén incorporó al modelo de la comedia española clásica el estímulo externo del neoclasicismo francés. En cuanto al modelo de la comedia española del Siglo de Oro, éste se configuró a partir de 1580 (Oliva y Torres Monreal, 1994: 179), al recurrir a la historia nacional, sus temas y protagonistas y en especial el Romancero, como materia dramática. De la misma forma, Lavardén intenta fundar una dramática americana rescatando la historia nacional, tramada sobre la base de relatos y leyendas, como apoyo para el argumento de su obra. Así, eligió la leyenda de Lucía Miranda, incluida en *Argentina manuscrita* de Ruy Díaz de Guzmán, relatada por primera vez por Martín del Barco Centenera en su *Argentina* y reproducida por cronistas de la Compañía de Jesús. Este relato ya había sido llevado a escena con anterioridad a Lavardén en dos oportunidades. Colmo (1916) cita una tragedia escrita en inglés por Thomas Moore, publicada en Londres en 1718, denominada *Mangora, Rey de los Timbúes, o La pareja fiel*, en cinco actos, como antecedente del tema tratado en el texto de Lavardén, pero afirmando que este autor no se ha inspirado en ella, según la comparación que realiza entre la obra inglesa y el segundo acto conocido. Bosch (1932), por su parte, considera que Moore elaboró un final diferente, y que su obra pudo ser conocida por el autor de la versión de 1832 (Bosch, 1944[b]). El otro texto citado como antecedente por Marcelino Menéndez y Pelayo y Bosch, es *Lucía Miranda*, tragedia compuesta en italiano por el jesuita valenciano Manuel Lassala, desterrado a Italia, impresa en Bolonia en 1784 (Bosch, 1944[b]: 90-91).

En el plano de la intriga, el sistema de personajes guarda equivalencia con el de la comedia española: Siripo con el Poderoso, "noble que si coincide con los atributos del galán suele ser despótico. Su papel en la comedia es negativo, violando derechos y personajes". Es el que genera el conflicto social cuyo castigo depende del rey (Oliva y Torres Monreal, 1994: 205). Hurtado se corresponde con el Caballero: "suele ser el defensor del honor, que pierde consciente o inconscientemente la dama. Para ello debe vengarse. Es el auténtico valedor del orden social instaurado" (Oliva y Torres Monreal, 1994). Lucía, a diferencia del modelo de la Dama de la comedia española, caracterizada por su inactividad –propia de la mujer en la sociedad de la época– se asemeja a otras damas que asumen un rol activo, como Laurencia en *Fuenteovejuna* y Doña Juana en *Don Gil de las Calzas Verdes.*

En cuanto al aspecto verbal, el texto está escrito en endecasílabos, una de las métricas más usados en las comedias españolas.

En el aspecto semántico, la importancia fundamental de *Siripo* es que es la primera obra culta con tema claramente autóctono y autor americano estrenada en Buenos Aires. Puig (1910) lo considera eslabón de continuidad entre la Colonia y la Revolución debido a la influencia que ejerció sobre los demás poetas. Este carácter de texto en transición se advierte en la coexistencia entre las alabanzas al monarca, propias de la Colonia y de la comedia española (y que no se condicen con una obra de 1813, como postula Bosch), con el pensamiento ilustrado francés que había comenzado a circular en la ciudad. Como ejemplo de las alabanzas, podemos citar el parlamento que Hurtado dirige a Siripo:

> El poder que ejercita en el augusto / Y siempre invicto nombre del Rey Carlos (...) Nuño de Lara quiere convenceros / De la justicia de su soberano, / Cuyas armas, desde ahora vengadoras, / la fiereza y traición autorizaron) / La bondad del monarca más piadoso, / Con la satisfacción del desacato. / Prevenid su furor, reconociendo / El dominio de un Rey, el más humano, /De Carlos el prudente, el invencible, / El tres veces piadoso y siempre sabio. (...) Mas, felices, / Seréis y libres, siendo sus vasallos /... Los súbditos de todas las naciones / Envidiarán la suerte que os brindamos, / Pero si vuestra bárbara fiere-

> za, / Si no haber tanto bien jamás gustado / Os le hace baldonar, desde este punto / A sufrir su venganza preparaos. (1945: 14-15)

Estas alabanzas al monarca, entonces, se conjugan en forma francamente compleja con la filosofía libertaria propia del estímulo externo del iluminismo y del neoclasicismo francés.[2] Hurtado dice a Lucía: "Yo voy a ser su guía y liberarte / de la injusta opresión. Sabrá el tirano / Que los justos derechos de los hombres / (hace que se va) No pueden tan sin riesgo ser violados" (1945: 21). Esta intertextualidad con el neoclasicismo francés se advierte especialmente en la inclusión de un tópico característico de esta estética: la metáfora que liga la luz con la razón: "Siripo: No es nuevo para mí cuanto me dices, / Ni me juzgues de luces tan escaso / Que á la razón me niegue". (1945: 12)

Para Iglesia (1987: 71) *Siripo* se convirtió en un texto socialmente funcional para el orden colonial porteño, ya que

> constituye una respuesta al acoso del indio sobre las precarias fronteras, un conjuro ante el temor a la mezcla ("el color bruno"), el temor de que los bárbaros terminen por impedir que se realice ese *asilo de paz*, ese refugio universal de la humanidad, pensado para europeos en tierra americana. El indio sigue estorbando la prosperidad de la colonia, sigue enturbiando la colorida imagen del ameno vergel.

Así, la figura del indio funciona como elemento de confirmación y ratificación de la supremacía blanca. Por eso construye un Siripo inseguro, calculador, hipócrita, que en definitiva, termina prendado de la belleza física y del valor del español. Por ejemplo, cuando se entera de que, aún diezmados por ataque timbú, unos pocos españoles han decidido vengarse, Siripo exclama: "El valor de los hombres no es humano". (1945:14)

Pero lo que resulta realmente original es el replanteo del problema básico de toda situación de conquista: la pérdida de libertad del conquistado. Esto constituyó un desafío para Lavardén, ya que si la libertad y la propiedad eran dos categorías esenciales para la formulación filosófica del siglo XVIII, en la América feudal ambas categorías seguían siendo privilegio del europeo o de los pocos criollos propietarios. El poeta instrumenta el arsenal ilustrado: "injusta opresión", "tirano", "justos derechos violados", pero produce, al mismo tiempo, una inversión original. En la retórica filosófica europea del siglo XVIII sacerdotes y tiranos representaban la opresión de los hombres, en la tragedia rioplatense, el tirano es Siripo, el cacique timbú. Mientras los "justos derechos de los hombres" aluden a la legitimidad de la conquista española, la violación y la injusta opresión provienen del lado del indio.

Notas

[1] Trenti Rocamora (1949) ha demostrado que la primera pieza teatral de autor criollo estrenada en el país fue la loa compuesta por Antonio Fuentes del Arco en 1717, para la fiesta que se organizó en la ciudad de Santa Fe en honor del rey Felipe V "en acción de gracias por haberla descargado del derecho de la sisa, que contribuía en la yerba del Paraguay".

[2] En cuanto al estímulo externo del neoclasicismo francés, este rasgo fue advertido tempranamente por la crítica literaria. Gutiérrez, en *Estudios biográficos y críticos...* de 1865 (citado en Puig, 1910) planteaba que "Labardén pertenece a la escuela que comienza con él y acaba con el autor de *Dido* (neoclásica). *Siripo* está vaciado en el molde de la escuela clásica francesa en cuanto su asunto lo permite y la condición de algunos personajes lo tolera. Sin gran esfuerzo se nota el parentezco que hay entre algunas de sus excenas y el Cid de Corneille y la Ifigenia de Racine". Bosch (1944[b]) postulaba que Lavardén, para sus composiciones, se alejó de los modelos españoles antiguos y modernos, tanto para confeccionar la loa como la tragedia grande; que su filosofía era moderna y revela que sus lecturas habían sido abundantes en autores franceses e ingleses, especialmente los filósofos enciclopedistas cuyos libros no eran fáciles de adquirir en América.

•••

1.3. Puesta en escena y público

por Laura Mogliani

1. Puesta en escena

Se han conservado muy pocos documentos sobre las puestas en escena en la época colonial; ellos dan cuenta del marcado interés por resaltar los componentes espectaculares, particularmente por la estrecha relación que existía entre las representaciones teatrales y la situación política.

En las funciones organizadas para la conmemoración de la coronación de Fernando VI en 1747, la memoria describe, por una parte, la utilización de escenografía conformada por bastidores móviles, que se corrían según las diferentes escenas representadas, pintados con gran mimetismo, y por otra, el lujoso vestuario con el que contaron los cómicos:

> Estaba tan viva la pintura de cada mutación que parecía se quería asomar a salir del lienzo, y mostrar eran realidades las apariencias. (...) tanta belleza, así en las pinturas, como en las damas y galanes, cuajadas de joyas preciosísimas de diamantes, esmeraldas, topacios... y demás piedras, y con perlas de fino oriente, todo proporcionado con muy lucida compostura. (Biblioteca Nacional, cfr. LXIII)

En muchas ocasiones, las puestas en escena lindaban con lo teatral. Tal fue el caso de las representaciones que se dieron en el primer teatro estable que tuvo la ciudad, la casa de comedias que funcionó entre 1756 y 1761. En él actuaron "mujeres contratadas del Brasil", el músico de la Catedral, Francisco Vandermer, y el acróbata Blas Arganda (Pillado, 1910: 25), así como también se realizaron funciones de títeres. Con respecto a estas últimas, un testimonio de 1759 describió esas representaciones del siguiente modo: "se reduze a una máquina Real que es entendida por muñecos, figuras o estattuas vestidas y manejadas conforme se practica en el tiempo de Cuarezma en los Coliseos o Corrales de la Cortte de Madrid representando como al vivo sus papeles en prosa, verso o música detrás de los vastidores..." (reproducido en Torre Revello, 1945: 122).

En cuanto a la puesta en escena en el Teatro de la Ranchería, de los numerosos bienes detallados en su inventario de 1792[1] se deduce que tenía una compleja espacialización, debido a la gran cantidad de material escenográfico y de vestuario con que contaba el teatro. En ese documento se registra la existencia de numerosas prendas de vestuario (vestidos, casacas, chupas, calzones, uniformes, polleras, batas, hábitos, chalecos, sotanas, capas, mantos, gorros, sombreros, pata de palo, pelucas, bastones, etc.) y de utilería (mantel, bandejas, coronas, lanzas, grillos, mapas, espadas, banderas, escopeta, polvorín, hachas, retratos, espejo, carro triunfal, escudos, alacenas, trofeos de guerra, serpientes, etc.). También disponía para la realización de escenografías de telones, bastidores pintados (algunos de montaña, gruta, de tienda de campaña, muralla, terrazo, templo), bambalinas, columnas y torres de madera, barandillas de balcón, asientos de tablas para peñascos, arco iris, serpientes de madera, arco de puente, caballete de pintor, ataúdes, imágenes de madera (San Isidro, el dios Apolo, una estatua a caballo). Entre las escenografías se menciona la ciudad de Barcelona, una casita de lienzo y dos de madera, un torreón de castillo pintado y un campanario de madera.

Otro documento relevante sobre la puesta en escena colonial lo constituyen los apuntes manuscritos encontrados junto al texto impreso de *El bueno i el mal amigo*, estrenada en Madrid en 1793 (Bosch, 1910[b]: 37-39). En ellos se registra una representación realizada el 30 de noviembre de 1801 y se consignan indicaciones para el utilero y las máquinas, seguramente utilizadas en esa función. Estos apuntes indican de forma muy minuciosa, divididos por acto, la escenografía, la iluminación y un detalle de la utilería necesaria para la representación de cada escena, así como su ubicación en el escenario y a qué actor correspondía su uso en la escena: "Unos papeles y un retrato; galán, derecha", "Bolsillo con dinero; barba, izquierda". De esta fuente se deduce, como en el caso de la Ranchería, que se disponía de gran cantidad de recursos a la hora de realizar la espacialización de las puestas, pudiendo utilizarse de tres a seis escenografías para cada acto, sumando toda la obra un total de doce, con la posibilidad de dirigir la iluminación de la escena, indicando "Luz prevenida izquierda", o "Luz: dama, izquierda".

Los géneros cómicos (sainetes, entremeses y tonadillas) tuvieron gran éxito en el ámbito porteño dieciochesco. Criadas, militares, alcaldes, vejetes y otros tipos estaban destinados al gracioso y la graciosa, que sumaban al trabajo actoral sus habilidades para el canto, especialmente las mujeres con su participación en las tonadillas. No obstante, la presencia escénica de actrices tardó en imponerse debido a objeciones morales; fue precisamente por este motivo que las pocas intérpretes que frecuentaban los escenarios porteños eran solicitadas a otras plazas americanas, como Potosí, hasta la consagración de una criolla, la joven Josefa Ocampos, que fue la primera de una serie de intérpretes femeninas locales en la última porción de la década de 1780.[2]

Una fuente en la que se pueden hallar datos sobre la interpretación en la época son los manuscritos de los textos dramáticos representados. Por ejemplo, en *El chasco de los aderezos*, copiado en 1802, se registra una temprana utilización del idiolecto como recurso de comicidad verbal. En ese sainete se incluyen dos personajes extranjeros, el italiano Chifichafe y el platero segundo. El primero se presenta como

Un extranjero, Señora
que no se entiende lo que habla
por usted, según sus señas
pregunta (...)
tener muy lecos mi Patria
yo estar Ginebra: má ellos
si trabacan en Moldavia (...)
ma no estar yo el artífiche
que estoy solo los trovaca
Sr. Angelo Tagarnini
que es el micor a la Italia

El idiolecto utilizado por el platero segundo integra palabras en italiano ("trisenti pieseti", "dimoño") y en francés, como "cabalier", "alon". Este recurso actoral, que se constituyó en uno de los principales empleados por los autores del sainete criollo, se hallaba ya presente en los textos del sainete español que representaban los primeros actores de la época colonial. También pueden mencionarse tonadillas como la *Tonadilla del granadero* (Bosch, 1910[b]: 27-29) que eran cantadas e interpretadas por actores y actrices como Juan Antonio Viera, las cantarinas Isleña y Marica y, tiempo después, por la célebre graciosa Ana Campomanes.

2. Público

La población del Buenos Aires estaba organizada según el concepto español de jerarquía social, que se basaba en la existencia de tres grupos étnicos: españoles, indios y negros. A ellos se sumaban las categorías intermedias generadas por el mestizaje: mestizos y mulatos, que llegaron a constituirse en grupos tanto biológicos como culturales. Con el vertiginoso crecimiento que vivió la ciudad al convertirse en capital virreinal, se produjo un aumento de la población española, negra y mulata. La primera se vio incrementada por la necesidad de cubrir los nuevos cargos públicos y la actividad mercantil, fenómenos que conformaron una clase burguesa, con gran poder político, constituida fundamentalmente por comerciantes –entre los que tenían gran importancia los comerciantes mayoristas–, y también abogados, sacerdotes y funcionarios, lo que diferenciaba a Buenos Aires del resto de las ciudades coloniales del cono sur. Entre los primeros, el sesenta por ciento eran españoles, mientras que el resto eran criollos oriundos de Buenos Aires o de otras ciudades americanas. En cuanto al crecimiento de la población negra, se debió tanto al impulso del comercio con Portugal luego de la paz establecida con el tratado limítrofe de Tordesillas en 1777 como, fundamentalmente, al aumento de la riqueza en la ciudad, que permitía a la clase burguesa la compra de esclavos.

El público de las primeras representaciones teatrales porteñas, debido a su carácter absolutamente vinculado a la esfera religiosa, estaba compuesto fundamentalmente por las clases ilustradas. Las crónicas citan que a las representaciones de *Judith*, en 1721, realizadas en el Colegio del Salvador por sus alumnos, asistieron tanto lo más selecto de la sociedad porteña, como sus principales autoridades: el Cabildo completo y el Gobernador de la Provincia, Bruno Mauricio de Zabala. Algo diferente ocurría en las funciones realizadas en el marco de los festejos de los diversos acontecimientos vinculados a la vida de la familia real: coronaciones, casamientos, nacimientos, etc. Estas contaban con la presencia de las máximas autoridades políticas y con la presencia de las "fuerzas vivas", deseosas de mostrar su adhesión a la corona española. A las que se celebraron en 1747 por la coronación de Fernando VI, "asistió lo más florido de esta República", el Gobernador, el Cabildo en pleno y los oficiales de la ciudad (Biblioteca Nacional, cfr. LXIII). Sin embargo, si se considera la fiesta en su conjunto, de la cual la representación era sólo una parte, ésta estaba dirigida a todos los niveles de la jerarquizada sociedad colonial. En estas ceremonias no participaban únicamente las elites sino también los sectores populares urbanos que, en ocasiones, tomaban parte activa. Las fiestas constituyeron dentro del sistema monárquico un espacio válido de participación y expresión comunitaria, así como una instancia propicia para la transmisión de los valores dominantes y la reafirmación de la lealtad a la corona. En el marco de la política borbónica de reafirmación del poder real, así como en la sociedad barroca, eran fundamentales los elementos ceremoniales ligados al ejercicio del poder, que permitían concretar una verdadera dominación simbólica, aspecto vital en la construcción de todo estado (Garavaglia, 1996). Por lo tanto, estos sectores muchas veces eran los destinatarios primordiales de estas manifestaciones.

> En la sociedad colonial se percibía una inquietud latente por el teatro, que hizo que en 1755 se solicitara la autorización para representar comedias en forma continuada. Esta inquietud, satisfecha a partir de que Pedro Aguiar y Domingo Sacomano inauguraron el primer teatro estable en 1757, volvió a evidenciarse cuando éste suspendió sus representaciones debido al exhorto para que Aguiar abandonase la ciudad y regresase a España. Por esta razón, en 1758 el compositor Bartolomé Maza y el maestro de música Francisco Vandermer presentaron al teniente de rey y gobernador interino, Alonso de la Vega, una solicitud para que se les permitiera continuar las representaciones en ese teatro "movidos del unibersal senttimiento que había ocasionado en el público la suspensión de las óperas que se empezaron a representar en el año pasado de cinquenta y siette (...) el público, faltto de otras diverciones, anela por tan honestta y lícitta recreación..." (reproducido en Torre Revello, 1945: 123-124)

En 1783 el Virrey Vértiz esgrimió nuevamente como fundamento para la apertura de una casa de comedias el entusiasmo que provocaban las representaciones en el público y dirigió al Cabildo un oficio solicitando que se estableciese un teatro en la ciudad, recordando lo bien recibidas y aplaudidas que habían sido las representaciones teatrales organizadas el año anterior, de forma gratuita. Éstas se habían motivado en la inquietud del Virrey por brindar a la ya considerable población porteña una diversión honesta, de la que se carecía en aquella época. Vértiz consideraba a esta falta de eventos de diversión pública la razón de algunos "inconvenientes y perjuicios" (Torre Revello, 1945: 126; Trenti Rocamora, 1947[c]), de lo que se deduce que el teatro era juzgado por el Virrey como un medio de desahogo y entretenimiento social.

El público del Teatro de La Ranchería debía cumplir una multitud de normas establecidas por el Virrey. En primer lugar, debían dividirse por sexos, pudiendo ocupar las mujeres sólo la cazuela, sitio destinado para ellas en los corrales españoles. El único espacio que podían compartir hombres y mujeres eran los palcos, siempre que estas últimas sean "de distinción" y concurriesen "vestidas en traje que no sea mantilla o rebozo" y aquellos vayan vestidos de "casaca en forma decente, según se practica en todos los teatros". No sólo no les estaba permitido a los hombres ingresar a la cazuela, tampoco podían hablar desde el patio con las mujeres ubicadas en ella. Esta norma también prohibía ingresar sin "boletín" (entrada), agolparse al entrar, fumar, ponerse de pie o el sombrero durante las representaciones, gritar a los cómicos o "decir voces deshonestas o atrevidas". Estas disposiciones indican la voluntad del Virrey de que el público no tuviera un comportamiento tumultuoso, propio de una diversión de corte popular, sino de que su asistencia a las representaciones colaborara en su proceso de "civilización", adoptando un comportamiento adecuado a sociedades con mayor grado de urbanización y cultura (Trenti Rocamora, 1947[c]: 85-90).

Respecto a la conducta de los espectadores, los más desinhibidos eran los ocupantes de la cazuela (señoras, mulatas y criadas), las últimas filas del patio y los pasillos. Teniendo en cuenta la adhesión de estos sectores del público al teatro, y su preferencia por los espectáculos cómicos del cierre, que provocaba la dispersión durante el transcurso de la pieza seria, en ocasiones se apelaba al recurso de duplicar el precio de la entrada para disuadir a los grupos populares (Bosch, 1910[b]: 197-198).

El 7 de agosto de 1804, el virrey Sobremonte dio a conocer un extenso reglamento para el gobierno del Coliseo Provisional, basado en el que en 1783 había establecido Vértiz para la Ranchería. El reglamento perseguía también controlar la participación pública en el espacio teatral: mantenía la prohibición de ingresar con violencia o sin pagar boleto, tampoco permitía el acceso a criaturas de pecho que pudieran causar molestias con su llanto y a vendedores de cualquier producto, aún pagando entrada. También prohibía a los hombres detenerse en algún paso de acceso del público o a ver subir o bajar a las mujeres y subir a la tertulia alta, salvo al cobrador de asientos. El público no tenía permitido fumar, gritar a los cómicos y decir voces impropias, ya que "solo las palmadas son permitidas en un teatro de civilidad a la vista de las autoridades respetables, y éstas con cierta moderación que no incomoden a otros, ni causen una indiscreta confusión" (Trenti Rocamora, 1947[b]: 154).

En síntesis, a medida que la actividad teatral iniciaba un período de estabilidad que pretendía transformarla en fija, creció la preocupación por la espacialización (la escenografía da cuenta de ese interés) y comenzaron a perfilarse géneros que convocaban a los sectores populares (sainetes, tonadillas) opuestos a las piezas "serias", en una programación doble que segmentaría notablemente el público y se prolongaría hasta avanzado el siglo XIX.

Notas

[1] Archivo General de la Nación *Tribunales*, Legajo C-14, Exp. 22. Reproducido en Trenti Rocamora, 1947[b]: 103-114.

[2] Para más datos acerca de las actrices de la época, véase Klein (1984: 20-21)

•••

1.4. Circo, títeres y volatineros

por Laura Mogliani y María de los Ángeles Sanz

Las comedias no eran el único espectáculo al que tenía acceso la población. Además del teatro, el público porteño podía recrearse ocasionalmente con otras formas espectaculares cercanas a lo teatral, como era el caso de los volatineros que presentaban números de acrobacia, equilibrio, prestidigitación, pantomimas y bailes, así como funciones de títeres y sombras chinescas. A estos variados espectáculos se sumaban otros entretenimientos populares, como las corridas de toros, el juego de pato, las riñas de gallos y los bailes públicos organizados por la población negra. Las corridas de toros, que en los últimos años de esa etapa se ofrecieron en una plaza levantada cerca del Retiro, convocaban a toda la población de la ciudad, que colmaba la plaza los domingos y otros días de fiesta durante el verano, cerrándose los comercios. Las corridas se realizaban en beneficio del gobierno, que "debería obtener una renta considerable de las entradas". El circo taurino sobrevivió hasta 1819, año en que el Directorio lo suprimió demoliendo el edificio (Arrieta, 1945). En cuanto a los bailes de la población negra, no contaban con el beneplácito de las autoridades civiles, lo que queda demostrado por el acta del Cabildo de Buenos Aires del 23 de diciembre de 1789 en la que se prohíben los bailes públicos de la nación Cambunda que las tardes de los días de fiesta se realizaban en un sitio despoblado junto a la Iglesia de Nuestra Señora de La Merced, por tratarse de reuniones "obscenas" y por "las perniciosas consecuencias" que acarreaban.[1]

Títeres

La tradición del teatro de títeres se remonta al Renacimiento, y tuvo especial auge en Venecia y Florencia, donde los príncipes construían a menudo teatros exclusivamente para sus marionetistas. Durante los siglos XVII al XVIII las obras para marionetas florecieron en Europa, siendo introducidas en España desde Italia. Este tipo de piezas compartía muchos recursos con las obras dramáticas propias del teatro barroco: creación de tipos, postura antinatural, entradas a escena desde todas las direcciones, entre otras.

En el primer teatro estable que tuvo la ciudad, la "casa de óperas y comedias" –que funcionó entre 1756 y 1761 bajo la dirección de Domingo Sacomano y Pedro Aguiar, se ofrecieron algunas funciones de títeres.

Las representaciones de estas "óperas" con muñecos de medidas humanas y cantantes situados entre bastidores, constituyen un ejemplo de teatro mecánico, "donde los actores han sido sustituidos por figuras animadas, autómatas o máquinas", cuya tradición se remonta al teatro automático creado por Herón de Alejandría en el Siglo I, pasando por las experiencias de Giacomo Torelli en el siglo XVI y los juegos de feria en los siglos XVIII a XIX (Pavis, 1998: 457). Estas representaciones se sucedieron hasta que en 1761 Domingo Saccomano trasladó esta compleja máquina a Lima.

Las siguientes representaciones de títeres en Buenos Aires fueron llevadas a cabo por volatineros, en el marco de sus espectáculos o como funciones autónomas. En 1791 el volatinero Joaquín Oláez Gacitúa realizó funciones de títeres los jueves y domingos de cuaresma, dando por ello una contribución económica a la Casa de Niños Expósitos, bajo la "prevención de evitar toda acción y expresión poco honesta e indecente" (Archivo General de la Nación, IX-12-9-8). Otro volatinero, José Cortés (alias El Romano) presentó también los jueves y domingos de cuaresma de 1806 sus habilidades de maquinista con las sombras chinescas (AGN, Archivo del Cabildo, 1806). Las sombras chinescas unían los recursos de la pantomima y del teatro de muñecos, jugadas detrás de una pantalla transparente, presentando pequeñas obras satíricas, imitaciones de animales u otros fenómenos naturales.

Volatineros

Los volatineros eran actores trashumantes, cuyos espectáculos constituían lo que Pavis (1998: 326) denomina "parada": "la actuación de bailarines-acróbatas, de artistas que atraían la atención del público, a veces desde un balcón o desde un espacio elevado, para invitarle a asistir al espectáculo". Esta denominación expresa claramente la voluntad de exhibición, de ostentación de los talentos acrobáticos y cómicos de los actores. La "parada" tuvo su momento de auge en el espectáculo de feria durante los siglos XVII y XVIII en Europa.

Los volatineros no lograron establecerse y presentarse en forma continua en Buenos Aires durante esta etapa. A pesar de que Rojas (1960) afirma que "para los espectáculos circenses, entonces de volatines, existió ya un público en la época colonial" y que en Buenos Aires se desarrolló rápidamente un ambiente propicio a los espectáculos, ya que el público respondía a sus exhibiciones, no pudo concretarse una continuidad de esta modalidad teatral. Probablemente esta situación obedecía a las dificultades que tenían estos artistas para variar sus programas, a diferencia de la elasticidad propia de las compañías teatrales, que podían renovar semanalmente sus producciones debido a la mayor amplitud de su repertorio. En consecuencia, los volatines se encontraban en constante movilidad, con temporadas breves en cada ciudad y la necesidad de cumplir extensas giras. El jefe de volatineros cumplía funciones semejantes al "autor" de las compañías teatrales itinerantes, pues se hacía cargo del alojamiento, comida y transporte de los integrantes de su grupo (Klein, 1984: 73-75).

Durante la colonia se presentaban en tres ámbitos diferentes de la ciudad. Los primeros eran "huecos" que alquilaban, donde el público se ubicaba de pie sobre el piso de tierra, sitios que podían albergar alrededor de doscientos espectadores. Otro espacio en el que se presentaban era la plaza de toros, inaugurada el 14 de octubre de 1801. Se trataba de un anfiteatro diseñado para las corridas de toros, con una capacidad de doce mil espectadores, ubicado en El Retiro. El piso superior del anfiteatro estaba destinado a las "clases superiores" y el público popular se ubicaba circunvalando la arena (Arrieta, 1945). El tercer ámbito lo constituían las casas de comedias que funcionaron en Buenos Aires, tanto La Ranchería como el Coliseo Provisional, donde podían trabajar bajo techo y disponer de los recursos de la tramoya teatral.

El dato más antiguo que documenta la presencia de un volatinero en el Río de la Plata se refiere a la aparición en Buenos Aires del acróbata valenciano Blas Arganda en 1757. Aunque no consta en la fuente, es probable que se haya presentado en la "casa de óperas y comedias" dirigida por Sacomano y Aguiar (Klein, 1984; Castagnino, 1953). Otro volatín, Antonio Verún, que llegó a Buenos Aires en 1756, permaneció seis meses y luego partió en una gira por Brasil, regresando en 1759. El volatinero Joaquín Duarte ofreció en enero y febrero de 1786 un total de ocho funciones de "habilidades de Matemáticas y Física y equilibrios y otros juegos de manos y bailes" en la Casa de Comedias de La Ranchería.[2]

Los volatineros y el teatro compitieron entre sí para convocar al escaso público porteño. A fines de 1786 el empresario de La Ranchería, Francisco Velarde, junto con la solicitud de renovación de su contrato de arrendamiento, pidió al Cabildo la reducción del monto abonado como alquiler, aduciendo que el negocio no había sido fructífero debido a –entre otros factores– la fuerte competencia que ofrecían otros entretenimientos públicos como las riñas de gallos, las corridas de toros y los volatines que habían alquilado terrenos próximos al teatro y en los cuales habían levantado un "circo de maderos, lonas, paja y ramadas" (Bosch, 1944[a]).[3] Por su parte, Joaquín Oláez Gacitúa también solicitó al Cabildo que le rebajaran su contribución por el "poco producto que saca de la diversión", y luego, al verse obligado a mudarse al barrio de San Nicolás, volvió a solicitar la rebaja de la cuota.[4] Aunque el incendio de La Ranchería eliminó la competencia y dejó a los volatineros con la exclusividad de las presentaciones escénicas en Buenos Aires, esta actividad tampoco logró mantenerse en forma ininterrumpida durante esos años en los que la ciudad no contó con un coliseo estable.

Durante 1792 y 1793 Oláez Gacitúa alquiló la Plaza de Toros de Montserrat por nueve tardes, y en 1795 el italiano Francesco Orsi, "Director de la Compañía de Volatines", arrendó la misma plaza para una docena de exhibiciones. (AGN, Tribunales. Legajo 116, Exp. 28 y Legajo 54. Exp. 4. Klein, 1984: 74)

El programa de la compañía del volatinero Joaquín Oláez y Gacitúa de noviembre de 1785[5] de una función realizada en el hueco que éste alquilaba cerca de la Plaza Mayor, permite reconstruir la estructura de estas representaciones. Los carteles anunciaban el baile, nombre con el que se denominaba a las piruetas que realizaba el equilibrista sobre la maroma y la cuerda floja. También se anunciaba al "Arrequin", deformación fonética del Arlequín, tipo originado en la "commedia dell´arte" italiana, antecedente del "gracioso" del teatro barroco español. El espectáculo culminaba con una pantomima que cerraba la función. Las pantomimas (Pavis, 1998: 323) vivieron su época de esplendor en los siglos XVIII y XIX: arlequinadas y paradas, actuaciones mudas de los feriantes que reintroducían la palabra mediante subterfugios divertidos. La pantomima "a lo mudo" de los actores de feria utilizaba carteles para soslayar la prohibición de la palabra.

En 1799 Oláez Gacitúa se preparaba para salir de gira por seis años, para lo cual contrató a Diego Martínez y José Castro. El hallazgo de estos dos contratos firmados el 30 de marzo de 1799 frente al escribano Pedro Núñez, permite conocer cuáles eran las condiciones de trabajo de los aprendices del oficio del volatín.

> por donde quiera que transitare exerciendo el nominado arte de bolatin, sirbiendole en el de gracioso, como también a dar toda especie de pantomimas en los dias que dicho Olaez hallare por combeniente, como tambien a instruir enseñando mañanas y tardes a la comparza que hubiere de trabajar en las expresadas pantominas, siendo asi mismo de mi obligacion enseñar el bayle de tierra a un hijo del expresado Olaez nombrado Juan Jose como tambien a sus esclabos, siendo de mi obligacion el peynarlos a todos el dia de funcion en general, como igualmente a ayudar a trabajar en armar y desarmar el tren del expresado arte, y a preparar teatro o patio para ejercerlo no rehusando hacer cualquier serbicio que sea perteneciente al mencionado arte. (Registro I, años 1798 y 1799, folio 343 vuelto, en Escalada Yriondo, 1945: 29)

Por este contrato, Oláez le pagaría una mesada, gastos de viaje y daría una función anual a beneficio de Martínez. El segundo convenio fue suscripto con José Castro, que se obligó a servir a Oláez por seis años

> para que dentro del termino de tres años me enseñe dicho arte, como tambien a aprender el danzar en tablas, comprometiendome asimismo el no rehusar hacer cualquier serbicio que sea concerniente a el precitado arte de bolatin. (Olaez se comprometió a dar a Castro) un bestido completo en cada año y en los tres años restantes para el completo de los seis no sere obligado a bestirlo ni darle ropa alguna para el exercicio del precitado arte, y cumplidos sean los tres años primeros debe abonar a Castro diez pesos corrientes cada dia que hubiere funcion entendiendose dichos dies pesos en los dias que trabajare en el arte de bolatin y me acomodaren. (Escalada Yriondo, 1945: 30)

Por estos contratos se puede deducir la intervención de esclavos en los grupos de volatineros, y conocer cómo se producía la trasmisión del arte del volatín a los discípulos. En el caso de Castro, éste se incorporaba a la compañía sin cobrar por casi tres años a cambio del aprendizaje del oficio del volatín. En cambio, en el caso de Martínez, por tener mayor conocimiento, fue contratado para cubrir el rol de "gracioso" cobrando desde el inicio del contrato ya que esta trasmisión de habilidades era recíproca: él se comprometía a enseñar el "baile de tierra" a los miembros de la compañía. Debido al carácter trashumante de la actividad, tanto los aprendices como los esclavos debían armar y desarmar las tramoyas necesarias para la función. También se observan diferentes recursos que componían el arte del volatín: bailes y pantomimas, en las que trabaja una nutrida comparsa.

En 1806, el volatinero José Cortés arrendó el Coliseo Provisional, previendo en el contrato, además de las funciones teatrales, exhibiciones de volatín,[6] pero la temporada se interrumpió por las invasiones inglesas. A fines del año siguiente solicitó y logró el permiso al virrey Sobremonte para instalar un teatro (Pillado, 1910: 339). Para hacerlo, tuvo que enfrentar conflictos con las autoridades municipales, que se iniciaron porque Cortés difundió la inauguración del teatro el 25 de febrero de 1808, antes de que el Cabildo aprobase la construcción, lo que esta institución consideró un desacato a su autoridad, y por lo que intentó que esta apertura no se efectuara. El Síndico Procurador de la Ciudad presentó un informe redactado por Mariano Moreno el 24 de febrero de 1808, en el que estipulaba que

> no pudo inventarse teatro más indecente para una capital como la de Buenos Aires, y que será imposible precaver en las diversiones que se anuncian, los desórdenes y males que deben desterrarse de los espectáculos y concursos festivos de un pueblo civilizado (...) como estos espectáculos y teatros son al mismo tiempo un medio y una prueba de civilización del país en que se ejecuten, un teatro despreciable por la ridiculez de sus decoraciones o por la poca inteligencia de sus actores, haría formar muy baja ideal del pueblo que concurriera a él, y desvanecidos los alicientes a que están vinculadas las ventajas de estas diversiones, quedarían reducidas a una estafa pública, que en ningún caso debe tolerarse.
>
> Esta ciudad reúne a las consideraciones generales motivos particulares, para que se fomenten las diversiones capaces de aliviar la consternación y amargura que ha sufrido tanto tiempo su vecindario; pero es preciso conservar en todos los actos

> públicos el elevado carácter de este distinguido pueblo; y el lugar que Cortés prepara a su concurrencia es indecente, aun para una aldea sin civilización ni cultura.
> El extranjero que pisa nuestro suelo con el respeto que inunden a los demás pueblos las acciones del nuestro, formará un concepto despreciable al ver que se fomente un teatro público de cañas partidas, palmas unidas con guescas, y divisiones de cuero apolillados, sin techo alguno, en que han de sufrir los espectadores la intemperie de la noche, la lluvia si la hubiere, y la humedad del piso, que durará por mucho tiempo con una sola vez que haya llovido.
> A estos inconvenientes se agregan los males y desórdenes que por la formación de este teatro será imposible evitar; la dificultad de iluminarlo bastantemente, la incomodidad de los apartamentos, la estrechez y obscuridad de los tránsitos; todo esto conducirá a la confusa mezcla de ambos sexos, capaz de producir fatales consecuencias. Tampoco se ha construido con las seguridades convenientes a esta clase de casas, pues aún cuando se consideran bastante firmes los tablados, la mala distribución de materiales combustibles y fácilmente inflamables, de que se compone, amenaza un incendio, que será imposible contener ni evitar desgracias, por no haberse tomado la precaución de colocar las puertas en términos que se abriesen para afuera, según se halla ordenado para toda casa de concurso público. (Moreno, 1943, T. I: 191)

Luego de varias gestiones, Cortés logró inaugurarlo el 4 de abril de 1808[7] con el nombre de Teatro Sol, pero no pudo consolidarse y desapareció en 1809. En ese año, ofreció tres funciones de volatín en la Plaza de Toros del Retiro,[8] y contrató a su colega Asencio Duardo para iniciar un a gira por el Brasil.

Un "Aviso al público" aparecido en el *Seminario de Agricultura y Comercio* informaba sobre la presencia de un volatinero, el acróbata Manuel Olabarrieta, en Buenos Aires en 1806:

> Habiendo entendido el Superior Gobierno la falta de cumplimiento a la diversión ofrecida por el volatín Manuel Olabarrieta,

> en el domingo 13 del corriente en la Plaza de los Toros que motivó su prisión; ha dispuesto que no pudiendo subsanar de otro modo a los espectadores, se destine el producto, pagados los gastos, al fondo de la Casa de Misericordia, que se trata de establecer en beneficio de los pobres. (T. IV, 1806, nº 188, 1806: 280)

La funcionalidad de los volatineros estaba estrechamente relacionada con la actividad teatral, y en numerosas ocasiones las compañías teatrales incorporaban a los volatines en su seno. Diego Martínez, contratado por Oláez Gacitúa en 1799 como gracioso, bailarín y jefe de comparsa, figuraba cuatro años más tarde en nómina del Coliseo Provisional de Buenos Aires como segundo gracioso (Klein, 1984: 75). La esclava Ana Josefa Echavarría, –contratada en 1805 para cantar en el Coliseo Provisional, quedando en libertad a los dos años de ejercer el oficio (Trenti Rocamora, 1947ª: 73)–, fue tonadillera del circo de Cortés en 1808. Además, el propio Cortés había ingresado al Coliseo Provisional como cantor, interpretando también papeles menores. Los jefes de las compañías de volatineros solían adoptar también los roles de actores o titiriteros en los teatros estables, o buscaban convertirse en empresarios de los mismos –caso de Cortés con su Teatro Sol–, intentando abandonar la vida trashumante y buscando afincarse en la ciudad, como fue el caso de Oláez Gacitúa, fundador del primer coliseo en Santiago de Chile en 1802. Sin embargo, los volatineros no lograron asentarse, por lo cual debieron regresar a su anterior actividad ambulante.

Notas

[1] Los negros en la época vivían en cofradías que más tarde fueron llamadas naciones. Estas cofradías respondían a un doble propósito: por parte de los africanos, reunirse con los de su misma condición, y por parte de la sociedad colonial, mantenerlos bajo control mediante la acción de la Iglesia. Se sostenían con el aporte de sus asociados, que provenía de su trabajo y de la recaudación de los bailes públicos. Hacia fines del siglo XVIII, estas cofradías coexistieron con una nueva forma de asociación: las naciones. En este caso el vínculo ya no era tan fuerte con la Iglesia, que había sido desplazada por el Estado; por lo tanto, era la policía la que reemplazaba a la Iglesia en el control de las mismas. Estos grupos de esclavos se manifestaban culturalmente mediante la música y la danza. Con respecto al baile, sus momentos de mayor esplendor se dieron hacia fines del siglo XVIII y a mediados del XIX. Las primeras referencias

que se conocen aparecen ya en la segunda mitad del siglo XVIII y versan principalmente sobre el baile denominado "candombe" y las sucesivas autorizaciones y prohibiciones de gobiernos locales para su realización. La administración virreinal prohibió las reuniones de africanos realizadas sin la debida supervisión oficial, tal como sucedió en 1766, 1770, y 1790. Pero también, en algunas oportunidades, respondió afirmativamente a peticiones especiales. En 1795 dio permiso a los africanos de la Nación Congo para que realizaran bailes los domingos y feriados, y en 1799 se otorgó una autorización análoga a los pertenecientes a Cambunda. Las autoridades del Cabildo de Buenos Aires manifestaron ante estos espectáculos callejeros una oposición encarnizada. En sus informes al Virrey, sostenían que esos bailes eran lascivos y lujuriosos y que por asistir, los esclavos descuidaban sus responsabilidades. (Goldberg, 2000: 31)

[2] Archivo General de la Nación, *Cabildo, Acuerdos*, 1786, s. IV, t. VIII: 29-30. El acta de sesión del Cabildo del 27 de enero de 1786 dice que se recibió un pliego del Gobernador Intendente por el cual éste expresa que ante él se había presentado Duarte con su compañía solicitando licencia para divertir al público en la Ranchería con "habilidades de matemáticas, y física, y equilibrios, y otros juegos de manos y bailes" pedido al que accedió.

[3] Declaraba, además, que "el negocio había resultado malo debido al alto alquiler fijado por el gobierno, a la disminución de la concurrencia de invierno por el mal estado de las calles y aceras..." (Bosch: 1944[a]).

[4] Archivo General de la Nación, *Archivo del Cabildo*, *Propios*, 1785. (Klein, 1984: 73)

[5] Archivo General de la Nación, *Archivo del Cabildo, Propios,* 1785. (Klein, 1984: 74-75)

[6] Archivo General de la Nación, Registro de Escribanos nº 7, 1806, f.115/116.

[7] Archivo General de la Nación, Acuerdos del Archivo del Cabildo, s. IV, t. III: 52 y 71.

[8] Estas tres funciones se realizaron el 4 de marzo, el 1º de junio y el 1º de julio, pagando por cada una sesenta y un pesos en concepto de impuesto y alquiler (Pillado, 1910: 339).

•••

II• Teatro de intertexto neoclásico y teatro de intertexto popular (c. 1812-1835)

2.1. CONTEXTO SOCIO HISTÓRICO. CAMPO DE PODER Y TEATRO

por Alicia Aisemberg y Adriana Libonati

1. El proceso revolucionario (1810-1820)

1.1. Cambios sociopolíticos y manifestaciones culturales

La emancipación hispanoamericana fue producto de tres causas fundamentales: el derrumbe de los imperios ibéricos, las pretensiones de dominación de Inglaterra durante el siglo XVIII y la disconformidad de la sociedad americana en el último período de dominación colonial. Por lo tanto, señala Goldman (1998: 29): "Las revoluciones de independencia en Hispanoamérica siguieron entonces, en lugar de preceder, a la crisis de la monarquía ibérica que condujo al quebrantamiento de la unidad del orden colonial". Dos acontecimientos de envergadura actuaron como pilares de la futura Revolución de Mayo: las invasiones inglesas y las reformas de los Borbones. Estas últimas intentaban imponer un mayor control de la metrópoli, mediante una administración centralizada que se basaba en un poder absoluto e ilimitado y atentaba contra la autonomía que las colonias habían ido adquiriendo hasta ese momento.

La crisis de la monarquía ibérica desencadenó en un primer momento sentimientos ambivalentes entre la defensa de la legalidad del monarca y las ventajas de una desvinculación definitiva de la corona; esta situación se mantuvo, tanto entre los criollos como entre los españoles americanos, hasta la confirmación de las noticias de la derrota de España frente a Francia en mayo de 1810. Al disolverse la Junta Central de Sevilla, el virrey Hidalgo de Cisneros perdió legitimidad y ese hecho llevó a que en el Cabildo Abierto del 22 de mayo los participantes invocaran "el concepto de reasunción del poder por parte de los pueblos, concepto que remite a la doctrina del pacto de sujeción de la tradición hispánica por el cual, una vez caducada la autoridad del monarca, el poder retrovierte a sus depositarios originarios: *los pueblos*" (Goldman, 1998: 41).

La primera década del proceso revolucionario estuvo atravesada por dos conflictos centrales: la Guerra de la Independencia y el conflicto entre las soberanías locales y la soberanía central. Con relación a este último, Chiaramonte (1989: 71-73; 1991: 5-12), que concibe a la identidad nacional como fruto de un extenso proceso socio histórico y no como un hecho preexistente al movimiento insurgente, plantea que coexistían tres formas de identidad política luego de la independencia: hispanoamericana, rioplatense o argentina, y provincial. Esa diversidad reflejaba la ambigüedad en que se encontraba aún el sentimiento colectivo y el lento proceso de conformación que atravesaba. Después de los acontecimientos de Mayo, esas contradicciones fueron vislumbradas por los sectores dirigentes, a los que se les planteaba el problema de la "coexistencia de la voluntad de constituir una nueva nación, por una parte, y la inexistencia de una nacionalidad en la cual basarse" (Chiaramonte, 1989: 80). El sentimiento americano obtuvo una inicial preeminencia al estallar la independencia, ya que permitía diferenciar al español americano del español peninsular, pero luego la nacionalidad hispanoamericana se debilitó debido a las dificultades concretas que enfrentaba para alcanzar su consolidación y una unión política de tal magnitud, en tanto que el sentimiento provincial se constituyó hacia 1820 como la más fuerte de esas variantes. Esa situación de ambigüedad, carencia y movilidad de la identidad nacional, explicaría que el nuevo gobierno considerara al teatro como un medio poderoso de construcción de un imaginario que fortaleciera los sentimientos de pertenencia social. Las fiestas patrias y las funciones teatrales –que muchas veces integraban los festejos– eran verdaderos espacios de elaboración de representaciones de las nuevas prácticas cívicas.

El cambio producido por la revolución no fue tan radical en cuanto al aparato administrativo. Los jefes revolucionarios debían consolidar su poder, y no dudaron en retomar el estilo autoritario del viejo orden apelando a instituciones como la Iglesia y la policía: "Pues no sólo se trata de ubicar y hacer innocua la disidencia; se trata también de disciplinar la adhesión" (Halperín Donghi, 1972: 181). Con esos objetivos, el nuevo gobierno buscó utilizar a la Iglesia obligando a todos los párrocos a predicar desde el púlpito las ventajas del cambio político y a realizar lecturas públicas de la *Gaceta de Buenos Aires,* y en 1813 retiró licencias de confesión a sacerdotes considerados opositores y restringió la provisión de curatos "a aquellos que no fueran nativos y abiertamente adictos a la revolución" (Di Stefano, 1998: 52-53).

Para disciplinar y generalizar el control de las poblaciones se empleó el sistema policial heredado del régimen virreinal. El teatro no escapó a ese control, pues en el período comprendido entre 1813 y 1817 el gobierno dispuso que el Coliseo Provisional fuera administrado por la Policía. También utilizó otros medios para conseguir la adhesión a la causa revolucionaria: uno de ellos fue la exigencia del juramento de lealtad, en un primer momento obligatorio sólo para los altos funcionarios, pero luego extendido a todos los jefes de familia; otro recurso al que se apeló fue la aceptación de donaciones voluntarias y la obligación de contribuciones forzadas. Paralelamente, se implementó un sistema de control que permitía distinguir a los peninsulares adeptos de aquellos que no lo eran mediante la obtención de la carta de ciudadanía, imprescindible para conservar empleos públicos y actuar en el comercio.

Otro hecho que transformó a la sociedad de la época fue el proceso de secularización de la vida social, que se manifestó en el sometimiento creciente del poder eclesiástico al civil. Además, se concretó una nueva imagen de las magistraturas y dignidades mediante la promulgación del decreto de supresión de honores de 1810, que se fundamentó en el dogma de la igualdad. La revolución también provocó importantes cambios en el ámbito artístico-cultural, aún no constituido como tal con suficiente autonomía. Por el contrario, la incipiente producción simbólica se encontraba íntegramente al servicio del campo de poder. En las artes plásticas "nuevos géneros pictóricos –el retrato principalmente, pero también la pintura de costumbres, de temas históricos y de paisajes– comenzaron a asomar entre las obras de carácter marcadamente religioso" (Munilla Lacasa, 1999: 107). Con respecto al teatro, se produjeron modificaciones estéticas en los textos dramáticos, en los cuales se desplazaron las formas barrocas propias de la colonia y se adoptaron las normativas neoclásicas asociadas al pensamiento iluminista. Esas textualidades asumieron un didactismo con fines propagandísticos de los postulados revolucionarios para lograr adhesión y consolidar el nuevo régimen. En numerosos textos dramáticos era denostada la figura del español y también la de la institución inquisitorial.

El período estuvo signado por la introducción del pensamiento emanado del iluminismo francés, que comenzó a conocerse en el Río de la Plata a mediados del siglo XVIII: "las ideas del Enciclopedismo se introdujeron lentamente, a través de algunas obras llegadas subrepticiamente y del contacto personal de algunos viajeros con los grupos renovadores de la metrópoli" (Romero, 1982: 117). Ciertos aspectos del pensamiento iluminista –que fundamentalmente llegó a través de divulgadores hispanos– sufrieron restricciones, tal era el caso del problema religioso, por lo que es posible señalar la existencia de un "pensamiento ilustrado iberoamericano" –que se desarrolló desde mediados del siglo XVIII hasta la tercera década del siglo siguiente– y se caracterizó en un comienzo por el eclecticismo y la moderación, a raíz de su desarrollo en el ámbito de las monarquías ibéricas y los dogmas de la Iglesia Católica (Chiaramonte, 1982: 153). Las inflexiones didácticas del iluminismo pueden apreciarse en la siguiente declaración, en la que una categoría aún abstracta de pueblo era la destinataria de un esclarecimiento cívico a través del arte:

> Acostumbremos pues al Pueblo a percibir en el teatro las bellezas que no ha conocido: su ignorancia no debe ser jamás un motivo para perpetuarlo en ellas; presentémoselas, y que vea que las aplaudimos (...) De este modo el teatro vendrá a ser el libro donde se instruyan los Ciudadanos de sus obligaciones e intereses; y la escuela donde todos reciban lecciones de virtud, de patriotismo y de gloria. (*El Independiente*, 4, 31/1/1815)

Complementariamente, desde la elección de los autores y las obras dramáticas, el ideario iluminista era un notorio intertexto que resonaba en el discurso de los personajes de diversos textos dramáticos locales y en la representación de obras de Voltaire y otros autores neoclásicos europeos.

El lugar que ocupó el teatro en la sociedad de la época también se evidenció en la consideración que obtuvo en los primeros periódicos. En ese momento la prensa adquirió un gran valor como instrumento de transmisión pública y en la primera década de emancipación se editaron alrededor de cincuenta y cinco periódicos (Galván Moreno, 1944: 71) aunque algunos tuvieron escasa duración. Los tres periódicos oficiales publicaban artículos o avisos referidos al quehacer escénico, aspecto que demuestra el particular interés del gobierno por intentar dirigir la opinión relativa a ese campo. Ninguno de esos medios realizaba esa tarea de manera constante ni contaba aún con secciones fijas dedicadas al tema, aunque algunas notas ocupaban un espacio relativamente importante y se destacaban con el título "Teatro". *Gaceta de Buenos Aires*, medio que circuló desde 1810 hasta 1821, fue el periódico oficial de mayor permanencia, en el que fueron ocupando el cargo de editor el clérigo Vicente Pazos Silva, Bernardo de Monteagudo, el sacerdote y diputado por Córdoba Gregorio Funes y Fray Camilo Henríquez (quien también era autor teatral), entre otros. Se publicaban anuncios del gobierno, artículos políticos, comunicaciones oficiales, noticias transcriptas de periódicos extranjeros y, esporádicamente, alguna nota sobre teatro. En 1815 apareció otro periódico oficial, *El Independiente*, que también realizó algunos comentarios teatrales, y cuya existencia coincidió con el Directorio de Carlos María de Alvear, cuyas tendencias defendía. Posteriormente, el gobierno intentó dirigir tanto la prensa oficial como la opositora (aunque esa oposición terminó siendo sólo nominal) y creó *El Censor*, costeado por el Cabildo, que fue el medio que, comparativamente y dentro de las limitaciones del momento, otorgó más espacio a los comentarios teatrales. En sus comienzos fue dirigido por Antonio Valdez y, posteriormente, de 1817 a 1819, por Camilo Henríquez.

La militarización fue otra transformación de la vida social que tuvo incidencia en la producción simbólica. Comenzada en 1806, había incorporado como novedad importante la elección de los oficiales por los propios milicianos, y a partir de 1810 se intensificó con el ascenso de los militares a primer estamento del Estado. A partir de allí, los jefes militares gozaron de una popularidad con la cual pocos dirigentes civiles podían rivalizar y, cuando se trataba de ensalzar a las figuras públicas, era la imagen del guerrero la que ocupaba el primer plano.

> Las personalidades políticas y militares argentinas que se estaban formando al calor del proceso independentista empezaban a componer un friso de personajes ilustres de quienes se demandaba en forma creciente una fijación en imágenes que permitiera la veneración y garantizara la memoria histórica (Munilla Lacasa, 1999: 110-111).

En ese contexto, se le encargó a Théodore Géricault, un pintor francés contemporáneo, los retratos ecuestres de José de San Martín y Manuel Belgrano en litografía, y la realización de grabados de las batallas de Chacabuco y Maipú. Del mismo modo, en el teatro surgieron autores locales cuyos textos giraban en torno a las prácticas patrióticas apropiándose del discurso revolucionario; en ellos se producía una militarización de los tópicos tratados, puesto que eran los jefes militares y los triunfos guerreros americanos los que se llevaban a escena o al menos conformaban la extraescena de la acción, por medio de la ubicación de las situaciones dramáticas en el marco de las guerras independentistas. El poder cultural que se estaba conformando era expresión del poder político recientemente instalado, ya que aún no se había producido la separación de roles que luego se traduciría en una especialización progresiva de los mismos. Por lo tanto, era común que se ejercieran paralelamente funciones culturales, de gobierno o militares. Era la sumatoria de obras, resonancias patrióticas y actuación pública lo que daba renombre (Carilla, 1979: 19).

En el grupo dirigente revolucionario confluían dos corrientes: un sector proveniente de los cuerpos de oficiales de la milicia urbana y otro conformado por grupos de opinión organizados bajo nuevas formas de sociabilidad política. Hasta 1814 la rivalidad de ambos sectores dominó el escenario político. Esas dos tendencias opuestas comenzaron a manifestarse en la Primera Junta de Gobierno, que se vio dividida entre los partidarios de Cornelio Saavedra y los de Mariano Moreno. De acuerdo a ello, en los diez primeros años posteriores a Mayo hay que distinguir dos períodos: de 1810 a 1814 y de 1814 a 1820. El primero fue de impulso transformador, y estuvo protagonizado por los intentos, casi siempre fracasados, de los morenistas que pretendían consolidar la emancipación y edificar un nuevo orden, y el segundo se caracterizó por el centralismo y conservadurismo político del gobierno del Directorio (Goldman, 1998: 45).[1]

1.2. Los espacios públicos. El teatro y las formas de sociabilidad

La Revolución de Mayo de 1810 provocó la irrupción de nuevas prácticas de sociabilidad tanto en los ámbitos domésticos como públicos. Inmersa en esas transformaciones, la actividad teatral sufrió importantes modificaciones y sus prácticas se resignificaron.

La nueva elite que emergió con la revolución buscó legitimación en esos ámbitos de sociabilidad. Uno de ellos fue el de las tertulias, las que, surgidas en la última etapa del virreinato de acuerdo a la moda francesa de los salones, comenzaron a impregnarse de contenido político. Eran reuniones privadas en las casas de las principales familias, en las cuales la elite porteña revalidaba sus títulos de pertenencia y tejía lazos de sociabilidad, y en las que las mujeres podían participar en las conversaciones sobre temas de actualidad política de los que estaban excluidas cuando se encontraban en espacios públicos (Myers, 1999: 120). Otras prácticas de sociabilidad eran las que transcurrían tanto en ámbitos donde se desarrollaban espectáculos de corridas de toros como en los paseos públicos y en el teatro, en los que se mezclaban diferentes sectores sociales. "Esa mezcla social en los teatros, como también en otros ámbitos, servía, sin embargo, para escenificar la existencia concreta de la elite. En su vestimenta, en sus modales, en sus actitudes ante el espectáculo que observaban, ésta se exhibía como tal ante la masa de la población" (Myers, 1999: 122). La distancia cultural entre la elite y los sectores populares era trasladada al escenario por medio de las dos partes diferenciadas que constituían el espectáculo: la textualidad popular del sainete y la culta neoclásica de la obra principal.

Las representaciones teatrales fueron consideradas desde un comienzo como medios de propaganda del gobierno, por lo cual las funciones correspondientes a las fechas patrias se integraban a las fiestas civiles que conformaban otro espacio público de intercambio social en la ciudad, tanto en las celebraciones conmemorativas de la gesta revolucionaria como de las victorias militares. Una noticia publicada para comentar las "Fiestas Mayas" en *Gaceta de Buenos Aires* (3/6/1815: 279)[2] confirma la inclusión de las representaciones teatrales acompañando un conjunto más amplio de festejos:

> La frugalidad en los gastos, tan necesaria en las circunstancias actuales, impidió que fuesen estas fiestas tan espléndidas como en los años anteriores. Mas no podía pasar en silencio el 25 de Mayo aún en medio de los aparatos de la guerra. Hubieron tres noches consecutivas de iluminación y de fuegos de artificio. En la noche del 25 se representó en el teatro la filosófica, la interesante, la magnífica tragedia el Triunfo de la Naturaleza.

De ese modo, el poder y la población adicta crearon una liturgia revolucionaria; algunas de sus manifestaciones fueron efímeras pero otras, como los actos recordatorios del 25 de Mayo, treinta años después de la revolución continuaban siendo el máximo festejo colectivo en Buenos Aires. Esas fiestas eran una mezcla de lo viejo y lo nuevo, consistían en iluminaciones especiales por las noches, salvas de artillería, repique de campanas, fuegos artificiales, música, máscaras, danzas, bailes (Halperin Donghi, 1972).[3]

El período de 1810 a 1815 fue el más prolífico respecto a la aparición de nuevas formas sociabilidad política vinculadas con la tendencia más radicalizada de la revolución (González Bernaldo, 1991: 9). Antes de producirse la crisis del vínculo colonial, la vida asociativa funcionaba como vía alternativa de difusión del pensamiento iluminista y como futuro espacio de politización. La sociabilidad política porteña comenzó a practicarse a principios del siglo XIX. La Sociedad Patriótico Literaria y Económica fue la primera asociación con fines socioculturales que se proyectó crear en el Río de la Plata, en 1801. Luego de las invasiones inglesas, continuaron generándose una serie de asociaciones, como clubes y logias secretas, que confabulaban contra el virrey del Río de la Plata y que, paulatinamente, fueron instituyendo un espacio público cuya politización se fue incrementando. En 1811 un grupo de jóvenes intelectuales se apropió de la práctica pública de reunión en cafés de moda, común en el sector de la elite criolla, y no sólo la identificaron con los objetivos revolucionarios sino también con el "lugar de producción de un hombre nuevo, libre y público, cuya base de poder provenía de esa modalidad práctica e ideológica de la acción política". Esas reuniones de patriotas instituyeron "una nueva fuente de poder político: la opinión pública", por lo cual las referencias a la voluntad del pueblo ya no remitían al Cabildo o al ejército sino al ciudadano (González Bernaldo, 1991: 16).

A comienzos de 1812 se constituyó la Sociedad Patriótico-Literaria, en la que participaron algunos integrantes del café de Marco, pero tenía un carácter más restrictivo culturalmente y perdió contacto con los sectores populares, puesto que había que tener categoría de "literato" para ingresar. Su objetivo era reafirmar el espíritu revolucionario de 1810, declarar la independencia y erigir una constitución. Pretendía emplear "sus prácticas asociativas como órgano de presión y control sobre el gobierno", además de "ilustrar al pueblo, crear un espíritu público, dirigir la opinión y fomentar el patriotismo" (González Bernaldo, 1991: 21). Posteriormente se organizó la Logia Político-Militar Lautaro, que se fusionó con la anterior, organizándose una sociedad secreta, hecho que demuestra el creciente proceso de concentración de la sociabilidad política en un grupo de la elite. El contacto de los sectores populares urbanos y rurales con los nuevos principios políticos se produjo sobre todo a través de la acción guerrera. Hasta 1815, sin confundirse con el aparato estatal, manejó la política del gobierno: intervino en el derrocamiento del Primer Triunvirato, en la instalación del segundo y promovió la convocatoria de la Asamblea del año XIII que reafirmó los principios de la revolución a través de la declaración de la libertad de prensa, la libertad de vientres, la extinción del tributo, la mita y el yanaconazgo, la abolición de los títulos de nobleza, de la inquisición y de los tormentos. Además, dirigió su acción hacia la organización del ejército libertador y la declaración de la independencia. Estas formas asociativas resurgieron luego de las guerras civiles, cuando la provincia de Buenos Aires se organizó en treinta y cuatro estados independientes abriendo un período de prosperidad, pero se interrumpieron durante el gobierno de Juan Manuel de Rosas.

Las nuevas formas de asociación política comenzaron lentamente a proyectarse en la actividad teatral. El primer caso que se presentó fue el de la fundación, por iniciativa oficial, de la Sociedad del Buen

Gusto del Teatro, en 1817. Para concretarla, el gobernador provincial, Manuel de Oliden, convocó a intelectuales, que a su vez eran funcionarios, miembros de la clase económica dominante y dirigentes logistas (Klein, 1984: 114). Esa creación señaló un intento de institucionalización y configuración de una organización propia con un grado mayor de especialización, aunque aún sumamente limitada, en el incipiente campo cultural. Ello se torna visible al confrontar esta forma de organización con la de etapas previas, en las que el teatro era controlado por organismos absolutamente ajenos a la actividad teatral, tales como la Intendencia de Policía, a cargo durante los primeros años posteriores a la revolución de Mayo. Sin embargo, a pesar de esos mínimos atisbos de autonomía, es necesario señalar que los participantes de esta sociedad ejercían paralelamente funciones culturales y de gobierno o militares y que, por lo tanto, la conformación del organismo significaba un claro acto de control por parte del campo de poder sobre el teatro. La Sociedad implementó la censura directa, que ejerció en el caso de *Camila o La patriota de Sudamérica* (1817) de Camilo Henríquez la cual, seguramente, fue rechazada para evitar reacciones del poder eclesiástico a causa de las menciones contrarias a la inquisición que contenía.

La Sociedad del Buen Gusto compartió una serie de características con las "formas de sociabilidad política" vigentes en la época, como, por ejemplo, el objetivo de convertir al teatro en un medio de difusión pedagógico de las nuevas ideas que puede ser relacionado con una tendencia general en estas sociedades a funcionar como un sistema no formalizado de instrucción para lograr modificar las ideas o tendencias de los ciudadanos. Sarlo Sabajanes (1967: 12) analiza el entorno intelectual en el Río de la Plata y con respecto a la formación de sociedades literarias considera que:

> La sociedad literaria es un nucleamiento perfectamente adaptado a la ideología liberal. Se la concibe como una entidad destinada, no solamente a la comunicación activa entre sus miembros, sino principalmente a la proyección sobre una sociedad y a la modificación y reacción de fuerzas culturalmente activas que trabajen en el logro de ciertos objetivos...

La creación de la Sociedad constituyó un cambio en el contexto teatral de la época, ya que profundizó la intencionalidad didáctica que la escena venía transitando. Se proponía consolidar y sistematizar esa orientación estética, a partir de una institución que diseñara y llevara a cabo una "política cultural" acorde al logro de esos objetivos. *El Censor*,[4] uno de los periódicos oficiales, informó sobre la fundación de la Sociedad, apoyando la iniciativa y haciéndose eco de los fines que ésta debía proponerse.

Juan Ramón Rojas (coronel integrante de la institución) fue el autor de la introducción al reglamento de la Sociedad, que fue publicada en *El Censor* (4/9/1817, 7168-70). El aspecto principal de la introducción al reglamento residía en el rechazo de la cultura de dominación vigente anteriormente, es decir, la cultura hispánica. Para ello era necesario negarla totalmente y poner en práctica un programa que transformase las formas de organización y transmisión existentes e impusiese otro modelo estético. Así se hacía referencia a la situación en que se encontraba el teatro:

> Lamentaban sobre manera que la corte de las Provincias Unidas de Sud América (...) en los actos más solemnes y expresivos de su civismo heroico, se resintiese aún del gusto corrompido del siglo XVII; devorase sus composiciones despreciables (...) Veían que circulando en las manos de todos las obras teatrales de Voltaire, Moratin, Corneille, Moliere, Racine, Shakespeare, Kotzebue (...) no se recogían los frutos óptimos de su lectura por ir detrás de los absurdos góticos de los Calderones, Montalvanes, y Lope de Vega. (*El Censor*, 4/9/1817, 7168-70)

Posteriormente, se hacía mención a cuestiones organizativas como la de la creación de diversas comisiones cuya función sería revisar y seleccionar o censurar las obras existentes en el archivo del teatro, y se finalizaba planteando una serie de objetivos tales como el deseo de que la Sociedad se convirtiese en "el muro donde venga a estrellarse hecho pedazos el fanatismo, la anarquía, la corrupción y el despotismo". A partir del análisis de las implicancias de la creación de una sociedad en el ámbito teatral y de la significación que adquirieron sus propuestas, es posible advertir la función sustancial que tenía el teatro, según los grupos dirigentes, dentro del proceso de construcción de la identidad.

2. Las reformas rivadavianas y el teatro. Centralistas y confederados (1820-1827)

A partir de 1820 surgieron modificaciones en las relaciones –continuamente tensas– entre Buenos Aires y las provincias. En la batalla de Cepeda, ocurrida el 1º de febrero de 1820, las fuerzas del Directorio cayeron vencidas por las del litoral, lo que produjo la formación de estados provinciales autónomos, que se fortalecieron con la acción de los ganaderos que había "ruralizado" el capital. Este enfrentamiento campo/ciudad, polarizó a las elites. En Buenos Aires, se creó el Partido del Orden:

> El entonces llamado partido del orden reunió en su seno a un heterogéneo grupo de la elite bonaerense empeñado en un plan de reformas tendientes a modernizar la estructura administrativa heredada de la colonia y a ordenar la sociedad surgida de la revolución en sus más diversos aspectos: económicos, sociales, políticos, culturales, urbanos. Para ello poseía los recursos necesarios, antes absorbidos por la guerra de la independencia y por el reparto del principal ingreso fiscal obtenido a través de los derechos de aduana (Ternavasio, 1998: 163).

Entre las reformas realizadas por Bernardino Rivadavia, impulsadas por su condición de unitario, se ordenó la abolición de los poderes de los Cabildos en la provincia de Buenos Aires; se dictó la Ley de Prensa (1821) que posibilitó la aparición de nuevos periódicos de orientación más liberal y urbana; se creó la Sociedad Literaria, la Sociedad de Beneficencia y la Universidad de Buenos Aires. Además, se fundaron la Academia de Medicina, de Ciencias Físicas y Matemáticas, Jurisprudencia y Música. Paralelamente, se reactivó la Biblioteca Pública que había sido instituida en los primeros años de la revolución para instrucción de los ciudadanos. Las reformas alcanzaron a muchos de los órdenes aún vigentes del período colonial: la justicia, la milicia y el clero.

Durante esa etapa de eclosión de la ilustración, a Buenos Aires se la llamaba la "Atenas del Plata". Era evidente el afán del movimiento unitario por hacer conocer a las potencias del mundo que la que se había formado a orillas del Plata era una nación pujante y moderna. Se operaba una especie de metonimia: Buenos Aires como imagen de todo el territorio. Como parte de esa atmósfera iluminista se fundó la Sociedad Literaria de Buenos Aires (1822-1824), que continuaría los trabajos de sus antecesoras.[5] Una de las actividades vinculadas al teatro en las que participaron miembros de la Sociedad fue la lectura de la tragedia neoclásica *Dido* (1823) de Juan Cruz Varela, que se realizó en una tertulia en el domicilio del propio Bernardino Rivadavia. Esta presentación, que manifiesta la preferencia por la lectura privada del texto dramático en lugar de la puesta en escena en un edificio público, evidencia la tendencia elitista con respecto al teatro que asumía el campo de poder y, al mismo tiempo, la continuación de la intervención del gobierno en la promoción de la estética neoclásica que en este período se convirtió en hegemónica a partir de la producción de diversas tragedias. De las reuniones de la Sociedad surgieron dos publicaciones periódicas: el bisemanario *El Argos*, que dedicaba algunas notas al teatro, y la revista mensual *La Abeja*. La extinción de la sociedad guarda relación con el fin del gobierno de Martín Rodríguez y con el agotamiento de los impulsos de Rivadavia, ahogados en las campañas adversas de las fuerzas federales con apoyo del conservadurismo eclesiástico (Ibarguren, 1937).

El Congreso Constituyente de 1824 se vio afectado por fuertes embates internos y externos. Entre estos últimos, el más importante fue la infortunada guerra con Brasil por la Banda Oriental. Por su peso, no era menos importante la posición mediadora asumida Gran Bretaña entre ambos beligerantes, que obligaba a adoptar tácticas de sometimiento. A todo esto se sumaron los roces entre las provincias y el gobierno central con sede en Buenos Aires (convertida en capital del Estado), conflicto que desató la guerra civil. En esos años se acentuó el antagonismo entre unitarios y federales que marcó el período y dividió a las clases dominantes provinciales y a todo el país como resultado de su adhesión a uno u otro grupo.

3. El ascenso de Juan Manuel de Rosas (1827-1835)

En medio de una terrible crisis, en la que se produjo el desmembramiento del Congreso y que afectó la figura presidencial, asumió como gobernador de la provincia de Buenos Aires el coronel Manuel Dorrego (1827). Si bien no gozaba de gran adhesión entre las elites dominantes, sí parecía tenerlo entre residentes urbanos de sectores populares. Federal convencido, intentó restablecer en la provincia de Buenos Aires las condiciones de autonomía y de buenas relaciones provinciales que había sostenido en los primeros años de la década. Mediante diversos acuerdos con las provincias logró concretar la concentración de la Convención Nacional que, en 1828, dio por concluido el conflicto con Brasil mediante la independencia de la Banda Oriental, conseguida por intermediación del arbitraje inglés.

En contra de lo que pudiera pensarse, esta paz, que era el paso previo imprescindible para convocar a un Congreso Constituyente, agravó aún más los conflictos entre el gobierno y el –en ese momento licenciado– ejército, dentro del cual una gran parte de la oficialidad añoraba el bienestar del período rivadaviano. En el periodismo se expresaban ambos grupos: la vertiente unitaria lo hacía a través del diario *El Tiempo* y la facción federal en *El Correo Político y Mercantil.*

Al malestar político se sumaron problemas financieros que contribuyeron a agudizar la crisis. Mientras crecía la figura política de Rosas, empresario ganadero y comandante general de milicias de campaña, se organizó una conspiración contra el gobierno de Dorrego. "Esta conjura desembocó en el motín militar liderado por el general Juan Lavalle, que contó con el apoyo de reconocidos unitarios como Julián Segundo de Agüero, Salvador María del Carril, Valentín Gómez y Juan Cruz Varela" (Pagani, Souto, Wasserman, 1998: 29). Este último era el legitimado autor dramático neoclásico del período rivadaviano. El 1º de diciembre se produjo el sublevamiento y como resultado del mismo Dorrego fue sentenciado a muerte.

El gobierno de Lavalle no fue reconocido por las fuerzas de la Convención Nacional, que comenzaron a apoyar un gran levantamiento rural que incluía grupos indígenas, gauchos, soldados. En estas circunstancias, Rosas consiguió hacerse receptor y vocero de las protestas, pues le resultaba imperioso conseguir un orden sociopolítico que gozara de estabilidad y legalidad, un orden que garantizara la preponderancia del sector industrial ganadero, del cual formaba parte, y que debía insertarse plenamente en los mercados mundiales. Estas aspiraciones eran contrariadas por otros sectores sociales de diferente filiación política, económica o regional, que tenían poca relación entre sí y, por ende, escaso poder organizativo; "Rosas buscó y logró inhibir la creación de poderes políticos legales que pudieran situarse por encima de los Estados provinciales" (Pagani, Souto, Wasserman, 1998: 287). Para eso obligó a Buenos Aires a redistribuir los ingresos provenientes del puerto y de la aduana y, por otra parte, tuvo que crear instituciones que limitaran los poderes de los gobernadores.

Los desordenes que se manifestaban en el ámbito rural alertaron a los civiles urbanos, que vieron alzarse nuevamente a los fantasmas de 1820. A raíz de estos hechos, Lavalle le propuso la paz a Rosas, con el mandato expreso a este último de consolidar la tranquilidad en la provincia de Buenos Aires, para lo cual le fueron otorgadas todas las atribuciones. Cuando Juan Manuel de Rosas asumió el poder en 1829, gozando de amplias facultades extraordinarias, las pasiones sociales estaban muy lejos de encontrarse en calma, a pesar del triunfo federal. Los poderes extraordinarios que conllevaban la supresión de las garantías individuales, sumados a la restricción de la libertad de prensa implementada durante el gobierno de Dorrego, hacían temer por la endeble armonía establecida. Por otra parte, algunos aciertos militares y acuerdos políticos del general José María Paz amenazaban con acrecentar el predominio unitario en el campo diplomático y en las tomas de decisiones y algunos caudillos provinciales acordaron desarticular las fuerzas de Paz. Rosas se reunió con ellos en 1831, se firmó el Pacto Federal y surgió la Confederación.

En pos de esa meta se implementaron en Buenos Aires una serie de medidas para acallar o disuadir opiniones contrarias: cambio de ministros, cierre de los diarios *El Cometa* y *El Clasificador*, permisos para publicaciones, obligatoriedad de divisa punzó entre los servidores públicos. Desde ese momento se imprimió una fuerte marca propagandística; se saturaba el lenguaje público de dichos y lemas mediante un discurso de violencia atemorizante, además de imponer distintivos en los ámbitos de sociabilidad que jugaban como simbolismos de presión: cintas rojas (divisa punzó) en los sombreros de los hombres y en el cabello o vestidos de las mujeres; también se propiciaba el uso de bigotes y patillas en lugar de barba. Varios periódicos se ocupaban de comunicar a la ciudadanía letrada estas consignas: *El Lucero* y *La Gaceta Mercantil*, y se editaba *The British Packet* que reproducía para los lectores de habla inglesa las noticias de *La Gaceta Mercantil*. Para aquellos sectores sociales que no podían leer por ser analfabetos, había otros canales para el convencimiento: refranes, versos para ser memorizados, discursos y consignas federales que conseguían insertarse en fiestas, bailes populares callejeros y también recitales de música o grupos de comedia como "Los Locos de Rosas".

Con respecto al público, se produjo un cambio significativo a partir del permiso de ingreso a la sala de la población negra, que hasta ese momento se encontraba prohibido. Rosas consiguió consenso entre esos grupos, que manifestaban su aprobación mediante la dedicación de los candombes en el denominado "Carnaval de Rosas". Este aparente acercamiento y familiaridad con los sectores populares perseguía dos propósitos importantes: una impronta populista y una facilidad de reclutamiento para las milicias (negrada federal). Al mismo tiempo, la incertidumbre y el temor que se apropiaba de la ciudadanía de Buenos Aires repercutió en el alejamiento del público de las salas. En *The British Packet and Argentine News* existen numerosas referencias a la falta de público en los palcos (n° 127 a 136, octubre y noviembre de 1828), a la suspensión de funciones (n° 140, 142, 144-146, 148, 1929), y también al exilio en Montevideo de algunos teatristas.

Luego de las medidas adoptadas en 1832 se comenzó a percibir dentro del partido federal y de la sociedad el disgusto y la premura por retornar a un régimen constitucional de libertad. La Sala de Representantes no le renovó a Rosas las facultades extraordinarias y a pesar de ser en ese momento la figura políticamente más importante, renunció a la candidatura que se le ofrecía para continuar en la gobernación de Buenos Aires. Como resultado de su alejamiento se eligió para que lo sucediera en el mando a su Ministro de Guerra, Juan Ramón Balcarce, lo que no significó una pérdida del control político de Buenos Aires. El alejamiento de la cúpula le permitió a Rosas durante los años 1833 y 1834, dedicarse a la Campaña al Desierto de la cual volvió victorioso, mientras en Buenos Aires retornaba la crisis. En ese momento surgieron dos elementos que pueden ser considerados claves para entender las características del período: la creación de la Mazorca y una poderosa estrategia propagandística. Estas importantes armas de lucha política abonaron el terreno para el retorno de Rosas.

Notas

[1] Existía una difícil coyuntura para el poder revolucionario: la disidencia del litoral y la marea de Restauración que comenzó a cubrir Europa, a raíz de la cual los dirigentes porteños podían sufrir la restauración de los Borbones españoles en cuyo nombre seguían gobernando. En este marco, se identificó la supervivencia de la revolución con la conquista y conservación del poder en manos de un grupo político. La logia controlada por la facción de Alvear –más tarde Director– se consagró a la conquista del poder. En 1816 el Congreso eligió Director Supremo del Estado a Juan Martín de Pueyrredón, que intentó rearmar la relación con la elite económica local, poco favorecida por la política revolucionaria y reformó algunos impuestos, pero las exigencias financieras de la guerra no permitieron concretar un orden estable. Posteriormente, el derrumbe del Directorio y del Congreso promulgador de la Constitución Unitaria de 1919 desembocó en la caída del poder central y la formación de las provincias como estados autónomos.

[2] Citamos el número de página de la reimpresión facsimilar *Gaceta de Buenos Aires* 1810-1815: 1911.

[3] Son representativos los festejos que se realizaron en Buenos Aires luego de la batalla de Chacabuco, que se llevaron a cabo en la Plaza de la Victoria, y se repitieron también en la de Montserrat y San Nicolás: "El trofeo conquistado en Chacabuco fue conducido desde la Fortaleza hasta el Cabildo, custodiado por las banderas argentinas de los batallones patricios, entre salvas de artillería, repiques de campanas de todos los templos, músicas militares y aclamaciones de la multitud delirante de fervor patriótico. Se le colocó bajo el arco principal de la galería de la casa consistorial, con el asta inclinada hacia el suelo, en la actitud que corresponde a los vencidos" (Ibarguren, 1937: 83).

[4] Reproducido en la Colección Biblioteca de Mayo. Periodismo, 1960.

[5] Estaba integrada por Ignacio Núñez, Antonio Sáenz, Julián Segundo de Agüero, Cosme Argerich, Juan Antonio Fernández, José Malabia, Juan de Bernabé y Madero, Manuel Moreno, Vicente López y Planes, Fray Juan de Acevedo, Felipe Senillosa, Esteban de Luca, Santiago Wilde. Los dos últimos estaban ligados a la dramaturgia.

•••

2.2. Teatros, empresarios y actores

por Alicia Aisemberg

A partir de 1810, una de las características de la escena argentina fue la limitada existencia de instituciones teatrales. El único edificio teatral de la ciudad de Buenos Aires, era el denominado Coliseo Provisional, que primero se encontró bajo la dirección de empresarios, luego de la Intendencia de Policía (desde el 31/7/1813), más tarde de la Sociedad del Buen Gusto del Teatro (de 1817 a junio de 1818) y, finalmente, a cargo de empresarios particulares o del Estado. Entre sus antecedentes estaban el Teatro de la Ranchería[1] y su propio nacimiento en la etapa colonial.

Los periódicos, las fiestas y las representaciones teatrales fueron consideradas desde un comienzo como un medio de propaganda. En ese marco, la función que debía cumplir el teatro en la sociedad se convirtió en un tópico de interés para la época. Se planteaba la necesidad de transformarlo en un instrumento didáctico, que procurara la construcción de un sujeto ilustrado en las ideas liberales. En *El Independiente* (24/1/1815) se lo definía de la siguiente manera: "En todo pueblo civilizado es el teatro la primera escuela donde puede formar el Gobierno con las mejores proporciones las costumbres públicas de la nación, y dirigir la opinión general a los intereses primarios de ella".

En este sentido, en el mismo periódico (31/1/1815) también se planteaba la necesidad de "irle formando el gusto y la opinión al pueblo" y de convertir al teatro en una escuela de "virtud y patriotismo".

A raíz del condicionante anterior cobró importancia el señalamiento acerca de los temas prioritarios que se debían abordar en las obras y la tesis política que debían presentar. Por ejemplo, se planteaba: "Hay tres especies de tiranías, la popular, la aristocrática, y la monárquica. El amante de la libertad debe escribir contra cada una de ellas, describiéndolas, y definiéndolas" (*El Censor*, 13/11/1817).

Para estudiar la organización interna del teatro se cuenta con escasos documentos; sólo a partir de algunos rasgos aislados se puede visualizar su funcionamiento. El testimonio de un viajero inglés (Un Inglés, 1962: 40) describió al Coliseo como "El teatro, como edificio, no tiene nada notable. Por afuera semeja un establo; pero el interior no es tan malo como podría esperarse". Y agrega que contaba con una platea espaciosa, alejada del escenario, en cuyo centro se encontraba el apuntador al cual muchas veces se lo escuchaba tanto como a los actores. En un comienzo, el alumbrado de la sala se realizaba mediante velas de sebo y más tarde con aceite; la iluminación del escenario consistía en una fila de candilejas ubicada en el borde del proscenio. En la platea no se admitían mujeres, quienes permanecían en la cazuela o galería. El teatro estaba abierto todo el año, los días de representación eran los jueves y domingos y en el período de la cuaresma sólo se permitía la ejecución de obras musicales.

El orden del programa incluía en primer término una pieza musical, que podía ser una obertura o sinfonía, cuya función, según se especificaba en los periódicos de la primera década de la Revolución de Mayo, "preparará los espíritus para atender en silencio a los sentimientos heroicos, ideas sublimes, raptos de patriotismo y grandeza de alma" de la obra teatral central (*El Censor*, n° 77, 6/3/1817). Luego, continuaba el recitado de versos, que podía estar a cargo de uno de los actores principales de la compañía, como era el caso de Luis Ambrosio Morante. Estas obras poéticas poseían un tono heroico y patriótico, y según se registró en los periódicos su objeto fue "encender el amor de la independencia y el celo por las glorias de la patria" (*El Censor*, n° 99, 7/8/1817). Finalmente, se representaba la obra principal, que podía acompañarse con un sainete. A partir de 1817 los periódicos registraron la representación de sainetes, considerándolos un género "inmoral, indecente y pueril" (*El Censor*, n° 111, 30/10/1817).

Asimismo, en las fechas correspondientes, se celebraban los triunfos patrióticos tanto con estrenos de obras de autores europeos como de autores rioplatenses. El repertorio de obras representadas variaba en cada función, por lo que se estrenaba mensualmente una cantidad considerable de piezas.[2] La mentalidad iluminista de la época prefirió las formas artísticas claras, sin complicaciones, propias de la poética neoclásica, y los aspectos didácticos de la misma para difundir el ideario revolucionario de Mayo. La elección de dichos modelos europeos respondió tanto a una necesidad de elevación de la escena como a la adhesión del ideario que fuera generado por la burguesía triunfante europea que también había empleado esas formas artísticas. El repertorio del Coliseo se fue acomodando paulatinamente al discurso neoclásico hegemónico a partir del desplazamiento de la tradición calderoniana que provenía de la época colonial. Las obras europeas más legitimadas que fueron representadas eran: *Roma libre*; *Marco Antonio y Cleopatra* y *Felipe II*, de Victor Alfieri; *La jornada de Maraton*, de Guèroult; *La muerte de César*; *Alcira o Los americanos*; *Zaira* y *Orestes*, de Voltaire; *El triunfo de la naturaleza*; de Vicente Pedro Velasco da Cunha;[3] *El sí de las niñas* y otras obras de Fernández de

Moratín; y algunas obras de Carlo Goldoni. Los autores rioplatenses eran Juan Cruz Varela, Luis A. Morante, Esteban de Luca, Camilo Henríquez, Bartolomé Hidalgo, Manuel Belgrano, José Manuel Sánchez.

La selección de un repertorio que estuviera a tono con los cambios políticos de la región fue una de las preocupaciones centrales del Coliseo Provisional. Desde el comienzo se pensó en las posibilidades que ofrecía el teatro como medio de difusión por su amplio número de receptores.[4] Su influencia negativa también fue considerada, puesto que el teatro podía ejercer una "seducción detestable y perniciosa" que llegase a "minar las bases del sistema gubernativo, y a esclavizar y embrutecer al pueblo"; para evitarlo se proponía formar una comisión de "hombres de gusto, fina literatura y patriotismo" que se ocupase de elegir el repertorio teatral (*Gaceta de Buenos Aires*, 16/9/1815).[5] Se opinaba que las obras cuyo argumento contrariaba el sistema de gobierno (*El Independiente*, 24/1/1815) "destruyen las impresiones de sus manifiestos y proclamas con tanto mayor poder quanto que la débil voz de un papel acaso no llega a todos los que asisten a un espectáculo, y en este las hace más permanentes en los espectadores la voz viva, y representación de los actores".

En 1817, en el periódico opositor oficial *El Censor* (nº 78, 13/3/1817), una serie de críticas a la administración de la Intendencia de Policía reflejó el descontento con respecto al manejo de la sala: "la indiferencia de la antigua policía respecto al teatro lo degradó en extremo" y por ello se recomendaba "exonerar a la policía de un cargo penoso a cuyos pormenores no puede descender". Ese mismo año, el teatro pasó a depender de la Sociedad del Buen Gusto de Teatro, la cual se proponía "promover la mejora de nuestras exhibiciones teatrales, procurando se den obras originales, se traduzcan las mejores extranjeras y se reformen algunas antiguas, para que el teatro sea escuela de las costumbres, vehículo de ilustración y órgano de la política". (*El Censor*, nº 98, 31/7/1817)

La primera pieza estrenada fue *Cornelia Bororquia* (1817), atribuida a Luis A. Morante.[6] En la misma se criticaba a la Inquisición, por lo cual el gobernador del obispado solicitó censura religiosa, a la que el Director Supremo, Juan de Pueyrredón, no accedió. A pesar de que la nueva sociedad imprimió un control mayor en el repertorio organizándose en tres comisiones –una de las cuales se ocupaba de su selección– de modo que consiguió mejorar la calidad de las representaciones y de los textos estrenados, los debates alrededor del funcionamiento del teatro continuaron. El primero en criticar la gestión de la Sociedad fue uno de sus integrantes, Camilo Henríquez, quien a causa de la prohibición de su obra *Camila o La patriota de Sudamerica* (1817), la acusó de efectuar censura (*El Censor*, n° 114, 20/11/17): "Más como jamás supe qué dramas se aprobaban, no habiéndose observado en esto la constitución; sabiendo que una cosa es ser censor y otra socio, me pareció este cargo despreciable". Luego continuó criticando duramente el repertorio elegido para el teatro, considerando soluciones drásticas, como dar únicamente dos funciones al mes para mejorar la calidad ofreciendo sólo algunos dramas escogidos cuyos actores podrían estar mejor preparados o, directamente, cerrar el teatro. De este modo se expresaba lo que se consideraba una falta de adecuación de los textos representados en el Coliseo Provisional: "¿Será justo que el teatro, que debe ser un órgano de la política, enseñe máximas prácticas contrarias a los liberales principios proclamados por el Directorio, por el Congreso, por la Municipalidad, por la *Gaceta*, por *El Censor*, que son leídos de tan pocos?" (*El Censor*, n° 114, 20/11/1817). La necesidad de adecuar los textos originó una práctica muy común en la época, llamada "refundición", que consistía en la adaptación o en el simple agregado de algunas pocas palabras para conseguir transformar viejos textos en obras representables luego de la Revolución de Mayo:

> siempre hemos deseado que los dramas que se exhiben tuviesen, si fuere posible, alguna relación con las circunstancias políticas del país. Hemos visto que la adición oportuna de los dos siguientes versos: "¡Pueblos libres!, de un tirano/ ved la imagen descifrada" convirtió en patriota e instructiva una pieza destinada en otro tiempo para lisonjear a los déspotas, y nos complacimos al ver el aplauso y la satisfacción del público (*El Censor*, n° 137, 2/5/1818).

En la década del '20 aún continuaba buscándose un modo correcto de selección del repertorio de obras; la preocupación era tal que un periódico como *El Argos* (n° 8, 30/6/1821) intervino sugiriendo una pormenorizada clasificación que debía poner en práctica el asentista del teatro y que se basaba en principios estéticos de gran simplicidad que permitían establecer el siguiente criterio de legitimación: 1) Las obras "maestras", dignas de repetirse con frecuencia. 2) Las que carecen de defectos visibles y son "lindas más que bellas", y que podrían interpolarse con las de primera clase. 3) Las que mezclan lo lindo y lo bello, pero poseen defectos. Aunque corresponden al mayor número de piezas, podrían corregirse antes de escenificarse. 4) Las que jamás deberían escenificarse. Por último se refería al lugar que deberían ocupar los sainetes: "sería bueno que el asentista comprase una caja (...) donde yacieran amortizadas sin rédito o interés alguno". Estos lineamientos demuestran el estado primario en el que aún se encontraba la actividad teatral, en una búsqueda de criterios básicos y jerarquías para poder ordenar el entramado de textos con que contaba el archivo del teatro y al que se sumaban las nuevas producciones; además de la constante desvalorización de los sainetes y de ciertas producciones propias como *Tupac Amaru,* de Luis Ambrosio Morante, que era nombrada y ubicada en la tercera categoría.

Otros aspectos de las representaciones eran también comentados y analizados; por ejemplo, en el año 1819 una serie de artículos firmados con seudónimos criticaban la pobreza de las escenificaciones y diversas limitaciones que aún acompañaban a las representaciones del Coliseo Provisional luego de una década de funcionamiento bajo el nuevo régimen político. Estos comentarios se centraban especialmente en las carencias de la puesta en escena y de la forma de organización de la compañía, en un edificio no por azar denominado provisorio. Uno de los artículos firmado por "El aficionado al teatro" (*El Americano*, n° 4, 23/4/1819) planteaba que el teatro necesitaba "un director de escena que reúna conocimientos de historia y del carácter, usos y costumbres de las naciones", y proponía para cubrir el cargo a Morante. Los problemas que se señalaban como habituales se referían a la falta de ensayos o a errores causados por la escasez de medios de producción; se criticaba la incorrecta caracterización de los actores porque muchas veces no coincidía con el texto dicho en escena, y el hecho de que cuando se representaban escenas de multitud sólo aparecían unos pocos actores; por último se mencionaba que el escaso estudio de los textos por parte de los actores producía desprolijidades ya que se oía permanentemente la voz del apuntador. "El amigo del país" (*El Americano,* n° 14, 2/7/1819) criticaba duramente al empresario del teatro porque substituía sin previo aviso las obras anunciadas, por la falta de aseo en la sala, la incomodidad de los asientos, y por la inmoralidad de los sainetes.

La compañía del Coliseo estaba organizada sobre la base de roles fijos y jerárquicos como el de primer galán, primera dama, primer barba, primer gracioso, y los subsiguientes; además del maestro de música, y de otros roles técnicos como el de apuntador o tramoyista. Se denominaba "autor" al que hacía las veces de jefe de la compañía. El elenco se conformaba por intérpretes de Buenos Aires y los que en diversos momentos abandonaban Montevideo para unirse al mismo; su procedencia era heterogénea: españoles, mulatos, mestizos y esclavos libertos. En el primer año posrevolucionario el elenco estaba integrado por Josefa Ocampos, Joaquín Ramírez, Anastasio Álvarez, Luis Ambrosio Morante, Juan Diez, Ana Rodríguez Campomanes, Juan Antonio Viera. Los propietarios desde la época colonial fueron Juan B. Zelaya y Juan B. Segismundo, a quienes se les abonó un alquiler a partir de la intervención de la Intendencia de Policía. La dirección del teatro estuvo primero a cargo de Juan Diez (que era, a la vez, director de la compañía), y a partir de la intervención de la Policía lo administró Ambrosio Mitre y el director de la compañía fue Morante. Los testimonios de un viajero (Un inglés, 1962) también destacaron el nivel actoral de otros intérpretes que se fueron sumando con posterioridad: Trinidad Guevara, Juan Mariano Velarde, Joaquín Culebras, Felipe David, entre otros. En los periódicos se hacía referencia asiduamente a la labor de los actores, y se hablaba de Luis Ambrosio Morante y Trinidad Guevara como los favoritos del público. Una situación de desprotección social caracterizaba la labor actoral, hecho que quedó demostrado en el final de la carrera del barba Diez, despedido de la compañía a causa de problemas de salud, que murió en la miseria, contando con la única ayuda de un compañero actor, Juan Antonio Viera, quien se hizo cargo monetariamente del carro fúnebre (*El Argos*, n° 97, 27/11/1824).

Después de la disolución de la Sociedad del Buen Gusto, los asentistas Zelaya y Segismundo, quienes deseaban recuperar su antigua autonomía, nombraron a Santiago Wilde como director del teatro, hasta que en setiembre de 1819 cerró temporalmente por problemas financieros y de entendimiento entre ambos socios. En la temporada de verano de 1819-1820 y más tarde, desde setiembre de 1820 hasta 1822, la compañía de actores asumió la explotación del Coliseo directamente, formando en 1821 una compañía de partes (en la que los actores recibían diferentes compensaciones de acuerdo al trabajo realizado), además de reorganizarla y nombrar a Morante como director (Klein, 1984: 120). Para orientar el repertorio se creó un nuevo cargo, el de revisor de comedias, ocupado por antiguos miembros de la Sociedad del Buen Gusto: Vicente López (1818-1819) y Esteban de Luca (1819-1820).

En diciembre del año 1822, por iniciativa del Ministro de Gobierno Bernardino Rivadavia, el Estado compró el edificio como parte de un nuevo proyecto cultural que se completaba con la intención de crear una Escuela de Declamación y Acción Escénica, de impulsar la construcción del Coliseo Nuevo y de conformar una Sociedad Literaria. Esteban de Luca y Santiago Wilde elaboraron las bases del proyecto de enseñanza, pero la concreción de la escuela se fue posponiendo y finalmente no se realizó. Con respecto al Coliseo Nuevo, cuya construcción se había iniciado en 1805, tampoco se logró reactivarlo durante el período de Rivadavia: se terminó luego de treinta años y fue el primer teatro Colón en la zona de la Plaza de Mayo. La Sociedad Literaria (1821-1824), cuyo presidente y secretario fueron los anteriores censores oficiales del Coliseo Provisional (Vicente López y Esteban de Luca) se ocupó de controlar el repertorio (las obras debían ser elevadas a la Sociedad para poder ser representadas) además de promover traducciones propias de textos en inglés, tales como *El judío,* traducida por Santiago Wilde, y *La muerte de Sócrates* de Voltaire, de traducción anónima. Ente las actividades desarrolladas por la Sociedad puede mencionarse la de dar a conocer, en una sesión de lectura, *Dido* (1823) de Juan Cruz Varela, leída en la casa de Bernardino Rivadavia el 23 de julio de 1823, a la cual asistieron el Ministro de Hacienda y el Ministro Plenipotenciario del Perú. El 28 de julio se repitió la lectura ante un público más numeroso, en el que se encontraba una cantidad considerable de mujeres (*El Argos*, n° 61 30/7/1823). Su estreno tuvo gran aceptación por parte del círculo rivadaviano, y fue la primera obra argentina editada (*El Centinela*, 14/9/1823), aunque recién se representó dos años después.

En 1823, Juan Antonio Pereyra, militar retirado y comerciante, contrató la sala y el elenco (Klein, 1984: 12), si bien el Coliseo continuó siendo propiedad del Estado. A comienzos de 1824, luego de una deficiente administración, recibió duras críticas con relación al descuido del edificio, el estado de abandono de la orquesta, maquinarias y decorados, además de la demora del proyecto de reconstrucción de la entrada del teatro con el que se había comprometido el empresario al comienzo de su gestión. A éstos se agregaban problemas internos de la compañía a raíz del alejamiento de Luis Ambrosio Morante, contratado en Chile, hecho que el periódico señalaba diciendo que "la parte veterana ha perdido a su general, que la abandonó para buscar fortuna, más allá de la cordillera" (*El Argos*, 24/1/1824). Durante todo ese año, *El Argos* únicamente destacó el estreno de *Argia* de Juan Cruz Varela, reconocido como "el Sófocles y el Racine de nuestro país" (*El Argos*, 26/6/1824) y celebró que el asentista hubiera tenido "la civilidad de proscribir de nuestro teatro los deliciosos sainetes que nuestros mayores nos legaron como su más fiel retrato" (*El Argos*, 4/7/1824), en cambio promovió diversas críticas y apoyó las prohibiciones a obras que bajo responsabilidad del asentista "ataquen la moral, la decencia pública y los principios del orden social del país" (*El Argos*, 14/7/1824). Finalmente, en noviembre de 1824, se hicieron cargo los asentistas privados Julián Moreno, Pablo Rosquellas y Gabriel Munilla. El elenco se componía de las actrices Antonina Montes de Oca, Ana Campomanes, Matilde Diez, Cipriana Varela y los actores: Juan Velarde, Joaquín Culebras, Juan Antonio Viera, Joaquín Ramírez y Ventura Ortega y se esperaba que se agregaran a la compañía Luis Ambrosio Morante y Trinidad Guevara (*El Argos*, n° 97, 27/11/1824). En 1825 el elenco ya contaba con estos dos actores, ambos elogiados por la crítica, la que además destacaba los trabajos de Cipriana Varela, Joaquín Culebras y Juan Velarde. A diferencia de la administración anterior, en esa ocasión el empresario recibió amplia aprobación y a causa de ello se requirió la necesidad de protección oficial para la continuidad de la gestión:

> Los empresarios de nuestro teatro se hacen cada vez más dignos de la consideración pública: sus esfuerzos han sido superiores a toda esperanza, ellos además de habernos alojado en

> una casa decente, de haber mejorado notablemente la policía de la exhibición, de elegir obras que hacen conocer y sentir mucho mejor la nobleza del idioma trágico y el estilo familiar de la comedia, de sostener una orquesta que para ser igual a cualquiera otra extranjera no le falta sino el número de ejecutantes (...) han emprendido nada menos que la gran obra de hacernos gozar las delicias del canto por medio de exhibiciones de óperas completas (*El Argos*, 23/11/1825).

El repertorio representado en 1825 permite comprobar que se representaban tragedias y comedias, a las que se agregaban comedias sentimentales y melodramas de origen francés. Algunas tragedias fueron *Virginia* de Alfieri; *Zaira* y *El huérfano de la China*, de Voltaire, *Dido*, de Juan Cruz Varela; *Otelo*, de William Shakespeare; *Aristodemo*, atribuida a Cabrera de Nevares; y las comedias: *El abate L'Epée,* de Jean-Nicolas Bouilly; *Las dos tocayas,* traducida por Santiago Wilde; *Coronel de la guarnición o Las diabluras francesas*; *El viajante desconocido o El coronel Basconcelos*; *El secreto a voces,* de Calderón de la Barca*; El viejo y la niña* y *El café,* de Fernández de Moratín; *La reconciliación de los dos hermanos* y *Misantropía y arrepentimiento*, de Kotzebue; *El médico a palos*, de Molière. Las extensas funciones se componían de sinfonías, duetos, arias, tercetos o cuartetos de diversas óperas como introducción y entreactos de la obra dramática y por la representación de sainetes en el fin del programa (*Gaceta de Buenos Aires*, enero a diciembre de 1825).

A pesar de los escasos recursos con que contaban los actores y las obligaciones que debían cumplir, tales como proveer su propio vestuario, en el transcurso del período es posible observar la permanencia y continuidad de trabajo de gran parte de ellos a lo largo de todos estos años. En ese momento la compañía seguía organizándose sobre la base de contratos anuales y roles estables, los cuales permitían la especialización de cada actor en un tipo determinado que luego facilitaba la ejecución rápida de personajes que se ensayaban en pocos días. Luis Ambrosio Morante y Juan Velarde eran primeros actores y directores, Joaquín Culebras era barba, Manuel Cossio era segundo galán, Juan Antonio Viera alternaba su rol de tercer galán con la participación en óperas, Ventura Ortega y Joaquín Ramírez eran ancianos, Felipe David y Jacobo González cubrían el rol de graciosos. Felipe David era protagonista de los sainetes y realizaba los roles de criados en las comedias. Trinidad Guevara era primera dama, Ana Campomanes era primera graciosa, Cipriana Varela fue primera dama en el período en que Trinidad Guevara estuvo ausente, Antonina Montes de Oca se especializaba en viejas gruñonas y solteronas (Klein, 1984: 21-23).

En esta época los actores principales eran Trinidad Guevara, Francisco Cáceres, Juan José de los Santos Casacuberta y Felipe David en sainetes y comedias. Trinidad Guevara se inició en la época en que la Sociedad del Buen Gusto se encontraba a cargo del Coliseo y desde 1820 fue primera figura. Entre 1825 y 1830 viajó a Chile y Montevideo y cuando regresó a Buenos Aires comenzó a trabajar en el Coliseo; luego, entre 1832 y 1836, trabajó nuevamente en Chile. Según Castagnino (1944: 82-83) renovó la poética de la vieja escuela española, proponiendo una mayor naturalidad, sin amaneramientos ni afectación; su estilo incidió en Francisco Cáceres, quien había estado en contacto con ella, y también sentó las bases para la evolución actoral innovadora que propuso Casacuberta. Francisco Cáceres cobró notoriedad en el Coliseo a partir de 1825 y, luego de un intermedio en Chile entre 1828 y 1830, trabajó como primer actor alternándose con Casacuberta a partir de 1830. Casacuberta fue primer actor en Buenos Aires desde 1830, convirtiéndose en la figura más importante de la década; desde 1816 trabajó en Montevideo y más tarde en Río de Janeiro. Felipe David actuó alternativamente en Montevideo y el Coliseo, se ausentó desde 1828 hasta 1830; en tanto que Joaquín Culebras, español, se había radicado en el país en 1814. Antonina Montes de Oca, una de las actrices más antiguas del Coliseo, se inició antes de 1810 como dama joven, luego realizó roles de característica, hasta 1833, momento en que se retiró. Juan Antonio Viera, era mulato, actor dramático e intérprete lírico, sólo encarnó roles secundarios; participó como cantor y músico ya desde la época del Teatro de la Ranchería y trabajó hasta 1841 (Castagnino, 1944: 75-114).

A partir de noviembre de 1825 se hizo cargo de la administración del teatro un nuevo empresario, José Olaguer y Feliú, quien contaba con el antecedente de haber integrado la Sociedad del Buen Gusto. De inmediato los periódicos plantearon objeciones a la elección del repertorio, puesto que se repetían siempre las mismas obras ya conocidas por el público y se representaban sainetes: "Nosotros desearíamos que lo benéfico de la ilustración, que tanto se propaga en Buenos Aires penetre en los armarios donde se guardan los saynetes y los manden de regalo a España" (*Gaceta de Buenos Aires*, 8/6/1826). También se rechazaba el hecho de que en una misma función se representara una tragedia y luego un sainete: "¿Y podrá llamarse civilizado un pueblo en donde a la par de buenas tragedias se representan saynetes como es de costumbre aquí...?" (*Gaceta de Buenos Aires*, 11/6/1826). Las críticas apuntaban igualmente a sainetes locales, como sucedió con el estreno de *Las bodas de Chivico y Pancha*, en ocasión del cual se aconsejaba al director Joaquín Culebras que Felipe David no recitase en estilo campestre la "oda del Bagre Sapo" (oda sobre el combate naval de la escuadra portuguesa del 11 de junio publicada en el *Mensajero Argentino*, nº 50), a lo cual el actor respondió:

> Y en qué estilo la recitaría el pobre Chingolo que había nacido en el campo, se había criado en el campo y sólo venía a la ciudad muy de tarde en tarde, y por muy pocos momentos? Yo creo que si en lugar de la oda le hubiesen enseñado un retazo de la *Ilíada* de Homero (...) él lo hubiera variado en el estilo que le era nativo... (*Gaceta de Buenos Aires*, 15/6/1826)

Esto demuestra que el rechazo al género no provenía únicamente del que consideraban un "lenguaje y gestualidad inmoral" sino también de las apropiaciones escénicas que se proponían desde la perspectiva de la cultura criolla en dichas formas populares.

A partir de 1828 los conflictos entre unitarios y federales y la posterior guerra civil incidieron en el ambiente teatral provocando la escisión de la compañía, ya que un grupo de actores –Joaquín Culebras, Juan Velarde, y más tarde Felipe David y Trinidad Guevara– abandonó el Coliseo Provisional para organizar la Sociedad Dramática de Buenos Aires en Montevideo, hecho que repercutió y produjo una merma en la cantidad de espectadores, y que se sumó, además, a los problemas políticos que a veces se reflejaran en los disturbios ocasionados a la salida del teatro (Klein, 1984: 33-34). De este modo tambaleaba la relativa estabilidad de la que fue la única compañía en la única sala teatral de Buenos Aires.

Olaguer y Feliú continuó como empresario, pero a fin de 1831 problemas económicos lo llevaron a otorgar la programación de la temporada de verano de 1832 a algunos actores de la compañía: Francisco Cáceres y Felipe David. Mientras que Casacuberta, junto a otros actores que lo siguieron, como Juan Viera y Matilde Diez, formaron la Sociedad Dramática y bajo la dirección de Casacuberta se presentaron en una pequeña sala teatral del Parque Argentino, y aunque únicamente realizaron esa temporada, el emprendimiento tuvo el valor de presentarse como alternativa al Coliseo Provisional por parte de los propios actores, los cuales hasta el momento sólo habían tenido la posibilidad de manejar breves temporadas cuando los empresarios se encontraban en problemas. El Parque Argentino se inauguró en 1827 y era un jardín público de estilo inglés construido por iniciativa de Santiago Wilde, su propietario. Además, poseía una sala de circo que era la atracción más importante.[7]

En 1834 se produjo un cambio de empresario: asumió Antonio González, quien había sido director de la Compañía Dramática de Montevideo que había realizado representaciones en Buenos Aires en 1832. Bajo su gestión continuó la etapa de preeminencia de Casacuberta en la compañía del Coliseo.

Con respecto al público, éste se encontraba en pleno proceso de conformación. Aún en las dos primeras décadas, luego de la revolución, predominaba un público poco competente con respecto a ciertos acuerdos básicos de comportamiento. Por ejemplo, en los periódicos se registraron quejas acerca del escaso silencio de la sala durante la representación (*El Censor*, n° 73, 23/1/1817). El problema continuó, ya que en 1924 se confeccionó, y luego se publicó, un minucioso "Reglamento de Policía Exterior del Teatro" (*El Argos*, n° 99, 4/12/1824) con el cual se intentaba asegurar el orden público por medio de "celadores" en el interior de la sala y en la puerta del teatro. Estos aspectos expresan el carácter incipiente de la actividad escénica en Buenos Aires, que contaba con un público que poseía modos diferenciados de recepción ya que aún no había asimilado completamente los códigos que debía respetar el espectador de la época. Estos comentarios acerca del comportamiento del público pueden revelar, además, cuál era el pensamiento de los grupos cultos, que esperaban otra actitud del receptor y rechazaban al público popular que concurría al Coliseo. Por otra parte, se requería de los "celadores" el resguardo de la moral, considerando que su presencia también era útil para ejercer actos de censura si ello era necesario a causa de los actores o del público.

Conclusiones

Al no existir aún un campo teatral autónomo que regulara sus propios mecanismos de legitimación, el campo de poder poseía una incidencia directa tanto a partir de la presencia de celadores en la sala como de diversos actos de censura que ejercieron las sociedades creadas en el período. Los permanentes reclamos de faltas a la moral que asomaban en las publicaciones de la época, de las que generalmente eran considerados culpables los sainetes y alguna que otra obra, también evidenciaban la injerencia permanente de las clases dirigentes en el teatro, las cuales buscaban convertirlo en una escuela de costumbres y en un instrumento para transformar a Buenos Aires en una capital ilustrada.

La presencia del campo de poder en el teatro también se evidenciaba en la organización interna de la compañía, en la cual el empresario era el que ejercía mayor poder, representante directo de los grupos dominantes en lo económico de quien dependían los actores, los que sólo por lapsos muy breves obtenían una relativa autonomía y en cambio habitualmente funcionaban como trabajadores contratados por la institución. La figura del empresario era la de mayor jerarquía, y entre ésta y los actores no había figuras intermediarias con verdadero poder, ya que a pesar de que existía el rol del director, aún sus funciones se encontraban desdibujadas y no se le atribuía prestigio artístico o social, y tampoco existía la figura del primer actor que ejerciera como jefe de la compañía. Los actores del Coliseo Provisional comenzaban a instalar el oficio con cierta continuidad en el ámbito social de la época y para que llegaran a ocupar un lugar de mayor legitimidad debieron transitar las primeras décadas de la revolución, luego de cierto reconocimiento hacia Luis Ambrosio Morante y Trinidad Guevara, Casacuberta consiguió dirigir –aunque por un corto período– una compañía propia que por primera vez en todos estos años rompió el monopolio del Coliseo Provisional, único teatro en los primeros veinte años de la Revolución de 1810.

La existencia de una única compañía trajo como consecuencia un estatismo estético, ya que no existía ningún tipo de antagonismo artístico, con excepción de algunos aislados comentarios críticos, los que reflejaban más las voces del campo de poder que cuestiones específicamente estéticas.

Notas

[1] Con respecto a la importancia otorgada al Teatro de la Ranchería, algunos autores, como Berenguer Carisomo (1947: 99), señalan la escasa incidencia de este último considerando que: "El teatro de Vértiz es un episodio simpático y pintoresco de nuestra arqueología intelectual pero nada representa como envión activo para el porvenir, nada como semilla inicial en cuya estructura, en cuya morfología puedan encontrarse rasgos de nuestra futura actividad dramática". Esta perspectiva encuentra fundamento, según el autor, en la escasa producción de autores locales para las representaciones del teatro de la Ranchería. La misma puede ser confrontada con la de otros investigadores que consideran a la actividad desarrollada en dicho teatro como un aporte, ya que toman en cuenta otros factores, tales como que en el mismo se consolidó la tarea profesional del actor, a causa de la continuidad y estabilidad laboral que éste ofrecía (Klein, 1984). Pensamos que este último hecho es de importancia e incidió en períodos posteriores.

[2] Según el registro de la Intendencia de Policía las obras representadas entre agosto de 1813 y febrero de 1814 fueron sesenta y siete (alrededor de diez por mes), lo que da cuenta del gran número de representaciones aunque sólo se consigna la obra principal (Klein, 1984: 98-100). Otro documento que informa acerca del número de obras y la composición del repertorio, es el Índice del Archivo del Teatro que entre los años 1818 y 1850 comprendía mil seiscientas piezas, de las cuales una gran parte fueron representadas durante este período.

[3] Aparece también mencionado como Vicente Nolasco de Acuña y Vicente Pedro de Acuña.

[4] En la época colonial ya se percibía esta potencialidad del teatro: "entre los modos inventados para propagar la cultura es más insinuante y oportuno, o se reputan por mejor escuela del corazón y el entendimiento humano los buenos Teatros capaces de desterrar insensiblemente la rudeza, que los Periódicos muy probechosos (sic) pero quasi solamente a cierto número de individuos de la Sociedad". (*El Telégrafo Mercantil*, 26/9/1801)

[5] En reimpresión facsimilar, *Gaceta de Buenos Aires 1810-1821*, 1911: 301-361.

[6] Marcelino Menéndez y Pelayo en su *Historia de los heterodoxos españoles* sostienen que su autor fue Luis Gutierrez, ex fraile trinitario.

[7] Estaba ubicado en la manzana limitada por las calles Córdoba, Uruguay, Paraná y Temple (Viamonte) y funcionó hasta 1838.

•••

2.3. Teatro de intertexto neoclásico

por Osvaldo Pellettieri

Los numerosos conflictos políticos –la caída del rey español, los acontecimientos de Mayo de 1810, los revulsivos días posteriores, el resentimiento entre criollos y españoles– fueron antagonismos que se produjeron en el campo social, pero en textos como *El hipócrita político* están organizados por procedimientos estéticos –la coincidencia abusiva y la pareja imposible, la maldad del villano, su sistema de personajes, en equilibrio e inestables, las oposiciones, los paralelismos–.

Transplantar los datos de la realidad a la escena es una actitud común en todas las épocas del teatro argentino, pero se intensifica en este tipo de teatro que pretende ser histórico, que se caracteriza por el sometimiento del material extraestético a los procedimientos teatrales que le son propios y a su peculiar funcionamiento. A su vez, las dicotomías, por ejemplo, la oposición entre criollos y españoles, forman parte de una función que es estética. Este teatro tiene muy escasa autonomía estética y se limita a ser un "testimonio de la realidad".

1. El teatro en Buenos Aires en la época de *El hipócrita político*

En la época en que aparece *El hipócrita político* en la escena porteña predominaba el teatro de intertexto neoclásico (1812-1835).[1] A una primera etapa de limitada o ninguna presencia del llamado teatro revolucionario le siguió,[2] a partir de 1816, un afianzamiento de las obras nacionales sobre la base del predomino de las ideas jacobinas, el sentimiento antiespañol y la adherencia a formas expresivas propias del neoclasicismo, en especial la alegoría. Seguramente, la declaración de la independencia, al par que el reflorecimiento del poderío español en el país y de la Santa Alianza en Europa, fue un acicate para concretar la intención que animaba a esos textos. *El hipócrita político* se dio a conocer en medio de una etapa de anarquía, mientras proseguían en América las luchas por la independencia y existían en el país intentos de instauración monárquica. Manuel Belgrano, que había sido prácticamente el introductor del credo liberal, ya en 1816, en pleno Congreso de Tucumán, propuso la monarquía como forma de gobierno, basando su posición en los cambios ocurridos en Europa, tanto en el plano de las ideas como en el político; hablaba de la restauración del pasado que encarnaba el romanticismo y que tenía en la Santa Alianza su correlato político.

Resulta evidente que el autor de *El hipócrita político* tuvo en cuenta estos hechos, y su obra, como otras de ese momento histórico, es un mensaje de alarma con el fin de resguardar el ideario de Mayo. Así lo había señalado Bernardo de Monteagudo en una nota de *El Censor de la Revolución* (10/7/1820): "El estado actual de la revolución ofrece un cuadro de temores y esperanzas, de energía y de debilidad que impone al que lo contempla ansioso de saber los resultados".

Otras obras de ese período son *La libertad civil* (1816), anónima, atribuida por Ricardo Rojas, de manera poco probable, a Esteban de Luca; *El hijo del Sud* (1816), anónima, atribuida a Luis A. Morante; *Cornelia Bororquia* (1817) atribuida a Luis A. Morante; *Camila* o *La patriota de Sudamérica* (1817) de Camilo Henríquez; *Arauco libre* (1818) de José Manuel Sánchez; *El triunfo* (1818) también anónima, atribuida a Bartolomé Hidalgo; *La Revolución de Tupac-Amarú* (1821), anónima, atribuida a Luis A. Morante. Junto a ellas había aparecido un teatro de raigambre popular, cuyas obras fundamentales fueron *El detall de la acción de Maipú* (1818) de autor anónimo, y *La batalla de Tucumán o Defensa y triunfo del Tucumán por el General Manuel Belgrano* (1821) de autor anónimo, atribuida a Luis A. Morante y *Las bodas de Chivico y Pancha* (c. 1826) de autor anónimo, que tenían como antecedente a *El amor de la estanciera* (c.1793) de autor anónimo.

Además, aprovechando las circunstancias producidas por la revolución y posterior declaración de independencia, se había dado a conocer una serie de obras y autores extranjeros que las autoridades españolas habían prohibido durante la etapa colonial. Según Bosch (1904: 6-7), el teatro porteño hasta 1804 se remitía al teatro español:

> El teatro no era otro que el de la península, y si buscamos los autores nacionales de esas épocas, especialmente en loas, sainetes y entremeses (...) aun a pesar de su carácter de autores nacionales, por la clase de piezas que escribieron y por la forma en que desarrollaron sus argumentos, vemos que éstas tam-

> poco fueron sino ampliaciones coloniales de la producción española, glosa de una misma canción, su estructura, escuela, defectos y modalidades, son los de los modelos que imitan con estricta exactitud (...) Nada se sabía aquí de las obras de Goldoni, Boissy, Shakespeare, Molière, Corneille, Racine, Regenard, etc., etc., hasta principios del siglo XIX porque no llegaron ni originales, ni traducidas, y desde esa época hasta 1810, porque en los libros que vinieron de España no figuraban los nombres de los verdaderos autores, sino de los traductores, plagiarios o constructores españoles que las habían hecho imprimir, por cuya razón se las suponía españolas.

Este panorama se vio modificado a partir de 1812, cuando en agosto de ese año la policía tomó posesión del Coliseo, y luego de efectuar algunas reparaciones, lo alquiló a su dueño y se organizó como empresa teatral. Así lo afirma Gutiérrez (1946: 112): "El teatro entonces dependía de la Policía, cuyo Intendente era árbitro no sólo en cuanto al orden y gobierno de la casa de comedias, sino con respecto a la moralidad y mérito literario de las piezas que se representaban".

Así, entre 1812 y julio de 1817 se dieron a conocer, entre otras, *El hijo pródigo* de Voltaire; *El triunfo de la naturaleza*, de Vicente Pedro Velasco da Cunha; *Idomeneo* de Prosper Crébillon; *El feliz encuentro* de Carlo Goldoni: *La jornada de Maraton* de Pierre Remy Guéroult y las dos obras que fueron el germen de *El hipócrita político*: *El sí de las niñas* de Leandro Fernández de Moratín y el *Tartufo* de Molière.

El hipócrita político iba a ser estrenada por la institución que heredara la conducción del Coliseo y que se creara el 28 de julio de 1817 a instancias del gobernador intendente Juan Martín de Pueyrredón: la Sociedad del Buen Gusto del Teatro. Los fines de la asociación eran muy ambiciosos y se encargó de presentar una buena cantidad de obras, entre ellas la ya mencionada *Cornelia Bororquia*, *La quincallería* y *Las dos tocayas*, de Santiago Wilde y, entre las extranjeras, incluyó en su repertorio *El triunfo de la naturaleza* y *La jornada de Maraton*, también mencionadas, además de la puesta de *Edipo* de Voltaire y la traducción de Esteban de Luca de *Felipe II*, de Victor Alfieri.

Pero los resultados obtenidos por la Sociedad no fueron los esperados, puesto que no logró crear un movimiento teatral en Buenos Aires ni se estrenaron obras de calidad de autores criollos. El error de la Sociedad fue puesto de manifiesto por Gutiérrez (1946: 115): "La reforma social por medio del teatro puede parecernos hoy una idea trivial, hoy que estamos convencidos de que la escena no es más que un reflejo y el producto de la sociedad misma, y que poco influye en la movilización de las costumbres públicas".

Resulta evidente que no es posible un teatro político por decreto. El teatro es un género propio de las sociedades adultas. Sólo casi un siglo después iba a concretarse la afirmación de la escena nacional que, sin duda, era el fin de estos pioneros.

II. *El hipócrita político*

Giusti (1958: 410-412) atribuye la paternidad de *El hipócrita político* a Valentín Alsina:

> El joven que compuso esta comedia a los solos diecisiete años si, como presumimos con fundamento, fue Valentín Alsina (...) El señor Jorge Max Rohde, que cuidó la edición no intenta descubrir en la noticia preliminar el nombre del autor, limitándose a consignar en la portada "comedia en 3 actos por P.V.A". Juzgo que sobra el "por", no existente en el manuscrito (legajo 14.763 de la Biblioteca Nacional). La presunción está representada por la P. que precede a las iniciales V.A. correspondientes al nombre del autor, con los mayores visos de probabilidad Valentín Alsina. Confirma la presunción de haber sido Alsina también autor de una traducción en prosa, el año 1825, de la *Sofonisba* de Alfieri, cuyo manuscrito parece copiado por la misma mano que El hipócrita político y lleva en la cubierta las iniciales V.A. Si la versión de esta última no siempre es muy fiel, el lenguaje es correcto, como el de El hipócrita político, qué otra cosa podía esperarse del rígido unitario, muy remirado, según es fama, en el hablar.

Las argumentaciones de Giusti no son suficientes para establecer la paternidad de Alsina sobre *El hipócrita político*. Con los elementos que se cuentan hasta el momento no es posible afirmar la identidad de su autor. Lo que sí resulta claro es que tanto el *Tartufo*, de Molière como *El sí de las niñas* de Fernández de Moratín fueron los intertextos en los que se basó el desconocido autor para concretar su obra.[3]

Durante 1817 se estrenaron en Buenos Aires ambas piezas y es evidente que el anónimo autor de *El hipócrita político* las conocía. Aunque algo burdamente, rescata el aspecto sentimental de *El sí de las niñas* y el problema de la hipocresía a todo nivel de *Tartufo*, a partir de lo cual es posible establecer entre ellas una relación suficientemente elaborada. Sus autores tienen una íntima relación[4] ya que Moratín tomó como modelo a Molière, apropiándose de su teoría de lo cómico, tomando partido por las soluciones lógicas y deteniéndose en la sutileza de los detalles en el diálogo.

El hipócrita político trabaja con esta poética intensificando el carácter sentimental de los procedimientos de la trama. Más que el ridículo, busca la justicia poética del melodrama y sus principales procedimientos.

2.2. *El hipócrita político*: iluminismo y situación histórica

El tema de la hipocresía vencida de don Melitón, y por lo tanto el triunfo de la justicia poética de los aspectos deseables de la naturaleza humana, hace necesario analizar la situación de la obra en el ámbito del iluminismo y su aspecto artístico, el neoclasicismo.

Con relación al neoclasicismo se advierte el cuidado del autor por encuadrarse dentro del movimiento en boga en ese momento y se basa en:

a) respeto por las tres unidades: transcurre en un solo ambiente, presenta una única intriga y, trabajosamente, salva la unidad de tiempo, el lapso solar;
b) propósito docente: la hipocresía es vencida por la justa reacción de los enamorados y sus colaboradores. La "felicidad de la patria" y la de sus hijos está a salvo gracias a la vigilia de éstos. Esta es la consigna de casi todas las piezas del Ciclo de Mayo;
c) ausencia de violencia en escena. Esto hace que termine no ocurriendo casi nada, salvo en el atenuado desenlace. La estética de Luzán y de Moratín se sigue de manera cercana.

Para situar la obra histórica y sociológicamente, hay que comenzar por determinar el tiempo de su acción dramática. De los datos que surgen del texto, se deriva que la acción transcurre entre dos fechas: 1812 y 1814. Uno de ellos es que la acción se desarrolla luego de la conjuración de Álzaga, ocurrida en julio de 1812. Dice don Fabián en la escena 12 del acto primero (482): "Él me libertó de caer preso, cuando el desgraciado suceso de la combinación contra el gobierno: a no ser por su influjo y mediación" y agrega en la escena 3 del acto tercero: "a los pocos días, sin saber cómo, me veo enredado en el proyecto de la conjuración contra el gobierno, por mis relaciones con los principales autores".

Otros datos mencionados en el texto ayudan a fijar con mayor precisión el tiempo histórico de la acción. Es el caso del denominado "Segundo Sitio de Montevideo", comandado por José Rondeau, que abarcó desde el 20 de octubre de 1812 hasta junio de 1814, y que marca los límites temporales de *El hipócrita político*. En la escena 10 del acto primero (476) afirma Teodoro: "El ejercito de operaciones en el Norte marcha ya sobre Montevideo".

Es evidente también que la acción se desarrolla con anterioridad al retorno de Fernando VII al trono de España, ocurrido el 14 de mayo de 1814. Dice Melitón en la escena 9 del acto primero (475): "Los documentos que he remitido a la regencia han sido recibidos con el mayor aprecio y me han labrado su confianza y mi seguridad".

Otro detalle del texto aclara que la acción transcurre luego del 19 de marzo de 1812.[5] Afirma Melitón en la escena 7 del acto primero (473). "Y ya se ve: como no hay inquisición..."

La mención de determinadas circunstancias históricas fija las fechas tope de la acción teatral que, como se ha señalado, van de octubre de 1812 a mayo de 1814. Fue un período germinal para la historia posterior del país, que se inició con el derrocamiento del Primer Triunvirato a manos de la Logia Lautaro, el ascenso del Segundo Triunvirato, la Asamblea del año XIII, con sus reformas sociales y políticas –entre ellas la extinción del Tribunal de la Inquisición– y, por supuesto, el Sitio de Montevideo. En todo ese período tuvo destacada actuación Bernardo de Monteagudo, quien al fundar la Sociedad Patriótica –entidad de neto carácter jacobino destinada a seguir el ideario de Mariano Moreno– impulsó la caída del Primer Triunvirato y las principales resoluciones liberales de la Asamblea del Año XIII (cfr. Weinberg, 1944: 11). Desde su mesa del café de Marco, Monteagudo quiso imponerle un ritmo acelerado al cambio sociopolítico impulsado por el gobierno patrio. A pesar de los contrastes bélicos, todavía se vivían momentos de esperanza para la causa revolucionaria. Correlato de Monteagudo y de otros patriotas de la Revolución es en *El hipócrita político* el personaje de Teodoro García. En él se puede advertir toda la carga de patriotismo, ingenuidad y fanatismo con que los primeros argentinos abrazaron las ideas progresistas de la ilustración y el liberalismo.[6] Sus intervenciones dejan transparentar las ideas de Montesquieu, Locke, Rousseau y los ideales de la Revolución Francesa (cfr. Caillet Bois, 1940; Ruiz Guiñazú, 1952: 81-103) y Norteamericana.

El aspecto ideológico de la obra se manifiesta especialmente en los parlamentos de Teodoro cuando, por ejemplo, afirma: "Yo no tengo a mal que amen al país que les dio el ser, pero sí que desconozcan la justicia que nos asiste para sustraernos de una dominación que en nada ha pensado menos que en hacer nuestra felicidad" (476-477), se está refiriendo claramente al derecho del pueblo a reasumir la autoridad ante la ausencia del poder legítimo. Es de hacer notar que si bien ese derecho, que fue el origen del alzamiento de Mayo, aparecía ya en las propias leyes españolas para las colonias, había sido considerado por la ideología tomista –Juan de Mariana, Francisco de Victoria, Sebastián de Covarruvias, Francisco Suárez y Bartolomé de las Casas, entre otros (cfr. Tanzi, 1975: 19-68, 141-194, 259-280)–, en ese momento y en la etapa posterior fueron las ideas de la ilustración, y especialmente las de Rousseau, las bases fundamentales para el pensamiento y la acción de los gobiernos patrios.

La introducción de las ideas enciclopedistas en el Río de la Plata fue temprana, tal como lo aclara Romero (1956[b]: 79):

> Si quisiera señalarse una fecha para la irrupción de estas nuevas ideas en contraposición con las tradicionales, sería menester tomar la de la expulsión de los jesuitas (1767), que definía la presencia de dos grupos antagónicos (...) Si Bucarelli representó el principio regalista encarnado por los Borbones, Vértiz representó a las claras el progresismo tanto en el terreno económico y social como educacional.

Más allá de la polémica acerca de si compartían o no la ideología de la ilustración, es evidente que hombres como Juan Baltasar Maciel y el Deán Funes –recuérdese la *Orden Fúnebre* del sacerdote a Carlos III en 1790– la conocían. Ya en un período posterior, fue Belgrano quien sostuvo esas ideas, especialmente en materia económica. Su estadía en España entre 1787 y 1794 le hizo conocer el ideario de Adam Smith y François Quesnay, así como la filosofía de Étinne B. de Condillac.

En la época revolucionaria, esta concepción se institucionalizó a partir de las enseñanzas de Juan Crisóstomo Lafinur, Juan Manuel Fernández de Agüero y Diego de Alcorta.[7] Desde la cátedra, ellos dieron a conocer la ideología liberal y materialista de Condillac, Cabanis y Antoine Destutt de Tracy (cfr. Chiaramonte, 1982: 34 y ss. 16 y ss. y Chávez, 1982: 29).

En cuanto al intertexto de las ideas de Locke y especialmente las de Rousseau, mucho se ha discutido. Ingenieros (1956: 115) ha señalado la presencia del intertexto de Rousseau en los revolucionarios,[8] especialmente en Moreno, en tanto que otros autores, como Furlong (1952), han afirmado que si bien los patriotas conocían algo de los autores franceses, su orientación era escolástica. En una posición parecida se encuentra Levene (1947: 42), mientras que autores como Delgado (1946) se ubican en una posición ecléctica, conciliadora: las ideas de los patriotas de Mayo responderían tanto a la escolástica como a las ideas de Rousseau.[7] Es decir, una reconciliación de ideas.

En síntesis, se puede afirmar que las ideas del siglo XVIII francés eran conocidas y fueron difundidas por Moreno y sus partidarios, tal como afirma Ruiz-Guiñazú (1952:112-111):

> Entre Rousseau y nuestros revolucionarios, Moreno, Castelli, Vieytes, Belgrano, etc., se descubren coincidencias importantes. Desde luego, en sus tendencias generales para apreciar el propósito reformista y, muy visiblemente, en las teorías favoritas del espíritu gálico: *El Contrato Social*, la voluntad general; el concepto de pueblo, la distinción entre gobierno y soberano, sus reparos contra el sistema representativo confundido con el ejecutivo, etc. Tal vez Moreno se acerque más a Mably en cuanto se refiere a la idea fundamental de partido ja-

> cobino que consistía en hacer reinar la virtud en el estado, pero en esencia se mutre directamente de Rousseau en varios escritos, como ocurre con la justificación que hace de la muerte de Liniers, por ejemplo, y en el decreto sobre la supresión de honores (...) Parece innecesario, pues, insistir sobre la modalidad de los escritos, tanto de Moreno como de Monteagudo, concretando ideas obtenidas de las nociones esenciales dictadas por Rousseau, a saber: la doctrina de la soberanía del pueblo, el espíritu de rebeldía contra el sistema opresor, la proclamación de rectificaciones necesarias en la vida civil y social, la fibra sentimental en la máxima idealidad de las aspiraciones.

Las ideas de la ilustración, y muy especialmente las de Rousseau, fueron las que animaron también la creación de *El hipócrita político*; es más, se podría decir que fueron su base conceptual. Como tantas obras del período, ésta es la mostración ingenua pero intensa de la lucha de las nuevas ideas enfrentadas al ya decadente despotismo español. Chiaramonte (1982: 15) ha descripto las limitaciones de este pensamiento y sus palabras también pueden aplicarse a *El hipócrita político*:

> El pensamiento del siglo XVIII devino acentuadamente antihistórico. Su actitud ante el pasado consistía en una total y violenta condena (...) Nuestros hombres del siglo pasado no fueron ajenos a esta concepción, que aplicaron al pasado colonial en toda oportunidad en que necesitaban despertar la energía progresista del pueblo. 1810 llegó a ser la barrera que separaba dos épocas completamente ajenas entre sí. Esta forma de concebir nuestro proceso histórico no pudo menos que afectar la valoración de los distintos elementos de la vida colonial.

Además, el texto expresa un criterio maniqueo que permite advertir la relación directa entre la obra, las ideas imperantes y la realidad social, a la cual las acotaciones de los personajes siguen puntualmente, como cuadra a una pieza costumbrista, es decir, una obra de desenlace armonioso que tiene por asunto actos comunes de la vida social ordinaria. Este costumbrismo social es de evidente origen "roussoniano".

Al comienzo, en la escena 7 del acto primero (1927: 473-474), el diálogo sostenido por don Melitón y don Fabián pone de manifiesto el origen de la ilustración y sus "limitaciones":

> Melitón: Buena es la de usted; andar con autoridad divina con estos francmasones. Ya se ve: ¡como no hay Inquisición: se han introducido cajones de libros franceses de esos autorcillos a quienes ha condenado la Iglesia por sus opiniones heréticas![9] ¿Qué tal religión la de esos hugonotes que en sus gacetas[10] ponen por tema: "Oh tiempo feliz en que cada uno pueda sentir lo quiera y decir lo que sienta"?
> Fabián: (...) ¡Poder pensar lo que uno quiera y decir lo que sienta!... Vaya que está el mundo perdido.
> Melitón: Esto es lo que hoy se llama ilustración.
> Fabián: Reniego del tal ilustración. Doy gracias al Cielo por haberme hecho pertenecer al último lugar de las Asturias, donde sólo se enseña la fe del carbonero.

Estas ideas reaccionarias eran moneda corriente entre los españoles que vivían en América, como lo demuestra la correspondencia del comandante del apostadero de marina de Montevideo, fechada el 6 de diciembre de 1810: "La maldita filosofía moderna, el trato con una multitud de extranjeros introducidos en estos países en estos últimos tiempos, ingleses, americanos, portugueses y peores que éstos, franceses, italianos y genoveses, ésta es la verdadera peste de estos dominios que si no se extermina acabará por perdernos" (Ruiz-Guiñazú, 1952: 85-86).

El carácter moral de la filosofía de la ilustración es expresado por el autor a través de las palabras que pronuncia don Melitón –el villano del texto– en la escena 11 del acto primero (481): "Podrán los filósofos modernos llamar hipocresía a mi conducta... ¡Necios! ¡que no han aprendido la verdadera filosofía!"

Siguiendo con la realidad política que sintetiza la obra, en la escena 7 del acto primero (1927: 472) don Fabián le expone a don Melitón cuáles son los tres focos de irradiación de la contrarrevolución realista: "Ya tengo escrito por Montevideo al Janeiro y a Cádiz sobre vuestro mérito: he informado a mis amigos de vuestra importancia y de los objetos interesantes a la causa de nuestro adorado Fernando". Lo mismo, aunque desde otro punto de vista, pensaba Moreno (1968: 184): "Los perturbadores de Montevideo, la Infanta Carlota y los gobiernos de la Península, se reunieron para obrar contra Buenos Aires, aunque cada uno de los miembros que componía la liga, estaba animado de sentimientos muy contrarios, y en todo evento irreconciliables".

El origen social y las características generales de don Fabián y de don Melitón son explicados de manera similar tanto en el texto de la obra como en los escritos de los patriotas destinados a describir los caracteres de los españoles que vivían en Buenos Aires.

Dice don Melitón de sí mismo en la citada escena 7 del acto primero (472): "Su Majestad se dignó distinguirme con el empleo que disfrutaba en el tiempo de la maldita revolución". Moreno (1968: 16) describe así a esos funcionarios:

> El número de europeos españoles en el nuevo mundo, se compone de los empleados del gobierno, los cuales sólo habitan las colonias por el tiempo de sus respectivos ministerios, y a excepción de los oficiales de la administración de las rentas, cuyos destinos eran ejercidos regularmente de por vida, esta clase de gente eran aves de paso, mandadas allí para hacer su presa, y partirla después en su país nativo.

El propio Melitón (1927: 476-477) enuncia crudamente los caracteres y el origen de don Fabián y pone de manifiesto la importancia que para la época tuvo la antinomia monopolio-librecambio, básica para entender la Revolución de Mayo:

> Sí, un hombre hablando confidencialmente entre nosotros, bruto y cerril; que no ha aprendido sino a vender por diez lo que compró por uno (...)
> Es usted muy joven, amigo. No es la madre del borrego la fidelidad a Fernando, no lo es, no; es que se les escapa de las manos la presa que alimentaba su codicia: el monopolio, ese es el quid de la dificultad, lo demás es un velo que encubre la hipocresía.[11]

Belgrano (1968: 25) describió al típico comerciante español de manera similar:

> no puedo decir bastante mi sorpresa cuando conocí a los hombres nombrados por el Rey para la junta que había de tratar la agricultura, industria y comercio y propender a la felicidad de las provincias que componen el virreinato de Buenos Aires; todos eran comerciantes españoles; exceptuando uno que otro, nada sabían más que su comercio monopolista, a saber: comprar por cuatro para vender por ocho... (11)
> y de mi relación inferirá el lector la proposición otras tantas veces asentada, de que el comerciante no conoce más patria, ni más rey, ni más religión que su interés propio. (17)

Don Fabián es el típico "hombre de bien" burgués que tuvo su origen en siglo XVII francés: "honesto", moderado, dedicado al trabajo y al ahorro, es el padre de familia ordenado y austero, "gracias a su previsión, elimina de su vida lo desconocido y deja poco lugar el misterio" (Pernoud, 1962: 128).

Asimismo, la caracterización que hace Carlota de los españoles como su padre cuando afirma en la escena 9 del acto segundo (1927: 479): "Estos (por los españoles) tienen una cosa en los labios y otra en el corazón. Mi padre, que toda su fortuna la debe al himeneo con mi madre, que reside en Buenos Aires ha más de cuarenta años, aunque en lo público muestra prudencia, en lo privado resuella como dicen, por la herida", coincide con la que expresa Moreno (1968: 16): "otra porción más numerosa resultaba de los negociantes que iban allí a vender sus facturas, y atraídos por la facilidad de hacer en pocos años un capital respetable, se fijaban en la tierra, casándose con alguna criolla, que procuraban les pagase el supuesto honor que le hacían llevando al matrimonio algún regular dote".

En cuanto al personaje de Teodoro García, se pueden apreciar en él los elementos propios de la doctrina de Rousseau ya señalados: la creencia en la soberanía del pueblo, el espíritu de rebeldía contra el sistema opresor, la proclamación de rectificaciones necesarias en la vida civil y social y, especialmente, lo sentimental. El pensador francés influyó en el ideario del autor de la obra por intermedio, seguramente, de sus seguidores más aventajados en el Río de la Plata: Moreno, Belgrano y Monteagudo.

La identidad ideológica que manifiesta el personaje de Teodoro con los escritos de Manuel Belgrano se puede rastrear en casi todo el transcurso de sus parlamentos. El siguiente es el pasaje que resulta más sugerente: "Pero los americanos ¿en qué ofendemos al Autor de lo creado por sostener unos derechos que Él mismo nos otorgó?" (477), relacionándolo con lo que afirma Belgrano (1968: 9):

> Como en la época de 1789 me hallaba en España y la Revolución de Francia hiciese también la variación de ideas, y particularmente en los hombres de letras con quienes trataba, se apoderaron de mí las ideas de libertad, igualdad, seguridad, propiedad, y sólo veía tiranos en los que se oponían a que el hombre, fuese donde fuese, no disfrutase de unos derechos que Dios y la naturaleza le habían concedido, y aun las mismas sociedades habían acordado en su establecimiento directa o indirectamente.

Es la doctrina de Rousseau, quien funda la ética no sobre el conocimiento intelectual de la ley natural sino sobre la revelación inferior y espontánea de adhesión íntima de la conciencia personal de cada uno.

La identidad ideológica del inestable personaje de Teodoro con los hombres de Mayo va acompañada también por una identidad retórica, es decir, un gusto por las grandes frases y un tono exaltado. Para confirmarlo basta confrontar las frases finales de Teodoro en la obra (escena 16, acto tercero: 535-536) con este pasaje de la "Oración inaugural pronunciada por Bernardo de Monteagudo en la apertura de la Sociedad Patriótica la tarde del 13 de enero de 1812": "Y todos buscan el silencio para contestar que pereció la España y se disolvió la cadena de nuestra dependencia. No importa que busquen todavía el silencio y la sombra para respirar, en breve serán todos intrépidos y sólo temblarán los que antes infundían terror al humilde americano" (Weinberg, 1944: 18).

Otra prueba de la identidad ideológica de Teodoro-Monteagudo se encuentra en la aversión que les produce la anterior decisión papal de cederle estas tierras a la Corona de España. En la escena 10 del acto primero (1927: 478) tiene lugar un diálogo entre Melitón y Teodoro, en el que el primero afirma:

> Melitón: (...) ¡Buena es esa! La autoridad real, dicen ellos, procede de Dios, y cate usted la razón. A más, la donación del Papa...
> Teodoro: Fue un abuso de Alejandro, por no llamar a esa donación obra de la intriga.

Y dice Monteagudo (Weinberg, 1944: 17):

> Por desgracia para América tenía en sus entrañas riquezas inmensas, y esto bastó para poner en acción la codicia, quiero decir el celo de Fernando e Isabel que sin demora resolvieron tomar posesión por la fuerza de las armas, de unas regiones a que creían tener derecho en virtud de la donación de Alejandro VI, es decir, en virtud de las intrigas y relaciones de las cortes de Roma con la de Madrid.

La relación de las ideas de Teodoro con las opiniones de Mariano Moreno también es muy cercana, si bien puede parecer excesivo su fogoso final en el que increpa a los hipócritas y a los realistas: "¡Oh, patria mía! Cuándo será el día en que libre de las acechanzas de estos monstruos, reposéis segura en las virtudes de vuestros dignos hijos" (536). Sin embargo, si se compara este pasaje con uno del "Plan de Operaciones" atribuido a Moreno no lo parece tanto: "Si las hostilidades de los mandones continúan, continuará igualmente la expedición, libertará a los patricios peruanos de la opresión que padecen, y purgando al Perú de algunos monstruos grandes que lo infestan" (Ruiz-Guiñazú, 1952:191).

Es que la actitud jacobina de los patriotas en esa hora trascendental para la vida del país era radical y el teatro corroboraba, tal vez ingenuamente, ese estado de cosas. A la luz de la realidad social tampoco es excesivo el miedo de don Fabián a la justicia revolucionaria en la escena 12 del acto primero (1927: 482): "¿Cómo me excuso con Teodoro, después de haberle empeñado mi palabra? Puede penetrar el motivo verdadero de mi repentino disenso, denunciarme por enemigo del gobierno, y sobrevenirme una catástrofe". Finalmente, refleja patéticamente una época si se lo compara con el artículo 8 del mencionado

"Plan de Operaciones": "Últimamente, la más mera sospecha denunciada por un patriota contra cualquier individuo de los que presentan un carácter enemigo, debe ser oída y aún debe dársele alguna satisfacción, suponiendo que sea totalmente infundada, por sólo un celo patriótico mal entendido, ya desterrándolo por algún tiempo, más o menos lejos del pueblo donde resida, o apropiándole otra pena según la entidad del caso" (Ruiz-Guiñazú, 1952: 343).

3. Conclusiones

Tal vez el aporte de *El hipócrita político* al, en ese momento incipiente, teatro nacional haya sido el de ser "recreación suficientemente elaborada". Coincide en las reglas obligatorias de los textos europeos y desarrolla de manera diversa las reglas opcionales de esos modelos, especialmente del *Tartufo* de Molière, no obstante, dadas las circunstancias de la época en las hasta hacía poco colonias, en ellas la imitación no tenía el aspecto negativo que actualmente se le atribuye. Incluso *Tupac-Amarú*, la obra más importante del ciclo según la mayoría de los autores, es atribuida por Bosch y Giusti a una "traducción libre" de un autor francés. En suma, juzgar a *El hipócrita político* con las pautas del teatro actual sería caer en lo que se ha denominado "anacronismo psicológico".

Entre los aportes de *El hipócrita político* a la escena puede mencionarse que:

Hay concordancia en la crítica en que fue la primera comedia de costumbres en el país; encabezó una evolución, apartándose de las alegorías y los simbolismos tan numerosos en el teatro de la época, para exponer las ideas y la situación histórica del momento en que transcurre la acción (1812-1814), frente a los que dio un mensaje de alarma con el fin de resguardarlas. Con relación a las primeras, la obra, por intermedio de sus personajes, especialmente el de Teodoro García, transmite el ideario de Mariano Moreno, Juan José Castelli y Bernardo de Monteagudo.

Comparada con otras piezas de su época, queda a salvo en *El hipócrita político* el elemento esencial, su teatralidad, aquello que es propio del género dramático, lo que lo distingue de los otros géneros literarios, la conciencia que tiene el autor de la futura representación de su obra. En efecto, es una de las pocas obras del período que puede representarse todavía con una cuidada adaptación. En *El hipócrita político* hay también un notable personaje central, don Melitón, propio de una comedia evolucionada.

El *hipócrita político* es una pieza germinal para el teatro costumbrista argentino posterior. Desde la crítica módica a la sociedad de su tiempo está relacionada con otros textos como *El gigante Amapolas* (1841) de Juan Bautista Alberdi, *¡Al campo!* (1902) de Nicolás Granada; las comedias asainetadas de Armando Discépolo, Rafael José De Rosa y Mario Folco, de los cuales es paradigma *El movimiento continuo* (1916); la "comedia blanca" de Nicolás de las Llanderas y Arnaldo Malfatti (*Así es la vida*, 1934), de José Américo Bugliot y Rafael José De Rosa (*La casa grande*, 1931), pasando por *Los ojos llenos de amor* (1952) de Abel Santa Cruz hasta nuestros días con comedias como *Volvió una noche* (1990) de Eduardo Rovner.

Sin embargo, la obra sobre la que *El hipócrita político* proyecta el intertexto moratiniano más marcadamente es *Don Tadeo*, de Claudio Mamerto Cuenca, médico de Juan Manuel de Rosas, federalista, cuya obra, escrita durante el gobierno rosista, se publicó tardíamente en 1860.

En todos los niveles de texto *Don Tadeo* –escrita en verso octosílabo, en cinco actos– se incluye en el intertexto de *El hipócrita político*. Esta relación se expresa, sobre todo, en los procedimientos de la intriga y en el sistema de personajes. Don Tadeo, personaje en equilibrio, lo mismo que su mujer, doña Rufina, es el arquetipo del español conservador, enemigo declarado de los jóvenes "ilustrados" rivadavianos. Su crítica a "lo moderno" no perdona, por supuesto, al Salón Literario de Marcos Sastre:

> Cómo el gobierno ha podido
> Tolerar ese Salón,
> Esa necia academia
> De literatos del día (1926: 459)
>
> Que está Buenos Aires hoy
> Desde que anda de barato
> El saber es como un infierno:
> En qué manos ha caído
> La ilustración, Bah! Perdido

Está el país con el moderno
Sistema de educación. (1926: 460)

Tampoco falta la alusión de la iracunda doña Rufina a los libros franceses introducidos en el país que tanto desvelaban a don Melitón en *El hipócrita político*:

Lo cierto es que ya de España
Nada nos dejan, eh? toma
Buenos Aires lo que saca
Con dejar introducir
Esos libros, y decir,
Que hasta ya también se ataca
Nuestra Santa Religión.
Válgame Dios, la herejía
Va siendo moda en el día;
Y será la perdición
De la patria; ya el gobierno
Debe pues antes que crezca,
hacer que desaparezca
ese progreso moderno. (1926: 378)

En síntesis, Clara, la sobrina de ambos, quiere a don Luis (la pareja imposible, perseguida por la coincidencia abusiva) joven liberal y, ayudada por su hermano, don Fermín, trata de conseguir que su tío desista de casarla con don Leonardo, un abogado de edad madura. Luego de una larga serie de peripecias melodramáticas y cómicas, don Tadeo, aconsejado por el propio don Leonardo –es imposible no recordar al don Diego de *El sí de las niñas*, quien en la misma situación actúa de manera idéntica– acepta que los jóvenes contraigan matrimonio.

El carácter romántico de los protagonistas es también cercano al de Carlota y Teodoro en *El hipócrita político*:

Luis: No digas, perderla... oh Dios!
Cuando mi esposa iba a ser...
Ah! Nunca; no puede ser...
Que nos dé muerte a los dos!

Desligarnos!... no, jamás,
Apenas basta la muerte
Para hacerlo; quiero verte,
Clara (1926: 401)

Más evidente es la relación en este pasaje de Clara:

Es muy justa mi ansiedad,
¿Cómo no, cuando este día
Decide la suerte mía,
Me da o no felicidad?
Allá en el fondo entreveo
Del infausto porvenir,
Que empieza el astro a morir
De mi esperanza (1926: 507-508)

Y agrega más adelante:

Si tomo la aguja un rato,
Si un libro, si el bastidor
Allí, Juana, está el amor,
Siempre amable, siempre grato:
En la noche sosegada
Cuando mi frente reclino,
Baja un ángel peregrino
Sobre una nube dorada
Mi blando sueño a guardar;
Y a su labio enardecido
Escucho Juana, en mi oído
Mil ternuras suspirar;
Vierte en mis ojos beleño
En mis labios ambrosía,
Llena mi alma de alegría
Y de ilusiones mi sueño... (1926: 510-511)

También es cercana la relación entre don Fabián de *El hipócrita político* y don Tadeo; por otra parte, las dos Juana, las sirvientas de una y otra pieza, son, a la par que simples, confidentes de las protagonistas.

El paralelo entre Teodoro García y don Luis es inevitable, los dos son jóvenes liberales, románticos y tienen el mismo gusto por la retórica: "Don Luis: Mi pluma uniré / a esa juventud / que se levanta en el Sud; / con ella trabajaré / contra el resto colonial / de esas costumbres que tanto / se oponen al adelanto / del progreso nacional" (1926: 434-435).

El aporte más importante de *El hipócrita político*, como el de otros textos de esa etapa de la vida argentina, es que contribuyó a cimentar, como se ha señalado, la sociabilidad revolucionaria, y a producir una nueva legitimidad política: la de la Revolución, la de la voluntad de cambio que implicaba un arte militante, ligado a los grupos revolucionarios y destinado a "generar una nueva fuente de poder político: la opinión pública" (González Bernaldo, 1989).

Notas

[1] Al pie del manuscrito se encuentra la fecha en que fue aprobado: "Buenos Aires Enero 5 de 1820. Aprobada. E de Lucas, Represéntese. Doblas" (536).

[2] De los primeros cinco años de la revolución sólo merece destacarse *El 25 de Mayo* de Luis A. Morante, representada el 25 de mayo de 1812. La investigación sobre esta obra tropieza con el escollo de la pérdida de su manuscrito. Luego de las primeras investigaciones de Bosch (1935, 1936: 51-53) los estudios de Castagnino han aportado un valioso material (1960: 45 y 49-51) pues ha probado la existencia de esta obra por su mención en el acta del Cabildo del 29 de mayo de 1812, la cual se conserva en el *Libro de Acuerdos del Extinguido Cabildo*. Además, Etchepareborda (1812) dio a conocer el testimonio de Juan Rademaker, diplomático lusitano, quien en la nota citada le comenta el fervor del público porteño ante la representación de *El 25 de Mayo*, aunque no cita su nombre, no quedan dudas de que hablaba de la obra de Morante.

[3] La crítica ha señalado algunas afinidades. Ordaz (1962: 24): "Es una comedia en la que se advierte la influencia del Moratín de *El sí de las niñas*" y Berenguer Carisomo (1947: 177) sostuvo: "como se trata de una comedia de fondo ejemplar se apunta cómodamente a las clásicas unidades y su estilo sigue las 'bufonadas e inmoralidades' –que diría el quisquilloso Fray Camilo– de Moratín hijo". Rohde (1925: 461) afirmó que: "El hipócrita político responde a la corriente estética que informa el teatro de Leandro Moratín, en su fondo y en su forma: se persigue un fin ético y se adoptan las unidades seudoaristotélicas", en tanto que Blanco Amores de Pagella (1972: 66) aclaró "Se titula *El hipócrita político* y denuncia –ya el título lo adelanta– uno de los vicios que fueron condenados por importantes autores mundiales, entre los que el nombre de Molière acude en primer término a la memoria (...) Se trata de una obra cuya composición denuncia influencia moratiniana, en el contenido y en la composición. Responde al ideal seudoclásico enunciado por Moratín en el prólogo a sus obras". Castagnino (1977: 40) puntualizó "La motivación del padre autoritario o déspota que impone marido a la hija

contra la voluntad de ésta, –es decir, el asunto moratiniano de *El sí de las niñas*– nace en la dramática rioplatense con *El hipócrita político*. Y se le verá perdurar hasta los días actuales". Castagnino hace un desarrollo más amplio de este tema en un trabajo anterior (1960: 87-91).

[4] Azorín (1924: 66-67) señala, quizá exageradamente, que "Moratín es un imitador de Molière (...) pero nuestro poeta queda muy a la zaga de Molière".

[5] En esa fecha se jura la Constitución Española de corte liberal que deja sin efecto el Tribunal de la Inquisición.

[6] Sin duda, para sintetizar el origen social de personajes como el de Teodoro García, son acertados los juicios de Segreti (1980: 161), "Las reformas borbónicas alientan una emigración de españoles hacia las ciudades-puerto de las colonias americanas dispuestos a beneficiarse con aquellas. Ya no vendrán hombres solos (...) aunque es cierto que su número seguirá siendo preponderante. Muchos de ellos habrán de labrarse una sólida posición y se unirán en matrimonio con la mujer blanca nativa. La decendencia de estas uniones será la que tomará el poder en Buenos Aires en 1810".

[7] Urquiza Almandoz (1972: 177-178) señala que "Continuaron teniendo vigencia, en las primeras décadas revolucionarias, las obras de los pensadores franceses, especialmente las que Montesquieu, Voltaire y Rousseau. Por cierto que ellas se conocían en el Río de la Plata desde mucho tiempo antes. En la biblioteca del décimo-cuarto obispo de Buenos Aires, Monseñor Manuel Azamor y Ramírez, se hallaban varias obras de aquellos autores. Y sabido es que el obispo dispuso en su testamente que su valiosa biblioteca tuviese utilidad pública. De ahí que con ese caudal de libros comenzó a funcionar la Biblioteca Pública de Buenos Aires creada en 1810". El propio Urquiza Almandoz hace un inventario de los libros que se vendían en Buenos Aires de 1810 a 1818, en esa nómina se enumeran varios autores enciclopedistas (173-176).

[8] Sobre la intertextualidad de Rousseau en el Río de la Plata, cfr. Korn (1961: 68-89), y sobre Jovellanos y la independencia argentina (98), Rodríguez (1958), Levene (1921, vol I, cap. I y II); Delgado (1946); Gandía (1946); Piccirilli (1961); Ruiz-Guiñazú (1952), Lewin (1971). Es interesante, sin embargo, agregar un ejemplo de Monteagudo extraído (Weinberg, 1944: 16-17): "Mientras el mundo antiguo, envuelto en los horrores de la servidumbre lloraba su abyecta situación, la América gozaba en paz de sus derechos, porque sus filántropos legisladores aún no estaban inficionados con las máximas de esa política parcial, ni habían olvidado que el derecho se distingue de la fuerza como la obediencia de la esclavitud; y que en fin la soberanía reside sólo en el pueblo y la autoridad en las leyes, cuyo primer vasallo es el príncipe. No era fácil permaneciesen por más tiempo nuestras regiones libres del contagio de la Europa, en una época en que la codicia descubrió la piedra filosofal..." Es imposible que estas palabras no menten las teorías de Rousseau.

[9] Urquiza Almandoz (1972: 203-204) señala con certeza este hecho: "Hemos podido constatar la introducción en Buenos Aires de muchos cajones de libros a través de embarques provenientes de puertos europeos y americanos. Para obtener estos datos nos hemos valido de la 'Relación de los buques de alta mar entrados en el país' que periódicamente publicaba *La Prensa Argentina*". Urquiza Almandoz señala después algunas introducciones de libros consignando autores enciclopedistas.

[10] Don Melitón se refiere a la *Gaceta de Buenos Aires*, órgano oficial de la Junta, del cual dice Mariano Moreno el 7 de junio en la misma *Gaceta*: "Para el logro de tan justos deseos ha resuelto la Junta que salga a la luz un nuevo periódico semanal, con el

título de La Gaceta de Buenos Aires, al cual sin tocar los objetivos que tan dignamente se desempeñan en el Semanario del Comercio, anuncie al público las noticias exteriores e interiores que deban mirarse con algún interés".

[11] En este sentido fue fundamental el alegato por el librecambio de la "Representación de los hacendados y labradores" de Mariano Moreno, quien afirmó en uno de sus párrafos: "Los apuros se remediarán con dignidad cuando la libertad de comercio abra las fuentes inagotables del rápido círculo que tendrán entonces las importaciones y respectivos retornos; libre V.E. de las urgencias que ahora lo afligen y ligan, desplegaría en toda su extensión las benéficas ideas que harán memorable su gobierno, la metrópoli recibiría cuantiosos recursos, y el país será feliz contando con recursos efectivos" (Levene, 1978: 277). Confrónteselo con las afirmaciones de Teodoro, quien responde así a don Melitón (477): "Aunque como decís, muy joven, me ha concedido el cielo discernimiento bastante como para conocer que esos se han apartado de sus verdaderos intereses (...) Fincados en el país, dueños de los capitales, en posesión de las mejores relaciones mercantiles, lograrían mayores ventajas en el comercio con los extranjeros que arribasen a nuestros puertos".

•••

2.3.1. La alegoría

por Alicia Aisemberg

Una investigación sobre las causas y el porqué de una mayor preponderancia y circulación de textos dramáticos neoclásicos a partir de la Revolución de Mayo debe indagar en la conexión entre neoclasicismo, ilustración y didactismo presentes en la cultura europea. El neoclásico representaba el horizonte artístico de la clase más educada y avanzada de la época, la burguesía. Su mentalidad racionalista, disciplinada y moderada, prefería las formas artísticas sencillas, claras y sin complicaciones del clasicismo, sinónimo del triunfo del naturalismo y racionalismo sobre la fantasía, la indisciplina y los convencionalismos del barroco (Hauser, 1979: 301).

Por otra parte, diversos autores coinciden en señalar que la aplicación de las reglas neoclásicas de las tres unidades (acción, lugar y tiempo) para otorgar verosimilitud a la obra teatral, respondía a un criterio de carácter racionalista que estaba relacionado con los ideales ilustrados[1] y, al mismo tiempo, se vinculaba con las necesidades educativas:

"Sin verosimilitud no se puede convencer, ni, por tanto, educar en las costumbres de verdad moral e intelectual que los ilustrados pretendían" (Rull, 1987: 84).

El carácter pedagógico que asumió el teatro también debe entenderse en el marco de una nueva concepción ideológica inaugurada por el proceso revolucionario. El análisis del discurso político de Mariano Moreno, como dirigente paradigmático de la primera fase revolucionaria, demuestra que la educación política era un elemento central de su concepción revolucionaria. Goldman (1992: 35) señala como rasgo permanente del discurso de Moreno: "su insistencia en una campaña de esclarecimiento ideológico centrada en los derechos de los pueblos y de la cual ningún sector social debía quedar excluido".[2] Otro dirigente revolucionario, Bernardo de Monteagudo, también demostró compartir esta preocupación al redactar un conjunto de artículos denominados "Las observaciones didácticas" para difundir entre el pueblo los principios democráticos. Berenguer Carisomo (1947: 153-160) señala que la colonia no conoció a la escuela francesa sino a través de la interpretación española y por traducciones clandestinas tomó conocimiento de algunos de sus procedimientos aislados. La presencia de textos del teatro neoclásico se hace evidente al observar el repertorio del Coliseo a partir de 1810, aunque aún se seguían representando a los clásicos del Siglo de Oro, fundamentalmente a Pedro Calderón de la Barca, y a otros autores españoles contemporáneos como Leandro Fernández de Moratín, Gaspar de Zabala y Zamora y Luciano Francisco Comella, cuyas obras pertenecen a la textualidad barroca que en esos años se intentaba desplazar tanto por imposición oficial (La Sociedad del Buen Gusto tenía ese objetivo) como por las opiniones periodísticas.[3]

El intertexto neoclásico fue tempranamente incorporado a fines del siglo XVIII por Manuel de Lavardén, en *Siripo* (1789), y se vinculó al incipiente liberalismo de los sectores avanzados de la burguesía y al reformismo borbón. Luego, la circulación de esta textualidad permitió la producción de un primer corpus de textos locales, previos a la configuración del modelo de la tragedia y la comedia, caracterizados por la apropiación de elementos neoclásicos aislados, con la intención de constituir un teatro didáctico y patriótico. Se trataba de los primeros textos dramáticos producidos en el Río de la Plata luego de la revolución de 1810, en los cuales la intención pedagógica con el fin de difundir los nuevos derechos y libertades, además de la función celebratoria con relación a los triunfos guerreros que eran el origen de muchos de ellos, fueron los aspectos esenciales que se colocaban siempre en primer término. *El 25 de Mayo* (1812) de Luis Ambrosio Morante inauguró esta textualidad, aunque del mismo sólo se poseen referencias en un acta de sesión del Cabildo (Castagnino, 1960: 50). Asimismo, esa etapa se distinguió por presentar una escasa delimitación entre los géneros literarios y dramáticos, por lo cual algunas de las primeras obras dramáticas se publicaron en *La Lira Argentina* (1824), que en su mayoría se trataba de una recopilación de poesías. A la vez, la oralidad se presentaba como la principal forma de circulación de la poesía tanto neoclásica como gauchesca a través del recitado o el canto público.[4] Por ese motivo, la poesía, al ser transmitida en forma oral, recibía una módica representación, borrando de ese modo gran parte de sus diferencias con el género dramático. Una serie de textos presentaba aspectos híbridos entre la poesía y teatro, tales como *El nuevo Caupolicán* (1815). Los primeros textos dramáticos se caracterizaron por el empleo de elementos aislados de la poética neoclásica. Ésta se transformó, paulatinamente, en la poética oficial hegemónica, a través de los sectores relacionados con la nueva conducción política. Las formas claras y didácticas del neoclasicismo lo convertían en un instrumento idóneo para difundir el ideario de Mayo, por lo cual el teatro argentino de vertiente culta estuvo signado por ese intertexto europeo, tanto por una necesidad de elevación de la escena como por compartir el ideario que fuera generado por la burguesía triunfante europea que también había empleado dichas formas artísticas.

Entre los textos alegóricos se encontraban *El hijo del Sud* (1816), atribuida a Luis Ambrosio Morante, y *Arauco libre* (1818), atribuida a José Manuel Sánchez. Ambas responden al mismo modelo textual anteriormente expuesto con la particularidad de presentar personajes a través de los cuales se intensifica el carácter pedagógico ya que representan de manera explícita valores positivos y negativos, vicios y virtudes, por medio de la personificación de un principio o idea abstracta. La alegoría se empleaba en las moralidades, misterios medievales y, posteriormente, en la dramaturgia barroca. Su intención didáctica y moralizadora se encontraba en consonancia con los intereses del teatro de este período. Por este motivo, su empleo significaba la inclusión de elementos remanentes, pertenecientes a la poética barroca dominante en la época colonial y en pleno desplazamiento en la primera etapa revolucionaria.

Los textos poseen una temática política, exaltan los triunfos militares y reproducen las consignas patrióticas. Emplean un repertorio de metáforas, alusiones mitológicas, y evocaciones históricas, articuladas por un sistema de ensamblaje que se reitera en cada una de las obras. Dicha mecanización de recursos genera una estética "despersonalizada" (Rama, 1982), es decir, las obras carecen de una impronta autoral-individual. Esta característica se manifestaba en la forma (idéntica en todos los textos) en que se nombra a los españoles, por ejemplo. Este aspecto se puede comprender en el marco de la intensa politización social de la primera década de la revolución, en la cual lo público invadía y reducía lo privado. Como en los modelos europeos, los textos se estructuran alrededor de la oposición dialéctica libertad/tiranía que aporta un fuerte tono didáctico, además de haber abandonado el recurso de la doble referencialidad histórica de gran parte de las tragedias europeas, en las que se prefería el pasado griego o romano para remitir a la época presente. Se eligió el referente americano inmediato, que presentaba los pormenores de la lucha independentista y de la guerra contra los españoles, procedimiento que se puede vincular con el modelo de tragedia de tema nacional a partir del cual también se intentó en España crear una tragedia original.

Arauco libre y *El triunfo* fueron escenificadas durante el período de la gestión de la Sociedad del Buen Gusto. Ambas fueron representadas con el fin de celebrar triunfos patrióticos y en ellas se realizaba una crítica aún más abierta a la "tiranía española" que en los textos anteriores.

El hijo del Sud profundiza el didactismo al desarrollar una alegoría en la que el indio (el Hijo del Sud) actúa como sujeto y tiene como objeto elegir el camino que conduzca al bienestar de la Patria. Sus ayudantes son la Verdadera Libertad, la Virtud y el Padre Sud y sus oponentes, la Falsa Libertad y la Tiranía; el destinador es el Padre Sud y el destinatario la Patria. El mayor interés se encuentra en la exposición del sentido alegórico, por lo cual carece de un centro dramático, y predomina una escritura discursiva. Aún así, existe un conflicto central que se plantea en la opción del Hijo del Sud entre seguir el camino que le marca la Virtud o ser guiado por la Falsa Libertad. La mirada final del texto, a pesar de la claridad asegurada por la alegoría, retoma y explicita la tesis de la obra: la exaltación de la libertad, los deseos de independencia y la necesidad de unión americana:

> Sud. Indígenas del Sud! Y vos, aquellos
> que sois por Libertad comprometidos
> ser queréis un día independientes y subyugar al fiero
> Despotismo el ejemplo ved aquí. Las divergencias
> reproducidas del Fatal Egoísmo
> y de una libertad mal entendida,
> son la ruina el seguro precipicio
> en que sepultareis la Madre Patria,
> si no marchais acordes, siempre unidos
> a sostener la base del Sistema. (AAVV., 1925: 279)

En el plano verbal resuena un discurso filoindigenista, característico de las tendencias políticas de la época sostenidas por Juan José Castelli y Mariano Moreno. Goldman (1989: 163) afirma que: "El filoindigenismo constituye uno de los componentes esenciales de una concepción de la revolución como acontecimiento que viene a restituir en el plano histórico derechos de carácter universal". Estos textos incorporan un vocabulario que remite a los términos propios del discurso político de la Revolución de Mayo: igualdad, libertad, fraternidad, soberanía popular y derechos naturales. De este modo, el teatro de la época se convirtió en un medio de difusión de las prácticas discursivas por medio de las cuales se declaraban los derechos, libertades e independencia; así como de las prácticas patrióticas guerreras que consistían en la lucha contra los realistas y también de las prácticas cívicas que significaban el combate contra el enemigo interno –españoles europeos o moderados– (González Bernaldo, 1989: 153).

En *Arauco libre*, los personajes alegóricos son la Provincia de Chile, El Genio Argentino y El Genio Hispano, que discuten y descalifican al Genio Hispano (cobarde, inhumano), hasta que el Genio Argentino y el Genio Hispano pelean con espadas y el vencedor argentino lo obliga a desatar las cadenas de Chile. El sujeto de la acción es el Genio Argentino, cuyo objeto es liberar a la Provincia de Chile, motivado por el heroísmo y el valor americano y el destinador es Chile. Por supuesto, el Genio Hispano es el oponente de estas acciones, y es una de las primeras representaciones escénicas del español opresor, el cual hasta el momento permanecía en la extraescena y era representado sólo verbalmente. La alegoría acentúa la antítesis de caracteres recurrente en esta textualidad; se trata de un extenso duelo verbal en el cada personaje se distingue por su discurso, el de El Genio Hispano es autoritario y de dominación:

> si no se humillan y los pies le besan
> al augusto Fernando, su monarca,
> al que exemplo dará con su castigo.
> Doscientas mil esposas su arrogancia
> sujetaran, y encadenados todos
> a reynos bien distantes de su Patria
> conducidos serán, donde maldigan
> no haber obedecido con fé grata
> del excelso Fernando los decretos. (AAVV., 1925: 218)

A raíz de la intensificación alegórica y de la presencia en escena del Genio Hispano, tanto el Genio Argentino como Chile, se caracterizan por un discurso de total menosprecio hacia el español, que es denominado "bandido infame", "asesino", "cobarde", "gentes inhumanas", "lobos carnívoros hambrientos", "viles generales". Por el contrario, cuando se refieren a sus soldados los califican "los bravos y valientes campeones/ del renombrado Río de la Plata" (AAVV., 1925: 226) y para evocar a San Martín emplean un lenguaje de exaltación: "Tiemble España/ al sólo nombre de este invicto genio/ honra del siglo, y gloria de su Patria" (AAVV., 1925: 224).

En el prólogo a *Arauco Libre*, en el manuscrito original, se indica "Imitación de la *Itiberia Encadenada*, de Gaspar Zabala y Zamora" (AAVV,1925: 212), una comedia heroica con elementos barrocos. El teatro patriótico representado en España durante la guerra de la independencia contra la invasión napoleónica, que luego fue asiduamente escenificado en el Coliseo Provisional mediante los textos de

Comella y Zabala y Zamora, se convirtió en otro de los intertextos presentes en el teatro alegórico rioplatense. Gaspar de Zabala y Zamora también empleaba el recurso de la alegoría en obras como *La sombra de Pelayo o el día feliz de España*, en la que los personajes eran España, el Despotismo, La Intriga Francesa, la Lealtad, el Valor (Campos, 1969: 150).

La alegoría era un recurso practicado en el arte de la época al que los espectadores estaban habituados, tal como lo demuestra una resolución del Congreso de 1818, en la que para celebrar la batalla de Maipú, como en *Arauco libre*, se dispuso que se abriera una lámina con el retrato del general San Martín teniendo a cada lado un genio, a la derecha el de la Libertad y a la izquierda el de la Victoria. Esta forma de construcción alegórica resulta muy similar a la que se presentaba en *Arauco libre*. Así como en la poesía neoclásica de la revolución, se apelaba a la personificación de la Patria, la Libertad, y América se representaba como una joven y hermosa mujer.

Las textualidades analizadas en este apartado fueron representativas de la primera década de la emancipación; luego, evolucionaron hacia el modelo de la tragedia y la comedia neoclásicas. Uno de los antecedentes tempranos fue *Camila o La patriota de Sudamérica* (1817) de Camilo Henríquez, que ya contaba con el antecedente de *Siripo*, de Manuel José de Lavardén.[5]

Posteriormente, en el período de canonización de la poética neoclásica, se produjo una evolución que concluyó en una realización más acabada de dicho modelo. Es el caso de las tragedias *Tupac Amaru* (1821), adjudicada a Morante; *Molina* (1823), adjudicada a Manuel Belgrano; *Dido* (1823) y *Argia* (1824), de Varela; y la comedia neoclásica, *El hipócrita político* (1819), de autor anónimo.

Notas

[1] Rull (1987: 84-85), Caso González, (1983: 582-583), Hauser (1979: 304), son algunos de los autores que reflexionan sobre este tema.

[2] Para ilustrar lo señalado recuérdese que Moreno redactó el prólogo del *Contrato Social*, de Rousseau, y mandó a imprimir 200 ejemplares para utilizar en las escuelas primarias (Goldman, 1992: 35).

[3] En la Biblioteca Nacional se encuentran alrededor de 15 tomos bajo el título *Comedias españolas de Calderón de la Barca* y *Comedias españolas. Varios Autores*, cu-

yos impresos tienen anotaciones de la Intendencia de Policía, por lo que se puede verificar la representación de las mismas en este período. Además, poseen el sello del Coliseo Provisional, es decir pertenecían al archivo del mismo.
[4] También se publicaban en hojas sueltas, en gacetas periódicas o en libros.
[5] Azzario (1962: 20-28), analiza la posición de Bosch sobre el tema y concluye que el fragmento conservado seguramente fue una refundición de Luis A. Morante. Esta hipótesis también es sostenida por Berenguer Carisomo.

•••

2.3.2. *A río revuelto ganancia de pescadores* de Juan Cruz Varela

por Marina Sikora

Al referirse al manuscrito del texto de *A río revuelto ganancia de pescadores* de Juan Cruz Varela, Cambours Ocampo (1966: 4) señala que:

> Lo cierto es que el sainete descubre un aspecto casi desconocido de la personalidad de Varela como autor teatral, y –por otra parte– es documento de importancia para el estudio de la evolución de la escena argentina. De ahora en adelante, cada vez que se haga la historia de nuestro teatro, tendrá que ubicarse entre "El amor de la estanciera" (esbozo teatral del siglo XVIII) y "Las bodas de Chivico y Pancha" (1826), y desde el punto de vista temático, si las dos piezas citadas son las precursoras de nuestro teatro gauchesco, *A río revuelto ganancia de pescadores*, es la primera expresión dramática nacional que, continuadora del espíritu de los entremeses de Cervantes, de los pasos de Lope de Rueda y los sainetes de Ramón de la Cruz, da origen al "género chico" nacional en su representación urbana y popular.

Como se analiza en el capítulo referido a la comedia en Buenos Aires (véase 4.3.1), ésta aparece muchas veces como una metáfora de los momentos atravesados por el país. Por otra parte, la familia funcionaba, muchas veces, como un microcosmos que dejaba entrever la realidad política de cada período. Si bien en la pieza de Varela la metáfora a la que hacíamos referencia en otras expresiones del género casi no se vislumbra, es interesante observar cómo se dan ciertas constantes que se reiterarán en la comedia porteña a lo largo del tiempo.

A río revuelto... tematiza el problema de la autodeterminación femenina en los conflictos sentimentales. Este aspecto de las relaciones familiares que ya fuera tratado en textos como *El sí de las niñas* de Fernández de Moratín, se desarrolla en la obra de Varela de una manera que deja entrever las tensiones entre las nuevas ideas provenientes del ideario de Mayo y un espíritu conservador que termina por prevalecer.

Según señala Castagnino (1960: 81-82)

> Con el flujo y reflujo de las ideas liberales también llegan al Río de la Plata éstas del feminismo y sus derivaciones. Pero su traducción en la presencia de una nueva sensibilidad de la mujer no siempre es posible registrarla en documentos formales y testimonios terminantes. En cambio ha quedado elocuentemente registrada en textos literarios y sobre todo, por más directos y fotográficos, en textos dramáticos. A través de ellos se verifica tanto la situación de dependencia y sometimiento a la tutoría paterna y marital que convalidan leyes y religión, cuanto, en sentido opuesto, las pequeñas rebeldías, el sentirse con derechos a orientar su vida y elegir destino y felicidad.

Entre los textos citados, Castagnino se refiere a *A río revuelto ganancia de pescadores* como una muestra del nuevo ideario femenino que comenzaba a circular en Buenos Aires. Sin embargo, es necesario señalar que en ella todavía prevalece el espíritu conservador y paternalista señalado más arriba, que será una constante en el género.

A nivel de la acción parecería desempeñarse como sujeto Rosa, la hija de Javier que durante casi todo el desarrollo del texto toma iniciativas que la llevan a defender su derecho a elegir como pareja a un joven poeta, Arganto, y a desdeñar al candidato impuesto por el padre, Silvestre. Sin embargo, la actitud de Benito, el criado, hacia el final, produce un giro en la acción que lo convierte definitivamente en el sujeto. Su objeto, el amor de Rosa, se consigue a la fuerza y en medio de la confusión general. Este súbito cambio en el desarrollo de la acción pone de manifiesto la fuerza masculina que todavía se muestra como dominante.

En el plano de la intriga, que se desarrolla siguiendo el esquema aristotélico de principio, medio y fin, la caricatura funciona como un principio constructivo que ridiculiza a cada uno de los personajes. De este modo, la rebeldía de Rosa se pone en ridículo al evidenciarse su poco tino para elegir candidato. Los elogios que hace de Arganto, a quien describe como un famoso poeta, quedan desmentidos por los dichos del personaje, que aparece como un oportunista cuya grandilocuencia, al querer demostrar su dominio en variados temas, aporta a la comicidad del texto. El contraste entre la defensa de Rosa y la realidad se revela en varios ejemplos. En primer lugar, las palabras de Rosa en el diálogo inicial con su padre al que le dice:

> Padre mío, fuera ingrata,
> Y al mismo tiempo traidora,
> Si mi mano tan deseada
> le diera a ese don Silvestre;
> A ese importuno canalla
> En fin a ese mal nacido
> Vejestorio que me mata.
> Yo, señor, a quien estimo
> Y lo quiero sobre mi alma,
> Es a Arganto, a ese poeta,
> Cuya altisonante fama
> Ha encendido en mis médulas,
> Ha puesto en mi vena cava
> Y ha infundido en mis arterias
> Tan dulce amorosa llama;
> Que si llego a ser su esposa,
> Seré la más feliz dama,
> Que llena de vanidad
> Se sentará en su ventana;
> Diciendo a las envidiosas

Que por esa calle pasan:
"Aprended a ser felices,
vedme a mí que estoy casada
con el poeta mejor
que habita en el orbe". (1962: 28-29)

La caricatura del pretendido poeta, con su consiguiente desvalorización, desmiente las palabras de Rosa y se pone de manifiesto cuando, a instancias de su abogado, se decide a poetizar sobre la historia, acumulando una cantidad de nombres provenientes de la antigüedad que no tienen relación entre sí y que revelan su desconocimiento del tema:

César, Pompeyo, Sansón,
Cartesio, Ulises, Menandro,
Holofernes, Alejandro,
Aníbal, Numa, Escipión,
Jerjes, Darío, Gedeón,
Menelao, Jonatás,
Séneca, Herodes, Anás,
Aquiles, Nemrot, Samuel,
Epaminondas, Abel,
Mecencio, Eneas, Caifás,
Quinto Curcio, Faraón,
Leonidas, Mintas, Virgilio,
Aristóteles, Ovidio,
Diógenes, Turno, Solón,
Filipo, Marcial, Platón,
Con Tito y con Vespasiano,
Asolaron el Romano
Imperio. Qué barbarimo!
Y lo dejaron lo mismo
Que la palma de la mano. (1962: 51)

La caricatura alcanza también al falso abogado y al sacristán que pretende a Rosa, así como al padre y al candidato propuesto por éste. No sólo se cuestionan las prácticas matrimoniales de la época, la falta de oportunidad de las mujeres para decidir al respecto, el autoritarismo paterno, sino también la figura de ciertos tipos de ese momento histórico como el poeta, el sacristán y el leguleyo que finalmente no son tales. En este panorama, el hecho de que sea Benito, el criado, quien se quede con Rosa, a la que se lleva por la fuerza en el medio de la confusión generada por la discusión establecida entre Arganto, el sacristán y el falso abogado, desmiente los postulados de reivindicación femenina que pudiera tener la pieza. Si bien los jóvenes parecen triunfar sobre Silvestre y Javier a quienes terminan aporreando consiguiendo su huida, el giro de los acontecimientos mencionados al hablar del cambio de sujeto en la acción, muestran que las pretensiones de Rosa son igualmente ridículas. Las palabras finales de Benito ponen en evidencia que la mujer no es más que un objeto cuya posesión, en última instancia, depende de la fuerza masculina. Esto se hace evidente cuando dice:

> Ahora me la llevo al cura,
> Y me caso sin temores;
> Para que a mí me de el sí
> La obligaré a pescozones:
> Señores, "A río revuelto
> Ganancia de pescadores". (1962: 56)

La comicidad generada por el referido procedimiento, se ve reforzada por artificios de corte sainteril que tienen que ver con el desempeño físico que se traduce en los golpes que se propinan los personajes entre sí para resolver las situaciones conflictivas, a lo que se le suma el chiste verbal que se manifiesta en diferentes momentos del texto.

El sistema de personajes responde a una constante que se reiterará en la comedia, la comedia asainetada y el sainete que, pasado el tiempo, tuvieron gran difusión en Buenos Aires. La hija casadera, el padre autoritario y los pretendientes que se la disputan.

La referencialidad del texto, como decíamos al hablar de la caricatura, remite a tipos conocidos en la época, pero no deja entrever de manera directa el contexto social. La pieza, como ocurrirá luego con el sainete en su primera versión, ya a fines del siglo XIX y comienzos del XX, refleja un mundo privado que no cuestiona ni tematiza problemas políticos ni sociales. En este sentido, es necesario retomar los conceptos expresados al comenzar este trabajo: tanto el sainete en su primera versión como la comedia y la comedia asainetada mantuvieron como rasgos constantes un paternalismo y espíritu conservador que las llevaron a ratificar valores establecidos. Si bien la comedia muchas veces funciona como metáfora de los conflictos ocurridos en distintos momentos del país, nunca cuestionó las relaciones paterno filiales, el rol de la mujer como esposa y madre, la subordinación de ésta con respecto al esposo o padre.

El fuerte desarrollo de la función expresiva se orienta hacia la producción de risa, ridiculizando el aspecto sentimental, que de ese modo queda desvalorizado. Pero, además, minimizando la cuestión central, la de la libertad de la mujer, que en el texto termina apareciendo como una pretensión falsa y poco probable ya que ninguno, ni el padre ni los propios candidatos, tiene en cuenta su opinión sino que se disputan su posesión por diferentes medios y una vez liberada de la autoridad paterna cae en manos de su criado quien termina por decidir la cuestión. Como señala Olson (1978: 81), "Si la comedia relaja la preocupación convirtiendo en absurdas las bases de ésta, la comedia será más efectiva cuando trate de cosas que excitan nuestra preocupación". En suma, el conflicto de Rosa se convierte en un problema menor y termina, en última instancia, resuelto por un hombre.

Con relación a este tema, es interesante observar cómo se transgreden las condiciones de producción del diálogo que termina siendo dominado por el criado. Benito es, desde el principio, el portador de ciertos saberes que le dan ventaja sobre los demás personajes. Cómplice de su ama, es el que maneja con su discurso a los demás ocultando o revelando secretos, estableciendo pactos y poniendo en evidencia las actitudes ridículas de los otros. Portador del sentido común, revela, por ejemplo, la grandilocuencia de Arganto, quien ostenta un discurso artificial y pretencioso, exhortándolo a que no hable en lengua extraña y aprobándolo cuando, según él, habla la lengua española. Su palabra termina por imponerse sobre la de los restantes personajes cuando pronunciando el parlamento citado más arriba consigue llevarse a la muchacha.

El punto de vista del texto, entonces, no privilegia, como señala Castagnino (1960), el ideario feminista surgido con la Revolución de Mayo, sino que lo muestra como una pretensión poco conveniente y tan ridícula como la proliferación de poetas que se alejan del buen gusto y enredan el lenguaje como ocurre con Arganto. Si bien el autoritarismo paterno resulta castigado, el espíritu liberal no llega a los extremos de dejar victoriosa a la protagonista, con lo que se pone de manifiesto la tensión entre las nuevas ideas y el espíritu conservador ya señalado. Este último no se modificará en el género con el correr del tiempo y reaparecerá en expresiones posteriores a lo largo de nuestra tradición teatral.

•••

2.3.3. La tragedia

por Liliana López

Introducción

En correlato con las tendencias estéticas y culturales europeas del período 1812-1835, la modalidad de la tragedia constituía la forma teatral más legitimada. El paradigma estético neoclásico era el predominante, y estaba asegurado por la fuerte preceptiva imperante que regulaba la producción en todos los aspectos de la obra dramática: la elección de la fábula –asunto y personajes elevados–, la disposición de la intriga –que implicaba la sujeción estricta a las tres unidades aristotélicas– y, en el aspecto verbal, la preponderancia del lenguaje culto, la utilización del verso medido (de arte mayor preferentemente), la inclusión de alusiones mitológicas, la abundante utilización de figuras retóricas, y el respeto a las normativas que contribuían al decoro en la presentación escénica.

Durante el período anterior y el inmediatamente posterior a la independencia, coexistieron las representaciones de tragedias de autor extranjero con las adaptaciones de las mismas –en distintos grados–, las compuestas especialmente para alguna circunstancia y, por último, en menor medida, las originales. Una de las dificultades que se presenta para su estudio es que muchas obras están perdidas, y aún en las que se conservan, la atribución resulta dudosa. A esto contribuyó el hecho de que no había una clara noción de "autoría" por parte de las compañías, las que se apropiaban de los textos y los adaptaban a su antojo. La crítica –mucho más en este período– se convirtió en un valioso auxiliar, ya que en muchas ocasiones denunciaba la estrategia de los elencos –en especial la de Morante– que consistía en reestrenar –haciéndolas pasar por novedosas– piezas que ya habían pasado por las tablas.

1. La tragedia durante el período colonial

Se suelen considerar a las tragedias de Juan Cruz Varela, *Dido* y *Argia*, las piezas fundacionales de la dramática argentina; sin embargo, esto se puede relativizar por las noticias sobre el *Siripo* (1789) –atribuida a Manuel José de Lavardén–[1] y otras numerosas obras perdidas, escritas y/o estrenadas durante el virreinato.

Lavardén tuvo una activa participación en la vida cultural porteña como poeta, dramaturgo y periodista. A su regreso de Chuquisaca, donde estudió leyes, fue bien recibido por el círculo del virrey Vértiz en el momento en que éste daba comienzo a una más animada actividad social y cultural. Se destacó rápidamente como poeta y autor de sátiras, y en 1789 se consagró con el estreno de *Siripo*, inaugurando el primer teatro criollo, la Ranchería. Rojas (1924: 712-715) supone que hubo otras piezas de autor argentino (perdidas), pero también admite que la mayoría del repertorio era extranjero, tanto en la Ranchería como en el Coliseo que reemplazó al primero luego de su incendio en 1792. Existen testimonios de que siguió representándose hasta 1813,[2] pero aún se la mencionaba durante la época de Rosas.[3] Sólo se conserva un acto –el segundo–, publicado por primera vez en 1910 por Puig. Hay noticias de que el drama estaba precedido por una loa en verso suelto, también de la autoría de Lavardén, sobre los niños expósitos, la que fue cuestionada por las autoridades eclesiásticas, y que también se ha perdido. La fábula del *Siripo* tuvo un origen textual en *La Argentina manuscrita* de Ruy Díaz de Guzmán,[4] y sobre el acto conservado existen numerosas dudas, ya que podría tratarse de un arreglo del original –muy posterior al mismo– así como sobre la extensión total de la pieza.[5] Por lo tanto, cobra sentido lo afirmado por Rojas, en tanto "carecemos de una versión auténtica y total, que pueda servir de control verdadero a la crítica póstuma" (1924: 722). En el acto conservado hay referencias a la producción de otros dramas de Lavardén, *La muerte de Filipo* y *La pérdida de Jerusalem*, que hasta el momento continúan inhallables.[6]

El acto que se conserva de *Siripo* constituye uno de los momentos más dramáticos: Lucía Miranda, a punto de concretar la propuesta nupcial del cacique Siripo, es sorprendida por el regreso de Hurtado, el esposo a quien creía muerto. Los timbúes no conocen la identidad del español, pero cuando lo descubren, éste debe huir y buscar ayuda para rescatar a Lucía y a su padre, Miranda. En el plano formal, se trata de un texto que sigue fielmente las preceptivas neoclásicas: el conflicto centrado en la lucha entre la pasión (individual) y la razón (universal), culminando con el triunfo de la última. En el nivel de la intriga, se apela al recurso de la anagnórisis –ya que ambos esposos se creían muertos–, centrándose el acto en el reconocimiento mutuo. En el aspecto verbal, el lenguaje aparece bajo el molde rígido del verso endecasílabo; asimismo resulta afectado y artificioso en el empleo retórico, especialmente por el uso del hipérbaton y del verso encabalgado, por lo que puede observarse claramente el empleo de la función poética en el discurso, tendiente a subrayar la intencionalidad estética del autor. Con respecto a la adecuación del lenguaje a los personajes, resulta contrastante especialmente en el caso del cacique, por ejemplo, cuando discute sobre sus creencias con Miranda: "No es nuevo para mí cuando me dices, / ni me juzgues de luces tan escaso / que a la razón me niegue. Antes de ahora / mi espíritu buscaba el desengaño, / no pudiendo entender como Dios era / el que de otra mostraba ser esclavo".

Si bien las ideas y las imágenes portadoras de la Ilustración en boca del aborigen parecen hoy descontextualizadas, el registro solemne es otra característica de la tragedia neoclásica, por lo cual la reproducción fiel del ideolecto del cacique hubiera resultado incongruente con las normativas del género. De todos modos, resulta uno de los primeros intentos hacia la conformación de una dramática propia.

2. La tragedia a partir de la independencia

Son muy escasas las tragedias conservadas del período posterior a la independencia, e incluso varias de las piezas que existen son de difícil catalogación. Entre ellas se encuentra el drama en cinco actos titulado *Tupac-Amarú* (Coliseo Provisional, 1821) atribuido al actor Luis Ambrosio Morante,[7] quien también adaptaba obras dramáticas del repertorio europeo. Estrenada en ocasión del aniversario de la "regeneración de Buenos Aires" (mayo de 1821), en el comentario aparece bajo el título de *La revolución de Tupac-Amaru*, y allí se felicita a Morante –irónicamente– por la mejoría de su estilo, insinuando un plagio o una adaptación de un texto francés, por el hecho de alterar sucesos bastantes difundidos. Nuevamente, la cuestión del origen se encuentra aquí en un dilema, ya que entonces se trata de una tragedia americana tanto por su temática como por su autor, del mismo modo que en *Siripo*, *Camila* de Henríquez, *Molina* atribuida a Belgrano,[7] entre otras. Su análisis inmanente proporciona abundantes informaciones sobre aspectos soslayados en otros manuscritos, a partir del discurso de las acotaciones, en especial la primera:

> El teatro representa un sitio de breñales áridos, todo el fondo está ocupado por un cerro cuya eminencia se pierde a los ojos del espectador: las breñas relucen y blanquean con la nieve, cuyos copos se caen naturalmente. Durante los dos primeros actos, no cesan de subir y bajar indios Mitayos de ambos sexos, cargados con los metales que conducen a los Ingenios: mientras esta marcha, en toda su extensión se patentiza la crueldad de sus comitres o celadores. Por intervalos se deja ver la luz del sol, aunque siempre ofuscada por la niebla.
> La obertura presenta una anticipación de todos los efectos del Drama. (AAVV, 1925: 287)

Las matrices de representación resultan valiosas para reconstruir desde el texto dramático –más allá de su concretización– los planteos con respecto al espacio dramático, el decorado, los desplazamientos, los efectos de iluminación, la musicalización, entre otros aspectos. En particular, *Tupac-Amarú* contiene en las didascalias numerosas indicaciones que hacen referencia a la gestualidad y desplazamientos de los personajes.

La fábula de esta tragedia, que puede calificarse como "epopeya americana", se adapta a una disposición de la intriga absolutamente neoclásica y en el aspecto verbal, al verso endecasílabo.

Otra pieza que en el momento del estreno se consideró relevante fue la tragedia titulada *Aristodemo*, atribuida a Cabrera de Nevares. En el comentario aparecido en *El Argos* (nº 22) se planteaba la cuestión de la identidad del autor, que debía ser reservada:

> Esta pieza se ha producido entre nosotros mismos, y por ella su autor merece los elogios más completos. El autor fue obligado a *salir del país*: pero hoy tratamos *de la pieza*. Por desgracia existe entre los hombres esa propensión a dudar que un contemporáneo puede ser capaz de producir una obra relevante…

Sin embargo, por su resonancia para la crítica historicista, desde Juan María Gutiérrez en adelante, fueron las dos primeras tragedias de Juan Cruz Varela, *Dido* y *Argia*, las que inauguraron la dramática argentina.

Dido fue escrita en 1823, y dio motivo a un artículo anónimo en *El Argos* (n° 72, 6/9/1823) –aunque se le atribuyó Funes, uno de los miembros de la Sociedad Literaria y redactor de *El Argos*– titulado "Teatro Nacional". El articulista señala que ha asistido a las primeras lecturas públicas de la pieza –aclara que a la segunda asistió "una porción considerable de damas"– y la ubica de este modo:

> Esta producción del joven compatriota nuestro D. Juan C. Varela, hace realmente presentir que nuestro teatro nacional contará en breve con un capital que podrá vanagloriarnos (…) Su argumento es el que subministra (sic) el cuarto libro de la Eneida, y el anunciarlo solo, es bastante para concebirse lo elevado de la empresa, como también lo difícil y delicado de su plan. Pero nosotros no podemos menos que felicitar al autor por esta producción, que es la primera que ha hecho en este género.

No hay noticias de que fuera representada y, en gran medida, la producción de Varela fue una resultante del impulso generado por la Sociedad Literaria, de la que era miembro junto a Julián S. de Agüero, Vicente López y el mencionado Funes, durante el período rivadaviano. Escrita en romance endecasílabo, la fábula corresponde al libro IV de la *Eneida*, de Virgilio. Se divide en tres actos, que contienen aproximadamente quinientos versos cada uno. A su vez, cada acto posee, respectivamente, cinco escenas los dos primeros y siete el tercero. Los parlamentos son extensos –hay algunos de cincuenta versos y otros de cien– y, a nivel de la estructura superficial, sigue rigurosamente la preceptiva de las tres unidades aristotélicas. Toda la acción transcurre en el palacio de Dido y queda reducida a la separación de Dido y Eneas; mientras que otros hechos tratados en el poema de Virgilio son aquí aludidos –la llegada de Eneas, su encuentro con Dido y el comienzo del romance–, lo que resta dinamismo a la acción. Esta falta de dinamismo es intrínseca a la fuerte normativa neoclásica del período. Además, en consonancia con el canon de la tragedia de la época, el conflicto se instala entre la pasión y el deber. Uno de los momentos en que aparece verbalizado es en la escena I del Acto II, en el diálogo entre Eneas y Nesteo:

> Nesteo.– La pasión de la reina es acreedora/ a una pasión igual, / y si no fueran las órdenes del cielo…
> Eneas.– No, Nesteo; / es grande mi pasión, más no me ciega; / y yo estoy bien seguro de mi triunfo, / pues mi deber lucha con ella. / La victoria es costosa, pero al cabo/ siempre fue necesaria; estas riberas / no son las que un día los troyanos / hallar su patria y su fortuna esperan.(1915: vv 623-632)

El patetismo del desenlace –cuando la reina Dido se suicida– aparece relativizado por un nuevo diálogo entre Eneas y Nesteo.

Al año siguiente, Juan Cruz Varela dio a conocer su segunda tragedia, *Argia*, la que se representó por vez primera en el Coliseo, en el mes de junio de 1824. Nuevamente, el tema clásico fue el elegido, en este caso, el de la tradición griega sobre sucesos previos a la guerra de Troya; recurre a la división en cinco actos y a la unidad de lugar. La acción transcurre en el palacio de Creón, en Tebas, y los protagonistas son Argía, hija de Adrasto –rey de Argos– y viuda de Poliniceo, el propio Adrastro y Creón, rey de Tebas. En esta ocasión, Alfieri proporcionó modelos más cercanos a Varela, con sus tragedias *Poliniceo* y *Antígona*.

Existe una tercera tragedia, titulada *Idomeneo*, que estudios posteriores intentaron demostrar que pertenecía a Juan Cruz Varela (De Barsotti, 1954). El estreno fue precedido por avisos previos en los que se consignaba la fábula, sin hacer mención a su autor (*El Argos*, 1825): "Una lucha cruel entre la ternura paternal, y la obligación de cumplir con su juramento para con aquel Dios, será sin duda el argumento ciertamente trágico de la pieza que se ofrece para mañana". Sin embargo, en el número siguiente, se excusan por no haber asistido:

> No le ha sido sensible al *Argos* el no poder asistir a presenciar la tragedia del *Idomenéo*, porque se le ha asegurado, no sólo que la representación fue malísima, sino también que la misma pieza de ningún modo merece la celebridad que goza, en razón de tener los mayores defectos de construcción como obra dramática.

En el mismo comentario, se aseguraba que la "señora Montes de Oca se enfermó durante la representación de la misma". El manuscrito hallado –con la firma de J. C. Varela– anuncia una tragedia en cinco actos, aunque sólo aparece el primero, y posiblemente corresponda a la obra criticada en *El Argos*. De todos modos, aunque no fuera la misma, revela la recurrencia al tema y la preferencia por la modalidad de la tragedia, que era la variante preferida de la crítica, especialmente en invierno, frente a los géneros "menores" (véase *El Argos*, 16/6/1821). En el caso de tratarse de tragedias de tema histórico, se reclamaba fidelidad al mismo, como pueden verse en el comentario sobre *La delirante Leonor*, basada en una supuesta hija de Isabel de Inglaterra. Esta exigencia estaba dirigida a la puesta en escena, especialmente cuando el vestuario no era acorde con la época representada (*El Argos*, 11/8/1821). Uno de los modelos era la tragedia de Alfieri, *Felipe II*, que tuvo muy buenas críticas (11/9/1821) o *Zaira*, de Voltaire (13/10/1821). Se señalaba el problema de las traducciones, "en español solo se pierde lo que no es capaz de transfundirse en una traduccion (sic) –la hermosura de los versos"–, lo que de algún modo constituye un reclamo para la producción local. Con respeto a la misma definición de "drama", era motivo de arduas discusiones, ya que se afirmaba una variación en el término, como puede verse en *El Argos* (10/11/1821): "término genérico que abraza toda especie de espectáculo teatral", que ha sufrido una restricción: "Pero en nuestros últimos días a incitación de los franceses, se ha abusado en el castellano".

Del período rivadaviano se conserva también la tragedia *Molina*, atribuida a Manuel Belgrano, y cuya edición príncipe data de 1823, dedicada a Bernardino Rivadavia. Esta pieza en cinco actos, que para Rojas representaba la transición del seudoclasicismo al romanticismo, para numerosos estudiosos está basada en *El triunfo de la naturaleza*, del portugués Velasco Da Cuma. En ella el conflicto es marcadamente pasional: Molina, un caballero español, pretende a Cora, la Virgen del Sol; cuando va a ser castigada, se descubre el complot del Pontífice, y el conflicto se resuelve felizmente (AAVV., 1925-1926: 62):

> Atilba.– (...) Desde ahora/ doi libertad a la naturaleza.../ Que ese templo infernal, cárcel horrible/ de la ciega virtud, y la inocencia/ caiga despedazado; y que sus ruinas/ sirvan de asilo a empedernidas fieras, / y terror espantoso nos infundan.../ Sí, blandos hijos; para siempre sea/ acabada en nosotros la barbarie./ Del sol divino la justicia eterna/ nunca pudo dictar ley tan inicua, / que oposición a la natura hiciera.

Ataliba, el rey de Quito, reestablece la "justicia poética", en este caso reafirmando las leyes naturales, con lo cual la calificación de tragedia para esta pieza resulta relativa.

En resumen, durante el período 1812-1835 la tragedia era una forma teatral prestigiosa y legitimada. Si bien surgen diversas dificultades para analizar los textos comprendidos en esta época –debido a que muchos se perdieron, otros resultan de dudosa autoría y de algunos se conservan sólo pocas páginas–, de los elementos hallados puede señalarse sus características principales: la preeminencia del paradigma estético neoclásico; a nivel de la intriga, la lucha entre la pasión y la razón (el deber), la elección de un asunto y de personajes elevados, el seguimiento respetuoso de las unidades aristotélicas; a nivel del aspecto verbal, la utilización de un lenguaje culto, el uso del verso medido, de las figuras retóricas, y el empleo de la función poética que buscaba resaltar la intencionalidad estética del texto dramático.

Notas

[1] Entre las dificultades sobre este autor subsistieron hasta el siglo XX las discusiones sobre la ortografía de su apellido, que según los autores aparece como Labarden o La-

vardén, adoptándose, finalmente, la segunda opción (Berenguer Carisomo, 1947: 123). Puig (1910: XIX) hacía notar que Juan María Gutiérrez "escribía Labarden con b, pero no nos explicamos la razón desde que la correspondencia particular del poeta, que logró recoger, está firmada por Manuel de Lavardén".

[2] Puig (1910: XX) ha señalado que se representó tres veces hasta el 28 de mayo de 1813, en conmemoración del aniversario patrio.

[3] Rojas (1924: 719-732) relevó abundantes informaciones dispersas sobre el destino posible del manuscrito original, y plantea algunas hipótesis sobre el acto conservado.

[4] Ruy Díaz de Guzmán lo ubica en el capítulo III de su obra (1612), y sitúa el episodio en 1532, aunque existen dudas sobre la veracidad del mismo. Acerca de otros antecedentes y versiones posteriores, véase Berenguer Carisomo (1947: 112-117).

[5] Véase Berenguer Carisomo (1947). En la nota al pie de la edición de Puig, se lee: "Copia del original, autógrafo existente en la Biblioteca del Senado Nacional, en la Colección Gutiérrez. El primer acto está perdido" (1910: 5). Esto supone que la tragedia tenía tres actos, cuando la preceptiva de la época aconsejaba los dramas en cinco actos (Rojas, 1924: 728).

[6] Estas dos obras, según Morales (1944: 36-37) no fueron, finalmente, escritas por Lavardén sino sólo "ofrecidas" en una carta que el autor le dirige a Manuel Basavilbaso: "No las escribió, dado que el incendió del teatro lo privó del instrumento esencial. Lavardén, que había dudado mucho antes de dar su tragedia a los malos cómicos de la Ranchería, no quiso colaborar con las compañías improvisadas en salones o corrales, y faltas de todo elemento".

[7] A Manuel Belgrano (sobrino del general homónimo) algunos investigadores le atribuyen la autoría y otros la traducción de *Molina*.

•••

2.3.4. La loa

por Liliana B. López

Introducción: orígenes y variantes

Antes de examinar los textos conservados pertenecientes a esta particular forma teatral durante el período correspondiente, conviene reseñar el origen y evolución de la misma. Como su denominación sugiere, en su fundamento existe una intención de alabanza hacia alguna persona en particular, o bien, como memoria de algún suceso digno de conmemorar. En 1611 Sebastián de Covarrubias la definió como "prólogo o preludio que hacen antes de la representación".

Todas las fuentes han señalado su carácter no autónomo e inicial en el orden de un espectáculo teatral, constituyendo una introducción con respecto a una o varias piezas, sin que pudiera establecerse necesariamente un nexo temático o de otra índole con respecto a las mismas. Formalmente, consistía en un recitado dirigido al público, en ocasiones apelando a su benevolencia para con las representaciones que presentaban. El origen de la loa es incierto, pero existen registros de su existencia en España desde el siglo XVI y uno de los primeros en hacer referencia a ella fue Luis Alfonso de Carvallo, en 1602: "Al principio de cada comedia sale un personaje a procurar y captar la benevolencia y atención de auditorio (...) ahora la llaman *loa* por loar en él la comedia, el auditorio o festividad en que se hace" (Sánchez Escribano y Porqueras Mayo, 1965: 92-93).

Un autor madrileño, Agustín de Rojas Villandrando, atribuyó su creación al dramaturgo Lope de Rueda. El propio Villandrando, más conocido como autor de la novela picaresca y autobiográfica titulada *El viaje entretenido* (1603), así como de varias comedias, compuso más de treinta loas. Resulta interesante reproducir un fragmento de su *Loa sobre la comedia*, ya que en ella, en una operación metatextual, explica el origen de la composición, su ubicación en el orden del espectáculo, el acompañamiento musical y los intérpretes:

> Digo que Lope de Rueda
> gracioso representante
> y en su tiempo gran poeta,
> empezó a poner en farsa
> en buen uso y orden buena;
> porque le repartió en actos,
> haciendo introito en ella,
> que agora llamamos loa [1]

Es oportuno destacar que fue a partir de Villandrando que la loa obtuvo una autonomía con respecto al tema, que comenzó a ampliarse hasta tratar diversos asuntos.

Otra denominación para las mismas era la de "prólogos" o "introitos", y hay que añadir que su extensión era breve y, en general, consistía en un monólogo.

Cotarelo y Mori (1911: XXVIII) señala que a partir de la autonomización con respecto al asunto de la obra principal, fueron entrando en desuso, y sólo quedaron reservadas para las representaciones de importancia, como los autos sacramentales, o como preliminares de espectáculos cortesanos realizados ante los reyes, en casas particulares de gente socialmente encumbrada o en colegios, en ocasión de alguna celebración especial. De allí provino la subdivisión, ya que a éstas últimas se las denominó "palatinas o domésticas", dependiendo entonces, del ámbito. Por otro lado, las de carácter religioso, desde Calderón en adelante, se denominaron "loas sacramentales". A partir de entonces, en el siglo XVII, obtuvieron importancia dramática.

Las loas dedicadas a exaltar a un personaje o una ocasión tuvieron como modelo la *Loa a los años del Rey*, (1681 o 1682) compuesta por Sor Juana Inés de la Cruz en México, previa a la representación de la comedia de Calderón *En esta vida, todo es verdad y todo mentira*.

En cuanto a la pervivencia de esta modalidad, Pavis (1998: 276) señala que, si bien tiende a desaparecer en la actualidad, aún se la encuentra en la Comedia Francesa "cuando la obra principal es demasiado corta para llenar una velada teatral. Se la denomina en este caso 'lever de rideau', también traducible como 'espectáculo telonero'".

La loa en el Virreinato del Río de la Plata

Buenos Aires, como cabeza del virreinato, no tuvo un teatro estable sino hasta mediados del siglo XVIII. Según Castagnino (1969), el festejo de acontecimientos relacionados con la corona o la religión motivaron representaciones improvisadas en salones privados o patios. Las piezas que se presentaban correspondían al repertorio español de los siglos XVII y XVIII –comedias de Lope, Calderón y Tirso–. Se estilaba que estas representaciones fueran introducidas por un "apropósito" o loa, con la finalidad de hacer referencia al acontecimiento social que las motivaba. Por lo tanto puede señalarse una primera funcionalidad contextual, referencial e ideológica de este tipo de forma dramática.

En las discusiones de la crítica académica sobre el origen de las primeras representaciones teatrales en la Argentina, el hallazgo de una loa compuesta en 1717 permitió ubicarla como la primera pieza teatral compuesta en el país. Se trata de la *Loa* escrita por Antonio Fuentes del Arco y Godoy en ocasión de las fiestas que la ciudad de Santa Fe hizo al rey Felipe V.[2] Esta loa, carente de título, seguía el modelo de la compuesta por Sor Juana, antes mencionada, y su interés radica más en el valor histórico que en el literario. Se sabe también que precedía a la comedia *No puede ser guardar una mujer*, ya que hace referencia a la misma, además de realizar alusiones al rey y al santo patrono. Coincidimos con Castagnino (1969), en que esta loa posee una estructura dramática débil, poco trabajada en el nivel de la acción. Su intriga consiste en la charla entre tres caballeros de la época, que sucesivamente recitan sus elogios al Santo Patrono, al Rey y a las autoridades de la ciudad. A nivel verbal se observa cuidado estilístico e intertextos del barroco español, sobre todo de Luis de Góngora. Su importancia histórica, además de ser la primera pieza teatral argentina, radica en que se la conoce en su texto íntegro y aporta el dato de una fiesta santafesina desconocida (Trenti Rocamora, 1946[b]).

Paralelamente, existía otro tipo de loa denominada "autónoma", de la que también Sor Juana proporcionó el modelo, en la cual no se hacía referencia a otra obra, ya que la loa misma constituía el centro del festejo.

Del resto del período virreinal, hay noticias de la loa de 1747 compuesta al cumplirse el luto de seis meses por la muerte de Felipe V; en esa ocasión se celebró en Buenos Aires la ascensión de Fernando VI, y la *Revista del Río de la Plata* menciona que precedía a las dos comedias representadas "una *Loa* de aprobado metro". Además de la ya mencionada compuesta en Santa Fe, se conserva la de la provincia de Corrientes, en honor de Carlos III, titulada *Loa que hizo en esta ciudad de San Juan de Vera de las Siete Corrientes en las fiestas de la feliz exaltación al trono del muy augusto y poderoso Señor Don Carlos Tercero Rey de las Españas Indias*, en la cual, además, figura la siguiente anotación: "Representóse el día 17 de enero del año de 1761". A diferencia de los modelos anteriores, en ésta dialogan varios personajes mitológicos: "Eolo, dios de los Vientos", "Neptuno, dios de las Aguas", "Ceres, diosa de las frutas" y "Flora, diosa de las flores". Contiene una pequeña introducción acompañada de música, donde se hace referencia al monarca:

(Música) A la exaltación dichosa
de Carlos nuestro monarca
que ambos mundos ilumina,
y sin ofender abraza:
oy sus vazallos rendidos
à luzes tan soberanas,
convocan para su obsequio
para hacer festivos salva
las fuentes, las aves, las flores, las plantas. (AAVV., 1925: 9)

A continuación aparecían los mencionados personajes mitológicos, acompañados por instrumentación de clarines y cajas, y cada uno expresaba un elogio hacia el soberano. Luego establecían un breve diálogo, y Rojas (1924: 679) destaca que en el códice apareciera subrayada la palabra "Corrientes", notando la polisemia de la misma, que aludía al lugar de la representación:

Neptuno: Y pues que su luz ardiente
borda de finos rubíes
los tapices carmesíes
con que se dora el Oriente.
Los mares, y las *Corrientes*
mui sonoras y halagüeñas
dando de su lealtad señas
hagan à Carlos tercero
que sea canto verdadero
el canto de las sirenas. (AAVV., 1925: 15)

De principios de siglo XIX existen registros de loas compuestas en ocasión de las invasiones inglesas, en homenaje a Santiago de Liniers, pero a partir de la independencia fue disminuyendo progresivamente su producción. De todos modos, por los manuscritos conservados se puede observar que esta modalidad fue transplantada casi sin variaciones desde la metrópoli, como oportunamente observara Rojas (1924: 684): "Lo poco que aquí se produjo, como esa *Loa*, no era sino variante o arreglado de modelos españoles".

La loa a partir de la independencia

La transformación política producida a partir de 1810 tuvo su correlato en el plano estético con respecto a la loa. En cuanto al argumento, en primer término, éste fue desplazado al abolirse la monarquía en nuestro territorio. Las nuevas temáticas fueron, entonces, la revolución de Caracas, las campañas de San Martín en Chile, el Congreso de Tucumán, entre otras. Puede conjeturarse que este factor contextual permitió, a los autores locales, de manera oblicua, desprenderse paulatinamente de los modelos que hasta entonces ofrecía la metrópoli y, aunque precediera a obras dramáticas peninsulares, traducciones o adaptaciones de obras europeas, la loa constituyó un especio abierto a la originalidad y al localismo. Es interesante la productividad que este factor pudo haber tenido, por ejemplo, en Juan Cruz Varela, autor considerado uno de los primeros dramaturgos argentinos (véase 2.3.3), que inició su producción dramática precisamente con una loa de carácter universitario y del tipo autónomo –es decir, no ligada a ninguna obra dramática-: la *Loa* compuesta en la doble ocasión del cumpleaños y de haberse recibido de canónigo el rector del Seminario de la Universidad de Córdoba, Francisco Ortiz de Ocampo. Con motivo de la doble celebración, se estructuraba una suerte de disputa entre estudiantes, resultando en la estructura de la pieza, los dos personajes que dialogan. Este modelo sigue el de algunas composiciones de Sor Juana Inés de la Cruz como, por ejemplo, la disputa alegórica entre *La vida y la majestad*, en la mencionada *Loa a los años del Rey*. Los primeros versos anuncian el tema de la disputa:

> Una disputa, señor,
> en este dichoso día
> de júbilo y alegría
> proponer quiere mi amor;
> ¿qué te cause más honor,
> si tu alta Dignidad
> o la gran celebridad
> de tu feliz Nacimiento? (vv 1-8)

A continuación, cada uno de los personajes oponía sus argumentos, ya sea a favor del nacimiento o de la dignidad recién adquirida, con un estribillo en forma de redondilla que se repite:

O es grande tu obstinación
o ya queda convencida
y enteramente rendida
a la verdad tu razón. (vv 41-44 y 65-68)

La pieza está escrita en ciento cincuenta versos octosílabos, con predominio de décimas que abren y cierran la loa, intercalándose los romances y las redondillas. La forma dialogada y la fluidez del verso constituyen un antecedente para tener en cuenta en la producción teatral posterior de Varela, como el sainete *A río revuelto, ganancia de pescadores*.

No obstante, las loas –ya casi exclusivamente autónomas– compuestas a partir de la independencia continuaron basándose en el molde hispánico. Aunque el asunto fuera local, se incorporaban elementos mitológicos propios del neoclasicismo, lo que constituía una mezcla singular. Tal es el caso de la compuesta en homenaje a Manuel Belgrano por el actor Joaquín Culebras, y representada en el teatro Coliseo, como introducción a la tragedia *Antonina*. De los testimonios de la crítica surge su carácter alegórico y encomiástico, ya que estaba dedicada "a los manes del general Belgrano", en el año 1821. En ella se incorporaron santos de la religión cristiana junto a dioses griegos, y su eje era la prosopopeya de América y de la ciudad de "Buenos-Ayres".

Puede concluirse que uno de los factores determinantes en el estancamiento y carencia de elementos originales en la producción de loas lo constituyó el hecho de que, aunque su propósito ético-social fuera irreprochable, este tipo de composición no estaba en el horizonte de expectativas de la crítica ni del espectador, lo que sin duda motivó, además, su paulatina desaparición de los escenarios, para quedar definitivamente replegada en las instituciones religiosas.

Notas

[1] Continúa de este modo: "Y declaraban lo que eran / Las marañas, los amores, / Y entre los pasos e varas / Mezclados otros de risa, / Que, porque iban entremedias / De la farsa, les llamaron / Entremeses de comedias / Y todo aquello iba en prosa / Más graciosa que discreta. / Tañían una guitarra, / Y ésta nunca salía fuera, / Sino adentro en los blancos, / Muy mal templada y sin cuerdas. / Bailaba a la postre el bobo, / y sacaba

tanta lengua / todo el vulgacho embobado / de ver cosa como aquella. / Después, como los ingenios / Se adelgazaron, empiezan / A dejar aqueste uso... / Luego los demás poetas / Metieron figuras graves, / Como son reyes y reinas. / Fue el autor primero desto / El noble Juan de la Cuerva... / Y ya en este tiempo usaban / cantar romances y letras. / Y esto cantaban dos ciegos / Naturales de sus tierras; / Hacían cuatro jornadas, / Tres entremeses en ellas, / Y al fin con un bailecito / Iba la gente contenta."

[2] Fue descubierta por Furlong y publicada por primera vez en 1946 en *Boletín de Estudios de Teatro* n° 15, Buenos Aires: Instituto de Estudios de Teatro, con estudio introductorio de Trenti Rocamora.

•••

2.3.5. Texto espectacular y recepción

por Laura Cilento

Comprendido este período en tres momentos políticos, el de la revolución hasta 1820, el del gobierno de Rivadavia en la década siguiente y el del predominio político de Rosas a partir de 1829, su peculiaridad, desde el punto de vista de la producción y circulación teatrales, se basa en una estratificación marcada de elementos residuales del barroco, la dominancia del neoclasicismo y la emergencia del romanticismo.

Entre 1810 y 1812, los empresarios del Coliseo, en lo que se refiere al texto dramático, continuaron privilegiando las obras de autores españoles, que muchas veces figuraban como anónimas, y en las cuales se suprimía toda alusión a España, reemplazando palabras que la aludieran por otras que tuvieran como referente el proceso emancipador y sus protagonistas. En este sentido, y especialmente en lo referido a la puesta en escena, no se registraron demasiadas variantes con respecto al período anterior al de la independencia, o más precisamente, al de 1812, que se ha mencionado como ruptura desde una mirada político-revolucionaria.

En realidad, en toda esa etapa, y en forma continuada, existía una clara jerarquización entre lo que se consideraba teatro culto, tragedias o comedias de autores extranjeros o nativos, el teatro lírico, y un teatro popular representado por el sainete. Resulta interesante señalar que alguna de las figuras que integraban el elenco del teatro Coliseo participaban de las tres partes de la que se componía una función de teatro: una tragedia o comedia culta, una tonadilla, entremés o mimo, y un sainete. Los programas de la época demuestran esta heterogénea reunión; el 30 de agosto de 1817, la función se abría con una sinfonía, una "Adlocución en verso heroyco al magnánimo pueblo de Buenos Aires", a cargo de Luis Ambrosio Morante y el drama *Cornelia Bororquia* (*El Censor*, 4/9/1917); la función del 27 de octubre que anticipaba *El Censor* (24/10/1818) comprendía *La Zynda*, "drama noble en tres actos"; después del segundo acto, una tonadilla española y finalizado el tercer acto, una tonadilla portuguesa; el cierre lo ofrecía una "farsa graciosa". Aun entre 1821 y 1823 las obras del repertorio neoclásico (el festejado *El Cid* de Corneille) aparecían reunidas en un mismo programa, que alternaba con obras de Kotzebue, dúos de Rossini, y una tonadilla, a las que se agregaba una loa motivada por algún hecho heroico.

El teatro culto: los actores y la puesta

En 1812, el teatro Coliseo tenía un elenco relativamente estable, compuesto por figuras que ya habían actuado durante el período hispánico, otras que se agregaron después de 1810 y un tercer grupo que provenía de la Casa de Comedias de Montevideo. Entre 1812 y 1836 se sumaron relevantes figuras de la actuación, el canto y la danza, en general, provenientes de España.

El enciclopedismo de la Ilustración se puso de manifiesto en la ambiciosa preocupación del gobierno de Bernardino Rivadavia para mejorar la calidad de la escena local, y las aspiraciones de lograr un teatro nacional. El 6 de diciembre de 1822, Rivadavia pidió a la Sociedad Literaria que formara una comisión para redactar "Los Principios de la Declamación y Acción", "de la que puedan salir algún día profesores hábiles y capaces de presentarse en escena con toda la perfección que merece un pueblo culto e ilustrado".[1]

La Sociedad pidió a dos de sus integrantes, Esteban de Luca y Santiago Wilde, que elaboraran las "Bases generales para la enseñanza", las que se constituirían en el fundamento de la primera escuela de teatro con que contaría la ciudad. Aquellos presentaron el Proyecto al Ministro el 1° de marzo de 1823.

Los objetivos de la escuela serían: 1) los principios del arte declamatorio; 2) la perfección práctica de esos principios, valiéndose de las mejores piezas dramáticas del género cómico, sentimental y trágico.

El programa indicaba que se recibirían jóvenes de ambos sexos, de figura noble y voz armoniosa. La única condición exigida era que supieran leer y escribir. El número de los alumnos, al comienzo, sería de ocho varones y seis mujeres y la enseñanza estaría a cargo de un maestro elegido por el gobierno.

Los alumnos rendirían exámenes públicos, que consistirían en la representación de varias piezas dramáticas. Las personas encargadas de la dirección de la escuela evaluarían a los jóvenes y determinarían si se hallaban o no en condiciones de servir en el teatro nacional.

Entre los gastos previstos se encontraban: un maestro de acción y declamación; estatuas de yeso o pinturas y grabados de los actores y actrices célebres representando escenas interesantes, algunos otros momentos clásicos de la antigüedad que sirvieran de modelos de acción y un pequeño teatro para ejercicio de los alumnos en la escuela (Klein, 1994:13-14). Este proyecto nunca pudo llevarse a cabo, sin que se establecieran con exactitud las causas, aunque pudieron ser varias. Es muy posible que haya sido por falta de profesores; Morante, la persona más adecuada para cumplir con tal fin, en ese momento se había trasladado a Chile, y a este problema habría que agregarle la oposición de algunos políticos que observaban con alarma que el presupuesto no se dedicara a la atención urgente de problemas políticos, como, por ejemplo, la amenaza del indio.

El modelo de interpretación parecía inspirarse en los actores trágicos ingleses, tal es el caso de John F. Kemble, señalado como un ejemplo en la nota necrológica que le dedica *El Centinela* (22/6/1823), o en la de los actores franceses, cuyo modelo mayor era Francisco José Talma, actor preferido por Napoleón.

Con respecto al estilo de actuación francesa, la voz ahuecada, el alargamiento de las palabras, la fuerza extrema en la expresión, la cadencia y el tono trágico, poseían una actitud refinada por su simplicidad y su gusto. Con anterioridad a Talma, los actores franceses creían que para expresar los sentimientos la gestualidad debía ser exagerada; este actor dio sentido a la mirada, a la expresión del rostro, al manejo de los tonos, al lenguaje de los movimientos (Calendoli, 1959: 391).

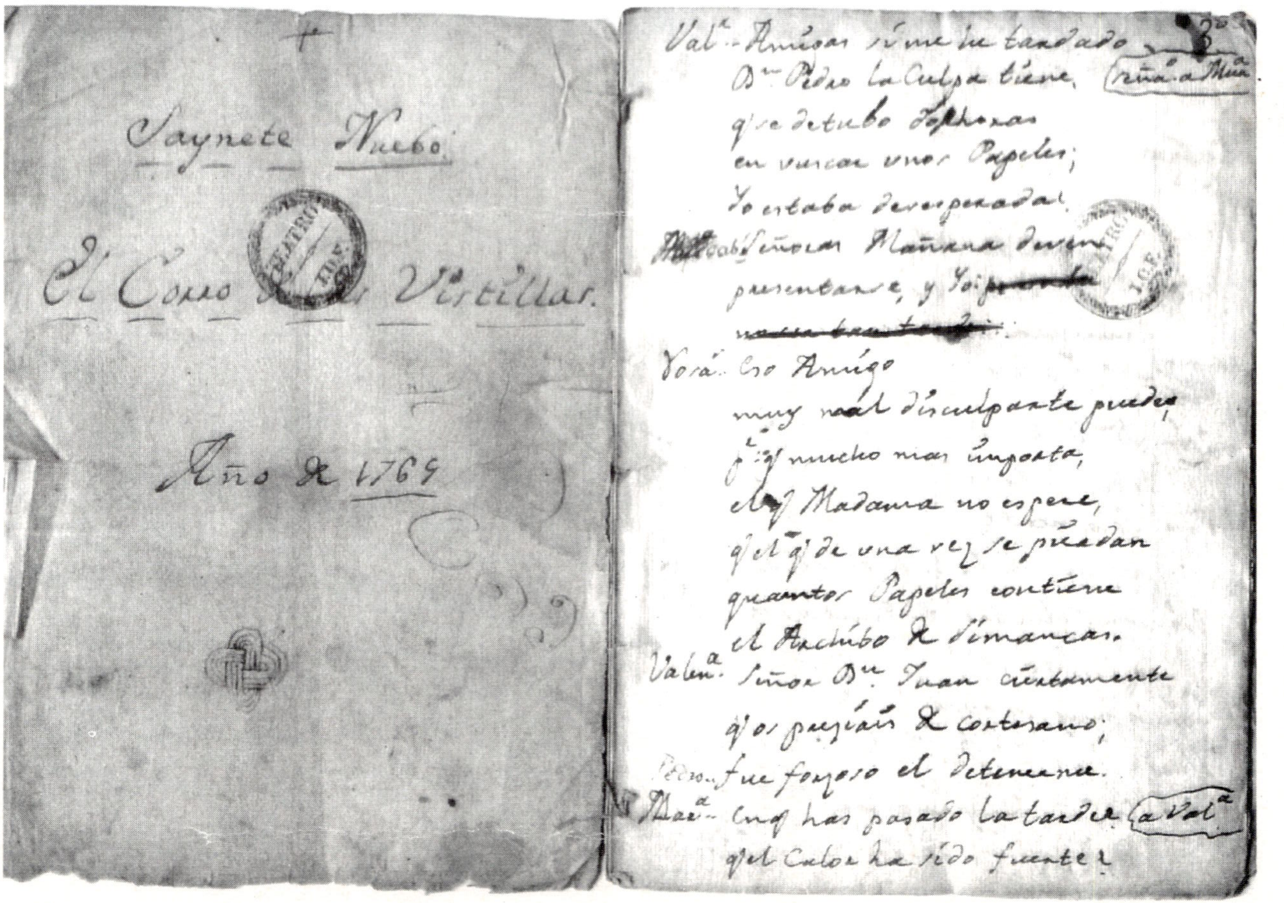

Saynete Nuebo.

El Coro de las Vistillas.

Año de 1769

El Coro de la Vistilla, 1769, ("Saynete Nuebo" sic).

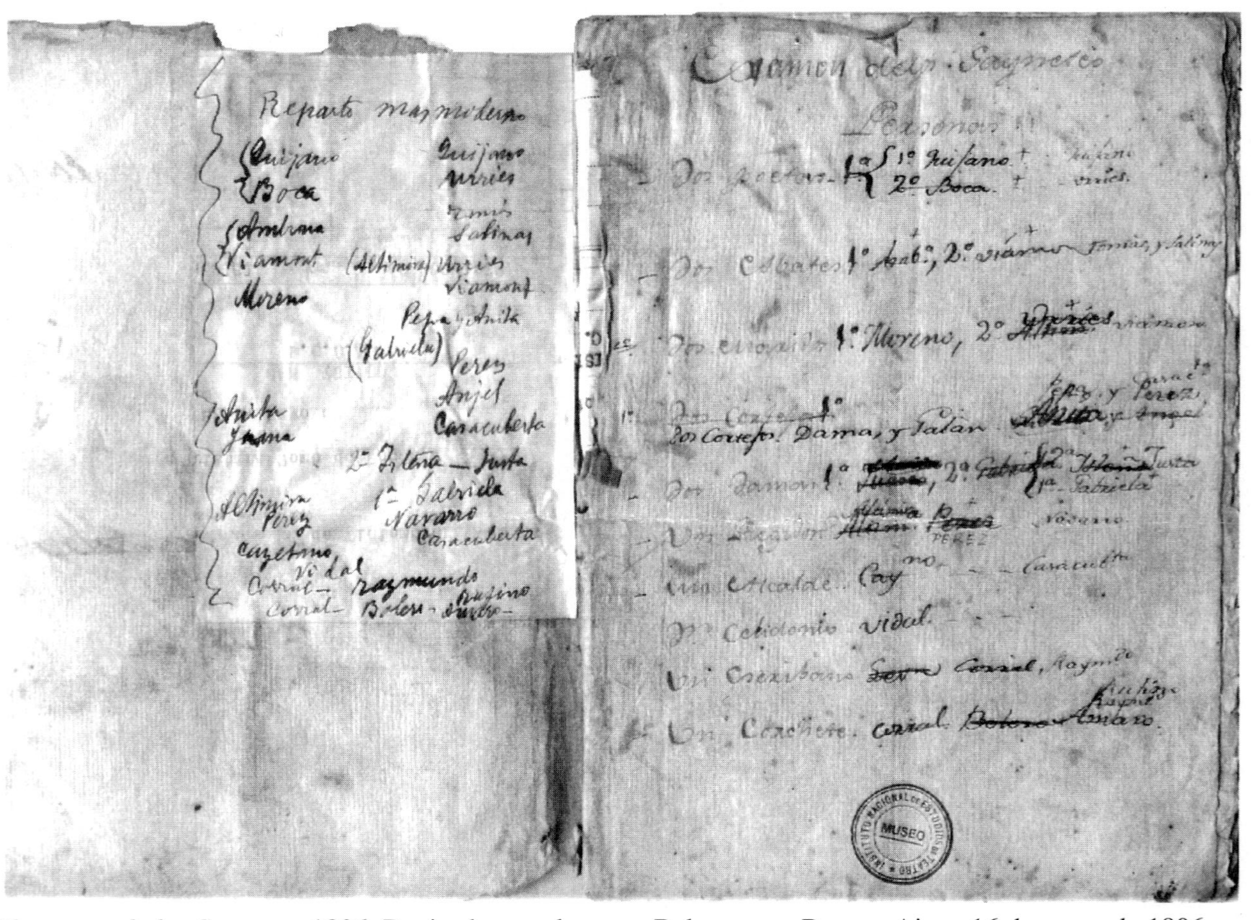

El examen de los Saynetes, 1806. Revisado por el censor Belgrano en Buenos Aires, 16 de mayo de 1806.

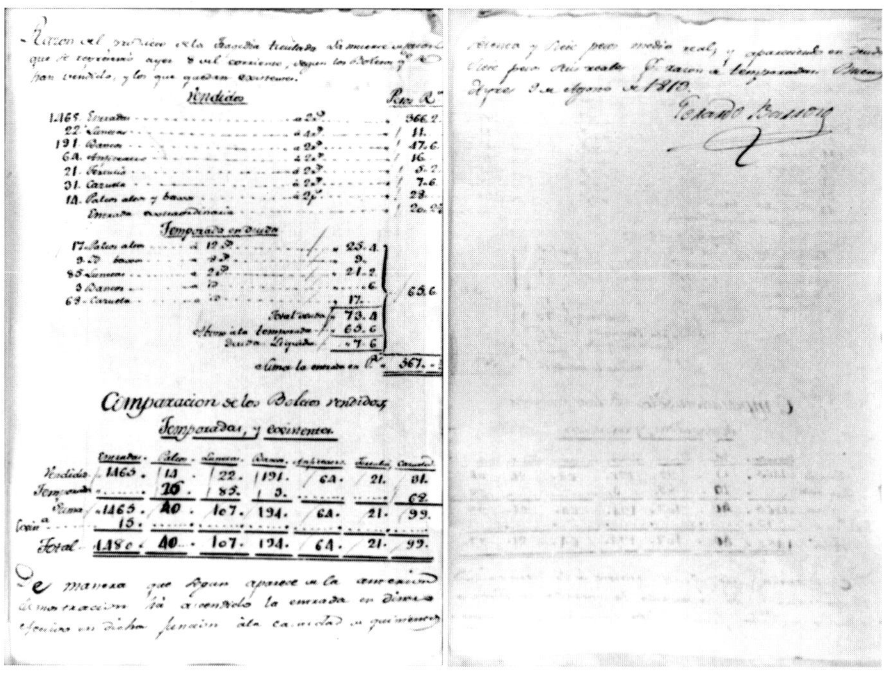

Registro de Contaduría: precios y cantidad de entradas vendidas. Año 1813. (AGN S. X Leg. Coliseo 48-8-5).

Registro de Contaduría: precios y cantidad de entradas vendidas. Año 1813. (AGN S. X Leg. Coliseo 43-8-3).

Sueldos de Actores, 1816. (AGN, S. X, Leg. Coliseo 43-8-5).

Orden de aumento de sueldo para Ana Campomaner. Año 1816 (AGN, S.X. Leg. Coliseo 43-8-5).

Pa. Comisario tesorero.

N° 5

Para la Comedia titulada el Abate del Epee q. se hade representar el dia 5 de Agto. son articulos siguientes.

Seis platillos y tazas p.a Cafe
Seis platos de mesa
Dos vasos
Una libra de Clabos
Una id. de tachuelas
Una id. de acarrelo
Una Cafetera
Un mantel
Seis servilletas
Pagar ala Costurera
Dos paños de mano
Seis cucharas para Cafe
Dos Espabiladeras
Leña
Grasa
Pavilo
Una Canastillo p.a flores
Cafe
Pan y queso
Dos floreros
Para pagar el transporte de una tonadilla
y dos ensayos extraordinarios
Agua
tres Comparsas á quatro rr.
Compostura de Bancos

Lista de pedidos para la representación de una obra
(AGN, S.X., Leg. Coliseo 43-8-5)

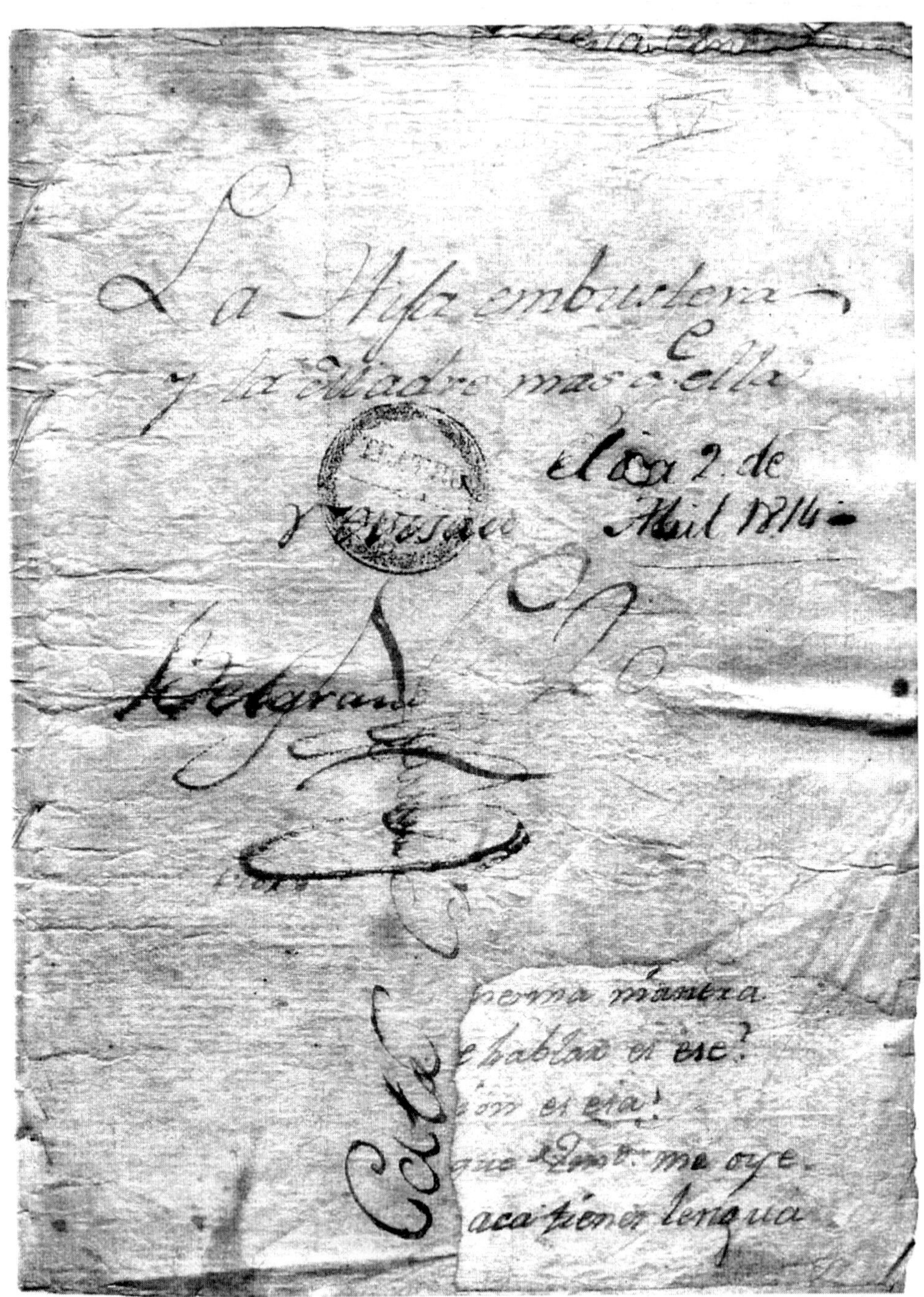

La hija embustera y la madre más que ella. Sainete nuevo. Manuscrito. Revisado el 214/1814 por Belgrano.

EL TRIUNFO

DE LA NATURALEZA,

TRAGEDIA EN CINCO ACTOS

ORIGINALMENTE ESCRITA

EN VERSO PORTUGUES

POR EL DOCTOR

VICENTE PEDRO NOLASCO DE ACUÑA.

VERTIDA

EN PROSA CASTELLANA

PARA EL TEATRO DE BUENOS-AYRES.

BUENOS=AYRES

IMPRENTA DE NIÑOS EXPOSITOS

AÑO DE 1814

Facsímil de la portada de la primera pieza dramática impresa en Buenos Aires. Colección de Ernesto Morales.

Vista de Montevideo en la época que nació Trinidad Guevara (Acuarela de W. Gore).

Juan Aurelio Casacuberta y Trinidad Guevara en escena, hacia 1825, imaginados en una xilografía de Blas Petrone, publicada en un boletín de Argentores (Buenos Aires, 1936).

"Coliseo Viejo" (Reatro Argentino), frente al atrio de la Merced.

Trinidad Guevara

Relacion de los Yndividuos q.e componen la Socied.d Dra-
matica del Teatro de la Victoria con espresion de los Sue[ldos] mensuales q.e disfrutan, y con arreglo al cual deven percibir [los] q.e
componen la Empresa; la parte de intereses q.e les Corresp[on]de—
Despues de haver pagado todos los gastos, y llenado su [Co]mision

Clases	Nombres	Pesos	Forn…
	D.ña Alejandra Pacheco	600	A la par
	" Trinidad L. de Guevara	600	
	" Matilde Diez de Quijano	500	
	" Josefa Jimes de Gonzalez	500	
	" Ana Campomanes	350	
	" Rosa Culebras	200	
Director	D.n Antonio Gonzalez	600	
Administrad.r	" Joaq.n Culebras	600	
	" Manuel Cossio	500	
	" Juan Villarino	500	
	" Fernando Quijano	500	
	" Felipe David	500	
Interventor	" Juan Ant.o Viera	500	
	" José Rodriguez	300	
	" José Hilarion Uriarte	300	
	" José Gil	200	
Mtro de Musica	" Pedro Antonio Fern.z	450	
Maquin.ta y Pintor	" Alejandro Vitaluga	370	
	Suman los Sueld.s a la parte	8070	
Consueta 1.o	" Juan Ramon Ysrua	400	Sueldos fijos
H. de Bast.s	" Joaq.n Nabarro	90	
Yd. Yd.	" Man.l Torres	90	
	" Miguel Vacani	750	
	" Victor Ysota		

Relación de los componentes de la Compañía Dramática del Teatro de la Victoria, donde figura Trinidad Guevara. Mayo 12 de 1838. (AGN)

“Teatro de la Ranchería”, según un cuadro de L. Mathis existente en el Instituto de Estudios de Teatro.

“Peinetones en el teatro”. Litografía de Cesar Hipólito Bacle. Colección de Alejo B. González Garaño.

Fiestas Mayas

GRAN FUNCION EXTRAORDINARIA

A BENEFICIO DE

JUAN CASACUBERTA,

El Sàbado 31 de Octubre de 1835.

La gran tragedia en 5 actos, titulada:

Felipe II.

Concluida la tragedia, se representará la graciosa pieza cómica, titulada

LOS PROYECTOS

DE

UN ALCALDE.

En la que el Sr. Viera, la Sra. Luisa Quijano de Gimenez y coros, cantarán la graciosa escena:

El fanático por la música,

Del Maestro Mayer.

Dando fin con el baile de las seguidillas boleras, la Sra. Dominga Montesdeoca y el beneficiado. (A las 8)

IMPRENTA DEL COMERCIO Y LITOGRAFIA DEL ESTADO,

Afiche Casacuberta

¡VIVA LA FEDERACION!

TEATRO.

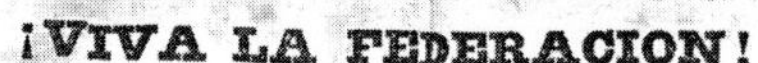

FUNCION 20 Y ULTIMA DE LA 2.ª TEMPORADA,

El Domingo 31 *de Julio de* 1836.

Grande Espectáculo.

Abierto el proscénio se tocará una de las mas brillantes sinfonías, en seguida, se representará el interesante Dráma en 4 actos, titulado:——

La Subordinacion MILITAR.

En el cual se hará visible (*segun lo permite nuestro escenario*) una vistosa BATALLA la que formará el *cuarto acto*, del enunciado *Dràma.*

Apesar de las erogaciones que es necesario hacer para poner por segunda vez en escena la enunciada pieza, la Empresa no ha trepidado en su ejecucion, desde que personas respetables se han insinuado por su repeticion, teniendo á mas en consideracion que el dia en que se exhibió, muchos individuos no alcanzaron aposentadurías en razon de la númerosa concurrencia.

Terminando el todo de la funcion, con un divertidísimo:——

Fin de Fiesta.

A LAS SIETE.

IMPRENTA DE LA LIBERTAD;
CALLE DE LA PAZ NUM. 55.

Afiche de la época de Rosas

¡Viva la Federacion!

COLISEO.

FUNCION EXTRAORDINARIA.

A BENEFICIO DE

ANTONIO CASTAÑERA.

EL JUEVES 30 DE NOVIEMBRE DE 1837.

Se exhibirá la acreditada comedia, de grande espectáculo, en cuatro actos:—

LA URRACA

LADRONA.

INTERLOCUTORES.	ACTORES.
Ana	Sra. *Manuela.*
Juliana	*Paz.*
Jorge	*Campomanes.*
Aldeana	*Dominga.*
Gervasio	*Jimenez.*
Eduardo	*Casa-cuberta*
Ricardo	*Castañera.*
Baylio	*Cordero.*
Blas	*Zemborain*
Beltran	*Santiago.*
Francout	*Bernardino.*
Criado	*Narciso.*
Isac	*Um aficionado.*
Comparsa de gendarmes y aldeanos.	

Antecederá la obertura de la ópera de este tìtulo; y finalizarà con uno de los mas divertidos **SAINETES.**

¡Público Bonaerense! La funcion que tengo el honor de ofreceros, es una de aquellas que han merecido la mas general aceptacion, y me asiste la esperanza de no haberme equivocado, desde que la gratitud y sumo reconocimiento á vuestra bondad me han impulsado à prestarle todos los medios de poderla hacer mas digna de una favorable acogida. A este intento la Maquinaria habilmente dirijida por el S. Juan M. Pizarro ejecutarà en el primero:—un Jardín pintoresco. Entre los diferentes y varios adornos que embellecen este pasage, aparecerá una jaula con una *Urraca* al natural, la que á su tiempo saldrá á la escena, arrebatando una *cuchara de plata*, que esconderá en una concavidad de la torre. En el cuarto acto:----

Vista de la aldea de Palcisau, de la Iglesia; en el campanario andamios por donde sube Blas, á quien roba la Urraca una moneda de oro —"en tiempo.... La guardia de Gendarmes conduce a Ana supuesta rea del robo; mas al momento de llegar al patibulo para la ejecucion, descubre Blas á la Urraca, toca la campana á arrebato, se reune el pueblo y salvan á la inocente; termina la escena en cuadro general.

Si en ella logro complaceros, quedará altamente recompensado, vuestro obsecuente

ANTONIO CASTAÑERA.

Se dará principio à las 8 y media.

Los Señores abonados serán preferidos hasta las doce, del dia de la funcion.

IMPRENTA DE LA LIBERTAD.

Afiche de la época de Rosas. Actuaban Ana María Campomanes y Juan José de los Santos Casacuberta.

Su actuación en *Edipo* de Racine ha quedado como paradigma del estilo de actuación francesa. En realidad, los actores porteños hasta ese momento no conocían de manera directa esa poética de actuación, ya que las compañías o actores que habían visitado Buenos Aires eran españolas o italianas. El cronista de *El Americano Imparcial* (27/1/1825) criticó negativamente la interpretación por Cipriana Varela del personaje de Armida en *Armida y Reinaldo* de Rodriguez de Arellano, precisamente porque en el primer acto la actriz utilizaba un tono que aspiraba al estilo de declamación francesa pero que, en la práctica, no se parecía en nada a aquel. Es muy posible que los cronistas que realizaban críticas de espectáculos, jóvenes de la elite ilustrada, hubieran presenciado en algún escenario francés una puesta que definía el estilo de actuación mencionado, de allí que pudieran realizar la crítica con capacidad de entendidos. Recién en 1827, cuando se inauguró el Parque Argentino, que poseía un pequeño teatro, los porteños tuvieron oportunidad de presenciar representaciones en francés a cargo de intérpretes de esa nacionalidad.

Indudablemente, la presencia escénica de Trinidad Guevara era lo más destacable del elenco, ya que no sólo dominaba admirablemente los tonos, sino también la gestualidad. Había en la actriz un trabajo constante "entre el yo y el papel, entre la materialidad y la significancia" (Pavis, 1994ª: 149). Con motivo del estreno de *El chismoso, El bruto* y *La enterrada en vida*, en julio de 1821, Trinidad deslumbró por la verosimilitud de la dicción, a partir de los tonos, de la perfecta modulación de su voz, de las transiciones bien logradas. Curiosamente, conseguía más exitosamente que ninguno de sus pares una actuación naturalista basada en un trabajo realizado a conciencia, que comenzaba por el conocimiento y memorización de los parlamentos. A propósito de lo que se esperaba de la actuación resulta interesante analizar el comentario de *El Centinela* (nº 38, 24/4/1823); el modelo, siguiendo los criterios de imitación residuales del arte clásico, debía remitirse a la observación objetiva, más que al "amaneramiento" que derivaba de retomar y profundizar la poética de otros actores:

> La compañía alegará, no sin razón, que no tienen modelos sobre que formarse (...). El público que lo conoce bien está lejos de esperar la brillantés [sic] de las representaciones pero no

> ignora que mucho puede lograrse con el estudio. Profundizar los pensamientos que un buen autor trágico ó cómico pone en boca de sus personajes, –entrar al actor en su propio corazón para indagar de qué modo proferiría las mismas palabras, si se hallase en las mismas circunstancias, agitado de las mismas pasiones, y estimulado por los mismos motivos que el personaje fingido –recordar los gestos con que ha visto acompañar las palabras de alguna persona sensible al padecer una emoción semejante –reflexionar si conviene que el gesto exprese el sentimiento con toda su fuerza, o si el papel exige que el actor aparente luchar con sus sensaciones y con el interés de no descubrirlas –estos son caminos más seguros para llegar a la perfección que el de imitar servilmente al cómico más célebre.

Con motivo del estreno de *El misántropo* de Molière, el 26 de abril de 1825, en la interpretación de Madame Miller, la identificación con el personaje le provocó a Trinidad Guevara un serio desequilibrio de salud (*Argos*, 27/4/1825, nº 143). En otras oportunidades, su actuación naturalista la llevaba a desplazamientos en los que a veces no miraba al público en el momento de hablar (*Argos*, 1/9/1821, nº 22), con lo cual el espectador perdía parte del texto.

Morante recibía comentarios similares a los de Guevara. Indudablemente, lograba desarrollar una interpretación semántica que construía y significaba, de esa manera realizaba una creación de cada uno de los personajes que le tocaba interpretar: podía ser un sepulturero, otras veces Gengis Khan, otras L'Epée, y otras Chismoso. (*Argos*, 24/11/1821, nº 34)

En relación con Velarde, su actuación presentaba altibajos según las puestas; en general, se le criticaba la dicción no siempre correcta, y cierta pobreza en la gestualidad, lo cual restaba intensidad al contenido de su parlamento. No obstante, los actores mencionados anteriormente, Antonina Montes de Oca, Joaquín Culebras, Matilde Diez, Juan Viera, Ventura Ortega, Ana Campomanes, Felipe David, eran los mejores representantes del teatro porteño de ese período. En 1824 se incorporó Cipriana Varela. Y en 1825, María Teresa Samaniego, aunque por poco tiempo.

El público de Buenos Aires era sumamente prejuicioso y no toleraba que aquellos actores y actrices que actuaban en los considerados géneros menores ocupasen luego papeles protagónicos en piezas dramáticas. Tal fue el caso de Ana Rodríguez de Campomanes, quien había sido cantante de "tonadillas", posteriormente se dedicó al género lírico italiano y participó en dramas y comedias dramáticas. Lo mismo sucedía con el cómico Felipe David, el gracioso.

A fines de 1830 se incorporó al Coliseo de Buenos Aires Juan José de los Santos Casacuberta, quien ya había actuado en 1821 durante una breve estadía en Buenos Aires, con su nombre verdadero Juan Navarro, en *El duque de Viseo,* tragedia de Manuel José Quintana y en *El chismoso* comedia de Francisco Vicente Meseguer, con las que había recibido buenas críticas de la prensa (*Argos*, nº 34, 24/11/1821). En 1831 se presentó en *La mujer firme*, melodrama de Rodríguez de Arellano. De inmediato, el público y la prensa comenzaron a destacar su estilo de actuación, la espontaneidad, la naturalidad con que desarrollaba los momentos dramáticos, en lo cuales el dolor se manifestaba sin gritos, con la fuerza y el sentimiento que nacía del interior del personaje. Asimismo, el actor poseía especiales condiciones para la comicidad, aquellos recursos que se han señalado en Felipe David, que desplegaba con gracia singular estableciendo franca complicidad con el público. Fueron muy celebradas sus actuaciones en *El burgués gentilhombre,* 1831; *Tartufo,* en 1835 y *La tirana del Trípili*, en 1835. Además, era profesor de danza, y fueron famosas sus actuaciones serias o paródicas, practicaba esgrima, canto y le agradaba en forma especial la "tonadilla", descartada en los escenarios porteños desde que el teatro lírico adquirió verdadero prestigio. (Klein, 1994: 90)

Las puestas permanecían absolutamente fieles al texto dramático. El escaso tiempo que se le dedicaba a la lectura del texto y a los ensayos, en los que se pasaba letra, se marcaban las entradas y salidas, y finalmente se ofrecía un ensayo general con todos los elementos, generaba una precariedad que para el actor implicaba confiarse en el apuntador, ante el poco tiempo de que disponía para memorizar sus parlamentos. Se le criticaba al intérprete el tener que dirigir constantemente la vista hacia el "consueta" durante la función (*El Centinela*, 23/11/1823), e incluso confundir los términos como, por ejemplo, le ocurrió a cierto actor: "Tuvo que desterrar a una niña a la casa de *co-*

rrección, y mandó que fuese a una de *corrupción*" (*Argos*, 14/8/1821 –subrayado en el original-).

La escenografía era muy pobre, y en algunos casos resultaba elemental. Para la puesta de *Armida y Reinaldo* se necesitaban elementos mitológicos que no existían, como tampoco los efectos especiales que se requerían, tales como la aparición y rugido del dragón. Es decir, se carecía de los elementos visuales y sonoros que hubieran permitido concretar una puesta en escena técnicamente lograda. En otros casos no se oscurecía lo bastante la sala, o no había la luz suficiente en el escenario. Con respecto al vestuario sucedía algo similar. En realidad, los mismos actores y actrices debían comprarse sus trajes, motivo por el cual no siempre lucían en forma adecuada, como fue el caso de Morante en *La delirante Leonor*, julio de 1821, que debía vestirse a la antigua usanza española y lo hizo con trajes modernos. Esa situación de precariedad se puso de manifiesto también de la puesta de *Los exteriores engañosos* (1822) y en *Las víctimas del claustro* (1822), en que resultaba evidente la pobreza y poca adecuación de la ropa de los actores varones. No sucedía lo mismo con las actrices. En *Las víctimas del claustro*, el padre de la protagonista, que debía asistir a una función solemne, apareció vestido como un lacayo (*Argos*, nº 18, 16/11/1823). Los actores no usaban máscaras pero sí un maquillaje exagerado el que, en algunas ocasiones, provocó la risa de los espectadores, humillación de la que sólo quedaban a salvo por su excelente actuación; tal fue el caso de la Yocasta desempeñada por Antonina Montes de Oca, con motivo del estreno de *Los hijos de Edipo,* de Alfieri, en mayo de 1821. En otros casos, las pelucas tampoco eran las más adecuadas o no estaban colocadas en forma correcta, de modo que dejaban ver parte del cabello natural (*Argos*, 14/8/1821). Esta situación, que abarcaba escenografía, vestuario y maquillaje, mejoró notablemente con el advenimiento del género lírico adecuadamente constituido. A partir de las exigencias del tenor Pablo Rosquellas, las representaciones del elenco de teatro dramático cambiaron positivamente en todos esos aspectos: "Se ha ganado mucho en cuanto al vestirse los papeles no solo con propiedad, sino también con algún lujo; (¡alabados sean el asentista y el sastre!)" (*El Centinela*, 23/11/1823).

El sainete

El género, con repertorio español mayoritariamente, y sólo algunos textos de autores locales, era el más popular y fue considerado por historiadores como Bosch (1904: 23) como una prolongación del dominio de la península en la cultura argentina de comienzos de siglo XIX. Este investigador lo caracteriza como una pieza corta en que trabajaba casi toda la compañía del teatro, y regularmente trataba de un baile que concluía en cena; o de peleas que concluían con la presencia del alcalde estúpido o del juez cruel. Los primeros eran los preferidos; concluían muchos de ellos con cantos con guitarra.

El estilo de actuación del sainete era extremadamente teatralista, en relación con las intrigas que favorecían la violencia física y verbal: los procedimientos se hallaban muy próximos a los de la "commedia dell'arte", las bufonadas, retruécanos, morcillas, corridas, golpizas, tono exagerado. En general, se utilizaban palabras groseras, aspecto que les ocasionaba críticas realmente denigratorias.

Como se ha mencionado anteriormente, algunos de los miembros del elenco que actuaban en el teatro culto también lo hicieron en el sainete: Diez, Joaquín Ramírez, el mismo Morante y posteriormente, Casacuberta. Pero en forma especial debe destacarse a Felipe David, actor que poseía todas las características que le posibilitaban captar, simultáneamente, lo que se desarrollaba en el escenario y lo que provenía del público, de manera tal que sus bufonerías eran la respuesta a uno y otro espacio. El gesto improvisado, la introducción de la morcilla, la parodia a personajes prototípicos de la sociedad, le generaron la adhesión del público. Poseía gran capacidad para la composición de "tipos", tarea que realizaba con verdadera minuciosidad. Al comienzo, se le achacaban alusiones y modismos propios del sainete español, pero paulatinamente se fue apartando de esa forma de actuación para lograr un trabajo con el lenguaje que implicaba un código común con mayor anclaje en la actualidad, a través de la picardía. La alternancia de elogios y críticas hablan de un actor "desparejo", característica de la modalidad del actor popular, que interactúa con el público, trata de manejar la circunstancia escénica y está menos atento al seguimiento del texto.

Recepción

El público porteño abonado al teatro alrededor de 1822 estaba integrado por distintos sectores de la actividad y de la economía porteñas: magistrados, sacerdotes, legistas, militares, empleados, hacendados y comerciantes (*El Centinela,* 3/11/1822). El advenimiento de Rosas al gobierno provocó en la sociedad una serie de transformaciones que, en el campo específicamente teatral, dieron como resultado la presencia de un público popular que acudía en forma masiva a presenciar los espectáculos.

La afición por el teatro, sin embargo, había nucleado desde el principio a un público heterogéneo, de conflictiva convivencia en los términos de una función de la época, que era muy variada. Bosch (1904: 43) señala que el primer género, "pieza predilecta del pueblo ignorante, el patio i las barandillas" por ser el número de cierre, generaba una espera impaciente y ruidosa que impedía a los actores del drama la concentración, tanto en su papel como en los auxilios del apuntador.

Otra característica del público la constituía la espontaneidad con que mostraba su gusto o su disgusto por lo que presenciaba. Con motivo del estreno de *Tupac Amaru*, los problemas de la traducción y adaptación de la pieza francesa, atribuida a Morante, generaron falta de fidelidad a un suceso que era muy conocido en Buenos Aires a lo que se sumaron, y posiblemente jugaron como motivos desencadenantes, los extensos parlamentos y una escenografía no del todo adecuada, todo lo cual provocó una reacción contraria a la que debía producir el significado de la pieza: "El público está tan acostumbrado a reírse de las comparsas con razón, que aquella noche lo hizo sin tenerla". (*Argos*, nº 4, 02/6/1821)

Entre los años 1812 a 1820 existía un ostensible rechazo hacia las obras de autores españoles, sin distinción de géneros, que si bien en 1812 era motivado específicamente por razones políticas, ya en 1821 se había transformado en un cuestionamiento estético:

> La compañía cómica y el señor Diez han fastidiado al público en esta semana con dos mamarrachos titulados *La vida es sueño* y *Las armas de la hermosura*. (...) ¡Vaya que debió ser voraz el apetito, y extraordinario el paladar que España debió tener hace dos o tres siglos para poder tragar y digerir semejantes

> manjarejos!. Ya es tiempo que reposen en las bibliotecas los dramas de esta especie. (...) Es verdad que manifiestan una invención inagotable: pero este no es un mérito tan recomendable como se suele creer, en aquellos autores que por otra parte desconocen a la vez el freno de la verdad, de la verosimilitud, de la conveniencia y el decoro. (*Argos*, nº 12, 21/7/1821)

Lo que sucedía era que en Buenos Aires comenzaba a circular una nueva convención estética que quedaba insinuada más adelante, en la misma nota, en las palabras del crítico: "No por esto debe atribuírsele al *Argos* una ciega preferencia a lo que se suele llamar escuela francesa".

Entre la distancia ideológica frente al teatro español, y el agotamiento estético de sus fórmulas, el neoclasicismo constituyó el horizonte estético apropiado para la crítica de la época, ya que implicaba una renovación de los modelos dramáticos en sintonía con la mirada de la intelectualidad porteña dirigida hacia Francia. La preocupación por los géneros y por la preceptiva era notable en el discurso evaluativo, que verificaba la calidad de las obras en relación con la rigurosidad con que eran observados el principio aristotélico de las tres unidades y el decoro. A partir de las críticas periodísticas puede pensarse que la puesta se mantenía absolutamente fiel a las intenciones del autor, de tal modo que la crítica de la época consideraba "poco verosímil" el cumplimiento de las tres unidades en especial, en lo que respecta a la unidad de tiempo (*El Centinela*, nº 53, 17/8/1823, a propósito del estreno de *El Cid* de Corneille).

Otra de las funciones de la crítica teatral que se vio amparada en los postulados neoclásicos fue la de "censora", ejercida en nombre del "buen gusto" y el progreso del arte.

En el momento en que comenzaron en Buenos Aires las primeras experiencias con características románticas, la respuesta de la crítica también fue muy dura, pues no creían necesaria la crudeza de ciertas escenas, lo cual indica de qué modo iban más allá del horizonte de expectativas de la época. La reseña acerca del estreno de *El amor y la intriga* de Schiller (*Argos*, 20/10/1821) cuestionaba la obra en términos de verosimilitud (el desenlace se funda en una acción no esperable de un personaje) y, principalmente, que el actor no hubiera "corregido" la virtual rudeza del personaje: "Las escenas entre el músico y la mujer son muy cansadas y demasiado rudo el carácter del primero: defecto que el actor en vez de suavizarlo, lo ha aumentado mucho más con la violencia de su acción". Respecto de los excesos en la declamación, se burlaba sugiriendo "Ya que se han suprimido los bandos, no sería conveniente, tal vez, que Diez insistiese en conservar en las tablas la memoria del antiguo modo de publicarlas".

Las puestas se basaban en la labor de un elenco conocido, que solía tener algunas modificaciones pero que giraba alrededor de sus figuras estrella: Trinidad Guevara, Morante, Velarde, Antonina Montes de Oca, y de otras que estaban catalogadas en un nivel inferior pero que junto con las primeras constituían un conjunto conocido, que no deparaba demasiadas sorpresas ni para el crítico ni para el público. No obstante, el elenco, por lo general, se apoyaba en la situación escénica buscando la renovación, que dependía del contratista o del Estado según el momento político. Por ejemplo, la crítica fue muy elogiosa con el estreno de *Los hijos de Edipo*, de Alfieri:

> El último domingo se presentaron *Los hijos de Edipo*, traducción de Alfieri italiano, obra muy superior como drama a *Los hermanos enemigos,* del francés Racine cuyo argumento es el mismo. La tragedia italiana tiene rasgos teatrales que la *bienseance français* no permite a ninguno de sus dramatistas. En la escena francesa nada se hace, y todo se refiere, todo se refiere igualmente en un mismo sitio y delante del público ningún actor puede matar a otro, sin embargo le es permitido matarse a sí mismo. (*Argos*, nº 3, 20/5/1821)

El drama, aunque al crítico le pareció excesivamente violento en el último acto, pertenecía a un autor moderno, en consecuencia, la observancia de las reglas neoclásicas y algunos rasgos que ya anticipaban el romanticismo, merecían que Alfieri tuviera el respeto del público y del cronista, más allá de que éste criticara negativamente algunas actuaciones. (*Argos*, nº 3, 20/5/1821)

Resulta interesante señalar la importancia que la crítica le confirió al estilo de actuación de Casacuberta; había en éste un "desvío" productivo con respecto a las características que el medio imponía (Altamirano y Sarlo, 1983: 80). Para la crítica, Casacuberta, desde su estilo personal, y con un cambio en las formas de producción, estimulaba el concepto de "habitus" en lo que se refiere a la importancia que tienen las determinaciones sociales e históricas. Sin lugar a dudas, en la concepción artística de la crítica primaban definitivamente los cánones del romanticismo.

> Después de haber deplorado la triste desavenencia ocurrida en la compañía dramática, tal tengamos que felicitarnos en adelante, de este acontecimiento. La empresa ha perdido todos sus actores extranjeros. Puede ser que esta pérdida, llegue a ser una ganancia, sea cual fuere por otra parte el número de éstos. En su lugar se han colocado actores argentinos y la Compañía se compone de puros jóvenes y compatriotas presididos por un solo talento, el Sr. Casacuberta. (...) Una de las condiciones, por otra parte, de la nacionalidad del teatro, es la nacionalidad de los actores, que deben hallarse penetrados del espíritu del pueblo, cuyas ideas y pasiones están destinadas a expresar sobre las tablas. (*La Moda*, 25/11/1837)

Conclusiones

Las principales marcas del período respecto del espectáculo teatral se centraban en la escasa formación de actores y la producción de espectáculos con escasez de recursos técnicos. El contraste con otras disciplinas artísticas se hizo aún mayor: "El canto y el baile tienen atractivos para todos; y el fijarlos en el teatro es el modo más seguro de lograr con qué poner y mantener en buen pie la parte dramática de la empresa; que apenas podrá sostenerse sin aquellos accesorios". (*El Centinela*, 23/11/1823)

Con relación al texto espectacular, puede inferirse que las puestas mantenían fidelidad al texto dramático, especialmente en casos como el de Morante, que unía en la misma persona el rol de autor y director. La crítica ponía un énfasis especial en la calidad de las adaptaciones, dado que, en muchas oportunidades, éstas no eran acompañadas por la escenografía, o lo, que era más grave aún, el texto original no facilitaba la adaptación a un contexto cuya especificidad requería un cuidadoso trabajo sobre el discurso, como en el caso de *Tupac Amaru* antes citado.

El discurso de la crítica estaba sustentado en los postulados estéticos del neoclasicismo, ya que confiaba en la construcción equilibrada de los textos dramáticos como únicos favorecedores de una tarea actoral de idéntico signo, e imponía fuertes impugnaciones para ciertos géneros (el sainete) al tiempo que buscaba la jerarquización de la tragedia y el drama.

Notas

[1] Decreto firmado por Rivadavia (AGN –X-6-1-2). Nos hemos guiado por el texto de Klein (1984) ya que el mencionado decreto fue declarado como "desaparecido" por el Archivo General de la Nación.

•••

2.4. Teatro de intertexto popular. La gauchesca primitiva

por Osvaldo Pellettieri

La crítica rioplatense ha tendido a incluir dentro de un núcleo temporal, pero también estético-conceptual, la producción que integran, entre otras, *El amor de la estanciera* (c.1793), *El detall de la acción de Maipú* (1818), *Las bodas de Chivico y Pancha* (1826) y, más cercanamente, de Diego encontró, en el Archivo Histórico Nacional de Montevideo, el manuscrito del "saynete" *El valiente fanfarrón y criollo socarrón* (1821) (Trigo-Ehlers, 1983).

Ludmer (1988: 11) ha definido claramente su carácter de literatura (teatro) popular:

> Es lo opuesto al uso popular de la cultura alta o hegemónica (por ejemplo, el uso popular de la religión en la forma de supersticiones o milagros, o en las diversas tretas populares como el disimulo, la trampa, la mentira, que se inscriben en un espacio de enfrentamientos, resistencia y conflictos). Cuando de-

cimos "popular en la literatura gauchesca nos referimos a la cultura campesina, folclórica de los sectores subalternos y marginales como el gaucho; esta cultura debe diferenciarse rigurosamente de la cultura popular urbana o de la "cultura popular" como cultura de masas. La cultura popular del gaucho no incluye sólo el folclore que heredó –y transformó– de los españoles, sino sus costumbres, creencias, mitos, reglas y leyes consuetudinarias. El género gauchesco usó esa cultura para constituirse: versos, refranes, dichos, fábulas; usó la voz, los modos verbales de esa cultura. Y es una voz que forma parte de un sistema, con niveles diversos que no diferencia entre el arte, educación, ley, vida práctica y política. Y entre vida pública y privada.

I. Fecha de aparición y circuitos de representación

De este supuesto ciclo, que abarca todos los textos teatrales compuestos antes del estreno de *Juan Moreira*, se ha encontrado escasa información: los testimonios de Bosch (1925-1934ª: 3-55 y 41-72), Rohde (1925: 23-55) y el mencionado de Diego (Trigo-Elhers, 1983: 142) no son coincidentes en cuanto a las fechas en que se habrían compuesto y estrenado.

En este sentido, a pesar de cierto impresionismo en las conclusiones, hay que acordar de manera provisoria (hasta que disponga de más documentación) con Diago (1997: 196-197), que sostiene que estas cuatro piezas debieron ser parte de un corpus mayor y, posiblemente, muy heterogéneo. Además, es evidente que los procedimientos dramáticos constitutivos de *El amor de la estanciera* están más próximos a los que caracterizan al sainete que a los de la gauchesca, ya que "carece del tono y del carácter gauchesco" (Ayesterán, 1977: 74). De su análisis es posible concluir que trabaja con la parodia devaluadora en todos los personajes. Diago sostiene que su escritura debió ser anterior a la aparición del teatro y la poesía gauchesca. Fue un texto precursor, que debió darse a conocer antes del 25 de mayo de 1810, carece de notas de actualidad –muy comunes en los sainetes posteriores– y, sobre todo, de alegatos patrióticos. Esta tesis se apoya, también, en el hecho de que no se ha hallado ninguna referencia a posibles representaciones, lo que, seguramente, obedece a que "no fue concebida para su exhibición en uno de los teatros oficiales y por elencos regulares como ocurrió con las demás" (Diago, 1997: 197). Por otra parte, parece difícil que la autoridad española permitiera su representación pública si se considera que contiene expresiones que constituyen una burla a sus ciudadanos.

Algo similar con relación a la fecha de su aparición ocurre con los circuitos en los que se habrían presentado los sainetes. Entre otros, Bosch (1904: 94), Rojas (1960: 566), Castagnino (1950[b]: 76-78) y Morales (1944: 38-40), han señalado la presencia de un circuito popular diverso del teatro culto. En los últimos años ha aparecido una tendencia opuesta, de Diego (inédito) y Klein (1992: 64-68) que ha afirmado que la gauchesca primitiva se ubica entre 1810 y 1818 en Buenos Aires y Montevideo y forma parte de un "sistema de teatro estable y único" en el Río de la Plata que se habría inaugurado "a fines del siglo XVIII (Buenos Aires, 1783; Montevideo, 1793) y que se extiende hasta la cuarta década del siglo siguiente".

A partir de los pocos elementos de prueba de que se dispone, después de consultar diversos archivos (Biblioteca Nacional, Argentores, INET, General de la Nación) sin encontrar confirmaciones documentales para el sustento de ninguna de las dos tesis, podría suponerse que en el estado de constitución en el que se hallaba el teatro antes de concretarse como sistema (lo que ocurrirá en 1902 durante la temporada de los hermanos Podestá en el Apolo, cfr. volumen II de esta *Historia*) resulta imposible hablar de "sistema teatral", esto es, funciones periódicas, crítica especializada, aparición de instituciones legitimantes y, menos todavía, de una especialización de agentes intelectuales. Es posible que estos textos se dieran junto a las piezas "cultas", sin embargo, tampoco es oportuno abandonar totalmente la idea de que pudieron darse a conocer en tablados o corrales.

Es conveniente, entonces, trazar un itinerario desde el territorio de la gauchesca teatral primitiva y sus alcances políticos y sociales, para delimitar la forma sainete.

II. La gauchesca primitiva. Caracteres

Aunque no está mencionado en los textos, el referente, el territorio del género se reduce (como la restante gauchesca) a la zona limitada y próxima a la ciudad de Buenos Aires; incluso *Las bodas de Chivico y*

Pancha y *El valiente fanfarrón y criollo socarrón* se desarrollan en los arrabales de la ciudad. En los campos porteños, al sur de Santa Fe y Córdoba, Entre Ríos y la Banda Oriental. Podría agregarse que el desarrollo de estos sainetes se concreta en el territorio que se extiende desde Buenos Aires, al sur y al oeste, hasta las tierras habitadas por los indios. Algunas obras traslucen una premeditada finalidad político-patriótica –*El detall de la acción de Maipú*– y se desarrollan en un apacible pero concreto presente para facilitar la difusión de las ideas revolucionarias.

Estos textos se alejan de las crónicas y los relatos de viajeros del siglo XVIII y comienzos del XIX. Testimonios como los de Concolocorvo (1908) o Araujo (1908) se emparentan con la retórica tradicional, diversa de la de los sainetes que militan en el habla popular. Los personajes de la gauchesca prehistórica están vistos desde la ciudad por autores anónimos pero cultos "que se sentían pueblo". Es que el género, como la gauchesca poética y luego la narrativa, nació con la nación y adhirió a la causa de la independencia literaria y la identidad americana. Hay en ellos un reconocimiento deliberado y una estilización intensa del lenguaje gauchesco, además del intento de que éste se convirtiera en convención teatral y, por qué no, modelo para las formas coloquiales. Sin duda, esta serie de sainetes forma parte de los elementos de cohesión de la nacionalidad en esos días y de su deseo de perduración.

Para que ello se materializara era necesaria la difusión de estas novedades artísticas y nacionales. En esa línea se pueden ubicar testimonios como los de fiestas organizadas por el gobernador Las Heras para la conmemoración de Mayo, durante 1824, que dejara Un Inglés (1962: 161-162)

> Velarde vestido de gaucho, sentado con sus compañeros que fumaban alrededor del fogón, hizo una crónica de los acontecimientos del día patrio con mucha gracia (en versos libres) durante una representación teatral y se refirió al marinero que trepaba como un gato al palo enjabonado. Velarde es un actor de singular calidad en cosas de este género.[1]

De esta manera, concretaba una de sus principales características: su actitud de romper con el pasado, expresando una tendencia "inmanentemente rebelde" (Ludmer, 1988: 141). Este alarde se extendía a los otros símbolos nacionales, justificando la nueva realidad de la independencia. Se le decía "no" al español y se trataba de crear una nueva lengua nacional. El intento de estos textos, como ocurrió también con los de Bartolomé Hidalgo, fue el de popularizar las ideas de patria y libertad.

La gauchesca primitiva inauguró una peculiar forma de compromiso civil, no hablaba de lo rural solamente, también trataba de interesar al público en los temas nacionales y difundir la campaña patriotica, como ocurrió con *El detall de la acción de Maipú*. Surgían, asimismo, las variantes que distinguirían al ciclo. Mientras que en *El detall...* se muestra combativamente la situación política, el referente inmediato, *El valiente fanfarrón y criollo socarrón* y *Las bodas de Chivico y Pancha* se sitúan en un tiempo lejano de los hechos de las primeras décadas de la revolución, excluyéndose de las divisiones partidarias.

III. El sainete en la corta duración

El género, como su personaje conflictivo en *El amor de la estanciera*, Marcos Figueira, tuvo su origen en los entremeses del siglo XVI (Diago, 1997: 184). Es una pieza cómica, breve, generalmente en octosílabos, casi siempre con canciones intercaladas. En España logró su momento de gran popularidad en la segunda mitad del siglo XVIII y su figura central fue Ramón de la Cruz, basado en el costumbrismo y en la exageración de la búsqueda del efecto (Pasquariello, 1983: 15). El sainete primitivo, a partir de estas dos características y de una interpretación superficial, creó una relación querencial con el público que, seguramente, se agotó en esa corriente "simpática".

Aun cuando es muy difícil establecer un orden temporal definitivo con relación a la aparición de estas piezas, parece importante, aunque sea de manera provisoria, ensayar un cronología que las incluya en la gauchesca general, que a pesar de ser dudosa, contribuye a aclarar el sentido de esas composiciones (Rivera, 1968: 28-29):

El primer período se incluiría entre c.1783-1817, y coincidiría con las composiciones de Juan Baltasar Maciel. *El amor de la estanciera* constituye la "invención" de una serie de procedimientos, sistema de personajes y, a nivel verbal, de giros coloquiales y el empleo del octosílabo, que marcan la preeminencia de lo popular.

El segundo tramo iría desde c.1818 a c.1821, coincidiría con las campañas libertadoras y con los cielitos de Bartolomé Hidalgo y estaría representado por *El detall de la acción de Maipú*.

En la tercera etapa, que abarca desde c.1821 y c. 1823, estarían incluidas *El valiente fanfarrón y criollo socarrón* y *Las bodas de Chivico y Pancha*, y coincidiría con los "diálogos" de Hidalgo. Es decir, la rápida iniciación que se precipitó en la evolución de procedimientos y en su cristalización.

Se puede decir que de la gauchesca prehistórica sólo se cumplió una fase o bien fueron obras aisladas. Es difícil establecer el porqué de tan fugaz aparición sobre la base de los pocos datos conocidos. Los motivos pueden ser varios, lo mismo que las contradicciones:

1) Los textos de la gauchesca primitiva debieron ser un problema para los intelectuales de la Ilustración, que era, como se puede apreciar en la presente *Historia*, la que mantenía el control del teatro en Buenos Aires mediante instituciones como la Sociedad del Buen Gusto y que, obviamente, no podían apoyar un teatro como el de la gauchesca. Contradictoriamente, si bien en "nombre de la patria" no favorecían este teatro, algunos hombres cultos de la ciudad ayudaron, seguramente, a concretar la convención gauchesca, que representaba, para ellos, un suerte de "teatro iletrado", remanente, pero que era un importante canal de comunicación de ideas. Era lo que Ghiano (1957: 15) denominó un "híbrido de drama y oratoria".

2) Como el sainete español en Madrid, la gauchesca prehistórica necesitaba una puesta en escena y una interpretación determinadas, como demuestra en "La comedia casera" Mesoneros Romanos, pero el género criollo no parece apto para tolerar el "tronillo", manera ampulosa y retórica en la voz y en el cuerpo y, salvo excepciones, el recitado neoclásico no se adaptó a la forma sainete.

3) El público culto le dijo "no" al sainete. Alberdi (1945: 54-55) lo dice sin ambages:

> Es una señal de fino gusto salirse del teatro antes de la venida del sainete. Para mí es una señal de zoncera, de afectación, de falta de gusto. Porque en efecto, si la verdad solo es gustosa, la verdad no existe en nuestro teatro sino en las representaciones cómicas.

El resultado de esa actitud fue la carencia de un público y de un teatro popular:

> Entre los años 1811 y 1820 la Sociedad del Buen Gusto del Teatro es el esfuerzo más orgánico intentado. Pero ¿qué saldo deja? Teóricamente, sí, ideas claves sobre el sentido de un teatro argentino, sobre sus posibilidades para servir a la causa de la revolución; prácticamente alguno que otro ensayo desvaído. Tampoco en este caso concurrieron los cuatro factores indispensables y en ello estribó el fracaso de la sociedad: actores, los hubo; textos, también; crítica pudo haber surgido, pues había intelectuales capacitados para ejercerla; pero público, no. Sólo una elite intelectualizada y algún grupo con ínfulas de exhibicionismo mundano apoyaron la empresa; el pueblo propiamente dicho aún prefería los toros, las riñas de gallos y los volatines ambulantes. (Castagnino, 1963: 20)

Morales (1944: 148) lo dice con resentimiento con relación al período rosista:

> La tiranía señaló el renacimiento del teatro español antiguo en desmedro del teatro nacional culto, porque lo nacional, durante ella estuvo representado por el guarangaje orillero, el gauchaje matonesco, el negrerío del candombe y por un teatro político demasiado directo y procaz, es decir, un teatro que sólo era continuación de la vida y no su clarificación y su intérprete.

El estado de cosas lo define Rama (1982: 131):

> (Antes de 1886) El público no concurría a las funciones que las elites cultas ofrecían porque nada le decían de sus propias vidas, ellos, por su parte, que constituían un público suficiente para alimentar las giras de las compañías europeas, no disponían de suficiente número para sostener en forma permanente un teatro que las representara.

IV. El valor del sainete

Con Bosch comenzó la crítica tradicional que cuestionaba totalmente su calidad artística. Sin embargo, es posible acordar con Diago (1997: 196-197) y Arrom (1967: 131) quienes encuentran valores destacables, especialmente en *El amor de la estanciera*.

Si se omiten ciertas inconsecuencias, como los errores de incluir en algunos casos citas cultas en personajes populares, los aciertos de la pieza son evidentes. La ironía es uno de ellos, presente, por ejemplo, cuando Cancho, el padre, expresa su preferencia por Juancho frente a su oponente portugués porque posee lecheras y tropillas y enlaza y "voltea" con primor. Asimismo, el "caballo" que Juancho le regala a Chepa es el mejor ayudante del pretendiente frente a su futura novia. La producción de risa (chiste cómico, inmediato, retruécano) es su mayor virtud. En ese sentido, y es realmente destacable, es muy eficaz y plantea de manera muy interesante el sistema de personajes desde el punto de vista caricaturesco, anticipando procedimientos de la primera versión del sainete criollo (el sainete como pura fiesta, 1890-1956). En esa Babel criolla todos hablan y pocos entienden, especialmente Marcos Figueira. Su hablar "cocolichesco" se mezcla con el habla campesina de la familia y el novio dando lugar a confusiones semánticas, comentarios desacertados y situaciones escatológicas. Esto produce un efecto muy fuerte en el lector-espectador, que crece durante el desarrollo del texto. Cancho le dice a Pancha "os tengo de patear" (9), "os abriré la mollera" (15), "os tengo de hacer pedazos", remedando las acciones que realizan los personajes en sus tareas camperas con los animales.

Es interesante también el cambio que se produce en el diálogo de Chepa y de Juancho Perucho, referente a la verborragia sainetera de Marcos Figueira. En la posición del padre de Chepa, se vislumbra la ideología del autor con relación a las nacionalidades en pugna en la época: criollos o españoles venidos desde el exterior. Así, se exalta la victoria de la nación en ciernes, mediante un hecho significativo: el portugués desea ganarse por la fuerza el amor de Chepa y dar muerte a su contrincante, ante lo cual toda la familia, reacciona con "lazo", "bolas", "picana" y "yerro de errar".

El detall de la acción de Maipú: los valores de la obra son los del canto, los cielitos y el baile dentro de una marcado costumbrismo, en el que se destacan la alegría y el festejo por la independencia salvada por San Martín en Chile. El sentimiento de identidad, el reconocimiento de los personajes de que son activos protagonistas de una nación libre es proclamado con gran respeto a partir de las hazañas de Juan José, soldado que vino de Chile con Manuel Escalada.

Como se ha señalado, se trata de un texto militante, que establece una clara dicotomía entre los españoles y los criollos, y la distancia crítica que se crea entre el "tirano" y el valeroso distinguido americano". (48)

El protagonista absoluto del texto se vislumbra desde el comienzo. Los personajes esperan al héroe del hogar, Juan José, quien ha formado parte del ejército liberador del general San Martín y ha combatido con éxito al ejército enemigo. El texto relata los acontecimientos de Maipú contados por el soldado y festejados con emoción por los presentes.

El autor utilizó un lenguaje poético coloquial, accesible al pueblo, para transmitir un mensaje ideológico de identificación con la revolución. Su intención fue crear en el público una identificación asociativa, especialmente en los parlamentos en que Pancho se dirige al público.

Las bodas de Chivico y Pancha y *El valiente fanfarrón y criollo socarrón* son de importancia estética menor. Sobresalen, como en *El amor de la estanciera*, pero sin su simpatía, los procedimientos cómicos: el chiste inmediato, la coincidencia abusiva especialmente en los personajes de ciudad, el Sacristán y García, también parodiados en la gauchesca posterior. En las dos piezas, el destino final de ambos es desgraciado: en *El valiente fanfarrón...* son golpeados por burlarse de Pancha y Jusepa, mientras que en *Las bodas de Chivico y Pancha* la actitud de García desemboca en una pelea en la que es golpeado, mientras que al Sacristán, en medio del revuelo, las mujeres le arrancan la sotana. También el retruécano, los errores de pronunciación y sintaxis crean un ambiente de comicidad ya cristalizado.

Más allá de sus desniveles, en las dos obras se observa una marcada continuidad en cuanto a los personajes que protagonizan el sainete. No sólo se repiten sus nombres sino también las relaciones de parentesco que los unen, la continuidad narrativa y las situaciones en que se ven envueltos.

Se trata, seguramente de piezas que basaban su eficacia en el conocimiento que el público tenía de la evolución de la intriga y su sistema de personajes. En ese sentido, es representativo el final a cargo de Chingolo, quien cuenta lo que vio en el teatro en su viaje a la ciudad: *La comedia del diablo predicador*, de contenido muy parecido a la relación que hace el gaucho Ramón Contreras a Jacinto Chano de todo lo que vio en las fiestas mayas.

Durante el gobierno de Rosas se agregaron escenas a *Las bodas de Chivico y Pancha*, entre ellas "La oda del bagre sapo", composición culta de tono burlesco cuya acción transcurre durante la guerra con el Brasil (se refiere a la batalla naval de Los Pozos entre marinos argentinos y brasileños, el 11 de junio de 1836), que fue publicada en el número cincuenta del *Mensajero Argentino* (15/6/1836).

V. Conclusiones y relación con la gauchesca posterior

1) La primitiva gauchesca teatral se agotó en su supuesta relación simpática con su público. Del análisis de esos sainetes se desprende que guardan un vínculo más estrecho con la gauchesca poética o narrativa que con la futura gauchesca teatral (cfr. volumen II de esta *Historia*: 99-112). Prueba de ello es la ausencia del principio constructivo de la inestabilidad del héroe, que es fundamental en el "Ciclo del Moreira".

2) El tono costumbrista gauchesco y la presencia del extranjero parodiado. La comicidad directa. El empleo de octosílabos, el habla popular, diálogo dramático.

3) La expresa agresividad hacia España. Ridiculización del extranjero, como en textos posteriores (Castagnino, 1969: 93); "En la incipiente sociedad criolla de ese drama, Figueira ocupa el triste lugar que en un siglo más tarde los saineteros nacionales asignarían en sus obras a los italianos, a los rusos o aún a los españoles" (Rojas, 1960: 565).

4) El discurso del enamorado habla poco de amor a la enamorada, constituyéndose en antecedente de una de las reglas obligatorias de la gauchesca (hasta *Martín Fierro*), rasgo que perduró luego en las novelas de Benito Lynch y Eduardo Gutiérrez.

5) Si bien no se puede afirmar que aparece un nuevo tipo de actor, pues no hay pruebas de ello, lo cierto es que en los diálogos de, por ejemplo, *El detall de la acción de Maipú*, los personajes parecen dirigirse al mismo tiempo que a los otros personajes de la fábula, al públi-

co, en una mezcla de drama y oratoria. Se puede presumir, por la forma del texto dramático, que levantaban la voz para que el pueblo escuche sus arengas, desvinculándose casi de la escena.

6) En la gauchesca primitiva el personaje del gaucho es de carácter sedentario, con vínculos legales de familia. No se sospecha de su lectura la existencia de "gauchos malos", "vagos", y "mal entretenidos".

Notas

[1] Es obvia la alusión al relato gauchesco de Hidalgo (1967: 67-78). El autor creó los famosos *Cielitos* (1811-1816) y *Diálogos patrióticos* (1829-1822).

[2] En Bosch (1969: 18-19) se insiste en la pervivencia del odio al portugués: "Más o menos treinta años después de compuesto este sainete (*El amor de la estanciera*)... 'Y ya sea en tiempo de Loreto, de Sobremonte, de Pueyrredón, de Las Heras, Dorrego o Rosas, siempre se hallará este vago rasgo de rivalidad con el Brasil. Ochenta años después, el *Yuca Tigre,* de Nicolás Granada, a pesar de las graciosísimas situaciones, era todavía el personaje brasileño conocido ya de los sainete antiguos'. Otra pieza célebre del mismo estilo fue la titulada *Un día de fiesta en Barracas*, con mucho gaucho, bailarín y cantor y no pocas alusiones políticas; bailábase en ella el minué federal a cuatro, y el *cielito en batalla*, también a cuatro y a veces a ocho, que hacía furor en los espectadores de todas las épocas y hasta alcanzó a don Santiago Calzadilla que así lo refiere también él'. El padre del que estas líneas escribe lo alcanzó y vio bailar infinidad de veces. Este sainete se estrenó en 1836 en el beneficio a Casacuberta (...) Otras piezas como *El brasileño fanfarrón*, *La batalla de los Pozos*, *La muerte de bagre sapo* y otras cuyos papelitos sueltos, hojas gastadas o libros rotos se perdieron en la mudanza de la Biblioteca Nacional a su actual casa..."

•••

2.5. El circo y las formas parateatrales

2.5.1. Compañías

por Laura Cilento

Espacios y desplazamientos

El Coliseo Provisional y el Parque Argentino fueron los espacios privilegiados para las actividades, tanto teatrales como circenses, durante el período 1812-1835. El primero fue levantado por Olaguer y Feliú en 1804, y estaba ubicado sobre la calle Reconquista (entre las actuales Tte. Cnel. Juan D. Perón y Bartolomé Mitre) en el centro de la ciudad. El segundo constituyó una reproducción del londinense Vauxhall (nombre este último con el que también era conocido este parque local), y se instaló en las afueras, en la manzana comprendida por las actuales Córdoba, Paraná, Viamonte y Uruguay, cerca del parque de artillería (hoy Palacio de Justicia). Había sido concebido por Santiago Wilde, promotor, dueño del predio y accionista, como jardín y paseo público. Contaba, en el proyecto elevado a los futuros accionistas, con un teatro rústico, glorietas y asientos. En 1830 habilitó un teatro-circo al aire libre y puestos con diversiones (Klein, 1994: 123). No obstante sus cuidadas bellezas naturales, incrementadas con especies importadas, su acceso se dificultaba por la proximidad de la zanja de Matorras, que formaba surcos profundos luego de cada lluvia. La medida de su marginalidad estaba dada por el hecho de que, no obstante el puente construido por Wilde en la actual esquina de Lavalle y Libertad, las funciones llegaban a suspenderse por mal tiempo, lo cual se anunciaba con una exhibición de banderas en la esquina de Suipacha y Cangallo (Bosch, 1910[b]: 135).

Pese a sus diferentes características y ubicaciones, estas salas llegaron a compartir compañías y repertorios, conformaron un circuito de intercambio artístico que revela, según gran parte de los historiadores, diversos aspectos de la crisis de la actividad teatral al mismo tiempo que un surgimiento del espectáculo circense como marca artística del período. Bosch (1910[b]: 157) señala que hacia 1829/30 la oferta teatral era tan pobre en calidad que el Coliseo estaba compitiendo de hecho con el Parque. Mientras el circo comenzaba a consolidar su estética con novedades y visita de compañías, el teatro atravesaba momentos de estrechez financiera, que en algunos casos subsanaba con la actuación de bailarines o con la concesión a socios como el bailarín José Catón y el peluquero Julio Pasquier, quienes entre noviembre de 1833 y febrero de 1834 reabrieron el Coliseo luego de la clausura previa a la caída de Juan Ramón Balcarce y cubrieron la oferta con espectáculos de ballet pantomímico de baja producción (Castagnino, 1944: 220-221).

Las compañías visitantes y los artistas locales

La actividad de volatineros continuó, desde 1812 y hasta finalizar la década, ligada a la presentación ocasional de diversos eventos de interés público y especialmente político. El 24 de setiembre de ese año se realizó una función en la Plaza del Retiro para recibir al capitán Helguera, quien traía a Buenos Aires el parte de la victoria de Belgrano en Tucumán (Castagnino, 1953: 21).

La llegada de Guillermo y María Southby, con su breve temporada del invierno de 1819, constituyó una visita temprana de una compañía circense extranjera a Buenos Aires. También debieron sumarse a las funciones a beneficio de diversas instituciones (Casa de Niños Expósitos, hospitales), lo cual ocurrió en el marco de una nutrida concurrencia de público y con buenos resultados económicos para su temporada (Klein, 1994: 46). Con ellos se inició el ingreso a Buenos Aires de una serie de compañías, mayoritariamente inglesas, que representaban la organización de los circos modernos tal como funcionaron en Europa a partir de 1770 con la impronta de Philip Astley, suboficial retirado de caballería, que diseñó una pista circular rodeada de tribunas desde las cuales podía admirarse un espectáculo ecuestre acompañado o combinado con destrezas físicas (equilibrio, acrobacia) y comicidad.

En 1820 otro inglés, Francisco Bradley, arrendó el solar donde se construía el Coliseo Nuevo, en el denominado Hueco de las Ánimas (actual intersección de Rivadavia y Reconquista). Con sus habilidades como payaso, jinete, alambrista, y su pericia en fuegos artificiales, logró conformar diversos espectáculos, inicialmente por su exclusiva cuenta y posteriormente asociándose con otros empresarios, con quienes instaló los "circos olímpicos", denominación que obedecía a la evocación de los edificios de la antigüedad (Klein, 1994: 46).

En 1821, junto con Juan Wynn, se instaló en su "circo olímpico" cerca de la iglesia de San Miguel (entre las actuales Bartolomé Mitre y Suipacha). Sus destrezas ecuestres en registro cómico (que lo convirtieron en el primer payaso que desfiló por esta ciudad) le valieron la detención y una semana de cárcel, por realizar bromas osadas con los espectadores. También participó en festejos oficiales, como las fiestas mayas de 1822, para los que habilitó una pista en la Plaza de la Victoria y por la noche "se reivindicó" con su especialidad: "Mr. Bradley ofreció en esta misma noche con fuegos artificiales varias escenas de primer y buen gusto" (*El Argos*, 1/6/1822). Lo acompañaron Manuela Martínez y un discípulo, Jorge Coleman, ambos artistas locales que se habían sumado con anterioridad al elenco circense (Klein, 1994: 48).

Continuó utilizando espacios no convencionales, desvinculados de la actividad teatral. En 1823 fue contratado por John Sutherland para un circo instalado en un corralón que le había arrendado la policía, a un costado del Fuerte (actuales Balcarce e Hipólito Yrigoyen). La temporada sólo duró dos meses desde su inauguración el 16 de noviembre de ese año, ya que Bradley demandó judicialmente al empresario por no solventar adecuadamente los gastos acarreados por sus servicios según las condiciones acordadas.

El artista circense continuó integrando otros emprendimientos: se asoció brevemente con un compatriota, Gos, y en 1826 trabajó para el Circo Olímpico que había levantado Santiago Abeleira entre las actuales Salta y Avenida de Mayo, en el que se convirtió en la atracción principal, junto con el experto jinete Juan Izquierdo. Ambos jugaron algunas pruebas, como la destreza ecuestre que Bradley acompañaba como payaso o la escena cómica *Payaso el bobo de una mujer* o *Las chocarrerías del Saco*; el episodio terminaba con una danza en la que el artista inglés se disfrazaba de vieja ridícula, parodiando danzas de salón. Bradley, individualmente, ejecutaba una pantomima ecuestre practicada por Philip Astley, *El rústico borracho*, en la que se lucía mediante los torpes intentos por montar un caballo.

El Coliseo también dio cabida a artistas circenses que se presentaban individualmente. Entre setiembre y noviembre de 1824 Stanislas (Estanislao Surenne), un franco-norteamericano, obtuvo permiso para brindar dos funciones semanales en el teatro. Su especialidad era el ilusionismo, mezclado con artificios seudo científicos a los que incorporaban gases hidrógenos y máquinas neumáticas. Wilde (1960: 52) lo recordaría por el truco de hacer pasar un pañuelo desde el bolsillo de un espectador a la torre del Cabildo. En febrero de 1828 hizo su presentación en el Coliseo el especialista francés en números de fuerza Hércules Righas. Hábil también como tragaespadas y en juegos con pelotas, platos y dagas, el artista francés completaba el programa con conciertos de piano ejecutados por su mujer y un elenco que interpretaba petipiezas. Hacia junio de ese año se presentó William Brown, un bailarín sobre zancos y experto en magia chinesca; unos meses después lo haría el artista local Florencio Castañera, con pruebas sobre la cuerda floja y ejercicios en columpio.

Hacia fines de 1829, proveniente de Montevideo, llegó a Buenos Aires la compañía del italiano José Chiarini (o Chearini), "maestro de escuela gimnástica o de agilidad", para inaugurar el circo del Parque Argentino en el verano de 1830, previo paso por el Coliseo. Acompañado por su esposa Ángela, bailarina y malabarista en la cuerda floja, sus hijos María y Evaristo, y un joven payaso discípulo del director, Blas Noi, Chiarini obtuvo un reconocimiento al participar en la fiesta de gala en ese parque, ante una concurrencia de dos mil espectadores y las autoridades provinciales (*The British Packet*, 30/1/1830). Incluyeron también una breve pantomima titulada *El boticario engañado* y varias arlequinadas. La temporada de Chiarini en el Parque Argentino se extendió hasta mayo de 1830, época en la que se produjo su paso al Coliseo, asociado con los bailarines José Cañete y su hija Juana. Finalizada la temporada en octubre, los Chiarini retornaron a la capital uruguaya.

Hacia fines de 1830 se presentó la compañía de los franceses Luisa François y Martinier, que ofrecía comedias, "vaudevilles" e incluía a Zozo Boniface, quien se distinguía por comer estopa ardiendo y tragar guijarros. El Parque mantuvo a partir de ese momento y hasta 1834 una actividad concentrada fundamentalmente en la temporada de verano, según resume Bosch (1910[b]: 136):

> el teatro solamente en verano, unas veces con la compañía francesa de Martinier, otras con la de Casacuberta, ó ambulantes de cómicos i pruebistas; los jardines con sus variados i numerosos juegos i exhibiciones de animales raros (el tapir, un tigre, un guanaco, etc.); el circo con uno que otro aficionado que daba volteos en el aire; los salones con bailes de máscaras i alguna que otra fiesta de beneficencia.

Entre las exhibiciones individuales se destacaron las de Miguel Hart, "el rey del fuego", a principios de 1834, acompañado en los intermedios por cantantes líricos y con la participación del equilibrista Florencio Castañera y el niño violinista Demetrio Rivero, y en mayo la del artista de variedades Bertran.

Un mes antes había llegado a Buenos Aires Carlos Laforest, joven jinete norteamericano, con la finalidad de realizar las gestiones correspondientes a la apertura de su circo que, como se comenzaba a imponer en su país de origen a partir de esa década, iba a constituirse en una carpa. El terreno elegido junto con su socio Timoteo B. Wood para erigir el Circo Olímpico estaba ubicado en la calle Cuyo (Sarmiento a la altura de San Martín en la actualidad). La compañía había sido contratada en Nueva York e incluía a Federico Hoffmaster, dedicado a la enseñanza de la equitación y más conocido como payaso, Josías Hammond, equilibrista en cuerda y los seis miembros de la familia Smith. La caballada era reunida y adiestrada en los territorios en los que actuaba la compañía; su importancia era sustancial, ya que marcaba la especialidad ecuestre del circo. Las pantomimas y acrobacias –serias y cómicas– se desplegaban en torno de los caballos y su desempeño en la pista, pero también había números protagonizados por los animales mismos:

> El mismo Laforest, presentaba en libertad al caballo Selim, que ejecutaba él solo los mismos ejercicios realizados por los demás compañeros, aunque con más extensión i perfeccionamiento; además sabía arrodillarse, buscar i encontrar un pañuelo escondido por el payaso en la arena de la pista, correr i perseguir a éste, escarbar, saltar toda clase de obstáculos, etc. (Bosch, 1910[b]: 138)

La inauguración de la temporada se produjo el 25 de junio de ese año y un mes después finalizó la construcción del proscenio, que permitía incorporar géneros como los "cuadros vivos", las arlequinadas y pantomimas de gran espectáculo. La capacidad de la carpa, mil doscientos espectadores, era igual a la del circo del Parque y aproximada a la del Coliseo. En setiembre la compañía Laforest-Smith contrató a Felipe Catón y su esposa Carolina, el primero en calidad de "director de mímica". Ambos trabajaron para la realización de pantomimas de espectáculo histórico hasta el momento de la quiebra del Circo, a mediados de 1835.

Observaciones finales

El período presenta como novedad la irrupción en Buenos Aires de las modalidades del circo europeo moderno, tal como se estaba conformando desde las tres últimas décadas del siglo XVIII, a través de la visita y realización de temporadas de algunas compañías, especialmente la de Chiarini y la de Laforest-Smith. La presencia de un espectáculo organizado contrarrestaba la situación signada por la actuación aislada de los artistas circenses, y su consecuente falta de fijación espacial, como sintetiza Seibel (1993: 17):

> El circo y sus volatineros representan en el Buenos Aires colonial una teatralidad que se adapta a diferentes espacios, al aire libre o en locales cerrados, en la Plaza de Toros o en la sala teatral, y que produce variados espectáculos, desde la acrobacia y la comicidad hasta la pantomima, los muñecos o las sombras chinescas, además de los "bailes de la tierra", adaptación de los artistas en gira a las expresiones culturales propias del público.

Por otra parte, las compañías no sólo acercaron las novedades en la institucionalización del circo y su especialización como espectáculo, sino que también contaron con una tradición familiar de generaciones, que en el caso de los Chiarini se remontaba a los espectáculos de feria del siglo XVI (Seibel, 1993: 12).

La hegemonía inglesa (Southby, Bradley y socios, Laforest-Smith, entre los principales), ligada en primera instancia al origen del circo moderno, permite calibrar, en segunda instancia, la presencia de esa cultura en la Argentina del siglo XIX a partir de los lazos comerciales y políticos que entabló esa colectividad en el país. En la actividad empresaria ligada al entretenimiento, los ingleses demostraron un interés que correspondía casi exclusivamente a los españoles en el campo del teatro.

Si bien en la primera parte de este período, entre 1810 y 1825, el circo "justifica en las razones del interés nacional, funciones para recolectar fondos destinados a las expediciones o festejos por victorias patriotas, y con ellas la ocasión de subsistir con acento criollo junto a un teatro que se mantiene en una tesitura europea" (Castagnino, 1953:

18. Entrecomillado nuestro), ese rasgo idiosincrásico de lo criollo estuvo atravesado poco después por un proceso de recepción y apropiación necesario por parte de los artistas locales, quienes se enfrentaron a las novedades artísticas, técnicas y organizativas de las compañías circenses visitantes, respecto de las cuales mantenían una relación de dependencia ocasional (contratados) o de coexistencia y alternancia en la programación de los locales artísticos. Por otra parte, sin embargo, ese "acento criollo" puede entenderse como una constante atendiendo a la "permeabilidad" propia de los espectáculos populares, que produjeron una rápida acogida por parte de la sociedad de la época, más allá de su impacto novedoso.

•••

2.5.2. La pantomima

por Laura Cilento

La pantomima, forma artística de una extensa tradición que se remonta a la antigüedad grecolatina, se enriqueció durante el siglo XVIII con aportes del género cómico popular (especialmente de la "commedia dell´arte" y del personaje de Arlequín), fue refuncionalizada por el teatro neoclásico y romántico, especialmente por el melodrama francés, y también se integró a los espectáculos circenses en Inglaterra.

El teatro de Buenos Aires incorporó la pantomima, según Bosch (1910[b]: 141), como uno de los mayores logros artísticos de la "era circense" que comenzó en la década de 1820.[1] El investigador la definió como

> la representación de episodios simples e interesantes alrededor de un asunto elegido entre los del gusto del pueblo bajo, –por medio de la mímica i mui pocas palabras habladas i cantadas exornado el todo con música instrumental y danzas intercaladas; i en cuya representación los gestos i las *poses* tenían la parte principal. Pero poco tiempo después se le suprimieron por com-

> pleto los diálogos i toda la interpretación quedó reducida al gesto, al ademán, la postura, el coro i la parte músico-descriptiva. (Subrayado del autor.)

En esta definición se encuadran elementos obligatorios, como la narrativa a partir de lo corporal por sobre del código lingüístico ("la anécdota o la historia narrada por medios teatrales", según Pavis, 1998: 323), la música incidental y el baile. El medio artístico de Buenos Aires adaptó ciertos rasgos pantomímicos a sus espectáculos líricos y de ballet; una vez aparecidas las compañías circenses, éstas aportaron su propia vertiente pantomímica y en ocasiones absorbieron a los artistas que la practicaban en forma independiente.

Pantomima en el ballet, el canto lírico y las variedades

En forma previa a la irrupción de las compañías circenses, Buenos Aires recibía artistas y actores que incorporaban la pantomima en sus espectáculos, como ocurrió con el dúo de los italianos Vicente Zapucci y Teresa Nadini, intérpretes de operetas, quienes según la crónica de *El Argos* (13/7/1822) se destacaban por la comicidad de su acción pantomímica. Los espectáculos alternaban la acción mimada con el canto; así, a la pantomima bufa *Dueto de la pistola*, en la que se lucía el primero, se agregaban "los grandes tesoros de la melodía musical" y "los encantos de una voz preciosa y sostenida" (*El Argos*, 10/7/1822). También se les criticó el abuso, al que sin duda recurrieron por su éxito, al vender funciones con "precios dobles" (*El Argos*, 9/11/1822).

Desde fines de 1823 y hasta el otoño de 1825, los bailarines franceses José María y Clotilde Toussaint hicieron temporadas en Buenos Aires presentando ballets de asuntos mitológicos como *Zéfiro y Flora* o *El inconsecuente corregido* (15/1/1824) y "padedús de carácter" (con elementos exóticos vascos, rusos, turcos, "americanos"), en una variante neoclásica de mímica, plástica más que expresiva (Klein, 1994: 42). La crítica elogió su calidad interpretativa y fomentó su contratación desde las páginas de *El Argos* (28/2/1824).

Cuando no se trataba de ópera, se organizaba otra variante denominada "ballet de acción o pantomímico", que combinaba la intriga sainetera con el baile. Eran calificados de tales *El salto de la torre* o *Los indios Punitú*, en el que Fernando Quijano acompañó a los esposos

Cayetano e Isabel Ricciolini en 1829, y *La recluta en la aldea* o *Los achacosos fingidos*, *El criado sagaz* o *El viejo burlado* y *Los casos nocturnos* o *La criada sutil*, montados por Cayetano Ricciolini.

El adjetivo "pantomímico" también se aplicaba a las escenas bíblicas que animaban los autómatas del teatro mecánico que se presentó en el Coliseo en la cuaresma de 1824 luego trasladados por su director, Francisco Bonamon, a la Fonda de Comercio. Con imágenes proyectadas mediante un juego de espejos, el italiano Félix Tiola realizó en dos momentos diferentes (1820 y 1826) espectáculos de "fantasmagoría" y, en su segunda visita, el 4 de setiembre de 1826, estrenó un melodrama de René-Charles Guilbert de Pixérécourt, *Víctor* o *El hijo del subterráneo*, rico, como toda la obra de ese autor, en peripecias complejas y de gran despliegue (en este caso, asalto a un castillo y consecuente batalla).

Felipe David, el actor cómico más recordado de la época, no sólo interpretaba los graciosos de las obras dramáticas principales y de los sainetes, sino que también actuó con los Catón en sus ballets pantomímicos, enriqueciéndolos con su mímica y sus recursos para provocar hilaridad en un público que lo reconocía y lo festejaba: "Cuando en las veladas se impusieron los bailes pantomimas, David resultó un elemento inestimable por lo extraordinario de su mímica, dándose el caso de que en muchos de los bailes era la principal figura, eclipsando con sus payasadas a los profesionales de la danza" (Wilde, 1960: 94).

La pantomima en el espectáculo circense

Las compañías de José Chiarini y Laforest-Smith practicaron diversas variantes de la pantomima dentro de sus programas, según se imponía en la plaza circense europea, y a su vez atrajeron a bailarines también instalados en Buenos Aires para sumar su especialidad a la producción de esos números.

Los Chiarini introdujeron las arlequinadas, que constituían un género altamente codificado, derivación de los tipos de la "commedia dell´arte" que fueron incorporadas en espectáculos ingleses y franceses a principios del siglo XVIII. Inicialmente basadas en una representación de asuntos clásicos –específicamente mitológicos–, con gran aparato escénico (legado de las mascaradas cortesanas) y despliegue de música y baile, las arlequinadas contaban con un número que representaba mímicamente una situación graciosa protagonizada por Arlequín, Colombina y Pantalón. Hacia fines del siglo se tendió a fundir ambas partes del espectáculo mediante una transformación escénica final reveladora de que los caracteres de la historia eran los personajes mismos de la "commedia".

Una de las arlequinadas que impuso Chiarini en el teatro local fue *Arlequín fingido esqueleto*, cuya anécdota está ligada a la magia, atendiendo a las primeras representaciones inglesas con ese protagonista (*Harlequin Executed*, de 1717; *Harlequin Doctor Faustus*, de 1723).

Por su parte, los bailarines José y Juana Cañete, con quienes trabajó Chiarini en el Coliseo a partir de 1830, se apropiaron de la gestualidad característica de ese género para incorporarla a sus ballets y crear lo que denominaron "baile-pantomima", cuya fórmula artística podría resumirse como "la pantomima más el refuerzo de la música, rítmica y descriptiva, algunos rudimentos de estilización coreográfica y juegos de coros en acción. Las sinfonías de Rossini constituyen el principal repositorio musical" (Castagnino, 1944: 128), y una verdadera moda.[2] Los "bailes-pantomima" atribuidos a Cañete fueron *La esposa recatada* o *Los moros de la vega y El marido sorprendido en un baile de máscaras*; también participaron con una pantomima en el sainete *La destrucción del mundo* o *El cometa del año 32*.

El Circo Olímpico de Laforest-Smith multiplicó las variantes de la pantomima en función de sus posibilidades de producción –basadas en el espectáculo ecuestre– y de los artistas especializados que contrató. Continuaron sus números de destreza –predominantes en el programa– con las pantomimas a caballo, cómicas (*El sastre perseguido*; *La diversión de los paisanos* o *Las modas de París*) o melodramáticas (*La muerte del moro en defensa de su bandera*, creación de Andrew Ducrow). En las pantomimas ecuestres *La bandera libertadora* o *El bandido* y *Timour el tártaro*, últimas producciones de la compañía durante la temporada de verano de 1835, se incorporaba la acción física ligada a episodios de aventura (persecuciones, ataques, escapes) y escenas de bailes pintorescos.

Otras variantes ofrecidas por esta compañía fueron el cuadro vivo y la arlequinada. El primero, de filiación neoclásica, consistía en la composición escénica de un grupo escultórico o pictórico, reproducido a través de actores inmóviles y fijos en una pose expresiva, o bien con sutiles movimientos. En agosto de 1834, Laforest presentó en Buenos Aires *La estatua viva* o *Modelo de los antiguos*, que corporizaba famosas esculturas romanas. En cuanto a la arlequinada, en el verano de 1835 estrenaron *Estatua Arlequín* o *Fantasma gigante de 16 pies de alto*.

La contratación de los esposos Felipe y Carolina Catón, en setiembre de 1834, permitió el intercambio de las experiencias en pantomima histórica de los bailarines y del doble ámbito circense de picadero y proscenio que ofrecía Laforest. Los Catón habían debutado en el Coliseo en 1832, auspiciados por la gran afición de la sociedad de la época por los bailes, con una compañía coreográfica que ofrecía valses, contradanzas, gavotas, cielitos en batalla, y el "baile de la Cachucha [o Cachuca]": "Una pareja lo bailaba; tenía en su composición un principio i argumento pantomímico, que lo hacían más interesante" (Bosch, 1910[b]: 148). Durante 1833 Catón representó varias pantomimas históricas de su autoría, inspiradas en las hazañas políticas y militares de Napoleón, personaje que el bailarín admiraba, pero que también indicaba la línea romántica del melodrama del que se nutría este tipo de pantomima:[3] *La osa o La humanidad entre los animales*, *El pasaje del Puente de Lodi por Napoleón y su ejército* (estrenada en setiembre); *Despedida de Napoleón en Fountainebleau* (estrenada el 24 de noviembre); *Napoleón en la aldea o Los soldados veteranos* (estrenada en diciembre). *El pasaje del puente de Lodi* era una pantomima en un acto, espectáculo

> en el que aparecía el héroe i sorprendía dormido a un centinela (que era Carolina Cater, vestida de tal), i ocupaba su puesto; luego figuraban la batalla, con tiros, cañonazos i demás minuciosidades, hasta la sangre!... i aparecía Napoleón *a caballo* por la escena, con la bandera tricolor en la mano i la espada... en la boca, único sitio desocupado; i luego se bailaba i habían transformaciones i mutaciones. (Bosch, 1910[b]: 148-149. Subrayado del autor.)

Esta síntesis demuestra que las obras de Catón pretendían enrolarse en las pantomimas de gran espectáculo. El ingreso al circo de Laforest permitió ampliar el elenco equino (la primera composición, *La batalla de Montereau*, contaba con 19 cabalgaduras) y multiplicar los espacios dramáticos representados mediante la alternancia entre picadero y proscenio, que se observaba en *La vuelta de Napoleón de la isla de Elba*.

La pantomima llegó al Río de la Plata con la impronta que había adquirido desde la segunda mitad del siglo XVIII en Londres y París: la inquietud por la búsqueda y la investigación del cuerpo del actor, con la consecuente renovación actoral y espectacular (De Marinis, 1993: 19). De esta manera, impregnó la actuación lírica, los repertorios teatrales y los circenses. Estos últimos hicieron una apropiación más atenta a lo que, por un lado, tiene de lenguaje más "natural" el código de los gestos, y por otro, de la combinación con el espectáculo ecuestre como atracción visual. Pero también canto lírico y pantomima pueden pensarse como lenguajes alternativos para los actores de habla extranjera, que debían irrumpir en una plaza que sólo muy gradualmente abandonaría la tradición española. Así parece demostrarlo la sugerencia hecha por la prensa a los Zapucci: "Lo más acertado quizá sería [...] dar con cada boleto un medio pliego impreso con las arias y dúos en italiano, acompañados de una traducción cualquiera en prosa castellana..." (*El Argos*, 9/11/1822).

Notas

[1] "En cuanto a las pantomimas, habían llegado a un grado tal de perfección, que merecen ser tratadas en capítulo aparte i algo extensamente" (Bosch, 1910[b]: 140).

[2] "Rossini es, sin discusión, la deidad musical que reina en Buenos Aires y nosotros, como muchas otras personas, nos sentimos muy felices de seguir la corriente y escoltar su carro triunfal" (*The British Packet*, 12/5/1827).

[3] En la época del melodrama romántico (1823-1848), el género "se convirtió también en el vehículo privilegiado del resurgimiento de las ideas republicanas y bonapartistas. Se vio reaparecer a Napoleón en numerosos escenarios; o cuando menos, a jefes militares que hablaban y actuaban como él" (Thomasseau, 1989: 74).

•••

2.5.3. Espectáculo y público

por Laura Cilento

Durante el período 1812-1835 se introdujo en la plaza teatral porteña la concepción del circo como producción organizada y con atracciones de gran despliegue espectacular. Las principales novedades, por lo tanto, radicaron en primer lugar en especialidades que superaban la habilidad individual y a la vez múltiple del volatinero o el prestidigitador, ya presente en forma aislada en espectáculos populares desde la colonia, y en segundo lugar en la aparición de personajes cómicos cuyo desempeño se había codificado en las pistas de los circos europeos de fines del siglo XVIII y principios del XIX: los payasos.

Entre las novedades enunciadas en primer término cabe destacar la introducción del espectáculo ecuestre, que había surgido en Inglaterra e irradiado hacia los Estados Unidos, país en el que caballistas ingleses como John Bill Ricketts habían sentado plaza en la última década del siglo XVIII, mientras en el continente europeo comenzaba a preferirse la "alta escuela" de equitación, que consagró la plástica imagen posterior de la amazona vestida de frac, cabalgando con sus mejores galas (Coxe, 1988: 6). Por el contrario, el modelo que prosperó entre los estadounidenses fue el que se conoció en el Río de la Plata en la época, en el que se ponían en juego con mayor rudeza y riesgo las destrezas de los jinetes y el que, por otra parte, mejor armonizaba con el signo rural de la cultura criolla de la época:

> anteriormente a esta fecha [1829, la llegada de Chiarini] no funcionó sino para exhibiciones estrambóticas que no eran ni dejaban de ser circo i teatro, sostenidas por actores dispersos, entre los que figuraban como pruebistas un hijo de la Castañeda [Florencio Castañera] i un muchachón Quijano, hermano del actor del Coliseo. Las pruebas a caballo eran tan elementales que cualquier espectador hubiera podido reproducirlas sin muchos ensayos. (Bosch, 1910[b]: 132)

Al comienzo de esa década, y años antes de la construcción del Parque, Francisco Bradley había concebido en sus improvisados lugares de actuación –entre ellos la Plaza de la Victoria– la innovación debida desde 1794 a Hughes, el competidor de Philip Astley en Londres: un escenario contiguo a la pista. Con ese escenario simultáneo y duplicado Bradley pudo presentar tanto números de acrobacia sobre su caballo –en algunos casos, parodiando las destrezas de los jinetes–, como números de equilibrio sobre cuerda en el tablado.

La compañía que hizo mayor aprovechamiento del espectáculo ecuestre fue la de Laforest-Smith (1834-35). En el programa de la función del viernes 1º de agosto de 1834 (reproducido en Castagnino, 1944: 256-257) puede apreciarse que seis de los nueve números se realizaban "a caballo": la entrada inicial; las pruebas "arduas y jocosas" del payaso Hoffmaster; los ejercicios de Ava Smith caracterizada como Primera India; las pruebas acrobáticas de William P. Smith en dos caballos; una escena denominada *Monte au ciel*, en la que participaban Laforest, Hammond y Smith; pruebas de salto desde el caballo por el mismo Smith. Laforest, en un número titulado *El ropero volante diversión de los paisanos, o Las modas de las señoras de París*, divertía al público cambiando sus vestidos y peluca en constante movimiento sobre su animal.

Respecto de los artistas cómicos, el circo ofreció un perfeccionamiento en el arte del clown que lo ligaba a la tradición de las arlequinadas y la pantomima cómica con sus juegos de persecuciones y violencia física, pero también incorporaba el canto y arriesgados números acrobáticos, según la poética cristalizada en la figura del ítalo-inglés Joseph Grimaldi, referente conocido en la época para entablar analogías con los artistas que visitaban Buenos Aires. Respecto de las pruebas acrobáticas, Hoffmaster fue el primero en incorporar el trampolín.[1]

Entre los primeros payasos vinculados claramente al espectáculo circense en Buenos Aires se encontraba Francisco Bradley, quien, a partir de sus primeras actuaciones en 1820, se destacó por el efecto cómico que producían sus gestos y movimientos, su parodia de los diestros jinetes, su contacto con el público, en muchos casos provocativo, y un vestuario y maquillaje llamativos. De esa manera, el artista inglés creó una distancia respecto del cómico o gracioso del teatro (en el caso de los elencos locales, representado exitosamente por Felipe David) y del acróbata italiano Pedro Sotora, cuyas presentaciones datan de 1834. Tanto este como Zozo Boniface (de la compañía de los Martinier) realizaban la prueba del "hombre incombustible", que consistía en comer estopa ardiendo, y efectuaban saltos mortales.

Bosch (1910[a]: 136) estableció, en los casos de Sotora y Hoffmaster –payaso de Laforest– una diferencia entre la caracterización de vestuario y maquillaje –común a todos– y la construcción del carácter propio del payaso moderno. Mientras el primero pertenecía a una tradición residual de la pantomima ("el estilo de Sotora era el de histrión mudo, o *bufón-mimo*, especie de *Tony el imbécil*, pero no imbécil sino cándido, infelizote, tímido, desgraciado; hablaba poco i sus gracias eran de carácter material i contundente"), Hoffmaster "fue el inventor del diálogo bufo, haciendo, con esto, más variadas sus gracias, más numerosas i *más humanas*". (1910[b]: 137. Subrayado del autor.)

Si bien la tradición del circo y de los espectáculos de volatinería convocaba a un público popular, no debe descartarse la participación, parcial y menos activa, de otros sectores. Cabe aclarar que, excluyendo el público de la elite porteña, los miembros de la sociedad dedicados a actividades comerciales comenzaban a tener identidad como público no necesariamente "culto"; Klein (1993: 75) sintetiza esta renovación de la concurrencia, en una muestra coincidente con el año en el que cesó oficialmente uno de los entretenimientos residuales de la colonia, la corrida de toros:

> Ha desaparecido la burocracia colonial, reemplazada por la republicana, y florece el poder real de los terratenientes y los comerciantes mayoristas, estos en su mayoría de origen inglés, que dominan tanto el tráfico interior como exterior.

En primer lugar, estas atracciones se ofrecían los domingos, en las festividades y luego de Pascua –si el clima era favorable–, en horarios diferentes a los propuestos por la actividad de los teatros: en la época de Chiarini, por ejemplo, las funciones comenzaban a las seis de la tarde en verano, y en primavera a las cuatro, lo cual daba margen temporal a las familias que quisieran asistir a las representaciones dramáticas. La disposición horaria permitía, entonces, la alternancia entre circo y teatro; ese público compartido también se configuró en relación con la escasa oferta teatral de esos años, que obligaba a recibir en los escenarios "serios" a compañías circenses, e incluso a tolerar expresiones artísticas como el sainete final que, si bien no estaba relacionado con la comicidad circense, fue aún más condenado que ésta por la prensa y el público culto. Este último optaba, según Bosch, por negar su aprobación a las partes del espectáculo que consideraba por debajo del buen gusto:

> Lo que aplaudía la gente culta, molestaba a la plebe; victoreaban los del pueblo i hacían repetir lo que a la nobleza disgustaba i hubiera deseado hacer callar. Las señoras se retiraban antes del sainete fin-de-fiesta; los otros permanecían en el teatro, i era este el momento de su mayor solaz. (1910[b]: 155)

Polarizaciones entre "nobleza-plebe" mediante, la coexistencia en el espacio teatral contribuiría a matizar una segmentación extrema de los públicos. Lo que esta imagen demuestra es que evidentemente cada sector reaccionaba según sus propias competencias espectatoriales, interesándose por aspectos diferentes de cada género espectacular.

En este sentido, los empleados rurales o los sectores bajos ligados a las actividades a caballo, admiraron en las compañías circenses las habilidades materiales de los jinetes, a las que se sumaban un efecto de plasticidad y un riesgo físico que superaba al del trabajo cotidiano (Bosch, 1910[b]: 139; Castagnino, 1953: 24). Las pantomimas que alternaban la acción entre pista y proscenio exhibían un despliegue visual que entretenía a esos sectores, cuya definición de lo espectacular estaba ligada a la acción física, principalmente en sus dimensiones gestual y kinética, mientras que las clases más acomodadas apreciaban el componente coreográfico, en relación con la moda del baile como animación de reuniones sociales.

Por su parte, las malas temporadas teatrales, que obligaron a "reciclar" atracciones circenses o artistas "excéntricos" (ilusionistas, imitadores) para convocar público, y a su vez la novedad que estos últimos ofrecían por tratarse de visitantes extranjeros –ingleses, norteamericanos y franceses–, hicieron que aun los más exigentes en materia artística vieran satisfecho su interés. Complementariamente, las compañías circenses incluían números líricos que se alternaban con las destrezas físicas y acrobáticas; Ava y William Smith no sólo eran hábiles jinetes, sino que además tenían un repertorio italiano que ellos mismos interpretaban. Varias crónicas de *The British Packet* sugieren que únicamente las disciplinas artísticas variadas podían imprimir dinamismo a la plaza porteña del entretenimiento, en una demanda que se manifestó bajo la figura del "tedio de los espectadores":

> ¡Cuántas veces hemos deseado gozar de un paseo matutino disfrutando de la sombra de nuestro propio Vauxhall [...] ¿Quién no ha deseado que la partitura fuera arrebatada de las manos inmóviles de los bien trajeados cantores y verlos animarse y representar en el escenario, con ropas apropiadas, sus respectivos papeles? (9/8/1828)
>
> La danza de la *Cachuca* se ha convertido en la favorita de Buenos Aires. Nosotros jamás la escuchamos sin recordar a la familia Cañete y la manera admirable como la señora doña Juana Cañete se lucía en dicha danza. Sinceramente lamentamos que nos dejaran, ya que la introducción de estas "petit" danzas servían para atenuar la monotonía del teatro. (25/2/1832)

Por otra parte, las familias patricias se acercaban a estos fenómenos artísticos cuando los "legitimaba" la ocasión política. Las fiestas mayas, declaradas fiestas cívicas por la Asamblea de 1813, se extendían por tres días (23 al 26 de mayo), durante los cuales se realizaban una decoración de la plaza, desfiles infantiles, bailes multitudinarios, entretenimientos como el palo enjabonado y el "rompecabezas", y funciones teatrales por la noche. Si bien la presencia de artistas circenses en esos eventos era aislada, los paseos públicos, también abiertos a una concurrencia multitudinaria y variada socialmente, constituyeron un espacio propicio para la exhibición circense. Uno de estos paseos era el de la Feria de la Recoleta, que se celebraba anualmente en torno de la festividad de Nuestra Señora del Pilar (la semana del 12 de octubre). Un inglés (1962: 99) recuerda la presencia de un público que en algunas oportunidades se hacía heterogéneo:

> Hay pocos juegos: unos pocos puestos para comer y beber, hamacas, dos o tres payasos sin gracia que andan de aquí para allá y una banda militar. [...] Por la noche los paisanos bailan hasta muy tarde en las barracas, y se pueden estudiar sus movimientos. [...] En las noches templadas concurre público elegante, entre el cual se destacan las bellas de la ciudad...

El Parque Argentino, mucho más ambicioso como ámbito de esparcimiento cultural al aire libre, alojaba a compañías circenses y contaba con la asistencia oficial, según describe la crónica:

> Una fiesta de gran gala se realizó en este parque, la tarde del 24 del corriente, con la asistencia de más de 2000 personas. Concurrió el gobernador con su comitiva. Chiarini tuvo una hermosa oportunidad para desplegar todos sus talentos y demostrar que es un artista de primera línea. (*The British Packet*, 30/1/1830)

No obstante, el endurecimiento de las circunstancias políticas provocó un retraimiento del público culto que se haría palpable a partir de 1830. Más allá de este fenómeno, al que se sumaron las crisis periódicas de las compañías teatrales locales, puede arriesgarse la hipótesis de que el circo constituyó una actividad artística diferenciada para el público de la época. Retomando la expectativa decepcionante que ofrecía el sainete para los sectores cultos, puede percibirse hasta qué punto lo circense era considerado como una esfera con otra legitimidad, tal como plantea la siguiente crítica de *El Argos* (16/6/1822):

> Pues qué ¿esto se llama representar bien una comedia? Los señores Velarde, Morante, Diez y Felipe no nos dirán qué significan esas gambetas, esos palos, silletazos y brincos? ¿Son Ustedes cómicos o payasos? ¿Tales ridiculeces son capaces de compensar las agudezas de Beaumarchais, de que apenas nos dejan uds. oír una palabra?

El razonamiento de Castagnino, "Si el teatro mantiene espectáculos de calidad no escasean los auditorios. Pero si solo los ofrece mediocres o malos, el favorecido, lógicamente, es el circo" (1944: 278) debe implicar, entonces, que cuando el público elegía este último lo hacía con la expectativa de encontrar un espectáculo "otro" y no, como podría suponerse, un "teatro inferior" o "decadente" al que debía asistir con resignación.

Otro punto que debe asumirse –en tanto contribuye a entender la heterogeneidad social del público– es el carácter "foráneo" del fenómeno circense en este período, en el que los volatineros españoles de fines de la colonia y sus discípulos criollos fueron reemplazados por compañías que montaron un espectáculo complejo, con grandes elencos y despliegue visual (especialmente en lo que respecta a los números ecuestres). La ausencia de registros acerca del circo en relatos testimoniales de la época (es el caso de los viajeros ingleses) o en memorias, si se exceptúa a "Un inglés" (1962) y Wilde (1960), así como la esporádica cobertura periodística de estos eventos, corrobora el carácter germinal de esta disciplina artística en el Río de la Plata de los primeros años desde la revolución. Halperín Donghi (1972: 72) señalaba la falta de una "abigarrada riqueza de cultura popular", cuyas notas corresponden a sociedades en las que el escaso desarrollo económico social queda inmerso en un acelerado proceso de avances comerciales; así, las carencias en la propia cultura popular son correlativas de "una extrema vulnerabilidad a las innovaciones". El circo se constituyó en un espectáculo en el que las nuevas capas de público provenientes de sectores medios pudieron contemplar la conjunción de jinetes extranjeros sobre el telón de fondo de un universo rural sugerido en las destrezas ecuestres, universo que sentaría las bases, décadas después, para la constitución de un teatro nacional.

Notas

[1] "Introdujo también esta compañía [Laforest-Smith] el uso del trampolín, que era esa conocida (ahora) tabla de madera elástica, con cortes longitudinales en el medio, para aumentar esa condición. Y Hoffmaster, con violentos saltos hacia delante, proyectado con fuerza por ese aparato, pasaba por sobre caballos, etcétera, y al fin por sobre ´24 soldados con sus fusiles cruzados, provistos de sus bayonetas´, y los cuales ´hacían fuego en el momento de pasar por sobre las armas´, dando el salto." (Bosch, 1944: 160)

•••

2.5.4. Formas parateatrales. El carnaval y las fiestas

Por Perla Zayas de Lima

A principios del siglo XIX comenzó a manifestase en el virreinato del Río de la Plata una clara voluntad de independencia política: el proceso de militarización iniciado por esos años tuvo su consolidación en la Revolución de Mayo de 1810. Pero esta independencia política no se dio simultáneamente con la independencia cultural: el estudio de los comportamientos sociales revelan cómo aún hacia 1830 gran parte de las costumbres, tradiciones y espectáculos parateatrales permanecían todavía ligados a la cultura colonial.

El concepto "parateatral" conlleva aquí la idea de límite, frontera y proximidad con el teatro y no una carga valorativa, lo que implica una mirada integradora entre ambos campos. Las fuentes empleadas para analizar la primera de las formas son variadas y heterogéneas: cartas, contratos, cuadros, programas, comentarios periodísticos, relatos de viajeros, historias y anuarios teatrales. La selección e interpretación de los datos brindados permiten revelar cómo aquellas manifestaciones lúdicas y colectivas contribuyeron no sólo a enriquecer el imaginario porteño de entonces, sino que, elaboradas a lo largo de casi dos siglos –al menos, una gran parte de ellas– continúan siendo operantes.

Junto con los espectáculos teatrales (representación de un texto) se ofrecían espectáculos cinéticos parateatrales que abarcaban el circo, la danza y los espectáculos deportivos; los espectáculos narrativos parateatrales, como la oratoria profana y sagrada, y la recitación; sin vinculación con textos literarios, se presentaban también actos de prestidigitación, ventriloquia, gimnasia y pantomima; las tradiciones populares, en las que aparecían conjugados lo hispano y lo americano, como pesebres, riñas de gallos, corridas de toros, que fueron prohibidas definitivamente en 1819, procesiones, y carnestolendas (Zayas de Lima, 1999).

Aun analizando sólo dos de estas manifestaciones, el carnaval y las fiestas, se observa cómo las vicisitudes políticas favorecieron cambios tanto en el campo de la producción como en el de la recepción, y asimismo, cómo su desarrollo estuvo condicionado por el espacio material que las contenía.

I. Fiestas privadas

En la lectura de los testimonios de los viajeros ingleses, como Robertson, Proctor, Haigh, Gillespie y Andrews, quienes visitaron Buenos Aires entre 1806 y 1930, puede apreciarse que en sus relatos la ciudad, como escenario de las formas parateatrales, aparece pintada con rasgos sombríos: casas chatas, calles enlodadas e invadidas de ratas y otras sabandijas en las noches oscuras, lo que dificultaba hasta el paseo a caballo de los jóvenes que salían en busca de entretenimiento. Este panorama determinó, en gran medida, la práctica de las fiestas privadas, sobre todo, en las clases altas.

Además de su inclinación por los juegos de azar, los habitantes de Buenos Aires fueron apasionados por la música, y una de sus principales diversiones fue cantar y bailar, lo que en parte determinó que fueran calificados como "liberales" (Brackenridge, 1988: 194). En los salones, todos danzaban en las tertulias casi cotidianas, el vals, el minué y la contradanza (Gálvez 1942; González Bernaldo, 1997); los jóvenes de ambos sexos ejecutaban el clave y el piano, y muchos de los abogados o médicos pertenecientes a esas familias patricias alternaban el ejercicio de su profesión con la práctica de la flauta, el violín o la guitarra. La mayoría de las mujeres que conformaban las clases más pudientes dominaban tanto las danzas francesas como españolas. También fueron privados los bailes de etiqueta organizados en la Sala Capitular del Cabildo en ocasión de las fiestas patrias, realizados al margen de los bailes populares.

II. Fiestas públicas, étnicas, cívicas y religiosas

Paralelamente a estos conciertos instrumentales, recitales de canto y práctica de danzas de origen europeo cultivados en la intimidad en ámbitos cerrados, la música, el canto y el baile funcionaron como elementos aglutinantes entre los diversos miembros de la sociedad. En ocasión de festejos religiosos y políticos la población salía a la calle, y las celebraciones públicas eran animadas por bandas y conjuntos de negros y mulatos, integrantes de una comunidad racial y cultural cuyo porcentaje dentro de la población urbana había trepado a un 33 % en

1810. El candombe practicado al aire libre, sin pautas fijas o reglas de comportamiento para actores y espectadores, se siguió celebrando a pesar de las protestas religiosas, debido al alto porcentaje de los integrantes de las llamadas "naciones africanas" que reunían a esclavos y libertos. El término candombe designa tanto la danza como la reunión en la que se danza, por extensión indica el grupo que se reúne para danzar y, lo más importante, "la red de relaciones que se construye sobre los vínculos de solidaridad étnica". (González Bernaldo, 1999: 159)

Cada nación cantaba y bailaba en sus sedes; si bien todos utilizaban los mismos instrumentos de percusión,[1] la coreografía ofrecía variantes: mientras unas naciones recreaban el círculo ritual, otras partían del enfrentamiento de dos filas. Tal como señala Rossi (1958), a diferencia de lo que sucedía en Montevideo, las sociedades africanas que hacia 1821 se establecieron en Buenos Aires (Cubunda, Bangala, Moros, Rubolo, Angola, Conga, Mina, Hombé, Bamba, Hambuero, etc.) convirtieron lo que era una fiesta pacífica en una manifestación ruidosa. Sus reuniones no eran celebradas en lugares privados donde sólo podían tomar parte los integrantes de la comunidad, sino que los terrenos baldíos fueron el espacio elegido. En ellos, los domingos y días festivos del calendario africano –especialmente en los días de San Baltasar, San Benito y Santa Bárbara– se bailaba al son del tambor y se bebía en abundancia, provocando la irritación de las autoridades y de la "gente decente". A raíz de estos encuentros las autoridades tomaron medidas y a partir de 1820 aumentaron las detenciones de aquellos que danzaban en la calle y en 1822 la prohibición del baile en dicho espacio se legisló a través de cuatro decretos.

Fueron las mujeres de las familias patricias quienes desempeñaron un papel protagónico en lo concerniente a la celebración de las fiestas religiosas, que continuaron las tradiciones del Buenos Aires colonial (Torre Revello, 1943), en especial la del Corpus Christi, aunque el esplendor de éstas había ido paulatinamente decayendo a partir de la Revolución de Mayo. Hacia 1826, para los viajeros extranjeros, "en los festivales religiosos, el despliegue de platería y piedras preciosas sobrepasa, a veces, el esplendor observado en las ciudades católicas de Europa" (Beaumont, 1957: 107). En la celebración del día del patrono de Buenos Aires, por ejemplo, al novenario solemne que finalizaba con las cuarenta horas, el paseo del pendón, la misa cantada, el sermón, y la procesión alrededor de la Plaza Mayor cuyas calles se engalanaban con las vistosas colgaduras que adornaban las fachadas de las casas, le seguían festejos populares profanos (corridas de toros, hasta 1819), que también coronaban otras celebraciones religiosas como las de Santa Clara y Santo Domingo. En el siglo XVIII, también formaron parte de las "diversiones" la representación de comedias en tablados.

Así como lo profano se incorporaba para dar fin a un acto religioso, lo religioso siempre presidía las conmemoraciones cívicas: en 1913 se realizó la primera celebración oficial de las fiestas mayas y también se cantó por primera vez el Himno Nacional en público en la Casa de Comedias. El programa de los festejos de un 25 de mayo estaba compuesto de las siguientes actividades: se iniciaba con el Tedeum, al que seguía la formación militar con salvas en la plaza de la Victoria, algunos escolares vestidos con los colores patrios danzaban en tablados al pie de la Pirámide de Mayo, otros recitaban relaciones, y hasta el anochecer tenían lugar los juegos en los que participaba toda la comunidad (palo enjabonado, rompecalabazas, calesita), momento en el que comenzaban la música, los fuegos de artificio, sorteos y juegos con cohetes y globos.

A partir de 1813 los actos, solventados por el erario, se extendieron desde el día 23 al 26 y tuvieron una significativa impronta popular: profuso embanderamiento e iluminación, concursos, fastuosas ceremonias en las iglesias, liberación de esclavos. Las fiestas de mayo –narradas detalladamente por el uruguayo Bartolomé Hidalgo– revelan cómo las procesiones con imágenes religiosas, hacia 1822, fueron sustituidas por desfiles con figuras alegóricas patrióticas. Los arcos estaban adornados con luces y flores, mientras en la plaza resonaban cañonazos, se ejecutaba música y danzas, junto con funciones de comedias y los juegos antes mencionados. Esta y otras fiestas cívicas comenzaron también a celebrarse con banquetes, discursos y brindis en ámbitos privados a partir de 1820.

La preocupación por dotar a Buenos Aires de lugares de esparcimiento se manifestó en obras concretas llevadas a cabo, a pesar de las graves dificultades económicas y políticas, con el apoyo de vastos sectores de la sociedad. Así surgieron el Paseo de la Alameda, donde se realizaban las carreras de sortijas, y un Parque de Diversiones inaugurado en 1828.

A partir de 1829, mientras en el teatro volvieron a tener cabida los viejos dramas castellanos y la tonadilla, se verificó un auge del circo y del arte lírico. Las masas populares avanzaron sobre espacios que antes habían sido ocupados por miembros de las clases más cultivadas, inclusive se adueñan de las calles más céntricas para organizar sus espectáculos parateatrales y revivir sus tradiciones.

III. El carnaval

Esta celebración popular había sobrevivido desde la colonia a las criticas, a la censura y hasta a las prohibiciones. Poco después de 1810, la costumbre de jugar de modo rudo con agua recolectada en distintos recipientes y hasta en huevos de avestruz era aún practicada por hombres y mujeres de distintas clases sociales. En la sesión del 22 de febrero de 1811, los ediles del Cabildo de Buenos Aires propusieron no tolerar más la costumbre "bárbara del Carnaval" (se refieren específicamente a los juegos) y ofrecer al pueblo, como diversión compensatoria, corridas de toros con entrada franca en la Plaza Mayor, la iluminación de las Casas Capitulares, la actuación de bandas de música de los regimientos en distintos parajes públicos; y "que pueda salir por las calles todo género de mojiganga, y bailarse por las Plazas y parajes públicos por todo género de personas, pero sin que en ninguno de estos actos se use agua, huevos de olor, ni demás que se usaba en Carnaval". (Torre Revello, 1943: 194-195)

Durante la gestión de Bernardino Rivadavia renació la oposición al carnaval. Para el gobernante se trataba de un vestigio de la barbarie colonial; para los periódicos como *El Argos* y *La Gaceta Mercantil*, de una costumbre inmoral; para los viajeros ingleses, de un conjunto de excesos que lindaban en la locura. Es que las costumbres "bárbaras" se habían enraizado en las prácticas sociales y de ellas participaban desde los esclavos hasta los jóvenes pertenecientes a las "familias decentes": desde el mediodía, y partir dc un cañonazo disparado en la fortaleza, se llegaban hasta el centro trayendo en sus carretas, barricas, tachos, huevos de avestruz llenos de agua, pintura, harina, y hasta escaleras para penetrar en las casas donde "enharinaban de bermellón salas suntuosas, husmeaban alcobas, manoseaban mujeres" (Zayas de

Lima, 1999: 17). En consecuencia, durante el carnaval, según el diario *El Pampero* (26/2/1829) "ningún hombre enemigo de las torpezas que él ocasiona, ninguna señora decente, ninguno que no quiera ser expuesto a recibir un diluvio repentino, puede salir a la calle en ese día de desenfreno". La paradoja es que mientras desde el púlpito y el periodismo se condenaba la barbarie, la misma policía participaba de los juegos. De hecho, las opiniones acerca de mantener o no estas celebraciones, aún entre las figuras prominentes de la sociedad y la política, estaban divididas: mientras públicamente se manifestaban a favor, entre otros, Miguel Stanislao Soler, Manuel Dorrego, Lucio Mansilla y Juan Bautista Alberdi, Tomás Guido lo calificó de "costumbre semibárbara ajena de un pueblo culto y tan peligrosa por sus resultados como opuesta a la moral" (Fragmento del texto del afiche exhibido en la ciudad en 1830).[2] En 1932 Juan Ramón Balcarce, a través de un edicto del 29 de febrero permitió jugar con moderación pero prohibió el uso de máscaras y el asalto de casas o azoteas. Sin embargo, a pesar de las protestas, reglamentaciones y edictos, los juegos rudos, insultos y ostentación de armas como parte de la celebración, siguieron vigentes, aún durante el primer gobierno de Rosas.

Notas

[1] Una precisa descripción del instrumental africano aparece en Rossi (1958: 241-244).

[2] El texto completo del Oficio que el ministro Tomás Guido enviara a la Jefatura el 3 de febrero de 1830 aparece en Puccia (1974: 19-20).

•••

III• Teatro de intertexto romántico y continuidad de la gauchesca (c. 1835-1853)

3.1. Contexto socio-histórico. Campo de poder y teatro

por Martín Rodríguez

1. Los intelectuales y el rosismo

En la Buenos Aires de mediados del siglo XIX estaba lejos de constituirse y desarrollarse un "mercado de bienes simbólicos", condición necesaria para la autonomización de todo campo intelectual. Ante esa ausencia y bajo un régimen político de innegables rasgos autoritarios, los intelectuales no podían sino "duplicar" las tensiones relativas a las diferentes políticas del poder. Sin embargo, esa duplicación no era directa sino que se producía a través de diversas mediaciones –redes de lecturas, formas de agrupación, estrategias para aproximarse o para combatir el poder político tales como diarios y revistas, ideologemas y sentimientos compartidos– que, de algún modo, hicieron posible el proceso de autonomización posterior. Luego de un breve primer período en el cual los "jóvenes intelectuales" que se habían reunido en el Salón Literario de Marcos Sastre (junio de 1837)[1] intentaron –con variantes individuales–, aproximarse al gobierno de Rosas,[2] se produjo un alejamiento que hallaría su detonante en el conflicto con Francia de 1838 y que daría comienzo a una feroz guerra de prensa desde el exilio.[3] La lucha contra Rosas –que bien podría resumirse en la dicotomía civilización-barbarie que Sarmiento se encargó de sistematizar y divulgar–, operó como elemento aglutinante de la oposición. Esa dicotomía tuvo un rol articulador entre los miembros de la elite letrada, y organizó todo un complejo sistema de oposiciones y alianzas. Rosas, pero también la "generación pasada", Pedro De Angelis, el mundo hispánico,[4] la juventud "frívola" y los caudillos, fueron los diversos "otros" contra los cuales estos intelectuales se constituyeron como grupo diferenciado. De ahí las distintas posiciones que adoptaron frente a una sociedad que los rechazaba –y a la que ellos rechazaban– y los diversos modos de representación de esa "otredad" que diseñaron. Si la exclusión de la esfera estatal generó formas artísticas, el deseo de integrarse al poder político no podía dejar de contaminar dichas formas de política: es posible observar cómo se configuró una "estética" de lo bárbaro que halló su origen en la exclusión obligada y en torno a la cual se organizaron la prensa y la literatura antirrosistas.

Desde el momento de su constitución, el Salón Literario comenzó a operar como una suerte de "gabinete en las sombras", elaborando programas alternativos de gobierno en diversos planos –político, económico, social–, centrándose especialmente en cuestiones de carácter cultural y en la necesidad de favorecer la afluencia inmigratoria. Lo que más valoraban del gobierno de Rosas era el orden, fundamental para el desarrollo de su plan de reformas pacíficas. Sin embargo, sus coqueteos con el poder se vieron prontamente frustrados y, frente a la exclusión del universo de la política, optarían por distintos "caminos de salvación". Era indudable que el capital cultural y simbólico que poseían lejos de ser un instrumento de acceso al poder político, sólo sirvió para distanciarlos del mismo y de su radical anti-intelectualismo.

El "habitus" de la elite letrada opositora al régimen rosista se configuró de acuerdo a dos aspectos básicos: en primer lugar, la idea, de procedencia colonial, de que los letrados tenían derecho al lugar más eminente en la sociedad y, en segundo lugar, la idea de procedencia revolucionaria de que el destino más adecuado para ellos era la política. Se conformaba de este modo un "horizonte de expectativa" dentro de esta elite, un conjunto de deseos que finalmente no se vieron satisfechos. La imposibilidad de ingresar en un sistema político manifiestamente hostil hacia ese grupo generó en él un marcado resentimiento, que redundó en un estilo de escritura –en algunos casos fuertemente irónico– y en una forma particular de producción intelectual. Ya no se trataba de "adaptar" el pensamiento al orden instituido, sino de pensar "fuera" de ese orden: de este modo se produjo una primera y relativa autonomización de los intelectuales respecto del campo de poder. Surgió, entonces, una suerte de "casta sacerdotal", cuyo modo de expresión esencial fue la profecía en sus dos modalidades básicas: la utopía, que hallaría su concreción –según su visión– una vez desaparecido Rosas del poder, y la distopía, es decir, la perpetuación eterna del despotismo rosista y de su barbarie sistemática, "alucinaciones" ambas de un cuerpo reprimido y negado. Tanto una como otra modalidad encontraban en el rosismo –más específicamente en las representaciones del rosismo que esta elite había elaborado– su principio estructurante.

Construyó la imagen de Rosas y de la barbarie, y textos como *Amalia* o el *Facundo* –ficcionalización mediante– resultan, en este sentido, ejemplares. Dice el narrador de *Amalia* –suerte de "embrague" del pensamiento de José Mármol y de su grupo de pertenencia– cuando abandona la voz del "romancista" y asume la del "historiador" en referencia al gobierno rosista:

> Pero, ¿cómo ha existido?, ¿cómo se ha sostenido contra el torrente de la voluntad de todos? He aquí la cuestión, he aquí el estudio filosófico de ese gobierno. Una labor inaudita empleada con perseverancia en el espacio de muchos años para relajar todos los vínculos sociales, poniendo en anarquía las clases, las familias y los individuos, estableciendo y premiando la delación como virtud cívica en la clase ignorante e inclinada al mal de sus semejantes; escudándose siempre con esa palabra Federación, encubridora de todos los delitos, de todos los vicios, de todas las subversiones morales, es el sistema de Rosas. Tales han sido los primeros medios empleados por él para debilitar la fuerza sintética del pueblo, cortando en el todos los lazos de comunidad y dejando una sociedad de individuos aislados, para ejercer sobre ellos su bárbaro poder. (Mármol, 1960: 356)

Mármol utilizó una trama "policial" para "explicar" el porqué de la persistencia de Rosas en el poder, para mostrar los mecanismos de los que se valía para controlar al pueblo, como así también para reaccionar contra las clases populares que apoyaban al gobierno y en cuya irrupción veía un atentado contra la vida privada. Sin embargo, y a pesar del pesimismo que se percibe en el texto, estos intelectuales sentían la proximidad de los tiempos "en que el ideal llegaría a ser la realidad misma", tal era la fe que tenían en el progreso.[5] Sólo de ese modo es posible comprender qué los incitaba a planificar desde el exilio los destinos futuros del país, a producir textos, muchos de los cuales –como el *Facundo*, las *Bases* de Alberdi y *Argirópolis*– serían fundacionales de la literatura nacional en algunos casos y, en otros, de la nación argentina concebida como nación moderna.

De la situación de "marginalidad" en la que se hallaba la elite letrada surgiría el intelectual crítico, hijo de la exclusión del poder político –que a veces era también exclusión "social"–. Por su parte, también la opinión pública rosista diseñó figuras de exclusión y utilizó diversos mecanismos de representación de la "otredad" para legitimar la represión. Una figura fundamental para entender cómo concebía a los opositores, fue –según señala Myers (1995: 52-55)– la del conspirador:

> En su prosecución de esta tarea, los publicistas del rosismo acudieron a un *topos* que ya había alcanzado una muy amplia difusión durante los períodos revolucionario y rivadaviano: la imagen de procedencia ciceroniana o salustiana del conspirador antirrepublicano. El aspecto más significativo de este uso reiterado de una imaginería ciceroniana/salustiana para describir a los enemigos del orden rosista es que alude no tanto al rebelde social de origen popular cuanto al conspirador aristocrático... El rosismo, sin prescindir enteramente de referencias que colocaran el origen del desorden sociopolítico en el ámbito de las mismas fuerzas sociales –populares– que la Revolución había desencadenado, propendería a representar la voluntad conspiradora como una rebelión aristocrática dirigida a poner fin a un orden legal cuya legitimidad se originaba en la voluntad soberana del Pueblo... Sería a través del modelo catilinario que los escritores del rosismo elaborarían una imagen arquetípica del "unitario" en los años posteriores a la sublevación de

> Lavalle, en la cual condensarían todos aquellos atributos negativos que ya aparecían enunciados en la referencia romana. A partir de 1829, el "unitario" se convirtió en el arquetipo de la subversión, en un portador de todos los aspectos negativos del proceso revolucionario instaurado en 1810, y, en tanto tal, su figura serviría para designar a grupos cada vez más amplios y cada vez menos vinculados –en cuanto a su identidad ideológica concreta– al movimiento político de ese nombre.

Según Myers (1995), tres fueron los rasgos definitorios y diferenciales atribuidos al "salvaje unitario":

1) Su carácter elitista en el seno de una sociedad plebeya, su marcada tendencia aristocratizante y extranjerizante, que contrastaba con el antiintelectualismo y el "nacionalismo" nativista del discurso rosista.

2) Su propensión innata a la rebelión.

3) Su alienación radical, según la cual eran representados como irracionales, perversos y herejes, representación que se realizaba en términos concretos, no retóricos.

Esta imagen arquetípica del "unitario" operaba como una "forma" que podía ser llenada por "contenidos" diferentes de acuerdo a quiénes fueran los opositores políticos de turno, permitiendo construir a partir de un mundo de individuos y grupos sociales más o menos diferenciados, una imagen homogénea y de fácil asimilación, que se resumía en la oposición "santa federación vs. salvages unitarios".

Estas circunstancias fueron, en parte, las que alimentaron el proceso de creación del campo intelectual. Un no del todo deseado proceso de autonomización se combinó con el instinto gregario que se desarrolló ante la presencia de un enemigo común –Rosas y la barbarie, principio y fin de su gobierno– y juntos constituyeron la primera fase de su conformación, que se completó sólo con la aparición de un mercado de bienes simbólicos a fines del siglo XIX y principios del XX. La unión que resultó de este proceso funcionó como un mecanismo de reparación simbólica y, en muchos casos, como medio de subsistencia. El campo intelectual en gestación se convirtió, de este modo, en una suerte de purgatorio en el que se refugiaron los expulsados del firmamento político. La fuerza centrípeta que los alejaba del poder central, y el rechazo del que fueron víctimas, irradió intelectuales, literatos y poetas, muchos de los cuales buscaron, con el paso del tiempo, constituirse en "nueva clase" y que, poco a poco, lograron convertirse, mediante una serie de pactos y alianzas, en el grupo dirigente. En este proceso de aglutinamiento, la posesión de un cierto capital cultural y simbólico se volvió esencial. Carentes de poder político, privados del control del aparato represivo, como así también del poder económico y exiliados de su patria, buscaron capitalizarse simbólicamente o, al menos, asignarle al capital cultural y simbólico adquirido previamente un lugar central: ante la imposibilidad de comulgar con el régimen, sólo les restaba comulgar con el universo de las ideas. Es así como la exclusión de la vida política produjo, si no la reclusión absoluta en un mundo libresco, al menos un mayor acercamiento a ese mundo. Se configuró una amplia red de lecturas, un circuito de apropiaciones más o menos mecánicas de teorías, ideas y modos de representación procedentes de Europa, que tenían una finalidad política, ya que si en ese universo de las ideas la Revolución de Mayo había hallado su fundamento, transitivamente, ese mismo universo debería hacer posible, en un plazo más o menos largo, el fin del orden rosista, aún de manera indirecta, por ejemplo a través de los "valores estéticos", que ocupaban un lugar central en el imaginario vinculado al cambio social de los exiliados. Esta valorización de la estética como instrumento de cambio social surgió como producto del mencionado proceso de autonomización "obligada". Si la moda pasó a ocupar un rol dominante en la configuración de la identidad, si en ausencia de la política lo estético aumentó su valor, el cuerpo y la casa, –su evidente prolongación– se convirtieron en los principales soportes de esa identidad, de esa "estética" que, ante la imposibilidad de acceder a la vida política, se volvió tan "política" ella misma. Por ejemplo, la trascendencia de *Amalia* y de la estética de la cual es portadora, es también un hecho político. Sin dudas, tanto el "comercio de ideas" como el "comercio de objetos" –vinculado a esta idea de "moda" a la que hacíamos referencia–, eran coherentes con los cambios que se estaban produciendo en el mundo, ya que la burguesía, una vez afianzada en los países centrales, volvía a requerir de la expansión colonial –de la exportación de objetos e ideas– con la misma intensidad que en los tiempos de la acumulación primitiva.

Ahora bien, si a través de la moda estos jóvenes buscaban construir una imagen propia diferente de la imagen del otro, mediante la "apropiación" de la estética romántica, de sus tópicos y procedimientos, crearían modos "literarios" de representar a Rosas y a la barbarie "local". En un período muy breve, se fue constituyendo una verdadera "retórica" de la barbarie, un conjunto de procedimientos, tópicos, ideologemas y series lexicales para referirse a ella. Un ejemplo es el uso que intelectuales como Mármol, Claudio Mamerto Cuenca, Heraclio Fajardo y Sarmiento hicieron de la metáfora de lo "oriental", que halla su origen en formas "importadas" pero también en un cuerpo reprimido y privado de los goces del tan añorado poder político.

La elite letrada adoptó estrategias para hacer de la figura de Rosas –y de la barbarie en que su poder se sostenía– algo "vendible", un objeto asimilable por parte del lector de los países centrales. Esas estrategias no eran casuales: dentro de su imaginario existía la idea de que el libro era una vía de consagración, que funcionaba como carta de presentación en Europa, era el objeto que hacía posible y justificaba el viaje iniciático, que permitía establecer un contacto directo con ese "trasmundo" de las ideas.

Sus lecturas, además de proporcionar retóricas y modos de representación del "otro", redundaron también en una serie de opciones filosóficas, por cierto no del todo desligadas de las cuestiones estéticas mencionadas: la opción por el historicismo –frente a las variantes iluministas que, aunque residuales desde un punto de vista filosófico, seguían operando activamente y regían la mayor parte de las acciones del grupo opositor– fue una muestra de aceptación, de resignación frente a un orden que en muchos casos era percibido como inmodificable en la "corta duración" (Braudel: 1958).[6] La explicación historicista se constituyó, entonces, en el medio que buscaba reparar o justificar en el "paraíso artificial" de las ideas –especialmente la idea de Progreso– o de la estética, aquello que no podía ser solucionado en el mundo terrenal: si no era posible oponerse a la Historia, sólo restaba acompañar su curso.[7] Ahora bien, si el historicismo se basaba en la idea de que los gobernantes eran hijos de los pueblos que los producían, si Rosas era el más fiel representante del "estado de cosas", los intelectuales no podían dejar de elaborar una imagen de "pueblo" y de "sociedad" en la cual el rosismo hallara su explicación y su razón de ser. Con el rosismo se produjo un ascenso y consolidación de la oligarquía terrateniente, que a ojos de la elite que se nucleó en el Salón, redundó en una ruralización de la sociedad, del ámbito urbano en que ella se ubicaba y del poder en que se sostenía. Es posible encontrar en la producción escrita de este grupo un rechazo sistemático a la proximidad "física", a la cercanía de las clases populares.[8] Esta proximidad de los caracteres cuyas costumbres y modos de vida hallaban su origen en el ámbito rural, percibida en sí misma como vejatoria, se acentuaba en lo que constituyó un tópico de la literatura y de la prensa escrita del período: la irrupción en el espacio privado, presente en *El matadero* de Esteban Echeverría, pero también en *Amalia*, de José Mármol o en *Una víctima de Rosas*, de Francisco Javier de Acha, por mencionar tres casos diversos.[9]

En oposición a esa visión decididamente negativa del campo y de sus habitantes y la más negativa aún de la ruralización del ámbito urbano, se percibe en el discurso opositor un marcado agrarismo, según el cual el mundo rural, a diferencia del mundo "corrompido" de la industria y el comercio, era fuente de valores y de moral (Myers, 1995: 51-52):

> Los publicistas del rosismo siguieron una estrategia de discusión que subrayaría sistemáticamente la relación especial del gobernador con los valores del mundo agrario, invocando en la consecución de esa tarea un amplio repertorio de figuras e imágenes clásicas, de entre las cuales la preferida –como no debería sorprender– fue la de Cincinato. El discurso agrarista del rosismo se expresaría de forma preponderante a través de esta figura que parecía reunir todos los elementos fundamentales de una interpretación republicana. El retrato de Rosas como Cincinato permitía enfatizar la concentración en su persona de los valores tradicionales de laboriosidad, frugalidad, franqueza e intrepidez frente a los obstáculos que la literatura romana asignaba al mundo rural, y al mismo tiempo permitía evocar la íntima relación entre aquellos atributos y la *virtus* ciudadana sin la cual la República estaría ineluctablemente condenada a sucumbir. Rosas, en el contexto de la disolución del orden tradicional rioplatense –como Cincinato en el mito rela-

tado por Livio y Plutarco–, era transformado, por así decirlo, en el único verdadero campesino y en el único verdadero ciudadano.

Pero esa no era la única función del agrarismo que, junto con ésta, de carácter moral, detectaba una función histórica: la de construir una genealogía en la cual el gobierno rosista hallara su origen. Mediante una serie de tópicos nativistas, se situaba el origen de la moral y el poder rosista en un mundo rural idílico que el proceso revolucionario se habría encargado de corromper y disolver. Esta "superestructura" hallaba su base y fundamento –con todas las mediaciones del caso– en las "estructuras" económicas del régimen, que a su vez encontraban en ella su sustento ideológico. Frente al mundo civilizador del comercio y la industria –actividades predominantemente urbanas– reivindicado por los intelectuales de la oposición, el gobierno rosista colocaba los valores del mundo rural, y frente al "mito de origen" que situaba el nacimiento de la nación en la Revolución de Mayo y que hallaba su complemento en la llamada "hispanofobia", el rosismo creó una genealogía alternativa según la cual el origen de la legitimidad del orden instaurado por Rosas se situaba en ese mundo rural idealizado que la revolución había disuelto y que era necesario "restaurar".

Una consecuencia de este agrarismo fue el "americanismo" rosista. El llamado "sistema americano" que Rosas adoptó, halló su contrapartida en el humanismo "europeizante" de la elite letrada. Esta oposición entre americanismo y humanismo, cercana en muchos puntos a la dicotomía civilización y barbarie, fue motivo de polémicas más o menos intensas y de acusaciones mutuas entre los dos grupos en pugna. Si bien el "americanismo" no siempre halló –como asegura Halperín Donghi– su plasmación en la práctica, es innegable la fuerte presencia de tópicos americanistas en la producción discursiva de la opinión pública favorable al régimen. Como contrapartida, la "elite letrada" buscó la exclusividad en el comercio con el trasmundo de las ideas –que hallaba su espacio "físico" y "simbólico" en Europa–. En ese comercio, la palabra de la oposición hallaba su legitimación y su verdad, su fuerza y su poder, poder que fue reconocido por el rosismo que llegó incluso a atribuirle a la palabra "unitaria" facultades casi mágicas. Si el Estado se atribuía el derecho de ejercer la violencia con y sobre los cuerpos, a los otros sólo les quedaba la violencia verbal: no es casual la importancia que Alberdi le daba a la ironía, a la que le confería el poder de herir más que una bala. En el "país de la carne", idea ligada al agrarismo rosista –que aparecía como tópico tanto en los textos favorables al régimen como en los de la oposición– la elite letrada era condenada a un riguroso "vegetarianismo" político: de ahí su rechazo por la carne y por el cuerpo, bíblicamente expresado por Echeverría en *El matadero*, e inversamente proporcional a la extrema valorización que los intelectuales del período hacían de la palabra de la cual el rosismo estaba privado. Son numerosas las referencias al "silencio" federal en los textos de la oposición, "silencio" que se hallaba vinculado a cuestiones de carácter epistemológico percibibles, por ejemplo –y con las mediaciones del caso– en textos "fundacionales" como *Facundo* y *Amalia*. Dentro de la pluralidad y de las múltiples combinaciones existentes, es posible reconocer en el discurso de esta "elite" tres formas de conocimiento básicas: el "empirismo" federal, el "racionalismo" a ultranza de los unitarios –ligado a la extrema valorización de la palabra y de la argumentación– y el "eclecticismo" que definía a sus integrantes, todas ellas relativamente ligadas a concepciones filosóficas y a prácticas políticas concretas. Mediante esta delimitación de formas de conocimiento, mediante el establecimiento de estas fronteras "epistemológicas", la generación del 37 buscó diferenciarse de la federación rosista, pero también del pensamiento iluminista rivadaviano.

En este proceso se fueron configurando y asentando dos matrices de constitución de "otredades" contrapuestas:

1) "Otredad" intelectual: mientras que para los intelectuales del Salón Literario el régimen rosista se caracterizaba por la ignorancia –salvo Pedro De Angelis, que aparecía como único representante de la "otredad" intelectual–, el rosismo criticaba duramente el aristocratismo y el intelectualismo de la "elite letrada". La dicotomía "empirismo" y "racionalismo" también definen todo un campo de oposiciones en el que la intelectualidad buscaba diferenciarse tanto de la federación rosista como del racionalismo a ultranza de los "unitarios".

2) "Otredad" política: dos fórmulas eran las que definían este campo de tensiones. Por un lado, la fórmula civilización y barbarie, que situaba espacial y simbólicamente a la civilización en la ciudad y a la

barbarie inorgánica en el ámbito rural –aunque con Rosas aquel pasaría a contaminarse de lo rural y la barbarie inorgánica pasaría a convertirse en sistema–. Por otro lado, la oposición federales y unitarios rediseñada por el rosismo, que colocaba en el polo "unitario" todos los males posibles: locura, desprecio por la ley y voluntad de atentar contra el orden establecido.

3) "Otredad" social: mientras que la elite letrada se refugiaba en sus códigos y costumbres –de ahí la importancia que adquirió para ellos la "moda"– y destacaba los valores asociados a la industria y el comercio despreciando los hábitos rurales del rosismo, los federales hacían una exaltación del mundo agrario, origen de moral y de buenas costumbres y veían en el cosmopolitismo de la oposición y en las actividades económicas que estos privilegiaban una fuente de desorden y de corrupción de las costumbres.

En este sistema de exclusiones discursivas y físicas, comenzó a constituirse, en primer lugar, la figura del intelectual crítico y luego, el campo intelectual que, con la aparición del mercado de bienes simbólicos, halló su configuración definitiva. De todos modos, el cuerpo no hallaría su satisfacción plena en ese espacio "semiautónomo" que se estaba constituyendo, ya que ser "intelectual" no era –para una gran parte de los miembros de esta elite– un fin en sí mismo, sino un paso previo –o más precisamente intermedio– para acceder a posiciones de poder. Así, si bien comenzaron a aparecer formas relativamente autónomas, ellas no podían dejar de estar fuertemente atravesadas por lo político y "duplicar" las tensiones generadas desde el campo de poder. Sólo con la desaparición de Rosas de la escena política comenzó a producirse una separación entre la figura del político y la del literato que hasta ese momento habían permanecido invariablemente juntas.

2. Los intelectuales y el teatro

Los textos dramáticos de la época "objetivaron"[10] –con las mediaciones estéticas e ideológicas de cada caso– las idas y vueltas de los intelectuales, sus contradicciones, que los textos autobiográficos no siempre logran borrar. Un ejemplo de lo antedicho es la producción dramática de Claudio Mamerto Cuenca, quien pasó de escribir un texto como *Don Tadeo* (1837), en el que se percibe una actitud reformista y didáctica acorde con pensamiento del Salón, en especial con pensamiento alberdiano, a una obra decididamente opositora como *Muza* (1850) –que no llegó a concluir– en la cual el tema de Oriente es utilizado –tal como lo había hecho Mármol en *El cruzado* (1842)– como metáfora para referirse al despotismo del gobierno rosista. En estas dos obras es posible percibir el vuelco que se produjo entre los intelectuales: Cuenca permaneció en Buenos Aires, pero su encono contra Rosas se hace perfectamente visible en *Muza* y en sus textos poéticos. Se puede afirmar que la producción dramática de ese momento –generada casi por completo en el exilio–, es un desprendimiento de la elite letrada, más precisamente del Salón Literario.

Para los autores de la época el teatro era una actividad "secundaria", subordinada a la actividad política, que –al igual que el discurso político vinculado a la prensa periódica– sintetizaba de modos diversos una serie de saberes y discursos externos al mismo que lesionaban su autonomía. Había, por ejemplo, una traslación casi "directa" del discurso republicano al que, sin embargo, además de las funciones "políticas" que le eran propias, se le atribuía una función atípica: representar el habla del ámbito privado, aún el discurso sentimental o amoroso.

Hay en esa producción dramática dos etapas: la primera, anterior a 1838, y la segunda posterior al bloqueo francés. En la primera se encuentra un sólo texto dramático de autor nacional: *Don Tadeo*, de Claudio Cuenca, escrito en un período de "optimismo" –que abarca del año 1837 a 1838– en el que estos jóvenes veían en Rosas al hombre capaz de crear el marco y las condiciones necesarias para desarrollar sus proyectos reformistas. En *Don Tadeo* se "reproduce" la visión optimista que los jóvenes del Salón ponen de manifiesto en la mayoría de sus escritos y discursos. Para ellos, entre los que se incluye el propio Cuenca, la función del arte debía ser –como lo había sido para los "unitarios"– la de educar y provocar cambios en los receptores, contribuyendo de ese modo al desarrollo de la sociedad. Por ello, hay en su producción artística una fuerte búsqueda del efecto perlocutorio. No se concebía a la obra de arte como un hecho autónomo, sino que se creía en su función social. El arte aún no se había autonomizado de otras prácticas sociales y el artista era también experto en filosofía, en derecho, en historia y en política. Esa multiplicidad de saberes aparece en la mayoría de los textos literarios de la época, y los textos dramáticos no escaparon a esta constante. Por ejemplo, en *El poeta* (1842), de José Mármol,[11] se presenta a un personaje que más que un poeta es una suerte de intelectual integral que funciona dentro del texto como modelo a seguir. El derecho, la filosofía, la critica social, la historia, el discurso metateatral, eran intertextos que operaban de manera activa en todas estas obras en las que aún no se percibe un adecuado proceso de hibridación destinado a desdibujar las marcas de estos discursos "ajenos", y cuyo principal objetivo era el de transformar al espectador, educarlo.[12]

Enfrentado al teatro de la "elite letrada", se encontraba el teatro de los intelectuales rosistas –entre los que es posible mencionar la obra de Pedro Lacasa *El entierro de Urquiza* (1851)[13] y la de Nicasio Biedma *Reconquista y defensa de Buenos Aires* (1846)– que aparece claramente configurado como un órgano propagandístico del gobierno. En este punto, es posible analizar, por ejemplo, la obra de Lacasa, estrenada en vísperas de Caseros y en la que se reelaboran algunos de los tópicos presentes en el *Facundo* pero con una orientación política obviamente diversa de la del texto de Sarmiento.

En lo que respecta a la crítica teatral, ésta era ejercida por cronistas no especializados: aún no se había producido una separación de esta actividad con relación a otras y, a lo sumo, semanarios como *La Moda* realizaban una suerte de "crítica cultural". Algunos "dramaturgos", como Juan Bautista Alberdi y Bartolomé Mitre, llegaron a ejercer esta actividad. Es interesante observar el contraste de la actitud de ambos en relación con el teatro: Alberdi se aproximó al hecho escénico desde una perspectiva "relativista" (Grignon y Passeron, 1991) y "nacionalista", más vinculada al pensamiento historicista, mientras que Mitre lo hizo desde una mirada "legitimista" e iluminista. Estas ideas acerca del teatro determinaron parcialmente la producción dramática de cada uno de ellos: había en Alberdi una concepción amplia de "pueblo"[14] que luego se manifestó en sus reflexiones acerca del hecho escénico –su "predilección" por los sainetes es una muestra de ello–, y aún en su propia producción dramática.

Respecto de los actores y de su formación, afirma Mitre en *El Defensor de las Leyes* (14/7/1837) que los cómicos, además de ser caballeros "deben conocer a fondo todas las ciencias y principalmente la historia, deben haber frecuentado la buena sociedad; tener modales finos y elegantes, conocer perfectamente la esgrima". Este comentario expresa su visión negativa y condenatoria respecto de los actores y su formación y a duras penas oculta su desprecio tanto por quienes practican esta profesión como por sus procedimientos.

Contrariamente, Alberdi destacaba la labor de actores cómicos "intuitivos" como Felipe David,[15] en cuyos personajes humorísticos, percibía un estilo "nacional" que era generalmente condenado por otros sectores de la elite intelectual. Alberdi resaltaba el desconocimiento de la tragedia por parte de los actores argentinos y opinaba que había más verdad en los sainetes que en las composiciones trágicas. Para él, la verdad no existía en el teatro argentino sino en las representaciones cómicas:

> Actor histórico cien veces, cada uno de los actores de la comedia sabe poner en la escena la verdad que le es conocida en el mundo. Sin educación histórica ni literaria, ¿qué saben nuestros actores lo que es tragedia? Sólo de un modo puede decirse que exhiben tragedias, y es cuando asesinan las tragedias; y matar a una tragedia, ya se ve que es representar una doble tragedia. (*La Moda*, 24/2/1838)

Sin embargo, a pesar de estas diferencias, para ambos la función final del teatro era la misma: educar para cambiar la sociedad. Esta función eminentemente didáctica se conservará, con variantes, hasta la actualidad..

Notas

[1] Ya el término Salón implica un punto intermedio entre el ámbito público y el privado, trae aparejada una separación, una autonomización. Foucault (1997) habla de la necesidad del encierro, de la separación y disciplinamiento del objeto –proceso de autonomización– en la constitución de las disciplinas modernas. En este sentido es posible pensar el relativo "encierro" y la autonomización que significó el Salón Literario, que fue uno de los primeros intentos de agrupar a los intelectuales de la época y cuya creación se halla vinculada a la conformación de lo que Reinhart Kossellek denomina trincheras –bares, clubes, librerías, bibliotecas y cafés–, es decir lugares de refugio para ese pensamiento contestatario que sólo podía pensarse entre pocos y casi en secreto, pero que aspiraba a disputar los criterios de legitimidad sobre los que se sostenían los saberes y los poderes dominantes y a decir otras cosas en el espacio publico que estaba construyéndose.

[2] Los discursos leídos en la inauguración del Salón –transcriptos por Weimberg (1977)– expresaban las ideas de esos jóvenes en la breve etapa que va desde el comienzo del segundo gobierno de Rosas hasta el bloqueo francés de 1838.

[3] La constitución del Salón implicó un espacio de maduración en el que los jóvenes intelectuales pudieron, merced a su carácter semipúblico, establecer contacto con figuras vinculadas al Estado como Pedro De Angelis. Una vez rotos esos lazos, sólo quedaban por delante el exilio y la lucha contra Rosas. Cuando en mayo de 1838 Francia declaró bloqueado el Río de la Plata, muchos de ellos –algunos de los cuales habían apoyado en un primer momento a Rosas–, emigraron a Montevideo y atacaron ferozmente a la federación rosista desde distintos organismos de prensa como *El Nacional*, *El Iniciador* o *El Comercio del Plata*. Feinmann sostiene que si estos jóvenes pasaron a convertirse en enemigos de Rosas, fue, en parte, debido a que, frente a la opción entre la nación y la humanidad que se les planteaba, decidieron optar por la humanidad, por Europa.

[4] Si para las elites criollas España era sinónimo de absolutismo e inquisición, era evidente que dentro del combate del progreso contra la reacción que se produjo con el surgimiento de los Estados nacionales en Latinoamérica, la mentalidad colonial se convirtió en uno de los principales oponentes. Como diría Esteban Echeverría "los brazos de España no nos oprimen pero sus tradiciones nos abruman". Si bien algunos intelectuales como Andrés Bello no acordaron con esta posición, la mayoría de ellos se propusieron convertir la mentalidad colonial en mentalidad progresista. Concluidos los procesos revolucionarios, lo importante ya no era la lucha armada, sino la "lucha cultural", el progreso de las ideas, el cambio en las costumbres y en las instituciones, que implicaba una negación del pasado y una ruptura en el proceso histórico.

[5] Un tema fundamental fue el del progreso, cuyo avance era considerado inevitable; sin embargo, la tarea que estos jóvenes se habían adjudicado consistía en acompañar su desenvolvimiento con aportes culturales y educativos. La creencia en la importancia de la educación y la difusión de las nuevas ideas era una constante en todos ellos. También era de vital valor la critica, a través de la cual buscaban cambiar el estado social.

[6] Si el neoclasicismo alentó el corte con el pasado en bloque, los ensayistas románticos, que buscaban convertirse en los orientadores de los destinos de la nación desde las reuniones del Salón Literario, se hallaron con la sola fuente de su historia inmediata, la originada en la Revolución de Mayo. Historia que rechazaba el pasado colonial del que era necesario y perentorio desprenderse para realizarse como individuos y como pueblos nuevos, con autonomía de espíritu, de mentalidad y de acción. La necesidad romántica de individualizarse exigía, concomitantemente, la diferenciación del país como nación distinta de España y de las demás naciones: se desembocó así en la intuición o en la idea de que cada individuo es un instrumento y un factor de la historia.

[7] Es posible ver que en muchos intelectuales se produjo una inversión pesimista de la filosofía historicista. Obras como *El cruzado*, *El poeta* o *Una víctima de Rosas* son una muestra clara de esto: todas culminan con el fracaso y la muerte del sujeto que no logra su objeto. Sin embrago, este pesimismo en la "corta duración" se transforma en la "larga duración" en un acentuado optimismo.

[8] Desde artículos como el que escribe Alberdi sobre el carnaval en *La Moda* hasta las versiones más apasionadas y extremas de este rechazo como *El matadero* de Echeverría, es posible encontrar sobrados ejemplos de lo afirmado.

[9] Ciertas metáforas como la del matadero o palabras como carnicero, así también como la asociación de la figura del déspota con animales carnívoros –se lo llama "pantera", "tigre", "lobo", etc.– se vinculan a lo dicho

[10] El término "objetivar" es empleado en el sentido que le confiere Bourdieu (1997), para quien la relación que se establece entre los agentes singulares "se objetiva" en una trayectoria y en una obra. Como consecuencia de ello, "el propósito del análisis de las obras culturales consiste en la *correspondencia de dos estructuras homólogas*, la estructura de las obras (es decir de los géneros, pero también de las *formas*, de los estilos, y de los temas, etc.) y la estructura del campo literario (o artístico, científico, jurídico, etc.), campo de fuerzas que indisolublemente es un campo de luchas. El motor del cambio de las obras culturales, lengua, arte, literatura, ciencia, etc., reside en las luchas cuyas sedes son los campos de producción correspondientes: estas luchas que pretenden conservar o transformar la relación de fuerzas instituida en el campo de producción tienen evidentemente el efecto de conservar o de transformar la estructura del campo de las formas que son instrumentos y envites en estas luchas. En un intento de superar la división entre *explicaciones externas* e *interpretaciones internas* de las obras literarias, va a afirmar que sólo si se conocen las leyes específicas del funcionamiento del campo es posible comprender por qué un escritor elige ciertas soluciones literarias para la concreción de su obra en detrimento de otras".

[11] Sólo Mármol concedió a su actividad literaria –ya que no al teatro– un lugar central –aunque podría decirse que su actividad central, especialmente luego del bloqueo, fue el periodismo–.

[12] Inclusive algunos de estos autores, como Bartolomé Mitre, eran militares de profesión y este hecho tuvo incidencia en los textos dramáticos en los que lo "militar" ocupa un lugar central. En una sociedad en la que la revolución y la guerra habían creado un orden nuevo, los militares gozaban de gran prestigio, y el teatro no permanecería ajeno a esta situación.

[13] Este texto, junto con otros como *El artículo 1º* o *Un marido de 15 años* (1845) y *Juan de Borgoña* o *Un traidor a la patria* (1845), de Alberto Larroque, jamás fueron editados, y sólo fue posible acceder a sus manuscritos después de una prolongada búsqueda.

[14] Dice Alberdi en su *Fragmento preliminar al estudio del derecho*: "El señor Rosas, considerado filosóficamente, no es un déspota que duerme sobre bayonetas mercenarias. Es un representante que descansa sobre la buena fe, sobre el corazón del pueblo. Y por pueblo no entendemos aquí la clase pensadora, la clase propietaria únicamente, sino también la universalidad, la multitud, la plebe" (1955: 72).

[15] En una nota publicada en *La Moda* (7/4/1838) que introduce un minué dedicado al cómico de ese nombre, dice Alberdi: "Mil motivos nos han inducido a titular la adjunta pieza musical con un nombre tan justamente celebrado entre nosotros: la analogía que existe o que ha tratado de ponerse, entre el carácter espiritual de la música y el carácter del hábil cómico. Está tomado el tema también de una música que el talento del señor David ha conseguido identificar a su nombre. *Los tres novios imperfectos* y el nombre de Felipe David no podrían separarse en el pensamiento público. Por último, un cierto movimiento de gratitud nos ha traído a tributar públicamente un breve homenaje al hombre de talento que tantas bellas horas nos ha dado. Es del bello destino de los grandes talentos, que su nombre vuele de linda en linda boca".

•••

3.2. Teatros, empresarios y actores

por Martín Rodríguez y Armida Córdoba

1. Teatros y empresarios

La actividad teatral se desarrolló fundamentalmente en tres teatros: el Parque Argentino, el Teatro de la Victoria y el Coliseo Provisional. Este último había sido alquilado a Olaguer y Feliú por una compañía encabezada por los actores Antonio González y Juan José de los Santos Casacuberta e integrada por la mayor parte de los actores de la época. Sin embargo, pronto Olaguer decidió ponerse nuevamente al frente de la empresa y emplear a los actores. Poco tiempo después, a pesar de los importantes beneficios económicos que percibía, dispuso rebajar los sueldos durante la temporada de verano. El hecho hizo que, a fines de 1837, una parte de la compañía se separara y comenzara a realizar sus actividades de manera autogestiva en el nuevo Teatro de la Victoria, construido con el apoyo del comerciante José Rodríguez. Esos actores fueron, entre otros, Joaquín Culebras, Felipe David, Antonio González, Trinidad Guevara, Josefa Funes, Alejandra Pacheco, Manuel Cossio y Juan Antonio Viera (Bosch, 1910[b]: 205). La nueva compañía era dirigida por una junta encabezada por González y a ella se integraron posteriormente actores procedentes de Montevideo, como Fernando Quijano y su esposa Matilde Diez, y españoles como José Lapuerta, quien se incorporó en 1838 y pasó a ocupar un lugar destacado.

En cuanto al viejo Coliseo Provisional, pasó a llamarse Teatro Argentino y su compañía estaba encabezada por Casacuberta e integrada por María de la Paz González, Manuela Funes, Angustias González, Gervasia González, Juan Ródenas, Antonio Castañera, Santiago González, Juan Cordero, Máximo Jiménez, Eulogio Zemborain, entre otros (Bosch, 1910[b]: 207-208). La empresa, más cercana al canon romántico emergente, se proponía destacar el carácter nacional de la escena y contaba con el apoyo de los jóvenes románticos, especialmente de Alberdi, quien destacó el hecho de que la compañía estuviera integrada exclusivamente por compatriotas (*La Moda*, 25/11/1837).

Entre ambas compañías se planteó un duelo que se puso de manifiesto sobre todo en la comparación entre las dos figuras principales: José Lapuerta y Casacuberta. La polémica entre ambos no sólo ocupó gran parte de la crítica sino que también se puso de manifiesto en parodias como la imitación realizada por Jiménez, integrante de la compañía del Argentino, del "estilo español" de Lapuerta en el papel de Otelo.

En 1839 los empresarios del Argentino y del Victoria realizaron un convenio con el objeto de fusionar las dos compañías existentes y cerraron el primero de estos teatros, debido a que el teatro nuevo -el Victoria- contaba con mayor peso económico y con el apoyo del Estado, que prefería la "vieja escuela" a las novedades actorales y de repertorio aportadas por Casacuberta en el Argentino (Klein: 1994: 108).

Casacuberta se retiró momentáneamente de la escena pero ese mismo año regresó a las tablas. Sin embargo, al poco tiempo se decidió cerrar el Teatro de la Victoria por dos meses debido a la temporada veraniega pero también al clima de tensión política por el que estaba atravesando el país. A partir de ese momento, Casacuberta, su esposa y unos pocos actores se retiraron a Córdoba, donde continuaron su actividad formando una compañía con aficionados locales. En 1841 Córdoba quedó bajo el poder de la unitaria Coalición del Norte y la compañía de Casacuberta realizó funciones en las que se entremezclaban odas, canciones y proclamas en contra de la "tiranía rosista". Pero luego de la derrota de las tropas de Lavalle en Quebracho Herrado, ante el avance de Manuel Oribe, debieron emigrar a Chile, especialmente porque Casacuberta había participado de actividades militares junto a Gregorio Aráoz de Lamadrid. En Chile, formó una compañía con el porteño Hilarión Moreno, con la que realizaron giras por varias ciudades chilenas y una temporada en Lima y ya no regresó a Buenos Aires (Klein, 1994: 108-109).

Mientras tanto, en Buenos Aires, el monopolio generado luego de la alianza de los empresarios del Argentino y del Victoria resultó en perjuicio de las compañías cuyas principales figuras publicaron en 1840, conforme a lo relevado por Klein (1994: 161), un documento para defender sus ingresos y categoría. Los firmantes eran Trinidad Guevara, Josefa Funes, Álvara García, Máximo Jiménez, Juan Villarino, Antonio González y Joaquín Culebras. Pero el acuerdo no llegó a ponerse en práctica porque Antonio González se puso muy pronto al frente de una compañía en el Argentino. Fue un período de crisis teatral a la que se sumó la desaparición de algunos actores -fallecieron Cossio, Viera, Felipe David- y el abandono de la escena por parte de otros -Campomanes, Villarino, Culebras, Manuelita Funes-. La economía de las empresas teatrales decreció, razón por la cual el Argentino cerró sus puertas casi totalmente durante todo el año 1841.

Tres años más tarde, José Velázquez y Miguel Rodríguez Machado se hicieron cargo de ambas salas y, poco tiempo después, las rentaron a sus respectivos dueños -Olaguer y Feliú y Teresa Villaraza de Montero- a cambio de funciones a beneficio. Pero los sucesivos escándalos y conflictos entre actores y empresarios, que redundaban en cambios de programación y en escasez de público, hicieron que en 1845 el Estado se hiciera cargo del Teatro de la Victoria, periodo durante el cual se estrenaron obras de José Zorrilla y de Victor Hugo y otras relacionadas con el bloqueo anglo-francés como *Reconquista y defensa de Buenos Aires*, de Nicasio Biedma, en la que se conmemoran las invasiones inglesas y el supuesto rol jugado en ellas por un Rosas adolescente. En cuanto al Argentino, enfrentaba enormes dificultades para desarrollar su actividad: Olaguer y Feliú fracasó en sus intentos durante 1846 y optó por cerrarlo. En 1847 se presentó una compañía encabezada por Telémaco González y el matrimonio Guillermina Priggioni y Vicente Molina, a los que se agregaron actores como Narciso Bequis, Emilio Zemborain y Julio Boutet, estos dos últimos de procedencia circense. Pero la policía, más próxima a los intereses del Victoria, lo sancionó por supuestas deficiencias en el elenco y en el repertorio y sólo le permitía abrir los sábados -día en el que el Victoria cerraba sus puertas por franco-. A pesar de ello, en él se lleva a escena una de las pocas obras de autor nacional de la época: *Manfredo de Suavia*, de Carlos Zee (Klein, 1994: 162-166).

Durante 1848 Olaguer alquiló el Teatro de la Victoria. Existe bastante información sobre la temporada de 1848 debido a que la crítica volvió a desarrollarse con normalidad: hacía referencia a la carencia de buenos barbas y de buenos villanos, a la confusión de roles, a la ausencia de un cómico de la talla de Felipe David y de damas jóvenes; por otro lado, expresaban objeciones acerca de la falta de ensayos, la indisciplina, el uso y abuso del apuntador y a los decorados mezquinos y repetidos (Klein, 1994: 166-167). A fines de ese año, se puso al frente de la compañía el actor oriental Fernando Quijano, que debió competir con el repentino auge de la ópera y con las giras que sus actores realizaban por el interior del país. En 1849 Olaguer y Feliú dejó de pagar los sueldos, lo cual fue aprovechado por Pestalardo, quien alquiló las dos salas para presentar espectáculos líricos. Recién en 1850, con Pedro Lacasa -ex secretario de Lavalle y apuntador de Casacuberta- al frente del Argentino y bajo la dirección escénica de Fernando Quijano se retomaría la actividad teatral en Buenos Aires. Si bien Lacasa no logró competir con las lujosas representaciones líricas del Teatro de la Victoria como *Nabucodonosor*, de Verdi, durante su gestión se estrenaron numerosas obras, entre ellas *El entierro de Urquiza*, del propio Lacasa.

2. El lugar del actor en la sociedad

Con relación al lugar que ocupaban los actores dentro de la sociedad de la época y con las oposiciones políticas que la atravesaban, es posible observar, en primer lugar, su subalternidad en la incipiente sociedad de clases y frente a la elite intelectual que no consideraba digna la profesión de actor.[1] De hecho, sólo algunos actores como Benito Jiménez e Hilarión Moreno provenían de la elite porteña. En relación con ellos, Sarmiento (1898, XXI: 48) destacaba el hecho de que habían contribuido a romper con "la cadena de preocupaciones contra el teatro", ya que a pesar de que provenían de los sectores que poseían mayor capital simbólico y cultural "se hacían actores como otros se hacían guerreros y abogados".[2]

Se puede hablar entonces, siguiendo a Bourdieu, de una triple carencia en relación con los actores y su lugar dentro de la sociedad:

a) En primer lugar, una carencia "real" de capital económico: el propio Casacuberta, quien antes de dedicarse al teatro había sido bordador, conservaba sus bastidores y herramientas de trabajo para asegurarse la subsistencia en los momentos difíciles, elementos que aún poseía al morir y que constan en su testamento (Klein, 1994: 118). Esta carencia, además de afectar la economía personal de los actores, se percibía en la escena misma: Mitre (*El Defensor de las Leyes* (14/7/1837) afirmó que "vemos salir un actor sesenta y siete veces con el mismo vestido... sea para el Cid o el Pelayo".

b) En segundo lugar, carencia de capital cultural desde la mirada de la elite letrada, asociada a la falta de capital social y simbólico.[3] Los reclamos de Mitre con relación a los actores, a quienes exigía una mayor educación y formación, son claros en este sentido, aunque seguramente no era del todo cierto que los actores carecieran por completo de educación tal como él afirmaba.

c) En tercer lugar, carencia de capital político, que se traducía en el hecho de que no eran considerados ciudadanos en sentido pleno.[4]

Se puede afirmar que los actores, a pesar de los apoyos parciales, no ocupaban precisamente un lugar central. Sin embargo, lograron sacar ventajas de su marginalidad: al no ser considerados ciudadanos, lograron mantenerse, paradójicamente, a resguardo de las persecuciones aún en los momentos de mayor efervescencia, y sus cambios de signo político fueron más fácilmente asimilados por parte de las esferas gubernamentales y de los intelectuales.[5] Además, la ausencia de capital simbólico y económico los aislaba del mundo de la política. El actor no ingresaba en el mundo político, de ahí que se aceptaran sus múltiples pasajes ideológicos, inadmisibles en quienes se dedicaran a otra actividad más "digna". Si bien no se trata de un actor sino de un "empresario", en la biografía de Lacasa, sus desplazamientos y corrimientos -que responden más que nada a la lógica de la subsistencia- son ejemplares respecto de lo dicho. Ayudante de campo de Lavalle y uno de los hombres que lo acompañaban en el momento de su muerte, Lacasa pasó en 1850 a convertirse en empresario teatral en la Buenos Aires rosista y escribía y escenificaba obras como la mencionada. Luego de la derrota del rosismo, y ya ligado a los destinos del nuevo orden político, escribió una laudatoria biografía de Lavalle (Lacasa, 1924). Es interesante analizar cuáles fueron los motivos que impulsaron a Lacasa a vincularse a Rosas y a convertirse en empresario teatral pro-rosista aprovechando la amnistía y la experiencia adquirida como apuntador de la compañía de Casacuberta (Klein, 1994: 171). Aunque no era un teatrista en sentido pleno, se hallaba en una situación similar a la de éstos. Sin dudas, la necesidad, vinculada al lugar social que ocupaban los actores, era en muchos casos impulsora de los cambios de signo político, situación que, dada la triple marginalidad de la que eran víctimas, debía ser vivida -salvo en casos como el de Casacuberta- como un hecho "natural".

La marginalidad le daba pocas o ninguna posibilidad de acceder al universo de las ideas, a la cultura procedente de la Europa más evolucionada. Cada vez que los actores quisieron trasladar a la escena formas estéticas procedentes de los países centrales fueron severamente criticados por la clase letrada. Esto respondía principalmente a dos razones no siempre conciliables:

a) El conocimiento muchas veces "directo" por parte de la clase alta de las convenciones actorales y escénicas de los países centrales que permitía que las diferencias fueran rápidamente percibidas ya que, en la mayoría de los casos, los actores no poseían la cultura ni la competencia necesaria para asimilar ese estilo. En un artículo publicado en el *Argos* (30/7/1823), se cuenta cómo fue la primera lectura de la obra de Juan Cruz Varela, *Dido*, en la casa de Rivadavia, declamada por un aficionado "con aquella cadencia y tono verdaderamente trágico, con que se distingue el teatro francés y que tiene el arte de penetrar el sentimiento hasta el último retrete de nuestro corazón". Sin duda, entre las disposiciones de los miembros de la elite ilustrada se hallaba la capacidad de asimilar esta forma de declamación, en parte porque coincidía parcialmente con formas elocutivas ya existentes en la sociedad, y en parte porque muchos de ellos habían podido entrar en contacto con este estilo en sus viajes al viejo continente. Mientras que un aficionado podía acceder al tono trágico característico del teatro francés, actrices profesionales como Cipriana Varela eran duramente criticadas por intentar poner en práctica un estilo de actuación que ignoraban y del que no tenían conocimiento de manera directa. En el comentario publicado por *El Americano Imparcial* (27/1/1825) –que, si bien es anterior al periodo, es ilustrativo de una actitud que perduró luego- el cronista, después de preguntarse quién le había enseñado ese tono a la actriz, señalaba que éste no es "ni remotamente parecido" a la declamación francesa, para luego destacar que la actriz sólo lució cuando "se abandonó a su natural" (Klein, 1994: 31). Esa falta de la formación cultural necesaria hizo que, a pesar de los proyectos estatales destinados a imponerla, la declamación francesa finalmente no prosperara.

b) La búsqueda estética e ideológica de un estilo "nacional" -reclamo que los miembros de la generación del 37 intensificó-: de ahí que el mismo periódico (27/9/1825) recomendara a la empresa establecer una sociedad de declamación y "fijar un método en la declamación, que huyendo de imitar a la de los franceses y españoles, formase un término medio, y en él, una puramente nacional" (Klein, 1994: 31). Se percibe aquí por parte de la crítica la necesidad de emancipación de la cultura hispánica en el plano de las formas, que en la fase historicista -es decir luego del arribo del romanticismo al país- se intensificó. La dicción en el teatro de intertexto neoclásico, sobre todo en torno a la pronunciación teatral, es decir, a si se debía hablar a la manera "española" o "americana", fue objeto de polémicas que se hacían eco de un debate sobre el lenguaje -pero también respecto de las formas actorales-, que tenía lugar entre los intelectuales del período "clásico" -neoclásico- y que se siguió desarrollando entre los intelectuales del período rosista.

Esta situación, combinada con un rechazo cada vez mayor de las convenciones de la escuela española que los actores habían incorporado durante la fase "clásica" -ya que el estilo francés no había sido muy productivo en el Río de la Plata-, los dejaba en una situación difícil, obligándolos a buscar vías que los alejaran de ambos estilos y los pusieran a resguardo de las críticas adversas. De todos modos, la imposibilidad de acceder o de utilizar esos modelos tenía, ante los ojos de algunos miembros de la elite como Sarmiento o Alberdi, un matiz positivo, ya que los obligaba a librarse "a su natural". Es importante aclarar qué era considerado "natural" por ciertos intelectuales como Alberdi: evidentemente se trataba de un término de sentidos variables, pero siempre se hallaba vinculado a las capacidades artísticas y al talento creador, como así también a la imagen más acabada de lo nacional. Para el historicismo romántico local, lo "nacional" era, paradójicamente, la "naturaleza", la ausencia de historia, aunque de todos modos, al ser llevado a escena, lo natural era sometido al texto y a los límites de la escena, de lo representable, de la civilidad.

A estas tensiones se agregaban las existentes entre lo "culto" y lo "popular", que se perciben no sólo en las políticas culturales estatales sino también en los gustos del público. Se ha señalado, por ejemplo, que Alberdi reivindicaba parcialmente los sainetes,[6] las representaciones "cómicas", por considerar que en ellas se pone en escena la "verdad", la "historia", aquello que ocurre en el mundo circundante, y criticaba el desprecio de la elite ilustrada hacia estas formas subalternas: hasta podrían encontrarse en esta visión suya del teatro y del público las razones que lo llevaron a producir un texto como *El gigante Amapolas* (1841) que, probablemente, haya sido elaborado en función de lo observado en la escena local más que sobre la base de las convenciones dramáticas de la época.

La "independencia" del cuerpo del actor era capitalizada por los miembros de la elite que la utilizaban para sostener sus ideas acerca de la sociedad y la cultura nacionales. Había un "uso" del cuerpo y una apropiación escrituraria que semantizaban al actor, lo contaminaban de sentido. Cuerpo librado a su naturaleza o cuerpo sujetado, no sólo los textos dramáticos intentaban organizarlo a partir de diversos "modos de tramar" el devenir escénico sino también la crítica, tomando partido por uno u otro actor, apoyando a un género en detrimento de otros y polemizando acerca de cómo debía ser el teatro nacional. De este modo, el discurso crítico referido al cuerpo del actor se insertaba en el "sistema de oposiciones" vigente, trataba de limitar su ambigüedad y lo asimilaba al realismo, evaluando su capacidad para representar la "verdad histórica". Desde la mirada historicista, habría más "verdad" en el cuerpo liberado que en el cuerpo sujetado y sojuzgado por la convención. Lo "incivil" no se leía desde la convención, debía ser puro, natural pero a la vez dócil, manipulable: por este motivo, cualquier forma "caprichosa", cualquier exceso, debían ser evitados.

La posición subalterna de la generalidad de los actores se combinaba, además, con un fuerte desprecio por algunos de sus procedimientos escénicos, en especial aquellos destinados a agradar a las "mayorías": cuando en 1837 Francisco Acuña de Figueroa fue nombrado censor en Montevideo, en una nota publicada en *El Defensor de las Leyes* (27/1/1837) aseguró que sería "severo" "con lo imprudente, inmoral o impío, en las palabras y aún en los conceptos de algunas piezas, especialmente en los Sainetes, y minucioso en corregir las faltas de poesía por omisión de los autores o sin criterio haberlas introducido las compañías cómicas" (Klein, 1994: 140).

La carencia de capital económico, cultural, social y político redundaba en una carencia de voz propia, ya que la Comisión Censora, de la cual formaba parte Acuña de Figueroa, había resuelto prohibir "el agregar a la representación ninguna frase o palabra a las que contiene la pieza, después que ha pasado por la censura", en especial si se tratase de "alguna expresamente suprimida" (Klein, 1994: 141). Esta prohibición se extendía a "cualquier acción o movimientos que puedan ofender a la decencia o el pudor" (*El Defensor de las Leyes*, 23/9/1837). Ahora bien, si la voz del actor debía servir para reproducir una voz ajena, sus gestos debían estar, consiguientemente, al servicio del texto dramático y de ningún modo independizarse del mismo.[7]

El desprecio por los sainetes por parte de los miembros de la elite, que provocaba enfrentamientos entre éstos y los actores, estaba vinculado al mencionado rechazo por parte de los primeros de las "gracias" y los agregados que los actores incorporaban para conquistar al público, y encontraba su eco en las críticas y se percibía en notas como la del *The British Packet* (18/8/1832), en la que se dice que Quijano "tiene el mismo defecto que otros actores nuestros, de dirigirse al auditorio, sobre todo para decir una gracia, al punto que esta tarde se apartó por completo de los que compartían con él el diálogo, para dirigirse a los espectadores".

Esta apreciación coincide con las actitudes y opciones estéticas de la "Comisión Censora y Directora de Teatro" al tiempo que confirma las dificultades de la censura para hacer cumplir sus disposiciones. Esta Comisión, que según releva Klein (1994: 148) tenía entre sus atribuciones "censurar o reprimir los abusos contra el decoro y la moral pública" y estaba investida de "facultades correccionales sobre los actores...", el 13 de junio de 1840 escribió al empresario Nicanor Costa para que recuerde a los cómicos sus obligaciones y "que refrenen varios extravíos que se han cometido en la escena..."

Si, como afirma Elías (1993), el proceso civilizador implicó un ocultamiento cada vez mayor de los deseos y sentimientos, una conversión de las "coacciones externas" en "coacciones internas", puede afirmarse que lo que molestaba a los sectores ilustrados era, precisamente, la "exteriorización" de aquello que debía permanecer escondido, aquello que el "buen gusto" debía ocultar y reprimir. La sola exhibición de aspectos considerados "inciviles" -aunque se lo hiciera con la finalidad de criticarlos- era considerada inadecuada y censurable. Sin embargo, esta actitud frente a lo popular -de procedencia colonial pero también vinculada a los gustos importados de Francia e Inglaterra- tenía además otras causas: las actitudes "caprichosas" e "indisciplinadas" en escena eran vinculadas de manera indirecta a la "barbarie" y al "despotismo", aún por muchos partidarios de Rosas.

Pero la aproximación del actor al orden "natural" no era siempre percibida como un factor negativo: desde la perspectiva de ciertos sectores de la elite intelectual -y de algunos representantes del poder político rosista-, este orden "natural", esta "falta de cultura" atribuida también a actores prestigiosos como Casacuberta, reforzaba de modo paradójico -aunque no tanto dentro de la lógica del romanticismo- sus aptitudes artísticas. Cuanto más se alejara un actor de la "convención", mayor sería su arte y mayor su capacidad de proporcionar al espectador una imagen cercana a la idea de lo nacional.

Distanciándose de estas disputas que tuvieron lugar en el seno de la elite y en el ámbito estatal, los actores tomaron una posición determinada, en gran parte, por lo económico, pero también por un gusto por lo popular que se había ido desarrollando en la práctica escénica misma, en su confrontación con un público heterogéneo y de extracciones culturales diversas. Evidentemente, ante los serios problemas que enfrentaban y dada la severa inestabilidad de la profesión, debían utilizar aquellos recursos que más agradaban a la generalidad del público, ya que su propio cuerpo era el único capital explotable con el que contaban para sobrevivir. Frente a los múltiples atentados de los que era víctima, se destaca la actitud -ciertamente atípica para un actor- de Quijano, quien se distinguió por defender públicamente la libertad de los actores en escena en diferentes medios como, por ejemplo, el periódico uruguayo *El Nacional.*

Notas

[1] Señala Klein (1994: 144) que con motivo del estreno de *El arte de conspirar* de Eugenio Scribe, Quijano alegó, en alusión a las críticas vertidas en *El Mercurio* (3/10/1837), que los concurrentes "no hallaron disparates" en su desempeño. Días después el mismo medio (*El Mercurio*, 17/10/1837) le exigió respeto a los corresponsales que, desde su perspectiva, estarían "colocados en la sociedad en una esfera muy superior a la que él ocupa".

[2] Pero, tal como afirma Klein (1994: 13) no todos compartían ese concepto: siendo Moreno policía, fue dejado cesante pues "se lo ve más contraído al ejercicio del teatro del cual es actual consueta o apuntador, siendo tal ejercicio indecoroso para un empleado de su clase". (AGN, X-16-4-7)

[3] Gutiérrez (1994: 24-31) explicita los diferentes sentidos de la noción de capital en la

obra de Bourdieu: "Bourdieu distingue fundamentalmente, además del capital económico, el capital cultural, el capital social y el capital simbólico, que constituyen la gama posible de los recursos y de los bienes de toda naturaleza que sirven a la vez de medios y de apuestas a sus inversores".

[4] Esta idea respecto de los actores, cuya procedencia es ciertamente anterior al ascenso de Rosas, persistió casi sin variantes una vez alejado éste del poder. Relata Klein (1994: 179-180) que, cuando en 1855 Quijano regresó a Buenos Aires, el pacto entre empresarios le cerró toda posibilidad de trabajo. Ayudado por Hilario Ascasubi, consiguió una audiencia con el Gobernador de la Provincia, Pastor Obligado. Juan Manuel de la Sierra, testigo de la entrevista entre ambos, escribió una carta en la que la describe, publicada fragmentariamente en *La Nación* (Montevideo, 27/1/1855). Según el cronista, tuvo lugar el siguiente diálogo:

Gobernador:

¿Qué se han figurado ustedes, que un Gobierno Constitucional se ha de rebajar hasta el extremo de hacer que trabajen cómicos?

Quijano:

Señor, que estos cómicos son en su mayor parte ciudadanos de Buenos Aires.

Gobernador:

¿Qué ciudadanos; los cómicos no son ciudadanos...!

A pesar de que Obligado, desde una perspectiva fuertemente "legitimista", consideraba que los cómicos no eran ciudadanos, ciertos sectores de la elite, entre los que es posible mencionar a Alberdi y al propio Sarmiento, apoyaron a los actores.

[5] Dice Klein (1994: 155) "Como hemos comprobado a lo largo de esta historia (el máximo ejemplo es Trinidad Guevara), los intérpretes no tienen problemas para pasar de un escenario a otro de signo político opuesto. 'Son cosas de teatro', parece ser la premisa dominante desde el poder. En los libros de Policía de la época de Rosas, donde se releva con puntualidad la adhesión a la causa federal, en especial para acceder a los cargos públicos, no surge ni una sola calificación, ni a favor ('federal neto') ni en contra ('salvaje unitario') de los actores de la época. Las posibles excepciones como sería el caso de Casacuberta, responden a la decisión asumida por el actor".

[6] Sin embargo, rechazaba otras manifestaciones populares como el carnaval (*La Moda*, 24/2/1838), muestra evidente de lo complejo que resulta establecer una "lógica" en las opciones estéticas de los miembros de las elites.

[7] Relata Klein (1994: 140) que en ocasión del estreno de *El diablo predicador*, el censor se quejó de que Manuel Martínez "recargó y desfiguró de un modo estrafalario su rol con gesticulaciones y actitudes extravagantes" y advirtió a Quijano que debía prevenir esos abusos. Martínez no observó estas recomendaciones y siguió utilizando recursos que provocaban "las risotadas maquinales de los muchachos" pero que disgustaban y avergonzaban a "la parte decente y sensata". (*El Defensor de las Leyes*, 5/6/1837)

•••

3.3. Teatro de intertexto romántico

3.3.1. La tragicomedia y la comedia

por Patricia Verónica Fischer

La comedia más representativa de la época –entre 1835 y 1853, comprendiendo el segundo gobierno rosista– fue *Don Tadeo* (escrita en 1837), de Claudio Mamerto Cuenca, texto que deja traslucir dos aspectos importantes vigentes en este momento histórico: por un lado, la necesidad de valerse del teatro para transmitir las ideologías políticas en pugna durante el rosismo y, por otro lado, la falta de autonomía del campo. El teatro cumplía una función netamente social y, por lo tanto, era visto por los intelectuales como un medio válido para educar y transformar al espectador. Debía estar al servicio de discursos políticos preexistentes, imbricándose en las obras como intertextos dinámicos y eficaces en la tarea de concienciar y marcar el rumbo que la sociedad debía seguir para su progresión y perfeccionamiento moral. Este didactismo a cargo de los jóvenes intelectuales, portadores de nuevos saberes que llevarían al pueblo al desarrollo de un pensamiento estrictamente nacional, estaba presente en Cuenca pero también en los discursos de los integrantes del Salón Literario de Marcos Sastre y, sobre todo, en el pensamiento de Juan Bautista Alberdi, quien creía en el movimiento progresivo de la historia y en la perfección indefinida de la humanidad. Alberdi (1977:138) sostenía que "cada civilización nace, se desarrolla (…) y muere dando a luz otra civilización más amplia y más perfecta". En el pensamiento alberdiano –como en la ideología de la obra– debía de haber necesariamente un traspaso de la misión comenzada en 1810: así como las viejas generaciones defendieron la patria con la espada, la misión de las generaciones que las sucedieron era defender la patria con la pluma, "dar a la obra material de nuestros padres una base inteligente" (140). Mediante la asociación de la literatura a una clara demanda política, se llegaría –además de a la ya lograda emancipación política– a la independencia cultural.[1]

Don Tadeo, presenta una reproducción de esos discursos, por un lado, y de discursos antitéticos, por el otro. En la estructura profunda, el sujeto de la acción –la pareja romántica sentimental de Doña Clara y Don Luis– tiene como objeto de deseo concretar su unión mediante el casamiento. Pero Don Blas Tadeo Pérez Cabral y Zambrano –el principal oponente– desea para su sobrina otro candidato: su amigo Don Leonardo Godoy, de cincuenta años. Ese objeto –del cual se sirve el autor para dar cauce a los intertextos arriba señalados– desencadena la oposición de Don Tadeo que está motivada por el bienestar que él, como tío responsable, busca para sus dos sobrinos, Clara y Fermín. Así como al varón le ofreció una buena educación y carrera (1926: 389), a la mujer le ofrece un "hombre de provecho" (1926: 390), "un esposo/ que á ochenta mil pesos fuertes/ une el juicio y madurez/ de los años y esperiencia" (1926: 391). Su finalidad se apoya en un sistema de pensamiento que adhiere a las viejas tradiciones y costumbres coloniales e hispánicas, como la educación cristiana –en oposición a la ilustración y a las ideas liberales y progresistas–, el estudio de las lenguas clásicas en detrimento de las modernas, las antiguas lecturas religiosas (como las novenas) frente a los nuevos autores (como Víctor Hugo, Alejandro Dumas, François René de Chateaubriand, entre otros); y la firme convicción de que a la sabiduría y autoridad moral se llega sólo en la vejez. Esa concepción entró en colisión con las nuevas ideas en boga en Buenos Aires, que estaban teñidas de una acentuada hispanofobia. Fermín dice: "No se pueden convencer / Que un joven pueda saber / Algo más que el catecismo; / Restos en fin de la escasa / Educación que dio España" (1926: 397).

De esta manera, se erigen dos sistemas de pensamiento diametralmente opuestos. Entre los precursores del primero, se encuentran todos los opositores de la pareja sentimental, que coartan su libertad de elección: Don Tadeo, Doña Rufina y Don Diego –amigo de este matrimonio–; mientras que en el segundo, se posicionan el sujeto junto con sus ayudantes: el hermano de Clara –Fermín–, la criada Juana y un personaje que –a pesar de su edad avanzada– se adecuó y adoptó las nuevas ideas: Don Leonardo.

El nivel de la intriga –como también ocurre en *El artículo 1°* o *Un marido de 15 años* (1845), de Alberto Larroque– se estructura sobre el principio constructivo de lo melodramático –en el que se ubican la pareja romántica, la exaltación de lo sentimental (marcado por un discurso ampuloso y romántico)– y está modulado por lo costumbrista –el uso de personajes referenciales (reconocibles en el contexto socio-histórico), el color local representado por las marcas geográficas del texto–, y los recursos propios de la comedia –como el uso del personaje ridículo, el malentendido, la postergación de la acción y la expectativa defraudada–.

Dentro del sistema de personajes, aparece el del cómico Don Tadeo, quien, debido a sus ideas retrógradas, es objeto de burla. A éste lo secundan otros personajes que también son ridiculizados: Doña Rufina y Don Carlos, quienes caen en varios malentendidos y enredos cómicos a lo largo de la obra. Doña Rufina cree que Don Diego avala la unión de la joven pareja; Don Diego se ilusiona con el supuesto amor de Clara y cree que Doña Rufina se opone; Doña Clara cree que Don Diego defiende su amor por Luis. Por último, en el desenlace, quien se mantiene en el ridículo es Don Diego, único personaje que sigue en su malentendido hasta el final y, a su vez, el único que no evoluciona hacia un cambio de ideología política.

En el aspecto verbal, dominan las funciones referencial y conativa del lenguaje, ligadas directamente con la función social del teatro: en vistas a un teatro didáctico, que opere sobre el comportamiento del público espectador –la búsqueda del efecto perlocutorio–, la obra transmite los discursos ideológicos enfrentados de la época para, en el desenlace, hacer prevalecer las ideas que el autor exalta por medio de la pareja romántica y, finalmente, también a través de Don Tadeo. Asimismo, por medio de la función referencial se delinea no sólo la situación contextual sino también un claro perfil de los personajes y de su situación hacia el referente. Por otro lado, hay una marcada función poética en los parlamentos de Don Luis, quien al exaltar su amor por Doña Clara cae en el romanticismo sentimental –el arrebato, el delirio, la expresión de un amor puro, el deseo de libertad, el sacrificio de la propia vida, entre otros–.[2] Si bien todos los jóvenes están a favor del "progreso inteligente", es Clara quien –en su discurso subjetivo– frena a Luis en su exaltación romántica y antepone a todo fin el luchar por la prosperidad de la patria:

¡Qué lenguaje! Me sorprende/ En verdad tu ligereza:/
Y un jóven que así se espresa/ De los que creen que depende/
De la cara patria nuestra/ La prosperidad deseada,/
Mas del saber que de nada,/ Mui poco amor la demuestra.
(…)
Tú, que con celo ferviente/ Mil veces me has enseñado/
Que ya el momento ha llegado/ Del progreso inteligente;
(…)
¿Dejas, cobarde, el camino/ Del patrio engrandecimiento,
Dando al amor un talento/ Que pide el pueblo argentino?
(Cuenca, 1926: 424-425)

Los discursos subjetivos de Don Tadeo y de Don Diego señalan que la vejez de estos personajes está inscripta no sólo en el cuerpo –aparecen constantemente marcas que remiten a la avanzada edad y problemas de salud, como la gota en el caso de Don Diego– sino también en su espíritu, yendo a contrapelo de la sociedad naciente. Y es ese decadentismo espiritual el que torna ridículos a los personajes. La edad cronológica ya no es signo de sabiduría ni los conceptos de juventud y saber se encuentran disociados: el saber se posiciona del lado de quien defiende y pone en práctica las ideas ilustradas y progresistas, aprendidas en las instituciones educativas rivadavianas.

El punto de vista de la obra pasa por Don Tadeo, al comienzo como un contraejemplo y, finalmente, como modelo de la actitud que deben tomar aquellos que siguen apegados a las tradiciones que impiden el avance del progreso nacional. En el desenlace, Don Tadeo se vuelca –casi sin transiciones– ideológicamente hacia el pensamiento alberdiano al cual adhiere Claudio Mamerto Cuenca. Y es este vuelco el que restituye la armonía de la familia.

De lo arriba señalado se desprende que semánticamente la obra subraya la resistencia que imponían las viejas generaciones al cambio social y la ferviente necesidad de transformar esa mentalidad que había caducado para entrar en una nueva era, una era nacional, identitaria. Consecuentemente, en el texto dramático de Cuenca las dos generaciones cumplen una única misión: libertar al país del yugo español: a través de la espada y de la pluma. Esta doble emancipación, política y cultural –que implica el destierro de tradiciones peninsulares –presentes en el campo de la ciencia, de la literatura e incluso del idioma–, conlleva, por un lado, una continuidad y complementariedad por parte de dos generaciones y, por otro lado, una conciliación para formar una nueva sociedad. La obra finaliza con el discurso de Don Tadeo, una apelación a la juventud, a la nueva generación, confirmando la entrega de esta misión: completar la revolución iniciada en 1810:

> Los dos progresos mas grandes/ De estos paises conseguimos
> Cuando en las cimas dijimos/ De los altísimos Andes:
> "¡Libertad, independencia!"/ Y en el escudo español
> Gravamos con sangre el rol/ Que os dejamos por herencia.
> Cumplido está el juramento/ Que hicimos el año diez:
> Ya sois libres, ahora pues/ CONQUISTAD EL PENSAMIENTO! (Cuenca, 1926: 679)

Cabe señalar que como se ha expresado en otros capítulos relativos a la comedia (véase 4.3.1), el género estuvo ligado a distintos momentos de su acontecer histórico funcionando como metáfora de los mismos y que la familia como centro dramático aparece como un microcosmos que permite entrever la realidad política y social del momento, hecho que se pone especialmente de manifiesto en esta pieza.

Notas

[1] En *Don Tadeo* también aparecen expuestas ideas de otros jóvenes de la generación del '37, como Esteban Echeverría y Juan María Gutiérrez. En el primer caso, Echeverría (1977: 162-163) se presenta como un pensador y su lucha se expresó a través de las ideas que transmite en sus escritos. Es la acción del "espíritu" la que producirá el cambio esperado. De esta manera, dice en su "Primera Lectura" pronunciada en el Salón Literario: "La primera página de nuestra historia pertenece a la espada. (…)/…Nuestra sociedad ha entrado en una época reflexiva y racional (…) Siente la necesidad de (…) adquirir luces (…) para continuar la grande obra de la revolución de mayo, y engalanar los trofeos de sus armas con las ricas joyas del pensamiento". Por su parte, Gutiérrez (1977: 147-157) apela a una emancipación con respecto de tradiciones peninsulares diversas, presentes en la ciencia, en la literatura y en el idioma, el cual debía ir "aflojándose" con el tiempo para dar paso a un idioma y, consecuentemente, a una literatura nacional, basada en nuestras costumbres.

[2] A modo de ejemplo, puede citarse: Don Luis: "prefiero/ la mas cruel angustia yo, / a la terrífica idea / de perderla; es imposible / que sufra el tormento horrible / de pensar que de otro sea; / no digas, perderla… oh Dios! / Cuando mi esposa iba á ser… / Ah!

Nunca; no puede ser.../ Que nos dé muerte á los dos! / Desligarnos!... no, jamás, / Apenas basta la muerte / para hacerlo; quiero verte / Clara." (Cuenca, 1926: 401).

•••

3.3.2. El drama romántico

por Martín Rodríguez

1. Aspectos generales del drama romántico

El drama romántico, en la fase que denominamos fase de politización y crítica,[1] estuvo fuertemente ligado a la coyuntura política cuyo tema central fue la lucha contra el gobierno rosista. En esa fase se incorporaron una serie de procedimientos románticos emergentes que se combinaron con elementos residuales refuncionalizados del teatro de intertexto neoclásico anterior, especialmente en el aspecto verbal.

Si el tema central en el teatro de intertexto neoclásico había sido el de las luchas por la independencia, en la primera fase del teatro de intertexto romántico el tópico excluyente fue el estado rosista. El teatro no era concebido como un hecho autónomo, sino que se buscaba por su intermedio provocar cambios en el espectador e, inclusive, instarlo a la acción: más que acompañar el proceso histórico el teatro debía ayudar a modificar su curso. Después de Caseros, siguieron apareciendo textos que respondían a ese modelo pero que presentan algunas modificaciones. De esa etapa son *El gigante Amapolas* (1841) y *La Revolución de Mayo* (1839) de Juan Bautista Alberdi; *El poeta* (1842) y *El cruzado* (1842) de José Mármol, *Muza* (1850) de Claudio Cuenca; *Una víctima de Rosas* (1845) de Francisco Javier de Acha; *Policarpa Salavarrieta* (1840) y *Cuatro épocas* (1840) de Bartolomé Mitre, *El entierro de Urquiza* (1851) de Pedro Lacasa, *Camila O'Gorman* (1856) de Heraclio Fajardo. Otras obras producidas en ese período que no se incluyen en esta clasificación son *Juan de Borgoña o Un traidor a la patria* (1845) de Alberto Larroque. Todos ellos son posteriores a 1838, fecha en que se produjo el bloqueo al Río de la Plata, y sin duda, su marca es la política, principio y fin de la producción dramática del periodo.

Existía entre el poder político y la elite intelectual opositora al rosismo una relación de conflicto que generó un sistema de oposiciones en el plano discursivo, sistema que fue asimilado por los textos dramáticos casi sin mediaciones. Al no haber un campo intelectual constituido, los conflictos aparecían representados de manera más directa y el intertexto político que los diferentes niveles de los mismos "reproducían" regía la lógica del devenir escénico.

Un elemento central en el análisis de estos dramas es la importancia del realismo, que fue señalada, entre otros, por Berenguer Carisomo (1947), para quien la historia literaria del siglo XIX puede concretarse en torno a la palabra "realidad", superadora de la división entre romanticismo y realismo-naturalismo. Berenguer Carisomo juzga que la figura de Rosas hegemonizaba la representación, "absorbiendo todos los recursos intelectuales y todas las preocupaciones del momento". No sólo el teatro, sino el cuento, la novela, el ensayo, los artículos periodísticos, centraron su escritura en el gobierno rosista.[2] Rosas se convirtió en el eje alrededor del cual se construía la ficción; sin embargo, esta actitud no apareció sino hasta el conflicto con Francia. De algún modo, fue este conflicto y la consiguiente oposición a Rosas el detonante de la producción dramática de la época.

Ante la mencionada ausencia de un campo intelectual constituido y de un mercado de bienes simbólicos, los enfrentamientos existentes fueron reflejados casi sin mediaciones, aunque entre la situación sociopolítica y los textos medió una red textual, un conjunto de lecturas que operaron como intertexto de la producción dramática del período y que, sumada a la presencia del rosismo como referente común, la dotaron de una relativa homogeneidad. Por ello, es posible encontrar ciertas regularidades tanto en la descripción del funcionamiento de la elite intelectual como en el análisis de los textos dramáticos, y aunque las leyes que regulaban las relaciones de los intelectuales entre sí y con el poder político no eran completamente análogas a las que regulaban el funcionamiento de dichos textos, éstos reproducían, de manera más o menos metafórica, los sentimientos, ideas y actitudes de dicha elite con relación al poder político rosista.

Esto puede percibirse en los distintos niveles de análisis de los textos:

1) En el nivel de la acción, el sujeto persigue dos tipos de objeto: uno sentimental, que opera a veces como sinécdoque de la realización social individual y otras como metáfora del deseo "en estado puro" y del peligro que conjurar fuerzas irracionales trae aparejado, y otro patriótico, relacionado con los deseos políticos de la elite letrada. Ambos pueden establecer entre sí una relación de armonía o de conflicto y, en los diferentes textos, el sujeto se inclina por concretar uno u otro, lo cual tiene implicancias ideológicas

En todas estas obras, el estado rosista, representado de manera explícita o no, condiciona la acción y aparece de manera más o menos directa en la actancia oponente –salvo en las obras pro-rosistas–, limitando el accionar del sujeto pero haciendo posible, al mismo tiempo, la génesis del conflicto, el desarrollo dramático.

2) El nivel de la intriga se organiza de cuatro modos diferentes: la sátira, la comedia –que se analiza en los capítulos correspondientes–, el romance y la tragedia. Cada uno de estos modos se relaciona con la estructura profunda, con el logro o no del objeto por parte del sujeto, con el tipo de destinador que lo mueve a la acción o con el beneficiario de la misma y presenta procedimientos que le son peculiares.

3) En el aspecto verbal se expresa con el sistema de oposiciones al que ya se ha hecho referencia, en la mayoría de los casos modulado por el uso de una lengua estilizada, por el empleo del verso y de abundantes recursos estilísticos tales como metáforas, antítesis, metonimias, ironías, hipérboles y otros. En algunos casos, el optimismo verbalizado por los personajes, su fe en el cambio y en el progreso, es negado por los acontecimientos de la intriga. Sin embargo, esos sucesos son presentados como coyunturales, y es la verdad del discurso de los personajes la que finalmente se impone. Se destaca el uso de una serie de lexemas característicos del discurso republicano y destinados a representar dos órdenes en conflicto. La construcción del personaje se realiza a partir de una serie de oposiciones discursivas, oposiciones que, si bien están sometidas a un proceso de estilización y asimiladas a procedimientos propios del teatro del período, permiten conectar al teatro con otras series.

La combinación entre los procedimientos de la intriga, nivel en el que se plantean y organizan una serie de hechos significativos, y los enunciados de los personajes en el aspecto verbal hace posible escindir un nivel intermedio que se deriva de los anteriores y en el cual se intenta explicar el sentido de los sucesos representados. En ese nivel, se realiza una operación que White (1998: 22) llama "explicación por argumentación formal, explícita o discursiva", y que en los textos dramáticos es puesta en boca del "personaje embrague", quien intenta poner en claro qué significa todo eso.

4) Por último, en el aspecto semántico y, dentro del mismo, es conveniente analizar lo que Manheim denomina "implicación ideológica", es decir, el momento "ético" de los textos. Semánticamente, si bien presentan diferencias, todos ellos tienen por objeto oponerse al gobierno de Rosas y proponer diversas conductas a seguir frente al mismo. La fuerza ilocutoria de este teatro persigue indirectamente el objeto perlocutorio de persuadir al espectador acerca de la necesidad de luchar contra de régimen rosista. En muchos de estos textos el historicismo aparece ligado no ya a la idea de progreso indefinido sino a una visión pesimista de la historia, a cuyo curso no es posible oponer fuerza alguna. En todas ellas se halla implícita la idea de que ya no se debería acompañar al proceso histórico sino modificar su curso, idea que en "la larga duración" se presenta como básicamente optimista.

Uno de los problemas centrales para el análisis es el de la representación: todos los textos de esta primera fase contienen representaciones más o menos directas de los diferentes modos en que Estado y sociedad se relacionaban en la época. Dentro de este conjunto de representaciones, la figura de Rosas y la barbarie y el despotismo a los que ésta aparece asociada, fue la principal fuente de "inspiración" de la llamada "generación romántica", y contra ella se constituyó gran parte de la producción literaria, filosófica y periodística de muchos de los intelectuales de la época. Muchas veces los textos dramáticos "documentaron" tanto la expulsión de los intelectuales de la política como las reacciones generadas a causa de la misma.

Otro punto fundamental es el modo en que en los textos aparece representado el pasado del país. Se trataba de establecer una genealogía que situara los orígenes de la nación en Mayo y que excluyera el pasado colonial, exclusión que en muchos casos era acompañada por una violenta actitud crítica hacia el mundo hispánico, asociado a la regresión y al atraso cultural. En estas obras se buscaba en el pasado el espíritu guerrero que permitiera seguir luchando contra la tiranía. Frente a esta genealogía, que vinculaba la biografía individual con la historia nacional y señalaba a Mayo como punto de partida de dicha historia, se intentó diseñar, desde el poder político, otra genealogía que situara los comienzos de nuestra historia en un universo ideal previo a la revolución, universo que ésta habría venido a corromper y en el que se hallaría la fuente de nuestro patriotismo.

En esta primera fase se distinguen dos modos fundamentales de representar la historia dentro del drama romántico: el romance y la tragedia (White, 1998).

2. La representación de la historia como romance

En estas obras se narra el conflicto entre el individuo y la sociedad –que a nivel de la acción funciona como oponente– descripto por Hauser, el triunfo del "héroe romántico" y su coherencia estética e ideológica sobre el mundo de la experiencia, y aun cuando en el desenlace éste fracase, su fracaso es considerado como una etapa necesaria en el desenvolvimiento del progreso humano que concluirá con el triunfo de la libertad y la civilización sobre la barbarie y la tiranía. Hay en estas obras un determinismo social que las distingue del determinismo natural presente en otros textos. Entre ellas pueden mencionarse *Cuatro épocas*, *El poeta* y *Policarpa Salavarrieta*.

Para White, el romance implica un enfrentamiento entre dos fuerzas opuestas, una positiva y otra negativa. En dicho enfrentamiento las fuerzas positivas están encarnadas por un "héroe" que buscará "trascender en el mundo de la experiencia":

> El romance es fundamentalmente un drama de autoidentificación simbolizado por la trascendencia del héroe en el mundo de la experiencia, su victoria sobre éste y su liberación final de este mundo, el tipo de drama asociado con la leyenda del Santo Grial o con el relato de la resurrección de Cristo en la mitología cristiana. Es un drama del triunfo del bien sobre el mal, de la virtud sobre el vicio, de la luz sobre las tinieblas, y de la trascendencia última del hombre sobre el mundo en que fue aprisionado por la Caída. (White, 1998: 20)

La idea básica a partir de la cual se construyen estas piezas es la de utilizar al teatro "para dar sentido al proceso histórico concebido como lucha de la virtud esencial contra un vicio virulento pero finalmente transitorio" (White, 1998: 153). Es interesante analizar el caso de Mármol quien, como otros dramaturgos de esa etapa –y como el propio Sarmiento– empleó las "tácticas del dualista" (White, 1998: 153). Para él sólo había dos categorías en las que era posible colocar a los individuos que habitaban el campo histórico, y este hecho se traduce en el aspecto verbal de *El poeta* en la utilización de un sistema de términos contrapuestos tales como vicio y virtud, tiranía y justicia y, en síntesis, bien y mal. Dentro de este sistema, la historia no era concebida como un proceso dialéctico sino como una lucha en la que debía terminar por imponerse uno de estos dos términos. Su percepción en "la corta duración", su abatimiento frente al mal presente, contrastaban con su mirada esperanzada en el largo plazo. En *El poeta*, Carlos, sujeto de la acción, se debate entre dos objetos: María, la mujer amada, y la patria. Su principal oponente es la situación social y política del país –el Estado y la sociedad que impiden la unión de la pareja– y aunque en las didascalias se indica que la acción podría transcurrir en cualquier país americano, resulta evidente la relación con el referente inmediato. La obra concluye con el fracaso del sujeto y el suicidio de Carlos y María. Sin embargo, este fracaso –la derrota del individuo que no logra imponerse a una sociedad perversa y corrupta– es presentada como algo transitorio y el "trágico" final de la pareja central y de la ideología que representa es tan sólo una fase de un proceso que debería concluir con el triunfo del individuo y de sus ideas sobre el mundo de la experiencia, sobre la tiranía y la sociedad en que esta forma de gobierno encuentra su fundamento. De ahí proviene la visión de la política que presenta el protagonista y su negativa a participar en ella, pero también su visión optimista del futuro. Dice Carlos, personaje embrague, (1932[b]: 53-54):

La política nos mancha
O nos hiere la conciencia
Y el joven de pecho noble
Líbrese por Dios de ella,
Si quiere guardarse puro
Para los tiempos que vengan.

(...)
Nuestro presente es la arena
Donde hay un combate a muerte,
Entre nuestra vida vieja,
Y la vida que nos viene.
Cuando en la lucha por fuerza
Caiga deshecho lo viejo,
La América grande y bella
Sobre su trono sentada,
Estenderá fuerte diestra
Para alzar la juventud.

Este "combate a muerte" es representado en el texto por medio del enfrentamiento "sordo" entre el sujeto, condenado al silencio, y un Estado producto de un orden social opresivo. La renuncia a un "mundo político" parte de un protagonista cuyo discurso sigue estando, sin embargo, plagado de alusiones políticas, reproduce la exclusión de la que los intelectuales eran víctima, y lo condenan a desempeñarse en un trasmundo estético –la poesía– cuando no en ese otro trasmundo que es la muerte.

En el nivel de la intriga, lo sentimental aparece como principio constructivo y como motor de la acción: sin embargo, la imposibilidad de unión de la pareja no funciona aquí como un fin en sí mismo, sino que remite a la imposibilidad del protagonista –prototipo del "héroe romántico"–[3] de realizarse socialmente. Todos los procedimientos melodramáticos, tales como la pareja imposible, la coincidencia abusiva, la justicia poética y la polarización del sistema de personajes en héroes y villanos, están aquí al servicio de esta mirada negativa de la sociedad que contrasta con la fe del protagonista en el futuro. En esta pieza, la situación política redistribuye los usos de cada uno de estos procedimientos en función de la visión del mundo de la elite letrada en la que esta obra se inserta: en una sociedad corrompida, el amor no es posible y sólo lo será cuando el orden sea restituido. Desde la mirada del texto, para que esto ocurra es fundamental no ceder a las tentaciones que la barbarie trae aparejada. La reivindicación de la coherencia, de la "pureza" del protagonista que no se entrega a las seducciones de este orden social perverso halla su fundamento en una visión idealista que, sin excluir la necesidad del enfrentamiento, veía que era en el plano ideal que los deseos del sujeto hallarían su concreción y trascendencia. Paradójicamente, al igual que ocurría en *Amalia*, el "heroísmo" y la resistencia del personaje radican en su relativa inacción. Ante la imposibilidad una acción directa, es la coherencia en plano de las ideas la única garantía de progreso. La antítesis de caracteres tiene por función reforzar lo señalado: Federico representa a la "juventud frívola"[4] cuyos valores se oponen al férreo sistema de valores de Carlos. El personaje de Federico, asociado a la vida "fácil" y sin preocupaciones, aparece satirizado, pero la sátira no es el principio constructivo como en *El gigante Amapolas*, de Juan Bautista Alberdi, sino un procedimiento destinado a poner de manifiesto el contraste entre los personajes. Se produce en este punto una mezcla de procedimientos de distintos géneros propia del romanticismo: la inclusión de Federico, personaje característico de la comedia, tiene por función entretener pero también proponer un modelo de conducta que no debe ser imitado.

María, por su parte, responde a sus "deberes de hija" y se halla tensionada entre la honra social y el amor hacia Carlos. Si las acciones de Carlos implican una fluctuación entre la razón y los sentimientos, María es un personaje dominado por sus impulsos y pasiones. Como contrapartida de María aparece Dolores como "personaje razonador", capaz de reflexionar acerca de los acontecimientos.

En el sistema de personajes se producen alianzas significativas: la representación del poder político se halla asociada al poder económico. El comisario, representante del aparato represivo estatal, se asocia a Don Antonino, que es quien posee el capital económico y social. Frente a esta alianza, el "capital cultural" se haya investido de un valor muy módico, en especial si se lo utiliza de manera autónoma del poder económico y político y no a su servicio. Esta devaluación del capital cultural –devaluación que en el texto es reconocimiento de su peligrosidad– es aún mayor en un marco de frivolidad y de supresión de la libertad de expresión. De ahí la reclusión de Carlos, que halla su precedencia en una triple marginalidad –social, política y económica– y que reproduce de algún modo, la situación de la elite letrada dentro de la sociedad, situación que es mediada por la intriga sentimental.

El aspecto verbal de *El poeta*, presenta dos discursos, a veces complementarios, a veces contrapuestos: el amoroso, de las pasiones, y el político. En ambos es posible encontrar puntos de contacto a nivel léxico y frástico, que los ligan y que permiten establecer nexos con otros textos dramáticos. Estos lexemas y frases circulan de lo público a lo privado, cambiando de función pero también ligando ambas esferas. Tirano, cadenas, metáforas de luz, asimilación del despotismo a un orden natural por medio de la comparación con animales, son características del neoclasicismo y del discurso republicano y vinculan el amor con la política, la patria con lo sentimental. En la república de las pasiones, la pasión amorosa y la pasión política se hallan ligadas por una serie lexical de raíz neoclásica. Esta pasión "civilizada" que caracteriza el discurso de los personajes, pero que también se pone de manifiesto en sus acciones, es evaluada como positiva a pesar de que termina por arrastrar a la pareja central a su destrucción.

En este nivel, la ideología de *El poeta* se verbaliza de manera constante: la verdad del texto es puesta en boca de Carlos, quien funciona como "personaje embrague". El aspecto verbal pone en escena los conflictos de la época, especialmente los de los intelectuales. Por lo tanto, el tono del personaje no podía dejar de estar teñido de rencor frente a quienes por vía del dinero o por capacidad acomodaticia logran acceder a los lugares de poder, y se expresa a través de dos tonos: el tono del desafío y el tono del lamento (Ludmer, 1988), que fueron luego los del protagonista de la gauchesca.

En *El poeta* la resolución armónica de conflictos no es posible; el individuo no puede actuar frente a una sociedad corrompida, frente a la "barbarie hecha sistema". Pero si bien se trata de dos concepciones antagónicas de la historia, en ambos casos, se expresa a nivel verbal la fe en el progreso. El aspecto verbal del texto niega los sucesos de la intriga y deja abierta una esperanza. Esta negación entre los distintos niveles de texto no tiene una función irónica: la "coincidencia abusiva" que se ensaña con los personajes es representativa de una fase de ese proceso inevitable cuyo final obligado es el progreso y la felicidad del hombre.

Cuatro épocas (1840) de Bartolomé Mitre, al igual que *El poeta*, está tramada como romance. Hay en ella una concepción "militar" de la historia, según la cual es la lucha, el enfrentamiento, el motor que la hace avanzar. Es el militar con su rol activo, y no la pasividad de la "elite letrada", el artífice del progreso de la nación: de allí sus aspectos épicos, ausentes en otros textos. Aquí, el objeto de Eduardo no es sentimental, y Delfina, a pesar de que muchas veces desea retenerlo, funciona a nivel de la acción como ayudante. Se produce un desplazamiento de lo sentimental por lo épico que se percibe en el siguiente parlamento (1947: 89): "Me llamo republicano, hombre libre y hasta hoy no he tenido valor para romper las cadenas del amor, empuñar una espada y volar donde me llama la gloria y el deber". Es decir, que el amor tiraniza, encadena al sujeto y lo aleja de sus deberes patrióticos. Sin embargo, la mujer respeta los deberes del hombre y lo apoya e insta a luchar, educando a los hijos para que sigan el camino de sus padres. Los deberes de la mujer y del hombre son claramente expuestos en el siguiente parlamento (1947: 95):

Yo cobarde mi frente doblegada
Besando las cadenas del amor
Pero ah! ella es tan cándida, es tan pura!
Quién resistir podría su candor!
Pero no, la mujer entre nosotros
Sólo debe infundirnos el valor
Y ponernos el casco de la guerra
Y ceñirnos la espada del honor
Fui primero que amante, ciudadano
Y es primero la patria que el amor.

El objeto de Eduardo, junto con el de aquellos que se ubican en la actancia ayudante, es fundar un orden "republicano" en el que la ley se halle por encima de la arbitrariedad de los hombres. Por eso, según se afirma en el texto, los hombres libres sólo deben postrarse "ante el altar de las Leyes" (1947: 90):

Que un hombre libre no teme
Ni se postra ante los reyes
Sólo respeta las Leyes
De la Santa Libertad

A la conformación de este "orden republicano" se oponen no sólo la tiranía, el despotismo, sino también la frivolidad de los jóvenes. En esta obra, como antes en *El poeta*, se compara a la "generación presente" con la "generación pasada" y si bien no hay una crítica a la juventud en su conjunto, los personajes "positivos" atacan a la "juventud frívola" (1947: 97)

> Manuel: ... aquella generación no se puede comparar con la presente.
> Molina: La generación presente! Ella corre presurosa a los ecos del piano, como nosotros a los del clarín guerrero que nos llamaba a la batalla, se enervan sobre los colchones de plumas, como nosotros nos robustecíamos durmiendo sobre las cureñas de los cañones, se arrojan sobre las mesas de villar, como nosotros sobre las bayonetas Españolas! Generación raquítica! Parece que no pudieran con el peso de los laureles de sus padres.

Sin embargo, a pesar de que en la obra se privilegia lo militar, Mitre estaba vinculado a la "elite letrada" y como ellos, creía que los destinos de la nación debían estar en sus manos, que a ellos les correspondía ejercer el poder político, por saber, por nombre y por linaje. De ahí que el nombre, el linaje –tan relevante para Sarmiento y aún para el propio Alberdi– aparezca como un capital más valioso aún que el económico.

De hecho, el "nombre" al que el personaje se refiere no esta avalado por el capital económico sino por la vinculación del mismo a las guerras de la independencia y a los orígenes de la nación. Por ello, Molina le dice a su hijo (1947: 97): "Mi querido Manuel, yo no tengo otra cosa que dejarte más que un nombre puro y sin mancha".

Pero si bien el linaje es fundamental para ocupar un lugar relevante dentro del "universo de la política", en el orden republicano el nombre es también algo a conquistar y el linaje, más que distribuir derechos, impone obligaciones. Como dice Eduardo (1947: 103)

> *Un nombre*
> Me impone esta obligación
> Vos alcanzasteis renombre

Con vuestra espada y acción
Y conquistar otro nombre
Es mi sagrada misión

Aunque no se lo enuncie de manera directa, este capital que implica el "nombre" en el sentido enunciado, ayudaría a acceder a lugares de poder, lugares que, al igual que el linaje, implican una serie de obligaciones para aquellos que los ocupen. Se produce así una superposición entre la historia individual y la historia de los orígenes de la nación mediante la cual la primera debería estar a la altura de la segunda y, en alguna medida, emularla (1947: 98):

> En los payses Republicanos, el más ínfimo Ciudadano se ve el día menos pensado llamado a ocupar altos destinos, a representar a un Pueblo. Cuando te llegue ese día, nunca te postres ante las personas, representa al pueblo, haz tronar tu voz en la tribuna, haz temblar dos tiranos sobre su trono de bronce y entonces podrás llamarte digno hijo de la Patria.

Desde esta perspectiva, y siempre inscribiéndose en este doble linaje, el principal deber de los jóvenes es, como afirma Molina, "coayugar a la realización del pensamiento concebido en Mayo y de la Regeneración de la Patria" (1947: 99). Si esto se cumpliera debidamente, los destinos de la nación estarían asegurados y sólo cabría esperar, como dice Manuel "los bellos días del Porvenir". De todos modos, su concepción de la ciudadanía es excluyente y se halla limitada por los dos factores mencionados anteriormente: la genealogía y el nombre, factores ambos en permanente interrelación. Respecto de la genealogía dice (1947: 99): "Mi padre está en el cielo al lado de Bolívar, de Belgrano y desde allá envía mil bendiciones sobre mi cabeza al verme ocupado de las tradiciones y de la realización del pensamiento de Mayo."

Tanto el nombre como la genealogía, vinculada al ideario de Mayo, funcionan como destinador de las acciones del sujeto, cuyo objeto –el mencionado orden republicano– tiene por destinatario al pueblo. Es posible decir que si por un lado el protagonista de la obra –que es a la vez el "personaje embrague"– se opone al personalismo y reivindica a las leyes sobre los individuos, por otro busca la "trascendencia individual" –o de su grupo de pertenencia–, hecho que sólo sería posible dentro del orden republicano que pretende fundar.

3. La representación de la historia como tragedia

En estas obras tramadas como tragedia hay un agón trágico (White, 1998: 20). Se trata de obras que proporcionan explicaciones reductivas antes que simbólicas. Su mecanicismo se vincula a un determinismo telúrico que se impone sobre el determinismo cultural y social. Si bien obras como *Una víctima de Rosas* presentan un modelo actancial final similar al de otras como *El poeta*, en ellas el destinador no es el orden social sino el orden "natural", el deseo del que los personajes –en este caso Carolina– no pueden escapar y que determina los sucesos de la intriga. Encontramos aquí obras tales como *Una víctima de Rosas*, *El cruzado*, *Muza* y *Camila O'Gorman*. Si bien todas recurren a procedimientos similares, es posible distinguir dos grupos: uno que apela a temas exóticos y otro centrado en una temática "local" –si bien en ambos casos hay una intensa relación con el referente inmediato–.

a) La metáfora de Oriente: Uno de los primeros en abordar el tema de oriente en la producción dramática del periodo rosista fue Berenguer Carisomo, quien observó la existencia de ciertas formas que "intentaron evadir la imposición realista" y entre las cuales se destacan aquellas que recurrieron a asuntos de una Edad Media o un Oriente problemáticos. Las ya citadas *El cruzado* (1842) de José Mármol y *Muza* (1850)[5] de Claudio Mamerto Cuenca, son para él un mero producto de una "comezón de lejanía". En un país donde el realismo podía y debía ser fecundo, escribir sobre Oriente era una tarea estéril, una "equivocación literaria". Sin embargo, es posible demostrar que la oposición entre realismo y exotismo es falsa.

Oriente es uno de los tópicos centrales del *Facundo* pero también de textos dramáticos como *El cruzado* y *Muza*. La comprensión de los usos que Sarmiento hace de la metáfora de lo Oriental, junto con el análisis de obras como *Camila O' Gorman* (1856), novela de Felisberto Pelissot, traducida y editada por Heraclio Fajardo, y la obra dramática homónima (1862), escrita por el propio Fajardo y basada en dicha novela, es fundamental para entender plenamente el sentido que Oriente adquiere en los mencionados textos de Mármol y Cuenca.

Para Sarmiento, entre la civilización y la barbarie no sólo no hay síntesis posible sino que tampoco se puede pensar en la convivencia armónica de estos dos polos. Por ello en el *Facundo* vincula la metáfora de Oriente –a diferencia del romanticismo europeo, que había realizado en múltiples ocasiones una exaltación del exotismo– con la regresión, con la barbarie. Para él, el desierto genera caracteres y hábitos semejantes y esta concepción del influjo de lo geográfico sobre las costumbres humanas es la que le permite trazar un paralelo entre el habitante de las extensiones asiáticas y el gaucho, convirtiendo a éste último mediante su gesto comparativo en un objeto descifrable para los potenciales lectores europeos.

En textos dramáticos como *El cruzado* y *Muza*, la metáfora de Oriente tiene una función análoga: proporciona una retórica adecuada para concederle la voz al otro, para hacerlo representable y permitir de ese modo que la barbarie suba a escena. En la obra de Mármol, Celina y las fuerzas irracionales con las que se vincula tienen las dos facetas que presenta la naturaleza –el desierto– en el *Facundo*: fuerza negativa en el plano ideológico, aparece como una fuerza positiva desde el punto de vista estético. Esta irracionalidad, vinculada a un orden natural, conecta al teatro de intertexto romántico en su primera fase con la gauchesca, opera como nexo entre ambos. Lo que en Sarmiento es comparación y analogía, en estas piezas se convierte en metáfora pura, mediante la elisión del gaucho como uno de los términos de la comparación. Es posible establecer la hipótesis de que Oriente, frente a la figura del gaucho, opera por desplazamiento: el significante Oriente es portador del significado "gaucho". Ante la carencia de una "retórica" propia para darle la voz al otro, se recurre a la "retórica romántica de lo oriental" para hacerlo hablar.[6]

En *El cruzado*[7], Mármol utilizó la metáfora de Oriente para referirse a la realidad local.[8] El texto presenta una intriga sentimental que funciona como metáfora de la lucha entre la civilización y la barbarie. El sujeto, Alfredo, se divide entre dos objetos, su amor por Celina, de origen árabe, y sus deseos de gloria. Celina es un producto del desierto, una mujer que, como Facundo, es incapaz de controlar sus pasiones, algunas de las cuales son altamente destructivas y, junto con Alfredo constituyen la "pareja imposible" característica del teatro romántico. Finalmente, su relación concluirá con la muerte de ambos. Dice Berenguer Carisomo respecto de este desenlace (1947: 304):

> en el quinto acto, bajo los muros de Damasco, Celina, en la irrecusable obligación de terminar "en tragedia", da un puñalada a su caballero –sin aclarar el motivo– y, para acompañarlo, se envenena; se ha cumplido una ley estética del tiempo: unos amantes está mal, muy mal visto que sean felices y no perezcan irremisiblemente.

Es cierto que no hay un motivo "racional", claramente explicado, que justifique la conducta de Celina y que la muerte final de los amantes formaba parte del "verosímil" teatral de la época. Pero el desenlace del texto responde a motivos no sólo estéticos, como opina Berenguer Carisomo, sino también ideológicos y se sostiene en un verosímil "histórico". La actitud de Celina es una actitud deliberadamente irracional que responde a su "naturaleza" indómita y rebelde. Y la muerte de los amantes es el único final posible, la "justicia poética" mediante la cual se castiga la unión. Alfredo se había unido carnalmente a Celina, hija del desierto, y de esta unión imposible entre la civilización y la barbarie no se puede esperar sino la eliminación de ambos polos. Sin embargo Celina, si bien es presentada como un personaje apasionado e irracional, no se priva de reflexionar acerca de su condición y, junto con Bernardo, es uno de los "personajes embrague" que el texto presenta, hecho que se percibe especialmente en las críticas que dirige a Europa, o en la "mirada final", que se produce luego de la muerte de los amantes, única posibilidad de unión existente entre ellos. Dice Celina a Alfredo en el momento en que ambos agonizan (1932[a]: 361):

> Callad: nuestro reposo
> En la paz de los nuestros ...europeo,
> vuelve a tu patria y cuenta sin engaño
> Como saben amar en el desierto...
> Ya nada se opondrá... juntos estamos.

En el texto de Mármol, los "hechos históricos" –porque de hablar de la Historia se trata– son narrados dentro del código literario de la tragedia –en el sentido que White la atribuye al término– pero también, siguiendo a Ricoeur, como "alegoría", como "una 'evocación' que promete un futuro porque encuentra un 'sentido' en toda relación entre un pasado y un presente", es decir que entraña una teleología y, a pesar de su final pesimista, la promesa del progreso y la posibilidad de un mundo mejor y más perfecto.

Lo que la pieza busca no es la catarsis trágica, sino que el objeto perlocutorio que persigue es persuadir a los incautos acerca de los peligros que la barbarie, representada por la imagen de lo oriental, Celina, como Facundo, es un producto del desierto, una mujer incapaz de controlar sus pasiones, algunas de las cuales son altamente destructivas. Mientras que Alfredo se rige por los parámetros del orden civilizado, Celina es "naturaleza", "instinto", está determinada por su clima, por el desierto, que de algún modo polariza el sistema de personajes y determina el desarrollo de la intriga, y cuando Alfredo le dice que su alma se encuentra dividida en dos partes: la de la gloria y la de ella, le responde lo siguiente (1932ª: 235):

Pues guarda, Alfredo, que venza
La de la gloria a la mía,
Que si el amor nos enjendra
Cual ninguno nuestro clima,
También enjendra pasiones
De fuerza tan desmedida,
Que a veces como un torrente
Del pecho se precipitan.

En la obra de Mármol, el desierto y la barbarie que en él se origina borran las huellas de la civilización. El desierto, como en el relato escrito –o citado– por Borges, *Historia de los dos reyes y los dos laberintos*, es un laberinto perfecto en donde la Razón se pierde –y no es casual que el relato de Borges transcurra en Oriente–. En *El cruzado*, son abundantes las referencias al desierto. Cuando Alberto relata la búsqueda de su hermano dice (1932ª: 269):

Mas el coraje se entona
Cuando le falta un hermano,

Busqué el mío día a día
Por los vastos arenales
Que no daban ni señales
De la huella que seguía...

En el desierto no hay otra religión que el deseo, que atrapa a los extraños entre sus redes. En su ámbito sólo pueden generarse pasiones "bárbaras" que también ayudan a extraviar a los incautos. Como dice Bernardo (1932ª: 304):

Cada tienda
Tiene corrupción, placeres
Y cuanto más te detengas
Más se olvidarán son hijos
Y soldados de la Iglesia.

Muza es un drama inconcluso de Cuenca, quien ya había escrito anteriormente otra obra: *Don Tadeo* (1837). Si bien resulta difícil aproximarse a este texto debido a su carácter incompleto, es evidente que su proximidad con el referente "Rosas" es aún mayor que la de *El cruzado*. Mientras que *El cruzado* funcionaba como una metáfora del país, *Muza* puede ser leído en términos alegóricos: el uso del vocabulario del republicanismo (las referencias a la tiranía, al despotismo, a la esclavitud, a las cadenas), la utilización del lexema "barbarie" para referirse a los infieles, o la mención de tópicos de la época, como por ejemplo la idea de que la derrota se produce a causa de los conflictos internos del bando opositor al tirano, son algunas de sus características más destacadas y lo muestran más cercano del texto de Sarmiento que la obra de Mármol. Dice Egilona:

No es el moro el que ha triunfado
Son el crimen, la miseria
La guerra civil de Iberia
La que nos ha derrotado. (Cuenca, 1925: 722)

Se habla asimismo de "las facciones que dividen a España", tópico de amplia circulación en la época, utilizado para referirse a la "guerra civil" que dividía a la Argentina. Dice Julián, el "héroe romántico" de la pieza:

Cuando quiero reunir las dos facciones
Que dividen a España, llego tarde
Pues como nunca entre los dos pendones
De la guerra civil el rencor arde. (Cuenca, 1925: 779)

En el texto aparece representado el caudillaje (el propio Muza es un caudillo y un tirano) y el Estado como autor de delitos (hecho sobre el que *Amalia* y *Facundo* se explayan largamente). Muza es bautizado de modos diversos a partir del discurso republicano: tirano, verdugo, bárbaro, criminal, carnicero, todos apelativos que eran utilizados en el período para referirse a Rosas y que configuran una "serie lexical" que también aparece en *Camila O´Gorman* de Heraclio Fajardo. Muza es también comparado con un león, del mismo modo que en la obra de Sarmiento, Facundo es comparado con un tigre. Aparece esbozada, además, como en *El cruzado*, la idea de que la alianza con la barbarie conduce a la destrucción. En la obra, es Egilona la que está dispuesta a "darle la mano al infiel".

Hay un texto paradigmático –e indudablemente "exótico", en el sentido amplio del término–, en el que se relaciona Oriente con el gaucho, que puede servir de clave para interpretar otros textos. Se trata de la novela que el francés Pelissot escribe en su propia lengua, *Camila O'Gorman*, que comienza con un interrogante "la más ilustre santa del martiriólogo argentino ¿habrá por ventura estado en lucha con las criminales tentaciones de Rosas, que hubiese hecho expiar a esta jóven y virtuosa beldad su resistencia a las impuras seducciones del *sultán* de Palermo?" (1856: 5).

Para responder a esta pregunta, Pelissot "trama" su novela, narrada en primera persona por la propia Camila, en la que la descripción de Rosas se corresponde con el término "sultán" de la introducción. Rosas aparece en su palacio de Palermo, tendido en un gran sofá, en medio de gran pompa, mujeres y cortesanos, entre los cuales se encuentra Teodora, "una de esas proveedoras de su harén, cuya ocupación consistía en seducir entre las familias de Buenos Aires la flor de las doncellas para servir de pasto a su inmunda lubricidad". Lleva "chinelas en los pies, un "chaquetón azul abotonado", "amplia corbata" y "la famosa gorra que casi jamás lo abandona" (1856: 62). Se perciben a lo largo del texto los dos rasgos que según Altamirano (1994: 7-19) caracterizan al despotismo: el capricho –en especial el modo en que satisface su "inmunda lubricidad"– y el terror, rasgos que aparecen combinados con la metáfora de Oriente. A lo largo de la novela, Camila deberá resistir los sucesivos embates del "dictador" que la aterroriza de maneras diversas con el objeto de conseguir sus favores. En la novela se produce una "condensación" entre ambos términos y Rosas aparece a la vez como "gaucho" y como "sultán". Son varios los momentos en que, en una evidente búsqueda de "color local", se lo presenta "tomando mate con aire contrito".

Las didascalias de la versión teatral de Fajardo omiten las abundantes precisiones, no se describe Palermo desde una perspectiva exótica sino de manera austera. Es el propio Rosas quien describe su sistema de gobierno, vinculado a la idea de despotismo tal como la presenta Altamirano:

> Ya veis... era indispensable
> el sistema que os alabo
> para hacer al fin y al cabo
> la paz en mi tierra estable.
> (...)
> Es verdad que el vulgo dice
> Que soy déspota, tirano;
> Que gime bajo mi mano
> el pueblo, y que me maldice.
> Que sus leyes atropello;
> que su libertad sofoco;
> que le torturo y disloco,
> le maniato y le degüello.
> Que de salvaje unitario
> hasta de Dios enemigo,
> tildo al que no está conmigo
> y es por esto mi contrario.
> (...)

Que al progreso... y qué sé yo...
Ataco, pues me acomoda
Poner la chaqueta en moda,
Divisa y moño punzó.
Que hago del pueblo una grey
Que inmolo, befo y humillo
y que la ley del cuchillo
es finalmente mi ley... (Fajardo, 1862: 22)

Esta idea del despotismo aparece vinculado a su procedencia rural. Dice el propio Rosas en el fragmento citado (1862: 22):

Que soy un torpe gaucho
incapaz de gobernar,
y solo para domar
potros de la pampa ducho.

Este carácter de "gaucho" se combina con sus veleidades de sultán –posee un harén con el que satisface sus "bajas pasiones"– (1862: 24):

Que las gano en aflición
á Don Juan y á cien Tenorios,
y que rayan mis jolgorios
en torpe prostitución.
Que ni virtud, ni desdén
ni nada en suma me arredra...
que todo lo que aquí medra...
son sultanas en mi haren...

Los personajes se refieren a Rosas, "el argentino Nerón", "el Calígula argentino", utilizando "epítetos sangrientos" tales como cruda pantera, déspota, fiera, monstruo, tirano, carnicero, bárbaro. Sus ojos son de "lobo hambriento" y sus seguidores son "lebreles carniceros". Como en otras obras dramáticas de la época, estos términos aparecen como intercambiables y forman parte del vocabulario del republicanismo, lenguaje común a las elites ilustradas del ciclo de la independencia en toda Hispanoamérica.

Estos textos fundan, entonces, un modo metafórico de referirse al conflicto civilización-barbarie (y al gaucho). Mientras que en Mármol y en Cuenca escribir "Oriente" era escribir al gaucho, en Pelissot y en Fajardo las imágenes orientales aparecen fusionadas con la figura del gaucho: caído Rosas, la metáfora ya no era necesaria y la comparación que antes se presentaba de manera elíptica podía ser llevada a escena de manera directa.

b) La temática local: *Una víctima de Rosas*, de Francisco Javier de Acha, funciona como sinécdoque de un orden social: el sujeto es Enrique y su objeto es emigrar para luchar desde el exterior por la patria. Sus ayudantes son Don Carlos y Luisa y sus oponentes, Inés, Don Juan, la Mazorca y el pueblo –entendiéndose por pueblo, según se desprende de la obra, a la masa inculta–. En definitiva, es la sociedad la que se le opone, una sociedad disociada. Dice Enrique (1932: 549)

> Enrique: ¿La hay en Buenos Aires? ...Mostrádmela madre mía, señaladme esa sociedad digna de mí. Ah! en Buenos Ayres existe una sociedad, sí, pero envilecida. Sociedad de puñales y de crímenes! Sociedad corrompida que arrastra en pos de sí el espanto y el terror de las familias...

Sociedad que no se halla vinculada –al menos no de manera directa– a un orden rural, a la oposición campo-ciudad. Lo que sí se remarca es su carácter criminal y su sistematicidad, que condenan al sujeto a la reclusión o al destierro, cuando no a la muerte. En este marco, se presenta un personaje "negativo", Carolina, quien busca aliarse a la barbarie casándose con Juan, un mazorquero. Cegada por el amor –por la "seducción de la barbarie", también presente en textos como *El cruzado*–, sólo la tragedia final, la "justicia poética" que castiga su falta, logrará disuadirla de su error. De algún modo, el impulso romántico reviste aquí características negativas y es asimilado a la seducción que la barbarie ejerce.

Una víctima de Rosas se estructura a partir de una serie de procedimientos melodramáticos tales como la pareja imposible, la coincidencia abusiva, la justicia poética y la polarización del sistema de personajes en héroes y villanos, pero estos procedimientos tienen funciones diversas a las de un texto como *El poeta*. No es la sociedad corrupta la que impide la unión de la pareja, sino que son los integrantes de la sociedad "verdadera" y "civilizada" los que quiere evitar la alianza de Carolina con la barbarie representada por Juan. El otro federal se "identifica" a través de diversos signos entre los cuales se destaca, junto con la vestimenta, el silencio. Es por ello que, para darle voz, se debe recurrir a la metáfora de lo oriental. En una Buenos Aires ruralizada no hay sociedad posible y una de las marcas de esa ruralización es el silencio, silencio que en *Una víctima de Rosas* se encarna en el personaje de Juan: lo que distingue su discurso no es tanto aquello que dice sino lo que no dice. En *Una víctima de Rosas* conviven dos tramas, una principal "romancesca" y una secundaria trágica, vinculada a los amores entre Juan y Carolina. Pero esta trama secundaria, la falta de Carolina, "contamina" al protagonista y a la trama principal: hay una revelación de la naturaleza de las fuerzas que se oponen al hombre, fuerzas que en la concepción mecanicista y determinista que la obra presenta terminan por imponerse sobre una civilización ambiciosa corrupta y debilitada por sus propias contradicciones. En este sentido, la pareja imposible tiene una función simbólica: la unión entre Carolina y el mazorquero Juan es la unión imposible entre la civilización y la barbarie, cuya seducción acabará por conducir a la familia a la destrucción. Nuevamente aparece la idea de que civilización y barbarie son dos polos irreconciliables.

En esta oposición, la extraescena posee un rol central en el espacio virtual que el texto construye: de allí, de la "multitud", procede Juan, un mazorquero, un miembro de la sociedad corrupta que Enrique rechaza y de la que se niega a participar, optando por recluirse en el ámbito privado primero y por exiliarse, después. Para quienes se oponían a la barbarie sólo había dos salidas posibles; la reclusión o el exilio: sin embargo, Enrique no podrá optar por ninguna de ellas, ya que la "falta" de su hermana Carolina acabará por condenarlo.

4. Conclusiones

Con la caída del rosismo se inició un proceso de despolitización de lo sentimental y se perdió el sentido metafórico que posee en estos textos. Lo sentimental siguió siendo asociado a la conservación y reproducción de un orden, pero ya no se trataba de expresar a través procedimientos melodramáticos una oposición directa a un determinado orden político: lo sentimental cambió de función y lo político se atenuó. Luego del período rosista, los elementos neoclásicos fueron desapareciendo paulatinamente y dieron paso al comienzo de la segunda fase del teatro de intertexto romántico.

Notas

[1] Las fases de despolitización y reforma (1852-1884) y la fase de socialización (1884-1893) o microsistema de la gauchesca, serán estudiadas en otros apartados de esta historia.

[2] Obras no teatrales como *Amalia*, *El matadero* y el mismo *Facundo*, por citar los ejemplos más conocidos, son obvios ejemplos de este proceso de ficcionalización de la coyuntura política.

[3] Es interesante en este punto analizar cómo en las didascalias, pero también en el discurso de los personajes, se describe el cuarto de Carlos. Su desorden reproduce el desorden interior del personaje. Por otro lado, la presencia de los libros y de las pistolas en el mismo "reflejan" las dos dimensiones centrales de su vida: la palabra y la acción.

[4] Como se ha observado reiteradamente, esta juventud era denostada por los jóvenes del Salón y artículos de Alberdi como "La generación presente a la luz de la generación pasada" o "Predicar en desiertos", publicados en *La Moda*, son una muestra.

[5] Esta pieza se conserva en forma fragmentaria ya que su autor no llegó a concluirla.

[6] Si bien no hay estudios que traten este sentido metafórico de Oriente en el teatro argentino –quizás por el lugar marginal que el teatro ocupa frente a otras artes–, críticos como Orta Nadal (1962) quien a pesar de adoptar una perspectiva "realista" fue el que primero estudió este tema, Ramos (1989), Piglia (1980: 15-18) y Altamirano (1994), quienes perciben el carácter retórico y ficcional de la metáfora, relevaron los usos de Oriente en el *Facundo*.

[7] Fue estrenada el 5 noviembre de 1842. El día anterior a su estreno, la obra fue anunciada del siguiente modo en *El Nacional* nº 1168 (4/11/1842): "El sábado 5 de noviembre, el empresario de teatro nacional tiene el honor de ofrecer al público en el día anunciado, un drama nuevo original de D. José Mármol, en 5 actos y en verso con el título de *El cruzado*, que será decorado conforme lo permite la estrechez del escenario. Se omite el fin de fiesta por ser largo dicho drama, cuyos intermedios sostendrá la orquesta con piezas escogidas".

[8] Cabría preguntarse si esta metáfora fue leída como tal por sus contemporáneos. En la crítica de Alberdi publicada en *El Nacional* de Montevideo, (12/11/1842), luego de ponderar el estilo de Mármol, se concluye afirmando que "en sociedades como las de América resulta inadecuado (...) el drama erudito e histórico" y que "la sociedad en que vivimos, esto es la sociedad americana con sus tradiciones, usos, caracteres, pasiones e intereses peculiares será en lo futuro el manantial en que tome sus inspiraciones el autor de *El cruzado*". A lo largo de la extensa crítica no se percibe ningún indicio que permita inferir que Alberdi poseyera el marco de lecturas o la competencia cultural necesarias como para "descifrar" esta metáfora a la en ningún momento hace referencia. Sólo hay un atisbo de percepción de la ideología subyacente en el texto de Mármol

y de su carácter referencial cuando, al igual que en la crítica publicada en la *Gaceta de Comercio* (12/11/1842), se relaciona a la conducta del rey en dicha pieza con la actitud tomada por Luis Felipe durante el bloqueo.

•••

3.3.3. Puesta en escena y recepción

por Delfina Fernández Frade y Martín Rodríguez

En las relaciones variables entre cuerpo y política, entre cuerpo e historia en el teatro del período pre-rosista y durante el gobierno de Rosas, pueden distinguirse dos "momentos": uno iluminista, en el que ya es posible percibir algunos elementos románticos, y otro historicista, de intertexto romántico.

1) El primer momento iluminista se vincula a una visión disciplinaria y en él se intentó crear un sistema de convenciones cuya función principal debía ser "moralizar". Tanto el lenguaje como las convenciones escénicas debían estar al servicio de esa función. Comenzó a desarrollarse una polémica sobre el idioma, en torno a cuál era la lengua "correcta", legítima y, desde el Estado y por medio de la opinión pública y de los organismos con él vinculados, se presentaba una visión negativa de los géneros "populares", en especial de los sainetes. Para evitar la representación de obras que atentaban contra la "moral" y el "decoro", el Estado intentó vincular el teatro con un orden militar, disciplinario.[1]

El objetivo principal del teatro en esa etapa era "cambiar la historia", domesticarla y someterla a la razón. Por ello, más que como espejo del presente se proponía como medio para educar o, para ser exactos, "moralizar" para el futuro, y esa "política cultural" se vinculaba a un orden político más amplio que Feinmann (1986: 65) describe del siguiente modo:

> el optimismo iluminista en el poder organizativo-social de la Razón, respondía a las necesidades revolucionarias de la burguesía metropolitana en su lucha por la conquista del poder po-

> lítico. El historicismo, por su parte, es la filosofía que responde a una necesidad más fundante del orden burgués, como que es su verdadera condición de posibilidad: la expansión colonial... cuando el sistema burgués, ya afianzado en el centro definitivamente, vuelve a requerir la expansión colonial con tanta intensidad como en los tiempos de la acumulación primitiva, se hace necesario inmanentizar esa razón trascendente y hacer de ella el sentido de la historia.

Pero si en Europa hacía falta consolidar el orden burgués, no sólo a través de una legislación acorde al sistema de producción capitalista sino dentro del plano de las ideas, en el Río de la Plata era necesario crear dicho orden; tal era la tarea que los unitarios se habían propuesto llevar adelante y la encargada de hacerlo fue la "elite ilustrada" opuesta al gobierno de Rosas. Esa necesidad de instaurar un nuevo orden se vuelve claramente visible en las políticas culturales teatrales que el Estado intentó desarrollar en esa primera fase. En la sociedad revolucionaria y posrevolucionaria se percibe una "voluntad de disciplinamiento" que se ponía de manifiesto a través de la creación de organismos de "censura" estatales como la Sociedad del Buen Gusto, ligados a la idea de "civilización", pero también a la de "civilidad". Hay una estrecha relación entre "civilización" y "civilidad", idea esta última vinculada a la de decoro: modales, palabras, gestos, vestimenta, costumbres son elementos que definen el rango de "civilidad" de una persona. Por esa razón es entendible que los actores prestaran gran atención a su vestimenta y que la crítica dedicara al vestuario un lugar especial, en particular para destacar su pobreza, su inadecuación y sus falencias.

Es decir, se buscaba disciplinar como paso previo a la creación de una burguesía "a la europea" y por ese motivo el teatro debía "moralizar".[2]

Imperaba la concepción de que la moral es la condición esencial para gobernar a las masas y crear un marco adecuado para el desarrollo de una burguesía incipiente. El lexema "moralizar" tenía un sentido diferente al de "ilustrar": era, en cierto modo, un paso previo a la "instrucción" del individuo, y los teatros debían tener una función educativa y moralizante. En teatro, el verbo "moralizar" conservaba su sentido etimológico, poseía un significado similar, tanto desde la mirada estatal como desde la de algunos intelectuales no vinculados al gobierno. Fue a partir de esa idea de moral que desde el Estado se pretendía formar al actor: el cuerpo debía ser disciplinado, modelado a imagen y semejanza de una idea perfecta y asimilado a un orden militar. *Las Bases generales de la enseñanza*, presentadas al ministro en 1823 por Esteban de Luca y Santiago Wilde y relevadas por Klein (1994: 13-14), son una muestra de esto (AGN, X-6-1-1). En ellas se encontraban entre los gastos previstos un maestro de acción y declamación, estatuas de yeso o pinturas y grabados de los actores y actrices célebres representando escenas interesantes y algunos otros momentos clásicos de la antigüedad que sirvieran de modelos de acción, un pequeño teatro para el ejercicio de los alumnos en la escuela, un palco por temporada en el coliseo público para que los jóvenes asistieran a las representaciones cuando el maestro lo creyera conveniente.

Se trataba de elevar la educación de los actores y se creía que la "acción dramática" debía ser enseñada por medio de la visión e imitación de estatuas y grabados, lo que pone de manifiesto la importancia de los "hábitos posturales" -de la "moral" en su sentido etimológico- en lo que a la transmisión de las técnicas escénicas respecta. La puesta en escena del teatro neoclásico, privilegiaba el estatismo de los cuerpos que, si por un lado respondía a los principios "estéticos" clásicos de equilibrio y armonía, por el otro se vinculaba a un orden político, el orden revolucionario, a través del cual se buscaba disciplinar los cuerpos -y el cuerpo social-, convertirlos en una "maquinaria de guerra". Los cuerpos debían aparecer de modo relativamente estático, "como estatuas", según la descripción que Sarmiento hace del modo en que Juan José de los Santos Casacuberta representaba las obras "clásicas". Si bien Casacuberta fue el más notorio representante de la escuela romántica, conocía, según Sarmiento (*El Mercurio*, 12/10/1841), las convenciones de la actuación clásica y era un excelente representante de dicho teatro:

> Hay en las actitudes trágicas del señor Casacuberta las posiciones artísticas de la estatua. Cada postura que toma está ajustada a las reglas del arte; y si se nota alguna exageración pende

> esto acaso de que carecemos por lo general de un criterio cierto de la perfección heroica o de la belleza trágica, o de que sigue demasiado una escuela francesa que ha llevado más adelante que ninguna otra el estudio de las formas clásicas; porque este género de representación pertenece a la literatura clásica, a la perfección escultural de las formas.

Las "posiciones artísticas de la estatua" estaban vinculadas a la perfección escultural de las formas, que era el modo más adecuado para expresar la perfección de las ideas que las tragedias y las alegorías intentaban transmitir. Evidentemente, en el teatro clásico las "formas perfectas" que el cuerpo del actor debía reproducir debían ser universales y escapar a la dinámica de la historia: el estatismo de los cuerpos en escena tenía que ver con el ideario iluminista según el cual el teatro era un vehículo para transmitir verdades universales, inmutables que, como tales, debían estar acompañadas por una puesta en escena igualmente inmutable.

Todo esto se corresponde con el proceso de militarización de la sociedad. La actuación clásica -en su estilo "francés" y "español"- estaba fuertemente codificada y, en ella, la actuación y la dicción debían descomponerse en una serie de ideomorfemas gestuales, de la misma manera que los movimientos del soldado debían estar cada vez más pautados, menos libres, siempre en función del cuadro que integraba. De todos modos, salvo escasas excepciones y a pesar de los intentos por parte del Estado de "mejorar" la escena, este modo de actuación no alcanzó mayor desarrollo debido al desconocimiento de los actores y al predominio de los sainetes y del modo de actuación cómico-caricaturesco.

Es posible apreciar la importancia de esta función "moralizante" del teatro en el comentario de Gutiérrez (1979: 74) acerca de *Dido*, la tragedia de Juan Cruz Varela, al compararla con la obra de Bartolomé Hidalgo: "Cultivaba la cabeza pero no los brazos, instruía, no educaba; sacudía la atmósfera y la iluminaba con su electricidad, pero no caía en gotas benéficas sobre los surcos nuevos que él creía abrir para su simiente, exótica entonces, y recién importada".

Hay en este párrafo una clara diferencia entre "instruir" y "educar", como así también una "opinión" acerca de cuál debe ser la función de la palabra del texto dramático. La educación aparece como un paso previo a la "instrucción", ligada a la "moral", a la "disciplina". Esta idea de "cultivar la cabeza pero no los brazos" es fundamental para comprender el teatro de la época. Dentro de esta lógica, el teatro, ligado al campo de poder, debía ser modelo de orden y disciplina.[3]

Estos aspectos "militarizantes" y "moralizantes" debían regir la conducta de los actores en escena: en este sentido era central el grado de precisión de la mímica y los ademanes, como así también su sujeción a los imperativos de las convenciones actorales y textuales. En las tragedias y comedias, pero sobre todo en las alegorías neoclásicas, el cuerpo debía aparecer en tensión, en equilibrio, y muchas de las críticas negativas hacia los actores estaban precisamente dirigidas a aquellos que rompían con su "espontaneidad" el orden establecido. Con la incorporación de las ideas historicistas cambió la visión de la crítica con relación a este punto, y la espontaneidad comenzó, en algunos casos, a ser percibida como virtud, como expresión de una determinada "verdad histórica". Es posible leer los cambios que se produjeron en la puesta en escena y en la mirada de las elites respecto de ella, a partir de la oposición entre iluminismo e historicismo. Si el iluminismo se proponía disciplinar la historia, encauzarla, el historicismo buscó dejarla fluir.

Otro tema central era el de la relación entre palabra y hechos. Para el iluminismo la palabra tenía un efecto predominantemente perlocutorio, era acción y debía generar más acción, mientras que para el historicismo, la palabra debía "traducir" los hechos en discurso, no someterlos a un orden discursivo sino extraer su verdad y codificarla, llevarla a escena. Este "racionalismo" propio del momento iluminista que permitía someter el orden de la historia al orden del lenguaje, redundaba en una forma de elocución que, intensificada, debía aparecer en las puestas en escena del período revolucionario y posrevolucionario. La voz de ese "otro", la voz de la generación pasada, aparece claramente descripta por Mansilla (1955):[4] se puede deducir de sus escritos que predominaba un "tono oratorio" basado principalmente en la prolongación de las vocales que, si bien en el teatro debía aparecer intensificado, formaba parte de la vida social.[5] Se trataba de una forma de elocución que, combinada con la presencia en escena de un "cuerpo domesticado", buscaba subordinar la historia al lenguaje y a las ideas "universales" de las cuales éste debía ser un espejo fiel. Este modo de elocución y de actuación, que coincidía con una búsqueda de disciplinamiento, encontró su "equivalente" escénico en el estilo de declamación francés. Sin embargo, en la mayoría de los casos, los actores no poseían la formación cultural ni la competencia necesaria para asimilar ese estilo.

Otro punto relacionado con la dicción fue el de la búsqueda del tono "justo" para expresar ideas elevadas en la tragedia. De acuerdo con la opinión vertida en la *Gaceta Mercantil* (17/6/1826), "el tono (de la tragedia) requiere (...) el hablar con un cierto grado de fuerza, no mucha porque entonces la declamación sería una serie de furores, ni muy poca, porque en este caso (...) degeneraría en una frialdad impropia de la expresión de ideas elevadas" (Klein, 1994: 31).

Esta suerte de "medio tono" se percibe en el elogioso comentario publicado en *El Constitucional* (28/7/1827) referido a la actuación de Francisco Cáceres en *Argia* (Klein, 1994: 31). Pero con la irrupción de Casacuberta y la emergencia de un nuevo estilo de actuación, aún ese "medio tono" de Cáceres comenzó a ser percibido como exagerado. Su función era, como afirma la crítica, "expresar ideas elevadas" y no la "verdad histórica". El crítico señalaba, además, como virtudes de Cáceres, sus maneras naturales y dignas, las inflexiones que sabía dar a la voz y la "correcta pronunciación del idioma".

Este último comentario referido a la "pronunciación" es esencial, porque es un documento de la lucha en torno a cuál era la lengua legítima, lucha que tenía lugar entre los intelectuales y en la sociedad en su conjunto y que no podía estar ausente en el teatro. La referencia al tema de la pronunciación remite al hecho de que el día anterior el mismo crítico de *El Mensajero Argentino* (18/6/1826) había fustigado a quienes no respetaban el acento español: "El teatro es la escuela del idioma... En Europa -a quien es preciso referirse en estas materias- sería silbado un actor que cometiese defectos de pronunciación". De esa idea procedían sus críticas a Juan Mariano Velarde, quien decía "corasson" en lugar de "corazón"; "yama" y "yanto", en lugar de "llama" y "llanto". Sin embargo, otro cronista ya había reconocido que "este defecto es tan común en el país, que acaso esta misma generalidad impide que se note" (Klein, 1994: 31).

Los cambios en el teatro acompañaron de algún modo el proceso de militarización de la sociedad al que hace mención Halperín Donghi (1972). En su estrecha dependencia del aparato estatal revolucionario y posrevolucionario, el teatro no podía sino ser un órgano de difusión del ideario de Mayo y un modelo de disciplina y de conducta. La Revolución de Mayo, que había creado la nación y la había liberado del "yugo español", era ante todo una revolución en el plano de las ideas y esas ideas debían ser llevadas a escena de la manera más pura posible. Pero el teatro no debía limitarse a ser un vehículo transmisor de ideas sino que también debía moralizar, educar, "cultivar los brazos" además de la "cabeza".[6]

Frente a los particularismos lingüísticos y discursivos, para la teoría clásica el gesto opera como significante universal y, como tal, se halla separado de los avatares históricos pero también de los particularismos regionales, sociales y culturales. De allí el interés de los intelectuales del período en el teatro y en el gesto como vehículos transmisores de ideas universales y eternas.

2) En el segundo momento, se intensificó la necesidad de mostrar "lo que efectivamente era" más que "lo que debería ser", y el presente pasó a ocupar un lugar central. Con la llegada del romanticismo a Buenos Aires, especialmente de la obra de Víctor Hugo, se produjeron cambios en lo actoral. Si bien siguió habiendo una fuerte codificación, comenzó a privilegiarse el llamado "estilo natural" de actuación, lo cual no implicaba que la idea de disciplina fuera dejada de lado: parafraseando a Foucault, es posible afirmar que se produjo un pasaje de una individualidad predominantemente "analítica" y "celular" propia del clasicismo, a otra "natural" y "orgánica" característica del historicismo romántico. Se buscaba de ese modo dejar que la historia siguiera su curso, consolidando lo ya obtenido.

En la etapa historicista se produjo un desplazamiento en la relación entre forma y contenido. Este desplazamiento fue señalado por Alberdi (1955: 52): "Se comprende que los principios son humanos y no varían: que las formas son nacionales y varían... Se buscan y abrazan los principios y se les hace tomar la forma más adecuada, más individual, más propia. Entonces se deja de plagiar".

En este momento, la mirada de las elites respecto del teatro, pero también en alguna medida la del Estado y la opinión pública rosista, colocaron en un lugar central a la "naturaleza" y sus relaciones con la historia. Dicho de otro modo, el gesto pasó a ser traducción ya no de una idea universal sino de la historia y, por lo tanto, se hallaba sujeto a la posibilidad de cambios. El gesto poseía desde la mirada de la elite una doble faceta: si por un lado su función radicaba en traducir la verdad histórica de la manera más natural posible, por otro lado ese mismo carácter natural lo volvía amenazante. Con relación a la fase anterior, ésta representó un momento "liberador" del actor, y en él, su producción fue evaluada desde una perspectiva historicista aunque combinada con elementos de la teoría "clásica" del gesto.

Esta teoría clásica, al ser expresión de una verdad universal e inmutable, reclamaba una fuerte codificación del gesto expresivo. La diferencia principal entre la concepción del gesto en la fase historicista y la teoría clásica es que, mientras que ésta consideraba al lenguaje gestual como "universal", en la fase historicista aparece la idea de que toda gestualidad está ligada a cierto grupo social y cultural, a un momento histórico determinado; de que el gesto posee unos cuantos principios codificadores y que es preciso estar en posesión de ese código, aunque siga siendo resultado de una construcción, para "leerlo" correctamente. En relación ya no con el gesto sino con el discurso, esa perspectiva historicista generó cambios respecto de la polémica sobre el idioma y el español "puro" dejó de ser la lengua "legítima" para la mirada de una crítica inspirada por sentimientos "hispanófobos" y por una búsqueda de aproximar teatro y verdad histórica. La búsqueda romántica del "color local" comenzó a ser aplicada tanto al gesto como a la lengua y esto fue percibido como un hecho positivo por parte de los sectores más renovadores de la elite intelectual, desde cuya perspectiva, sus críticas contribuían, sin dudas, a dinamizar la escena y los conflictos escénicos "reproducían", aunque con mediaciones, los existentes entre un modelo de sociedad residual, vinculada culturalmente a España y sus costumbres y un modelo de sociedad emergente, ligada a los ideales revolucionarios de Mayo. Estos conflictos, pueden percibirse de manera clara en el siguiente fragmento publicado en *El Iniciador* de Montevideo (15/2/1838), que remite en muchos aspectos a los discursos inaugurales del Salón Literario y al *Fragmento Preliminar* de Alberdi:

> Es camorra dramática que ya existe entre dos vastos partidos ya organizados, de los cuales uno es de Casacuberta y el otro de Puerta... Yo, francamente, soy Casacubertista, advirtiendo que esta denominación le pertenece a medio pueblo. De modo que tienes a nuestro país dividido en partidos dramáticos, después que tantas veces se ha dividido en partidos políticos. ¿Y quieres que te diga que esta división literaria no es civil, intestina, sino nacional? ¿Y quieres que te diga que es hermana de la contienda de Mayo, que no es una ocurrencia aislada, caprichosa, sino necesaria, indispensable, que más o menos tarde tenía que tener lugar? El cómo, el porqué, atiéndelo. Cada civilización, tú lo sabes, se compone de un cierto número de elementos que ordinariamente se reducen al Estado, el Arte, la Industria, la Filosofía, la Religión. Así estaba compuesta la civilización cuyos funerales fueron anunciados por la campana de Mayo. Pero Mayo no vio morir todos esos elementos de la antigua sociedad, sino uno sólo, el primero, el elemento político. Mayo sólo derrocó a la España política; quedan en pie la España literaria que es la que hoy se trata de enterrar, la España industrial, la España civil, la España filosófica... Hasta tanto que cada una no haya sufrido su 25 de Mayo, no podemos decir que hemos hecho una revolución americana... Pasó la guerra política, ahora estamos en la literaria. Acaba de estallar en el teatro, terreno más vasto, más accesible, más inflamable, más popular. Aquí tienes el sentido nacional de la presente división dramática del país en casacubertistas y puertistas...

Se intentó construir un "otro" en el plano estético a partir de parámetros que se relacionaban con la cuestión de la nacionalidad y que excedían, aunque sin excluirlo, ese plano. Lo que estaba en juego en el párrafo citado es la nacionalidad y el futuro de la Argentina como país independiente, no sólo en el terreno de la política sino también en el plano cultural. Esa misma crítica (*El Iniciador*, 15/2/1838) afirmaba lo siguiente acerca de Lapuerta:

> las pocas cualidades que lo distinguen en las tablas, no son suyas, no son de su persona, de su talento: son el patrimonio común de los discípulos de una escuela que ha dejado de existir en toda la Europa adelantada... En cuanto a su persona, mis ojos lo juran, no encuentran en toda ella una sola dote, una sola prerrogativa, acordada por el Dios del drama. Es una figura española, es decir, sin poesía, de una atmósfera prosaica, de no sé que materialidad sanchesca. Es una cara sin amor, seca y estéril, como los mandatos de un juez sin piedad. Su metal revela una seriedad... Sus brazos todavía maniatados... Lo que sobre todo revela su esfera subalterna en el arte es su falta de sobriedad... La acción y gesticulación del actor español tienen toda la incontinencia, toda la profusión, toda la prodigalidad de un actor novel: en todas sus manifestaciones se exhibe, se sobrepasa, se precipita, se desventura, se pierde: aborta el efecto: fastidia, atormenta, porque lo que es excesivo es falso. El truena y tus oídos se aturden, pero tu pecho no se asusta. El se arrasa en lágrimas y tu corazón se oprime, pero tus ojos quedan secos.

El teatro nacional debía edificarse sobre el modelo de las naciones europeas más adelantadas, es decir, Francia e Inglaterra. España, la nación más atrasada de Europa, estaba vinculada a un universo "material", "sanchesco", y la escuela actoral que allí se desarrolló había dejado de existir en la Europa más evolucionada: de ahí el carácter "prosaico" de Lapuerta que contrasta con la "sutil poesía" de Casacuberta, actor sobre el que la crítica citada afirma:

> Qué inmensa superioridad la de Casacuberta a este respecto. Permítame la comparación, que aunque odiosa, por lo regular nada más conducente en ciertos casos para dar a conocer bien un objeto. Ya otros han dado el escándalo de comparar esta mediocridad española al hábil joven que está ya fatigado de los halagos de la victoria. Se ha dicho que el señor Puerta es un actor educado y que el señor Casacuberta no tiene escuela. Esta apreciación es falsa. Casacuberta tiene escuela y a no tenerla, no sería lo que es: un ignorante no se hace rey de las tablas en

> un país civilizado. Su escuela no es la de Boileau y Aristóteles, es cierto, pero es la escuela anterior a la de estos maestros, de la cual ellos mismos son discípulos, la escuela eterna, la escuela de la verdad y de la naturaleza. En esta misma escuela se han hecho poetas Shakespeare, Byron, Chautebriand, Hugo, Lamartine, Dumas, y decir por eso que estos ilustres poetas no tienen escuela, sería el colmo de la estupidez. Casacuberta es discípulo de la escuela del genio. Lapuerta es discípulo de la escuela de la mediocridad: escuela artificial y mecánica, donde se fabrican sillas y mesas... Casacuberta no sabe componerse el jopo en la fuga de la pasión, no sabe colocar los dedos de sus manos para cubrirse los ojos, no sabe despedir la espada que un accidente o un cálculo le ha traído en medio de sus pies, pero sabe enajenar el corazón de todo un pueblo y arrancar diez veces por minuto sus aplausos entusiastas...

Ya en su primera actuación (*La mujer firme*, de Rodríguez de Arellano) *The British Packet* (22/1/1831) había destacado el hecho de que no hubiera en su composición ni "gritos ni lágrimas de pasión desgarradora", lo cual lo distinguía de los "gritos" de la escuela española representada por actores como Cáceres o Lapuerta. La crítica no vinculaba a Casacuberta con ninguna escuela en particular; a diferencia de lo que ocurría con Lapuerta, su arte no estaba sometido a las reglas de la declamación. Para gran parte de los críticos, el arte de Casacuberta estaba despojado de todo artificio, y por lo tanto, era más natural, más verdadero, menos mediocre y más sutil.

Es decir que, por un lado, se produjo una evidente evolución de las convenciones actorales y, por el otro, un cambio en la mirada de las elites respecto de cuál debía ser la lengua utilizada en escena. Frente a la alguna vez evaluada como "correcta" pronunciación del idioma de Cáceres, el uso del idiolecto rioplatense por parte de Casacuberta lo colocó en el centro de las preferencias de un amplio sector del público. Lo mismo ocurrió con relación a su "medio tono", que contrastaba con los jadeos y la agitación de Cáceres, ligados a formas declamativas que comenzaban a ser percibidas como residuales.

Con relación a su enfrentamiento con Lapuerta, Casacuberta, consciente del carácter remanente de los procedimientos actorales de su rival y del rechazo de ciertos sectores del público al tono castizo, lo parodió en reiteradas ocasiones, luego de la partida de aquel hacia Montevideo. Se trataba -como indica Bosch (1910ª: 182)- no sólo de una lucha entre teatros e individuos sino "también lucha de escuelas: Casacuberta era arjentino i su escuela era personal". Había en Casacuberta una indudable fe en la superioridad del estilo "natural" por sobre el denominado "moderno" -una adaptación por parte de los actores españoles de la declamación neoclásica francesa-.

Estos conflictos y el uso de la parodia para desprestigiar las convenciones del teatro español pueden apreciarse en textos dramáticos como *Don Tadeo*, la obra de Claudio Cuenca en la que se reproducen los conflictos existentes entre los intelectuales de la época, en especial aquellos vinculados al teatro. Resulta interesante leer esta obra como "documento" de los conflictos presentes entre los intelectuales del período con relación a la actividad escénica, conflictos que fueron intensos: estaban indudablemente determinados por dos concepciones distintas acerca de las relaciones entre arte e historia y concluyeron con un predominio del primero por sobre el segundo.

Se produjeron además cambios respecto de la función del actor, quien ya no debía estar sometido a un férreo sistema de convenciones, sino que debía "traducir" de manera "directa", sin mediaciones, la verdad del texto dramático, amplificándolo pero sin "traicionarlo".[7] Este problema de la "traducción bárbara" -vinculado a la idea de que las "formas" deben ser locales y los "contenidos" universales- era aceptado por los "jóvenes románticos", pero condenado desde otros sectores de la sociedad y, en ciertos casos, desde el Estado mismo. A causa de esto, pero también por una búsqueda de "color local", se produjo una reivindicación por parte de ciertos sectores de formas populares que en la fase anterior habían sido despreciadas y hasta prohibidas por las elites intelectuales. Junto con la tradición "culta", convivían formas de actuación populares que se ponían de manifiesto en los sainetes y fines de fiesta, que, por lo general, se representaban al final de las veladas, pero también durante la representación de obras del teatro serio, en las que se solían intercalar "morcillas". Estos "agregados" hacían que las relaciones entre textos espectaculares y textos dramáticos fueran variables, hecho que era motivo de polémicas y que hacía que los actores fueran muchas veces víctimas de los embates de la crítica. Dice por ejemplo *The British Packet* (17/9/1831) acerca de Casacuberta, uno de los actores que gozó de mayor legitimación en el período:

> El señor Casacuberta va ganando pública estimación. Es un actor de considerable talento y porvenir. Su manera de expresar los soliloquios en la escena es, a menudo, marcada con gran minuciosidad y sentimiento. Tememos, sin embargo, que los caracteres de mojiganga y pantomima que a veces representa puedan echarlo a perder haciéndole descuidar el estudio.

A pesar de la aceptación de que gozaba Casacuberta, era evidente que amplios sectores de la crítica privilegiaban su desempeño en papeles del teatro culto y le advertían acerca de los riesgos que traía aparejado representar "caracteres de mojiganga".

El tema del estudio y de la dedicación era central en este período. Eran comunes los cuestionamientos a los actores que abandonaban el "estudio" y a los que llevaban a escena "caracteres de mojiganga" y estas observaciones no distinguían jerarquías actorales. En realidad, no existía una distinción entre actores "cultos" y "populares" y la mayoría de ellos, en especial los más destacados, podían desempeñarse con soltura en diversos tipos de personajes, aunque algunos descollaran en los papeles humorísticos.

Otro motivo de enfrentamiento entre los actores y ciertos sectores de la elite era el desprecio de estos últimos hacia las "gracias" y los agregados que los primeros incorporaban para conquistar al público, "defectos" bastante difundidos entre los actores. Es posible apreciar cómo la "morcilla" aparecía como sinónimo de "mal gusto". La supuesta "espontaneidad" de los actores se oponía a la deseada disciplina que era la base del patrón de lo que era el "buen teatro" y se hallaba asociada a la "civilización", a la moral y al buen gusto. Similar en algún punto es la apreciación de "El duende" (*Diario de la Tarde*, 17/6/1848) quien dice lo siguiente acerca de Fernando Quijano:

> A este es preciso revisarle la boca, pues no falta quien opine que por parecer lleno de cara se pone algunos rellenos de estopa. Sin embargo ha dado en hacer galanes jóvenes: qué gra-

> cia! ¿y para el canto? Divino! Vamos, tiene brillantes disposiciones. Es un hombre muy general; pero mejor sería se conservase de comparsa; esto era en Montevideo. Ya que no adelanta que no atrase. Este actor ha dado en no estudiar ¿y para qué? Es tan maestro, tiene tan buen oído, y después de eso, con decirle al apuntador *hijo, alza un poco*, ya estamos en camino aunque el público desespere.

En la nota se perciben las difíciles condiciones de producción de los espectáculos, que contaban con poco tiempo de ensayo, pero también el escaso interés de los actores en el estudio de sus papeles. Es decir que, en tanto la escritura "disciplina", en muchos casos la escena trata de transgredir las leyes que dicha escritura impone por medio de recursos como las morcillas. Un ejemplo de estos procedimientos populares fue la inclusión de morcillas por parte de actores como Quijano, Manuel Martínez y aún el propio Casacuberta.

Este recurso, que a veces se volvía indispensable, no coincidía con el gusto de organismos como la "Comisión Censora y Directora de Teatro". El estreno de la *Segunda dama duende*, de Ventura de la Vega, el jueves 11 de junio, revela algunos de los procedimientos de los actores de la época para conseguir comicidad, recursos que fueron utilizados tiempo después en el sainete criollo (Klein, 1994: 148):

> el actor que jugaba el interesante rol del Marqués de Ponte Riveiro (Quijano lo hacía en portugués) frustró las esperanzas que el público tenía en sus capacidades cómicas, haciendo un caricato de un personaje que sólo era orgulloso, pero grave, y que supone un caballero de corte, en vez de un gracioso de entremés y faltó a aquella prevención añadiendo multitud de palabras vulgarísimas, y ensartando enfáticamente porción de apellidos que no tenía el Marqués, con lo que completó un cuadro burlesco, o una sátira inoportuna e injusta.

Si la función del teatro era educar y esta función política y civilizadora se hallaba vinculada a las ideas republicanas, no es casual que la espontaneidad física y verbal -en especial la grosería- apareciera desde esta perspectiva vinculada a la barbarie, al deseo y a la idea de despotismo y opuesta a los ideales disciplinarios y civilizadores de las elites. De algún modo, el cuerpo liberado en escena y las palabras "vulgarísimas" utilizadas por los actores se oponían a la disciplina, a la "moral" en el sentido etimológico del término, y eran rechazadas por una elite que veía en estas actitudes "bárbaras" un atentado contra un orden aún no definitivamente consolidado. En este sentido, puede afirmarse que la relación entre el cuerpo del actor y el texto dramático era, en cierto sentido, irónica. El cuerpo liberado del actor, cuerpo marginal de una profesión igualmente marginal y relativamente ajeno del sistema de oposiciones que escindían a la elite dirigente del poder político, hacía posible una cierta independencia del mundo de las ideas, de la trama; su "indigencia" lo alejaba de la civilización, de la ciudadanía y lo aproximaban a un orden "natural", excluyéndolo del sistema de oposiciones políticas aunque a veces fuera sometido a un "uso político".

El actor no era considerado un ciudadano en sentido pleno, y aunque podía ser instrumento de civilización nunca era fin, nunca civilización en sí mismo. Sin embargo, desde la perspectiva de ciertos sectores de la elite intelectual, este orden "natural", esta "falta de cultura" atribuida también a actores prestigiosos como Casacuberta, reforzaba de modo paradójico -aunque no tanto dentro de la lógica del romanticismo- sus aptitudes artísticas: cuanto más se alejara un actor de la "convención", mayor sería su arte y mayor su capacidad de proporcionar al espectador una imagen cercana a la idea de lo nacional. Es importante en este punto interrogarse acerca de qué era lo "natural" para la elite: evidentemente se trataba de un término de sentidos variables, pero siempre se hallaba vinculado a las capacidades artísticas y al talento creador, como así también a la imagen más acabada de lo nacional. Para el historicismo romántico, lo nacional era -nueva paradoja- la naturaleza, la ausencia de historia. De todos modos, al ser llevado a escena, lo natural era sometido al texto y a los límites de la escena, de lo representable, de la civilidad.

En el momento historicista apareció, además, el tema del "hombre representativo" y de la "biografía". La figura del "hombre representativo" repercutía en la puesta en escena, principalmente en las formas actorales. En el sistema de personajes de los textos dramáticos y espectaculares aparecían dos variantes de esta figura: el héroe romántico y el déspota, asociadas por lo general a la mirada política de la elite intelectual y a la del rosismo.

Si en el teatro de intertexto neoclásico había una fuerte normatividad, en el de intertexto romántico se privilegió la libertad. A la escuela clásica, se buscó oponer la nueva escuela caracterizada por la "naturalidad" y la "sutileza". Esta nueva escuela constituyó un verdadero modelo de actuación -del cual Casacuberta fue uno de sus más destacados exponentes-, se hallaba relacionada con el historicismo romántico y propuso una nueva retórica, vinculada con nuevos modos de concebir la dinámica histórica. En esa dinámica, a nivel del texto dramático, las grandes ideas se desplazaron al subtexto, pasaron a integrar la "partitura preparatoria" y se pusieron de manifiesto de modo indirecto en el discurso y, a nivel de la puesta en escena, en el gesto y la dicción de los actores. La palabra se apartó del "monólogo" característico de la tragedia y de la alegoría neoclásica e ingresó en otra dinámica: la dinámica del "diálogo", de la respuesta que presupone una concepción dialéctica de la historia y de la verdad. El teatro ya no era un mero espacio de escenificación de ideas, un espacio de desarrollo de puras alegorías, y el actor tenía por objetivo llevar "hombres representativos" a escena en lugar de ser el "traductor" de ideas inmutables y universales. Ya no se trataba de escenificar ideas, como ocurría en la alegoría y en la tragedia neoclásica; por el contrario, la actuación pretendía convertirse en reflejo de un pueblo y de sus modos de vida. Si el gesto clásico basado en la idea y destinado a traducir una verdad universal debía ser claro, y, por lo tanto, estar sujeto a fuertes convenciones, el gesto histórico, dialéctico, debía redundar en una mayor "identificación" con el personaje pero también en una mayor ambigüedad.

Casacuberta pronto incorporó el "estilo melodramático", que contrastaba con el estilo llamado "moderno". Si bien poseía, conforme a lo señalado por Sarmiento, enormes aptitudes como actor clásico, fue él quien depuró el arte de Trinidad Guevara, que ya había comenzado a oponerse a los "amaneramientos" de la escuela española, y sus cualidades como actor de la "escuela romántica" eran ampliamente reconocidas en todos los comentarios.[8] Según afirmó un cronista en el *Diario de la Tarde* (28/4/1837),

> El señor Casacuberta, a quien nos complacemos en llamar nuestro compatriota se ha desempeñado con una inteligencia singular. Dotado de una figura dramática, su fisonomía misteriosa, su frente pálida, que anuncia fatalidad, la elegancia y soltura de sus modales, lo hacen un grande actor, dispuesto con especialidad para realizar esos personajes siniestros que nos ofrece la escuela romántica. Siente con viveza, se identifica con el autor, es la voz que expresa lo que éste piensa; el señor Casacuberta es superior a nuestro elogio.

Desde este punto de vista, la obra aparece tan sólo como una mediación entre el actor y las ideas del autor. La actuación romántica, más que en convenciones, se basaba en esta identificación entre la naturaleza del actor y la naturaleza del autor: el actor es quien traduce con su voz y su cuerpo, el pensamiento del autor. También es posible destacar en el citado párrafo la referencia a la pregnancia escénica del actor y a la adecuación de su cuerpo y de sus gestos a los personajes románticos.

Uno de los críticos teatrales que mejor describieron el desempeño escénico de Casacuberta fue el propio Sarmiento, quien, con relación a su representación de *Otelo*, destacó la mímica, "tan inteligente, tan expresiva y tan delicada de este actor", y señalaba (1887, I: 149):

> Si la representación muda de los sentimientos; si la realidad que el actor da a las palabras apasionadas que salen de sus labios, adquiere toda su fuerza en las actitudes y en la gesticulación, podemos decir del señor Casacuberta que ha sido pocas veces sobrepasado en los teatros de América.

Más adelante, hace referencia a los imperceptibles pasajes de un sentimiento a otro que se perciben en este actor (1887, I: 149):

> relevante y espontánea cualidad que pone de manifiesto al espectador una multitud de sensaciones, que si bien no están expresadas directamente por el autor, se deducen fácilmente del contexto de las palabras, y sirven de imperceptibles gradacio-

> nes para pasar de un sentimiento a otro y dar vida y animación a los personajes que necesitan vivir de algo mientras que uno tiene la palabra.

Había en la actuación melodramática una evidente "interiorización" de los conflictos presentes no sólo en el texto propiamente dicho sino en el subtexto, hecho que redundaba en una mayor ambigüedad e historicidad. El "hombre representativo" se hallaba atravesado por la "historia" y, por lo tanto, en su actuación "natural" cada gesto debía ser percibido como un drama en sí mismo, como una sinécdoque de un drama aún mayor. El gesto se convirtió en un espacio de conflicto, se dinamizó y se volvió más sutil: ya no señalaba "estados", sino procesos, transiciones. De ahí también el interés en los "pormenores insignificantes" que, por otra parte, implicaban además la búsqueda de un mayor efecto de realidad. Respecto de su papel del cura Perrín en *El espía sin saberlo*, de Scribe, Sarmiento (1887, I: 173) observó que

> sus actitudes, su voz, su gesticulación tardía, su mirar un poco abobado, sus actitudes tan antiguas, su risa infantil, y más que todo, la constante observación de su carácter, aún en pormenores insignificantes, hacen al señor Casacuberta un actor de primera nota y un artista distinguido en esta clase de papeles.

Llama la atención el cuidado por los "pormenores insignificantes" y la búsqueda de matices para acceder a esos "medios colores y gradaciones imperceptibles, que el ojo no alcanza a seguir, pero que el corazón lee y explica una a una", técnica que, según Sarmiento, arribaba a "momentos de silencio que decían tanto al corazón como el más apasionado lenguaje" (1887, I: 173). Ese cuidado por los detalles hacía que muchas veces el público se identificara ingenuamente con los sucesos escénicos hasta el punto de dudar acerca de si éstos eran ficcionales o no.[9] Las ideas ya no eran "personajes", sino que éstos eran quienes se encargaban de transmitirlas, o al menos quienes las representaban: de algún modo, el hombre, el individuo -y la sociedad dentro de la cual éste se incluye- y ya no las ideas, pasaba a ser el principal motor del desarrollo escénico.

Sin dudas, el "hombre representativo" opera a partir del ejemplo y pone en funcionamiento una amplia red de analogías que en teatro pueden percibirse, a nivel del texto dramático, en los distintos niveles de análisis, en las funciones de los actantes y en el discurso republicano o romántico por medio del cual se lo representa y describe, pero también a nivel del texto espectacular, en formas de actuación emergentes que constituyen un nuevo verosímil y que son una respuesta a los reclamos estéticos e ideológicos del público y de los cronistas del espectáculo.

A través de la doctrina del "hombre representativo", se interiorizan los conflictos universales y se combinan con la realidad local lo cual permitía la proliferación de comparaciones y analogías que hacían posible identificar personajes históricos locales en personajes históricos de procedencia diversa. Esta apelación a la analogía se intensificó una vez iniciado el conflicto con Justo José de Urquiza, momento en que la política invadió los teatros porteños. En el periodo rosista, mucho más que en el teatro anterior, lo político era la clave que hacía posible el desciframiento de las metáforas escénicas. Luego del conflicto con Urquiza, el Supremo Entrerriano se convirtió en el enemigo número uno, y fue la misión del teatro desprestigiar su figura. Con el recrudecimiento de los conflictos que debió enfrentar el rosismo se produjeron cambios en las relaciones entre la puesta en escena y el referente, y la capacidad del público para "descifrar" las metáforas escénicas "en clave política" se acrecentó.

Al igual que ocurría entre los proscriptos con las obras de tema oriental, entre quienes apoyaban a Rosas, ciertas obras que no aludían de manera directa a la situación por la que atravesaba el país eran sin embargo "leídas" como metáforas de la realidad local. Tanto en ellas como en las puestas resultantes, la relación con el referente se basaba en aspectos icónicos e indiciales, es decir, en la semejanza "directa": en ellas, lo escenográfico y la caracterización de los personajes contribuían a producir ese reconocimiento y buscaban satisfacer las demandas de un público ávido por ver representada la "realidad" del país en escena. A propósito del estreno de *Juan sin pena*, cuenta Saldías (1987: 317-318) que,

> el actor Jiménez, un criollo mestizo, desempeñaba el papel del protagonista que debía ser ahorcado. Fuese casual, o lo que es

> más posible, intencional, Jiménez tenía esa noche grande semejanza con el general Urquiza. El público notó el parecido; y preparado ya por canciones, himnos y proclamas guerreras, prorrumpió en exclamaciones de Que lo ahorquen! Algunos jóvenes elegantes de los que después han figurado en la política argentina, treparon al proscenio. La soga tentadora estaba ahí; y entonces parecía que ya no queda más que verificar en la inofensiva persona del artista un realismo contra el cual éste protestaba, gritándoles con ademanes descompuestos, que él era Jiménez y ni por pienso quería ser Urquiza.

Si bien Saldías no menciona la fuente utilizada, es muy probable que su descripción de la velada sea cierta. Esta certidumbre se basa, en primer lugar, en la comparación de sus afirmaciones con la crónica publicada por el *Diario de la Tarde*, ya citado y, en segundo lugar, por su parecido con el "fin de fiesta", de la obra *El entierro de Urquiza* (véase 3.4). Era habitual que los actores reconstruyeran figuras de la escena política nacional a partir de unos pocos signos dispersos que, sin embargo, hacían posible su reconocimiento.[10]

Pero la biografía tenía además un uso más "frívolo": funcionaba como correlato de un interés romántico en las relaciones entre el arte y la vida -interés que se pone de manifiesto en la proliferación de autobiografías o de relatos ficcionales que incorporaban referencias autobiográficas-. Era común que el público estableciera una relación afectiva con los actores, conociera su vida privada y la relacionara con los avatares escénicos. Esta relación entre teatro y vida era, en ocasiones, aprovechada por los empresarios y por los mismos actores, que durante la representación mezclaban frases vinculadas a su vida privada o acentuaban por medio de su actuación aquellos pasajes relacionados con ella. Dice por ejemplo *The British Packet* (23/8/1834) acerca del primer papel de Manuelita Funes -*La educanda en Londres*, de Víctor Ducange, a seis días de su boda con Casacuberta:

> Doña Manuela sorprendió al auditorio con su excelente interpretación, la cual, en verdad, no se esperaba de alguien tan joven. Se recordará que ella contrajo enlace el 13 del corriente con el señor Casacuberta; durante el drama, cuando, con sutil

> jocosidad dijo aquello de que "no tenía miedo de casarse con él ahora que le conocía", los espectadores rieron. En la última escena, vestida de blanco, con los cabellos sueltos, arrancó lágrimas en abundancia a gran parte del público.

Si en muchas ocasiones durante la representación los actores realizaban guiños referidos al desempeño de sus rivales y a la vida escénica, en otras -como ocurre en el caso citado- se elegían obras y se asignaban papeles que se relacionaban con la privacidad del actor, lo que hacía las delicias de un público que no sólo era un conocedor de las convenciones teatrales, sino también de sucesos vinculados a la intimidad de éstos. Esta manera de relacionar teatro y vida tenía que ver con el interés romántico en lo confesional y en la identificación entre el artista y su creación, el personaje.

El interés del público en conocer la vida privada de los actores estaba relacionado con el afecto que sentía por ellos, afecto que se percibe en la crónica al regreso de Manuela Funes después de una larga ausencia por enfermedad (*The British Packet*, 5/1/1839):

> Esta joven actriz reapareció el 20 del mes pasado, después de una larga ausencia. Su entrada fue saludada con estruendoso aplauso de la platea y una lluvia de flores desde la cazuela que ella, donosamente, aceptó. Debe estar agradecida, y no hay duda que lo está, por tal demostración. A decir verdad, estamos contentos de ver otra vez a la pequeña y hermosa Manuela, de oír su suave y encantadora voz.

Sin embargo, el cariño y la simpatía que despertaban ciertos actores y actrices no impedía que la crítica, dentro de una lógica "correctiva" y "disciplinaria" vinculada al momento iluminista, señalase sus defectos. Acerca de la actuación de Manuela Funes dice *The British Packet* (20/8/1836) "¿Por qué cuando actúa mantiene su cabecita en continuo movimiento, semejando una de esas figulinas chinas que, en Inglaterra, llevan los italianos de un lado al otro? Es un defecto que su esposo, siendo maestro de la escena, podría reprender y corregir"

Puede decirse que, si desde el Estado en el primer momento se intentó llevar adelante un teatro "disciplinario" y "moralizante", en el segundo la "historia", lo "particular", pasaron a ocupar el centro de la escena. Esta evolución inmanente halló su correlato en las diversas posturas adoptadas por las elites frente a los actores y sus procedimientos.

Notas

[1] No casualmente en 1823 se colocó a un militar, Pereyra, al frente del Coliseo Provisional, quien decidió prohibir los sainetes y entró, por ese motivo, en polémica con el actor Velarde, quien por razones económicas era un defensor del género (Klein, 1994: 12-13).

[2] Como afirma *El Mensajero Argentino* (29/5/1826), "Si en la masa de los que obedecen no se cuenta con un fondo de moral, es imposible gobernar (...) los pueblos se moralizan en la misma proporción que se ilustran (...) En la imposibilidad de que todos los hombres y todas las clases reciban una educación elemental y cuidada, los teatros hacen las veces de una escuela universal".

[3] La noción de "cuadro", utilizada en abundancia por los comentaristas del período, resulta en este sentido profundamente esclarecedora respecto de estos nexos a los cuales se hace referencia. En primer lugar, "cuadro" en el sentido "clínico" del término, como un modo de encauzar la experiencia, de ordenarla, de congelarla en su momento pregnante; en segundo lugar, en un sentido más ligado al orden militar, como una forma de disponer a los individuos y de organizarlos para que funcionen como un todo orgánico y, en tercer lugar, el "cuadro" actoral, término usual, sin duda asociado a este segundo sentido "militar".

[4] Relata Mansilla (1955: 110-111): "Recuerdo aquí por asociación persistente de especies en ese orden de ideas algo que se relaciona con el estilo, o modo de hablar, e interrumpiendo el coloquio, voy a interpolar a guisa de indirecta para los que se estiran demasiado; quizás como enseñanza de que la naturalidad en el decir es también un género persuasivo de elocuencia. Así como los guerreros de la independencia ahuecaban la voz, así los politicastros del tiempo de Rivadavia, imitándolo a éste que era algo hinchado y retumbante en su lenguaje, llegaron a hacer rodar tanto las 'erres' y a abusar tanto de la conjunción 'y' y de los puntos suspensivos, para darse tiempo de rumiar la frase insubstancial, que lo que nosotros decimos ahora en un verbo, ellos no podían articularlo ni en unos cuantos segundos. Estilo moderno: Señor presidente, pido la palabra (así es en el Congreso, por ejemplo, ¿no es verdad? Estilo antiguo: Señorrr presidente, pidooo la palabrrraaa... Estilo moderno: Sostengo que esto es contrario al reglamento y me opongo a la reconsideración. Estilo antiguo: Sostengooo queee esto es contraaario al rrreeeglamento yyy... me ooopongoooo a la rrreeeconsideracióóón..."

[5] Quizás por ello, la dicción "natural" de Casacuberta fue percibida, al comienzo, como demasiado rápida.

[6] Otro punto importante con relación al arte escénico es el de la relación naturaleza y arte. Si bien esta relación se intensifica y refuncionaliza en el segundo momento, es en este momento en el que empezó a desarrollarse. Mucho antes de la llegada del romanticismo al Río de la Plata, ya se pretendía un arte escénico que estuviera vinculado sin mediaciones a un orden natural, aunque esta naturalidad debía tener una función diferente a la que luego se le atribuiría. En *El Centinela* (24/4/1823) se publica un progra-

ma en el que se propone "a la naturaleza como maestra del drama". Otros de sus puntos principales son: "profundizar los pensamientos de un buen autor", "entrar el actor dentro de su propio corazón para indagar de qué modo proferiría las mismas palabras, si se hallase en iguales circunstancias, agitado de las mismas pasiones y estimulado por los mismos motivos que el personaje", "recordar los gestos de alguna persona sensible al padecer emoción semejante" y "reflexionar si debe expresar el sentimiento en toda su fuerza, o si el papel lo exige, luchar y no descubrir las sensaciones". Subyace en este programa la utopía de que es posible un arte que sea hijo directo de la naturaleza, que no necesite de mediaciones de ninguna clase, un arte "puro" y despojado de toda convención, utopía que se acerca parcialmente a la idea romántica del arte y que anticipa el momento historicista.

[7] En una nota de Miguel Irigoyen publicada en *El Iniciador* (Montevideo, 12/9/1838), se dice acerca del desempeño de Casacuberta en *Carlos o el infortunio* de Luis Méndez: "Ha realizado su carácter, melancólico, amoroso, desesperado, con una habilidad extraordinaria con la inteligencia superior que le distingue. Parecía que él también era poeta, que luchaba con el autor. Quería crear... otro Carlos... más sensible, más apasionado, más fatal. Su talento penetra hasta el fondo de las concepciones del poeta y entonces parece que siente la ambición secreta, espontánea, de producir."

[8] Dice Alberdi (1986: 232) en *La Moda* (31/1/38) respecto de la labor del actor: "la porción clásica de *Marino Faliero*, de Delavigne ha privado a su talento de una parte de su brillo. El señor Casacuberta no es apto para las afectaciones del arte viejo y es lo que mejor prueba su talento. El drama nuevo es su vocación, su instinto, su fuerza: le convendría no desconocer esto." En realidad, la opinión de Alberdi estaba más vinculada a su rechazo por el "arte viejo" que a una adecuada evaluación de las cualidades de Casacuberta como intérprete de ese arte. Su fuerte hispanofobia le impedía evaluar su desempeño en géneros asociados al mundo hispano.

[9] En ocasión del estreno de *Los seis grados del crimen y escalones del cadalso o Una lección a la juventud*, Casacuberta apareció "con el pelo cortado, en mangas de camisa, con cuerdas y fuera de sí". Acorralado por la tropa, el pueblo y los gendarmes que derriban la puerta, Julián "se defiende obstinado" y éstos, no hallando medio de rendirlo, "se lo llevan medio arrastrando". En esa ocasión, Casacuberta "dejó al espectador la duda de si era cierta o ficticia la escena que representaba. Jamás en nuestro teatro se ha visto más ajustada propiedad" (*Diario de la Tarde*, 2/9/1837).

[10] Estas analogías se cruzan en algunos casos con tradiciones populares como, por ejemplo, la de la "muerte del carnaval", ceremonia en la que se quemaba un muñeco que representaba a dicha festividad: por ejemplo, en el "fin de fiesta" de la obra *El entierro de Urquiza* se quemaba en la calle un muñeco que lo representa.

•••

3.4. Continuidad de la gauchesca

por Martín Rodríguez

El entierro de Urquiza (1851) de Pedro Lacasa[1] es uno de los pocos textos que se conservan del período, es el único decididamente prorosista y, además, uno de los pocos testimonios hallados hasta el momento que permite conocer cómo eran los textos dramáticos de autores nacionales que se representaban en la época en Buenos Aires, y sirve de eslabón para ligarlo con la producción dramática popular anterior. *El entierro de Urquiza* –probablemente junto con otros textos perdidos como *Un día de fiesta en Barracas*, también de Lacasa– se incluyó tardíamente dentro del ciclo de la llamada gauchesca teatral primitiva (Pellettieri, 1990). Es decir que posee características similares a textos como *El amor de la estanciera* (c.1793), *El detall de la acción de Maipú* (1818), *El valiente fanfarrón y criollo socarrón*, *Las bodas de Chivico y Pancha* (c. 1826). Si bien presenta diferencias que se señalarán, sin dudas se trata de un texto más cercano a los mencionados que a la gauchesca inaugurada por *Juan Moreira*.

A nivel de la acción *El entierro de Urquiza* se configura en torno a una lógica americanista[2]: el sujeto de este texto es Rosas cuyo objeto es la defensa de la "soberanía". Su principal oponente es el "loco" Urquiza y el destinador es el pueblo, que también es el beneficiario de su accionar. Aparecen una serie de relaciones internas de poder, pero esas relaciones se proyectan hacia el público, construyendo un doble destinatario: frente al destinatario "federal", el texto adopta una actitud demagógica, busca la identificación inmediata, opera por consenso y, frente a los eventuales destinatarios "unitarios", por coerción, sembrando el pánico entre ellos, predicando con el temor.

A nivel de la intriga se limitan los aspectos costumbristas y sentimentales, que se encuentran en función de la ideología pro rosista del texto. El sistema de personajes es similar al de *El amor de la estanciera*: aunque se incluyen personajes de procedencia no popular como Dulcamara, el jesuita o el propio Urquiza, la presencia de personajes criollos y de sus antítesis –los personajes brasileños– se articula en torno a un sistema de valores semejante, que contrapone lo "propio" a lo "ajeno".

El aspecto verbal conserva limitadamente la lengua convencional gauchesca –que alterna con un nivel de lengua culto– y el uso del idiolecto para la creación de la imagen caricaturesca del Ministro Brasilero y su esposa. Pero en este nivel el verso es reemplazado por la prosa: sólo para el breve relato que Urquiza hace de sus sueños se emplea una versificación y un lenguaje poético cercanos al canon romántico.

En el aspecto semántico, la pieza de Lacasa reproduce los mecanismos propagandísticos y coercitivos del aparato estatal rosista de los cuales ella misma forma parte, creando una legalidad, una justicia interna al texto que a su vez se proyecta hacia fuera.[3] Rosas es, en el texto, el origen de la ley, pero es un origen fantasmático, que no puede ser representado. El ocultamiento, la representación de Rosas y su poder como un "enigma", la unión de Federación y santidad, la apelación a la fe, a la religiosidad y a la superstición de las clases populares son mecanismos que proceden de la sociedad virreinal.

El punto de vista del texto de Lacasa se sitúa en el plano "estatal", y se propone como una matriz jurídica que organiza la jerarquía de castigos en función de la jerarquía de delitos. Para los federales allí representados, la muerte es un premio al valor, mientras que la cobardía es castigada con la servidumbre. En este punto el texto es intertextual con *El amor de la estanciera*: como ocurría con el portugués Marcos Figueras aquí, Chepa, criolla y representante de la nacionalidad, reduce a la servidumbre al prisionero brasileño:

> Chepa: Yo soy la federala de Gualeguaychú, a la que nunca pudieron domesticar los salvajes, asquerosos inmundos unitarios, ni estos Condes y Marqueses que ustedes ven aquí ahora tan mansos y tan arrepentidos. Señalando a Dulcamara y Ex Jesuita. Seño oficial, me da V. esta brasilera para que me sirva?
> Oficial: No es mía, Señora, es del Soldado que la ha hecho prisionera.
> Chepa: Entonces, señor, deme V. al Ministro Brasilero para enseñarlo a lavar la ropa de los Federales.

Como Marcos Figueras, el Ministro brasileño no sólo es cobarde sino que carece del saber gaucho: mientras que Figueras desconoce "las cosas de la tierra", el Ministro es impotente frente al modo de guerrear propio del gaucho. Por ello, por "civilizado", debe ser domesticado a rebencazos. Fusilarlo significa concederle un honor que sólo se les otorga a los pares, a los verdaderos enemigos. Para el extranjero sólo queda el desprecio o, si de representarlo se trata, la parodia. Gramuglio (1994: 23-27) al referirse a las configuraciones culturales y doctrinarias que acompañan a los procesos políticos destaca "las retóricas, los tópicos y las figuras con que la literatura ha representado tanto la construcción imaginaria de la nación y de sus tradiciones como las operaciones de exclusión que por lo común entrañan las posiciones nacionalistas". En *El entierro de Urquiza,* la nacionalidad –tal como ocurría en *El amor de la estanciera*– se construye contra el extranjero mediante la deconstrucción de su voz en el aspecto verbal. Aún el propio Urquiza aparece revestido de la dignidad que confiere pertenecer a la República. Poco antes del combate, se produce el siguiente diálogo entre Urquiza y el ministro brasileño:

> Urquiza: Usted, Señor Ministro brasilero, que no es hombre de a caballo, debe ir a la artillería; allí morirá con honor o se cubrirá de gloria. Esta señora que gane la capilla.
> Brasilero: Eu estarei milhor na Capela.
> Urquiza: Usted a la Artillería para que vea como se pelea en la República Argentina.

Mientras el extranjero, el "otro" es literalmente "domado" por los federales, la barbarie aparece en su naturaleza indómita: la guerra es horrible en nuestra tierra y el brasileño, aterrado e implorando perdón, promete enmendarse y no tornar "a esta terra donde se combate de ua maneira tan espantosa". Se trata de una lucha desigual entre "garruchos" y soldados.

> Brasilero: Rosas... nao e tan falto de razao para nao comprender que os seos garruchos nao podem medirce com os nossos soldados en parte ninhua, que a mais de ser sempre us valentes, dos valentes por naturaleza, e entusiastas por a gloria somos disciplinados ao uzo da guardia Imperial du Napoleon.

Es posible observar cómo el texto invierte la imagen del General José María Paz presente en el *Facundo*. Para Sarmiento, Facundo Quiroga "no conoce más poder que el de la fuerza brutal, no tiene fe sino en el caballo; todo lo espera del valor, de la lanza, del empuje de sus cargas de caballería". En cambio, el oficial de artillería Paz, elabora para enfrentarlo un plan "parecido a las complicadas operaciones estratégicas de Bonaparte en Italia". En el texto de Lacasa, la disciplina, asociada a la civilización, no es de ningún modo una virtud. El ejército rosista se mueve fuera de la lógica de la civilización, su guerra es una guerra "intempestiva", que rompe con el desarrollo armónico de la historia y del progreso.[4] Se trata de un ejército fantasma, que está en todas partes y en ninguna, un ejército cuyo poderío se desconoce. En este sentido, *El gigante Amapolas*, desde la mirada de la civilización, se propone como un texto desmitificador. El fantasmagórico poder del ejército federal es representado como un poder ficticio, irreal, y Rosas no es más que un gigante de paja cuya fuerza no se halla en sí mismo sino en la ficción que sus enemigos han construido a su alrededor.

Sin embargo, no se puede soslayar otra explicación posible a este fenómeno. Los federales, a diferencia de quienes se ubicaban en la esfera contraestatal, carecían de una retórica apropiada para representar a Rosas, en parte debido a la necesidad de satisfacer las múltiples demandas de su público. Ante la ausencia de soluciones estéticas apropiadas para los federales, Rosas se situaba en el terreno de lo irrepresentable.

Lo que sí podían hacer los federales, era representar a las clases populares que lo sostenían, el fundamento "interior" de su poder. Así, aparece Chepa, personaje extraído de la tradición del teatro popular, que se halla presente, como se ha señalado, en textos como *El amor de la estanciera* y ligado al ideario "americanista" que la opinión pública del rosismo oponía al humanismo "europeizante" de la elite letrada.[5] Por medio de este personaje, que representa lo que Myers (1995) denomina el "orden rural ideal" que Rosas pretendía fundar,[6] se intentaba confrontar los valores positivos del mundo rural a los valores negativos y alienantes del mundo urbano reivindicado por los intelectuales de la oposición. Chepa es en el texto símbolo de nacionalidad, de patriotismo, del sentir popular, representante de los valores de la Federación y de un mundo rural idílico en el que se encontraría la génesis y la legitimidad del gobierno rosista, y actúa en el nivel de la intriga como personaje embrague: no sólo es la depositaria de la ideología del texto en su nivel más visible sino que, además, es quien explica las razones de la "locura" de Urquiza. En un pasaje del texto, le dice a su marido a quien el temor le impide tomar partido por la Federación:

> Chepa: Tú eres el que nada entiendes, hombre sin conciencia, mal patriota, inorantón. Si el Exmo. Señor Gobernador Rosas ha dado motivos para que se le combata, por qué no lo hacen los argentinos solos, y no van a buscar elementos extraños y a venderse quién sabe a quién? Dios mío! Al gobierno del Brasil, que de todos los gobiernos del mundo es el más canalla. Es preciso no tener vergüenza, que no corra sangre argentina por las venas de ciertos hombres para cometer crímenes de tal tamaño. Jesús, Jesús, Dios mío! Qué mano oculta ha trastornado el cerebro del Señor General Urquiza? Quién le ha aconsejado tan bajo crimen?

Y luego agrega:

> Chepa: ... esto es una picardía, una traición inaudita que no tiene igual, y que no puede dar otro resultado que el triunfo de los verdaderos federales dirigidos por el magnánimo Rosas y el escarmiento de toda esa turba de traidores, que vendidos al extranjero llevan en su frente la marca del delito.

De estos fragmentos es posible extraer una conclusión: Urquiza no era responsable directo de sus actos porque estaba loco, una "mano oculta... ha trastornado su cerebro". Ahora bien, ¿cuál es la procedencia de su locura? ¿Cuál es la mano oculta que dirige sus actos? La respuesta a estas preguntas es: Pasombí, director del periódico *El Regenerador*. Cuando la palabra unitaria, en especial la palabra escrita, invade el cuerpo federal, éste enloquece y pierde el control. Mediadora de un discurso "transportado", la palabra de Dulcamara, su escritura, posee propiedades enajenantes: más que "regenerar", degenera a quien las oye o lee. Seguramente, se hacía necesario "explicar" la razones de la traición de Urquiza, ex "buen federal", "criatura de Rosas", como así también prevenir a los federales indecisos acerca de los peligros que entrañaba oír la voz del otro. El texto informa acerca de los peligros de la palabra unitaria, acerca del mal del que es portadora. Esa misma palabra que desde la mirada unitaria sirve para educar, desde la mirada federal aliena a quien la oye. La locura tiene un carácter moral y loco es aquel que subvierte el orden y se opone a la "opinión pública".[7] En este texto se hallan expresados los tres rasgos que, según Myers (1995), la opinión pública atribuía al "salvage unitario: su carácter elitista y extranjerizante, su propensión a la rebelión y su alienación radical.[8] Es interesante destacar cómo concluye la representación de la pieza: el "cadáver" de Urquiza es introducido en un cajón y quemado. Quemar el cuerpo de Urquiza, se convierte, de algún modo, en una suerte de exorcismo, en un vano deseo de conjurar un futuro inevitable.

En *El entierro de Urquiza* se expresa claramente el desprecio que la federación rosista tenía por los intelectuales, representados en la figura de Dulcamara, pero ese desprecio coincidía con una valoración casi mágica del poder de la palabra. La palabra, en especial la palabra escrita, es capaz de enloquecer a Urquiza, ex "buen federal" que termina siendo tan sólo un "títere" de los oscuros designios de Dulcamara, una víctima más del canto seductor de la civilización europea y del progreso indefinido de los pueblos.

El carácter excepcional de *El entierro de Urquiza*, radica en la recuperación política hizo Lacasa de una forma teatral que no tuvo continuadores y cuya última producción, *Las bodas de Chivico y Pancha*, data de 1826. A pesar de su carácter híbrido, es el único texto en el que se conservan los procedimientos y la ideología estética de la "gauchesca primitiva" y en el que es posible percibir el valor que lo popular y lo rural tenían dentro del sistema político y propagandístico diseñado por el rosismo.

Notas

[1] Klein (1994) proporciona el listado de los actores que participaron de la puesta, publicado en el *Diario de Avisos* (18/8/1851). Dicho listado, también se halla en la copia mecanografiada, y difiere levemente del relevado por Klein. El elenco estaba integra-

do del siguiente modo: Eulogio Zemborain (Jefe de las fuerzas federales), Wenceslao García (Oficial Federal), Benito Giménez (Loco traidor... Urquiza), Santiago González (Dulcamara o Ponsombo), Telémaco González (Un ex-jesuita), Modesto Vásquez (Salvaje... Pablo López (a) Mascarilla), Francisco Boero (Ministro del Gobierno de Montevideo), Ignacia González (en portugués) (Esposa del Ministro brasilero), Manuel Castillo (Ayudante de Urquiza), Vicente Molina (Asistente de Dulcamara), Mercedes Gana (Esposa del asistente), Bernardino Hernández (Un bombero del ejército federal), Fernando Quijano (en portugués) (Ministro brasilero).

[2] El tema del americanismo en el discurso rosista ha sido relevado en el trabajo de Myers (1995) sobre el discurso republicano bajo el régimen rosista.

[3] En su libro sobre el discurso republicano en el régimen rosista, Myers señala el carácter paradójico de la legalidad: la ley era una construcción artificial a la que se llegaba por medios principalmente coercitivos pero, al mismo tiempo, era "la expresión –el espejo jurídico– de un orden moral trascendente que el rosismo consideraba había sido contestado y violado por los rivadavianos." El orden rosista era, siguiendo este razonamiento, a la vez interior y exterior, inmanente e impuesto y la coerción era simultáneamente el producto y el productor de un consenso nacional. Para Myers, en el orden rosista los hombres aparecían como naturalmente perversos y sólo mediante el ejercicio de algún poder externo se podía evitar que vivieran en un estado de salvaje promiscuidad, ya que dentro de esta concepción "la naturaleza tendía siempre al desorden". Es por ello que, la cuestión de si la imposición de un orden legal era o no popular no venía al caso, "ya que era la naturaleza de la bestia oponerse a una reglamentación moral dirigida a separar la culpa de la inocencia y tornarla visible a los ojos de todos". Esta tendencia de la naturaleza al desorden tiene, desde la mirada del rosismo, usos "positivos" y "negativos".

[4] Había una relación particular entre las formas de la escritura y las formas de la guerra. Es interesante la comparación que hace Barthes (1993) entre violencia y escritura. La escritura misma es violenta pero la violencia también posee su "escritura", su lenguaje, su código; articula signos en figuras. En el *Facundo* y en *El cruzado*, el bárbaro es aquel que desconoce los signos de la civilización. Quizás por eso su guerra –tal cual aparece planteada en el *Facundo*, *El cruzado* o en la pieza de Lacasa– sea una guerra desordenada, "intempestiva". Sin embargo, en la crítica al *Facundo* citada, el cronista adopta la mirada de la civilización y considera bárbaro el estilo desordenado de Sarmiento, para lo cual recurre a una metáfora bélica –se refiere a las "marchas" y "contramarchas" de su escritura–. El ejército rosista, como la escritura de Sarmiento, se mueve y acecha desde las afuera de la lógica de la civilización, su guerra es una guerra "intempestiva", que rompe con el desarrollo armónico de la historia y del progreso. Como afirma Myers (1995), el orden rosista se funda en un plano "exterior" e "interior" a un tiempo. Es esta quizás otra de las posibles razones por las cuales el propio Rosas no aparece representado en el texto.

[5] Chepa es símbolo de nacionalidad, de patriotismo, representa los valores de la Federación y tiene muchos puntos de contacto con Celina, el personaje femenino de *El cruzado*. Es decir, que Oriente y la gauchesca pueden ser pensados, a pesar de sus diferencias visibles, como integrantes de una misma formación discursiva.

[6] Esta pretensión puede percibirse en la enorme profusión de versos políticos dirigidos al pueblo rural y de exhortaciones a favor de la laboriosidad y la sobriedad personal.

[7] En su libro sobre el discurso republicano en el periodo rosista, Myers (1995) mencio-

na una lista de "Santos" que adornaron veinte altas columnas en la celebración del 9 de julio de 1849 (*La Gaceta Mercantil*, 24/8/1849), en la que figura el siguiente lema: "Opinión pública-contrariarla-locura"

[8] Si para Sarmiento, a quien por otra parte este texto menciona, escribir es un mecanismo para "importar" escritura, es decir, civilización, y ponerla en desigual diálogo con la voz oída del otro, para Lacasa la escritura es sólo un medio para transportar la oralidad a la escena, para hacer oír la voz de la tradición. Como fin en sí mismo, la escritura es peligrosa, somete al cuerpo al orden del discurso y a la racionalidad, esos proscriptos por el régimen rosista. La escritura disciplina, civiliza, en cambio la oralidad, el saber "bárbaro", como las intempestivas cargas de los "garruchos", es desordenada, irracional, indisciplinada y por lo tanto, opuesta a los deseos hegemónicos de la civilización.

•••

3.5. El circo y las formas parateatrales

3.5.1. El circo: compañías

por Ana Laura Lusnich y Susana Llahí

1. Principales compañías extranjeras y nacionales

Hacia 1829, la declinación del teatro y la asunción al gobierno de Juan Manuel de Rosas fueron dos factores que intervinieron de manera activa en la constitución de un espacio artístico alternativo (el circo), espectáculo que comenzó a competir con las representaciones y las salas teatrales motivado por las preferencias de un público conformado mayoritariamente por los sectores populares. En su desarrollo histórico, a partir de 1834, el circo se estabilizó como práctica escénica y concretizó un tipo de espectáculo que, en forma incipiente, comenzó a definir una tradición novedosa en el país (Castagnino, 1953: 24). En este contexto, una compañía extranjera (Compañía Ecuestre Laforest-Smith) y una nacional (Compañía de Volatines Hijos del País), se constituyeron en las formaciones más representativas del período.

En 1834 arribó a Buenos Aires la Compañía Ecuestre Laforest-Smith, de origen inglés. Con ella se inauguró, el 25 de junio, el Circo

Olímpico en una carpa para dos mil doscientas personas, según informaban los anuncios periodísticos. El circo funcionaba en la calle Cuyo nº 77 (en la actualidad Sarmiento y San Martín). En 1835 se produjo la quiebra y el remate judicial de sus instalaciones, lo cual habla del relativo fracaso comercial del proyecto. Decimos relativo, porque a partir de ese momento, la compañía se trasladó a las cercanías de Retiro, a un predio ubicado en la calle Esmeralda al 300 en donde continuó con sus actividades hasta que en julio de 1837 el juez Sáenz Peña decretó la quiebra de la compañía y el remate de sus bienes (Méndez Avellaneda, 1986: 88). En el contexto cultural de la época, el espectáculo que presentaba la Compañía Laforest-Smith fue el más completo en cuanto a rutinas circenses, de allí la perdurabilidad de su nombre, convertido en sinónimo de calidad. Encabezada por dos actores de mediana edad, Carlos Laforest y William P. Smith, e integrada por un numeroso elenco de payasos, gimnastas y vocalistas (Smith y Laforest, vocalistas y gimnastas, Federico Hoffmaster, Josías Hammond, Suárez, clowns) que cumplían generalmente roles establecidos, la compañía elaboró una rutina que incluyó ejercicios ecuestres que combinaban la equitación de alta escuela, las pruebas de adiestramiento y la acrobacia y equilibrio sobre equinos en movimiento. Ya en los primeros espectáculos incorporó, bajo orientación de Felipe y Carolina Catón (los directores de mímica y baile), pantomimas serias (ecuestres serias, glorias militares, pantomimas históricas y los cuadros vivos) y cómicas (arlequinadas, pantomimas ecuestres cómicas, sainetes breves, fines de fiesta).

En 1836, en el Jardín del Retiro, comenzó la actuación del primer circo de carácter nacional, la Compañía de Volatines Hijos del País, que estrenaba con el nombre de Circo Olímpico. En sus comienzos, el grupo estuvo conformado por Gervasio Macías, Catalina Manzanares, Manuela Donado, Luciano Almada, Florencio Castañera, Baldomera Viera, Jaime "El Payaso", Justiniano Santillán, Segundo Laguna y Cecilio García, todos ellos contratados por el empresario Antonio Cabello. Posteriormente, en 1841, la compañía incorporó figuras de origen extranjero, como Brown (que bailaba sobre zancos) y el payaso Rosso, inglés e italiano respectivamente, permaneciendo ambos en el Circo Olímpico durante poco más de dos años. En 1845, la compañía se dividió y, a partir de ese momento, un segundo grupo –integrado por Manuela Donado, Florencio Castañera, Baldomera Viera y los payasos Jaime y Rosso– inauguró un nuevo circo: el Volatin de la Alameda, ubicado en las inmediaciones del Paseo de la Alameda, junto a la Casa de Baile (Bosch, 1910[b]: 358; Castagnino, 1953: 30). Como aporte original, a los números ecuestres y gimnásticos de la compañía inglesa, estos elencos incluyeron actos de canto, música y baile autóctonos, muchos de los cuales aparecían combinados con los anteriores o servían de prólogo o de epílogo a las pantomimas cómicas y serias.

Las compañías y los artistas de circo que llegaron al país con posterioridad a las dos mencionadas no se destacaron por su continuidad y, seguramente y debido a tal discontinuidad, no deben haber contribuido de forma activa en el crecimiento del espectáculo de circo nacional. Con la denominación de Nuevo Circo Olímpico se presentó, en enero de 1836, en el Parque Argentino, la compañía norteamericana Steward, que tuvo una actuación de pocas semanas (Castagnino, 1944: 259). A menudo los empresarios contrataban compañías y artistas que conferían mayor variedad a la programación, aunque en muchas ocasiones los espectáculos no eran los más adecuados para el espacio circense. Tal fue el caso de Domingo Romano, contratado en 1844 con una actividad en la que el espectador se relacionaba con el hecho estético en forma individual. El acto, conocido como "Gabinete óptico", era una especie de linterna mágica que permitía observar escenas de carácter histórico, artístico y otras relacionadas con las campañas de Juan Manuel de Rosas (*Diario de la Tarde*, 27/7/1844).

En 1843 el empresario del Circo Olímpico contrató a Madame Abdalá, contorsionista, conocida en Europa con el nombre de "Fenómeno Occidental", y a su esposo, que realizaba un número de fuerza (*Diario de la Tarde*, 2/2/1843). En octubre de 1846 presentó a una compañía ecuestre integrada por José M'Cloud y Blekeley. Ese mismo año, también se contrató a la compañía norteamericana e inglesa encabezada por Mathewet; y en 1847 a la compañía italiana de los Ferroni (Bosch[b], 1910: 358). En 1849, contrató a una compañía peruana y al año siguiente a una italiana. En 1851 incorporaba a una compañía de equitación y a una de artistas franceses (Castagnino, 1953: 28). Estas contrataciones, esporádicas y de pocos meses de duración, renovaban parcialmente la programación incluyendo disciplinas ya conocidas (específicamente, la ecuestre) y artistas que no disponían de un dominio completo del cuerpo y de la voz, tal como sucedía en los casos mencionados de la Compañía Ecuestre Laforest-Smith y la Compañía de Volatines Hijos del País.

En la calle Temple (actualmente Viamonte y Maipú) se instaló en 1848 el circo New York con la compañía de Mathewet (Bosch, 1910[b]: 359). Este proyecto surgió por iniciativa de un grupo de aficionados que encauzaron sus aptitudes alrededor de dos atletas italianos: un luchador, Pablo Scotto, y un ilusionista que trabajaba con el fuego, Mascardi. Contaba, además, con artistas formados en el circo Laforest-Smith. Mariana, "ecuyère", el payaso Welser y los jóvenes Tomás y Leandro (Castagnino, 1953: 32), se destacaron por haber sido discípulos de los mejores jinetes circenses que tuvo el país hasta ese momento.

2. Edificios y espacios circenses

El Jardín del Retiro, ubicado en Esmeralda al 300, se constituyó en el segundo espacio para circo luego de la desaparición de la empresa Laforest-Smith. En 1836, Juan Wynn, ciudadano británico propietario del terreno, se lo arrendó a Antonio Cabello quien invirtió treinta mil pesos en hacer un circo volatín, a cambio de la cuarta parte de las ganancias. De esta manera, Cabello se transformó por dos décadas en el empresario del Circo Olímpico (Klein, 1994: 132). En 1840 se realizaron reformas importantes, para lo cual el propietario del terreno compró el solar lindero y levantó un nuevo circo, ya definitivamente con el nombre de Circo Olímpico. Este nuevo espacio contaba con palcos y galerías acorde "a las necesidades que tenía este pueblo de un circo que proporcionara toda clase de comodidades a los concurrentes" (*Diario de la Tarde,* 19/4/1840).

La presentación simultánea de números de pista y de pantomimas de procedencia y características diversas, generó una teatralidad variada que debía adaptarse a diferentes espacios. En esa época, la planta escénica del circo era variable e incluía las salas fijas y las carpas móviles. Además, las representaciones no siempre se desarrollaron "bajo la lona del circo". Los artistas extranjeros que cultivaban esta disciplina, actuaron en los teatros Victoria y Argentino (véase 3.5.2). Durante esos años, en algunas oportunidades, el circo también se trasladó a la calle:

> Diversión pública de volatín. La compañía de volatineros bailará en la maroma y hará diversas y difíciles pruebas el lunes 18 del presente, vísperas de San Pedro Alcántara, en la plazoleta de la Recoleta, para divertir al público sin estipendio alguno pues es costeado por *Algunos federales* (*Diario de la Tarde*, 17/10/1840)

Asimismo, como un importante antecedente socio-cultural de lo que fueron años más tarde las actuaciones circenses en la campaña, el *Diario de la Tarde* (14/10/1838) publicó que la Compañía de Volatines aficionados avisaba al público que su elenco desempeñaba frecuentemente giras por el interior de la provincia de Buenos Aires: "muy en breve regresará Don Antonio Cabello, con el resto de la compañía pues fueron a dar unas cuantas funciones a los pueblos de Chacabuco y Dolores".

3. La relación con otros circuitos teatrales. Cambios históricos: primera y segunda parte

Aún antes de que el circo incluyera en su programación la segunda parte o "Exhibición dramática", el teatro tomó recursos del circo, a los que recurrió por un imperativo de la programación, que en una misma función y en el mismo espacio escénico, incluía expresiones estéticas muy disímiles: una tragicomedia, un dueto interpretando el aria de una ópera, el baile de unas boleras, un baile pantomímico, un número de prestidigitación, entre otros. En esa época se desarrollaron un buen número de manifestaciones de características circenses en los teatros de Buenos Aires, en forma complementaria con las compañías de teatro, integrándose a otros artistas del género o, en algunos casos, de manera individual.

En agosto de 1841, actuó en el Teatro de la Victoria Felipe Veltri, quien realizó exhibiciones de fuerza con un número denominado "Exhibición de pruebas Herculinas", presentados en los entreactos de las representaciones dramáticas. En 1841, en el mismo teatro actuó un ilusionista llamado Mr. Nelson, quien se destacaba por acompañar sus presentaciones con una riqueza escenográfica a la que el público no estaba acostumbrado en ese tipo de espectáculos. En 1842, también en el mismo teatro, se presentó la Sociedad Gimnástica, grupo dirigido por Roberts y su esposa, quienes se desempeñaban como malabaristas. El grupo que lideraban los Roberts, estaba integrado por acróbatas y payasos, Levrero, Macario, Mandú y Macerota. El prestidigitador e ilusionista francés, Antonio María Leroux, se presentó en 1845 en el Teatro Argentino. En el mismo año y teatro, Mathewet –quien durante muchos años se radicó y actuó en Buenos Aires (Castagnino, 1986: 287)– estrenó su espectáculo de fuerza llamado "gran lucha de gladiadores de los tiempos de los emperadores romanos" (Bosch, 1910[b]: 358).

En esta relación, fue la pantomima la que posibilitó que ambos espacios tuvieran un primer recurso estético en común. El teatro (tal como se consigna en 3.5.2) presentaba desde 1834 pantomimas cómicas, ecuestres o no, y pantomimas serias, que obtenían el elogio del público y de los críticos o cronistas ocasionales. En lo que respecta al circo, en especial al Circo Olímpico, la pantomima que tuvo un lugar destacado con Laforest-Smith y que contó con la dirección de Felipe y Carolina Catón, desapareció de la programación luego de la quiebra y disolución de la compañía. Recién a partir de 1841 se incluyó nuevamente, en la parte final del espectáculo circense (*Diario de la Tarde*, 28/11/1841). En 1842 se incorporó la segunda parte, o "Exhibición dramática", en la cual se representaba una comedia o un sainete y, excepcionalmente, solían presentarse dramas (*Diario de la Tarde*, 24/11/1843).

A partir del momento en que se incluyó la representación teatral, el Circo Olímpico pasó a llamarse Circo Olímpico o Teatro del Retiro. Es decir que, ya desde el nombre, la manifestación teatral adquirió un status equiparable a la primera parte o "Exhibición gimnástica". Entre los "directores" de teatro circense se puede mencionar a Florencio Castañera y Benito Giménez. Ya en 1843 el Circo Olímpico contaba con un elenco de aficionados que actuaban en el proscenio su repertorio de comedias, sainetes y dramas. Hasta ese momento, los mismo volatineros "hijos del país" eran quienes tenían a su cargo la expresión teatral de la segunda parte.

4. Conclusiones

En la actividad circense analizada se observan dos fenómenos diferentes: uno es la estabilización de este espectáculo como práctica escénica (se amplió el circuito de carpas y locales y el público asistente, a pesar de los momentos de discontinuidad), el segundo es la escasa renovación de las realizaciones y números que constituían la programación de las compañías que estrenaban en estos años. Durante dos décadas, el Circo Olímpico repitió las rutinas que componían la primera parte, integrada por pruebas o exhibiciones gimnásticas. También es cierto que, salvo en el caso del circo Laforest-Smith, no hubo maestros (actores y directores) prestigiosos que hicieran escuela y formaran actores de manera integral. Los artistas locales solían repetir las rutinas circulantes, importadas de Estados Unidos, Inglaterra o Italia. La programación y las críticas periodísticas no jerarquizaban a ninguna de las figuras que conformaban los elencos nacionales en forma permanente. Eran los artistas extranjeros, especialmente los actores principales de la Compañía Laforest-Smith, quienes ocupaban los títulos que los destacaban como atracciones principales de la disciplina.

En el período del gobierno de Rosas el espectáculo circense coincidió con la formación de un público que se apropió de su estética y de la tradición cultural que proponía y que, tal como se analizará en el capítulo correspondiente, trazó en el encuentro directo con el actor circense, sus propias exigencias y resistencias ante determinadas actuaciones y pruebas (si bien otras pudieron ser las razones de los cierres y remates referidos o de la escasa permanencia de algunas compañías, era evidente que el público percibía las reiteraciones y las novedades y muchas veces optaba por no concurrir a los espectáculos circenses). A pocos años de su nacimiento en el Río de la Plata, fue la actividad de las primeras compañías nacionales la que logró encauzar la particularidad que le dio identidad al circo criollo: la inclusión de la "segunda parte" gestada en los años veinte, y que en poco tiempo definiría al circo criollo.

•••

3.5.2. La pantomima

por Ana Laura Lusnich

I. La pantomima y el espectáculo circense nacional

Los espectáculos circenses de la época incluyeron, además de los números de pista, un atractivo adicional: las pantomimas, piezas cortas que en sus diferentes géneros y por los roles implicados manifestaban la actualización de registros de múltiple procedencia. Como sostiene De Marinis (2000: 144), la "pantomima tradicional", es una técnica que se basa en el uso instrumental y estratégico de la expresión corpórea, que se sustenta en la improvisación muda y fragmentaria del cuerpo (habitualmente no usa el tronco sino las extremidades y el rostro) y que, con un criterio programático, tiende a imitar, reproducir, contar e invocar, de manera que la expresión traduce de forma paralela aquellas palabras que son omitidas en el escenario. Este tipo de formación y técnica actoral, que en el siglo XX fue retomada y renovada por un amplio conjunto de artistas que definieron el trabajo del actor como una entidad plástica y tridimensional, fijó, desde sus comienzos, un principio constructivo básico: la tensión que se establece entre el cuerpo del actor (el gesto, el movimiento, la inmovilidad pasaron a ser los aspectos centrales) y la palabra del actor (aparece al margen, en ausencia o reducida a una mínima expresión).[1]

En el marco de un modelo espectacular que estimulaba el carácter bidimensional y totalizador de los aspectos y niveles implicados, característica fundamental del espectáculo circense nacional del período 1835-1856,[2] las pantomimas exhibidas en esos años presentaban dos problemas centrales, uno de ellos asociado a la reformulación de géneros procedentes de distintos países y tradiciones artísticas, y el otro a la adecuación de modelos interpretativos disímiles y aparentemente irreconciliables.

II. Tipos y géneros de pantomima

Las pantomimas cómicas, una de las dos variantes de mayor productividad, incluían las arlequinadas, las pantomimas ecuestres cómicas, las persecuciones cómicas, los sainetes breves y los fines de fiesta festivos y suponían el despliegue de elementos y efectos visuales y sonoros relativamente fijos, como la comparsa que bailaba y cantaba en el fin de fiesta o los característicos efectos sonoros utilizados en los actos de payasos. En cuanto a los códigos interpretativos, recogieron la tradición de la "commedia dell'arte" que, desde mediados del siglo XVI, elaboró un conjunto de tipos fijos que se expresaban mediante "lazzi", juegos escénicos construidos a través de los procedimientos de la contorsión, la mueca y las acciones burlescas. Como lo consignó Bosch (1910[b]: 140) –y, posteriormente, Castagnino y Klein–, las arlequinadas llegaron al país en 1829 con la Compañía de José Chiarini, que había trabajado en Italia y en Francia y que, en la Argentina, se presentó en el Coliseo Provisional y ofreció al público una serie de cuadros cortos, entre ellos *La muerte de Arlequín*, exhibido en junio de 1834 con la participación de Casacuberta en el papel de Pantalón.

Las pantomimas ecuestres cómicas *El sastre perseguido*, *La diversión de los paisanos*, *Las modas de París* (algunos de los títulos presentados), fueron por largo tiempo patrimonio de la Compañía Ecuestre Laforest-Smith, la que contrató a Felipe Catón y a Carolina, su esposa, como directores de mímica y baile (Klein, 1994: 130), debutando en el Coliseo en septiembre de 1832 (Bosch, 1910[b]: 146). Los números más aplaudidos –según Bosch (1910[b]: 147)– de las coreografías que dirigía Catón eran "valses, minuetos, contradanzas, gavotas, la Cachucha, los minuetos de Montonero, boleras á dúo, á tres i a cuatro, padedú de los suspiros, el tabapuí de la banda, el cielito del bagre sapo, los cielitos en batalla..." La misma compañía se interesó por otros números cómicos, basados en la persecución y el enredo, como el presentado el 25 de junio de 1834, en el que un payaso transformado en dentista utilizaba el método de la pólvora para arrancar un diente al paciente. Su dinámica actividad incluyó también la adecuación de las arlequinadas a la idiosincrasia del elenco de origen inglés. Acerca de esa peculiar adaptación de la pantomima, dirigida por Felipe Catón e interpretada por Hammond (Harlequin) y Carolina Caton (Columbine), *The British Packet* (21/1/1835) informaba "This sort of Pantomime are completely English. If we look among the Italians, we find their Harlequino and the Buffon who cracks his miserable jokes for the amusements of the populace, and ranks with Punch, monkeys and puppet shows. But in England he is a silent, myterious, magical being".[3]

Las pantomimas serias, en cuyo marco se agrupaban las pantomimas ecuestres serias, las glorias militares, las históricas y los cuadros vivos, trabajaron de manera simultanea la pista y el proscenio e incorporaron decorados, escenografía y el empleo de vastas comparsas que aparecían representando al ejército, o a los aldeanos en sus actividades cotidianas. La Compañía Ecuestre Laforest-Smith, en su local de más de dos mil localidades, presentó numerosas pantomimas históricas de alto contenido melodramático y patriótico (en 1834 se registró, al menos, el estreno de tres: *La muerte del moro en defensa de su bandera*, *La bandera libertadora* y *Timour el tártaro*). En ese mismo recinto, con la dirección de Felipe Catón, se presentó otra serie de pantomimas de gran despliegue escénico (*La batalla de Montereau, La vuelta de Napoleón de la isla de Elba*), que empleaban la totalidad del espacio escénico. El artículo publicado en la *Gaceta Mercantil* (23/1/1835) sintetizaba el manejo del espacio en el último de los números mencionados:

> En *La vuelta de Napoleón de la isla de Elba* el primer cuadro transcurre en la "Plaza de Antibes" –picadero– (...) El segundo cuadro se sitúa en un "Bosque con marina" –proscenio– (...) El tercer y último cuadro se desarrolla al mismo tiempo en los dos espacios espectaculares: en el proscenio ha cambiado la escenografía y aparece la gran tienda de campaña donde se produce la entrada de Napoleón, mientras en el ruedo la caballería se organiza para el desfile frente al emperador, que saluda ceremoniosamente desde su elevado sitial. (Klein, 1994: 129)

En el marco de las pantomimas serias, el estreno de las denominadas "estatuas vivas" o "cuadros vivientes" acercó al circo argentino una forma de espectáculo originario de la Edad Media, que tuvo su mayor desarrollo durante el renacimiento europeo. Este tipo de espectáculo, que consistía en la reproducción de estatuas, pinturas, batallas y hechos históricos clásicos mediante la puesta en escena de uno o varios actores inmóviles en una pose expresiva que evocaba las situaciones (Pavis, 1998: 105), fue desarrollado por la Compañía Laforest-Smith, que en los años 1834 y 1835 dio a conocer varios títulos como *La muerte del gladiador* y *Hércules en lucha con el león.* Bosch (1944ª: 160) se refirió a su programación de 1834 con las siguientes palabras:

> En agosto estrenó el espectáculo titulado *cuadros vivos,* que a veces se llamaban *hacer estatuas,* y en el cual ambos directores (Laforest y Smith) y sus respectivas esposas, vestidos en mallas blancas, con caras y manos enyesadas, reproducían grupos escultóricos conocidos y hacían otras posturas plásticas elegantes y artísticas.

III. La pantomima. Una alternativa escénica y actoral

Como puede apreciarse, la presentación simultánea de números de pista y de pantomimas de procedencia y características diversas participó en la conformación de un modelo integral de espectáculo en cuyo marco una teatralidad variada se adaptaba a diferentes espacios (en esta época las plantas escénicas del circo eran variables e incluían las salas fijas y las carpas móviles) e integraba el patrimonio artístico de modelos interpretativos aparentemente irreconciliables.

Desde esta perspectiva, el circo puede ser estudiado como una de las tendencias espectaculares que se nutrió de la tradición del actor cómico o popular y que, asimismo, incluyó algunas de las técnicas y de los procedimientos de la tradición del actor burgués o dramático. La tradición del actor cómico, que llegó al país con los artistas herederos de dos modalidades trashumantes (la Comedia del Arte italiana y los Cómicos de la Legua del Siglo de Oro español), prevaleció en la elaboración de las pantomimas cómicas. Si se consideran los elementos constitutivos del actor cómico formulado por De Marinis (1997: 158-163), es posible reconocer en los artistas circenses varios de los rasgos pertinentes: la "vocación solística" y la necesidad, por ausencia de texto dramático y de director escénico, de valerse por sus propios medios para llevar adelante el espectáculo; la "soledad cultural" y la ausencia de legitimación por parte de los medios y de los intelectuales; la "autotradición" y la relación libre con los códigos teatrales del pasado; la "intertextualidad carnavalesca" y el sincretismo entre elementos festivos y melodramáticos; la "relación no garantizada con el espectador" y la puesta en práctica de estrategias de carácter vincular que, con la intención de lograr el interés del espectador, combinaban la agresividad, la sorpresa, la dulzura y la fascinación.

La tradición del actor burgués o dramático gestada en Europa en el siglo XIX, se hizo presente en las pantomimas serias, que se nutrieron de algunos de sus rasgos exteriores (la declamación exagerada, específicamente) y retomaron un método de trabajo que se proponía revertir la soledad dramatúrgica y escénica, propias del actor popular, tanto como la relación no garantizada con el espectador. Por sus contenidos y su estrecha relación con algunas formas clásicas y neoclásicas ampliamente legitimadas, estas pantomimas serias gozaban de una cobertura cultural negada entonces a las pantomimas cómicas. La presencia creciente de directores de escena que orientaban el desarrollo de los actos, el manejo de textos germinales o guiones que incluían un sumario de indicaciones que articulaban la fábula y la elaboración de ficciones que apelaban a la identificación del espectador, fueron algunos de los elementos propios del modelo del actor dramático que se filtraron en el espectáculo circense propiciando alternativas escénicas y actorales.

Si se observa el desarrollo del espectáculo circense con posterioridad a 1853, es posible concluir que en la fase siguiente la Compañía Podestá recuperó la estructura en dos partes de este tipo de representación tanto como las diversas variantes de pantomima estudiadas. En cuanto a los rasgos innovadores, más allá de algunos ejemplos, los estrenos de esa compañía se caracterizaban por desplazar los personajes y los temas legitimados por las pantomimas europeas y se inclinaban por aquellos de procedencia nacional o regional, construyendo personajes que alcanzaron en un breve lapso una importante repercusión en el público asistente a los espectáculos. (Cfr. 4.4.2)

Notas

[1] Delsarte, Decroux, Jaques Dalcroze, Craig, Artaud y Meyerhold fueron algunos de los directores y maestros de escena que retomaron esta técnica actoral en el transcurso del siglo XX.

[2] El espectáculo circense contenía números de pista y pantomimas, poseía elementos cómicos y trágicos, incluía la actuación del "performer" y la actuación proveniente de la representación teatral, oscilaba entre el espacio del picadero y el tablado y, en campo de la recepción, incluía la compleja relación de tensión-distensión que se establecía entre el espectáculo y el público.

[3] "Este tipo de pantomima es completamente inglés. Si nosotros miramos entre las italianas, encontramos su Arlequino y el Bufón, quienes hacen restallar sus miserables bromas para entretener al populacho y estrechan filas con puñetazos, monos y espectá-

culos de marionetas. En Inglaterra prima el silencio, el misterio, los seres mágicos" (*The British Packet*, 21/2/1935).

•••

3.5.3. Espectáculo y público

por Ana Laura Lusnich

1. El espectáculo circense: algunos problemas terminológicos

Los modos de producción y la recepción del espectáculo circense en su período de estabilización, comprendido entre los años 1835 y 1853, fueron el antecedente previo al desarrollo del denominado "circo criollo".[1] En el país, el circo configuró un modelo propio y renovador de espectáculo que estimuló la evolución del sistema teatral argentino. Es posible reconocer que el estudio del tema comprende no sólo el conocimiento de un conjunto de problemas sustanciales (la caracterización de los variados números de pista; el discernimiento de los procedimientos y las técnicas interpretativas; el uso del espacio; el desarrollo de la pantomima como antecedente del drama criollo) sino, fundamentalmente, la reformulación y la delimitación del campo semántico de dos nociones específicas que permiten discernir los rasgos sustanciales de este tipo de espectáculo: "espacio" y "dramaturgia". Retomando una de las definiciones provistas por De Marinis, el circo puede ser comprendido como una de las expresiones que privilegia la construcción del espacio teatral como "volumen-ambiente", un ámbito integral de representación (De Marinis, 2000: 30).[2] De acuerdo con los ejemplos estudiados, en esa etapa de estabilización la representación circense consolidó un modelo sustentado en la idea de la "bidimensionalidad." Estructural y genéricamente, el espectáculo de circo contenía números de pista y pantomimas, poseía elementos cómicos y trágicos, incluía la actuación del "performer" y la actuación proveniente de la representación teatral, oscilaba entre el espacio del picadero y el tablado. Si se extiende esta noción al estudio de la recepción, es posible afirmar que los conceptos de "ambiente volumétrico" y "bidimensionalidad" incluyen, asimismo, la compleja relación de tensión-distensión que se establecía entre el espectáculo y el público asistente a las representaciones.

En segundo término, en el marco de un espectáculo que incorpora sólo de manera embrionaria la interpretación del drama y excluye en líneas generales su representación hablada, la noción de dramaturgia se distancia de su significado tradicional, asociado a las reglas o técnicas de composición del texto dramático escrito,[3] para vincularse específicamente a los términos "texto espectacular" o "performance text", para los cuales la composición es el resultado de cierto número de dramaturgias parciales que alcanzan al actor, al escenógrafo, al músico, al cantor y al bailarín (De Marinis, 2000: 29). En el caso del espectáculo de circo previo a la consolidación del modelo inaugurado por *Juan Moreira* en 1886, la dramaturgia puede ser concebida como una práctica totalizadora de la realización escénica, destinada a producir un determinado efecto en el espectador que oscilaba entre la plena identificación y el distanciamiento (Pavis, 1998: 148).

2. Estructura del espectáculo circense: los números de pista

El espectáculo circense de esta época estaba constituido por números de pista y por pantomimas que, si en el nivel de la puesta en escena ponían de manifiesto una concepción integral del espacio escénico (mediante el uso alternado o simultáneo de la arena circular, el tablado y la extraescena), en el ámbito del desempeño del intérprete configuraban un modelo heterogéneo que combinaba los saberes del "performer" y del actor de teatro. Los números de pista, llamados originariamente de "volatinería", la circulación de compañías circenses provenientes de las más diversas latitudes geográficas (la cronología de las compañías extranjeras que llegaron a nuestro país a partir de la época colonial consigna el trabajo de circos españoles, italianos, ingleses, norteamericanos, franceses, escoceses) expresó la coexistencia de una variedad ilimitada de números, a los que se fueron sumando elementos autóctonos propios de la cultura latinoamericana (en estos años visitaron el país circos de Perú y de México y se formaron elencos criollos), entre los que se destacaban las payadas de contrapunto y el denominado "baile de la tierra".

Si se considera el compromiso corporal de los intérpretes y el uso del espacio, una clasificación tentativa de los números de pista puede comprender tres tipos de actos diferentes. Uno de ellos eran los números de destreza y fuerza física: equilibrio en el trapecio y la cuerda, acrobacia y pruebas gimnastas, malabares, pruebas ecuestres, doma y amaestramiento de animales, lucha, pruebas de fuerza muscular, prestidigitación, ilusionismo, ventrilocuismo. En esa época, la Compañía Ecuestre Laforest-Smith, de origen inglés, fue uno de los primeros elencos que se especializó en ejercicios y pantomimas ecuestres que combinaban la equitación de alta escuela, las pruebas de adiestramiento y la acrobacia y equilibrio sobre equinos en movimiento. Instalada en el Circo Olímpico desde el 25 de junio de 1834, como lo testifican los programas que anunciaban la actividad de circo, la compañía ofreció de manera periódica ejercicios ecuestres serios, a cargo de Carlos Laforest y de Ava Smith, y ejercicios ecuestres de carácter cómico, a cargo del payaso Hoffmaster (Castagnino, 1953: 26-27). En su columna diaria dedicada a la actividad circense, el periódico *The British Packet* (3/1/1835) comentaba de la participación de Laforest y de su corcel en el acto llamado El Bandido:

> Mr. Laforest, as a French cavarly soldier, was attacked by four of the banditti, three of whom he left dead in the ring, and the other he dragged upon his steed and galloped off with him (...) The horse Selim, was admirable: he performed a new evolution, that of ungirding and taking the saddle from his back, at the command of his master.[4]

A partir de 1841 se sumaron a las pruebas ecuestres y de equilibrio ejercicios de fuerza física (en 1841 el payaso Rosso realizó números de fuerza sobre el vientre; en 1846, en el Circo New York, Scotto resistió la fuerza de dos bueyes que jalaban de una soga) y la lucha romana de gladiadores, presentada en 1846 por la Compañía de Mr. Mathewet (Bosch, 1910[b]: 358) y que, de acuerdo con los programas de la época, retomaban el reglamento fijado en los Anales de la Historia del Capitolio de Roma (Méndez Avellaneda, 1986: 89). Los números de ilusionismo, que tuvieron como antecedentes directos las sombras chinescas y las pruebas de escamoteo, incluyeron en esos años la prestidigitación y la magia: en 1845 se presentó el francés Antonio Leroux, quien se anunciaba como "físico de su Majestad Luis Felipe

Rey de los franceses y prestidigitador de los jardines de Tívoli"; en 1846 llegó el mago Nelson, "Profesor de física, mecánica y transformaciones"; en 1852 el Circo Olímpico presentó al profesor Juan Lippolis, anunciado como maestro de "ligereza de manos".

El trabajo con animales amaestrados que, según Castagnino (1981: 16), se propagó luego de la batalla de Caseros, alcanzó entre 1835 y 1856, el empleo de caballos, un elefante (en 1837 el empresario norteamericano Edward Mead trajo a Buenos Aires al elefante "Pizarro") (Méndez Avellaneda, 1986: 88) y unos pocos monos (en 1848, el Circo New York, ubicado en Viamonte y Maipú y liderado por los italianos Scotto y Mascardi, exhibieron pruebas con un mono amaestrado). *The British Packet* (11/3/1837) anunciaba la presentación de varios animales:

> In our last we noticed the arrival in this city of an Elephant, Dromedary, two Monkies and two shetland Ponies. We have now to state, that they are exhibited every day at the house No 68, Calle de la Paz, nearly opposite de Church of La Merced (...) The Elephant is called Pizarro. The principal Monkey, Mayor Jack Downing; his companion, Captain; one of the Ponies, Flora; the other Billy. The Dromedary has no name.[5]

El segundo grupo de números de pista incluía los actos de canto, música y baile, muchos de los cuales aparecían combinados con los anteriores o servían de prólogo o de epílogo a las pantomimas cómicas y serias. En estos números se especializaron, preferentemente, los artistas criollos, acercando al circo las guitarreadas, las payadas, las tonadillas y los bailes típicos rurales o ciudadanos, como la gavota, la cuadrilla, la galopada, la media caña, el gato, el malambo y el "minuet". En 1836, en el Jardín del Retiro, artistas criollos formaron su propia compañía y adoptaron la denominación de Circo Olímpico. En 1837, el seguimiento del público contribuyó a la ampliación del predio y, luego de la construcción de un escenario, bautizaron al complejo Teatro del Retiro. De acuerdo con las habilidades personales, las mujeres (Baldomera Viera, Manuela Donado, Catalina Manzanares, fueron algunas de ellas) se dedicaron especialmente al canto, el baile y los ejercicios de equilibrio y trapecio. Así lo documenta el artículo publicado en la

Gaceta Mercantil (3/12/1841) en el que, un artículo titulado "Circo Olímpico en el Jardín del Retiro", detallaba los distintos actos:

> "Catalina Manzanares bailará una media caña en la maroma y hará una marcha llevando un equilibrio en la cabeza / Manuela Donado bailará un minuet colombiano concluyendo con una agradable prueba en la cuerda / Catalina después de bailar el trilili hará la prueba del relox sobre una silla en la cuerda".

Los hombres de la compañía (Segundo Laguna, Florencio Castañera, el payaso Jaime, el payaso Rosso) incorporaron, por su parte, pruebas de habilidad con cuchillos, boleadoras y fuego y las ya difundidas payadas de contrapunto:

> Segundo Laguna bailará la galopada y colocará una silla en la cuerda y sobre esta un vaso donde se parará de cabeza / Florencio Castañera hará la marcha de dos cuerpos unidos en la maroma: concluida esta, bailará varios bailes provincianos / El payaso Rosso hará la peligrosa prueba de introducirse dos espadas por la boca / Segundo subirá al alambre vestido de puñales en el que hará agradables actitudes, concluyendo con bailar el gato. (*Gaceta Mercantil*, 3712/1841)

En algunas ocasiones, fueron los artistas extranjeros quienes adoptaron expresiones originarias del continente americano. Uno de estos ejemplos remite a la presentación de 1846, en el recinto del Circo Olímpico, de la Compañía Escocesa de Equitación José M´Cloud y Blekeley. Las pruebas ecuestres de saltos y destreza se completaron en esa oportunidad con números personales realizados por José M´Cloud, quien apareció vestido de indio araucano, exhibiendo el papel de Indio Colador, y se defendió de sus enemigos con el arco y la flecha.

Con relación a los medios escénicos, el uso integral del espacio implicaba en casi todos los números el desplazamiento en la pista circular, generalmente rastrillada con aserrín y provista de cortinados, foso o palco para la banda, aparatos de trabajo y luces a carburo, así como el empleo del espacio aéreo, con sus cuerdas y su red protectora (Castagnino, 1981: 25-26). Los números de pista se extendieron a una tercera forma de exhibición: los números cómicos breves, a cargo de un clown (el pícaro o paleto) y de un payaso (el insensible o idiota que recibía los golpes). Para la caracterización de estos números, que mantenían muchos puntos en común con los géneros pantomímicos de las "arlequinadas", es necesario retomar la noción de "performer", comprendido este como un intérprete global que conoce y desarrolla diversas disciplinas y cuyo trabajo se encuentra directamente asociado al dominio y a la expresión corporal (Pavis, 1998: 333-334).

Este tipo de roles cómicos, consagrados luego de 1870 por Pablo Rafetto, José Podestá en su papel de Pepino 88 y Frank Brown, míticos payasos del escenario bonaerense, tuvieron como remoto intertexto los códigos propios de la Comedia del Arte renacentista y como primer exponente en el país a Pedro Sotora, el primer gran payaso que llegó en 1834 de Italia y que, en el Coliseo Provisional y luego en el Parque Argentino, se presentó dando vueltas mortales vestido con trajes coloridos y que, en palabras de Couselo (1970: 70): "hablaba poco y era más bien un histrión mudo o bufo-mimo". La diversidad y la complejidad de los números de pista relevados permiten comprender al artista circense como un intérprete que posee una multiplicidad de saberes escénicos, entre ellos: un particular manejo corporal, el conocimiento de procedimientos cómicos y melodramáticos, la puesta en práctica de técnicas gestuales y pantomímicas.

3. El público del espectáculo circense

El estudio de la composición del público asistente a los espectáculos circenses y el tipo de vínculo entablado en el transcurso de las representaciones, son dos de los temas más trabajados por los historiadores interesados en este período de constitución del teatro argentino. En el desarrollo de estos aspectos los historiadores esgrimieron diferentes argumentos que aparecieron sustentados en dos hipótesis diferentes: la relación entablada entre el espectáculo circense y los sectores populares de la población y la conexión entre el espectáculo circense y el poder político.

Centrado en el primero de estos ejes, uno de los argumentos que prosperaron asociaba la aceptación de los sectores populares al circo a la disposición de los espacios teatral y escénico y a las normas de comportamiento permitidas en los establecimientos circenses, que trazaban una distancia considerable con aquellas vigentes en los ámbitos teatrales. Respecto del reconocimiento del público, Bosch (1944ª: 157) sostuvo, con cierta displicencia, que:

> El espectáculo agradó al pueblo, por lo original. Y agradó más aún por la comodidad que para los concurrentes despreocupados representaba el hecho de poder sentarse en escaños en las tres primeras filas alrededor del picadero, y allí fumar, escupir, beber con toda libertad y proferir toda clase de gritos y aullidos sin que otros que por esto se molestaran quisieran impedírselo, imponiéndoles silencio y compostura, como ocurría en la Casa de Comedias.

Otra de las consideraciones que reaparece, aunque con diferentes matices, es la atracción entre el espectáculo circense y los estratos populares y campesinos correspondientes al interior del país. En la presentación de esa idea se encuentran dos vertientes diferentes. Una de ellas, presente en los estudios de García Velloso (1942), desplazaba el gusto por el espectáculo circense a los grupos campesinos del interior del país, desconociendo de esta manera no solo la proliferación de circos en la ciudad de Buenos Aires (en el centro y en su periferia), sino también la nutrida concurrencia que se acercaba semana a semana a presenciar los espectáculos.[6] Una visión dispar aportó Castagnino, quien otorgó a la exhibición circense el carácter de espectáculo masivo y económico que, por el contenido de los números presentados, se constituyó en un anticipo de las manifestaciones deportivas que cobrarían importancia a fines del siglo XIX y comienzos del siglo XX:

> como entretenimiento público, el circo ha sido más efectivo que el teatro (...) Antes de la divulgación del cine y la radiofonía, cuántas poblaciones del Interior de la República que jamás pudieron acariciar la posibilidad de una función teatral, sin embargo vieron llegar hasta ellas las carpas de lienzo del circo criollo y representar en sus tablados y picaderos las obras dramáticas ciudadanas (...) Además, entre nosotros, a lo largo del siglo XIX, el circo equivale a las actuales manifestaciones deportivas y, en más de un sentido, es su precursor. Así, la lucha

> y el box, la equitación de alta escuela, la gimnasia, los aparatos gimnásticos y hasta la natación, antes de ser accesibles a todos como deporte (...) fueron espectáculos circenses. (Castagnino, 1953: 8-9)

Con referencia a la relación generada entre el espectáculo circense y el poder político, la mayoría de los investigadores coinciden en afirmar que el circo se estabilizó y creció con la llegada de Juan Manuel de Rosas al gobierno, a fines de 1829, a raíz de la afluencia de una mayor asistencia de público a los establecimientos y con el arribo de elencos extranjeros que renovaron los números de pista y las pantomimas exhibidas. En su explicación de los móviles y de los factores que consolidaron estos vínculos, los historiadores sostuvieron un conjunto de asociaciones que ligaban los términos "circo" y "espectáculo circense" a los de "pueblo", "sectores populares", "federalismo" y, en un extremo, "barbarie". En su estudio sobre el tema, Castagnino se valió de una serie de argumentos que, en mayor o en menor grado, pusieron de manifiesto este sistema de correspondencias:

> Si se rastrearan los móviles del favor popular hacia el circo, se vería que estriba en una admiración no tanto a los artistas en su sentido estético, sino a las habilidades materiales que éstos exhiben, al riesgo que afrontan. En esta admiración hay resabio de picarismo y reconocimiento de que el artista (...) supera algo que su espectador, hombre de a caballo o trabajador, realiza cotidianamente sin belleza, sin plasticidad, sin riesgo mortal, y sólo por imperio de sus obligaciones (...) Agréguese a esto que en lo estético, la época de Rosas coincide con el desplazamiento de las directivas seudoclásicas frente a las tendencias románticas que traen otra valoración de lo popular. (Castagnino, 1953: 24)
>
> Es sumamente sugestivo que el Gobierno tuviera un palco reservado en este circo y como dato interesante cabe consignar que cuando Rosas vuelve por segunda vez al poder, en 1835, su primera visita oficial no es para el teatro, sino que asiste a una función circense. (Castagnino, 1953: 28)

En esta orientación, los testimonios que dan cuenta de la apropiación del poder político del circo son abundantes, e incluso, se extienden en el detalle de los mecanismos puestos en marcha para transformar el espectáculo en un medio de difusión del gobierno y de celebración de la figura de Rosas (existen menciones acerca de que los recintos se adornaban de rojo, color de la identificación federal, y que a veces la función terminaba con la quema de un Judas con el nombre de Juan Lavalle o de otro unitario). Couselo (1970: 70) al describir la inauguración del Parque Argentino en 1827, enmarcó la estabilización de este tipo de exhibiciones en la coyuntura política-social que anticipaba el advenimiento de Rosas al poder, expresando: "Las masas del federalismo y la censura oficial a que sería proclive el teatro *serio*, estimularon la estabilidad de circos nacionales y la afluencia de números o conjuntos extranjeros".

La frecuentación de Juan Manuel de Rosas y de su familia a los recintos teatrales, se transformó en otro de los temas que dividió, y hasta enfrentó, a los estudiosos. Basta retomar las ideas de Bosch (1940ª: 35) para quien no hay pruebas unívocas acerca de la concurrencia de Rosas a los establecimientos, o bien las de Méndez Avellaneda (1986: 88) quien afirmó:

> De acuerdo a las noticias periodísticas el circo tiene un gran éxito y el *British Packett* consigna que Rosas y su hija Manuelita acompañado por el general Mansilla y varias bellas (...) concurren a menudo a ver el espectáculo de Mr. W. P. Smith cabalgando a todo galope parado sobre dos caballos y llevando sobre sus hombros a un niño de 4 años.

El repaso de las críticas y comentarios que registraron los estrenos de esas exhibiciones (*The British Packet* publicaba diariamente una sección llamada "Circus" y otra periódica, en las que solían escribir Laforest y Smith, los directores de la compañía inglesa; *Gaceta Mercantil* y *El Diario de la Tarde* editaban habitualmente columnas sobre la actuación de los elencos), la visión de imágenes (fotos y bocetos) y la lectura de otros testimonios que registraron el desarrollo de los espectáculos, permiten confrontar las ideas señaladas, apaciguar los juicios emitidos y coincidir o tomar distancia de algunas de ellas. En lo referido a la composición del público, la descripción de las representaciones pone de manifiesto la existencia, a lo largo de todo el país, de recintos de variada estructura y capacidad, que albergaban en algunas oportunidades espectadores urbanos y rurales, pertenecientes a distintos sectores sociales, e incluso al poder político en sus diferentes áreas y rangos. Rojas (1960: 154), en su análisis del público asistente a los circos en el período que antecede la presentación del *Juan Moreira*, afirmó:

> La instalación del "Vaux-Hall" o Parque Argentino implica una nueva modalidad en los gustos de la sociedad porteña. Se pretendía imitar las reuniones europeas al aire libre. Se contaban entre sus instalaciones un buen hotel, salones de baile y un teatro. La atracción principal consistía en un circo para 1.500 personas, cuyas funciones podían también presenciarse desde las mesitas estratégicamente colocadas en los jardines.

Como podemos apreciar, en las grandes ciudades, el público estaba integrado por sectores sociales variados, que ocupaban sitios diferenciados según la categoría de los asientos, la proximidad a la pista o el precio de las localidades.[7] De la asistencia de personalidades vinculadas al gobierno, el periódico *The British Packet* comunicaba diariamente la presencia en el Parque Argentino del gobernador y de otros funcionarios argentinos y extranjeros: [8]

> His Excellency the Governor, with her Aids– de– Camp, and accompanied by Señor Baldomero García, sat in the State Box. General E. Díaz Vélez and his family (...) were also in the boxes. (14/2/1835)
> In the boxes we noticed the family of H.E. the Governor; the Chief of Police (General Mansilla) and his Lady. (7/3/1835)[9]

Más allá de estos temas, uno de los aspectos que adquieren suma importancia en el estudio del público de los espectáculos circenses es la peculiar relación de tensión-distensión que se entablaba entre la representación y el espectador, sustentada sin lugar a dudas en la diversidad de actos presentados y en la heterogeneidad de los modelos interpretativos puesto en práctica por los artistas.

En su estructura, la exhibición circense contenía una sucesión de actos que, en su desarrollo particular, privilegiaban el crecimiento dramático y el suspenso y, en la resolución de los mismos, la sorpresa y la clausura abrupta. Con la intención de mantener la atención del espectador, los actos incorporaron procedimientos y estrategias de carácter vincular, que combinaban o alternaban la dulzura, la fascinación, la alegría, la agresividad y la tristeza. Este tipo de construcción escénica, que remite a dos de las características definitorias del modelo del actor cómico, la "vocación solística" y la "intertextualidad carnavalesca" ponen de manifiesto la necesidad (por ausencia de texto dramático y, salvo excepciones, de director escénico) de valerse de medios disímiles para llevar adelante el espectáculo, como el mencionado sincretismo entre elementos festivos y melodramáticos (De Marinis, 1997: 158-163). Las publicidades (los anuncios en periódicos y los programas de mano) que promovían la realización de estas exhibiciones contenían un sumario de los números, e incluso ofrecían un resumen de los actos, que anticipaba los climas y sensaciones que guiaban el transcurrir del espectáculo.

Uno de los primeros programas del Circo Olímpico, del año 1834, anunciaba la diversidad de números preparados por la Compañía Laforest-Smith y auguraba un fin de fiesta atractivo:

> La exhibición dará principio con una grande entrada por ocho caballos bajo la dirección del Señor Laforest y la Señora Smith / Diversiones del Circo por toda la Compañía. Payaso: Mr. Hoffmaster / Ejercicios ecuestres por el Sr. Hoffmaster en carácter de payaso, haciendo muchas pruebas arduas y jocosas, concluyendo con el dificultosa esfuerzo de la Escarpada (...) Ejercicios ecuestres en un caballo por el Señor W. P. Smith, el ecuestre volante, quien en esta ocasión ejecutará un número extraordinario de sus más elegantes, arduas y difíciles pruebas, finalizando con un salto a través de un Bocoy cayendo de pie en su caballo, mientras este anda a toda carrera. (Castagnino, 1953: 26)

Finalmente, la aceptación del público asistente quedó registrada por los críticos y comentaristas, quienes no sólo comentaban la reacción de los asistentes (aplausos sostenidos, exclamaciones, gritos, vitoreo), sino que también se presentaban como admiradores y servidores incondicionales de los artistas.[10] De Laforest, uno de los más favorecidos por la prensa de la época, *The British Packet* (7/3/1835), confirmaba que sus dotes personales fueron correspondidos por una audiencia que lo ovacionó de pié:

> Mr. Laforest is a most extraordinary man, the "Admirable Crighton" of his profession (...) Yet such in the case, and he exhibited speciments of the talent on Thursday evening at the Circus, which astonished the audience. It was graceful, pleasing, and admirably executed. He was loudly cheered by one of the most brilliant and crowded audiences on the season.[1]

3. Conclusiones

En lo expresado es posible reconocer los rasgos centrales que organizaban la realización y la recepción del espectáculo circense en el período 1835-1853 y particularmente el carácter integral de las presentaciones. Con el paso del tiempo, desde la época colonial hasta el circo criollo, el circo nacional consolidó una práctica escénica que se distinguió (de acuerdo con las diferentes variantes de números de pista y pantomimas analizadas) por la multiplicidad y la variedad, así como por una progresiva complicación escénica, situación que ha quedado consignada en la inclusión periódica de elencos y de nuevas pruebas. Si se establecen los aspectos innovadores y originales de esa etapa, es posible distinguir la sistematización de la estructura del espectáculo en sus dos partes y, en segunda instancia, la fijación de una de las variantes de la pantomima (las cómicas y festivas), las cuales participaron en la consolidación de ciertos roles y tipos cómicos por los cuales, en épocas posteriores, serían reconocidos varios de los artistas del circo criollo.

La construcción de ámbitos específicos para la actividad, con una estructura edilicia estable, confirma la asistencia de las clases altas, los funcionarios del gobierno y segmentos de carácter popular, consignándose para tales fines diferentes sectores e incluso precios diferenciados. Más allá de las posiciones encontradas y que enfrentaron a los historiadores e investigadores, puede sostenerse que el espectáculo circense de este período se constituyó en una de las prácticas que, dada su producción y circulación creciente, habría de tener mayor incidencia en el futuro del teatro argentino.

Notas

[1] Habitualmente se denomina "circo criollo" a los espectáculos que, luego de la versión de *Juan Moreira* de 1886, incorporaron a sus actividades el espectáculo gauchesco y dividieron su recinto en picadero y escenario, reduciendo la volatinería y abundando en las representaciones dramáticas (Castagnino, 1953: 134-135).

[2] De Marinis (2000: 30) describe la noción de "espacio teatral como volumen-ambiente" como uno de los aspectos definitorios de "novecento" teatral. En este caso, los términos aparecen directamente vinculados a los espectáculos que privilegian el espacio del actor, el espacio del espectador y, específicamente, el reencuentro y la relación que se establece entre ambos.

[3] Las reglas y técnicas del texto clásico incluyen la presencia de personajes locutores, parlamentos y acotaciones escénicas y de una estructura de la intriga que contiene la exposición, el nudo, el conflicto, el final y el epílogo.

[4] "Mr. Laforest, en su rol de saldado francés, era atacado por cuatro bandidos, a tres de los cuales daba muerte en escena, y al otro perseguía al galope por la pista (...) El caballo Selim, era admirable: el planteaba una nueva evolución, que consistía en portar y comandar a su maestro en las espaldas".

[5] "En la víspera fuimos informados del arribo a nuestra ciudad de un Elefante, un Dromedario y dos Monos y un par de Ponies. Tenemos noticias de que serán exhibidos todos los días en la casa No 68, Calle de la Paz, cerca de la Iglesia de La Merced (...) El elefante se llama Pizarro. El Mono principal, Mayor Jack Downing; su compañero, Captain; uno de los ponies Flora; el otro Billy. El dromedario no tiene nombre".

[6] García Velloso (1942: 145) afirmó: "El circo, en su doble expresión de espectáculo acrobático y teatral, constituyó durante muchos años la diversión popular predilecta en los más apartados rincones del interior y del Uruguay".

[7] El aviso del *The British Packet* (11/3/1837) anunciaba los precios de las localidades para la función del día: "Admittance: 2 dollars each for adults; Children: 1 dollars; Seat: 1 dollar; Boxes, holding 10 persons each, 10 dollars".

[8] En los medios gráficos, también se consignaban frases de rigor: "¡Viva la Santa Federación! ¡Mueran los salvajes unitarios!. Con superior permiso" (*Diario de la Tarde*, (26/7/1838).

[9] "Su Excelencia el Gobernador, con sus asistentes, y acompañado por el Sr. Baldomero García, permanecieron en el palco. El General E. Díaz Vélez y su familia (...) también estuvieron en los palcos"; "En los palcos tuvimos noticias de que estaban Nuestra Excelencia el Gobernador, el Jefe de policía (General Mansilla) y su esposa".

[10] Como ejemplo, la columna del *The British Packet* (14/3/1835) estaba firmada por "One of their admirers"; la del 21 de marzo de ese mismo año, por "An Amateur".

[11] "Mr. Laforest es el hombre más extraordinario, el 'Admirable payaso' de su profesión (...) En este caso, el exhibió su talento el martes a la tardecita en el Circo, dejando atónita a la audiencia. Esa fue una grácil, placentera y admirable ejecución. Él fue ovacionado por una de las más brillantes y atentas audiencias de la temporada".

•••

3.5.4. Formas parateatrales. El carnaval y las fiestas

por Perla Zayas de Lima

El avance de las masas populares sobre espacios que tradicionalmente habían sido ocupados por miembros de las clases más cultivadas iniciado al promediar la década del '20, se intensificó en este período. Las fiestas religiosas y civiles habían favorecido en años anteriores un uso comunitario de los espacios públicos de la ciudad y una mezcla social sin grandes problemas a pesar de las claras marcas distintivas (vestimenta, modales, lenguaje). Con la entronización de Rosas en el poder, lo público (exterior) y lo privado (interior) diseñaron en el espacio urbano, subespacios en permanente tensión, producto de una trama de relaciones conflictivas. Los espectáculos teatrales no literarios y las tradiciones populares constituyeron el centro de la actividad cultural, en directa relación con un público que las apoyaba y las disfrutaba. Bajo el gobierno de Rosas las fiestas mayas adquirieron gran relevancia: durante tres días se decoraban profusamente la Pirámide y la Plaza, se iluminan los edificios públicos y las casas particulares, se organizaban juegos y carreras de caballos, fuegos artificiales (que convocaban a más de dieciséis mil almas a la plaza de la Victoria), fanfarrias (bandas de música de los cuerpos de guarnición tocaban en la Plaza y en la Casa de la Policía) y desfiles militares (cuatro mil seiscientos hombres marchaban por la ciudad); paralelamente, se organizaban representaciones dramáticas en los teatros Victoria y Argentino y, eventualmente, bailes de gala en el Fuerte.

Si bien las celebraciones religiosas no se interrumpieron, las riñas de gallo y duelos callejeros se sumaron a los candombes y carnestolendas. El candombe era festejado por las autoridades quienes lo jerarquizan con su presencia (se debe tener en cuenta que la población negra o mulata, que llegaba al 33% en 1810, alcanzó estimativamente un 25% entre 1836 y 1838).

Las sociedades de negros no sólo se multiplicaron –llegó a haber casi cincuenta "naciones"–[1] sino que adquirieron y conquistaron nuevos espacios y mayor poder al ser protegidos por Rosas, quien decidió suprimir la procesión cívica de los días patrios y reemplazarla con un desfile de negros. Su protagonismo en las fiestas cívicas se complementaba en las fiestas religiosas: por una parte, en la víspera de navidad y año nuevo una delegación de cada "nación", sin música ni estridencia, se limitaba a "presentar cumplidos" al gobernante y a su familia; por otra, para la primera de las festividades organizaban solemnes procesiones con imágenes de santos y vírgenes iluminadas con velas en andas, acompañadas con el candombe, cánticos y "alabanzas".

Los africanos y sus descendientes habitaban las veinte manzanas que conformaban los barrios étnicos, concentrándose en las parroquias de Montserrat y La Concepción, donde libremente ejecutaban su música y sus danzas, de valor expresivo propio, pero también atravesaban la ciudad, en especial los domingos y días de fiesta, hasta llegar a otros barrios en los que las comparsas con sus cantos y sus ritmos adquirieron el valor simbólico de contracultura frente a lo blanco-católico-hispánico-aristocrático. Disentimos en este punto con la postura de Rossi (1958: 68) que sostiene que "mientras el Candombe fue en Buenos Aires un motivo de diversión y bullicio, en Montevideo era un culto racial". La relación de vecindad que funcionaba como un "articulador urbano" (Favelukes, 1992) adquirió un nuevo valor. López (1910: 754) describió así los festejos del Carro Triunfal:

> De repente siéntese un ruido y algazara de vivas en las calles extremas de la parroquia: la multitud se aglomera: seis u ocho ginetes vestidos de gauchos, con bolas y lazos y ricamente aperados, atropellan abriéndose paso. Era la Sociedad Popular de los Restauradores (la Mazorca) que entraba por la calle paseando el retrato de Rosas, trasuntando en espléndido cuadro de cuerpo entero y sobre un trono rodante que arrastraban a mano centenares de corifeos. En derredor, una turba fanática, cohetes, bombas y vivas, atronaban el aire. Desgraciado del que no se pusiese de pie o no se descubriese delante de la efigie.

Y en nota a pie de página agregó: "Se vio en la Parroquia de San Nicolás a varias mujeres del pueblo arrodillarse; tal era la similitud del espectáculo con una de esas grandes y solemnes procesiones del culto católico".

Al margen de la posición ideológica del autor, es interesante esta referencia que destaca la teatralidad de los actos políticos con una espectacular y dinámica participación de los "actores" y la activa participación de los "espectadores", como asimismo la incorporación de elementos propios de los religiosos.

La movilidad social se manifestaba también en la invasión de las capas más bajas al teatro, pero el aumento de concurrentes era proporcional al aumento de obras consideradas decadentes por ciertos sectores de la elites. Se había construido el Teatro de la Victoria (1838), el Jardín Florida (1839), el Del Buen Orden (1844) y el de la Federación (1846)– ninguno de los cuales sobrevivió al periodo rosista–; el antiguo Coliseo –considerado refugio de unitarios– permaneció muchos años cerrado y su sala se transformó ocasionalmente en pista de circo. Mientras las familias patricias adictas asistían al Teatro de la Victoria, las unitarias se replegaron temerosas hacia la intimidad, pero aún así las fiestas privadas disminuyeron. Si después de declarada la independencia la desaparición de España como enemigo político había determinado una evolución en las costumbres urbanas que se manifestó en un temporal desplazamiento hacia la cultura francesa, un cambio radical se produjo a partir de 1852 con la fundación del Club del Progreso: las reuniones, bailes y eventos tenían lugar en los clubes, espacio que reemplazó el ámbito tradicional de las casas familiares en las que desde el último período virreinal, la moda francesa de los salones había dado origen a las tertulias (Myers, 1999). La ciudad, en la que los graves conflictos políticos no habían detenido su crecimiento, contaba ya con casi noventa mil habitantes.

El carnaval[2]

Bajo el primer gobierno de Rosas, la costumbre y la reglamentación determinaban que se anunciara el inicio de la celebración con un cañonazo disparado al medio día en la fortaleza, lo que marcaba el comienzo del juego en toda la ciudad hasta que el disparo de las seis de la tarde indicaba su finalización. En ese lapso los transeúntes se arrojaban huevos de avestruces llenos de agua de olor, otros vecinos protagonizaban "batallas acuáticas" con jarros y baldes en calles y azoteas, o se desplazaban en carros con tinas de agua; el empleo de vejigas llenas de aire para golpear a otros paseantes acentuaba la crudeza de los festejos. Acabados estos juegos, se iniciaba el paseo de los jinetes con aperos criollos y adornos que señalaban su adhesión al partido gobernante y hacia la noche comenzaban las reuniones en casas particulares que duraban hasta el amanecer.

Los testimonios dan cuenta de esas actividades desde perspectivas diversas. Para Ramos Mejía (1907: 218-219):

> La licencia y la impunidad, usada durante esos tres mortales días, se hacían sentir sobre las clases cultas con crueldad y permitían ejercer pequeñas venganzas: entrar a las casas hasta los dormitorios, manosear mujeres, cortar los faldones de las levitas y castigar la soberbia de las señoras y "cajetillas".

Igualmente temerosos de los desbordes de los negros que amenazaban su espacio y su integridad también se manifiestan en contra del carnaval Paz (1954) y López (1910). Con diferentes argumentos y por medio del uso de una retórica basada en la ironía y la antífrasis, Alberdi también se opuso al carnaval, en un artículo publicado en *La Moda* (24/2/1838):

> Gracias a Dios, que nos vienen tres días de desahogo, de regocijo, de alegría. Trabas odiosas, respetos incómodos, miramientos afectados que pesáis todo el año sobre nuestras suaves almas, desde mañana quedáis a vuestros pies, hasta el Martes fatal que no debiera amanecer jamás! Desde mañana, gracias a la civilización del siglo 19, tenemos derecho a enviar pipas de agua, limpia o sucia, sobre el frac más pintado, para chasquear a todo el mundo; y al necio que por ello se incomodare, cencerrarle, silvarle, pegarle de vejigazos por inconsiderado e intolerante. Podemos estrellar un huevo, relleno de lo que más nos de la gana, sobre la frente más dorada, sobre las niñas de los más bellos ojos, sobre la nieve del más casto seno. ¡Bien hayan las tradiciones de nuestros liberales abuelos! (Alberdi, 1986: 58)

Quien criticó las prácticas durante las carnestolendas pero desde una mirada nostálgica y benevolente fue Sarmiento en las páginas de *El Mercurio* (10/2/1842):

> ¿Quién ha olvidado aquella alegría infantil, en que haciendo a un lado la máscara que las conveniencias sociales nos fuerzan a llevar en el largo transcurso de un año mortal, se abandonan a las inocentes libertades del Carnaval?
> ¿Quién es que no ha saboreado en aquellos tiempos felices, el exquisito placer de vengarse de una vieja taimada que nos estorbaba en los días ordinarios, el acceso al oído de sus hijas, bautizándola de pies y cabeza con un enorme cántaro de agua, y viéndola hacer horribles gestos y abrir la desmantelada y obscura boca, mientras los torrentes del no siempre cristalino líquido descendían por su cara y se insinuaban por entre sus vestidos? ¿Quién no se ha complacido contemplando extasiado las queridas formas que hasta entonces se substraían tenaces al examen, viéndolas dibujarse a despecho del empapado ropaje, en relieves y sinuosidades encantadoras? ¿Quién que no tenga necesidad de decir dos palabras a su amada, no echa de menos aquella obstinada persecución con que separándola del grupo de las que hacían acuática defensa del carnaval, la seguía por corredores, pasadizos y dormitorios, hasta cerrarle toda salida, y verla al fin escurriendo agua, y con las súplicas más fervientes, pedir merced al mismo con quien antes no la había usado ella, y dejarse arrancar un pequeño favor como precio de la capitulación acordada?

Pero no eran las actividades enunciadas por Sarmiento y Alberdi las únicas que se realizaban: en el "Día del Entierro", los vecinos colgaban a Judas, materializado en un muñeco de paja y género, que finalmente era quemado. Esta tradición fue utilizada políticamente al simbolizar en Judas a distintos enemigos de Rosas, especialmente a los unitarios que se encontraban en el exilio.

Los negros, concentrados en la Parroquia de Montserrat –lugar conocido como Barrio del Mondongo o Barrio del Tambor– y en San Telmo, agrupados en una especie de sociedades mutualistas celebraban sus ritos y candombes en sus "sitios" o "tambos" a los que solía concurrir el Restaurador. Primero veía como espectador el baile de los negros, y luego como gobernante supremo recibía el juramento de lealtad.

En 1835 se dotó a Buenos Aires de un "carnaval de negros", pero al año siguiente, para evitar los excesos, se implementaron reglas fijas: sólo hasta el toque de la oración se podía usar careta o antifaz, las comparsas debían gestionar su permiso ante la Policía, también se necesitaba autorización para usar cohetes y buscapiés; se prohibía jugar con huevos de avestruz y traspasar umbrales ni a pie ni a caballo como asimismo el travestismo (el artículo 7º también prohibía "el representarse en clase de farsante, pantomimo, o entremés, con el trage o insignias de eclesiástico, magistrado, militar, empleado público o persona aciaga"). A pesar de todas esas medidas no se logró temperar los desbordes. Estos alcanzaron tal grado de magnitud que el propio Rosas tuvo que abolir por decreto el carnaval, el 22 de febrero de 1844, intentando de ese modo recomponer el decoro en el comportamiento público. Según otra interpretación, la medida no estuvo motivada por el decoro o la moral, sino por la política: fue una forma de controlar cualquier movimiento conspirador por parte de los unitarios (Kartun, 1975). El castigo para los contraventores podía alcanzar a tres años destinados a los trabajos públicos del Estado, y si eran empleados públicos quedaban privados de sus empleos. A pesar de las medidas restrictivas, los festejos reaparecieron con fuerza en la década siguiente.

Notas

[1] Existía diferencia entre naciones, cofradías y sociedades: las primeras mantenían los cultos, las segundas fueron eliminadas por la iglesia, mientras que en la composición de las sociedades había hombres libres.

[2] En este apartado se han utilizado los datos ofrecidos por Puccia (1974), Marín (1997), Wilde (1960) y el *Cronista Mayor de Buenos Aires* (2001).

•••

IV• Teatro de intertexto romantico II (c. 1853-1884)

4.1. Contexto socio-histórico. Campo de poder y teatro

por Beatriz Trastoy

1. Hacia la organización institucional

La batalla de Caseros librada el 4 de febrero de 1851 marcó el final del segundo gobierno rosista. El victorioso general Urquiza reunió en la localidad santafesina de San Nicolás de los Arroyos a los gobernadores provinciales quienes, el 31 de mayo de 1852, firmaron un acuerdo por el que se otorgaba a Urquiza el control del gobierno provisional y se convocaba a un Congreso General Constituyente. Los representantes de las provincias que integraban la Confederación Argentina, con excepción de los de Buenos Aires, sancionaron la Constitución Nacional el 1 de mayo de 1853, cuya redacción lleva la reconocible impronta del pensamiento alberdiano, desarrollado en su texto *Bases y puntos de partida para la organización política de la República Argentina*.

En cumplimiento de los pactos interprovinciales preexistentes y fuertemente inspirada en el modelo de la Constitución de los Estados Unidos, la flamante Carta Magna establecía la forma de gobierno republicana, representativa y federal, la libre navegabilidad de los ríos, la nacionalización de la aduana y la designación de la ciudad de Buenos Aires como capital de la república.

El país finalmente comenzaba a organizarse; sin embargo, los conflictos que habían sido causa de enfrentamientos durante largos años no desaparecían del todo. En 1852, tras la revolución separatista del 11 de septiembre, en la que los bonaerenses rechazaron a las fuerzas urquicistas, Buenos Aires se separó del resto del país y dos años después sancionó su propia Constitución. Durante casi una década, Buenos Aires y la Confederación funcionaron como estados independientes, con leyes, moneda y autoridades propias. Los secesionistas porteños divididos a su vez en autonomistas liderados por Alsina, y los unioncistas, que respondían a Mitre, rechazaban la Constitución Nacional, no sólo porque continuaban mirando con recelo el accionar político de Urquiza, sino también porque consideraban que una federalización plena les haría perder sus mayores riquezas: la ciudad, el puerto y los ingresos aduaneros.

Entre 1854 y 1860, como presidente de la Confederación cuya capital provisoria fue la ciudad de Paraná, Urquiza se propuso implantar un proyecto modernizador y progresista, que tenía en las comunicaciones, la agricultura y la educación, sus ejes principales. Si bien muchos de sus planes no pudieron concretarse debido a las serias dificultades económicas por las que atravesaba el gobierno central, se logró que una parte de los barcos mercantes de ultramar, obviando el puerto y la aduana de Buenos Aires navegaran los ríos del litoral. Esto permitió el crecimiento de Rosario, ya que su gran actividad portuaria redundó en considerables ingresos aduaneros. Se puso en marcha un plan de inmigración "dirigida", esto es, apoyada económicamente por el Estado, de familias de procedencia europea, a las cuales se proveía de maquinarias agrícolas, de animales y herramientas de labranza y de los materiales necesarios para construirse una vivienda. Por lo tanto, en 1856 se formó la Colonia Esperanza, con inmigrantes fundamentalmente suizos, en tierras pertenecientes a la provincia de Santa Fe, y, un año después, la Colonia San José, en terrenos que pertenecían al propio Urquiza. Asimismo, durante la presidencia de Urquiza se fomentó la enseñanza primaria y se nacionalizaron la Universidad de Córdoba y el Colegio de Montserrat.

Mientras la Confederación dictaba una serie de leyes tendientes a proteger su maltrecha economía –leyes que, en la práctica, se mostraron ineficaces para la obtención de los resultados esperados– Buenos Aires crecía, se enriquecía y se modernizaba cultural y arquitectónicamente. Las utilidades de la aduana aumentaban, ya que su puerto era el preferido por los importadores de lanas y cueros y por los comerciantes extranjeros especialmente ingleses, que encontraban en la ciudad un mercado más adecuado para ubicar sus productos. Basta señalar a modo de ejemplo, que en 1885, los ingresos de Buenos Aires duplicaban a los de todo el resto de la Confederación, debido exclusivamente al auge de la importación lanar. Asimismo, la instalación y la rápida ampliación de la red ferroviaria resultaban auspiciosas para el futuro desarrollo administrativo y social de la provincia.

Los conflictos entre Buenos Aires y el resto del país se agudizaron y se resolvieron en el enfrentamiento de Cepeda, el 23 de octubre de 1859, cuya consecuencia inmediata fue el Pacto de San José de Flores, por el que la provincia se incorporaba a la Confederación. Un año después, en un nuevo choque armado en Pavón, Mitre derrotó definitivamente a Urquiza, sospechado de haber entregado la victoria a las fuerzas porteñas para favorecer la economía litoraleña. La secesión quedaba definitivamente superada.

Unificado el país, había que poner en marcha un verdadero proyecto de nación. El mandato presidencial de Mitre, designado por el Congreso en 1862, se desenvolvió en medio de tensiones políticas y militares. Tras algunos levantamientos aislados y rápidamente sofocados en las provincias del interior, como el del Chacho Peñaloza en La Rioja, el gobierno argentino se enfrentó con problemas más relevantes. En efecto, el conflicto entre las facciones coloradas lideradas por Venancio Flores, que contaban con el apoyo de Buenos Aires, y blancas (que gobernaban Montevideo) motivó la intervención del imperio brasileño, dispuesto a no ceder en las pretensiones territoriales que, desde años atrás, tenía sobre el Uruguay. A pesar de las duras críticas de sus opositores autonomistas, Mitre trató de mantenerse al margen de la controversia hasta que el Paraguay –temeroso de que un desequilibrio en la cuenca del Plata afectara su economía, que en mucho dependía de la libre navegabilidad de los ríos interiores– se opuso al imperio y, seguro de que la Argentina no lo apoyaría, invadió la provincia de Corrientes. Francisco Solano López, presidente paraguayo, declaró la guerra a Brasil y luego a nuestro país. Ambas naciones, a las que se sumó Uruguay, firmaron el 1 de mayo de 1865, el tratado de la Triple Alianza. La guerra fue larga (duró cinco años) y sumamente sangrienta, con un enorme costo de vidas, especialmente para el Paraguay (cuya población masculina se redujo a menos de un cuarto, ya que se ordenó el exterminio de todo paraguayo mayor de doce años). A ello, hay que sumar los saqueos de las tropas imperiales en la ciudad de Asunción, la venta de mujeres y niños como esclavos en el Brasil y la pérdida de extensos territorios como consecuencia de los tratados de paz. La guerra contra el Paraguay es uno de los puntos opacos de la historiografía argentina, pues los estudiosos no suelen acordar en lo que respecta a las verdaderas causas que la desencadenaron, en parte atribuidas al carácter faccioso que asumió, en la medida en que en su seno se dirimían cuestiones de política local argentina y ajustes de cuentas entre las ya por entonces antiguas oposiciones entre urquicistas, mitristas, autonomistas y federales del interior y las viejas alianzas con los gobiernos vecinos; en parte, a la intransigencia de Solano López para negociar con Brasil las cuestiones limítrofes y, en parte, atribuidas también a los intereses británicos, que financiaron a las fuerzas aliancistas.

La guerra de la Triple Alianza significó un fuerte deterioro político para Mitre, quien se desempeñó al frente de un ejército aún atravesado por preocupaciones internas como los malones y los resentimientos remanentes de las largas y cruentas luchas civiles. Las tropas, que incluían a indios reclutados por el gobierno, estaban mal preparadas, peor abastecidas y poco convencidas del papel que debían cumplir en un conflicto por demás impopular.

En un plano diferente del meramente bélico y castrense, Mitre se mostró profundamente preocupado por las carencias educativas del país, pues consideraba que sólo una óptima preparación cultural aseguraba la formación y continuidad de la elite dirigente. Por tal razón, en 1863, fundó el Colegio Nacional de Buenos Aires, en cuyas aulas se destaco el educador francés Amadeo Jacques y cuyos programas enciclopedistas omitían toda referencia a la historia argentina y evidenciaban un marcado antihispanismo, avizorado como expresión de la decadencia y el atraso de la Europa católica frente a la superioridad económica, cultural y científica de Inglaterra e inclusive de Alemania. Duramente criticado por sus adversarios autonomistas y especialmente por Sarmiento, cuyo hijo murió en el ataque a la fortaleza paraguaya de Curupaytí en 1866, el nacionalismo liberal sostenido por Mitre fue derrotado en la sucesión presidencial. Respaldado por el ejército nacional, que paulatinamente comenzaba a organizarse y a consolidarse institucionalmente a raíz de la malhadada experiencia bélica, Sarmiento, acompañado en la fórmula presidencial por el entonces gobernador bonaerense Adolfo Alsina, inicialmente postulado por el autonomismo porteño, se impuso en 1868 al candidato mitrista, Rufino de Elizalde.

Con una política de férrea oposición a los caudillos del interior llevada a cabo merced al apoyo castrense, Sarmiento se abocó a la consolidación de un Estado central. Su proyecto se vio fortuitamente allanado con el asesinato de Urquiza, ocurrido el 11 de abril de 1870 y atribuido a las maniobras de Ricardo López Jordán, quien al año siguiente fue a su vez derrotado en Ñaembé y en Don Gonzalo en 1873, por las fuerzas gubernamentales. Con Urquiza desaparecía una figura conflictiva, en la medida en que había sido fuertemente cuestionado por sus propios partidarios y por los sectores federales, debido a su participación en la guerra del Paraguay y a su acercamiento a las autoridades nacionales. Asimismo, la subordinación definitiva de la provincia de Entre Ríos al gobierno nacional quedó asegurada con la derrota de López Jordán.

El proyecto civilizador, que Sarmiento deseaba aplicar a la totalidad de las provincias y no exclusivamente a Buenos Aires y la región del Litoral, estaba inspirado en los avances sociales y culturales europeos y estadounidenses. Se basaba en el desarrollo de la educación, la introducción de novedades tecnológicas orientadas a mejorar las comunicaciones (el 1 de mayo de 1869 se puso en funcionamiento la red telegráfica entre las ciudades de Rosario y Buenos Aires), la unificación de la moneda nacional, la consolidación y profesionalización del ejército estimuladas a través de la creación del Colegio Militar, la importación de maquinarias agrícolas y el mejoramiento urbano, referido tanto a la instalación de servicios (la compañía de Gas Argentino se estableció en 1869), como al diseño paisajístico (en el que se destaca la creación del parque de Palermo, sobre el predio que había ocupado la residencia de Rosas). Estableció la realización periódica de censos nacionales para la evaluación sistemática de la población del país. Precisamente, los resultados del primer censo poblacional alarmaron a Sarmiento: la existencia de más de un millón de analfabetos –equivalente al 71 % de los habitantes– exigía medidas inmediatas y efectivas. Con el apoyo de Nicolás Avellaneda, su ministro de Educación, el presidente encaró un amplio plan educacional: ante la falta de maestros, creó la primera Escuela Normal en Paraná y, más tarde, en Tucumán, y contrató a sesenta y cinco maestras norteamericanas para las escuelas primarias; fundó colegios nacionales en diferentes provincias del interior e instituciones de formación agrícola; organizó cursos de ingeniería en minas de San Juan y Catamarca; creó la Facultad de Ciencias Exactas de la Universidad de Buenos Aires y la Academia de Ciencias Naturales en Córdoba; fundó escuelas ambulantes para niños de parajes alejados y escuelas nocturnas para obreros y no olvidó fomentar la creación de bibliotecas populares. Asimismo, bajo su presidencia se instaló el Observatorio Astronómico Nacional.

El brote de fiebre amarilla, que devastó Buenos Aires entre enero y junio de 1871, fue un infausto suceso acaecido durante el gobierno de Sarmiento, ya que a las docenas de miles de víctimas, hay que sumar la muerte de los principales médicos encargados del control de la epidemia. Cuando finalmente el peligro desapareció, la ciudad cambió definitivamente su perfil: las familias más acomodadas dejaron sus casas de los barrios del sur y se instalaron en la zona norte, para alejarse de los miasmas del Plata.

La sucesión mostró nuevamente su faceta conflictiva. Con el telón de fondo del enfrentamiento de los porteños Mitre y Alsina, quien renunció a su cargo de vicepresidente para llevar adelante sus aspiraciones a la primera magistratura, los gobernadores del interior y el propio Sarmiento apoyaron la candidatura del joven tucumano Nicolás Avellaneda, al que acompañaba el prestigio de su reciente y exitoso desempeño como Ministro de Instrucción Pública. Mitre rechazó las elecciones de abril de 1874, que le dieron la victoria a Avellaneda, por considerarlas fraudulentas y gestó una revolución que fue sofocada en las batallas de La Verde y Santa Rosa semanas después de la asunción del presidente electo.

La gestión de Avellaneda giró en torno de una serie de ejes, cuyos logros se percibían como auténticamente fundacionales de un nuevo país: la consolidación definitiva de las fronteras tanto de los territorios ocupados por los indios como de los disputados por las ambiciones chilenas; la promoción de la inmigración masiva, sobre todo de origen europeo; el desarrollo de la agricultura y de la ganadería y la federalización de la ciudad de Buenos Aires. La relación entre las fuerzas indígenas y los gobiernos nacionales se complicó a partir de la derrota de Rosas. Si bien, con frecuencia, los malones, que tenían funciones ofensivas y defensivas, se desplegaban sobre todo en el sur de la provincia de Buenos Aires, territorio controlado por el cacique Catriel, los contactos entre la sociedad criolla y la aborigen no siempre fueron conflictivos y, en determinados períodos, se alcanzó cierta convivencia armoniosa y pacífica. A pesar de ello, las vastas extensiones de tierras denominadas y concebidas como "desierto" –aunque, de hecho, ocupadas por una nutrida población indígena, instalada en tolderías– resultaban un escollo para el deseado desenvolvimiento de las actividades económicas. Adolfo Alsina, Ministro de Guerra de Avellaneda, elevó al Congreso de la Nación un plan para incorporar dos mil leguas de tierras que se destinarían a la explotación pecuaria; para ello, pensaba levantar una línea de fortines y construir una zanja de 610 kilómetros (desde la actual Bahía Blanca hasta el sur de la provincia de Córdoba), que serviría de defensa. Hacia 1877, los aborígenes se habían replegado y la zanja alcanzaba los cuatrocientos kilómetros. Julio Argentino Roca, designado ministro tras la muerte de Alsina, encaró un plan más drástico, que logró llevar a buen término, consistente en exterminar a la mayoría de los pueblos indígenas y la incorporación definitiva de la Patagonia al territorio nacional. Contó para ello con instrumentos decisivos: los fusiles Remington; un adecuado equipamiento logístico, fundamentalmente sanitario; el telégrafo que enviaba, recibía y coordinaba las instrucciones; y el tren, cuya red, inaugurada entre fines de 1850 y principios de la década siguiente, se extendió considerablemente a mediados de los 70, facilitando, entre otras cosas, el rápido desplazamiento de las tropas militares.

A partir de los años 50, las comunicaciones se intensificaron gracias al ferrocarril y a la organización del sistema de correos y telégrafos. El tendido de red ferroviaria alcanzaba en 1862 apenas 62 kilómetros, en 1868 se amplió a 573 kilómetros y, en 1880, contaba ya con 5836 kilómetros. El ferrocarril Argentino llegó a Córdoba en 1870 y, seis años después, a Tucumán. El Ferrocarril del Sur, que unía Buenos Aires-Chascomús en 1865, llegó a Bahía Blanca en 1886; el Ferrocarril Oeste, primera línea férrea inaugurada en 1857 hasta San José de Flores, se extendió pronto hasta La Floresta. En cuanto a las comunicaciones, durante la presidencia de Sarmiento se tendieron 5000 kilómetros de red telegráfica; en 1855, la mensajería llegó a Tucumán y, al año siguiente, los correos nacionales pasaron a depender del Ministerio del Interior.

El estímulo de la inmigración europea se visualizó como la estrategia más adecuada para lograr el ansiado desarrollo económico y social, en la medida en que significaría tanto el incremento de fuerza de trabajo, indispensable para transformar en provechosas las tierras conquistadas al indio y aumentar la producción agrícola y ganadera, como también un valioso aporte civilizador. Las antes mencionadas colonias litoraleñas, creadas en tiempos de Urquiza, se multiplicaron. Fundamentalmente, galeses, irlandeses, escoceses, británicos, suizos, belgas, franceses, rusos y alemanes poblaron inicialmente las noventa colonias diseminadas, con diferente suerte, a lo largo del país. Las sequías, las plagas, la falta de tierras fiscales, las poco equitativas negociaciones de los extranjeros con los empresarios individuales y con las compañías de colonización frustraron, en parte, las expectativas planteadas en el proyecto.

Las discusiones con respecto a la inmigración masiva fueron arduas. Sarmiento la apoyaba como esperanzada concreción de progreso, mientras que José Hernández recelaba de aquellos que llegaban sin capital ni trabajo, pues creía que la inmigración, a la que no se ofrecían perspectivas de producción, podía llegar a ser el detonante de una grave crisis económica. No obstante, Avellaneda consideró oportuno ampliar la oferta y propició la Ley nº 817 de Inmigración y Colonización, redactada bajo su supervisión –ya que el presidente había escrito su tesis de abogado sobre el tema de la tierra pública– y sancionada en octubre de 1876, en cumplimiento del designio pluralista de la Constitución de 1853. La nueva ley significó la bienvenida casi irrestricta al inmigrante, definido como todo "extranjero jornalero, artesano, industrial, agricultor o profesor que siendo menor de 60 años... llegase a la República para establecerse en ella, en buques a vapor o vela en pasajes de segunda o tercera clase..." Se estimulaba la inmigración europea con el ofrecimiento de tierras públicas, descuentos en los pasajes y facilidades para traer familiares. Las dificultades económicas, la desocupación, el hambre, las persecuciones raciales y políticas en sus países de origen, así como los frecuentes enfrentamientos bélicos europeos, terminaron de convencer a los indecisos sobre las ventajas de afincarse en las nuevas tierras. Entre 1875 y 1880 entraron 249.110 inmigrantes y retornaron 98.806. Después de 1880, el aluvión inmigratorio se hizo espontáneo y cuantioso: entre 1890 y 1910 llegaron al país tres millones de extranjeros. Arribaban sin contratos, sin dinero ni facilidades de inserción social. Muchos de ellos también regresaron decepcionados a sus respectivos países; otros muchos de los que se quedaron arrendaron parcelas o se emplearon como peones en Mendoza, Córdoba y el Litoral. No obstante, el grueso de la inmigración no logró establecerse en las zonas rurales y permaneció, sobre todo, en Buenos Aires y Rosario, ya que encontraban trabajo en las obras públicas, el puerto, los frigoríficos y el ferrocarril. Se verificó entonces un inesperado fenómeno de crecimiento y expansión urbanos. El hacinamiento acompañó a los recién llegados: primero, en las cubiertas o en los camarotes inferiores de las naves transatlánticas que los traían, especialmente, de Italia y de España, aunque no faltaron los turcos, árabes, polacos, rusos y alemanes; luego; en el Hotel de Inmigrantes, construido en la zona portuaria a fin de alojarlos a expensas del Estado por el lapso de cinco días; y más tarde, en las residencias de los barrios del sur porteño, abandonadas por sus ricos propietarios tras la epidemia de fiebre amarilla y transformadas en casas de inquilinato, que recibieron el irónico nombre de "conventillos". Las deficientes condiciones de higiene de los conventillos favorecieron la propagación de epidemias, en muchos casos con el saldo de víctimas fatales, y aunque las autoridades se preocuparon por instalar redes cloacales y mejorar el suministro domiciliario de agua potable, los problemas sanitarios continuaron hasta los primeros años del siglo XX. Con el transcurrir del tiempo, cada vez más enraizados y asimilados socialmente, los inmigrantes comenzaron a organizarse y crearon sus propias instituciones mutuales.

En el plano económico, la situación era difícil porque los gobiernos anteriores habían abusado del crédito. Avellaneda, dispuesto a pagar la deuda, exportó metálico que servía de respaldo a la moneda. Preocupado por fomentar el crecimiento industrial, el presidente propició una fuerte elevación de las tarifas aduaneras. En 1875 se discutieron leyes proteccionistas, a partir de las cuales se pusieron en marcha algunos emprendimientos industriales y se consolidaron empresas que adquirirían importancia en el futuro del país; entre ellas: Casa Amarilla, Bieckert, Godet, Bagley, Hellmuth, Rigolleau, Onetto.

El problema de la capital del país fue otro de los escollos con que tropezaron los primeros gobiernos que siguieron a la sanción constitucional, ya que, en la cuestión, se dirimía no sólo la centralización del poder político, sino también la de la hegemonía económica de la ciudad de Buenos Aires con respecto a las provincias que integraban la Confederación. Dicha hegemonía estaba basada en la actividad financiera, en general, y en la de su Banco Provincial, en particular, como así también en las importantes recaudaciones aduaneras. Asimismo, la creciente expansión de la red ferroviaria –en veinte años, los 39 kilómetros de 1860 se convirtieron en 2.432 kilómetros– tendida en forma radial con centro en la ciudad puerto, la que se transformaba así en el eje de la importación y exportación de productos agropecuarios. Por otra parte, entre 1868 y 1878, precisamente en el seno de la provincia de Buenos Aires una serie de personalidades destacadas de la vida pública –Leandro Alem, Manuel Quintana, Bernardo Solveyra, Aristóbulo del Valle, Rufino Varela, los hermanos Rafael y José Hernández, entre otros– plasmaron, con sus ideas modernizadoras en torno de lo administrativo, lo agrario y la educación pública, el germen del nuevo modelo de país (Barba, 1982). En efecto, de acuerdo con una fuerte impronta sarmientina, se propusieron organizar los tres niveles de la educación, si bien los mayores logros se dieron en el nivel primario. Juan María Gutiérrez, en su calidad de rector de la Universidad de Buenos Aires, sostuvo la gratuidad de la enseñanza pública en general y organizó el estrato universitario, su conducción, su financiamiento, estableciendo asimismo, junto a la necesidad de crear programas propedéuticos a las diferentes carreras, la importancia del respeto por las preferencias y la individualidad de los estudiantes. En lo que atañe a la organización político-administrativa de la provincia, se buscó limitar el poder fuertemente centralista que había regido hasta ese momento. Para ello, se organizó la policía de campaña cuyas funciones se separaban netamente de las judiciales y se tendió a la autonomización de las municipalidades, estimulando la participación y federalizando los municipios. La reforma judicial también se basó en la descentralización y en la elección popular de los jueces a fin de recortar el poder del caudillaje local. Asimismo, a fin de corregir las injusticias sociales de una masa analfabeta y sin derechos civiles, permanentemente amenazada por el riesgo de la leva, se buscó acercar al paisano a la propiedad de la tierra, insistir en la educación y crear condiciones laborales más favorables para los asalariados.

En 1879, la controversia acerca de la federalización de Buenos Aires alcanzó su punto álgido en la medida en que se mixturó con la sucesión presidencial: la candidatura de Carlos Tejedor, quien desde hacía dos años se desempeñaba como gobernador provincial, fue resistida por Avellaneda y la Liga de Gobernadores, que sostenían a Julio A. Roca como una forma de oponerse al centralismo portuario y al mitrismo. Tejedor dimitió a su candidatura en espera de que Roca hiciera lo mismo, pero, por el contrario, fue elegido presidente en abril de 1880. La circulación del rumor de que Tejedor quería desalojar de la ciudad al presidente Avellaneda complicó la situación política y generó un clima de franco belicismo. El gobierno y el Congreso de la Nación se trasladaron al pueblo de Belgrano, transitoriamente convertido en capital del país. Desde allí, se organizó el sitio y la invasión a la ciudad, recuperada finalmente por el ejército nacional cuando, después de varios combates, las tropas rebeldes que respondían a Tejedor se rindieron en Retiro y la Legislatura provincial fue disuelta. En septiembre de 1880, el Congreso aprobó la ley de federalización de la ciudad. Quedaba aún por discutir la cesión del territorio federalizado que debía ser aprobada por la Legislatura bonaerense. En el debate se enfrentaron los argumentos de Leandro N. Alem, para quien dicha cesión suponía el sometimiento de las provincias a la hegemonía de una capital hipertrofiada, generadora de gobiernos oligárquicos y centralistas, y los de José Hernández, finalmente triunfador, quien consideraba que la capitalización evitaría el siempre latente riesgo de la disolución nacional. Con la aprobación de la ley se lograba, entonces, no sólo la consolidación de un Estado centralizado, sino también el perfil definitivo de país agroexportador, cuyas claves económicas eran el puerto verdaderamente pujante, diseñado por Eduardo Madero en 1882: la instalación de frigoríficos de vías férreas; la adquisición de moderna maquinaria agrícola y la indispensable incorporación de la fuerza de trabajo aportada por los inmigrantes. En 1882, el gobernador Dardo Rocha, adepto a la causa de la federalización, fundó la ciudad de La Plata, declarada capital de la provincia de Buenos Aires.

El 12 de octubre de 1880, Avellaneda traspasó el mando presidencial a Julio Argentino Roca, que gobernaría bajo el lema de "Paz y Administración". La inmediata puesta en práctica de la consigna significó para el país una etapa de efectivo progreso y modernización. En materia administrativa y territorial, Roca –quien consideraba que el Estado debía asegurar y proteger la vida y la propiedad privada– organizó el Departamento de Policía para que tuviera jurisdicción nacional; creó la Oficina de Tierras y Colonias; ordenó el relevamiento topológico de Neuquén y de la región andina, así como la exploración del litoral patagónico y del archipiélago de Tierra del Fuego y reglamentó la explotación de bosques fiscales. Asimismo, culminó en 1881 la conquista del desierto: el hecho permitió que ese año se firmara un Tratado de Límites con Chile, por el cual el país trasandino renunciaba a sus pretensiones fronterizas. El acuerdo establecía la libre navegación del Estrecho de Magallanes, su neutralidad perpetua y la prohibición de fortificarlo en toda su extensión hasta el Pacífico: por otra parte, se le otorgaban a la Argentina las tierras patagónicas al norte del paralelo 52, parte de la isla de los Estados y la zona comprendida entre dicho paralelo, el Estrecho de Magallanes y las colinas del Monte Aymont. En 1884, parte de los 605.000 kilómetros cuadrados de tierras arrebatadas a los indios permitieron el trazado definitivo de las provincias de Mendoza, San Juan, Córdoba y Buenos Aires, y la posterior creación del territorio nacional de La Pampa. Gran parte de las tierras conquistadas se repartieron entre los soldados que participaron de la campaña, pero luego fueron vendidas y pasaron a integrar los dilatados latifundios que caracterizarían el modo de producción agropecuaria del país. La ley nº 1265 de 1882, que facultaba al gobierno nacional a vender campos de pastoreo en remate público, fomentó aún más la desigual distribución de la propiedad de la tierra, en tanto no se favoreció a la pequeña y mediana propiedad agrícola y ganadera ni al inmigrante que pretendía el acceso a terrenos de labranza. Por otra parte, en 1883, el gobierno de Roca envió expediciones contra las tolderías mocovíes, tobas y matacas de la zona chaqueña, las cuales fueron en su mayor parte exterminadas y sus tierras incorporadas a la égida nacional. Ese mismo año, se afrontó la cuestión de los límites con Brasil y, tras arduas discusiones, en 1885, ambos países acordaron el reconocimiento y la clasificación de los ríos en litigio –el San Antonio y el Pepirí Guazú–, a cargo de una comisión mixta de peritos. En 1884, se dictó la ley de organización de territorios nacionales, que determinó sus límites y su forma de gobierno, es decir, que estarían sujetos a la jurisdicción del poder federal mientras no tuvieran una población de, al menos, sesenta mil habitantes.

El romanticismo de la generación del 38 se fue paulatinamente atenuando y dio lugar a la impronta positivista que se intensificaría a partir del 80 y cuyo logro más evidente, aunque no excluyente, se dio en materia educativa. El gobierno de Roca creó el Consejo Nacional de Educación; incorporó a la nación a la Universidad de Buenos Aires y a las escuelas comunes de la provincia bonaerense. Sin embargo, el tema crucial al respecto fue la sanción de la Ley nº 1420 de enseñanza gratuita, laica y obligatoria, que buscaba regular la instrucción de la población infantil entre los seis y los catorce años. La ley enfrentó ásperamente a católicos y liberales, en la medida en que su artículo 8º determinaba, por un lado, que la enseñanza religiosa de los diferentes cultos debía impartirse antes o después de las horas de clase y, por otro, que la educación moral de los niños quedaba a cargo de los maestros. Esto último no implicaba para la iglesia ninguna garantía de adecuación de la institución escolar a los principios espirituales que tradicionalmente habían regido a la sociedad argentina. El conflicto se agudizó con la creación del Registro Civil según la Ley nº 1565, también de 1884. Con ello se aplicaba una importante restricción a las funciones sociales de la iglesia, pues la flamante institución se encargó originariamente de la inscripción de nacimientos y defunciones, ya que la obligatoriedad del matrimonio data de 1888.

El país avanzó en su proceso de organización legislativa durante la presidencia de Roca, ya que al Código Civil, redactado por Dalmacio Vélez Sarfield y puesto en vigencia en 1871, se sumaron en 1886 el Código de Minería, obra de Enrique Rodríguez, y el Código Penal, de Carlos Tejedor. En el aspecto económico, se encaró la construcción de grandes obras y servicios públicos, en especial puertos y ferrocarriles. Estos últimos fueron luego entregados a compañías británicas, ya que se suponía que el Estado no era capaz de administrarlos adecuadamente. En 1882 se realizó la primera exposición industrial, en la que se presentaban los principales productos locales (vino, cerveza, jabón, cigarrillos, calzado, vestimenta, artes gráficas). A fin de estimular las inversiones inglesas, Roca realizó la reforma monetaria que establecía el monometalismo oro; asimismo, creó el Banco Hipotecario Nacional y estableció un régimen de gravámenes de importación para proteger la producción local de azúcar, que permitió la instalación de grandes ingenios en la provincia de Tucumán. Debido al desmesurado crecimiento de los gastos oficiales, la balanza de comercio deficitaria y el crecimiento de la deuda pública, se planteó una seria crisis económica. La amortización de los empréstitos contratados en Londres exigía enormes sacrificios para el país; el Banco Baring controlaba la economía argentina y se hizo necesario exportar grandes cantidades de oro para afrontar el servicio de las obligaciones. Carlos Pellegrini buscó restañar la crisis con la banca extranjera, al tiempo que Roca la contrarrestó internamente y, para ello, consolidó la deuda exigible y la flotante, suspendió la emisión de títulos, postergó las obras públicas, modificó las tarifas aduaneras, aumentó los derechos de importación, entre otras.

2. Hacia la creación del campo intelectual

Con el insoslayable telón de fondo que ofrecía la lección alberdiana, basada en el otorgamiento de amplias libertades civiles para los ciudadanos y en el importante papel asignado a la inmigración europea, el país diseñaba lentamente –y no sin dificultades– su perfil de nación organizada y moderna, tanto desde el punto de vista social y económico como cultural y artístico. El liberalismo romántico de origen historicista que signó a los intelectuales del 38 fue dejando lugar, hacia 1860, a cierto liberalismo neorracionalista, anticlerical y combativo, que ya mostraba la incondicional admiración por la ciencia propia del positivismo sobre el que los representantes de la generación del '80 elaboraron su proyecto cultural.

Los cenáculos selectos, como el Club del Progreso fundado en 1852 o el Jockey Club, en 1862, así como ciertas instituciones específicas (el Hipódromo de Buenos Aires o la Sociedad Rural), todos ellos con instalaciones de lujosísimo diseño arquitectónico, operaban a modo de espacio simbólico de cohesión y legitimación de una elite social –que coincidía con la elite política y cultural– siempre preocupada por ostentar buen tono y refinamiento estético, como marcas distintivas de prestigio de clase.

En el ámbito de las artes plásticas, la pintura evidenció un marcado proceso de evolución. La temática de tono criollista, propia de la primera generación de pintores argentinos de la época rosista –Carlos Morel, Fernando García del Molino y Prilidiano Pueyrredón– fue desplazada, entre los artistas de la generación posterior, por un verismo de impronta itálica que no eludía el realismo costumbrista ni las expresiones naturalistas, consecuencia, tal vez, de los viajes de estudio y formación en Europa. Asimismo, aparecieron nuevos temas como los interiores, los desnudos, los paisajes formalistas y la visión amarga de las cuestiones sociales y la problemática obrera. En 1876, con la fundación de la Asociación Estímulo de Bellas Artes se impulsó la creación de instituciones y agrupaciones de artistas. Dos años después, la Sociedad de Damas de Caridad organizó una muestra de pintura titulada "Bellas Artes y curiosidades", mientras que la crítica de arte se sistematiza después de 1880 (Fevre, 1980).

A partir de Caseros, el periodismo ocupó un lugar de gran importancia no sólo en cuanto a la difusión de noticias y novedades y al análisis de la situación política y económica del país, sino también, y fundamentalmente, en lo que atañe a la formación del gusto literario y estético, en general, y a la fundación y consolidación de ciertos ideologemas culturales que regirían por décadas a la nueva sociedad argentina.

Hacia 1852 comenzó la proliferación de periódicos en Buenos Aires y en algunas provincias del interior, especialmente, en la zona cuyana (*El Federal Argentino*, *El Nuevo Eco de los Andes* y *La Golondrina*). En 1853, aparecieron *El Nacional*, criticado por Mitre (Sarmiento dirigía *El Nacional de la Semana*, que reproducía los artículos más importantes del mismo) y *La Tribuna* de los hermanos Varela, una publicación proconfederacionista que atacó a Sarmiento y en la que Lucio V. Mansilla publicó, por entregas, *Una excursión a los indios ranqueles*. En 1854, Carlos Tejedor fundó *La Crónica*, que años más tarde reapareció con el nombre de *La Opinión* y, dos años después, aparecieron *La Constitución*, que cubría Mendoza y San Juan, luego clausurada por criticar al gobierno; *Museo Literario*, *La Revista de Buenos Aires* y *El Constitucional*, un periódico político y económico. En 1858 comenzó a publicarse *La Raza Africana*, que adhería al antiesclavismo, y en 1864, *Correo del Domingo* y *The River Plate Magazine*. Tres años después, se fundó en Rosario *La Capital* y en Buenos Aires *La República*, dirigida por Manuel Bilbao, que innovó la forma de distribución, pues ya no se ciñó a la suscripción, sino que inauguró la venta callejera de periódicos. En 1868, apareció la *Revista Argentina* y, al año siguiente, *La Prensa*, dirigida por José C. Paz, *El Pueblo Organizado*, por Lucio V. Mansilla y la *Revista del Archivo General de la Nación*, que transcribía documentos históricos. En 1870 se fundó *La Nación*, dirigido por Mitre, publicación que, por su perduración e importancia, cumpliría junto con el mencionado diario de la familia Paz, un rol fundamental en el periodismo argentino. La *Revista del Río de la Plata* y *El Plata Ilustrado* comenzaron a circular en 1871; al año siguiente, *El Americano*; en 1873, *La Presidencia*, en 1876, *The Buenos Aires Herald*; en 1878, Eduardo Holmberg, investigador y docente, fundó la revista *El Naturalista Argentino*; un año después comenzó a circular la *Revista de la Biblioteca Pública de Buenos Aires* y en 1881, *La Ilustración Argentina*. A todas estas publicaciones se sumaron otras basadas en el humor, la caricatura gráfica y las críticas de subido tono burlesco y satírico hacia las principales figuras como *La Avispita* (1856), el semanario *El Mosquito* (1863), *Látigo* (1865) y *Antón Perulero* (1875).

Esta sobreabundancia periodística estaba estrechamente relacionada con los modos de concebir y de producir un nuevo discurso literario. "La literatura argentina es la historia de la voluntad nacional" afirma con contundencia retórica y singular agudeza interpretativa Viñas (1982: 14), para quien las coordenadas que explican los cambios deben rastrearse en la constelación homogénea de los intelectuales formados luego de la independencia e insertos en las tensiones del período rosista, que determinó su exilio y la consecuente configuración de un imaginario y de una perspectiva espacial y temporal que atraviesa su escritura. Sin embargo, no se trataría exclusivamente de una cuestión de mera tópica (desierto, matadero, gaucho, indio), de las adecuaciones de un romanticismo en el que el exotismo era visto como regresión, del abandono de las pautas escolásticas, ni de la iniciación existencial y estética que permitía el viaje a Europa, sino también de la necesidad de avenirse al nuevo sistema de producción folletinesca de raigambre periodística y a la incorporación de un público lector más amplio, conformado inclusive por mujeres.

Aunque sin pretensión de exhaustividad, la enumeración que sigue da cuenta no sólo de la profusión de títulos, sino también de la importancia de sus autores, muchos de ellos integrantes de la elite política de la época. *La novia del hereje* (1854), de Vicente Fidel López; *Poesías* (1854), de José Mármol; *Rimas y página de historia* (1854), de Bartolomé Mitre; *Memorias del General Paz* (1855); *El poeta* y *El cruzado* (1842), de José Mármol; *Trovas de Paulino Lucero* (1855), de Hilario Ascasubi, *De Aden a Suez* (1855), de Lucio V. Mansilla, *Historia del General Belgrano* (1858), de Bartolomé Mitre; *La familia Sconnere* (1858), de Miguel Cané; *Rosas* (1860), de Pedro Echagüe; *Santos Vega* (1859), de Hilario Ascasubi; *México* (1863), de Carlos Guido y Spano; *El ángel bueno y el ángel malo* (1863), de Francisco Fernández; *Atar-Gull* y *Una tía, comedia de costumbres* (1864), de Lucio V. Mansilla, *La revolución de Mayo* (1864), de Juana Manso; *Sueños y realidades* (1865), de Juana Manuela Gorriti; *Fausto* (1866), de Estanislao del Campo; *Amor y virtud* (1868), de Pedro Echagüe; *Poesía* (1869), de Juana Manuela Gorriti; *Obras Completas de Esteban Echeverría* (1870), *Poesías* (1870), de Estanislao del Campo, *Poesía* (1870), de Carlos Guido y Spano, Juan María Gutiérrez publicó *El matadero* (1871), de Esteban Echeverría; *La fiebre amarilla* (1871), de Juan Manuel Blanes; *El gaucho Martín Fierro* (1872), de José Hernández, *Aniceto el Gallo, Paulino Lucero* y *Santos Vega* (1872) de Hilario Ascasubi, *Poesía* (1873), de Martín Coronado, *El sombrero de Don Adolfo* (1874), de Casimiro Prieto Valdés, *Panoramas de la vida* (1876), de Juana Manuela Gorriti, *Historia de Belgrano y de la independencia argentina* (1876), de Bartolomé Mitre, *Ensayos* (1876), de Miguel Cané; *Santos Vega* (primera parte, 1877), de Rafael Obligado; *La rosa blanca* (1877), de Martín Coronado; *Nido de cóndores, El arpa perdida*, *Prometeo* (1877), de Olegario Víctor Andrade; *Poesías Escogidas* (1878), de Ricardo Gutiérrez; *Tiempo perdido* (1878), de Eduardo Wilde; *Luz de luna y luz de incendio*, *Un soñador*, *Salvador*, *Cortar por lo más delgado* (1878), de Martín Coronado, *Misceláneas* (1878), de Juana Manuela Gorriti; *Ráfagas* (1879), de Carlos Guido y Spano, *Horacio Kalibang o los autómatas* (1879), de Eduardo Holmberg, *Un capitán de ladrones*, *Juan Moreira* (1879), de Eduardo Gutiérrez; *Dido y Argia* (1879), de Juan Cruz Varela, *La vuelta de Martín Fierro* (1879), de José Hernández, *Juan Cuello*, *El jorobado*, *El tigre de Quequén* (1880), *Los grandes ladrones*, *Hormiga Negra*, *Juan Sin Patria*, *Santos Vega* (1881), *Don Juan Manuel de Rosas*, *Los asesinos de Álvarez*, *La muerte de Buenos Aires*, *La muerte de Buenos Aires* (1882), *Los enterrados vivos*, *Amor funesto*, *Nicanora Fernández*, *Doña Dominga Rivadavia*, *El asesinato de Fiorini* (1883), de Eduardo Gutiérrez, *Conflictos y armonías de las razas de América* (1883), de Fray Mocho; *Juvenilia*, *En viaje* (1884), de Miguel Cané; *Música sentimental* (1884), de Eugenio Cambaceres; *La gran aldea* (1884), de Vicente López; *El Chacho* (1884), de Eduardo Gutiérrez; *Crónicas dramáticas* (1884), de Calixto Oyuela.

El desarrollo cultural y social que se verificó con posterioridad a Caseros, alcanzó también el ámbito teatral. De hecho, mientras que en el período rosista, Buenos Aires contaba con sólo dos salas teatrales –Federación y Buen Orden–, a partir de 1853 se inauguraron el Teatro del Porvenir, el Teatro Alegría, el Coliseum, el Edén Argentino, El Dorado (el actual teatro Liceo, situado en Rivadavia y Paraná), el Teatro Nacional, el Alcázar, El Pasatiempo, el Teatro San Martín, el Doria, el Jardín Florida, el Onrubia, el Teatro de la Ópera y el Politeama, donde antes se levantara el Arena, y en el que la compañía de los hermanos Carlo, con la actuación de José J. Podestá estrenara, en 1884, *Juan Moreira*.

El Teatro Colón, dedicado al arte lírico, se convirtió en emblema de categoría cultural. Diseñado por el arquitecto y retratista Carlos Enrique Pellegrini, padre del político y estadista Carlos Pellegrini, la sala, que contaba con dos mil quinientas localidades y con un elenco de importantes escenógrafos y técnicos franceses e italianos especialmente contratados para las diferentes temporadas, se inauguró en 1857 con la representación de *La Traviata* y, hasta 1888, su repertorio estaba constituido fundamentalmente por las óperas de Verdi y Wagner.

Las compañías europeas, que presentaban óperas, operetas, comedias, dramas y zarzuelas, estaban, en algunos casos, encabezadas por las grandes figuras del teatro de la época. Tal es el caso de Eleonora Duse, quien en 1885 presentó *La dama de las camelias*, de Alejandro Dumas, así como de Sarah Bernhardt, quien un poco más tarde debutó con *Fedora*, de Victoriano Sardou y volvió a Buenos Aires en 1890 y 1893.

Los orígenes de un teatro que pudiera considerarse auténticamente nacional fueron objeto de controversias entre los historiadores. Rossi (1969) sostiene que la escena local nace en 1884 con el estreno de *Juan Moreira*. Beltrán (1934) adhirió a esta opinión, aunque afirma que antes de esa fecha se habían representado muchas pantomimas de temática bandoleresca, en las que se destacara Eduardo Gutiérrez. Al respecto, es importante destacar el hecho de la gran difusión popular alcanzada en la época por los romances matonescos de filiación hispánica, derivados del cruce entre el romance medieval español, que llegó a América con los conquistadores y el decadente de los siglos XVII y XVIII. Dichos romances criollos se caracterizaban, fundamentalmente, por el empleo apelativo de la lengua, que implicaba una simbiosis de los géneros tradicionales (lírico, narrativo, dramático). La tesis de Rossi fue posteriormente refutada por críticos como Bosch (1969), Rojas (1957) y Castagnino (1968 y 1969), quienes consideran que existe una continuidad en la textualidad vernácula que se remontaría a la segunda mitad del siglo XVIII. Castagnino divide dicho período, que incluiría más de cincuenta obras, en tres etapas: el teatro colonial, encuadrado en una estética cercana al barroquismo y, luego, por el pseudoclasicismo, el gauchesco y, finalmente, el que se caracterizó por un fuerte localismo costumbrista. Asimismo, explica la postergación del repertorio argentino que se verificó entre 1852 y 1884 por la enorme cantidad de compañías extranjeras y por los artistas que visitaban Buenos Aires, mientras que los sectores populares preferían los espectáculos circenses.

Por otra parte, las primeras agrupaciones de teatristas datan de esos años. En 1876 se creó El Porvenir Literario; al año siguiente, la Sociedad Amigos del Teatro; en 1878, la Sociedad Protectora del Teatro Nacional, institución que se hizo cargo de defender los derechos sobre la propiedad privada de los escritores de textos dramáticos. Finalmente, en 1881, se fundaron la Academia Argentina y el Círculo Dramático.

El nuevo teatro, al que Ordaz (1957) prefiere denominar "rioplatense" y no meramente argentino para no evitar levantar barreras simplificadoras que establecen falsas dicotomías entre los escenarios de Buenos Aires y Montevideo, comenzaba así a consolidarse. Gran parte de las principales ciudades del interior acompañaron, cada una con su propio ritmo y con sus propias características, un crecimiento y desarrollo que nunca fue ajeno a los avatares políticos y culturales de la sociedad argentina.

•••

4.2. Teatro de intertexto romántico (II)

4.2.1. Exilio de los actores argentinos

por Armida Córdoba y Martín Rodríguez

Con la caída de Rosas en febrero de 1852, se produjo una serie de cambios en el panorama social, político y cultural que redefinieron la figura del intelectual crítico. El gobierno rosista se había caracterizado, en primer lugar, por el caudillismo y la homogeneidad política y, en segundo lugar, por el aislamiento y el no del todo voluntario "proteccionismo" económico y cultural. Paralelamente, Sarmiento, Alberdi y Echeverría habían diseñado una ideología y un proyecto de país que, por el momento, no tenía dónde encarnarse, pero que luego de su caída comenzó a ser puesto en funcionamiento. La enorme confianza en sus propias posibilidades por parte de la burguesía renovada, que hallaba en las ideas de estos intelectuales su fundamento ideológico y que se pensaba a sí misma como modelo a seguir, hallaba su procedencia en el hecho de que muchos de sus integrantes más destacados se habían formado en un medio hostil en el que habían logrado, a pesar de las dificultades, desarrollar un plan de reformas cuyas consecuencias comenzaban a hacerse visibles. Consecuentemente con este plan, el teatro conservó sus funciones centrales: entretener y educar, pero sufrió un proceso de relativa despolitización, y estuvo ligado, en la mayoría de los casos a un tipo de pensamiento fuertemente conservador.[1]

Frente al aislamiento y el proteccionismo rosistas, el "nuevo orden" implicó una apertura hacia el mundo. El comercio de ideas, de objetos y de cultura se acentuó con la apertura al mundo luego de la caída de Rosas y una consecuencia de esta apertura fue la importación de compañías teatrales europeas. El arribo de estas compañías, muchas de las cuales se instalaron en el país, trajo como consecuencia, –aunque no fue, por cierto, la única causa–, la paulatina desaparición de las compañías nacionales que volvieron, con nuevos rostros, a ocupar la escena sólo en la década del '80, con la irrupción de los Podestá, compañía de procedencia circense que, no obstante ese origen, no ignoraba totalmente las técnicas diseñadas en los escenarios porteños y montevideanos por figuras como Quijano o Casacuberta durante décadas de permanencia y favorecidos por un involuntario y relativo "proteccionismo cultural".[2] No obstante, muchos actores intentaron mantenerse en la profesión y ayudaron, inclusive, a levantar salas en el interior del país. Pero cuando el interior también comenzó a "abrirse al mundo", fueron desalojados paulatinamente por los mismos que los habían "expulsado" de las metrópolis del Plata.

Según algunos historiadores –como Bosch, que la cita como momento clave para dividir dos épocas– la caída del gobierno de Rosas (3/2/1852) fue la causa de la extinción de las compañías nacionales. Algo de cierto hay en ello, aunque no se trata de ningún modo de una causa directa ni, menos aún, estrictamente "política". Castagnino (1944) –siguiendo a Bosch–, agrega que la obsecuencia de los teatristas hacia el gobierno depuesto fue la única causa del repentino alejamiento de los actores nacionales de la escena porteña, ya que temían las represalias de las nuevas autoridades.

Sin embargo, gracias a las investigaciones de De Diego, se sabe que la denominada "Compañía Nacional" siguió trabajando luego de la batalla de Caseros, realizando funciones en honor de las fuerzas victoriosas de Urquiza y sus aliados. La entrada a Buenos Aires el 19 de febrero, fue celebrada en el Argentino con *Pelayo, libertador de su patria*, tragedia de Quintana, protagonizada por Modesto Vásquez y Álvara García y a la semana siguiente, se estrenó *El poeta*, de José Mármol. Evidentemente, los actores buscaban congraciarse con las fuerzas políticas que habían vencido a Rosas y estos cambios repentinos de signo político no eran percibidos como "traiciones": por el contrario, eran aceptados por el poder político de turno que capitalizaba la situación, utilizando el cuerpo de los actores en función de sus propios fines. La posibilidad de cambiar de signo político se debía, sin duda, a que el actor no era considerado un ciudadano en sentido pleno, hecho que le permitía sobrevivir en los distintos contextos políticos, colaborando con los diferentes gobiernos en funciones especiales. Por supuesto, hubo excepciones y no todos los actores permanecieron en la ciudad. Quijano, que había integrado el elenco de obras como *El entierro de Urquiza*,[3] de Pedro Lacasa, pidió pasaporte un mes después de Caseros para regresar a su ciudad natal (*Diario de Avisos*, 12/3/1852). Luego de su "exilio", retornó a Buenos Aires en el mes de mayo de 1855 y la empresa del Victoria, en rivalidad con la compañía de Francisco Torres, le facilitó trabajar dos veces por semana, alternando con la compañía española, pero Quijano debió enfrentar la hostilidad de *La Tribuna* y *El Nacional*, defensores de Torres, que desacreditaban a los recién llegados acusándolos de ser meros "aficionados" que venían a desalojar a los verdaderos profesionales. Esas agresiones se debían, en parte, a que los políticos vueltos del exilio que ganaban espacio en la opinión pública guardaban resentimiento contra el artista uruguayo por su actitud al servicio de la propaganda federal en 1848, pero también por la polémica en la cual finalmente Mitre –luego de la intervención pública de Ambrosio Mitre en favor de Quijano– había tenido que retractarse públicamente: este punto –la humillación infringida a un joven Mitre por parte de un miembro de una clase "subalterna"– pesó posiblemente mucho más que los factores ideológicos, que seguramente tenían su importancia a la hora de justificar los embates contra el actor. Esta hipótesis podría explicar el hecho de que otros actores que habían apoyado al rosismo desde la escena no tuvieran los mismos inconvenientes.

El lugar de marginalidad en que estaban ubicados los actores, trajo una serie de consecuencias estrechamente vinculadas entre sí que terminaron por acabar con las compañías nacionales:

1) En primer lugar, su triple carencia –de capital económico, cultural y político– redundaba en la ausencia de una voz propia, salvo en el

caso de actores "intelectuales" y defensores de la profesión como Quijano, quien, sin embargo, no pudo escapar de la regla de tener que cambiar de signo político para desarrollar su actividad escénica, muestra notable de dependencia que, siendo "beneficiosa" en un comienzo, terminó por convertirlo en víctima. Quijano intentó, a pesar de las dificultades, seguir adelante con su profesión, aunque a veces debió interrumpirla por razones coyunturales: cuando en los primeros meses de 1861 se dirigió a Concepción del Uruguay, donde se acababa de abrir una sala provisional, y se encontró con que la compañía de José Cabello y las hermanas Francisca y Manuela Bueno se habían aposentado en dicha sala, decidió volver a su vieja profesión, el periodismo. En Rosario, pasó a dirigir y redactar *La Patria*, diario fundado por Dardo Rocha y Mariano Varela luego del triunfo de Pavón, para hacer campaña a favor de Mitre, en camino a la presidencia del país. Sin embargo, pronto retornó al teatro: de regreso a Concepción del Uruguay en 1865, dirigió el nuevo teatro provisional inaugurado por Joaquín Argüelles el año anterior, al que se habían incorporado Telémaco González y Manuel Martínez y Trigueros, acompañados de "aficionados orientales". Allí estrenaron dos obras de Francisco Fernández: el 12 de marzo, en beneficio de la primera dama Francisca Butters y su hija Arminda Argüelles, la dama joven, *El 25 de Mayo*; el día 15, en la función del niño Fernando Argüelles, *La triple Alianza*, "Apropósito político en un acto, en prosa y en verso", obra decididamente antimitrista que hacía referencia a la diplomacia brasileña, mitrista y florista en la Revolución Oriental de 1864 y era un signo de las repercusiones causadas por el Sitio de la cercana Paysandú llevado a cabo por Venancio Flores y la flota brasileña.

Luego de participar en esa puesta cuestionadora que buscaba, como afirma en su introducción "desenmascarar los arreglos diplomáticos de Venancio Flores, Pedro II y Mitre para la Revolución Oriental del 64", en 1865 regresó a Montevideo para incorporarse a la compañía lírico española que funcionaba en el Solís, cuyo representante era Santiago González y en la que también reencontró a Telémaco González y a Martínez. Allí, dando muestras de su capacidad para cambiar de signo político, volvió a apoyar a Mitre y a la Triple Alianza. La temporada repuntó la noche que se celebró el triunfo del general Venancio Flores en Yatay. Típica puesta de Quijano, se abre con los himnos de los países de la "Triple Alianza", y en uno de los intermedios varios actores se apersonaron al palco ocupado por el Gobernador con una corona de laurel para el conductor del parte de la batalla: lo presentaron al público, que victoreaba entusiasta luego del "tocante acto" (*El Pueblo*, 23/8/1865)

2) En segundo término, si las compañías nacionales habían podido subsistir fue, en gran medida, gracias al no del todo voluntario "proteccionismo cultural" vigente durante el rosismo. Pero cuando finalmente las compañías extranjeras arribaron al país, el fracaso de los elencos nacionales se tornó inevitable: si bien también había reclamos estéticos e ideológicos de una estética "nacional", en especial por parte de algunos de los miembros de la generación del 37 como Juan Bautista Alberdi, estos reclamos nada podrían hacer frente al abandono de los sectores del público que contaban con mayor poder adquisitivo. "Los que ocupaban las cazuelas" iban a seguir concurriendo, pero la parte "sensata y decente de la sociedad" optaría por las compañías extranjeras.

3) En lo que respecta a los actores y al lugar que ocupaban en la sociedad, ya se ha referido su carácter subalterno en la sociedad de clases y frente a la elite intelectual que no consideraba digna la profesión de actor y que no hubiera aceptado que sus hijos se dedicaran a ella. Esta "subalternidad" les impedía además, defenderse públicamente, dar su visión acerca del teatro. Sin embargo, cada vez que tuvieran oportunidad de hablar lo hicieron apropiándose de las ideas de lo "nacional" creadas por el rosismo pero, sobre todo, de los postulados que ideólogos de la generación del '37 como Alberdi tenían al respecto y que en muchos casos se trasladaban al teatro.

Quijano se hizo eco de este "reclamo", aunque de manera menos intensa dadas las circunstancias, y trató de poner de manifiesto su lugar como "artista americano" dentro del teatro "universal". Cuando el elenco español que trabajaba en el Solís, encabezado por Rita Carbajo, le ofreció una función a beneficio el sábado 13 de octubre, rasgo de compañerismo subrayado desde las páginas del *Semanario Uruguayo* (30/9/1860) por José Hilarión Uriarte, antiguo camarada de luchas y ahora periodista, Quijano, al comenzar la función agradeció la deferencia y generosidad de la compañía, recordó sus "cuarenta años de artista en los Teatros del Plata" y reconoció que "el arte no pertenece a tal o cual nación, sino que es universal", por lo que le toca llenar "mi deber como artista Americano" (*La República*, 10/10/1860).

4) Así, tanto la llegada de las compañías europeas –que remplazan en el gusto a las compañías nacionales, y que volvieron aún más inestable la profesión–, como los sistemáticos desprecios de los que habían sido víctima por parte de una elite con la que, sin embargo, mantenían un fluido intercambio debido al lugar de extrema visibilidad que ocupaban, instaron a los actores a abandonar las tablas y a optar por salidas más redituables y socialmente más aceptadas. Si no podían "triunfar" como actores, lo harían como "ciudadanos", una vez abandonada la profesión. Así las actrices dejaron la escena para casarse con integrantes de las clases altas –o por lo menos con miembros de sectores más acomodados social y económicamente– y los actores se dedicaron a profesiones "más dignas" –el comercio, la función pública o la carrera militar–, las cuales difícilmente podían compatibilizarse con la profesión de actor –ya se ha mencionado el caso de Hilarión Moreno que siendo policía, fue dejado cesante pues se lo veía "más contraído al ejercicio del Teatro del cual es actual consueta o apuntador, siendo tal ejercicio indecoroso para un empleado de su clase"– (AGN, X-16-4-7). Buen ejemplo de esto es la trayectoria de la familia Casacuberta-Funes-González. Caído Rosas, recorrió las nuevas plazas que se abrieron en el Litoral. Después de trabajar un par de meses en Rosario en la compañía nacional encabezada por Benito Giménez, la familia decidió en septiembre de 1855 tomar rumbo a Paraná. Pero en 1857 abandonaron prácticamente toda actividad, y virtualmente sólo quedaba Telámaco González en escena. Los otros miembros optaron por casarse o dedicarse a profesiones más reconocidas y redituables.

En este sentido, las actrices, por lo general, se veían favorecidas por su extrema visibilidad y solían despertar fantasías en el público, hecho que facilitó su ascenso social por medio de matrimonios ventajosos con miembros de la clase dirigente que no se preocupaban por su procedencia popular. Los diarios, por lo general se hacían eco de este "juego de seducción" –a veces ficticio y otras no tanto– entre actrices y público. Es interesante a este respecto la siguiente nota publicada en *The British Packet* (nº 459, 6/6/1835):

> Un amigo nuestro –ahora residente en Londres–, estuvo enamorado de Manuelita y nos ha suplicado, en el último correo de Londres, el mencionarla en nuestro semanario lo más posible... No se ponga celoso, Señor Casacuberta; nuestro amigo fue tan sólo un desesperado amante sin esperanzas; además, él nunca habló con su encantadora esposa, y no volverá aquí jamás...

El destino de los miembros de la compañía de Casacuberta una vez disuelta que releva Klein (1994: 189) es en este punto esclarecedor:

> –Emilia González contrajo enlace con el periodista y escritor Federico de la Barra; una de sus hijas, Emma, popularizó el seudónimo de César Duayen con el que firmaba sus novelas, –Cristina Casacuberta, hija del actor, también se alejó del teatro al unirse al poderoso estanciero entrerriano Reynaldo Villar, propietario del palacio que es sede actual del Ministerio de Relaciones Exteriores. Dejó, al fallecer en 1905, una extensa fortuna, motivo de dura porfía entre sus herederos, –Juan Aurelio –su segundo nombre fue adjudicado por los historiadores a su padre–, residió en Gualeguaychú, donde en 1856 se casó con una hija del general Basavilbaso, Octavia. Formó parte del Liceo Recreativo, cuyo elenco de aficionados fue dirigido por Quijano; editó el periódico *El Guardia Nacional* y fue elegido diputado provincial.

Este abandono de la profesión es perfectamente explicable por el hecho de que la indigencia era una verdadera amenaza para los actores. Una muestra del estado de desprotección económica en que estos se hallaban es la "polémica" que se desata en torno a Petronila Serrano (Klein, 1994: 186), fallecida en Montevideo, en 1858: una comisión había lanzado una suscripción pública para aliviar las penurias económicas de la anciana actriz, decana del teatro uruguayo, penurias que se describían en detalle para excitar la compasión (*La República*, Montevideo, 28/7/1858). Su yerno, José Coello se ofendió, argumentando que en realidad Petronila no era, según él, una indigente sino que era acreedora de 50 pesos fuertes mensuales de por vida que el empresario Cipriano de Melo se había comprometido a concederle. Ci-

¡VIVA LA CONFEDERACION ARGENTINA! *¡Mueran los Salvages Unitarios!*

TEATRO

DE LA

VICTORIA.

Funcion 1.ª de la 4.ª Temporada.

El Domingo 17 *de Septiembre de* 1848

Despues de la sinfonía preparatoria y proclamas federales de òrden, tendrá lugar la representacion de la preciosísima comedia **Nueva** en verso original del poèta español "D. Tomás Rodriguez Rubì, en 3 actos, titulada---

EL JUGADOR,

O LOS

Amantes y el Marido.

Esta produccion, puede decirse que en su género, es una de las que mas han contribuido á formar la reputacion de su autor: Su amena versificacion, y sus escenas còmicas, y de un interés progresivo, hasta su desenlace, la ponen al nivél de las primeras piezas del género clásico—La distribucion de los roles, es el siguiente:—

INTERLOCUTORES.	ACTORES.
D. Felipe (jóven Jugador)............	*Sr. Quijano*
Serafina (su Esposa)................	*S.ª Alvara.*
D. Simon (viejo enamorado)........	*Sr. Gimenez.*
D. Modesto...........................	*Sr. Molina.*
Da. Fausta (vieja)..................	*S.ª Petronila Serrano.*
D. Julian..............................	*Sr. Gonzalez.*

Finalizando el todo de la funcion, la jocosa pieza en un ac[illegible] nominada --- **LA**

SESENTONA Y LA COLEGIALA.

A LAS SIETE Y MEDIA.

NOTA—Está abierta la 4.ª Temporada, hasta el Sábado 16, á la oracion en que quedará cerrada.

Afiche de la época de Rosas

José de los Santos Casacuberta

Teatro Colón, Recova Vieja 1867.

Plaza Victoria y edificio del primitivo Teatro Colón, frente a la nueva desaparecida, vista tomada desde el antiguo Cabildo.

POLITEAMA HUMBERTO PRIMO

Calle Lavalle entre Moreno y Belgrano

Gran Compañia Ecuestre, Gimnástica, Acrobàtica y Bufa

Hoy Sábado 17 de Octubre 1878

A LAS 8 1/2 DE LA NOCHE

Se dará una esplendida función y el concurso de la LUCHA GRIEGO ROMANA

En primera línea la familia PODESTÁ en sus ejercicios aereos y sus entradas cómicas.—La familia GUILLOUME—Los escéntricos ALMAZI y ARÍGONI—Pruebas de fuerzas incomparables por el HERCULES NON PLUS ULTRA DE LA FUERZA HUMANA **PABLO RAFFETTO** (a 40 onzas).

A mas hay 30 artistas los que trabajarán en todas las funciones

GRAN LUCHA ROMANA

entre fuertes luchadores con grandes premios para los luchadores que tengan el honor de voltear de las dos espaldas *al luchador del mundo* PABLO RAFFETTO

Dara fin la funcion con un chistoso sainete

ORDEN DE LA LUCHA GRIEGO ROMANA

Primero—lucha en el señor RAFFETTO contra el luchador renombrado hércules italiano, Romano Piumanti (alias nicola forte)—Segunda y última gran lucha entre el campeon del mundo señor PABLO RAFFETTO (alias 40 onzas) contra del inglés Walter Beffer.

REGLAMENTO DE LA LUCHA GRIEGO ROMANA

1º—Los luchadores se presentarán en la arena en traje y decentes, frescos, y es prohibido à los luchadores de decir malas palabras y no hacer actos indecentes.

2º—Los luchadores se darán la mano y se soltarán en seguida y serán en ataque de lucha.

3º—Los luchadores deberán agarrarse de la cintura para arriba y sin hacerse zancadilla.

4º—Las luchas durarán por solo diez minutos.

5º—Los luchadores podrán prolongar la lucha estando de acuerdo ambas partes y el conocimiento de la comisión de padrinos.

6º—Es prohibido à los luchadores de untarse el cuerpo con ninguna materia.

7º—Los luchadores se agarrarán con mano chata y sin clavar las uñas.

8º—Los luchadores se declararán vencidos cuando su adversario les haga tocar las dos espaldas contra el suelo—esto será siempre juzgado por la comisión de padrinos autorizados.

9º—Es prohibido de poner los dedos en los ojos como de no hacer uso de los dientes.

AVISO À LOS LUCHADORES de no pegar cabezasos ni cometer acciones hostiles.

PRECIOS Y HORA LOS DE COSTUMBRE

Afiche del Politeama Humberto Primo (1878).

Circo de Raffetto (1878),
pruebas de acrobacia.

Teatro de la Ranchería (Casa de Comedias). Año 1878, sita en Perú y Alsina.
Litografía

Plaza de la Victoria. Fiestas Mayas. Litografía de Carlos Pellegrini.

Afiche del Circo de los Hermanos Carlo

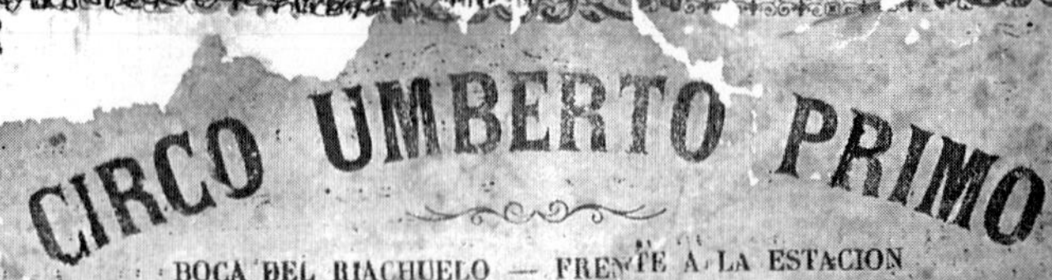

GRAN COMPAÑIA ECUESTRE, GIMNÁSTICA, ACROPATICA
HERCULEA
DIRIGIDA POR EL RENOMBRADO HERCULES
PABLO RAFFETTO
(40 ONZAS)

HOY - JUEVES 16 DE NOVIEMBRE 1882 - HOY
á las 8 1/2 de la noche

GRAN ESPECTÁCULO DE GALA — FUNCION EXTRAORDINARIA
BENEFICIO
DE LA MUY CELEBRE Y MUY RENOMBRADA
FAMILIA PODESTA Y SCOTTI

Ejercicios Nuevos
GRANDES
EQUILIBRIOS AEREOS
Columpios
SALTOS MORTALES
sobre el caballo

Sorprendente novedad
GIMNASIA
A LA ALTA ESCUELA
Equitacion
JUEGOS ACROBÁTICOS
y de salon

DEDICADO AL PUBLICO DE ESTA LOCALIDAD

Habiendo llegado el dia de nuestra funcion de gracia, tenemos el honor de dedicarlo al benévolo é inteligente público de esta bella localidad, esperando que como siempre nos honrarán con su presencia; de nuestra parte haremos todo el esfuerzo posible para presentarles con la mas requerida perfeccion los mejores ejercicios hasta hoy ejecutados y para hacernos merecedores de los sinceros aplausos de los progresistas habitantes de la Boca.

Si con este programa logramos satisfacer al indulgente público, quedarán colmado los deseos de

Los beneficiados.

POR PRIMERA VEZ
LOS DOS ENANOS JIGANTES
los que bailarán y harán varias evoluciones y requiebros llenos de jocosidades y divertimientos

POR PRIMERA VEZ
LOS ANILLOS VOLANTES

Afiche del Circo Umberto Primo

Luis Ambrosio Morante

Trinidad Guevara

Juan, Pablo y José Podestá en 1880.

Pepe Podestá con su burro en el circo.

DEDICADO AL PUBLICO DE ESTA LOCALIDAD

Habiendo llegado el dia de nuestra funcion de gracia, tenemos el honor de dedicarlo al benévolo é inteligente público de esta bella localidad, esperando que como siempre nos honrarán con su presencia; de nuestra parte haremos todo el esfuerzo posible para presentarles con la mas requerida perfeccion los mejores ejercicios hasta hoy ejecutados y para hacernos merecedores de los sinceros aplausos de los progresistas habitantes de la Boca.

Si con este programa logramos satisfacer al indulgente público, quedarán colmado los deseos de

Los beneficiados.

POR PRIMERA VEZ

LOS DOS ENANOS JIGANTES

los que bailarán y harán varias evoluciones y requiebros llenos de jocosidades y divertimientos

POR PRIMERA VEZ

LOS ANILLOS VOLANTES

por el mejor artista que se conoce en este género, Sr. SCOTTI (beneficiado) el cual hará á la mayor altura del circo las mas dificiles suerte de equilibrio fuerza y fineza.

EL GRAN MOLINO PALPITANTE

por el beneficiado PABLITO PODESTÁ de 6 años de edad. — Este célebre artista en miniatura no conoce el miedo ni competidor en sus trabajos; es el querido de los públicos. Hoy demostrará una vez mas hasta donde llega su merito envidiable.

La última palabra de la Gimnásia

EL VUELO DE LOS 3 CONDORES

por los beneficiados HERMANOS PODESTÁ. En este gran trabajo uno de los beneficiados llevará en las espaldas de un trapecio á otro, á todo vuelo, al niño PABLITO, el que despues hará el pasage de una plata-forma á otra concluyendo con el gran

SALTO MORTAL AEREO

LA DISTINGUIDA FAMILIA HENAULT

en sus famosos y aplaudidos ejercicios.

GRAN ACTO ECUESTRE

saltando telas y aros á toda carrera por el arrojado niño ANTONIO RAFFETTO el que dará final con una lluvia de saltos mortales.

POR PRIMERA VEZ

LOS TRES TIPOS

escena bufa-seria de transformacion ejecutada sobre el hilo telegráfico por el beneficiado Sr. Scotti

PABLO RAFFETTO

en obsequio á los beneficiado se presta á ejecutar uno de sus célebres trabajos.

Melina Podestá, Baldomera Arias, Agustina Raffetto, Antonio Podestá, Pedro Banero, Pancho Arias

EN SUS MEJORES EJERCICIOS GRANDE Y VARIADO PROGRAMA

Toda la Compañia de gran gala en honor de los beneficiados

Dará fin la funcion con una PANTOMIMA en la que tomará parte toda la Compañia y que será dirigida por el célebre artista A. Henault

Dará fin la funcion con una PANTOMIMA en la que tomará parte toda la compañia y que sera dirigida por el célebre artista A. HENAULT.

Precios los de Costumbre

Tramways para Barracas y la Ciudad.

Programa del Beneficio para Pablo Podestá.

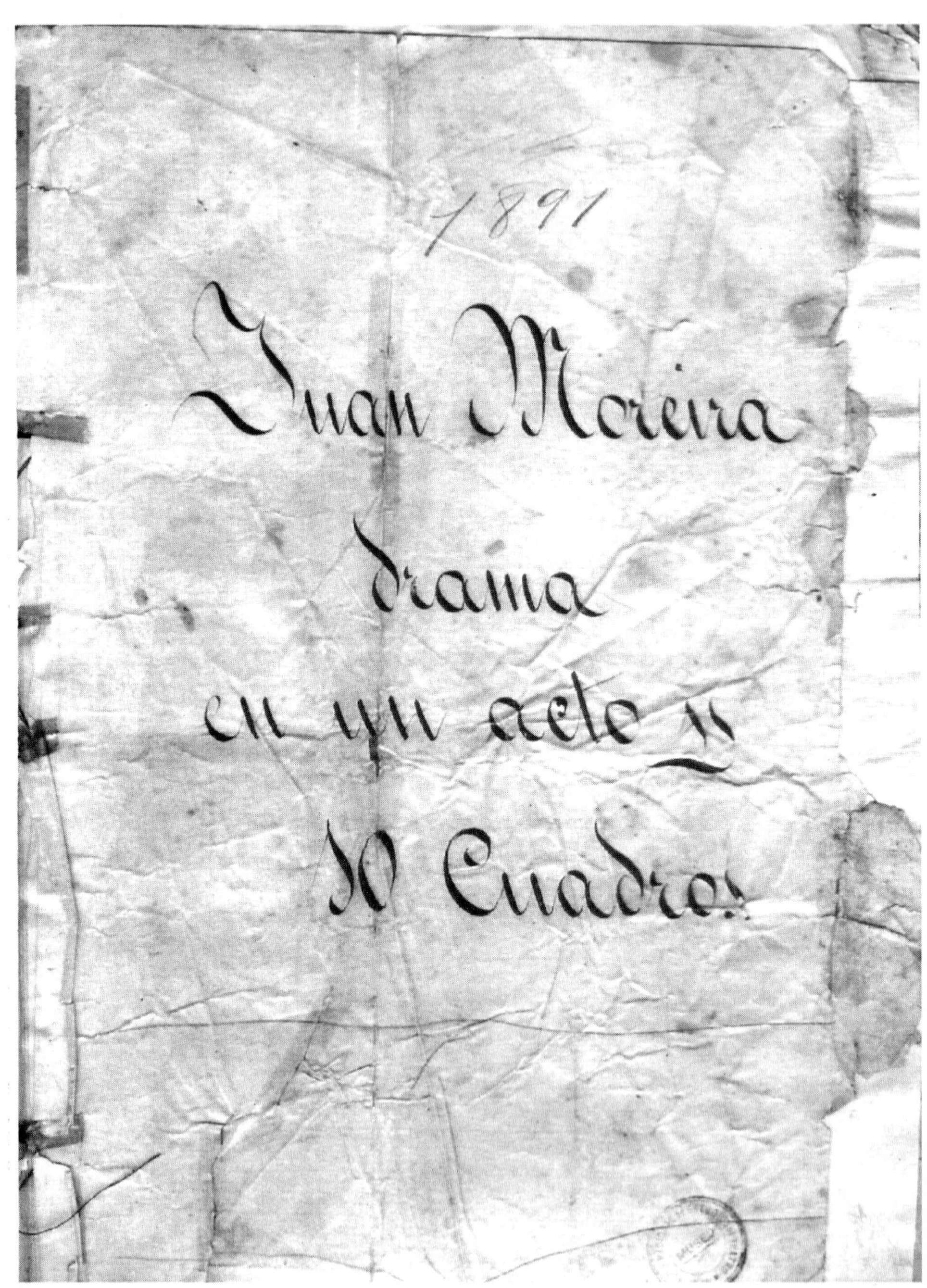

1891

Juan Moreira

drama

en un acto y

10 Cuadros

Juan Moreira (1891).

caer en otra te voy á enderezar á la fronte[ra]
con una buena barra de grillos.
(Pausa)
Moreira.— retirándose muy despacio) Hasta
la vista entonces Dn Francisco.

Cuadro 2º

Pulpería de Sardeti

Agapito— Dejen de jugar ~~muchachos~~ paysanos que
van á cantar una milonga los
chachos de puro firulete
Cantor 1º Vamos al grano mi amigo
La paja la lleva el viento
Y cantemos un momento
Dejense de barajar
Y formando la milonga
Entre güenos compañeros
El que dispare primero
Las copas las va á pagar
Cantor 2º— Si mi amigo yo la compro
Y dispense si así hablo
No le tengo miedo al diablo
Cuanto mas á un buen cantor
Porque debe de saber
De que yo nací cantando
Ya que Vd. está desafiando
Aquí tiene un payador
1º— Eso mismo yo quería
Pa poderme así floriar

Juan Moreira (1891).

Teatro de la Alegría

Teatro Doria

priano de Melo había cumplido ciertamente su promesa, pero sin tener en cuenta la devaluación de la moneda. Es evidente que el empresario había aprovechado dicha circunstancia para dejar a Petronila en el mayor de los desamparos (*La República*, 9/9/1858).

Aquellos teatristas que, ya por necesidad, ya por el orgullo que la profesión les había generado, decidieron continuar con la actividad e intentar sortear los obstáculos que la nueva coyuntura les presentaba enfrentaron esa situación notoriamente adversa, debiendo apelar a una serie de estrategias de supervivencia como aliarse con "intelectuales de cierto renombre" –como luego lo hicieron los Podestá con Ezequiel Soria–, crear alianzas entre ellos y aún con las compañías extranjeras, las más de las veces efímeras y conflictivas. Este último caso fue, por ejemplo, el de Quijano, cuyos últimos acercamientos al teatro relata Klein (1994: 185-188). Quijano buscó en primer lugar un espacio dentro de las compañías españolas que ocupaban la cartelera, aprovechando la competencia que desataba la llegada de Matilde Duclós en 1855 y las divisiones que aparecieron rápidamente en los elencos, incitadas por lo floreciente del negocio.[4] En 1856, era el "representante" de la empresa del Teatro de la Victoria, de José Colodro, aunque no duró mucho en su nueva función –que quizás le hubiera sido conveniente desde el punto de vista económico– ya que no lograba manejar las relaciones con la compañía de la Duclós. Cuando el cuerpo de baile se negó a obedecer sus órdenes "despóticas" se originó un litigio en el que debió intervenir hasta el Jefe de Policía para conciliar posiciones; poco tiempo después, se peleó con un actor de la compañía: los litigios se produjeron principalmente porque Quijano deseaba participar como actor de las puestas. Ante tanta oposición, Quijano decidió renunciar (*El Nacional*, Buenos Aires 8 y 17/8/1856). Se percibe la incomodidad de Quijano en su nuevo rol, su incapacidad de aceptar que se había producido un cambio en los gustos del público, hecho que lo condujo a querer actuar aún cuando ello atentaba contra sus propios intereses. Es cierto que esto lo hacía en parte amparado por el hecho de que la actuación no era su única profesión –además era policía–, pero también que, a pesar de las adversidades, intentó seguir adelante con ella en elencos y en lugares diversos, aún uniéndose a aficionados: luego de una intensa lucha en

Montevideo para asentar su compañía en el Solís, que finalmente quedó en manos de la compañía Duclós, asentada en esa la sala durante varias temporadas, y de la fracasada revolución del Partido Conservador, Quijano se exilió en Gualeguaychú. Con unos pocos actores profesionales, encabezó un conjunto de aficionados que pertenecían al "Liceo Recreativo", centro de reunión de la juventud local. Después de pasar por Salto, por el Teatro Salteño en donde estrenó en 1860 su "alegoría mitológica en un acto y en verso, intermediado por música", *Italia libre*, dedicada a la gesta de Garibaldi, por Concordia y por Paysandú, regresó a Montevideo por un corto lapso, calmados transitoriamente los enconos políticos. Tuvo algunos éxitos parciales pero su fracaso final en las tablas se evidenció en el hecho de que no pudo continuar con su profesión. Se percibe en la reconstrucción de las últimas etapas de su vida y que lo hacía adoptar actitudes peculiares: desde cambiar abruptamente de signo político, hasta reivindicar a los actores americanos, pelearse con los actores de la compañía que dirigía aún en contra de su conveniencia o resignar profesiones "más dignas" en pos de la escena.

Conclusiones

En definitiva, la caída del rosismo trajo como consecuencia la paulatina desaparición de las compañías nacionales. Pero no sería adecuado considerar ésta la única causa de esta extinción; menos aún atribuirla a cuestiones exclusivamente políticas: de hecho, poco tuvo que ver lo político en ello. Llama la atención que la relativa aceptación de los teatristas por parte de políticos de signo diverso y aún opuesto dejara de operar cuando éstos pasaban a otra profesión que los convertía en "ciudadanos" en sentido pleno. En esos casos debían realizar complejas operaciones para "borrar" o justificar su pasado y hacerse de una biografía aceptable.[4]

Pero si la exclusión del mundo político le otorgó a la profesión una "lógica específica", eso no redundó en una verdadera "autonomía" ya que aún no había un mercado teatral ni un campo intelectual constituidos: de ahí la extrema vulnerabilidad de los actores frente a las diversas coyunturas.

Descartada la hipótesis "política" entendida en un sentido amplio, puede decirse que el hecho de que las compañías extranjeras que arribaron después de Caseros reemplazaran a las nacionales era en realidad una respuesta a los reclamos estéticos e ideológicos de un público "abierto al mundo" y conocedor del teatro europeo. Y estos "reclamos" no surgieron de manera espontánea después de Rosas sino que habían estado desarrollándose bajo su gobierno. Así, lo que su caída ocasionó fue una apertura del mercado de bienes simbólicos y culturales, lo cual facilitó y aún estimuló la llegada de compañías extranjeras que veían en Buenos Aires una plaza adecuada para "colocar" sus productos. La llegada de compañías extranjeras respondía, indudablemente, a los reclamos estéticos e ideológicos de la clase dominante y al rechazo de esos sectores por las rudimentarias muestras del "estilo nacional" reivindicado por Juan Bautista Alberdi, por esos recursos "subalternos" que tanto agradaban a "los muchachos de las cazuelas" y que tanto desagradaban a dicha elite. Si bien el público de menor poder adquisitivo les seguía brindando su apoyo, resulta evidente que éste no era suficiente para sostener una compañía. Aún quienes como Alberdi eran "defensores" de un teatro nacional, facilitaron indirectamente con sus proyectos políticos de apertura al mundo la llegada de compañías teatrales europeas. De este modo, el público asistente a las representaciones de las compañías nacionales mermó de una manera considerable al tiempo que el que concurría a ver a las compañías extranjeras crecía a diario. Aunque "el público de la cazuela" siguió concurriendo a los espectáculos nacionales, no ocurrió lo mismo con los sectores más pudientes, que eran los que más beneficios dejaban. A las dificultades económicas y al desprestigio de la profesión –en especial de los procedimientos actorales "populares"– se sumó, caído el rosismo, la dura competencia de los elencos europeos que trajo aparejada la ruina de las compañías nacionales. Sólo unos pocos actores como Quijano siguieron adelante con la profesión de manera más o menos continua, pero aún ellos, que habían hecho de su profesión su bandera, debieron optar, finalmente, por abandonarla.

Notas

[1] Un ejemplo es la evolución de la semántica de la comedia, "modo de tramar" que organiza los diversos materiales y acontecimientos en obras como *La conciliación* (1878), de Rafael Barreda. En ella es posible percibir una serie de variantes respecto

de comedias anteriores como *El hipócrita político* o *Don Tadeo* (1837), de Claudio Cuenca, en especial en el aspecto semántico, variantes que permiten comprender la evolución de las elites intelectuales. Aquí, como en *Don Tadeo*, casi no hay personajes negativos, y aún quienes lo son, favorecen el reestablecimiento de la armonía, la unión final de la familia. Comparte esta obra con la pieza de Cuenca, además del optimismo, la idea de que el teatro debía cumplir una función social, proponer modelos de conducta. Pero mientras que Cuenca, pensaba que por medio de la palabra se podían modificar las costumbres "caducas" ligadas a la tradición española y que los jóvenes debían "conquistar el pensamiento", ocupar un lugar central dentro de este proceso de cambio, Barreda consideraba que los jóvenes –especialmente las mujeres– debían adaptarse al orden establecido en vez de dedicarse a actividades "perniciosas" para quienes no saben ejercerlas, como la política o la literatura. Ya no se trataba de combatir el pasado, de imponer "nuevas" costumbres, sino de conservar un orden cuyos cimientos fundamentales serían el trabajo, la religión y la familia. En este sentido, la sátira fue un mecanismo para lograr este objetivo: las conductas contrapuestas que generan el conflicto son una dramatización de los enfrentamientos entre dos maneras de comprender el mundo: una positiva –la de los mayores–, y una negativa –la de los jóvenes–.

[2] Una consecuencia de la fractura del antiguo sistema de compañías fue el cese de la continuidad de las "familias teatrales", ámbito que conservaba, desarrollaba y transmitía un "saber hacer" técnico y artístico, una serie de convenciones y procedimientos escénicos que habían llegado a alcanzar un importante desarrollo. Sólo cuando Pepe Podestá realizó su temporada en el Apolo, esos procedimientos se recuperaron parcialmente, se concretó el campo intelectual teatral y la escena porteña comenzó a tener un funcionamiento sistemático.

3 También llamada *El entierro del loco traidor, salbaje unitario Urquiza.*

[4] Es importante destacar que el mercado teatral comenzó a manejar cifras impensadas poco antes; entre las exigencias de las primeras figuras europeas y la demanda existente, los sueldos para los cabeza de compañía se elevaron al doble.

•••

4.2.2. COMPAÑÍAS EXTRANJERAS

4.2.2.1 Compañías españolas

por Delfina Fernández Frade

Hacia los años cincuenta, luego de la caída del gobierno de Juan Manuel de Rosas, se produjo en el medio teatral local una profunda crisis en las compañías nacionales y con ella la dispersión y el fin de dichas compañías. Este hecho, conjugado con la crisis que hacia la misma época se había producido en el teatro madrileño, fue la causa que abrió un período de más de cuarenta años en el que tuvo lugar la llegada de compañías extranjeras a Buenos Aires en forma ininterrumpida.

Entre los elencos españoles que llegaron a la ciudad puede mencionarse a la Compañía de Matilde Duclós y José Ortiz, la de Tula Castro y Hernán Cortés, la de Francisco Rodríguez, la de Francisco López Valois, la de Rita Carbajo, la de Juan Reig y la de Rafael Calvo.

Las compañías estaban configuradas de acuerdo a los roles que cada uno de los integrantes cumplía en ella, y que no sólo la organizaban jerárquicamente, si no que, además, eran un elemento fundamental para la caracterización, ya que los actores sobre la base del rol –independientemente del texto que representaran– elegían su vestuario, la entonación, etc. El tipo de personaje que un actor interpretaba debía estar de acuerdo con su edad, con su aspecto físico, con su voz y con su personalidad. Esta concepción de los roles, situada a mitad de camino entre el personaje y la figura del actor, estaba configurada a partir del "talento" para interpretar el rol, pero, también de los atributos físicos de cada actor. Dice *La Crónica*, 20/1/1856) de la primera actriz Matilde Duclós, luego de un estreno en Buenos Aires:

> Llena el alma de júbilo y el corazón de emociones, ante una actriz consumada en todos los roles y ante una linda mujer también, interesa doblemente como interesa el talento hermanado con la belleza: doble corona que la naturaleza ha dado (...) a la señora Matilde Duclós, que ha hecho su debut en el Teatro de la Victoria (...) frenético delirio con que ha arrebatado en las representaciones del sábado y el domingo.
>
> No: abandonemos la idea de pintarla, pues nuestras palabras serían pálidas y de escucharla; ved en ella cada uno de sus gestos, sus movimientos, sus transiciones del placer a la cólera, de la alegría a al desesperación, del amor al odio, y no podreís menos si teneís un corazón varonil, de admirar a la artista y adorar a la mujer.

Frente a la escenificación de las ideas propias del teatro neoclásico, la crítica –en cuyo horizonte de expectativa ya estaba el teatro romántico– destacaba, los valores de la actriz, a partir de sus posibilidades de "poner en escena" las pasiones y la capacidad de contraste, procedimiento esencial de la actuación romántica; y por otro lado, como valor fundamental, la belleza de una primera actriz, más allá del rol que representara. A ojos del crítico, imbuido de los ideales románticos, tanto la belleza como "el talento" tienen un sustrato común: la naturaleza, que ha sustituido a la razón como idea fundante de la representación. Tanto es así, que considera –utilizando un tópico común de la crítica romántica–, que frente al arte, la razón no puede dar explicaciones.

También se observa cómo la crítica se interesaba, más allá de lo específicamente teatral, en diversos aspectos de su vida, tales como su forma de hablar, de vestir, de gesticular. Algunas de esas cualidades, sin embargo, con las mediaciones estéticas del romanticismo, eran llevadas a escena por los primeros actores. Así, por ejemplo, la vestimenta dependía más de las elecciones del actor, que de las de las características del personaje que le tocaba interpretar.

Esta concepción del primer actor, se advierte a lo largo de todo el período. En 1883, al pisar el muelle de pasajeros del puerto de Buenos Aires Rafael Calvo, pudo leerse en *La Nación* (11/9/1883): "Calvo revela en su porte y sus maneras una perfecta educación; viste correctamente, y se expresa con facilidad y galanura".

Además de los de primera dama y primer galán, los roles de las compañías españolas eran: segunda dama, tercera dama, segundo galán, tercer galán, gracioso, graciosa, barba. Los diarios de la época, cuando anunciaban la llegada de una compañía, mencionaban qué rol encarnaba cada actor. Así se presentó a la de Matilde Duclós en *La Crónica*:

Sra. Doña Matilde Duclós, primera actriz
Srta. Doña Mariana Segura, segunda actriz y dama joven
Srta. Doña Rosario Segura, característica
Srta. Doña Carolina Duclós, graciosa y dama joven
Don José Ortiz, primer actor
Don Juan García, segundo y barba

Estos roles de las compañías españolas no constituían una novedad para el público porteño, que ya había tenido contacto con este sistema en el período rosista. Los espectadores los conocían, existía una tradición de los personajes del drama romántico, y lo que se buscaba era el reencuentro con esa tradición. Incluso había una tradición respecto a los roles que interpretaban –o que podían interpretar– los grandes actores. Dice el historiador Deleito y Piñuela (s/f: 44-45) respecto a Antonio Vico y Rafael Calvo, figuras dominantes del drama romántico español:

sus respectivas figuras físicas y aun sus temperamentos artísticos los predisponían a papeles diversos. Rafael, enjuto, ágil, fuerte, de rostro algo aniñado, impetuosos y apasionadísimo, todo nervio y gallardía era "el galán por antonomasia", el actor más adecuado que se vio nunca para arrullar amores y andar a cintarazos sobre la escena. (También le era eso frecuente sobre todo lo primero en la realidad.) Sus pulmones prodigiosos y la musicalidad admirable de su voz, le hacían resistir los parlamentos más largos y vibrantes de alta tensión en verso, desde el blando, amoroso arrullo, del madrigal "cantado", con gorjeo de ruiseñor, hasta el rugido del más descomunal combate o la furiosa imprecación contra tierra y cielo.

Vico, grueso, corpulento, desmadejado de figura, abandonado en el vestir, de voz oscura y bronca y débil garganta, suplía con recursos mímicos maravillosos las deficiencias de su expresión oral. Sentía más el patetismo de la madurez que el de las juveniles exaltaciones. "Hacía el amor" en las tablas deplorablemente (...). Así, en el *Tenorio*, la típica *escena del sofá* era lo que peor interpretaba en la obra (al revés de Calvo) y solía tratar con despego a las damas que tenía que cortejar. En cambio, los problemas de conciencia, el dolor de padre, los celos del esposo ultrajado, los arranques del caudillo, los desvelos del honor, el empuje viril sin galantería y tamizado por los años formaban sus especialidades escénicas. Calvo era Don Alvaro, Don Juan, Segismundo en *La vida es sueño*, Manfredo en *El trovador*; Vico era Otelo, Sancho Ortiz en *La estrella de Sevilla* (...) Espinoza en *Traidor, inconfeso y martir* (...)
Cada uno de estos grupos de personajes formaba un coto reservado a uno de los dos grandes artistas, y donde el otro se abstenía de penetrar.

La concepción decimonónica del primer actor como director de la compañía aún sobrevivió en la escena española durante las dos primeras décadas del siglo XX. Más allá de la polémica que pudiera generarse respecto a la modalidad de los primeros actores y el sistema de roles, y a la moderna, textocéntrica, concepción escénica del director; aún en las dos primeras décadas del siglo XX el teatro español mantenía la modalidad de los roles, que sólo fue puesta en crisis a partir del naturalismo que no respondía ya a esas características.

Dice al respecto el crítico Pedroso (1925: 5):

> El director de escena es figura muy secundaria en nuestro mísero teatro. Se limita a "repartir papeles" y a "presenciar los ensayos", interviniendo caprichosamente, sin más cavilaciones. Suele ser por regla, el primer actor de la compañía, que no tolera superiores jerarquías. No el artista especializado que, con los elementos dispersos, actores, textos, luz y pintura, crea una obra bella, que sea arte de teatro. Y mientras nuestra escena no disponga de un dictador de ese género, ante cuyo imperio se plieguen el orgullo del actor y la genialidad de la actriz, no podrá hablarse de salvación ni de educar, con propósito de eficacia, el buen gusto del público español.

En el teatro de Buenos Aires, independientemente de los cambios estéticos, tanto a nivel de la textualidad como de la puesta en escena, el sistema de las compañías y los roles dominó hasta 1930, momento en el que, a partir de la conformación del teatro independiente, se comenzó a consolidar la figura del director en un sentido moderno. Sin embargo, en el teatro comercial, esta modalidad de trabajo configurada a partir de las jerarquías de las compañías, siguió vigente por varias décadas.

Las compañías

En 1854, la prensa reflejó del siguiente modo la presencia en Buenos Aires de las compañías españolas:

> Según las noticias que tenemos antes de ocho días deberá llegar a Buenos Aires, una compañía, cuyo personal consta de 28 personas, entre ellas cuatro damas, dos galanes jóvenes, cua-

> tro boleros y hasta un poeta dramático. Además de esta compañía ha de venir otra por la vía de Chile según el diario de Mendoza y ha más una tercera, que ha sido mandada a traer bajo condiciones especiales, *de lo mejor que sea posible sacar* de los teatros de la península. (...) De no tener nada a tener tres va una diferencia enorme (*La Crónica*, 29/11/1854).

Lo cierto es que a fines de 1854, comenzaron a llegar compañías españolas a Buenos Aires y lo siguieron haciendo con intensidad y regularidad hasta el fin del período.

La Compañía de José García Delgado, encabezada por Francisco Torres y Francisco Fragoso arribó a Buenos Aires en 1854, contratada por comerciantes españoles. La compañía, que venía de la ciudad de Cádiz, contaba entre sus integrantes a Matilde Larrosa, Valentina Rodríguez, característica, María Barreda, dama joven, Vicente Reina, primer barba, entre otros, muchos de los cuales se quedaron a residir en el país. Entre los textos que llevaron a escena se pueden mencionar: el drama *Flor de un día* de Francisco Camprodón, *Las víctimas del amor* de Bernabé Demaría *y La huérfana de Junín* de Pedro Lacasa, *Argia* de Juan Cruz Varela, *Los dos amigos* de Mariano Zacarías Carzurro, *De potencia a potencia* de Tomás Rodríguez Rubí, *El campanero de San Pablo* de Joseph Bouchardy, *Borrasca del corazón*, de Tomás Rodríguez Rubí *Un matrimonio a la moda* de Ramón Navarrete Fernández y Landa, *El hombre de mundo*, de Ventura de la Vega y *Angelo, tirano de Padua*, de Victor Hugo, *¡Es un ángel!* de Ceferino Suárez, *El trovador* de Antonio García Gutiérrez *Dios los cría y ellos se juntan* y *Novio a pedir de boca* de Manuel Bretón de los Herreros, *Honra y provecho*, *La rueda de la fortuna*, *El hombre feliz* de Tomás Rodríguez Rubí, *La huérfana de Junín* de Pedro Lacasa, *Margarita de Borgoña* de Alejandro Dumas, *Los soldados de plomo* de Luis de Eguílaz.

Su éxito fue muy grande y se mantuvo por tres décadas, según Bosch (1910[b]: 253) debido a dos causas: por un lado, al terreno propicio para el desarrollo teatral que habían preparado las compañías francesas y, por el otro, a las expectativas del público de la época en cuanto a la necesidad del género dramático.

En 1856 se estableció en el Teatro Victoria la Compañía de Matilde Duclós y José Ortiz, cuyos integrantes eran Matilde Duclós (primera actriz), Mariana Segura (segunda actriz y dama joven), Rosario Segura (característica), Carolina Duclós (graciosa y dama joven) José Ortiz (primer actor) Juan García (segundo y barba). Si bien el repertorio era muy similar al de la compañía de García Delgado, hubo dos estrenos que fueron significativos: el de *Amor y patria*, drama histórico de Alejandro Magariños Cervantes y, fundamentalmente, el de *La dama de las camelias*, de Alejandro Dumas, que se había estrenado en París en 1852.

En 1860 comenzó sus actividades en el Teatro Victoria la Compañía de Rita Carbajo y Juan Berenguer, que había incluido en su escala en Montevideo a tres actores porteños: Santiago González, Modesto Vásquez y Fernando Quijano. Entre las piezas cortas del fin de fiesta, estrenaron *Flores y abrojos* y *Tres gobiernos bufos* de Casimiro Prieto Valdés. Entre las principales obras ofrecidas estaban *El hombre de mundo* de Ventura de la Vega, *Prohibiciones* de Eguílaz, *Lo que está de Dios* de Enrique Zumel.

Un anuncio del diario *La Nación* (5/11/1862) a propósito de una función a beneficio de la dama joven, Elisa Barreda, permite advertir hasta qué punto eran importantes los roles y las jerarquías en las compañías:

> Después de la distinguida primera actriz Da. Rita Carbajo, cuyo reconocido talento artístico ha alcanzado del público una simpatía tan merecida (...), me toca ahora anunciar el beneficio que la empresa me concede.
> Sin mérito propio que me recomiende, deberé a los mencionados artistas el buen éxito de la función que anuncio.

El hecho de que se le otorgara a la dama joven la posibilidad de realizar una función "a beneficio", o sea, representar un texto que le permitía "lucirse" en determinado rol, tenía lugar únicamente luego de que hubieran gozado ya de ese derecho los actores que encabezan la compañía. Así anunciaba su beneficio Rita Carbajo:

> Siempre es mi deseo constante de complacer a un público que con tanta espontaneidad y tan galantemente ha premiado mi mérito en los dos años que trabajo ante él; y no pudiendo demostrar mi agradecimiento sino poniendo en escena una obra

> de reconocido mérito, no he dudado un momento en elegir para mi beneficio una producción que tanta aceptación ha tenido en cuantos teatros se ha ejecutado y que ya el público de esta capital ha juzgado benévolamente (*La Nación,* 15/10/1862).

La compañía de Tula Castro y Hernán Cortés estrenó, en 1877, en el Teatro de la Alegría, *Siempre se acaba como se empieza* de Florencio Escardó y *Contra soberbia, humildad* de Matilde Cuyás. A comienzos de 1878, *O locura o santidad* de José Echegaray y *El maestro de hacer comedias* de Enrique Pérez Escrich. En el mes de mayo, se estrenaron *L'hereu* de Francisco Luis de Retés y Francisco Pérez Echevarría; *Treinta años o la visa de un jugador* y *El hombre de mundo* de Ventura de la Vega. El estreno más significativo de esta compañía fue, sin duda, *La rosa blanca* de Martín Coronado (véase 4.3.2 y 4.3.4).

Respecto a la compañía dramática de Francisco Rodríguez en el Teatro de la Victoria, parece importante subrayar el hecho de que en el marco de la polémica acerca del teatro nacional (véase 4.3.4), se llevó a cabo el estreno de *Monteagudo* de Francisco Fernández, y con ella la apertura del Teatro Nacional. La compañía española, dirigida por el primer actor Francisco Rodríguez buscaba de este modo competir con el ya establecido Teatro de la Alegría. El siguiente fragmento aparecido en los periódicos de la época en las vísperas del estreno muestra hasta que punto se intentaba captar le interés del público:

> La empresa de este teatro, cumpliendo legalmente los compromisos que tiene contraídos, inaugura con la función del sábado las tareas del Teatro Nacional. El estreno de una obra nacional el día en que a la vez se inaugura el teatro del mismo nombre, es un verdadero acontecimiento a que el público ilustrado de Buenos Aires prestará la más decidida protección, y confiada en ella, la empresa de este teatro no ha omitido sacrificio alguno para consumar pensamiento tan alto.

Por otro lado, las distintas posibilidades de presenciar las representaciones de los mismos textos, una y otra vez, contaba con el interés del público que asistía a "disfrutar" a determinado actor en un rol ya conocido, pero, si bien este era el atractivo fundamental, no era el único, pues también se anunciaban otros motivos novedosos, como los decorados pintados por "el mismísimo protagonista": A propósito de la función de *Don Juan*, se lee en *La Nación* (1/11/1862): "Las decoraciones extraordinarias que demanda este gran espectáculo están pintadas al efecto por el señor Torres, quien ha tenido un empeño particular en decorarlo como merece".

La compañía de Francisco López Valois estrenó varias obras en el Teatro Alegría, entre cuyas principales puestas se pueden mencionar *El Conde de Montecristo* basada en la novela de Dumas en adaptación de Dumas y Maquet, dirigida y protagonizada por el primer actor y director Francisco López Valois.

En 1877 llegó la compañía de Juan Reig, que contaba entre sus integrantes a Gabriela Romeral de Ocampo como primera actriz y a Carmona como gracioso. Pusieron en escena ese mismo año una serie de melodramas franceses y españoles: *En el puño de la espada* de Echegaray, *La campana de la Almudania* de Palau y Coll, *La huérfana de Bruselas* de Jean- N. Bouilly, *Don Juan Tenorio* de José Zorrilla, *Flor de un día* de Francisco Camprodón, *Margarita de Borgoña* de Alejandro Dumas, entre otras.

En 1883 arribó la compañía de Rafael Calvo, que presentó *El gran Galeoto*, de Echegaray, texto que habían representado varias de las compañías ya mencionadas. Este hecho demuestra el interés del público por asistir al teatro para ver el modo en que determinado actor representaba un personaje ya encarnado por otros actores.

•••

4.2.2.2. Compañías italianas

por María Esther Badin

I. Introducción

El denominado período "de la Organización Nacional" resultó fuertemente signado por la influyente presencia artística extranjera. La dramaturgia, como el país, elaboró su identidad conformando su urdimbre en el enlace de una doble raíz local-ajena, con el natural aporte europeo, predominante desde antes de la aluvional época inmigratoria. Es llamativo que un momento tan nacional, estuviera tan "necesitado" y expuesto a la creciente presencia artística extranjera. Como señala la mayoría de los historiadores teatrales, éste se constituyó con su propia ausencia. Nada mejor que el teatro, sin embargo, para exteriorizar los juegos dialécticos de pirandellianos "contrarios", probablemente por eso, a pesar de la mentada ausencia nacional –o quizá por la misma teoría de los opuestos– entre estos paréntesis se encierra un doble comienzo para el teatro porteño. 1853 dio origen a un período de su evolución que incluyó la totalidad de la voz teatro-espectáculo; mientras 1884 no significó un cierre sino una apertura: el nacimiento definido en la puesta del *Juan Moreira* por los Podestá (Morales, 1944: 131-149). En efecto, parece contener más de una paradoja, porque de algún modo se trata de: 1) una etapa importante en la evolución de la dramaturgia, la cual, en un marco de carencias "cedió" la escena a una presencia europea que llegó a ser tan gravitante como valiosamente abrumadora; 2) una obnubilación en cuanto a la producción y creación nacional, de la que sólo pueden rescatarse algunas piezas; 3) una especial "con-fusión", que reinó durante largo tiempo, entre la teatralidad lírica, los espectáculos circenses y la dramaturgia propiamente dicha.

Más allá de toda crítica válida, es necesario reconocer que la actividad dramática criolla, como actividad teatral en sí, se situó en el período rosista. Incluyendo el paulatino ingreso de los sectores populares en esos largos años, hubo cambios y un notorio impulso que fue llevando casi a una fusión entre el escenario y el picadero. Los circos se jerarquizaron –en público y espectáculos– con la llegada de compañías extranjeras de renombre. Esta es una indiscutida realidad no obstante le quepan otros calificativos (teatro decadente, advenedizo y populista). Los vaivenes de contenido y forma –incluidos los hostigamientos ideológicos– no lo anularon; fluctuaron entre períodos de esplendor y decadencia sin eclipsarse, a tal punto que, en cuanto se produjo el cambio histórico-político, la vieja infraestructura consintió en una rápida evolución ya sea por la existencia de espacios teatrales, compañías circenses, como por el hábito del público amante de los espectáculos. La demanda y aquiescencia explican la permanencia de actores y compañías extranjeras.

Caseros. 1853-1884. Críticos e historiadores han estado siempre contestes al definir este segundo período como una etapa verdadera, totalmente nueva. Un "pero" también los mancomuna, el de la abrumadora presencia extranjera que lo convierte en un "impasse", ya que la irrupción fue tal, que puede considerarse una interrupción en el proceder del teatro nacional. Actores y compañías extranjeras actuaron en teatros nacionales (José Chiarini, Aquiles Lupi, Ernesto Rossi); compañías locales contrataban actores extranjeros (Francisco Stagno, Adelaida Ristori, Tomás Salvini); compañías italianas en Buenos Aires dieron cabida a actores y obras argentinas (Hermanos Carlo), las modificaban, las traducían al italiano (Salvini); actores argentinos crean teatros para representar obras italianas, en italiano (Guillermo Battaglia).

Si bien se ha sostenido que la dramática criolla cedía espacios a las compañías extranjeras porque "un Buenos Aires elitista, tiende a refinarse al gusto europeo también en el teatro", o que era "la burguesía unitaria la que controlaba los espectáculos teatrales, otorgándoles un sello aristocratizante, sin concesiones al gusto popular", cabe recordar, más allá de cualquier juicio, que el deseo de cambio no se circunscribía a un estilo, sino al esquema de progreso-país y por ello se inició con una completa "apertura" hacia todo lo extranjero.

2. Circos, compañías líricas y compañías dramáticas italianas

No es posible hablar de teatro en esos primeros años sin considerar al circo como parte interesada y comprometida. Tan remoto como ancestral, su presencia constante y funcional en todas las sociedades, no constituyó una excepción en Buenos Aires. No extraña que algunas de las compañías hayan sido heredadas de la época anterior, tal el caso del Circo Chiarini, del Olímpico, del Vaux-Hall o Parque Argentino y de los Hermanos Carlo.[1] Permanecieron en el país y con el correr de los años se fueron acrecentando en calidad, cantidad, compañías y tipo de espectáculos. Hubo distintas procedencias pero se puede afirmar que "el desfile de circos extranjeros comienza con el del florentino José Chiarini", cuya labor insoslayable e ininterrumpida continuó por más de medio siglo (siendo sus descendientes los que ocuparían la dirección del Circo Italiano Chiarini).[2]

Se ha querido advertir en el incremento de público circense una respuesta económico social, que se incentivó a partir de Caseros. Absorbió a esas masas populares que, a falta de diversiones supletorias, lo consagraba como su reducto único o preferido. El espectáculo circense ya había sufrido variantes en su tradición "acrobática", que se había vinculado y combinaba –en gran medida por influencia italiana– con números teatrales. Las dificultades económicas no dejaron de ser una relevante realidad pero, sin descartarla, es posible considerar la existencia de que, al margen del placer espontáneo derivado del espectáculo, provocaran e incidieran en el incremento señalado. Tal vez uno de los motivos –en gran medida– fue que la masa inmigratoria pasó a convertirse en un nuevo y creciente público sin dominio de la lengua local. Por consiguiente, necesitaba de otro tipo de lenguajes –el baile, la acrobacia, la música y la pantomima– que, además, pertenecen a la tradición propia de sus países de origen.[3] Otro hecho, sí señalado, fue la superación del nivel de las puestas teatrales, las cuales, con un material textualmente diferente o demasiado elevado para entretener al común de la gente, pasaron a convertirse en el gran teatro sustentado por una reducida "elite". No se trata de un hecho o efecto local, como sostiene Bosch, porque "es el público culto de todas partes, el que sostiene los teatros".

Quizás estas observaciones –especialmente la que se refiere a los inmigrantes italianos– expliquen un hecho que a Bosch (1969: 36) le resultó inusitado: "Y cosa curiosa... al lado de los volatines, figuraban los cantantes de ópera. El público escuchaba con tanto agrado un canto popular criollo, como un aria de Rossini, Donizetti o Mercadante". Es indudable que el espectáculo requería cambios por exigencia del público, pero algunos hechos son altamente significativos y sigue siendo llamativo que se alternaran y entrelazaran todas las expresiones del espectáculo.

3. La con-fusión espectacular

La compañía de Chiarini realizó funciones con actos hasta entonces desconocidos; a las luchas, carreras de sortijas y de caballos, le agregó episodios históricos, gauchescos y teatrales. El éxito, ya en 1830, llevó a la compañía al Coliseo. Lo notable fue que la incursión y con-fusión de géneros dentro del circo no estaba restringida a un área espectacular, tal como se la concibe teóricamente. Los números de acrobacia con las escenas de picadero, equilibrios y magia, alcanzaron su mayor apogeo con la introducción de la figura del payaso, interpretado por primera vez por el italiano Pedro Sotora. Chiarini había familiarizado al público con los espectáculos que coetáneamente celebraba Europa. Y no eran novedades las habilidades que introducirían luego los Cañete, que llegaban de Montevideo, o los famosos bailarines y pantomimos italianos José y Juana Catoni. El baile-pantomima era sólo una nueva secuencia de la que Chiarini había sido el iniciador. Varias de las innovaciones que se introdujeron fueron causa de admiración y también de escándalo: desde la vestimenta de los bailarines que actuaron con malla de seda y vestido corto de tul (Bosch, 1969: 34), hasta las representaciones histórico fantásticas en las que intervenían ángeles y dioses paganos, lo cual produjo la censura de la Iglesia.

Espacios. Algunos circos se disponían provisoriamente en galpones rápidamente improvisados –como el del Teatro Hippodrome, inaugurado 1859 y habilitado para ofrecer números circenses–, otros –como el Circo de los Hermanos Carlo o el de Félix Henault– proponían un montaje especial. En varias compañías circenses –francesas o inglesas– actuaban volatines, pruebistas o artistas italianos que comenzaban como integrantes y luego formaban sus propias compañías (tal el caso de Pablo Raffetto y también de los Podestá). El concepto "espectáculo" era muy amplio, así se explica la contaminación, la conciliación de actores en compañías de circo, líricas y dramáticas. Ciertamente, la fusión fue mayor en los primeros años, pero críticos e historiadores (Bosch, Rossi, Castagnino), siguieron considerándolos una suerte de labor actoral mancomunada. Y lo fueron, al punto que algunas expresiones no permiten saber si se está aludiendo a intérpretes de teatro propiamente dicho, al mundo de la lírica o la ópera. Los teatros no se definían por géneros, con excepción de algunos pocos casos en que se construyeron o constituyeron salas para una actividad específica. Era común que en un mismo espacio se presentaran habitualmente obras de los tres géneros, de modo que pantomimas y bailes podían combinarse con óperas o simples entremeses. Este contexto permite comprender algunas declaraciones como las que consideran un "rival" del circo a la ópera. "Años más tarde la medida de Rondeau, del 4 de enero de 1822, que prohíbe las corridas de toros, favorece en parte la precaria existencia del circo, aunque ya se le aproxima otro rival terrible: la ópera" (Castagnino, 1950[b]: 17). Las combinaciones se debían, casi exclusivamente, a necesidades de taquilla. Taullard (1932: 166) relata este hecho como parte de una estratagema comercial determinada por el interés ante un espectáculo: "Lo notable es que cuando bajaba el fervor público, pasaban a obras de teatro", y sostiene que, en algunos casos, el propio teatro Colón tuvo que "alternar sus espectáculos líricos con una compañía española de comedias llamada de Montevideo", además "Hubo un tiempo en que el Colón bajó tanto, que hasta se utilizó como Circo". En esos momentos los empresarios viajaban a Italia buscando en el viejo continente las "voces salvadoras" que pudieran revertir el fracaso o dar nuevo impulso a una abatida temporada. Lograban, a menudo, revelaciones como fueron para el público porteño las figuras de Stagno, Ángel Massini o Francisco Tamagno. El elenco de celebridades que pasaron entonces por Buenos Aires (llegados directamente desde Italia o procedentes de los destinos más característicos de las giras sudamericanas, Brasil y Montevideo) fue importante. No hay capítulo de la historia teatral argentina que al mencionar esa etapa no recuerde con evocativa añoranza –por lo que tuvieron de real y de mágico– nombres que por sí solos muestran hasta qué punto su trascendencia ennoblecía el arte: "la" Ristori y Jacinta Pezzana, Salvini y Rossi, las voces de Enrique Tamberlick, Nina Barbieri y Tamagno, entre los italianos que, indudablemente, constituyeron la gran mayoría. De esta itinerante comitiva actoral, algunos sólo visitaron Buenos Aires en una oportunidad (Luis Lelmi), otros volvieron una segunda vez (Eleonora Duse), o recurrentemente (Tamagno), y otros se quedaron definitivamente (Chiarini, Pablo Raffetto). Pasaron por los escenarios locales no sólo cuerpos y voces, también hubo un numeroso cuerpo de actores, acróbatas, atletas y voces capitales de la lírica italiana, como Stagno, Massini, Barbieri. Hubo varios empresarios italianos a quienes les cupo la tarea de desarrollar y determinar parte del movimiento espectacular de aquel Buenos Aires. Llegaban, creaban y dirigían teatros, traían a los escenarios personalidades singulares o compañías de renombre, determinados por el público y, a su vez, determinando el gusto sobre los espectadores. Éste, a poco correr, se había demostrado competente en materia artística.

4. Crítica y críticos

Se ha puesto de relieve que el porteño "era un apasionado del teatro", y se insiste también sobre su capacidad de discernimiento, en lo nacional y en lo extranjero, como en el mundo de la ópera y el teatro. Las crónicas en diarios y revistas daban cuenta de los muchos "llenos" y de los apasionados vítores que saludaban a determinadas figuras y espectáculos, pero no es menos cierto que, con el mismo fervor, ese público fue capaz de abuchear y hasta hacer "huir" de los escenarios a figuras de relieve, al considerar –justamente– que su actuación no ameritaba. Si al comienzo no había actores formados, ni críticos meritorios, en pocos años aparecieron ambos y, en especial por lo que respecta a la crítica, fue creciendo en nivel y representatividad. Al margen de las reseñas de periódicos locales, se habilitaron secciones especiales en revistas, al tiempo que se fueron creando otras específicas, incluso por iniciativa de intérpretes italianos (Vincenzo De Napoli Vita). Una mirada a las numerosas publicaciones que se especializaron durante una década: *Argos* (Sección Coliseo), *El Ambigú, La Gaceta Mercantil, La Moda, El Porvenir Literario*, muestra algunos de los espacios pregoneros, críticos que recogían la actividad con un comentario informante, atento, culto y exigente. Eran "nacionalistas" en muchos casos, pero además de intentar proteger y promocionar la actividad local (baste ver el número y las intenciones de las numerosas asociaciones protectoras del teatro nacional que nacieron en esos años) eran igualmente admiradores de las verdaderas cualidades de todo el aporte y el arte extranjero.

5. La sucesión de actores y compañías italianas en la escena de Buenos Aires. De Caseros al *Moreira* (1853-1884)

Después de Caseros,[4] "Buenos Aires se encuentra sin teatro propio y debe buscarlo en el extranjero", sintetizaba Castagnino (1950[b]: 48). Pero poco tiempo después comienzan a llegar las compañías italianas tanto líricas como de teatro en prosa. La compañía de Olivieri, en la que figuraban las mezzo sopranos Rosina Olivieri y la Landa, debutó en el famoso teatro de la Victoria, especialmente construido para representaciones dramáticas. Antonio Pestalardo, que llegó a Buenos Aires procedente de Río de Janeiro al promediar el siglo, asumió la dirección del Teatro de la Victoria (1848-1851) para el que organizó importantes temporadas de óperas y contrató famosos cantantes italianos, como Nina Barbieri y el tenor Juan Carlos Casanova. Además del Victoria, tuvo a su cargo el teatro Argentino y el antiguo Teatro Colón (1864-1867). Para este último contrató conjuntos y solistas de lírica italiana, aprovechando su experiencia y los contactos que le permitieron disponer de los mejores elencos. A César Ciacchi[5] le cupo la administración del Politeama en vital rivalidad con el Teatro Colón y el Teatro de la Ópera. Allí debutaron las mejores compañías europeas, entre ellas la del gran trágico Ernesto Rossi y, un año después, la compañía de Aquiles Lupi. Con el correr de los años su teatro fue escenario de uno de los mayores desfiles de famosos actores y virtuosos que pasaron por Buenos Aires, entre ellos figuraban italianos de fuerte renombre como Eleonora Duse, César Rossi, Eva Tetrazzini, Adelina Patti, Ermete Novelli, figuras cuyo paso marcó verdaderos rumbos en el teatro argentino. A poco de iniciado este período (1854), ya se notaba una exigencia del público incluso en la demanda de mayor espacio teatral. Comienzan a reestructurarse algunas salas y a abrirse nuevas, como la del Teatro El Porvenir y el Teatro de la Alegría, y también se proyectaron construcciones de importancia, como la del Colón –en el lugar en el que se hallaba el antiguo e inconcluso Coliseo que fue inaugurado tres años después–. En 1856 se abrió el Teatro El Dorado al que, curiosamente, unos años más tarde (1877) se le cambió el nombre por el de Carlo Goldoni "para hacerlo más simpático al público".[6] Es posible pensar que el género chico que mencionan, entre otros, Bosch, produjera una inclinación en contraposición: "debido al hartazgo que experimentábamos con el malísimo género chico español... que tenía una historia durante la cual su brillo originario fue eclipsándose y en 1901 tocaba el límite extremo de la estulticia... Ya no era posible sufrir aquellas necedades ni aquellos malos cómicos... Muy de tarde en tarde, en aquel género chico español, un verdadero artista llegaba al país...", como una consecuencia, el mismo Bosch (1969: 20) advierte:

> El público selecto, el que en todas partes del mundo sostiene las grandes compañías, frecuentaba habitualmente el teatro extranjero. Coquelin, Ermete Novelli, Tina di Lorenzo, la Reiter, la Vitaliani, Teresa Mariani, Clara della Guardia, la eminentísi-

> ma Sarah Bernhardt, la no menos eminente Jacinta Pezzana (...) o las compañías de ópera y opereta.

El párrafo de Bosch es altamente revelador, en particular por la contraposición que establece al indicar un significativo elenco de "notables" en el cual se ve la clara preeminencia de las figuras italianas como descollantes, siendo que enumera sólo las teatrales y no las referentes a la lírica. Más significativo aún con respecto al Goldoni, ya que éste fue asiento de compañías dialectales italianas, lo cual eliminaba el "gran público general". Entre ellas, una de las notables fue la de Cayetano Cavalli que logró brillantes temporadas de ópera que alternaba con el género chico.

Un momento crucial de este período fue sin duda 1857 por la inauguración oficial del Teatro Colón con una compañía lírica italiana entre cuyas figuras se destacaba el tenor Enrique Tamberlick, con quien debutó también la italiana Vera Lorini –"una prima donna absoluta"– interpretando en esa oportunidad *La Traviata*.[7] Siguiendo la tónica general, alternó óperas, dramas y bailes hasta su última función, el 13 de septiembre de 1888. También actuó Luis Lelmi, joven tenor de apenas veinticuatro años. De su repertorio, interpretó en Buenos Aires *Il trovatore, Rigoletto y La Africana,* entre otras óperas italianas (Morales, 1944: 152); lo siguieron líricos italianos de la envergadura de Tamagno y Amelia Passi. Si ha habido dos públicos simultáneamente coincidentes, han sido el de Buenos Aires y Montevideo. Similares inquietudes registraban, años después, las crónicas que recordaban el nacimiento del Teatro Solís de Montevideo, sea por "los ambiciosos planes que querían mil quinientas personas colocadas cómodamente", en una ciudad de apenas treinta y cinco mil habitantes, sea por el deseo de "una arquitectura elegante", cuanto por la "impaciencia del público por asistir a la presentación de la obra de Verdi... y cinco días después *La Traviata*", y también por poder gozar y ovacionar a "Caruso, Tita Ruffo, Tamagno, Gigli, Ermete Zacconi" (*La Nación*, 23/8/1956). El registro de los nombres que pasaron de una a otra orilla, se repite en otros artículos (*La Nación* 20/1/1957; *La Nación* 23/9/1956; *Clarín*, 25/8/1956).

Con la llegada a Buenos Aires de la gran trágica Adelaida Ristori se produjo uno de los hechos más sobresalientes en el ámbito teatral.

Adelaida Ristori, debutó en el viejo Teatro Argentino –que "vibró en su presencia", según constataron los diarios de la época– el 1° de septiembre de 1869, representando alternativamente *Francesca da Rimini* o *Medea*, que fue traducida del francés al italiano exclusivamente para la actriz. Se dice que los tres mil espectadores que asistieron al teatro sintieron ampliamente correspondidas las expectativas despertadas. Un verdadero triunfo siguió a la singular publicidad con la cual, virtualmente, se había "empapelado" la ciudad anunciando su debut. Numerosas crónicas periodísticas atestiguan la respuesta de los espectadores. No sólo gozó el favor de un público general, sino también de los conocedores, y contó con admiradores ilustres como Domingo Faustino Sarmiento –en ese momento presidente de la República– quien no sólo asistió desde un palco a las representaciones sino que se acercó al teatro para saludar a la diva en persona.[8] También Wilde (1960) escribió comentarios verdaderamente elogiosos sobre el arte de la Ristori. Su solo nombre era una garantía y por tanto llenaba cualquier sala en la que se presentara.

En 1869 se instaló nuevamente –en esa ocasión frente a la estación del Parque, en Libertad y Tucumán– el Circo Italiano Chiarini, regenteado por José Chiarini, "hijo del volatinero de 1829", sostiene Castagnino (1950[b]).[9] El mismo año llegó el joven genovés, Pablo Raffetto,[10] que levantó un ruedo propio alquilando, según versiones, parte del Teatro Alcázar, y organizó allí sus primeros espectáculos circenses. Con incuestionable capacidad artístico-empresarial llegó a tener varios circos simultáneos en distintos puntos de la capital y el interior. En 1882 inauguró su primer ruedo –situado en la manzana ocupada hoy por el Cuartel Central de Policía– y siguiendo una tradición doblemente italiana lo llamó Politeama Humberto I°. En él trabajaron más tarde los hermanos Podestá. En 1886, en San Telmo, instaló el Circo San Carlos, al tiempo que dirigía un tercero en Rosario y el Politeama Gálvez, en Santa Fe (Castagnino 1950[b]: 20). Uno de los más grandes trágicos de la escena italiana, Tomás Salvini, debutó en la compañía de Casacuberta el 3 de julio de 1871 y permaneció en Buenos Aires por pocos meses. Llegaba precedido de gran fama: había actuado anteriormente con Adelaida Ristori en Italia, en la Real Compagnia di Napoli. Lo más destacable de ese actor era el particular realismo y la expresiva naturalidad que imprimía a sus personajes. De su extenso repertorio representó, entre otras obras, *Sanson, Otelo* y *Hamlet* con un éxito rotundo. Tanta era la veracidad que imprimía a sus protagonistas que los espectadores se levantaban de sus asientos, asustados, cuando, interpretando a Sansón en su furia, se disponía a derribar las columnas del templo. El público totalmente imbuido y posesionado, vivía el momento con el sobresalto de un peligro real (Taullard, 1932: 233). Su hijo, Gustavo Salvini, actor también, estuvo varias veces en Buenos Aires aunque no alcanzó el mismo éxito. Le cabe a Salvini una primicia absoluta: estrenar una obra de autor nacional. Se trata de *El ciego*, obra en tres actos de Luis V. Varela, que fue traducida al italiano por el periodista Basilio Cittadini. La obra, explicaron los críticos, en verdad no era buena y a pesar de la fuerza que poseían tanto Salvini como la Piamonti, y los esfuerzos de ambos por imprimirle otros valores, no pudieron evitar su fracaso. De todos modos, se convirtió en la primer obra nacional representada por una compañía italiana.

Otro trágico italiano, Ernesto Rossi, sucedió a Salvini el mismo año (1871), debutando por primera vez en Buenos Aires en el Teatro Alegría. Pero a diferencia de Salvini, Rossi, que ya había recorrido Europa y Américas, volvió a Buenos Aires en dos oportunidades: en 1873 y 1879. Su primera actuación fue en el Politeama Argentino, en el que se presentó con *Otelo.* Como tantos otros actores, venía de actuar en Montevideo, escala tradicional de las giras sudamericanas. Pero hubo de demorarse allí casi tres meses, esperando la partida de Salvini de Buenos Aires para poder ingresar. La expectativa lo hizo aún más famoso, conjuntamente con la frase de un editorial, en la que un cronista lo anunciaba diciendo que llegaba: "Después del trueno, el rayo", aludiendo a esas dos grandes figuras que iban a sucederse; tras el fragor y la repercusión de Salvini, llegaba la fulguración, el brillo de Rossi. Su fama se había extendido de modo tal, que la gente fue a esperarlo al puerto. Como lo había hecho anteriormente la Ristori, Rossi prefirió un teatro pequeño sin la fama y el lujo de las mejores salas porteñas. Ambos aceptaron trabajar en el Alegría, hecho siempre criticado, porque consideraban que los mejores actores se ubicaban en las peores salas (que implicaba desde falta de amplitud en los escenarios, hasta escasez recursos técnicos). También por esto, probablemente, pasó luego al Colón. Rossi interpretó obras en italiano como *I due sargenti*, pero –como dominaba el castellano– realizó algunas interpretaciones en lengua vernácula que merecieron una notable ovación.

Otro motivo que confirma la fama de Buenos Aires como sede de un público exigente se desprende también de una actitud de Rossi quien, por ese motivo, retuvo a la joven Eleonora Duse en Montevideo haciéndola "practicar más" antes de desembarcar entre nosotros. No completamente conforme –es decir, no seguro del suceso que podía alcanzar su actuación– la hizo "retroceder" a Río de Janeiro hasta hallar el momento propicio para su ingreso, que fue en 1885, obteniendo gran éxito. (Taullard, 1932: 259)

La década de 1870-80 se caracterizó por una notable actividad, con profusión de cantantes y actores llegados de distintos puntos de Europa, concordante con otro despliegue: un movimiento de creación, ampliaciones e inauguraciones de nuevas sedes escénico-teatrales. Así, se sucedieron el Variedades, el Alegría, el Teatro de la Ópera, el Liceo, el Circo Arena, el Politeama Argentino, el Nacional, el Marconi. En sus orígenes, la sala del Politeama fue construida provisoriamente para circo y luego fue reformada para teatro; el Circo Arena, de Corrientes y Paraná funcionó en el lugar en el que en 1879 se levantó el Teatro Politeama Argentino. El espacio se debió a la propuesta de César Ciacchi, que lo hizo construir utilizando un llamativo ladrillo rojo, el mismo que había llegado para la construcción del edificio de Aguas Argentinas. Lo inauguró al año siguiente en enero; algunos sostienen que en carnaval quizás porque lo hizo con un baile de máscaras. El 16 de julio del mismo año, la compañía del Colón puso en escena allí, *Los hugonotes* y sólo a fin de año, el 6 de diciembre, el teatro estuvo listo para la inauguración oficial, con la puesta de *Otelo*, en la que actuó especialmente Ernesto Rossi. Al año siguiente, el Politeama acogió a la compañía italiana de Lupi. Alternando el tipo de espectáculos, en su teatro actuó lo más granado del momento, tanto compañías cómo intérpretes tan famosos como la Duse, la Bernhardt, Adelina Patti, la Tetrazzini, Ermete Novelli. Se debió a Ciacchi, además, la inauguración de Teatro Argentino de La Plata, en el que también ofreció *Otelo y Carmen*. El teatro fue nuevamente reformado, para reabrir en 1883 (Morales, 1944: 197), en este caso con el debut de otra gran actriz de fama internacional: Jacinta Pezzana. El Teatro Nacional, por su parte, se instaló en la calle Florida también hacia 1880, pero la inauguración oficial –como en la mayoría de las oportunidades– se realizó con posterioridad y por una compañía italiana. En el caso del Nacional, le correspondió –el 17 de febrero de 1882– a la compañía italiana de Oreste Cartucci, que tenía en su elenco nada menos que a Jacinta Pezzana. Más la calidad que la cantidad, provocó la continua competitividad y rivalidad entre los teatros que se jactaban de presentar las mejores figuras en el orden internacional. Calaza (1910) señalaba que "era el único teatro iluminado a gas, que había tomado precauciones en caso de incendios", a pesar de lo cual fue destruido por el fuego el 18 de diciembre de 1895.

Otro teatro –que denota la impronta de italianidad desde su nombre– fue el Andrea Doria. Se instaló en un espacio-galpón que había pertenecido al Regimiento 5° de Caballería, transferido y cedido luego para que se construyera en el predio un teatro. Tres años más tarde, en 1883, lo tomaron a su cargo Vignoli, Lando y Tagliavacca que reconstruyeron la sala teatral y le cambiaron la denominación por la de Marconi. La inauguración oficial, a cargo de una compañía italiana de ópera, se realizó unos años después, destacándose tanto en el orden lírico como en el dramático.

En este período, por ejemplo, se observa cierta reincidencia incluso en los acomodamientos: el Circo Arena pasó con Ciacchi a ser el Politeama; el Circo Europa lo ocupó una compañía inglesa, pero fue rápidamente reemplazada por Casali y, finalmente, por la compañía de Pablo Raffetto que abrió y administró cuatro teatros. En el Politeama Argentino actuaba la compañía de los Hermanos Carlo, cuyo circo, a su vez, se instaló en Méjico y Buen Orden en el 1878. En el Arena trabajaban volatineros entre cuyos nombres figuraba el de los Podestá. Los empresarios fueron los Casali, Ciacchi, Cavalli o el multifacético Antonio Pestalardo.

En el mundo de la lírica no se producían habitualmente grandes permanencias, sino sólo ocasionales, tal el caso del tenor Tamagno, que llegó por primera vez a la Argentina en 1871, para regresar nuevamente en 1878 y 1879, cuando se lo consideraba en la cumbre de su carrera artística. Contemporáneamente, siempre hacia fines de la década, Francisco Stagno –que como aquél, había actuado en compañías líricas de primer orden y fama internacional-compartía con Tamagno los favores y predilecciones del público de Buenos Aires. Tamagno se incorporó a la compañía del Colón, en la cual Stagno interpretaba *Los hugonotes*. Le siguieron, en los años inmediatamente sucesivos, figuras de alto nivel y renombre como el gran tenor Ángel Massini, de cuyo mérito dan cuenta los elogios críticos de Santiago Estrada. En este mismo nivel de excelencia y con la misma admiración, el público recibió a otras importantes figuras italianas como Adelina Patti y Eva Tetrazzini. Le cupo al Politeama –en verdad a su empresario, César Ciacchi– presentar las grandes compañías que mantuvieron, por y con su prestigio, una neta rivalidad con el Teatro Colón y la Ópera. Además del debut de Ernesto Rossi, con una reconocida compañía dramática italiana, en 1880 actuó en su escenario otra célebre compañía, la dirigida por Aquiles Lupi, que alcanzó grandes éxitos. Y en 1883 se presentó la compañía dirigida por Pedro Cesari en la que actuaba la actriz Margarita Preziosi, quien se consagró interpretando el papel de "Donna Juanita", en la opereta de Franz von Suppé. Un año después arribó por primera vez a Buenos Aires la compañía Eleonora Duse-César Rossi y, subsiguientemente, la compañía lírica que integraban Ciacchi y Ranieri y contaba en su elenco con Eva Tetrazzini.

Sobre el final de la década, alcanzó a sumarse una nueva sala, la del Teatro San Martín; se montó en un corralón de madera y se preparó para brindar espectáculos de varieté y de baile.

El 3 de febrero de 1882, Jacinta Pezzana, la actriz dramática piamontesa, llegó para presentarse en el Teatro Nacional protagonizado *Hamlet*. No solamente fue una extraordinaria actriz, sino que se ocupó además de los aspectos docentes y técnicos del teatro: fue actriz, maestra y directora de escena. Actuó con Guillermo Battaglia, un adicto al teatro italiano, en italiano, con el que probablemente realizó giras por el Uruguay,[11] en el que dirigió una escuela de arte dramático. Su éxito estuvo siempre unido a un profundo respeto por su persona y sus capacidades, a tal punto que el gobierno uruguayo le otorgó una pensión especial (Taullard, 1932: 339). Volvió a Italia donde murió en 1919.

Si hubo un año clave para cerrar esa etapa fue, sin duda, 1884. A partir de allí se siguieron incrementando las presencias culturales que llegaban de Italia y otros puntos europeos, pero se abrió una nueva instancia en el teatro argentino. La presencia italiana fue también parte de ese proceso, en el que el Politeama fue el espacio inicial y la compañía la de los Hermanos Carlo. Debiendo dejar la Argentina, buscaron un número clave para la oportuna despedida. Terminaron por elegir, por sugerencia de Alfredo Cattaneo, *Juan Moreira,* y contrataron a los Podestá.

Notas

[1] Bosch (1969: 39): "uno de ellos había venido años antes como pruebista con la compañía de Chiarini" en la que, a la manera de la italiana "commedia dell'arte", los pruebistas realizaban distintos tipos de números, desplegaban habilidades, destrezas y también cantaban óperas. "J. Chiarini había introducido en el país la pantomima" (Bosch, 1969: 34-35), que fue continuada luego por las compañías de Cañete y Catón con bailes y pantomimas.

[2] Chiarini vino a Buenos Aires para dirigir la temporada del Vaux-Hall o Parque Argentino, una importante feria-parque de diversiones, de una manzana, en la que emplaza su circo que fue inaugurado en 1829. Llegaba en la década del veinte luego de actuar en Montevideo –era habitual que actores y directores, extranjeros especialmente, trabajaran consecutiva o alternativamente en ambas capitales y que, alguna de las tareas asumidas, definieran su residencia–. Iniciador de la pantomima en el país, su influencia alcanzó a todos aquellos –italianos o no– que, luego contribuyeron a su ulterior desarrollo.

[3] Podría objetarse la existencia de un plausible analfabetismo lingüístico-cultural de las masas inmigratorias, incluso considerado sus hablas y/o dialectos originales. Podría considerarse que un innegable bajo nivel cultural no dejara mucho margen a otras formas o conceptos de diversión. Sin embargo, puede comprobarse que durante el largo lapso durante el cual llegaron y se instalaron en el país las diversas y numerosas corrientes masivas inmigratorias, insistente y coincidentemente se ha anotado el éxito de muchas compañías y obras que se representaban no sólo en lengua italiana sino también las que se recitaban en lengua dialectal (friulano, siciliano, etc.). Lo cual revierte la consideración analfabeto-no-asistente al teatro/ópera. Porque otro de los espectáculos que también contó con un gran público de extracción popular ha sido siempre la ópera que, para los italianos, tiene una importancia y una respuesta particular. Se trata no sólo de un notable conocimiento, sino de un sentimiento y un aprecio especial, alcanzado desde otros ángulos, totalmente diferentes al del conocimiento-goce de los parciales melómanos. Podría pensarse que la afluencia o el éxito respondían a un componente público "ítalo-culto", pero no condice, por ejemplo, con su presencia en el teatro dialectal. Puede aceptarse para las versiones o traducciones realizadas para los grandes actores como Salvini, Ristori, Duse, ya que el público podía asistir aún sin comprender la totalidad del texto y aún así gozar de la interpretación de las celebridades, teniendo en cuenta además, que las representaciones no eran demasiado extensas. Lo cierto es que, de todos ellos, de la gran masa, una parte significativa –si bien sería muy arduo llegar a cuantificarla– también fueron público, un público de relevante voz y número.

[4] Un simple hecho serviría para confirmarlo: poco después de Caseros, el propio Urquiza tuvo que contratar una compañía francesa que se hallaba en Montevideo, para cubrir las representaciones de sus primeros festejos patrios.

[5] Bosch (1969: 22) dice de él: "El célebre Ciacchi, el empresario más vivo y entendido de Buenos Aires".
[6] Así reza el inocente comentario que, sin embargo, resulta una importante declaración que merece un ulterior análisis. Aún si no existieran otras manifestaciones, que permitieran determinar el alcance de su verdadero contenido, es sin duda un valioso indicativo del gusto-atracción que sentiría el público en general, ya que no es posible definir qué se veía en "lo italiano", qué significaba exactamente "simpatía", un atractivo de comicidad segura, espectacular, calidad lírica.
[7] El teatro, con una capacidad para dos mil quinientos espectadores, poseía ochenta palcos distribuidos en tres pisos, una platea en declive y además, contaba con un escenario de doce metros de luz, como los europeos.
[8] Sin restarle mérito, no es extraño el gesto de Sarmiento. Era habitual cierto espaldarazo de las autoridades a los grandes artistas y, por otra parte, la sensibilidad de Sarmiento provenía de otro cauce: en Chile había sido cronista de teatro. Se entiende que esta ocupación e inquietud por lo teatral le llevara a ayudar a Casacuberta cuando éste se encontraba en Chile.
[9] Castagnino (1950[b]) agrega como anécdota "viene de México, de donde ha traído las prendas anaranjadas y los atalajes que pertenecieron a la servidumbre del emperador Maximiliano que ahora lucen sus ayudantes de pista y sus equinos. La viveza criolla, desde entonces, encontró un apodo gráfico para los servidores del circo: 'zanahorias'".
[10] De quien se dice que era atleta, que había sido luchador en Marsella y director de pista. Lo cierto es que luego fue un notable empresario. Llegó a Buenos Aires y se radicó tras haber realizado diversas tareas. Se dice que vendió flores en el circo del empresario, propulsor y animador circense José Chiarini y en el Circo Europa.
[11] Guillermo Battaglia se había probado desde sus incipientes comienzos, –junto con Pio Collivadino –un actor vocacional– en el teatro exclusivamente italiano. Había montado en los fondos de su casa un rústico tablado en el que interpretaba obras en italiano a las que asistían algunos amigos y alumnos de las escuelas italianas. Más adelante, Ermete Novelli descubrió sus cualidades y lo apadrinó, llevándolo en una larga gira que incluyó el Uruguay.

•••

4.2.2.3 Compañías francesas

por Delfina Fernández Frade

Para estudiar la modalidad de trabajo de las compañías francesas que visitaron el país en este período, es necesario desplegar un breve panorama del teatro francés a posteriori de la revolución francesa, ya que su conocimiento permite comprender de qué modo funcionaban las compañías, qué textos elegían y cómo eran llevados a la escena.

Los textos

El monopolio que había ejercido en el teatro francés la Comedia Francesa fue desapareciendo a lo largo del siglo XIX, con el surgimiento del teatro de "boulevard". Si, por un lado, la Comedia Francesa conservaba las tradiciones y las resguardaba de los nuevos intertextos teatrales, por el otro, los nuevos textos y las nuevas modalidades de actuación encontraban su lugar en los teatros de boulevard, que se distinguían por una actitud más amplia de recepción. Así fue que, mientras en la Comedia Francesa se seguían ofreciendo obras del clasicismo, en las restantes salas se habían introducido nuevos géneros:

–El drama romántico, con las obras de Víctor Hugo, Alfredo de Vigny y Alejandro Dumas.

–El melodrama, que respondía a las exigencias de la nueva burguesía y a su demanda de que se expusiera en escena cómo el vicio y la maldad eran castigados y la virtud resultaba triunfadora. Si bien en un principio esta tendencia tuvo tintes revolucionarios, las formas definitivas y más productivas del melodrama fueron generalmente reaccionarias ya que propiciaban el "statu quo" social. Los argumentos eran elementales y comprensibles para amplios círculos de espectadores.

–El vodevil, otro género muy popular, que aunque contaba con una intriga complicada, enlazada por el azar, tenía como objetivo la diversión y no la profundidad de ideas o caracteres.

> En el vaudeville de la cuarta década, eran característicos la intriga de comedia, la agudeza de las situaciones, el diálogo vivo y el ritmo acelerado. Parcialmente y quizá bajo la influencia de la comedia italiana que recurría a las máscaras, el vaudeville acabó por formar una serie o, más bien, un esquema de imágenes permanentes: el sirviente pillastre, la sirvienta ágil, el marido simplón, el tío ingenuo y bien intencionado, la pareja de enamorados que ocupaba el centro de la pieza y que superaba los obstáculos, a menudo con la ayuda del personal de servicio. Todo ello proporcionaba una enorme cantidad de combinaciones que variaba según las inclinaciones y el buen gusto del autor. El espectáculo terminaba invariablemente con una copla dirigida al público (Ignatov, 1963: 95).

Las compañías que visitaron la Argentina entre 1853 y 1884, representaron dramas románticos de Alejandro Dumas, melodramas de Víctor Ducange y de sus epígonos, así como vodeviles de Eugenio Scribe y de otros autores que continuaron con mínimas variantes su modelo textual.

La puesta en escena

En relación con la puesta en escena, el representante más acabado de los cambios que se produjeron en el teatro francés fue Francisco José Talma, que atacó, mediante sus interpretaciones, muchas de las tradiciones que se encontraban instaladas en la Comedia Francesa. Talma fue el actor que representó el pasaje del viejo modelo al nuevo: siguiendo los preceptos de Henri-Louis Lekain, fue el primero que se dedicó a realizar vestuarios históricos e introdujo el maquillaje inspirado en el retrato, cosa que no había sucedido antes en el teatro francés. En cuanto a la actuación misma, propuso una ruptura con la declamación clásica semicantada, que no se ajustaba al ritmo textual que proponían las obras melodramáticas. A su muerte, en 1826, el campo teatral francés se hallaba dominado por las luchas que libraba el drama romántico por dominar la escena.

Más allá de esas nuevas modalidades, la actuación respondía a una gramática cuyo centro era la dicción. Los cambios se produjeron a partir de la necesidad que planteaban los nuevos textos, que requerían una nueva dicción acorde a los mismos. La manera de hablar en el melodrama, prolífico en diálogos rápidos, generalmente conformados por réplicas breves, exigía variaciones en el ritmo del decir, un tipo de elocución que se ajustara más al habla cotidiana, pero que a la vez permitiera transmitir las emociones que el personaje debía expresar. Si bien la gramática del gesto y del ademán era aún precaria, el melodrama fue desterrando del escenario el andar solemne y lento del actor clásico.

Dos novedades aportó este género a la puesta en escena: la introducción de la pantomima musical, utilizada en los momentos de mayor tensión dramática; y la caracterización musical codificada de los personajes. Por ejemplo, la heroína era acompañada por la flauta, el asesino por el contrabajo, etc.

Por otro lado, el vodevil, exigía del actor un cambio de ritmo, que debía armonizar con el que proponía el texto, así como poseer un cuerpo entrenado para el baile.

Otros elementos importantes para el actor eran la memoria y las proporciones físicas tal como lo manifiesta Bernhardt (1950):

> lo esencial es que el artista dramático "debe tener memoria", porque de lo contrario, titubea o aguarda constantemente el auxilio del apuntador, lo que resulta odioso (25).
> el actor dramático (...) es necesario que sea grande, bien proporcionado, de fisonomía expresiva y agradable; que nada perturbe la armonía general del cuerpo. Si su estatura es inferior a la media normal, la resultará difícil aparecer en escena a menos que se trate de un genio extraordinario, que se haga perdonar a los ojos del espectador más exigente ese defecto, contra el cual nada podría otro recurso (28).

Son interesantes al respecto las observaciones que sobre Coquelin, quien visitó Buenos Aires con su compañía en este período, hace Bernhardt (1950: 35-36):

> Una voz magnífica y completa era la de Coquelin. Comprendía todas las gamas, tenía todas las resonancias, y si Coquelin hubiese tenido una nariz normal, seguramente se hubiese distinguido en interpretaciones trágicas.
> Durante una temporada que realizamos juntos en América, me confesó un día su pena:
> –Explícame– me dijo – por qué no tuve éxito en los papeles dramáticos.
> –Pero, Coquelin –le contesté–, achácaselo a tu nariz; cuando intentas traslucir dolor o grandeza, te infunde una fisonomía cómica.
> –No deja de ser estúpido. ¡Escucha!, voy a recitarte "Nerón".
> Le escuché. La verdad, lo decía muy bien y su interpretación de Nerón resultaba interesante, pero hubiera sido interesante escucharle sin mirarle. El pliegue de la frente, el ceño fruncido, la mirada aguda y hermosa, no alcanzaba a disimular lo

> humorístico de esa nariz abierta a todos los vientos, pregonando la alegría de vivir y contradiciendo con su aspecto el drama que revelaban la frente y los ojos. Coquelin era un gran actor, pero no un gran artista, y la armonía, la idea general indispensable para completar la concepción instintiva, se le fugaba. (…) Nadie pudo suplantarle, ni lo reemplazará por mucho tiempo, en las interpretaciones de los sirvientes de Moliere, que le significaron creaciones únicas (35-36).

En cuanto a la puesta en escena, era el autor el que dirigía los ensayos y seleccionaba a los actores, incluso, muchas veces, escribía sus textos para determinadas figuras. Sin embargo, si se lo compara con la figura del director moderno, obviamente, tenía menor poder de decisión sobre la puesta, ya que el principio constructivo de la misma siempre se constituía en la "iniciativa de los mejores o de los más admirados" (Van Tieghen, 1961: 39).

En relación con la espacialización, se fueron afianzando las nuevas modalidades que habían comenzado a desarrollarse a partir del romanticismo: la escenografía y el vestuario acordes a los momentos históricos, y la luz de gas, que permitía jugar con los efectos de luz y oscurecer la sala para luego volver a iluminarla (Macgowan, Melnitz, 1966: 341). Por otro lado, los aportes técnicos permitieron hacer más compleja y atractiva la maquinaria escénica, introduciendo el cambio de decorado, tal como puede verse en la siguiente crítica del *Correo del Domingo* (3/9/1865):

> El Correo del Domingo reproduce hoy una de las decoraciones de la *Fille de l'aire*, *Vaudeville* fantasmagórico últimamente representado en el teatro Franco-Arjentino.
> (...)
> ¿Qué es, en efecto, como obra de literatura, una pieza fantástica? La cosa más insulsa é insignificante que pueda verse. (...) Lo importante en una composición de esta clase, es tener lindas decoraciones, una maquinaria muy suave, bien organizada, bien servida, trajes ricos y elegantes, mujeres agradables. El éxito corona la obra, y los autores son muy aplaudidos... merced al martillo del maquinista, al cepillo del pintor y al arco del jefe de orquesta que pasan desapercibidos.

> En Buenos Aires, hemos sido más justos con respecto á la mise en scéne. El día de la primera representación se llamó dos veces á la escena al Señor Casanova, pintor de las decoraciones. Digamos de una vez que para ser completamente justo el público habría debido llamar también á M. Poppe el autor de la música y aun al Señor Gatto el maquinista que ayudó enérjicamente en sus humildes funciones al buen éxito de la pieza.
> (...)
> Nunca hubiera creido que en esa reducida sala se podrían armar tantas tramoyas, tantos contrapesos, tantas máquinas.
> El servicio ha sido perfecto, no ha habido lentitud ninguna en los cambios.
> (...)
> El principal personaje en una pieza en que las decoraciones cambian ocho ó diez veces en tres actos cortos, no es el actor, no; es el pintor (el Sr. Casanova)
> Luciano Choquet.

Las compañías

En 1861 debutó en el Teatro de la Victoria la compañía de los Bouffes Parisiens, dirigida artísticamente por Paulina Lyon, considerada por Bosch (1910[b]: 324) la compañía más célebre y completa del género que visitara la ciudad en esos años. Representaron un vodevil de Scribe, *Genevieve o la jalousie paternelle,* y luego se ausentó durante dos años en los cuales hizo sus representaciones en Montevideo, para volver en 1863 al Victoria, teatro en el cual alternaban sus funciones con la compañía de Vilardebó y luego con la de Juan Berenguer y García Delgado. En 1864 este elenco francés se trasladó al Teatro Franco-Argentino en la calle Cangallo esquina Reconquista, lugar en el que llevaron a cabo sus funciones hasta el año en que se declaró la epidemia de fiebre amarilla.

En 1866 llegó al país Jeanne Philippe con su compañía y un amplio repertorio de dramas y comedias, entre las que se pueden mencionar: *Les filles de marbre* de Alejandro Dumas, y *Orpheé aux enfers* de Jacobo Offenbach. En el año 1872 se trasladó al Teatro Franco-Argentino. Fue el año de mayor éxito para el teatro francés en Buenos Aires, y si se hace una recorrida por la cartelera, se observa que en el Alcázar hacía sus funciones la Compañía de Coquelin, en el Argentino la de la Philippe, en el Colón, Eva Garlani con óperas como *Le timbale de argent, Le voyage en chine* y *Les brigands,* en el Variedades, Bazolle, en el Dorado, Tourneville.

En 1873 debutó en el Teatro de la Victoria una compañía dramática y lírica dirigida por los tenores Brizard y Romeal con un repertorio que incluía obras de Octavio Feuillet, Alejandro Dumas y Alfredo de Musset. El Teatro Variedades, luego Odeón, inaugurado en 1872, optó desde sus comienzos por las compañías líricas y dramáticas francesas, y llegó a ser el teatro de la opereta francesa, en el cual Eva Garlany adquirió su notoriedad con interpretaciones en *La grande duchesse de Gerolstein, Barbe blue, Fra Diavolo.*

En 1884 arribó al país la compañía Massenet, entre cuyas puestas se pueden citar *La dama de las camelias* de Alejandro Dumas, *Frou Frou* de Henry Meillac *Ruy Blas* de Víctor Hugo, y *Serge Panine* y *Les femmes terribles* de George Ohnet, entre otras. Recién en julio de 1886 llegó al país la importante actriz francesa que debutaría en el Politeama: Sarah Bernhardt. (Bosch, 1910[b]: 328)

•••

4.3. Teatro de intertexto romántico (III)

4.3.1. Tragicomedias y comedias Concepción de la obra dramática

por Marina Sikora

Es limitado el número de piezas de autor local que podrían integrarse a un corpus destinado a definir los rasgos dominantes de estos géneros –las tragicomedias y comedias– en el sistema teatral porteño de esos años. Si tal como afirma Castagnino (1968: 73) "en los años que van de 1852 a 1884 la vida teatral en Buenos Aires es extranjera" y "se escriben piezas aunque pocas llegan a escena", dentro de este conjunto de piezas el número de comedias y tragicomedias es sumamente limitado. De todos modos, existen algunas constantes genéricas presentes en textos dramáticos producidos tanto en períodos anteriores como posteriores a 1884.

Obras como *Una venganza feliz* (1872) de Manuel López Lorenzo, *Recuerdos de mi tierra* de Luis Ocampo (Salvador Mario), *Pobrecitos los pobres* y *Un alma de otro mundo* (1878) de C. Perié, *Padre hermano y tío padre* (1872) de Pedro Echagüe, *La conciliación* (1878) de Rafael Barreda, *El sombrero de don Adolfo* (1875) de Casimiro Pietro Valdés y *La mano de Dios* (1871) de Pedro Rivas, pueden encuadrarse como variantes de esta textualidad.

En obras como *Una venganza feliz* y *La mano de Dios* se observa un predominio de los procedimientos del melodrama tales como la pareja imposible, la coincidencia abusiva y la presencia de villanos que, en el caso de *La mano de Dios*, limitan el efecto cómico que sólo se vislumbra en algunos momentos de un final feliz en el que los conflictos se resuelven de manera positiva. El texto de Rivas, escrito en verso, presenta un sujeto, Manuel, que se desempeña tratando de concretar su amor por María para lo cual debe sortear las maquinaciones llevadas a cabo por Don Bruno –el oponente y villano en el nivel de la intriga– quien ha arruinado económicamente a Don Pedro, el padre de la joven, y sólo accede a perdonarle la deuda si consigue la mano de ella. El destinador, que es evidentemente el sentimiento amoroso, impulsa una acción que no sólo beneficia a la pareja que termina por consolidarse, sino también a la familia que finalmente ve asegurado su bienestar económico.

Si bien los procedimientos melodramáticos, éstos limitaban el efecto cómico que se observa, por ejemplo, en Don Bruno, cuyas actitudes son una exageración de las características del villano que lo tornan ridículo. Este personaje no vacila en robar, en un descuido de Don Pedro, el tesoro que éste había encontrado enterrado en el jardín y que lo salvaría del aprieto en que se encuentra la familia. Descubierto finalmente por Manuel y entregado a la justicia, el personaje termina convirtiéndose en un burlador burlado.

Semánticamente, la pieza rescata valores como la honestidad, el respeto por la familia, el amor y el sentido del deber, y castiga a quienes se alejan de ellos como Don Bruno. Pero, además, recurriendo a una limitada metatextualidad, define a la vida en términos que podrían aplicarse a la propia tragicomedia Es así que Don Pedro, luego de haber perdido la caja con el tesoro, expresa:

> Hoy me toca estar llorando
> Y todo fue risa ayer!
> Ayer, si; mas se rompió
> La copa donde bebía,
> De la dicha la ambrosía
> Con que el cielo me brindo;
> Y de la altura caí
> Donde la suerte me alzaba...
> Y aun el cielo me guardaba
> Mayores penas aquí. (86-87)

El caso de *Padre hermano y tío padre*, de Pedro Echagüe, es diferente ya que la intriga sentimental apela a una comicidad más abierta que la de la pieza de Rivas. A la pareja imposible, compuesta en primer lugar por Teodoro Laurenti y Aurora y luego por Luis Laurenti y la misma Aurora, se suma el enredo generado por la confusión respecto de la identidad de los personajes. De modo que, cuando Pedro Cabot, el padre de Aurora, le revela a su pretendiente, Teodoro, que el casamiento entre ambos es imposible porque en realidad este último es el padre de la joven, le pide que finja ser su hermano porque no quiere renunciar al lazo que lo une con su supuesta hija. Más tarde, cuando llega Luis, el hijo de Teodoro a quien todos conocen como Ernesto y que también está enamorado de Aurora, su padre le revela la verdad pero él ruega que continúe con la farsa sugerida por Pedro para preservar la felicidad de todos. Así, la trama se desarrolla frente a los ojos atónitos de Don Diego de la Plantilla, que ve aparecer hermanos y sobrinos salidos de la nada en la familia Cabot. La funcionalidad de la pareja imposible cambia de signo, y si bien ésta finalmente no se concreta, ello no imposibilita la concreción del final feliz. La coincidencia abusiva adquiere ribetes cómicos y los orígenes de la inusitada situación se remontan a los tiempos de la "tiranía rosista" en la que, según se pone de manifiesto, era posible que ocurrieran todo tipo de desgracias como, por ejemplo, los infortunados amores de Amelia y Teodoro y el inusitado rapto de Aurora al poco tiempo de su nacimiento. De este modo, el texto aporta una limitada referencialidad que sólo alude al contexto social de los espectadores en esta velada crítica. En este texto, como en el de Rivas, el punto de vista rescata los afectos familiares a pesar de que éstos deban sostenerse con engaños como los descriptos.

Al analizar *La conciliación* de Rafael Barreda, se advierte que se trata de un texto fundamental para establecer, dentro de este panorama, aquellos rasgos que se constituyen en constantes de la comedia dentro el sistema teatral porteño. La diferencia de la obra de Barreda respecto de sus contemporáneas es destacada por Castagnino (1968: 71) quien señala que "Mayor jerarquía, en cambio, ofrece *La conciliación* de Rafael Barreda, sobre el acuerdo de partidos políticos de 1878. Fue representada con éxito en Buenos Aires, donde su autor, español radicado en el país desde 1862, era escritor conocido y respetado".

Esta comedia retoma rasgos provenientes del pasado que la tornan significativa. Desde sus orígenes, en la escena porteño la comedia estuvo ligada al acontecer histórico y se manifestó como un género teñido de un fuerte didactismo que ya puede observarse en *El hipócrita político* (anónimo, 1820), la primera comedia de costumbres del Río de la Plata. A partir de entonces, fue frecuente la utilización del género para debatir las diferentes coyunturas históricas. Piezas como *El gigante Amapolas* (1841), de Juan Bautista Alberdi, *Don Tadeo* (1837, publicada en 1860), de Claudio Mamerto Cuenca o *¡Al Campo!* (1902), de Nicolás Granada, sólo por nombrar algunas, funcionan como metáforas de distintos momentos de la vida nacional. Por otra parte, la familia – centro dramático de muchas de ellas–, es representada como una suerte de microcosmos que deja entrever la realidad política del momento. Así, ya en *El hipócrita político*, obra en la que se ponen de manifiesto las instancias posteriores a la Revolución de Mayo, la pareja de Don Teodoro y de Carlota, representa a la incipiente patria, amenazada por las maquinaciones de don Melitón.

Resulta interesante observar cómo los conflictos posteriores al gobierno de Sarmiento se plasmaron en esta pieza que, desde su subtítulo –"Comedia de carácter político familiar"– toma nuevamente a la familia como espejo de la vida pública.

La intriga se desarrolla en Buenos Aires a fines de 1877, y remite a un contexto histórico en el que el debate por la federalización de Buenos Aires enfrentaba a autonomistas y nacionalistas durante el gobierno de Nicolás Avellaneda. Como señala Jitrik (1982: 25-26):

> Esta relación de fuerzas entre Buenos Aires y el interior hace crisis cuando Sarmiento pretende imponer sucesor y lo consigue. Es otro provinciano, tal vez más alejado del mundo porteño que lo que había estado Sarmiento, lo cual provoca la alarma de los porteños y la revolución de Mitre de 1874. A través de este patriarca, Buenos Aires se niega a admitir este proceso de infiltración; probablemente siente que el sistema construido después de Pavón está siendo copado y que todos los sacrificios por la supremacía han sido inútiles; pero fracasa y Avellaneda ocupa el poder y se produce con su llegada un principio de reconciliación nacional; los porteños se refugiarán en un sentimiento autonomista y defenderán por todos los medios el poder que en verdad no se les discute ni en un sentido profundo se les pretende arrebatar.

La conciliación tematiza esta problemática ofreciendo una visión "abuenada" de los hechos que muestra una perspectiva simplificadora del contexto social, rasgo que será una constante del género en sus expresiones posteriores.

A nivel de la acción, presenta un sujeto, Don Ventura, que se desempeña intentado volver a reunir a la familia separada por un pleito sucesorio que mantiene alejado desde hace años a Andrés, el hermano de su esposa. Su destinador es precisamente la idea de la unión familiar que finalmente se concreta en beneficio de todos. En la actancia oponente se encuentran las veleidades de los dos hijos de Ventura, Edelmira que se muestra como una furiosa feminista y Santiago que ha abandonado los estudios para dedicarse a la política. Ambos se desempeñan hasta las últimas escenas oponiéndose a los designios del padre, dado que la propuesta de compartir la casa con primos y tíos se les presenta como una invasión que amenaza la posesión de su propio espacio. Por otra parte, es significativo el desempeño de don Diego, el cuñado del campo, que aparece como conciliador en todo el conflicto. De este modo, ya desde la estructura profunda se vislumbra un esquema ideológico que pone en primer término los conceptos de unión, reconciliación y convivencia pacífica y que es una evidente continuidad del contexto de referencia.

La intriga, que responde al esquema aristotélico de principio medio y fin, avanza a instancias de significativos encuentros personales que enfrentan a don Ventura con sus hijos y con su cuñado. En ellos se ponen de manifiesto los referidos ideales que defiende Ventura, quien, en sus enfrentamientos con sus hijos Santiago y Edelmira, defiende el valor del estudio y el esfuerzo frente a la liviandad política del primero y el rol de la mujer dentro del hogar, frente a las pretensiones feministas de la segunda. Pero además, cuando se discute el lugar que se le asignará a la familia de Andrés en la casa, las palabras de Ventura muestran el matiz conciliador que la obra pretende dejar como mensaje y que lo constituye en el personaje embrague, junto con su cuñado Don Diego y con Luis, el hijo de Andrés.

La comicidad está dada por la caricaturización de los personajes cuyas actitudes se pretende cuestionar; se exagera la postura feminista de Edelmira quien termina cayendo en el ridículo cuando se entera, a partir de la lectura de un suelto, que los escritos producidos por ella son "verdaderos mamarrachos". Por otra parte, su discurso, que en muchas ocasiones podría aparecer como una legítima defensa de los derechos de la mujer, se degrada ante los comentarios de su padre, la voz autorizada. Así, en el primer acto, Edelmira cuestiona la categoría de "cosas" que se asigna a las mujeres y equipara la condición femenina a la de un esclavo. Sin embargo, este desarrollo discursivo –que desde el punto de vista del lector actual puede parecer absolutamente válido– pierde eficacia frente a la contundente réplica de su padre en el momento en que ella hace referencia a sus propios versos a Safo editados en un periódico: "A Safo!... ni las infidelidades de Taón le hubieran causado tan gran tortura... suerte para ella que se arrojó al mar Jonio... que desgraciada sería si se viese en letras de molde por esta poetiza" (13).

Lo mismo ocurre con Santiago, sobre quien se cargan las tintas exagerando su superficialidad y su falta de compromiso con el verdadero esfuerzo, cuando en la misma publicación en que Edelmira descubre la verdad acerca de sí misma, se refieren a él como una nulidad que ha sido casi echado de la Universidad por su "crasísima ignorancia". La madre, Manuela, es otro personaje que creyendo huir del ridículo cae en él, cuando siguiendo a su hija intenta leer los diarios y mantenerse informada, pero saca de estas lecturas conclusiones disparatadas acerca de la realidad del país y de las transformaciones que se están operando en él. Así, luego de señalar que ha comprendido que para que las obras del puerto se produzcan con toda economía es necesario el uso de la trocha angosta, y de mostrase absolutamente satisfecha con sus conocimientos, pregunta qué cosa es la trocha angosta.

Frente a la caricatura de los personajes "insensatos", se presenta como modelos a seguir a la figura de los primos, que son la verdadera contrapartida de los hijos de Ventura: Luis es estudioso y esforzado y Luisa es una buena hija que no tiene otras veleidades que las de atender su casa.

El aspecto sentimental constituye un rasgo secundario pero se transforma en una nueva estrategia para restituir el orden. La concertación de los matrimonios entre Edelmira y Luis y entre Santiago y Luisa, luego de que los dos hermanos se "encarrilan", termina de concretar la conciliación familiar. Por otra parte, si bien no existe un villano a la manera melodramática, el personaje de Gabriel, funciona durante gran parte del desarrollo de la pieza como un factor disolvente que fomenta en su propio beneficio los aspectos "díscolos" de Santiago y Edelmira, descubriéndose hacia el final como un oportunista que recibe, cumpliendo con la justicia poética propia del género, la censura y el desprecio de los integrantes de la familia.

Modulando los referidos procedimientos, se advierte un paralelismo entre la intriga central de la pieza y lo que ocurre en la extraescena. La misma se filtra a través de los comentarios de los personajes, especialmente en los de Gabriel y Santiago que introducen en el ámbito familiar los avatares de la política local que persigue la "conciliación nacional". De este modo, se refuerza el carácter metonímico de la intriga que subraya su carga semántica transformándose en un espejo de lo que ocurre en el país. En este sentido, resulta significativa la lectura de *El Imparcial*, el periódico que consulta Santiago durante el último acto, en el que se dice: "La conciliación existe más consolidada que nunca. Personas muy allegadas a los jefes de ambos partidos, nos han dicho que se trabaja con fe y buena voluntad por la seguridad de una unión tan deseada como patriótica..."

La función referencial del lenguaje se vuelve significativa a nivel del aspecto verbal ya que remite de manera constante a un contexto histórico fácilmente reconocible por el espectador. Por otra parte, la reconstrucción del espacio en el que se desarrollan los hechos y el lugar de procedencia de los distintos integrantes de la familia, adquieren también un carácter metafórico que es ampliamente referencial. Así, la casa cuya ocupación por parte de los parientes pobres es motivo de discusión familiar, remite de manera transparente a un espacio más amplio, Buenos Aires, que deberá ser compartida por el interior luego de su federalización. Parientes pobres, traídos por un tío del campo, que pretenden compartir la casa con los parientes ricos, no dejan lugar a dudas y el conflicto entre Buenos Aires y las provincias se vuelve evidente.

El carácter didáctico de la pieza pone el acento también en el desarrollo de la función conativa que opera fundamentalmente en el discurso de don Ventura y de don Diego instando a la conciliación familiar.

Además, resultan interesantes en el texto una cantidad de formaciones ideológicas que exponen un discurso conservador y evidentemente reaccionario. En este sentido, el papel de la mujer resulta ampliamente significativo. Ya se ha señalado, al analizar la intriga, que las pretensiones feministas de Edelmira se convierten durante su transcurso en un factor de desorden que logra encauzarse en el desenlace. Si bien muchas de sus afirmaciones parecen válidas, son desautorizadas tanto por las observaciones de su padre como por ella misma cuando encuentra su "verdadero camino". El diálogo que se desarrolla entre ella, Santiago, Luis y Luisa en la sexta escena del último acto, resulta ejemplificador:

> Santiago: Oh, hermana querida, tu transformación sorprende más que la mía... Si pudiera expresar el placer que siento...
> Edelmira (Conmovida): ¿Y creés que todo ha sido obra de este instante? Pues te equivocas... Mi ánimo estaba preparado...
> Santiago: ¿Sí?
> Edelmira: Sí, crees que han sido vanos los sanos consejos que siempre me daba nuestro padre? No lo creas. A pesar de que aparentaba esa frivolidad de carácter que se desarrolló en mí con la lectura perniciosa de algunos malos libros, yo sentía en mi ser una lucha constante entre la razón y la fantasía... Y luego mi prima me ha hablado de unas cosas tan buenas, que su ingenua dialéctica ha convencido a la sabihonda mía... (Más

conmovida) Y luego lo que dice ese periódico... y luego ese hombre!...
Luis: Y luego tu buen corazón prima mía.
Edelmira: (A Luisa) Mira, me vas a enseñar a bordar... y... a... más vergüenza aún... a rezar! (conteniendo apenas las lágrimas) debe ser tan bello rezar!
Santiago: ¡Oh, qué felices seremos! (66-67)

Evidentemente, las afirmaciones que se deslizan en el discurso citado expresan un fuerte rechazo al cosmopolitismo que poco a poco se fue gestando en el país y que hizo eclosión durante el período siguiente. Frente a esto, la idea de familia y matrimonio como principio de orden, la ubicación de la mujer en un rol absolutamente doméstico, muestran un punto de vista que fue una constante en la comedia posterior, que nunca propone innovaciones sociales sino que se dedicó a ratificar los valores aceptados por la clase media, hecho que se acentuó a partir de las primeras décadas del siglo XX con el advenimiento de la comedia asainetada. La visión de mundo que maneja el texto presenta una doble articulación: la defensa de la familia como un bien en sí mismo y la familia como una imagen del país que debería funcionar con el mismo sentido de unidad y de cohesión.

En esta línea didáctico-metafórica, no puede dejar de mencionarse *El sombrero de don Adolfo* (1875) de Casimiro Pietro Valdés. Escrita unos años antes de la pieza antes analizada, la obra fue censurada por la Municipalidad luego de su estreno. Si bien De Diego (1987) la considera la primera revista de letra y Trastoy (véase 4.3.5) la incluye como un antecedente de la revista criolla, es conveniente analizarla en razón de las relaciones que pueden entablarse entre ella y *La conciliación.*

La obra tematiza el conflicto político previo al que se desarrolla en la pieza de Barreda. La lucha entre Nicolás Avellaneda y Adolfo Alsina para suceder a Sarmiento, quien apoyaba al primero, es desarrollada metafóricamente en la acción de esta comedia con rasgos satíricos. En obvia alusión a Avellaneda y a la república, el texto presenta un sujeto, don Nicolás, que tiene como objeto el amor de Patricia.. El destinador es el amor, que puede traducirse como interés político o fervor cívico y el destinatario es la constitución de la familia, sinécdoque del país. El carácter de ayudante de don Domingo revela el apoyo que prestaba Sarmiento a la candidatura de Avellaneda. Don Adolfo, que se presenta como oponente, y que luego cede a favor de don Nicolás, deja traslucir la figura de Alsina que renuncia a su candidatura presidencial ante el triunfo del partido de Avellaneda en las elecciones para la renovación de la Cámara de Diputados en febrero de 1874, respaldándolo en su campaña para la presidencia.

Siguiendo el modelo aristotélico de principio, medio y fin, el principio constructivo de la intriga es la caricatura que se logra por medio de la parodia del discurso de los personajes políticos, especialmente de Sarmiento y Avellaneda. El discurso de don Domingo se construye con citas de textos sarmientinos y con referencias a sus propios hechos –y el autor, mediante asteriscos, señala con frecuencia el carácter histórico de los mismos–. La caricatura se logra por el tono grandilocuente del personaje, por la exageración de su egocentrismo y por la artificialidad que le confiere el verso. En un dialogo con don Adolfo, al hablar de su propia historia, dice:

> Don Domingo: Me dirigí a Sud América
> Por fin recogimos velas
> Y al suelo patrio llegué
> Y poco después fundé
> Un depósito de escuelas. (1934: 86)

Un poco antes, al referirse a su viaje por España, hace mención a sus ideas sobre la ortografía:

> Llegué a Madrid y mi porte
> Les gustó de tal manera
> Que al poco rato ya era
> La fábula de la corte.
> Hablé del idioma en mengua
> Y al tratar de ortografía
> Se murió de apoplegía
> La Academia de la lengua. (1934: 84-85)

La caricatura de Avellaneda se concreta al presentarlo como un personaje que no actúa por iniciativa propia, sino guiado por su mentor y, además, se lo desvaloriza por su aspecto físico y por su origen provinciano. En un diálogo con Patricia, cuando pretende conquistarla, ésta le dice "su figura me da risa" (1934: 90). Al referirse a sí mismo, advierte que "aunque soy bastante chico/tengo el corazón muy grande" clara alusión a la baja estatura de Avellaneda. Los motes populares con que se lo designaba, "chingolo" y "taquito", por su costumbre de agregar exagerados tacones a su calzado, aparecen también reflejados en el texto. En el diálogo citado dice: "Yo canto como un chingolo" (1934: 90) y más adelante "A toda moda me atrevo / Y para ser más alto, llevo / Botines con grandes tacos" a lo que Patricia responde: "Yo creía que llevaba / grandes tacos... con botines" (1934: 93). La parodia funciona también cuando don Domingo aconseja a su protegido el camino a seguir en la conquista de la amada: "Pues pretendes con ardor / a esta doncella rendir / has de mentir y mentir / te lo dice tu Mentor" (1934: 75). Con este consejo, queda clara la desvalorización de los discursos electoralistas. El sostén de las provincias a la candidatura de Avellaneda, aparece digitado por Sarmiento, cuando don Domingo le dice a don Nicolás lo que hizo para que pueda obtener el favor de Patricia: "Yo trabajé a la sordina / escribiendo a sus hermanas / de provincias y he obtenido / lo que ansiaba" (1934: 79-80).

En contraposición a la figura de estos personajes, don Adolfo y Patricia no llegan a convertirse en caricaturas. La función de don Adolfo es cuestionar el accionar de sus oponentes. Así, cuando aparece ante Patricia, explica por qué estaba oculto, diciendo: "Me oculte mientras de amores / le hablaba con torpe labio / el protegido... de un sabio" (1934: 95). Ante las cartas de los parientes provincianos señala el sacrificio que asume la dama al aceptar a don Nicolás: "Si le quiere por marido / insistir fuera locura / harto se ve que se inmola" (1934: 101). Su figura se valoriza cuando ante la derrota, acepta ayudar a su rival.

Patricia es presentada como una amante desdeñosa ante las pretensiones de don Nicolás, hasta que llegan las cartas de sus parientes recomendando la boda. En el momento en que su prometido le pregunta si lo ama, responde: "Pues no hay más recurso / tuya soy" (1934: 104), con lo que queda clara la desvalorización de candidato y la posición ideológica del autor.

El uso de la alegoría es obvio y se despliega en todos los aspectos de la obra. Queda claro de qué manera funciona en la construcción de los personajes. Las cartas que llegan recomendando la boda aluden a las elecciones de febrero en que el círculo de Avellaneda sale triunfante con los votos del interior. El pedido de don Nicolás a don Adolfo para que lo ayude en el gobierno de su casa, responde al apoyo que Alsina presta finalmente a la candidatura de Avellaneda para la presidencia. Esto se ve reforzado por el regalo del sombrero que significaría el poder. Finalmente, el obsequio de bodas de don Domingo, su bastón, es una clara alegoría a los atributos presidenciales.

La referencialidad del texto es más que evidente dada la transparencia de la metáfora que resulta clara para los espectadores del momento. Si bien el texto de Pietro Valdés, a diferencia del de Barreda, se orienta hacia la variante satírica de la comedia y la ideología política de ambos es opuesta –el primero ve con buenos ojos la integración de las provincias, mientras que el segundo percibe este hecho con resignación–, tienen en común una concepción metafórica del género, que, reiteramos será una constante en la comedia. El género funciona exhibiendo una concepción de la realidad simplificada y "abuenada" con una evidente intención didáctica de constituirse en otra constante del teatro porteño. Como observa White:

> En la comedia se mantiene la esperanza del triunfo provisional del hombre sobre su mundo por medio de la perspectiva de ocasionales *reconciliaciones* de las fuerzas en juego de los mundos social y natural. Tales reconciliaciones están simbolizadas en las ocasiones festivas que el escritor cómico tradicionalmente utiliza para terminar sus dramáticos relatos de cambio y transformación. (...) Las reconciliaciones que ocurren al final de la comedia son reconciliaciones de hombres con hombres, de hombres con su mundo y su sociedad; la condición de la sociedad es representada como más pura, más sana y más saludable como resultado del conflicto entre elementos al parecer inalterablemente opuestos del mundo; se revela que esos elementos son a la larga, armonizables entre sí, unificados, acordes consigo mismos y con los otros. (1998: 20)

La comedia ha funcionado en la historia teatral argentina como un género apto para ratificar de manera optimista el funcionamiento social imperante y para cuestionar actitudes que atentan contra él. En un momento como el abordado, en que la nación estaba en vías de organización, la necesidad del triunfo del hombre sobre el aparente caos era una cuestión a la que la comedia respondía con toda seguridad y sin ambigüedades de ninguna índole.

•••

4.3.2. El drama romántico

por Martín Rodríguez

Con la caída del rosismo, se inició en el teatro un proceso de relativa despolitización y se produjo el pasaje a la segunda fase del teatro de intertexto romántico que denominamos fase de despolitización y reforma (1852-1884) en la que se pretendió representar la vida de ciertos sectores de la sociedad de manera ejemplar, es decir, consolidar una determinada clase social: la burguesía. Se percibe un desplazamiento de la problemática política a la periferia dramática y hay un redimensionamiento de la representación de los conflictos que se producen en la esfera privada en detrimento de los de la esfera pública.

En su transcurso, se estrenaron, entre otros, los siguientes dramas románticos: *Salvador* (1885), *La rosa blanca* (1877) y *Bajo la tiranía* (1878) de Martín Coronado; *Rosas y Urquiza en Palermo* (1852), *Primero es la patria* y *Amor y virtud* (1860) de Pedro Echagüe; *Monteagudo*, *El sol de Mayo*, *Clorinda*, *El Genio de América* y *Solané* (1873) de Francisco Fernández; *Atar Gull* (1855) de Lucio V. Mansilla; *La América Libre* (1860) de Bernabé Demaría y *Lucía de Miranda* (1864) de Miguel Ortega.

Es posible establecer una “tipología” de estos textos a partir de dos de los modos de tramar que señala White (1998) –la tragedia y el romance– y un tercer modo, característico del período neoclásico: la alegoría.

1. La representación de la historia como tragedia

En este punto, se incluyen una serie de obras entre las que se destacan *Atar-Gull* (1855), de Lucio V. Mansilla, *Clorinda* (1873) y *Solané* (1873), de Francisco Fernández. En ellas, el devenir de los acontecimientos está organizado de un modo predominantemente trágico, en el sentido que White (1998) le da al término.

Respecto de la primera, *Atar-Gull*, de Lucio V. Mansilla, se puede afirmar que se inscribe en la línea que acerca gauchesca y exotismo, deja traslucir un intenso aunque relativo cuestionamiento a la civilización: el "hombre civilizado" aparece utilizando "procedimientos" bárbaros y emplea la violencia para lograr objetivos mezquinos.[1]

La acción se desarrolla en Pernambuco, lugar en el que, como afirma Ana, uno de los personajes, "mina la salud de sus habitantes y engendra pasiones bárbaras". Allí, éstos se embrutecen y barbarizan debido a la dureza de las condiciones de vida que contrasta con la visión idílica que presentan respecto de su Escocia natal. De algún modo, en esta obra se habla del fracaso de la "aventura colonial", y de que quienes esperaban enriquecerse en ella sólo encontraron pobreza y desolación: así, el desplazamiento a un lugar exótico no aparece como sinónimo de "aventura", sino como todo lo contrario, como un desplazamiento al horror que conduce al crimen, a los bordes de lo indecible. Este medio adverso vuelve crueles y bárbaros a quienes no lo eran e intensifica la brutalidad de quienes ya eran salvajes y brutales como Brulart, hecho que los conduce a su propia destrucción. Tomás y su familia se hallan inmersos en un medio "improductivo" que los arrastra inexorablemente a su ruina económica y esta situación los lleva a adoptar conductas "inhumanas" con lo cual sólo consiguen desatar las "fuerzas de la naturaleza", desencadenar la venganza de Atar-Gull, un esclavo fiel, un "buen salvaje", pero al que las acciones de los hombres "civilizados" convierten en un bárbaro en sentido pleno. El sujeto de la obra es Atar-Gull y su objeto principal es la venganza, aunque también hay un objeto secundario sentimental. El destinador es la civilización que lo impulsa a vengarse, pero también su propia naturaleza indómita y salvaje: la civilización opera en realidad como un agente que libera a la barbarie, a su fuerza "trágica" incontrolable, desafía a la naturaleza y paga las consecuencias de su accionar. El destinatario es esa misma civilización que, creyendo beneficiarse con sus actos, se encuentra finalmente con su destrucción. De todos modos, y coherentemente con su entramado trágico, Atar-Gull, una vez concretada su venganza, aceptará resignadamente su culpa y su castigo.

En *Clorinda*, de Francisco Fernández, el sujeto es la propia Clorinda y su objeto, la venganza. El destinador es la ciudad, la civilización, su deseo de poder que a la vez actúan como oponente. Se percibe en esta obra una fuerte oposición a la ciudad, al elitismo: en este sentido, Venecia aparece como sinécdoque de "lo urbano" en sentido genérico. Se invierten aquí los tópicos sarmientinos: la ciudad corrompe a Clorinda, personaje de procedencia rural, y la convierte en una suerte de "monstruo" vengativo que finalmente se autodestruye y acepta su culpa, redimiéndose. Aparece la idea de que la civilización y la ciudad pervierten y engendran despotismo, corrompiendo el orden rural: hay aquí una suerte de "alabanza de aldea" que anticipa obras como *¡Al campo!* (1902) de Nicolás Granada. El "jardín", la visión idílica de la campaña que se construye en *Clorinda*, se presenta como una versión "metafórica" del nativismo que se inaugura con *Calandria*, de Martiniano Leguizamón si bien aquí este universo paradisíaco y festivo es incluido dentro de una trama trágica. En ese "ámbito ideal" que es el campo, habitan Alcides y su amada Clorinda, quien pronto es arrastrada por sus ansias de poder y parte hacia Venecia. Casi podría decirse que Venecia es una metáfora de Buenos Aires. En evidente contraste con el ámbito campesino, el ámbito urbano aparece plagado de puertas secretas, filtros, puñales, máscaras e instrumentos de torturas.

La obra presenta una intriga sentimental y la "pareja imposible" funciona como metáfora del imposible nexo entre un orden rural fuente de virtud y una civilización inclinada al lujo, a la crueldad y a los placeres vacuos. El sistema de personajes aparece polarizado en héroes y villanos y hacia el final la justicia poética "salva" a los personajes positivos y hace que Clorinda, en proximidad de su muerte, se redima. El aspecto verbal contribuye a reforzar la metáfora. El uso del lenguaje de las pasiones, la presencia de un fuerte sistema de oposiciones que enfrenta al ámbito campesino y a la ciudad, el discurso metateatral, las referencias a Oriente, el uso de términos como tiranía y despotismo para referirse a la esfera pública, pero también para hablar de la esfera privada, de los sentimientos que impulsan a los personajes a la acción, son clara muestra de ello.

Solané es el nexo que liga el teatro de temas exóticos con la gauchesca, si bien ésta tuvo una procedencia diversa: fue producto de la fusión de una serie de distintos géneros que van desde el circo al folletín, articulados en una trama romancesca, por lo que *Solané* opera como un puente entre la representación trágica y metafórica del gaucho y el microsistema de la gauchesca teatral.

En 1872 se produjo, bajo la presidencia de Sarmiento, el único episodio xenófobo registrado en la campaña argentina: el asesinato de extranjeros por parte de gauchos fanatizados conducidos por Solané. Este episodio fue "registrado" por Francisco Fernández,[2] quien produjo el drama homónimo y cuya vida política presenta algunos puntos que la acercan a la de José Hernández, autor en quien el sistema de la gauchesca teatral halla su origen. Urquicista en sus inicios, Fernández rompió sus vínculos con el Supremo Entrerriano cuando éste se aproximó a la corriente mitrista, y pasó a militar como periodista y soldado en las filas del jordanismo. Luego de la derrota infringida por Sarmiento a Ricardo López Jordán, se exilió en Uruguay y Paraguay para regresar, reconciliado con la política porteña, bajo el gobierno de Avellaneda. Finalmente terminó adhiriendo a la facción roquista.

El texto de Fernández se presenta como una admonición o advertencia acerca de los peligros de la exclusión. Según Chávez (1982: 35), el texto se inscribe en la serie de textos "historicistas" y "antiiluministas" que rebaten la fórmula sarmientina.[3] En *Solané* es posible apreciar una fluctuación entre lo que Picard (1987) denomina romanticismo social y un naturalismo emergente que halló en la novela y el ensayo su expresión más acabada y xenófoba. De algún modo, *Solané* es un texto de transición. En él se produce un pasaje del determinismo geográfico sarmientino al determinismo social que luego se halla presente en *Martín Fierro*. No casualmente Chávez (1982: 372) califica a estos dos textos de "antifacundos",[4] para él, Fierro y Solané son hermanos de contiendas y adversidades. Con el objeto de caracterizar el texto cita el siguiente parlamento de Solané:

> Civilización de bayonetas y cadenas, civilización liberticida y corruptora, amasada con injusticias impunes, encomiadas por periódicos versátiles y cínicos, vendidos al oro manchado del

> mercenario inconsciente o sin pudor; civilización fatal, trampa artificiosa cuyas piezas maestras son gobernantes arbitrarios con los débiles y cobardes con los fuertes, sin noble carácter, sin elevada política...

Sin embargo, resulta evidente que la cita, separada de su contexto, es una notoria simplificación de la ideología de la obra dramática. En *Solané* se expresa la idea del "hombre representativo" que ya había incorporado Sarmiento a su producción, pero también las fluctuaciones del espíritu romántico de las que habla Gramsci (1961): Solané no es un personaje positivo, y si bien su conducta aparece justificada por un orden social y político que lo excluye, esto no evita que el texto condene sus actos.

En la pieza de Fernández, el conflicto social es incluido en una trama sentimental en la que aparecen una serie de rasgos melodramáticos tales como la pareja imposible, la antítesis de caracteres y la presencia del villano y de la heroína romántica. Su conducta, aunque no se justifica, se "explica" socialmente: la causalidad social reemplaza al determinismo geográfico. La pieza presenta un sistema de personajes dividido en positivos y negativos. Se percibe en ella un naturalismo incipiente, aunque con múltiples rasgos románticos que la convierten en una obra de transición.

El sujeto de la pieza es Solané y su objeto es Genoveva. Su destinador es la sociedad, que a su vez es el principal oponente. Su destinatario es él mismo. Aparentemente es el mismo modelo actancial que el de algunos textos la gauchesca, pero Solané, a nivel de la intriga, aparece como personaje negativo, degradado y el punto de vista se desplaza. Con la constitución del microsistema de la gauchesca teatral, se produce un desplazamiento de punto de vista por medio del cual el "texto" se ubica por completo del lado del gaucho. El motor de la obra es sentimental y el inmigrante es presentado en un rol muy diferente al que tiene en *Martín Fierro*: como principal oponente del sujeto –pero no como personaje negativo– y como beneficiario de un orden social injusto. El personaje de Solané se vincula con el tema del despotismo, propio del primer romanticismo, y su lucha, aunque sus fines son perversos, no es individual sino colectiva como la de Facundo. El texto de Fernández se presenta como una admonición o advertencia acerca de los peligros de la exclusión, previene contra la violencia desenfrenada de las masas rurales y la "barbarización".[5]

A nivel del aspecto verbal, el texto coincide, parcialmente, en el "tono" con el de algunos de los textos de la gauchesca posterior –el de Solané es el del lamento y su objeto la venganza–, aunque no en el habla, en la voz: Solané habla la voz de la civilización. La pareja imposible de Solané y Genoveva, hija de un inmigrante, es una metáfora de la alianza imposible entre criollos y extranjeros. Pero esta separación no responde a la lógica del determinismo geográfico sino que sus causas son sociales y, como tales, pueden ser modificadas.

En el accionar de Solané hay una fuerte causalidad social, lo cual no excluye la responsabilidad individual, a diferencia de *Martín Fierro* –más fuertemente intertextual con el romanticismo social–, en el que predomina la causalidad social y el gaucho aparece como víctima casi absoluta de un orden injusto. Solané, al final, decide y acepta hundirse. Hay una clara relación intertextual entre el *Martín Fierro* y la obra de Fernández: en ellas se desarrollan una serie de temas análogos de manera "trágica". La conclusión de la primera parte de *Martín Fierro* –su alianza con el indio, la barbarie en su máxima expresión– responde a una concepción trágica similar. El desierto, dentro de la lógica del determinismo geográfico "creada" por Sarmiento, también opera como nexo en este sentido. Si en Sarmiento el gaucho suele convertirse en "gaucho malo", otro tanto va a ocurrir en el *Martín Fierro* con la caída parcial del protagonista en su regreso de la frontera: así, la muerte injustificada del negro en la obra de Hernández ingresa parcialmente en la lógica sarmientina. Algo similar ocurre con Solané, pero la lucha de este personaje, a diferencia de la del "gaucho malo", no es individual como la de Martín Fierro, sino colectiva como la de Facundo. De todos modos, en las obras de Fernández y Hernández hay una fuerte incidencia de la causalidad social, cosa que no ocurre en el *Facundo*, en el cual el determinismo es más geográfico que social. De ahí que, mientras que para los primeros el gaucho es recuperable y puede ser asimilado a la sociedad, para el segundo entre la civilización y la barbarie no habría síntesis posible.

En *Martín Fierro* y en *Solané* la caída del protagonista no es vista como totalmente amenazante: en ambas se deja en claro que la "tragedia" final podría haberse evitado si la "civilización" hubiera actuado adecuadamente. En las obras mencionadas hay una clara "ganancia de conciencia" para el lector o el espectador: si Fierro se va con los indios o si Solané decide primero vengarse y finalmente hundirse, lo hacen empujados por una civilización que no les deja otra salida.

Solané presentó por primera vez en teatro una serie de problemas que luego fueron retomados por la gauchesca pero desde una perspectiva y una estética diferentes. Tanto el folletín de Gutiérrez como la obra dramática de Gutiérrez-Podestá y los textos que le siguieron se incluyen, con matices, en este horizonte ideológico.

2. La representación de la historia como romance

Para White, el romance implica un enfrentamiento entre dos fuerzas opuestas una positiva y otra negativa, en el que las fuerzas positivas están encarnadas por un "héroe" que busca "trascender en el mundo de la experiencia". La idea básica de las obras seleccionadas como paradigmáticas de esta tendencia era "usar" el teatro "para dar sentido al proceso histórico concebido como lucha de la virtud esencial contra un vicio virulento pero finalmente transitorio" (White, 1998: 153). Dentro de este sistema, la historia no era concebida como un proceso dialéctico sino como una lucha en la que debía terminar por imponerse uno de estos dos términos y que se desarrollaba tanto en la esfera pública como en el ámbito privado. Según predomine el conflicto "público" o el conflicto "privado", es posible distinguir dos modelos: el épico-patriótico y el sentimental.

a) El modelo épico implica una relación de continuidad con el período anterior: a nivel de la acción, el sujeto se debate entre dos objetos, el amor y la patria, y opta siempre por el segundo, si bien es posible percibir matices en las distintas obras. Dentro de esta línea se inscriben obras como *Rosas*, de Pedro Echagüe, *Bajo la tiranía*, de Martín Coronado, *La América libre*, de Bernabé Demaría, y *El sol de Mayo* y *Monteagudo*, de Francisco Fernández. En todas ellas está presente un "héroe romántico", que se expresa por medio de la retórica republicana –cuyas metáforas son utilizadas para referirse tanto al ámbito público como a los conflictos privados–, entretejida en un lenguaje más flexible que el de la fase anterior en el que predominan las funciones expresiva y poética.

Uno de los textos que se corresponde con este modelo es *El sol de Mayo*, de Francisco Fernández. El sujeto de la pieza es Carlos y su objeto, la libertad. Sin embargo, a pesar del tema seleccionado –la Revolución de Mayo–, no se busca en esta pieza la "verdad histórica". Es interesante observar, por ejemplo, cómo está constituida la actancia ayudante en la que se incluye un grupo de indios liderados por el cacique Carul. Fernández intenta por medio de estos personajes fundar una genealogía alternativa en la cual el indio aparece como símbolo de lo americano. El sacrificio final de Andrea –hija de blancos e indios– en pos de la revolución, posee una clara dimensión simbólica acorde a su ideario americanista.

Otro de los textos que corresponde a este modelo es *La América libre*, de Bernabé Demaría, en el que sí se va a buscar la "verdad histórica". Esta búsqueda de "fidelidad histórica" está enunciada por el autor en el prólogo, combinada con una serie de elementos que son presentados como "ficcionales", es decir, aquellos vinculados con la módica intriga sentimental destinada a "entretener" al público.

Monteagudo, también de Fernández, se sitúa en el mismo horizonte ideológico que *El sol de Mayo*. El objeto de Monteagudo, junto con el de aquellos que se ubican en la actancia ayudante, es fundar un orden "republicano" en el que la ley se halle por encima de la arbitrariedad de los hombres. A la conformación de este "orden republicano" se oponen no sólo la tiranía y el despotismo, sino también la frivolidad y la perversidad de la sociedad limeña que da apoyo al Vizconde y sus perversos proyectos. La concreción del mencionado orden republicano tiene por destinatario al pueblo. Si por un lado el protagonista de la obra –que es a la vez el "personaje embrague"– se opone al personalismo y reivindica a las leyes por sobre los individuos, por otro busca la "trascendencia individual" –o de su grupo de pertenencia–, hecho que sólo sería posible dentro del orden republicano de base rural que pretende fundar. Hay un "ruralismo" similar al de *Clorinda*, puesto que el autor representa un orden rural ideal inocente e incontaminado que contrasta con el fasto y la frivolidad con que se describe el ámbito urbano, lugar de origen de una aristocracia perversa. Así, la fiesta, el disfraz, la máscara, funcionan como metáfora de una forma de vida aristocrática e inauténtica, en la que se conspira permanentemente y las verdaderas intenciones se ocultan. Es por ello que de la ciudad procederán los conspiradores enmascarados que irrumpen en el mundo rural para dar fin a Monteagudo. En este sentido, Lima es una evidente metáfora de Buenos Aires, y el modo en que ésta es descripta en contraposición con la campaña implica un claro cuestionamiento a la dicotomía sarmientina.

En *Bajo la tiranía* reaparece el conflicto entre el individuo y la sociedad característico del teatro de intertexto romántico de la fase anterior, como en *El poeta*, de José Mármol, se produce el fracaso del sujeto frente a un Estado opresor y despótico representado por Cuitiño y la mazorca. Sin embargo, este fracaso es presentado como algo transitorio, y el "trágico" final de los personajes y de la ideología que representan es tan sólo una fase de un proceso que concluiría finalmente con el triunfo del "individuo" y de sus ideas sobre la tiranía y la sociedad en que esta forma de gobierno perversa encuentra su fundamento. *Bajo la tiranía* se integra a una serie de textos literarios sobre el período rosista aparecidos en Buenos Aires que siguen las huellas de *Amalia* de Mármol: sin dudas, la producción de este tipo de obras era una manera de "legitimar" a aquellos que se enfrentaron a Rosas, construyendo una imagen heroica de esos grupos antirrosistas asimilados a los grupos dominantes.

b) El segundo modelo, el sentimental, pone el acento en los conflictos de la pareja. Presenta un héroe o una heroína que funciona como centro del sistema de personajes. El conflicto político se atenúa o pasa a la prehistoria y el lenguaje se flexibiliza aún más que en el modelo épico. Dentro de este modelo encontramos textos como *Amor y virtud*, de Pedro Echagüe y *La rosa blanca* y *Salvador*, de Martín Coronado.

En *Amor y virtud*, de Pedro Echagüe, el sujeto es María y su objeto es Alfonso. Su principal oponente es su propia familia, que –en ausencia de Alfonso, que se halla en Francia impedido de regresar a América–, le propone un casamiento por conveniencia con García. María accede y, a partir de allí, la coincidencia abusiva comienza a ensañarse con ella y con quienes la rodean. García pierde su fortuna y se vuelve alcohólico y deben radicarse en la cordillera en condiciones de extrema pobreza. Sin embargo, los padecimientos de la protagonista no son en vano: aunque finalmente muere enferma a causa de ellos, su sufrimiento la enaltece y la convierte en una suerte de mártir, en una santa cuyo accionar reviste un carácter ejemplar.

María es presentada como heroína romántica y como víctima. Todo en ella connota sacrificio, su vestimenta –casi harapos, que no alcanzan para protegerla de las inclemencias del clima– y las actividades que desarrolla para mantener a su marido, a su hijo y a su familia. Si bien su objeto es sentimental, María es impulsada a la acción por su deber, hecho que la aleja de su objeto de deseo.

En la obra hay una clara antítesis de caracteres: frente a este personaje virtuoso, García –casi un villano– y su familia aparecen como absolutamente negativos. Esa oposición de caracteres persigue un objeto moralizante, ejemplarizante: se busca contrastar las virtudes morales de María con la ambición y la inmoralidad de los otros personajes. Sólo escapa de esta situación su hermano, quien se opone a su unión con García y propicia el retorno de Alfonso.

En el aspecto verbal nos encontramos con el léxico de las pasiones, de clara procedencia romántica. La semántica del texto está vinculada al sacrificio de la protagonista y al carácter ejemplar de su accionar.

En *La rosa blanca*, de Martín Coronado, el sujeto es Gaspar, un joven médico. Su objeto es Irene y las funciones básicas que desempeña son curarla de su locura e intentar casarse con ella. Son sus destinadores su amor y su deber como hombre de ciencia. Todos, salvo la propia Irene, van a contribuir al logro de su objeto: en la obra no hay personajes negativos.

La prehistoria juega un papel fundamental: en ella se hallan las razones de la locura de Irene, y la postergación de su descubrimiento es el estímulo de la curiosidad del espectador. De este modo, como en un policial de enigma, es la curiosidad por las causas de su locura –la resolución del caso– la base sobre la cual se construye el texto, aunque gran parte del interés radica también en saber cuál será la suerte de los protagonistas.

En el aspecto verbal es interesante analizar de qué modo se construye el discurso de la locura y cómo se presentan los indicios que permiten a Gaspar determinar las causas que condujeron a ella. El discurso de Irene está construido a partir de una serie de tópicos románticos: hay en él una fuerte búsqueda de lirismo, fundada sobre todo en metáforas y antítesis. Se percibe en este personaje un discurso subjetivo que contrasta con el modo de hablar "convencional" de los demás personajes.

Finalmente el enigma se resuelve pero no se logra la cura de Irene, que prefiere seguir loca antes que sufrir por un amor utópico. La pareja imposible es la causa de la locura.

En *Salvador*, de Martín Coronado, el sujeto es el personaje que da nombre a la obra, un músico talentoso pero de extracción social humilde. Su objeto es un objeto sentimental –Elena– quien, junto con su madre y con Rosalía, son sus ayudantes. Su principal oponente es Juan, el hermano de María –empeñado en impedir la unión de la pareja– y la sociedad que lo cuestiona y condena por su origen. La obra concluye con el relativo fracaso del sujeto, que halla en su muerte su trascendencia y es finalmente aceptado por un orden social que lo rechazaba. Este "fracaso" –la derrota del individuo que no logra imponerse a una sociedad perversa y corrupta– es exhibido como algo transitorio, y el "trágico" final de la pareja central y de la ideología a la que representan como tan sólo una fase de un proceso que debe concluir con el triunfo del individuo y de sus ideas sobre el mundo de la experiencia.

De ahí proviene la visión de la sociedad que presenta el protagonista y su deseo de participar en ella –el objeto sentimental es aquí una sublimación de su deseo de ascenso social–. Dice Salvador, personaje embrague de la obra (1925: 60-61):

> Señor, Elena está ahí,
> sufriendo, anegada en llanto...
> ¡sea usted grande! ¡no es tanto (*con orgullo)*
> lo que la aleja de mí!
> Si teme usted a la opinión,
> dígale al mundo cruel,
> que ella me ha alzado al nivel
> de su noble corazón!
> ¡que si ante la ley social
> es mi cuna... bochornosa,
> bien puede hacerla dichosa
> quien puede hacerla inmortal!

Se percibe en el texto un "sordo" enfrentamiento entre el sujeto y una sociedad excluyente. No hay por parte del protagonista una renuncia al mundo social que lo rechaza, y sus quejas reproducen las de los artistas por la relativa exclusión de la que eran víctima. En Salvador se halla el deseo de que sus aptitudes artísticas le permitan acceder a ese orden económico y social que se niega a aceptarlo, como así también a ese amor que es inaccesible precisamente por pertenecer a otra esfera social. Salvador es un músico talentoso, símbolo de la búsqueda de autonomía por parte del artista, y esta búsqueda –análoga a la del autor– se percibe en el uso de una lengua predominantemente poética. La música es emblema del deseo de poder acceder socialmente por medio del arte.

En el nivel de la intriga, lo sentimental es el principio constructivo y el motor de la acción Sin embargo, la imposibilidad de unión de la pareja no funciona como un fin en sí mismo, sino que remite a la imposibilidad del protagonista –prototipo del "héroe romántico"– de realizarse socialmente. Todos los procedimientos melodramáticos tales como la pareja imposible, la coincidencia abusiva, la justicia poética y la polarización del sistema de personajes en héroes y villanos, están al servicio de esa mirada negativa de la sociedad. En la visión que presenta la pieza la situación social redistribuye los usos de cada uno de estos procedimientos en función de la visión del mundo del autor y del punto de vista del género en los que la obra se inserta: en una sociedad injusta, el amor no es posible y para ascender socialmente no basta con apelar a la esfera estética ideal, hay que poner en juego el cuerpo. En ausencia de un "pasado heroico" que lo legitime, el personaje debe demostrar su heroicidad en el presente, sacrificándose. Salvador, a diferencia de Ezequiel y de Juan, no forma parte de ese pasado: he aquí la importancia de los niveles de prehistoria, de un origen que legitima o condena a los personajes. La reivindicación de la coherencia, de la "pureza" del protagonista que es capaz de sacrificarse para integrarse a un orden social más "elevado" halla su fundamento, ya no en una visión idealista –no se trasciende por medio del arte–, sino en la "acción directa" gracias a la cual los deseos del sujeto encuentran su relativa concreción y trascendencia: Salvador no logra unirse a Elena pero consigue ser aceptado y admirado por Juan. A diferencia de lo que ocurría en *Amalia*, el "heroísmo" y la resistencia del personaje radican en su acción, aunque tal acción, para ser efectiva, tenga por precio a la muerte. El descanso final, el momento en que el personaje se sienta en el sillón de la casa de su amada, tiene una alta carga simbólica.

Elena, por su parte, responde a sus "deberes de hija y de hermana" y se halla tensionada entre la honra social y el amor hacia Salvador. Es un personaje apasionado, pero que coloca su deber y la honra social por delante de sus impulsos y pasiones.

El sistema de personajes está organizado sobre la base de un estricto sistema de valores. Frente a las carencias económicas y simbólicas de Salvador –que sólo cuenta con un capital cultural importante pero devaluado a ojos de la elite–, frente a su evidente marginalidad, existe otra marginalidad –esta vez de orden jurídico– en Juan. La exclusión de Juan también es producto de su honra social y de su actitud desafiante frente a una autoridad que intentó humillarlo.

La devaluación del "capital cultural" de Salvador lo aleja de su objeto. Su doble marginalidad reproduce de algún modo la situación del artista dentro de la sociedad de clases, situación que aparece mediada por la intriga sentimental. Vemos cómo en estos textos hay dos sistemas de valores en conflicto: los valores estéticos y los valores sociales.

El aspecto verbal de *Salvador* se expresa a través de dos discursos, a veces complementarios, a veces contrapuestos: el amoroso, de las pasiones, y el del "cuestionamiento social". Esta pasión "civilizada" que caracteriza el discurso de los personajes, pero que también se pone de manifiesto en sus acciones, es evaluada como positiva a pesar de que termina por arrastrar a Salvador a su destrucción. En este nivel, la ideología del texto se verbaliza de manera constante: su verdad es puesta en boca de Salvador que funciona como "personaje embrague". Por las razones enunciadas, el tono de los personajes no podía dejar de estar teñido de rencor: que se expresa a través del tono del desafío y el tono del lamento, tonos románticos, que fueron los de Sarmiento y de *Martín Fierro* y que fueron luego los del protagonista de la gauchesca teatral.

La resolución armónica de conflictos no es posible: en una sociedad injusta, el individuo no puede lograr su objeto. Sin embargo, en su sacrificio –y no ya en sus enunciados– se percibe la posibilidad de trascender el mundo de la experiencia. Si bien la "coincidencia abusiva" que se ensaña con los personajes es representativa de una fase de una sociedad signada por la exclusión, el sacrificio del protagonista y su virtuosismo –en el plano artístico y en el "humano"– funcionan como garantía de los rumbos futuros de ese proceso social inevitable cuyo final obligado es el progreso y la felicidad del hombre.

3. La representación de la historia como alegoría

En *El Genio de América* (1873), de Francisco Fernández la historia aparece como un intento por recuperar la alegoría neoclásica. Hay en ella una postura esencialista en la cual la figura del indígena es presentada como emblema de lo americano, no opuesto a lo universal sino, por el contrario, se propone integrar lo universal, vincularse con Europa y los países más adelantados. Presenta un sistema de personajes alegóricos, polarizado en "positivos" y "negativos" y asociados a dos sistemas de valores opuestos. Entre los primeros se ubican los indios (el inca, la ñusta, la nobleza, el pueblo indio, las vírgenes) y el Genio de América, sujeto de la pieza en el nivel de la acción. En el segundo se sitúan la Conquista, el Jesuitismo, el Papado y a la Monarquía, todos ellos auxiliados por Satanás, que aparece como personaje. Los personajes positivos vacilan y la Conquista ejerce una fuerte seducción, aún sobre el Genio de América, pero finalmente éste se impondrá. En el desenlace de la obra hay una fuerte justicia poética –la justicia de los hombres coincide con la justicia divina y con las ideas de Libertad y Progreso–, por medio de la cual triunfa el Genio de América por sobre sus enemigos, en este caso la Conquista, el Papado y el Jesuitismo. El aspecto verbal refuerza las ideas anteriormente enunciadas por medio del uso del léxico y de la retórica del republicanismo. Esta obra funciona como intertexto de la revista política primitiva, con la cual es casi contemporánea.

4. Conclusiones

En esta segunda fase se limitaron los aspectos políticos de los textos, dominantes en la fase anterior. Si bien se siguieron utilizando los mismos procedimientos –especialmente los melodramáticos–, el discurso del republicanismo, característico del período neoclásico se limitó o se asoció definitivamente a un universo sentimental. Las obras épico-patrióticas siguieron apelando parcialmente a él, pero con una función diferente y de manera limitada asociado a los "nuevos valores" que las elites dirigentes pretendían difundir.

Notas

[1] Creemos que este cuestionamiento al orden civilizado entronca con la situación de Mansilla frente al poder político: su relativa marginación de la esfera política –al igual que la de la generación del 37 bajo el rosismo o, luego, la de José Hernández o Francisco Fernández– no podía dejar de generar un cierto "resentimiento", el cual, de algún modo, fue asimilado a los destinos de su personaje, que se hace eco de sus deseos de venganza frente a quienes se reservan para sí los beneficios de haber sido civilizados, es decir, antirrosistas.

[2] Como *Juan Moreira*, está basado en un caso real. Hay en todos estos textos un fuerte afán testimonial. No es casual que tanto Gutiérrez, como Hernández y Fernández fuesen periodistas.

[3] Dice Chávez (1982: 35) que entre estos textos es posible mencionar: "En primer lugar, el *Martín Fierro* de José Hernández, libro esencialmente político, que no es sino un brillante alegato en favor del gaucho matrero, rebelde no contra la ley sino contra un orden injusto: categoría política, no categoría de derecho penal. '...y ya me gritó 'Anarquista / Has de votar por la lista / Que ha mandado el Comiqué.' Un entrerriano, contemporáneo de Hernández –y como él, militante del jordanismo en la década de 1870–, Francisco F. Fernández, el talentoso *Francisquillo* del Colegio del Uruguay, escribe hacia 1873 su pieza dramática *Solané*. Su protagonista también gaucho matrero, es legítimo hermano del gaucho Martín Fierro, en sus contiendas y adversidades".

[4] Chávez (1982: 35) ha observado que: "El día que la historia de la cultura argentina se escriba sobre un nuevo eje, habrá que dar el sitio y el espacio que le corresponde al pensamiento historicista o antiiluminista que transcurre de Alberdi a Taborda, y a aquellas obras literarias que, exaltando y defendiendo lo americano de la *barbarie* europeísta, constituyen una suerte de *antifacundos* que rebaten la funesta fórmula sarmientina. Y plantean la tesis correcta".

[5] Tal sería el caso de la "barbarización" a lo Conrad del mayor Navarro que relata Sarmiento en su *Facundo*. En este microrrelato se muestra como Navarro adopta las costumbres de los indios y se adapta a su forma de vida bárbara. Es interesante analizar aquellos casos en los que militares civilizados adoptan "estrategias" de combate propias del gaucho. Por lo general, dicha adopción los conduce al fracaso ya que no es posible enfrentar a la barbarie con los métodos de la barbarie.

•••

4.3.3. Puesta en escena y público

por Ana Laura Lusnich y Delfina Fernández Frade

Esta etapa estuvo básicamente caracterizada por la decadencia de las compañías nacionales y el auge de las compañías extranjeras, tanto francesas como italianas y españolas. Este fenómeno, iniciado en los años 40, se debió, en gran parte, al manejo empresario que produjo una acumulación de poder en manos de los administradores teatrales en detrimento de la independencia de las compañías, cuyos integrantes comenzaron a defender sus derechos poniendo coto a las desmesuradas ventajas y prebendas que iban adquiriendo los empresarios.

Lo cierto es que con la crisis se cerraba un ciclo comenzado en 1783 con la actividad del Teatro de La Ranchería, caracterizado por la productividad de las compañías nacionales, para dar paso a un vertiginoso medio siglo en el que dominaron la escena nacional gran diversidad de compañías extranjeras, período cuyo cierre llegó en 1901, con la temporada de los Hermanos Podestá en el Apolo.

Un hecho paradigmático de este proceso fue el fin de las actividades de la Compañía Nacional de Santiago González en abril de 1854 y la llegada, a fines de ese mismo año, de la Compañía Dramática Española de Francisco Torres. Si bien los actores nacionales intentaron diversos modos de continuar con su profesión, abriendo salas en el interior del país a medida que se facilitaba la navegación por los ríos interiores y se extendía el ferrocarril, fueron desalojados paulatinamente por los mismos que ocuparon sus fuentes de trabajo en Buenos Aires.

Entre los ejemplos más significativos de esa diáspora se puede mencionar la partida de Modesto Vásquez y Benito Giménez a Montevideo, en 1852, las funciones de Trinidad Guevara y Pascual Ruiz en Mendoza en 1853, la actividad de Josefa Funes, Telémaco y Emilia González en Rosario en 1855 y, finalmente, en 1856, la función de despedida de Trinidad Guevara, acontecimiento que claramente se presenta como un hecho nostálgico.

Entre las compañías españolas que llegaron a la ciudad en ese medio siglo, se encontraban la Compañía de Matilde Duclós y José Ortiz, la de Tula Castro y Hernán Cortés, la de Francisco Rodríguez, la de Francisco López Valois, la de Rita Carbajo, la de Juan Reig y la de Rafael Calvo.

En España, entre 1830 y 1850, se habían producido dos fenómenos que repercutieron en el teatro de Buenos Aires: por un lado, la concreción del drama romántico y, por otro, la creciente popularidad de las piezas cortas, satíricas y cómicas, que además de representarse en los descansos de las comedias de tres actos, podían también constituirse en un espectáculo autónomo. Casi sin excepción las compañías ponían en escena una comedia o un drama acompañados de una o dos piezas cortas.

Con relación a la dramaturgia romántica, a partir de 1830 el panorama del teatro español estaba configurado por la alternancia de las tradiciones –en muchos casos adaptaciones– de los textos románticos franceses de Víctor Hugo, Ducange, Scribe, con los románticos españoles, como Antonio García Gutiérrez, Francisco Martínez de la Rosa, Rodríguez Rubí, Antonio Gil y Zárate, Navarrete Fernandez, Juan Eugenio Hartzenbusch, etc. Si bien es cierto que, en muchos casos, los estrenos en Buenos Aires se daban casi simultáneamente con los estrenos en España, el repertorio romántico siguió siendo la textualidad dominante a lo largo de todo el período.

En cuanto a la puesta en escena, y debido al advenimiento de las compañías españolas en Buenos Aires y de una tradición precedente vinculada al estreno en nuestro medio de autores románticos franceses y españoles (cuyo paradigma era Víctor Hugo), la puesta en escena romántica se convirtió en uno de los modelos hegemónicos, frecuentado por los directores y actores que estrenaban en el país. En cuanto a las características que presentaba, la puesta en escena romántica había abandonado paulatinamente la fuerte impronta didáctica a favor del exotismo, e incorporó el afán de crear un mundo ficticio a partir del contraste de luces, de los sonidos y de una nueva proxemia dada por el abandono de la frontalidad. El drama y la puesta romántica se caracterizaron, en suma, por la fuerte temporalización y la utilización de un espacio teatral concreto, de forma que la acción aparecía siempre cuidadosamente localizada. En este tipo de producción escénica, la escenografía no era un simple marco de la acción sino que cumplía una función dramática concreta.

La actuación romántica

Respecto a la actuación, Juan José de los Santos Casacuberta ya había introducido procedimientos vinculados a la interpretación romántica en las décadas precedentes. Casacuberta había tomado contacto con las nuevas ideas acerca de la actuación que habían desarrollado tanto Talma en Francia, como Isidoro Máiquez en España, aprendizaje que obtuvo en un viaje a Río de Janeiro concretado a fines de los años 20 y en el que estuvo en contacto con los textos de Talma y de Lekain. En 1831, las críticas ya advertían los cambios generados en su actuación:

> Este caballero posee una excelente figura, un bello rostro y voz delicada, se mueve en el escenario con seguridad y, por ejemplo, en el segundo acto de la comedia fue muy aplaudido por la naturalidad con que dijo un conmovedor parlamento. No hubo allí gritos, vociferaciones, como si la potencia pulmonar fuera primer requisito para ser actor

Con Casacuberta se introducía en el medio teatral un nuevo modelo de actuación que mantenía un claro intertexto con el romanticismo europeo, consistente en un cambio en la manera de declamar y en la incorporación de nuevos procedimientos como la media voz, los silencios, los matices y los contrastes. Este conjunto de recursos declamatorios acordes a la poética romántica, que Casacuberta concretó en nuestro teatro, fue descrito en una crítica de *El Diario de la Tarde* (28/4/1837) en los siguientes términos:

> El señor Casacuberta (...) se ha desempeñado con una inteligencia singular. Dotado de una figura dramática, su fisonomía misteriosa, su frente pálida, que anuncia fatalidad, la elegancia y soltura de su modales, lo hacen un grande actor, dispuesto con especialidad para realizar esos personajes siniestros, que nos ofrece la escuela romántica

En España las nuevas tendencias se habían difundido, fundamentalmente, a partir de la creación del Real Conservatorio de María Cristina, uno de cuyos maestros fue Carlos Latorre, actor predilecto de Zorrilla y compañero y discípulo de Isidoro Máiquez, otro de los artistas más aclamados del drama romántico español. También Julián Romea, Teodora Lamadrid, Matilde Diez y José Valero, actores reconocidos del drama romántico, fueron profesores del Conservatorio. Una de las características que es interesante destacar, dada la trascendencia que alcanzó en el medio teatral, fue la circulación de una serie de manuales que, escritos por los propios actores, plasmaban sus experiencias y la nueva concepción declamatoria. Latorre publicó los apuntes de su experiencia docente en *Noticias sobre el arte de la declamación* (1839); Romea hizo lo mismo con *Manual de declamación* (1858). Estos manuales trataban algunos aspectos vinculados a la técnica interpretativa, a la gesticulación, pero fundamentalmente a las formas del decir, nivel en el que se habían producido los mayores cambios. Así, aunque en forma muy moderada, ya que la gran escuela de actores era la compañía, los primeros actores se constituían en maestros también fuera de ella. De esta experiencia, a lo largo de su carrera, se nutrió Casacuberta.

Sobre la práctica escénica, el repertorio que era muy similar en cada una de las compañías, estaba condicionado por la figura del primer actor-director de la compañía y por los empresarios. Este sistema de producción de los espectáculos permitía a los actores elegir personajes en los que se destacaban más sus cualidades o que fueran más fáciles de interpretar o, incluso, que no tuvieran la tradición de interpretación de otro primer actor que arriesgara, en la comparación, el prestigio personal. El poder de los actores en las compañías era tal, que los dramaturgos muchas veces se veían obligados no sólo a elaborar los papeles a medida del intérprete, sino también a escribir determinados géneros, ya que algunos actores preferían un género en particular y se negaban a actuar en otros que no eran de su gusto.

Siguiendo a De Marinis (1995), puede señalarse que el lugar del texto en esa forma de producción no se basaba en el texto global sino en la parte o papel (lo que cada actor debía hacer en escena). Los actores trabajaban su rol en forma aislada y el texto se recomponía sólo en el espectáculo. Las partes eran asignadas a cada actor sobre la base de los papeles interpretados con anterioridad: primer actor, primera dama, damita joven, etc. Tanto el director de la compañía como el elenco conocían bien el rol y, para el espectador, funcionaba como horizonte de expectativa: ya conocía sus características y la evolución de los sucesos de la intriga. La técnica compositiva era la del montaje de fragmentos, técnica de los grandes actores, opuesta a la ideología textocéntrica.

En el teatro de roles se aprendían las técnicas de interpretación mediante el ingreso a una compañía, viendo e imitando a los actores de mayor edad y trayectoria; incluso había una tradición para determinados personajes que funcionaba a partir de la imitación que hacían los actores más jóvenes del desempeño de los grandes actores. Si, como se ha afirmado, los mayores cambios interpretativos se produjeron en el nivel de la dicción y del gesto, sin embargo, aún con los matices que pudiera aportar la poética romántica, seguía respondiendo a la teoría clásica del mismo, que hallaba su formulación más acabada en la conocida *Enciclopedia* escrita en el siglo XVIII: "Los gestos son signos exteriores y visibles de nuestro cuerpo, mediante los cuales se conocen las manifestaciones interiores de nuestra alma" (Pavis: 1994[a]).

Puesta en escena romántica: decorados, iluminación, acompañamiento musical

Los estrenos y las reposiciones realizadas por las compañías españolas y francesas que llegaron a Buenos Aires implicaron la actualización del modelo de puesta en escena romántica legitimado en Europa. En España y en otros países, ya hacia los años treinta, frente a la tradición neoclásica, se había afianzado la puesta en escena romántica: se trataba de un modelo que privilegiaba la concreción de los signos temporales y espaciales y su función dramática.

En el transcurso del siglo XIX, a la luz de las innovaciones técnicas en materia de iluminación y escenografía, los espectáculos comenzaron a incluir telones no sólo en los intervalos entre actos (tal era su uso tradicional) sino también entre las diferentes escenas, a fin de realizar cambios drásticos en sus decorados cada vez más realistas y crear de ese modo una sensación de movimiento y dinamismo en el espacio. Este tipo de artificio, directamente asociado a las necesidades del drama romántico que contenía la tensión creciente y la celeridad impresa a la acción, tuvo su correlato escénico en la rápida transición entre escena y escena, tanto como en la habilidad en el movimiento y el cambio de escenarios. Al uso de telones simultáneos y superpuestos en diferentes niveles de profundidad y a la focalización mediante la perspectiva en escorzo o mediante la iluminación de un sector del escenario, se sumó la idea de la escena panorámica (un largo telón pintado de fondo que se desenrollaba gradualmente) como un método eficaz para simular movimiento o desplazamiento. El uso de sonidos ambientales (banjos, canciones, ecos) contribuía, de forma complementaria a la construcción de un espacio tridimensional. Era de práctica encargar a los compositores la música ambiental, de acompañamiento de las escenas habladas a fin de acrecentar la emoción, y una partitura adicional que creara estados de ánimo que trascendieran esas partes habladas. Una serie de cambios en la arquitectura de los teatros y, específicamente, de los escenarios, integraron la función de la escena con el argumento. A tal efecto, la construcción de estructuras cada vez más trabajadas, tanto en carpintería como en pintura, amplió sus horizontes al ámbito global del escenario, eliminando el proscenio, o bien introduciendo el empleo de un marco (bordes dorados o coloreados de más de medio metro de ancho) alrededor de la boca del tablado. En líneas generales, los telones y los decorados eran traídos de Europa y eran elaborados por pintores de trayectoria. Se utilizaban en series sucesivas o alternadas de puestas, conservándose en los talleres de los teatros y, en algunas oportunidades, su renovación implicó el aumento de las localidades. Como ejemplo, *La Crónica* (17/1/1856) comentaba que, en la presentación en el Teatro Victoria de una nueva compañía dramática española dedicada a presentar en las tres primeras funciones un drama español (*La locura de amor*, dirigido por el primer actor José Ortiz), el drama *Sancho García* (dirigido por el primer actor Juan García) y la comedia en un acto *Por no explicarse* (interpretada por Matilde Duclós), como resultado de los gastos extraordinarios de iluminación y decoraciones nuevas, se elevó el precio de la entrada de las tres funciones anunciadas a veinte pesos. Aparentemente, luego el precio de las localidades volvía a ser el habitual.

En el contexto de la puesta romántica la iluminación cumplió distintas funciones, especialmente simular cambios en el espacio y en el tiempo, y trazar relaciones entre el personaje y el entorno. Siguiendo los usos europeos que, en materia de iluminación, reemplazaron las bujías por el gas, los espectáculos representados en Buenos Aires combinaban lámparas y candelabros de gas que proveían una luz brillante y podían controlarse desde una fuente a voluntad, con algunas lámparas de calcio, las que suministraban luces muy brillantes útiles para crear ciertos efectos (amanecer, crepúsculo). Como consigna Panettieri (1982: 33), en 1852 Buenos Aires iluminaba sus calles utilizando aceite de potro. Un año más tarde, se fundaba la Compañía Primitiva de Gas, y en 1856 se inauguraba ese tipo de alumbrado con distintos destinos sociales. La posibilidad de realizar ciertos efectos de luz permitió que este signo escénico comenzara a formar parte de los parlamentos y de las didascalias, los que consignaban efectos naturales tales como el resplandor, los rayos del sol y de la luna, los efectos de luces y sombras, el recorte de siluetas, y efectos espectaculares como por ejemplo el empleo de la luz roja para simular un incendio, el uso de ondas que sacuden la superficie del agua, las nubes o las tormentas. El control de la fuente luminosa posibilitó, como efecto secundario, desvanecer o suplantar escenas a partir del oscurecimiento gradual del escenario y su posterior iluminación. Avanzado el siglo XIX, en 1879, la iluminación teatral moderna evolucionó a partir de la invención de la lámpara de filamento incandescente (o luz eléctrica), que imprimiría al drama romántico nuevos recursos y efectos visuales. Entre estos, las disolvencias, la refracción en cristales o espejos y las proyecciones, ampliaron considerablemente el modelo de la puesta en escena romántica.

Un estreno paradigmático. *La rosa blanca*: la conciliación de un autor nacional y los estímulos externos

La rosa blanca, de Martín Coronado, se estrenó en Buenos Aires el 16 de junio de 1877 en el Teatro de la Ópera. El autor eligió para esa ocasión a la compañía española de Hernán Cortés y Tula Castro, uno de los elencos en actividad en la etapa de consolidación del clima intelectual del ochenta, habituada a la representación de textos dramáticos pertenecientes al neo-romanticismo español heredero de Luis de Larra, Ignacio López de Ayala, Manuel Tamayo y Baus, Luis de Eguílaz, Marcos Zapata, todos ellos autores españoles de vasta producción.

De acuerdo con la tradición porteña, la obra fue estrenada conjuntamente con la petipieza *La fe perdida*. El elenco, encabezado por Tula Castro (Irene) y Hernán Cortés (Gaspar), se completaba con los actores Matilde Macías de Cortés (Adela), Mariano Ruiz (Mauricio), José Navarrete (Ramón) y Fernando Cubas (Bruno), todos ellos de trayectoria en escenarios extranjeros y locales. El texto, que recuperaba la estructura en tres actos del texto dramático romántico, tuvo elogiosos comentarios de los medios periodísticos, los que destacaron especialmente dos aspectos: a) el hecho de estrenarse una nueva obra nacional (*La Nación*, 15/6/1877) y b) la recuperación escénica de la versificación que estructura el texto de base (largas tiradas de redondillas que alternan en algunos pasajes endecasílabos y heptasílabos), acorde con el romanticismo imperante en el teatro porteño. Este tema fue señalado, entre otros medios, por *La Ondina del Plata* (24/6/1877), que hizo hincapié en la sonoridad del texto pronunciado y en los clímax dramáticos gestados a partir de los arranques de pasión repentina y por *La Nación* (19/6/1877), que sostuvo que se trataba de una versificación correcta, fácil, elegante.

En cuanto a la estructura dramática, varios medios discutieron la presencia de algunos defectos en las situaciones y en el desarrollo de la acción, especialmente la complicación sentimental que amplifica la intriga a múltiples personajes y parejas. *La Nación* (19/6/1877) atribuyó en cambio los defectos a la coyuntura propia de toda pieza inaugural de la producción de un autor. En el momento de su estreno, autores reconocidos como Rafael Obligado y Atanasio Quiroga sostuvieron que el valor inmanente de *La rosa blanca* residía en el carácter nacional de la obra; con tal interés, elevaron a la Academia Argentina, el 15 de septiembre de 1874, un copioso informe que analizaba las características autóctonas del argumento, los caracteres y la ambientación propuestos en el texto de Coronado. Décadas más tarde, Castagnino (1950ª: 80) la definía como un antecedente crucial del teatro argentino:

> La iniciación teatral de Martín Coronado tiene importancia en la historia de la literatura dramática argentina porque no cabe considerarla como hecho aislado (...) Es un momento en el panorama teatral premoreirista y forma parte de un proceso donde cabe registrar más de cuarenta piezas semejantes, escritas por argentinos o uruguayos, y la labor de varias sociedades protectoras de la dramática nacional.

No obstante este interés por asentar hitos fundacionales de una dramaturgia nacional, gran parte del énfasis declamatorio y del "vuelo poético" del texto, que fueron advertidos conjuntamente con las deficiencias en la gradación dramática, no revelan las indecisiones de un autor debutante en el género sino, por el contrario, una proximidad muy grande con la textualidad romántica española; baste para comparar la escritura de José Echegaray, a instancias de un actor influyente como Rafael Calvo, de una pieza a la altura de su lucimiento declamatorio:

> Echegaray le contestó a los pocos minutos: – ¿Qué le parecería a usted un drama cuya situación capital consistiera en que un padre tuviese en sus labios la muerte segura, fatal, inevitable de su hijo?– Rafael Calvo creyó ver en seguida el drama. ¿Lo había visto Echegaray? No; ninguno de los dos veía en aquellos instantes el asunto; era la idea lírica, la estrofa vibrante, el poema, lo que enamoraba al gran actor y al gran autor. (Citado en Monner Sans, 1944: 91)

Martín Coronado, espectador consecuente del modelo español, se apropió de esa concepción de un teatro "de situaciones" más que de desarrollo dramático. A su vez, esa escritura estaba hecha a la medida de sus seguros intérpretes: las compañías de ese mismo origen, con actores formados en la escuela del mismo Calvo, el actor más prestigioso de la península en ese momento. El análisis de Quiroga y Obligado contribuyó a estimular a la compañía de Hernán Cortés para estrenar la pieza, pero también lo hicieron, agrega Castagnino (1962: 29), "las leoninas condiciones a que se avino Coronado", que pesaron en Eduardo Bustillo, director artístico y administrador del elenco, para decidir la inmediata puesta en escena, sin mayores ensayos.

El público

Panettieri (1982: 15) sostiene que, a mediados de siglo,

> el millón de habitantes, excluida la población indígena, que Diego de la Fuente calcula para 1853, se había acrecentado, aproximadamente, en un 80% dieciséis años más tarde. Esta cifra, 1.736.923, es la información más objetiva que podemos obtener como resultado del primer censo nacional realizado en el país en 1869.

Según el mismo, la mayoría de los extranjeros radicados en el país eran italianos (71.500), 35.000 eran españoles y 32.000 franceses. Si bien el fenómeno inmigratorio ya había comenzado a producir cambios en la configuración social porteña, no puede considerarse como determinante del fenómeno que produjo el advenimiento de las compañías extranjeras a Buenos Aires.

Sin embargo, es posible pensar que la principal estuvo asociada a la demanda del público. En el horizonte de expectativa del público primaba el teatro romántico, así como la modalidad de los roles. Se asistía al teatro para ver cómo una primera actriz o un primer actor desempeñaban determinado papel, ya conocido. El repertorio de las compañías era muy similar y se reponía periódicamente. Sin embargo, la novedad la aportaban las figuras del teatro europeo, cuya llegada despertaba en el medio local grandes expectativas. Se lee en *La Crónica* (17/12/1854) a propósito de la llegada de la Compañía de Santiago González:

> Hemos asistido a la tercera función extraordinaria de la compañía española y confesamos con placer que el entusiasmo que desde su aparición sentimos, no ha de desmentir todavía, pudiéndose saberse que con genialidad ella ha logrado establecer su crédito y dar garantías de un éxito feliz a los empresarios del teatro de la Victoria

Por su parte, *La Opinión*, (17/12/1854) agregaba:

> La empresa alentada por el buen resultado de las tres primeras funciones ha resuelto abrir una temporada, en la que se pondrán en escena dramas, comedias, petipiezas, bailes y sainetes de gran mérito. No dudamos que todas las aposentadurías serán tomadas y que la primera temporada dramática satisfará las expectativas del público

Pese a estos comentarios alentadores, es necesario aclarar que durante todo el período la cantidad de espectadores era escasa y apenas alcanzaba a cubrir las necesidades de las salas que albergaban a las compañías extranjeras y, muchas veces con dificultades. Sobre el interés y la permanencia de estos elencos, (Rama, 1982: 131) ha afirmado:

> Las élites cultas del XIX se desvivieron para organizar compañías teatrales similares a esas europeas que hacían sus bre-

> ves y triunfales giras por el Plata cobrando suculentas libras esterlinas. Siempre fracasaron. Concebían un teatro a imagen y semejanza del europeo que los visitaba, escribían obras que en todo se parecían a las que traían los extranjeros, conseguían actores que pulcramente imitaban a los españoles e italianos. Sólo que no lograban un público que sostuviera este empeño.

En líneas generales, frente a un conjunto estrecho de receptores, el público que a fines del siglo asistía a los ámbitos teatrales no concurría a las representaciones: "porque nada les decían de su propia vida; y, aquellas que fueron público suficiente para alimentar las giras de las compañías extranjeras, no disponían de suficiente número para sostener en forma permanente un teatro que las representara". (Rama, 1982: 131)

Conclusiones

Los modelos y los parámetros que asumieron las puestas en escena de las compañías procedentes de Europa, más allá de los antecedentes mencionados (el estreno y el reestreno, en las primeras décadas del siglo XIX, de los textos de Víctor Hugo; los cambios en el estilo interpretativo propiciados por Juan José de los Santos Casacuberta), los elencos se caracterizaron por estrenar de forma sistemática las obras de los autores románticos españoles y franceses (García Gutiérrez, Martínez de la Rosa, Rodríguez Rubí, Gil y Zárate y Ramón Navarrete y Fernández fueron algunos de los primeros; Hugo, Ducange y Scribe fueron los autores franceses más solicitados) y por plasmar su modelo de puesta. En cuanto a la actuación, los maestros y actores franceses (Talma) y españoles (Máiquez, Latorre, Romea) fueron los artistas que intervinieron en la renovación y en la reversión de los procedimientos y recursos, especialmente en lo referido a los recursos declamatorios y a la dicción de los parlamentos. Por otra parte, con el interés de destacar las cualidades y los registros individuales de los actores (especialmente de aquellos que lideraban las compañías), los miembros de los elencos distribuían los papeles con cierta regularidad, circunscribiendo en líneas generales los estrenos a la reiteración de ciertos géneros y roles. En este aspecto, el estreno de 1877 de *La rosa blanca*, de Martín Coronado, suscitó los mayores elogios en cuanto a la distribución de los papeles (Tula Castro y Hernán Cortés en los roles centrales, Matilde Macías de Cortés, Mariano Ruiz, José Navarrete, Fernando Cubas, en los secundarios) y en cuanto a los procedimientos que caracterizaban la declamación romántica: la recuperación escénica de la versificación que estructura el texto de base, la sonoridad del texto pronunciado, los clímax dramáticos gestados a partir de los arranques de pasión. Como definía Talma en sus *Memoires dramatiques,* la declamación "es hablar con énfasis; de ahí que el arte de la declamación es hablar como no se habla. Además, me parece extraño emplear para designar un arte, un término que se usa al mismo tiempo para criticarlo". (García Velloso, 1926: 127)

Los estrenos y las reposiciones realizadas por las compañías españolas y francesas que llegaron a Buenos Aires se distinguieron por la elaboración de puestas acordes al canon espectacular romántico. Las innovaciones técnicas registradas en el campo de la iluminación (la iluminación a gas y luego la eléctrica, regulables en su intensidad y en su apertura espacial) y de la escenografía (uso intensivo del telón, cambios periódicos de los decorados, efectos especiales, intensidad de la banda sonora) implicaron la construcción de un espacio tridimensional, dinámico, cargado de una funcionalidad dramática que excedía la mera ambientación de las escenas.

Como es posible apreciar, la producción y la circulación de estas compañías europeas obedecieron al interés de un núcleo de artistas y agentes culturales que promovieron en el país el asentamiento y la legitimación del drama y de las puestas románticas, hegemónicos en el panorama europeo. El público asistente se reducía a segmentos restringidos de la población (sectores urbanos, público letrado), atraídos por ciertos autores y primeros actores, que acudían específicamente a los recintos teatrales que los albergaban. Más allá de esta mirada europeizante, los sectores populares que asistían al resto de las salas del centro y de la periferia de la ciudad, Castagnino (1950[a]) expone una perspectiva diferente, destinada a precisar la labor de Coronado y de otros autores argentinos y uruguayos en el panorama teatral premoreirista. En un contexto signado por la preeminencia de un modelo de texto y de puesta, Coronado se presentó como un autor nacional que fusionaba ciertos parámetros del drama romántico de raíz europea con las necesidades y los temas de índole local.

•••

4.3.4. La polémica sobre el "teatro nacional": el Círculo Científico Literario y la Academia Argentina

por Laura Cilento

Afirma Guillén (1985: 411) que "una cosa es que una literatura exista y otra el que quiera existir, alentada por un proyecto político o cultural". En este mismo tenor se inscriben las discusiones en torno de los orígenes y formación del teatro nacional, cuyo análisis debe deslindar los datos objetivos de constitución de un sistema teatral respecto de los gestos, exitosos o no, de institucionalizarlo o, más precisamente, de instituirlo.

Etapa previa a la constitución del campo teatral y también del literario, la década de 1870 permite localizar algunas manifestaciones de incipiente profesionalización. Entre esas formas concretas debe contarse el surgimiento, a partir de 1869 con *La Prensa* y luego, en 1870, con *La Nación*, del periodismo concebido no ya como órgano político (aunque de hecho funcionara sectariamente) sino como "empresa". En torno de este fenómeno gravitó una serie de cambios respecto del funcionamiento anterior del periodismo: ampliación del lectorado, abaratamiento de costos, introducción de publicidad como medio de financiamiento y de folletines como atractivo para el consumo regular. Como afirma Cavalaro (1996: 86), "el periodismo –alejado de su cariz político– debía conformarse como una sociedad anónima que, para financiarse, requería de mucho más que las suscripciones adelantadas para la compra de ejemplares".

El fenómeno del crecimiento de la prensa constituyó una primera zona de alejamiento de la producción intelectual respecto de la mirada exclusiva de la clase dirigente al tiempo que instituyó el mercado como principio de legitimación del producto. Otro fenómeno concurrente desde el punto de vista de lo editorial como actividad comercial fue la aparición del tipo del "editor" que asumía los riesgos de la impresión. Este fue el paso dado por algunos libreros, como Carlos Casavalle, dueño de la Imprenta de Mayo, quien asesorado por Juan María Gutiérrez solventó la publicación de autores nacionales y de algunas de las revistas más importantes del período, como *La Revista de Buenos Aires* (1863-1871), *La Revista del Río de la Plata* (1871-1872) y *La Revista de la Biblioteca Pública de Buenos Aires* (1879-1882). (Cavalaro, 1996: 89)

No obstante, Quesada (1893: 123) se quejó de lo que aparentaba –aún en ese momento posterior– ser un círculo vicioso: "mientras no exista la profesión de 'hombres de letras', no habrá verdadera literatura nacional", aunque con el aumento del número de suscriptores se hubiese podido concretar lo que lograban las revistas europeas: "pagar debidamente los artículos que se publiquen" (Quesada, 1893: 127).

Fueron estos intelectuales quienes habían pretendido generar el lanzamiento de un teatro nacional desde bases escasamente profesionales, con limitaciones para sostener a los escritores y crear un mercado para sus productos culturales.

En ese contexto surgieron formaciones, organizadas con la lógica de asociaciones cuya finalidad fue proteger (o auto-protegerse) para la generación de proyectos culturales.[1] Las mismas continuaron teniendo, en las décadas siguientes, los rasgos característicos de agrupaciones intelectuales más o menos informales y carecieron de la regulación propia de las instituciones. No obstante, la sociabilidad de los intelectuales de la época los impulsó a investirse del estatuto de asociaciones profesionales; entre las más importantes de la década deben contarse la Academia Argentina de Artes, Ciencias y Letras y el Círculo Científico Literario. Fueron miembros de la primera los sectores más conservadores y de mayor trayectoria: Juan Carballido, Luis T. Pintos (iniciales presidente y secretario, respectivamente); Clemente Frejeiro, Gregorio Uriarte, Atanasio Quiroga, Eduardo L. Holmberg, Ernesto Quesada, Carlos Vega Belgrano, y principalmente Martín Coronado y Rafael Obligado.

La Academia había sido creada en 1873, más precisamente en la fecha patria del 9 de julio, y este hecho, lejos de ser casual, da cuenta de uno de los postulados básicos de la agrupación, según se expresó en varias de las declaraciones públicas de sus miembros:

> Ciencias, letras, artes, todas las nobles manifestaciones del pensamiento, han ensanchado su esfera de acción en nuestro seno, y unidas en fraternal abrazo, han dominado obstáculos y vencido preocupaciones, para tomar el colorido y la vida de todo

> lo que nos rodea, y dar de una vez por todas, "el sello de la patria a las obras de la inteligencia argentina" (Martín Coronado, 1878) (El entrecomillado es nuestro.)

Este objetivo nacionalista se conjugaba con la línea ideológica romántica que aspiraba a la independencia cultural; no obstante, los logros de la Academia no gozaron de una repercusión inmediata, como lo prueba una nota de la *Revista Literaria* (15/6/1875), que aún se refería a ella como "un centro de estudios, desconocido del público y que es digno de los mayores elogios".

El Círculo, por su parte, estaba atravesado por una marca social y generacional, según García Mérou (1973: 105): "Allí se encontraba la flor y nata de la nueva generación literaria"; entre sus numerosos miembros, figuraron el propio García Mérou, Carlos Monsalve, Benigno B. Lugones, Adolfo y Julio Mitre, Alberto Navarro Viola, Rodolfo y Enrique Rivarola. A pesar de la tendencia nacionalista de la primera agrupación y del carácter declaradamente cosmopolita de la segunda, muchos miembros alternaron entre una y otra: Quesada, Holmberg y García Mérou son claros ejemplos. Este último, no obstante, demostró que existía una filiación ideológica que no se borraba en el intercambio constante propio de un círculo intelectual estrecho; en sus *Recuerdos literarios* de 1891, glorificó sus días dedicados al Círculo Científico mediante una parodia de la épica: –"Canta, ¡oh Musa! la leyenda del Círculo Científico Literario, y las comidas inolvidables de La Bohemia, estoy tentado de exclamar al engolfarme en esta parte de mis recuerdos" (1973: 105)– y satirizó los proyectos de la Academia: "La Academia penetraba también en otro género de terrenos, con una ingenuidad adorable, y se empeñaba en crear nada menos que el arte nacional, la literatura nacional y hasta el Teatro Nacional, dramático y lírico" (1973: 243). De este último intento surgió una agrupación específica dedicada al fomento del teatro de signo local: la Sociedad Protectora del Teatro Nacional, que funcionó orgánicamente entre junio de 1877 y agosto de 1878 (Castagnino, 1977).[2]

Intelectuales y teatro en 1870: algunos rasgos descriptivos

A partir de estos datos pueden establecerse algunas peculiaridades que guiaron el acercamiento de los intelectuales del 70 al fenómeno teatral, teniendo en cuenta su relación ajena, dependiente o conflictiva respecto del desenvolvimiento de las compañías extranjeras instaladas en el país.

El caso de Martín Coronado representa un claro ejemplo de las raíces academicistas que asumía la consagración dramática para los autores argentinos de la época. Los pasos hacia su primer estreno dejan al descubierto dos esferas de discusión netamente discriminadas: las poéticas dramáticas por un lado, y por otro la inserción de los textos en los escenarios.

a) Formaciones que quieren institucionalizarse: Si la actividad intelectual de la denominada Generación del 80, a la que pertenecían los nombres mencionados, se regía por la escritura fragmentaria y otras marcas de anti-institucionalismo (Jitrik, 1982), la década anterior no constituyó un precedente que difiriera a grandes rasgos de aquel en lo que respecta a la profesionalización. Sin embargo, las formaciones intelectuales, en la década del 70, aspiraron a organizarse con un criterio de "asociación profesional" y un academicismo que si bien no cristalizó en entidades estables marcó una pauta de nucleamiento que aún no regulaba la inclusión de las producciones en un "mercado", pero sí bajo un régimen de auto-exigencia y pretensiones de rigurosidad.

La constitución "legalista" de la Sociedad Protectora del Teatro Nacional (con bases, elecciones de junta directiva y redacción consensuada de reglamentos), aunque sólo convocó, según reza la noticia aparecida en *La Nación* (15/6/1877), a "varias personas, respetables y conocidas en la república de las letras" (Castagnino, 1977: 199), representó esta inquietud. A su vez el Círculo había surgido de un ámbito académico; su antecedente, la Sociedad Estímulo Literario, funcionaba los domingos en el Colegio Nacional (García Mérou, 1973: 106).

Por su parte, Coronado (1926: 294), evocó en sus memorias su introducción, a instancias de su amigo universitario Juan Carballido, en la Sociedad "El Porvenir Literario", antecedente de la Academia Argentina:

> La componían varios jovencitos que se empinaban para llegar a los veinte años, llenos de nobles y candorosos entusiasmos, que todos los sábados, su día de reunión, hacían resonar los ámbitos del escueto local de sus sesiones, con tiradas pelleta-

> nescas los incipientes oradores, y con vibrantes estrofas archirrománticas los futuros poetas.

El ámbito de reunión devino en tertulia privada: jóvenes intelectuales que se congregaban primero en cafés y luego en la casa de Rafael Obligado.

Los años 70 podrían caracterizarse, entonces, como la época en la que las formaciones intelectuales intentaron derivar en instituciones. Su método lo habría signado una experiencia del mundo no regida aún por criterios propios de la explosión del "estado de bienestar" y riqueza de los 80, que generó otra modalidad de vida social, de relaciones con el extranjero y de mostración de la subjetividad. Así lo evocó García Mérou (1973: 197), probablemente exasperado por la crisis financiera que atravesaba el país en esos momentos:

> La juventud pensaba más en los libros y en los estímulos artísticos que en las *americanas* y el paseo obligatorio a Palermo. Había menos espíritu *high-life*, menos dandismo, menos hipódromos y garitos, de alta y baja categoría. Por mi parte, y creo que lo mismo les pasa a muchos de mis compañeros, recuerdo siempre con el mayor placer aquel alegre período de la vida en que la enfermedad denominada *aguilismo* era tan general y en que gastábamos la actividad y la fiebre de nuestra juventud en los más rudos excesos de trabajo intelectual.

Las palabras de García Mérou que recuperan la década del 70 oponen orden/disolución, moral del trabajo/moral del ocio, al trazar el cambio de dirección que tomó la intelectualidad porteña en la década posterior. También sugiere, veladamente, que el joven de la década del 70, por obra de su alejamiento de los entretenimientos mundanos, se mantuvo mucho más alejado también del contacto con la farándula, el espectáculo y sus intérpretes.

b) Preocupación por la nacionalización de la cultura: El nombre mismo de la Sociedad Protectora, al tiempo que señala el gesto voluntarista de apadrinar a textos y autores, designaba un campo en el que pretendía incluir las producciones de sus miembros: el "Teatro Nacional". Según las bases publicadas en el número de *La Nación* (15/6/1877), el propósito de la Sociedad era "fomentar y protejer (sic) el desarrollo de la literatura dramática en la República Argentina" (Castagnino, 1977: 199); con tal fin se abocó a generar recursos económicos para, en definitiva, llegar a "la fundación de un teatro donde esas piezas deban ser representadas" (Castagnino, 1977: 200). Al no hacerse efectivo este último propósito, llegaron las negociaciones con las compañías asentadas en los teatros existentes, especialmente con la del español Francisco Rodríguez, del Teatro de la Victoria.

En forma previa, las discusiones internas se agotaban en mecanismos de exhibición y evaluación inmanentes a ese ámbito. Una vez finalizada la escritura de *La rosa blanca*, segunda obra de Coronado (la primera, *El corazón y la cabeza*, quedó inédita), el texto fue leído y evaluado en el ámbito de la nueva agrupación, la Academia Argentina, en setiembre de 1874.

El texto resultante de esa experiencia fue "*La rosa blanca*. Estudio crítico presentado a la Academia Argentina en la sesión del 15 de septiembre de 1874", constituido en metatexto acerca de una obra dramática, acto de recepción reproductiva que corrió paralelo y alejado respecto de la esfera del espectáculo teatral por su apego a un rigor académico que no sólo evaluaba, sino que creaba las normas a partir de las cuales emitiría sus juicios. El informe fue elaborado por dos personalidades disímiles desde el punto de vista de la especialización: Rafael Obligado, el escritor, y Atanasio Quiroga. Este último distaba de poseer antecedentes firmes en el campo de la escritura dramática, e incluso literaria: fundador del doctorado en Química en la Facultad de Ciencias Exactas y docente en la Facultad de Ciencias Médicas; organizador y director del laboratorio químico del Ministerio de Agricultura (Abad de Santillán, 1960), no se hizo conocer por ninguna producción literaria, aunque debe admitirse que conjugaba con los intereses heterogéneos de la Academia, que contó con otros científicos (Eduardo Holmberg, Félix Lynch Anibálzaga). Precisamente en su memoria publicada en la *Revista Literaria* de junio de 1875 hace constar que elaboró –incursionando en otra rama científico-técnica– un modelo e informe de un nuevo aparato mecánico, el "motor hidráulico". Esta multiplicidad de roles provocó la perplejidad de críticos como Barcia (1976: 1), quien no pudiendo arriesgar una competencia tan variada en Quiroga supone que "En la imposibilidad de señalar en forma discriminada qué aportó el confirmante al análisis del drama, quizá pueda suponerse que el orden, pues, en efecto, es el de mejor ordenación interna de cuantos escribiera el poeta".

Dos objetivos básicos guiaron el informe: medir los logros estéticos de *La rosa blanca* y determinar si la obra "puede decirse nacional" (Coronado, 1925: 263). El segundo objetivo los obligó a definir esa característica para nuestro teatro en general. El discurso, de esa manera, se volvió prescriptivo: si bien no renegaban de la universalidad de toda obra en tanto el arte no reconoce fronteras (el caso más acabado es Shakespeare y la ambientación exótica de sus textos), entendieron como propio del momento que atravesaba el país fundar un teatro nacional en elementos autóctonos: destacar héroes, aspiraciones y vicios del pueblo (estos últimos, estilizados); dramatizar hechos del país; pintar "la naturaleza del suelo de nuestra patria"; dotar de colorido local el lenguaje de los personajes.

El caso de *La rosa blanca* es representativo de esta tendencia, según el estudio, si bien a primera vista la historia de la joven Irene, que se interna en la demencia por un amor oculto, poco tiene de héroes, escenarios, colorido local en el lenguaje o hechos característicos de la sociedad porteña, como rezaban los preceptos anteriores. En este sentido, los mecanismos que utilizaron para justificar el carácter nacional del texto de Coronado son esclarecedores respecto de los gestos autolegitimadores de la Academia.

Cuando Obligado y Quiroga afirmaron que la obra respondía "al gusto de nuestro público y a nuestra manera de ser" crearon no sólo un modelo de "teatro nacional", sino que también instauraron un modelo de autor y un modelo de receptor. Este último (¿lector, futuro espectador?) nació de una percepción "moderna" de un público heterogéneo, acrisolado: "nuestra sociedad, producto de muchas razas agrupadas hoy bajo un mismo cielo que le da un carácter propio, ama la verdad sujeta al arte, como el pueblo español, el movimiento como el francés, la sensibilidad como el italiano, la libertad y la Naturaleza como el indígena de América". (Coronado, 1925: 259)

Sin embargo, tal amplitud de miras para definir el cosmopolitismo argentino se estrecha cuando se debe dar cuenta del "elemento nacional" en la obra, especialmente al destacar la elección de un espacio de evidente cuño aristocrático: "Pocas son las familias que no abandonan durante el estío la ciudad de Buenos Aires, en busca de esas preciosas casas de campo..." (Coronado, 1925: 259).

Igualmente problemáticos resultaban los personajes que debían representar los "héroes, aspiraciones y vicios de nuestro pueblo" en *La rosa blanca*. Los evaluadores hicieron el intento, y propusieron a Gaspar, prototipo del médico humanista:

> Tal carácter, en armonía con la época de verdad que atravesamos, en que la ciencia ha abandonado cuanta abstracción pueda alejarla del hombre, encarna en el Doctor Gaspar una de esas lecciones benéficas que se recogen siempre con avidez en presencia del materialismo de los últimos tiempos. (Coronado, 1925: 268-269)[3]

Por su parte, la indefinición de Ramón (su "falta de toda pasión y de todo vicio"), según sus forzados argumentos, "acusa la existencia de una sociedad nueva como la nuestra, no conmovida aún profundamente por las borrascas de la vida". (Coronado, 1925: 271)

Este movimiento de legitimación puramente virtual estuvo compensado por el reconocimiento implícito hecho por Obligado y Quiroga, a su pesar, de la irradiación cultural del teatro español tanto en la producción dramática como en la plaza teatral porteña. Tanto es así que un dramaturgo tenía sólo dos opciones: hacer una obra nacional o transformarse en "reflejo de la escena española". También formó parte de este reconocimiento velado la concesión al "dejo español" que detectaron en los personajes de Coronado, teniendo en cuenta que esa decisión había respondido a la nacionalidad de los posibles intérpretes. No estaban desacertados, ya que *La rosa blanca* fue estrenada en el Teatro de la Ópera por la compañía española de Hernán Cortés el 16 de junio de 1877. No era ociosa sin embargo la obsesión por la "independencia cultural": la crítica que recibió *La rosa blanca* en la prensa de la época volvió a insistir, a pesar de la huella dejada por los modelos en el autor, en la necesidad de perfeccionar su producción según los viejos patrones estéticos: "al felicitarle, creemos de nuestro deber alentarle con nuestra voz, para que perseverando en la senda emprendida, se dedique al estudio de los grandes maestros del Teatro Español, seguro de que en no lejano tiempo recogerá el fruto de sus afanes y honrará a su patria con el crédito de su nombre". (*El Porteño*, 19/6/1877)

3) Adherencia al romanticismo y los debates del pasado: La producción dramática de la época participaba del teatro de intertexto romántico, a la que se sumó la obra dramática de tema patriótico. Ejemplos de ambos tipos de obras los brindan los únicos textos que se representaron efectivamente como parte de lo planificado por la Sociedad Protectora: *Monteagudo*, de Francisco Fernández, estrenado el 1° de junio de 1878, y *Luz de luna y luz de incendio*, de Martín Coronado, estrenado el 15 de junio de ese mismo año.

Dos meses después, el Círculo Científico Literario emprendió una serie de debates entre clasicismo y romanticismo, acerca de cuyo anacronismo García Mérou (1973: 170-171) se explicaría, tiempo después:

> La generación que nos había precedido en la vida pasó los años de su primera educación en medio de los escombros humeantes de un país en vías de organización y consagró a la política y a la vida activa una gran parte de sus facultades. Fue la nuestra la que introdujo y puso en moda querellas antiguas pero interesantes, que dormían en el pasado, dándoles una importancia real y efectiva para el desenvolvimiento de nuestras letras nacionales.

El desfase temporal respecto de los debates que en Europa se habían desarrollado a principios de siglo se justificaría entonces no por el interés del asunto, sino por lo arduo que había resultado desprender la actividad intelectual de la órbita política.

En cuanto al trabajo con el género y su concepción, el mismo García Mérou (1973: 255) asocia la primera obra dramática de Coronado, *La rosa blanca* (1874), con el formato privilegiado por los románticos: el poema dramático.

Los evaluadores Obligado y Quiroga, en cambio, justificaron los méritos de la obra a través de su adhesión no tanto a esa inflexión genérica propia del teatro romántico como a una teoría romántica del arte. De acuerdo a la concepción ingenua del romanticismo que ostentaba el jurado, la obra deviene sin mediaciones de trabajo estético del ámbito de los sentimientos; como reafirmaron más adelante respecto de los personajes, "la fuente de inspiración es la vida; el arte apenas interviene" (Coronado, 1925: 270). Reflexionan acerca de las dificultades de la escritura dramática frente a la libertad formal de la poesía y rescatan, tras los pasos de Víctor Hugo, la unidad de acción (que *La rosa blanca* cumple) en detrimento de las de tiempo y espacio. En esta última observan un rasgo idiosincrásico que la libera de un tratamiento unitario en la obra dramática: las dimensiones gigantescas de las pampas y otros paisajes naturales americanos.

Sin escapar a la canonización del intertexto romántico, los evaluadores intentaron una ruptura respecto de la tradición previa, tal como la conformaban los intelectuales del grupo, según los cuales José Mármol constituía un antecedente entre los más valiosos. La revisión del autor consistió en cuestionar la fuga que producen sus textos "de las tablas a la región nebulosa de los sueños" (Coronado, 1925: 259). De esta manera, Coronado aparecía como novedad en el panorama de una literatura dramática que hasta el momento no se había puesto a tono con los requisitos del género: "Tal carácter dramático, formulado por primera vez, si no nos engañamos, en nuestra patria, puede ser la piedra angular sobre la que se levante el Teatro Nacional" (Coronado, 1925: 259). En síntesis, Mármol no representaba un teatro con virtualidad escénica, aunque este concepto estuviese aún vagamente vislumbrado.

García Mérou (1973: 249-250), no obstante sus diferencias, coincidía en que "Los ensayos dramáticos de Coronado, a pesar de sus deficiencias, son los más importantes que en su género posee nuestra literatura, sin exceptuar el *Cruzado* y el *Poeta* de Mármol, que apenas se leen hoy y que valen mucho menos, por cierto, que los *Cantos del Peregrino* del mismo autor".

d) Falta de división del trabajo intelectual: Factor importante de la falta de profesionalización de los intelectuales del 70, la ausencia de una clara división del trabajo intelectual repercutía en la propia legitimación interna de la escritura dramática frente al trabajo con otros géneros.

El mismo Martín Coronado gozaba –e impulsaba– un prestigio como poeta que se alimentaba de la difusión periodística, especialmente a través de la revista femenina *La Ondina del Plata*, dirigida por Luis

T. Pintos desde su fundación en 1875, mientras que fue tardía su consideración como dramaturgo dentro de esa publicación periódica.

Los mecanismos de legitimación auspiciaron la centralidad de figuras más ligadas a la sanción académica de lo literario que a su producción, como fue el caso de Juan María Gutiérrez, designado Presidente Provisorio de la Sociedad Protectora del Teatro Nacional hasta su muerte, en abril de 1878.

Pero, probablemente, la heterogeneidad de estos intelectuales sea más clara en una analogía entablada por Carlos Olivera:

> No debe extrañarse al hallar al lado de una crónica musical o de un estudio sobre finanzas [...] o al lado de las meditaciones filosóficas de un desocupado, la tirada patriótica contra algún abuso del poder o la crítica de versos o de dramas; que a veces ha sido preciso el hacer todos estos papeles en un mismo día. ¡Tan cierto es que no hay vida más semejante a la de un artista de teatro, que la vida de un periodista! Ambos necesitan igual sensibilidad, igual facilidad de adaptación, igual sentimiento de pasión ingenua y verdadera, para calentar con ella la frase y presentarla ardientemente nueva al público que paga. (García Mérou, 1973: 180)

La cita revela una inversión: el comentario del fenómeno teatral queda diluido en la crónica gruesa de la actualidad, mientras que el periodismo, única vía para aspirar a la profesionalización (presentarse ante el público que paga, y sus demandas), queda idealizado apelando a la figura del artista y su histrionismo.

e) Impulso al teatro nacional entendido como fenómeno literario*:* Punto de partida de cualquier consideración de la actitud de los intelectuales del 70 frente al teatro, la asunción del mismo como fenómeno literario quedó consolidada por la serie de intermediaciones que sufre el texto dramático hasta llegar a su concretización espectacular, proceso que podría resumirse en los siguientes momentos:

– La escritura del texto está encuadrada en una gama de opciones que responde a códigos estéticos propios de la formación cultural a la que pertenece el autor, no ligado al ámbito espectacular (si bien es público del teatro español de gira por Buenos Aires).

– En muchos casos, el texto es sometido a un proceso de lectura y comentario de pretensiones académico-críticas ejercido por otros miembros del grupo y divulgado en reuniones o en publicaciones periódicas. El texto producido a manera de comentario es tan prestigioso como la obra dramática que lo inspiró; es el caso, por ejemplo, de Miguel Navarro Viola evaluando los méritos de *Lucía de Miranda* de Miguel Ortega, en *La Revista de Buenos Aires*, o el informe sobre *La rosa blanca* de Coronado elevado por Rafael Obligado y Atanasio Quiroga, que fue publicado inmediatamente en *La Nación* (Barcia, 1976). Este último asumía un carácter metacrítico; enumeraba los méritos que debe tener una obra nacional, para deductivamente aplicarlo a la obra evaluada (méritos que, encabalgados en los modelos del romanticismo local –Echeverría– y europeo, constituirían el "drama nacional") (Coronado, 1925). En muchos casos, los mismos autores leían sus textos dramáticos en reuniones del grupo.[4]

– En tercer y último lugar, la no siempre exitosa búsqueda de un elenco extranjero que dispusiera de voluntad de interpretar y ensayar la obra para una eventual puesta en escena, camino que demostró no tener un destino cierto.

Con la creación de la Sociedad Protectora del Teatro Nacional, las búsquedas intelectuales se acercaron al teatro en su dimensión artística y comercial. No obstante, las tratativas que derivaron en el estreno de *La rosa blanca* revelan que, según refiere el mismo Coronado, la Sociedad no encabezó las gestiones como entidad. Uno de sus miembros, Juan Carballido, el amigo que había introducido a Coronado en el mundillo de las sociedades literarias proveyó la mediación institucional, en su carácter simultáneo de funcionario público. Empleado de la Comisión del Parque 3 de febrero, presidida por Sarmiento, Carballido consiguió que el secretario de esa entidad, Carlos Pellegrini, presentara la obra a la compañía de Hernán Cortés y lograra superar también la censura municipal previa. (Coronado, 1925: 294).

Paralelamente Obligado (Del Solar, 1920: 545), en declaraciones epistolares a Carlos Vega Belgrano, adjudicaba los estrenos a los logros de la Academia:

> Han subido a la escena y conquistado muchos aplausos dos dramas nacionales: *Monteagudo*, por Francisco F. Fernández, joven escritor entrerriano, y *Luz de luna y luz de incendio* de nuestro amigo Coronado. Esta última producción ha merecido el honor de cuatro representaciones consecutivas, lo cual, entre nosotros, significa un éxito extraordinario. Ambos dramas han sido producidos en el seno de nuestra Academia.

Conclusiones

La Academia y su Sociedad Protectora intentaron ser una avanzada modernizadora y nacionalista pero con una movilidad oblicua; ese "despertar" no se produjo desde la dinámica interna del ámbito de producción literaria sino indirectamente, actualizando los debates estéticos con préstamos de otras disciplinas. Rama (1985: 37) designa la década de 1870 como el primer período de nuestra "Cultura modernizada internacionalista", correspondiente a la "cultura ilustrada":

> Los escritores de ese primer período todavía siguen manejando la variedad de asuntos que fue propia de los enciclopedistas; son tanto o más ideólogos (y educadores) que artistas, como fue en cambio la norma de sus sucesores; actúan indistintamente en los campos de la política, la filosofía y las letras; tienen una decidida vocación internacionalista [...] son mayoritariamente hijos del positivismo [...] y combinan la omnímoda influencia victorhuguiana con el rigor parnasiano.

No es casual que la Academia, que respondía a esa infructuosa implementación de los ideales iluministas en la realidad cultural, y no digería aún los viejos paradigmas estéticos en los nuevos, se haya disuelto con el cambio político y de mentalidad con el que se inauguró la década de 1880, que reubicó los términos de esa modernización incipiente en un impulso orgánico.

Notas

[1] Las formaciones son "los movimientos, los círculos, las escuelas, es decir esa variada gama de formas de agrupamiento intelectual a través de cuya existencia y actividad se manifiestan algunas de las tendencias de la producción artística y literaria". (Altamirano y Sarlo, 1983: 97)

[2] Castagnino (1977: 204-205) registra la nómina de los miembros de la Sociedad Protectora: Juan María Gutiérrez, José María Cantilo, Miguel Cané, Francisco Fernández, Carlos Delcasse, Carlos Basavilbaso, Pedro M. Gómez, Emilio Casares, Rafael Obligado, Luis Lagos García, Juan Carballido, R. Auscarriaga Vidal, Estanislao Frías, Belisario Montero, Adolfo Labougle, Daniel Arana, Carlos Encina, Exequiel D´Elía, A. Navarro Viola, Juan C. Lagos, Oscar Liliedal, José María Ramos Mejía, Apolinario del Casabal, Pastor S. Obligado, M. García Fernández, Julio Mitre, Zoilo Aldeca Moreno, Edgardo Moreno, Enrique B. Moreno, Carlos Stegman, Aditardo Heredia, Francisco Lavalle, Francisco Moreno (h), Rodolfo Moreno, Eduardo Oliver, Baltazar Moreno, Alejandro Calvo, Eduardo Castex, Lucio López, Rafael Hernández, Florencio Escardó, Eduardo Moreno, Gregorio Uriarte, Carlos Castro Subland, Tomás del Corro, Marcelino Ugarte, Enrique Aberasturi, Florencio del Mármol, L. Solveyra Olazábal, Eliseo O´Donnell, Germán Kuth (h), Emilio Mitre, Jorge Coquet, Estanislao Castillo, Juan J. Alsina, Victorino Viale, José A. Lago, Miguel Macías, Samuel Navarro, Félix S. Malato, José Hernández, Cornelio Baca, Olegario Andrade, Juan Coquet, Bartolomé Mitre y Vedia, Faustino Alsina, Martín Coronado, F. Coelho de Meirelle, Jorge I. Argerich, Teodoro Seirantes.

[3] También pueden apreciarse en esta observación rasgos de positivismo que se habían introducido en algunos terrenos de la Academia a través de sus miembros científicos, en este caso el evaluador Atanasio Quiroga. Para una lectura modernista de la actividad de estos intelectuales, véase Marún, 1993.

[4] Del Solar (1920: 462) rememoró las tertulias literarias en la casa de Rafael Obligado como exigentes sesiones de lectura y discusión de textos: "Terminada por su autor la lectura de un trabajo –capítulo de libro, poesía o artículo de diario– se le discutía sin compasión. [...] toda obra sometida a su acción, salía depurada, cuando no resultaba consumida del todo. Las cenizas, en este último caso, o se enterraban allí mismo, o se las llevaba piadosamente consigo su legítimo padre, corriendo el riesgo, casi seguro, de verlas desparramadas por el viento nocturno [...] al atravesar el Retiro en compañía de alguno de los ´cremadores´ más implacables –sepultureros los llamaba Guillermo Puelma Tupper."

•••

4.3.5. Censura en los textos antecesores de la revista criolla

por Beatriz Trastoy

Entre la presentación en Madrid de *1864-1865* de José María Gutiérrez, precisamente en la fecha que indica su título, considerada la primera revista hispánica, y el exitoso estreno de *La Gran Vía*, de

Félix Pérez y González, con música de Federico Chueca y Joaquín Valverde, en Madrid, en 1886, y en Buenos Aires, un año más tarde, y que significó la consolidación definitiva del género, se ubican una serie de piezas argentinas de índole satírico-político-costumbrista que parecen contradecir la siempre atribuida –y no pocas veces inexacta– filiación del teatro porteño con respecto a los modelos de las metrópolis europeas y demostrar, en cambio, un genuino interés local por hacer del escenario un espacio adecuado para la reflexión y la crítica social.

Entre los textos precursores, De Diego (1987) señala la obra de Estanislao del Campo *El gaucho en Buenos Aires*, también titulada *Todos rabian por casarse*, de 1857, con música de Santiago Ramos, que con tono costumbrista, contaba la historia de una joven pareja de novios de paseo por la ciudad; el texto inhallable de *Un sábado en Buenos Aires*, de Laurindo Lapuente, también estrenada en 1857; *Los tres gobiernos bufos*, de 1870, con letra y música del tenor cómico Ricardo Sánchez Allú, y *Las cuatro candidaturas*, de José García Delgado, estrenada en 1873, cuyos títulos tienen, en todos los casos, inequívocas resonancias revisteriles. Tres años más tarde, se presentó con notable escándalo de crítica y público, *Las locuras porteñas*, de Luis Forlet, curiosamente subtitulada "revista crítico-satírica-homeopática y agrícola".

En otras investigaciones sobre nuestro pasado teatral (Marco y otros, 1975) se incluyen entre las piezas precursoras de la revista porteña, que hicieron de la caricatura política su principio constructivo, *La codicia rompe el saco* (1878), de José Borrás y, algo más tardíamente con respecto a la época que nos ocupa, *Don Quijote en Buenos Aires* (1885), de Eduardo Sojo. En casi todas ellas, las discusiones parlamentarias, la crítica a los funcionarios y a los especuladores bursátiles, como así también la problemática relacionada con la voluntad de participación en la vida política argentina de los sectores medios de la sociedad fueron los motivos centrales.[1]

El sombrero de Don Adolfo, de Casimiro Prieto Valdés (cfr. 4.3.1) debe considerarse la primera pieza de tono satírico-político llegada hasta la actualidad en tanto antecedente inmediato del género que, años más tarde, se conoce como revista criolla. Dentro de la historia del teatro argentino, el texto de Prieto Valdés ostenta, además, un raro privilegio: fue la primer obra censurada por la Municipalidad de Buenos Aires. La convivencia social y el orden público las razones alegadas para justificar dicha medida, pues se temía que las alusiones contenidas en la pieza pudiesen llegar a transformar los teatros en lugares de rencillas políticas.

Escrita en 1875, *El sombrero de Don Adolfo* alude, sin demasiadas metáforas, a la difícil situación por la que había atravesado el país un año antes, en momentos en que se debía elegir sucesor del presidente Sarmiento. Respaldado por el beneplácito de las provincias, Sarmiento postulaba abiertamente al que fuera su Ministro de Justicia, Instrucción Pública y Culto, Nicolás Avellaneda, frente a las pretensiones del candidato del autonomismo, Adolfo Alsina. Lejos de sobresalir por sus valores estéticos, la obra de Prieto Valdés pretende ser una simple caricatura de los protagonistas y de la cuestión política, a través de un elemental conflicto dramático: Don Adolfo intenta reconquistar la mano de Patricia, Pero Don Domingo interfiere en la relación para favorecer las pretensiones matrimoniales de su favorito, Don Nicolás. La joven se muestra indecisa, pero termina acatando la voluntad de Don Domingo.

La ridiculización de la figura de Sarmiento, a quien se muestra en la obra como violento y pedante en extremo, y de la figura del entonces presidente Avellaneda, que aparece como un pupilo obsecuente y adulón, llevó a la Municipalidad a hacer uso, por primera vez, de las facultades censoras que le confería la ordenanza del 19 de febrero de 1861. El autor, asesorado por Juan María Gutiérrez, presentó ante la Suprema Corte de Justicia de la Provincia una demanda contra la Municipalidad en la que se negaba el derecho de censura dramática que se atribuyó. En dicha demanda se demuestra la invalidez de la prohibición, ya que la obra no corrompía las costumbres ni provocaba las pasiones políticas ni agredía ilícitamente a las personas públicas, dado que ciertas expresiones ridículas puestas en boca de Sarmiento ("Vi una hecatombe estupenda / de generales con cruces", "Se nota gran escasez / de frutos de cuatro patas", "Y poco después fundé / un depósito de escuelas") son, según advertencia del autor, rigurosamente históricas. Se afirma también en la demanda que ninguna censura podía eliminar lo político de los teatros argentinos.

La apelación desató una fuerte polémica entre Santiago Estrada, funcionario municipal, y el abogado defensor, Gutiérrez, canalizada a través del diario *La Nación.*[2] Estrada abrió el fuego con el artículo publicado el 27 de agosto de 1875, en el cual, además de considerar incorrecto el procedimiento del autor (quien a su juicio debió solicitar la revisión de la medida antes de demandar a la Municipalidad ante la Suprema Corte de Justicia), intentaba fundamentar una serie de opiniones propias sobre la necesidad de imponer una rígida censura teatral. Creía que no bastaba solamente con reprimir, sino que era indispensable precaver y que la censura debía funcionar como en las naciones que, en su opinión, llevaban la delantera en la vida y en el progreso. Ejemplificaba con las restricciones impuestas en Francia y España y se detenía en el impecable modelo que le brinda una Inglaterra agobiada por la férula de la moral victoriana. Observaba, también, que si bien los opositores a la censura invocaban un artículo de la Constitución Nacional que autoriza a todo ciudadano para publicar sus ideas por la prensa sin censura previa, desde su punto de vista, el teatro no estaba incluido en esos derechos. Estrada agregaba más adelante que "la Municipalidad de Buenos Aires no niega ninguna de las garantías constitucionales comprendidas en el artículo 14; pero cree que ellas se refieren a la prensa, a los clubs, a la asociación política. Son garantías concedidas a la acción de los hombres en la política del país que nada tienen que hacer con los espectáculos". El temor de Estrada se fundaba en las enormes posibilidades de difusión del hecho teatral, ya que "la prensa comunica las recriminaciones y el ridículo aisladamente, y el teatro las comunica colectivamente a una gran masa de individuos de opiniones opuestas".

El abogado del demandante contestó de inmediato y, por varios días, se sucedieron réplicas y contrarréplicas, hasta que se puso fin a la discusión, transformada ya en un círculo vicioso. Mientras tanto, el juicio seguía adelante. Carlos C. Ponce, apoderado de la Municipalidad, al contestar el "traslado" de la demanda, afirmó, entre muchas consideraciones, que se "dedujo que *El sombrero de Don Adolfo* pertenecía a la familia degenerada (sic) del teatro, conocida con el nombre de 'farsa'", y agregó que, "a pesar de no existir quejas ni denuncias por parte de los funcionarios autorizados, la prohibición obedece al profundo respeto que la Municipalidad siente por el orden y la moral pública".

Luego de los diversos escritos enviados por el autor de la obra cuestionada y respondidos por la Municipalidad, la Suprema Corte de Justicia de la Provincia dictó sentencia definitiva el 27 de enero de 1876. En ella se establecía la necesidad de la censura como única forma de evitar la represión que podría generarse por el apasionamiento de los espectadores y reconocía que la Municipalidad estaba facultada para dictar ordenanzas de censura de piezas que pudiesen corromper las costumbres y atentar contra el orden público. Quedaba así instaurada una modalidad que tan lamentables consecuencias traería, en el futuro, no sólo para el teatro, sino para todo el devenir cultural argentino.

Las condiciones de enunciación de la puesta en escena y de la circulación de los espectáculos en el ámbito rioplatense –ya que Buenos Aires y Montevideo mantenían en la época una estrecha relación de intercambio de compañías teatrales, no exenta por cierto de conflictos que reflejaban los avatares políticos de ambos países– han quedado muy escasamente documentadas y sólo puede ser rastreadas con dificultad en las crónicas periodísticas de los estrenos. Al respecto, Klein (1994) señala que los actores carecían de escuelas de formación y encontraban en las "familias teatrales" la posibilidad de heredar y trasmitir a su vez los conocimientos técnicos necesarios para ejercer su arte. Sólo a partir de la legendaria temporada de 1901 realizada por los Podestá en el Teatro Apolo, la escena argentina iría adquiriendo su perfil caracterizador.

Notas

[1] Para más datos sobre los procedimientos del género chico español y su productividad en la textualidad dramática argentina de la época, véanse, entre otros, Ordaz (1994), Cazap (1994), Giustachini (1994) y Sikora (1994).

[2] La polémica fue publicada, junto con el texto de la obra y las principales piezas de juicio contra la Municipalidad, por el Instituto de Literatura Argentina "Ricardo Rojas" de la Facultad de Filosofía y Letras de la Universidad de Buenos Aires, en su Sección de Documentos, tomo V, nº 2 de 1934.

•••

4.4. El circo y las formas parateatrales

4.4.1. Compañías

por Alicia Aisemberg

El período se caracterizó por una constante actividad, y por una intensa circulación de compañías de circo extranjeras que, en muchos casos, se convertían en un ámbito de formación y renovación de la actividad circense local. Su carácter itinerante imprimió dinamismo a la actividad, tanto en lo que respecta a la llegada permanente de nuevas compañías extranjeras que, ocasionalmente, se instalaban definitivamente en el país, como al constante recambio de importantes circos que venían de visita, permanecían durante varias temporadas y luego partían. A esta continua movilidad se agregaba la posibilidad de efectuar giras por distintos pueblos del interior del país, y el intercambio entre los integrantes de diferentes compañías, ya que era común que una compañía europea o norteamericana contratara a una familia o a un único artista criollo para que se hiciera cargo de ciertos números del espectáculo. Es decir, se trataba de compañías abiertas, que buscaban renovarse contratando integrantes de compañías menores para, de ese modo, ofrecer algunas variaciones en el programa a medida que se prolongaban las funciones de una misma estadía –las cuales podían durar aproximadamente de uno a tres meses–. Fue uno de los momentos más prolíficos del circo en Europa y en Norteamérica, y ese hecho motivó que la actividad en el Río de la Plata se encontrara dominada por la visita de compañías extranjeras, lo que produjo un período rico en préstamos e intercambios que hacia fin de la etapa llegó a su culminación en el momento en que se conformó la familia criolla más relevante del circo local: los Podestá.

Algunas veces los circos se ubicaban en lugares estables y otras recorrían en carromatos diversos barrios o viajaban por la campiña uruguaya y argentina.

En esos años se desarrolló una actividad considerable en el centro de la ciudad de Buenos Aires. Los circos podían representar sus espectáculos tanto en carpas de lona, como en teatros o en edificios destinados especialmente a sus presentaciones que, muchas veces, eran lugares precarios, humildes galpones con techo de chapa. Entre las salas más frecuentadas en la década del '50 que presentaban espectáculos completos o algunos números circenses estaban el Teatro Principal de la Victoria, dedicado a las compañías dramáticas pero en la que asiduamente se ofrecían funciones que combinaban lo culto y lo popular a partir de la presentación de dramas o comedias con intermedios circenses. A ella luego se sumaron el Teatro El Porvenir, Teatro Argentino, Teatro del Retiro, Teatro Hipódromo en la Plaza de Montserrat.

Durante el mes de julio de 1855 se concretó un espectáculo que proponía el cruce circo-teatro culto: en el Teatro Principal de la Victoria se presentó una compañía española en varias funciones, con una comedia en dos actos, dos petipiezas o un drama, con intermedios del "célebre artista holandés Herr Kist y su hijo Valentín". Se trataba de números gimnásticos, de equilibrio, y pruebas de fuerza.

Fue similar la función en el Teatro El Porvenir que en 1857 se inició con una sinfonía, y luego la Compañía Gimnástica –con dirección de Alexandre– ejecutó dos pruebas de gimnasia y trapecio; posteriormente se presentó el drama en dos actos *Jocko*, por la Compañía Dramática Francesa, y finalizó la Compañía Gimnástica con dos números de su especialidad (*El Nacional*, 18/5/1857). De este modo, se reunían en un mismo espectáculo las dos compañías, constituyendo extensos programas. Es decir, los espectáculos podían incluir números de circo y música culta, como sucedió con las funciones de magia del Profesor Herrmann (Teatro de la Victoria, 1859), compuestas por una primera parte de magia con naipes y una segunda y tercera en la que se ejecutaron sinfonías, óperas, arias por una Compañía Lírica y Dramática (*El Nacional*, 24/1/1859).

Otra modalidad consistía en la presentación de un espectáculo a cargo de una única compañía circense. Así se presentó la Compañía Artística y Mímica (Teatro del Retiro, abril de 1856), bajo dirección de Mathevet, que ofreció una función dividida en cuatro partes. La primera consistía en Juegos Olímpicos de la Antigua Atenas, la segunda era gimnástica al estilo griego y en la tercera Mathevet levantaba un caño con cuatro hombres encima. La cuarta era una pantomima de gran espectáculo de la puerta de San Martín de París; la orquesta realizaba los intermedios musicales. En 1858 (Teatro de la Victoria) Madame Labarrere presentó un gran espectáculo de fieras (*El Nacional*, 31/3/1858), compuesto de extensos programas que alternaban números de animales con pantomimas. Esta última fue la compañía extranjera que presentó los espectáculos más relevantes, ya que, al ser su producción enteramente circense, estaban basados en una gran elaboración y variedad de programación. En general, la mayor parte de las compañías extrajeras de las mencionadas hasta aquí, visitaron Buenos Aires realizando temporadas de un mes.

En ese marco de supremacía de compañías foráneas, a fin de la década se destacó la Compañía Ecuestre y Gimnástica bajo la dirección de Alejandro Loande (de mayo a septiembre de 1859 y de mayo a junio de 1860, Teatro Hipódromo en la Plaza de Montserrat).[1] También realizaban ejercicios de equilibrio, fuerza y agilidad. En sus representaciones se anunciaban pruebas como la ejecutada por el niño de siete años Martín Loande, "El triunfo de la libertad o El pabellón argentino" (*El Nacional* 6/5/1859), así como la inclusión de la bandera argentina en un número ecuestre y en otra parte del espectáculo una especie de pantomima gauchesca unipersonal titulada *El gaucho porteño* (*El Nacional*, 6/6/1859). A pesar de que los periódicos no aclaraban cuál era su origen, la peculiaridad y abundancia de los números que incluían elementos argentinos, a los que se agregan los nombres en idioma español de la totalidad de los artistas y la permanencia a lo largo de dos años de actuaciones, permiten suponer que era enteramente criolla. Estaba integrada por una familia: el director Alejandro Loande, Martín Loande, Teresita e Isabelita Loande y las niñas Clarindina y Guillermina Loande. Otros integrantes eran Cruz Ramírez, Bernardino Correa, Felicia Brun y Carlos Leao y como gerente se desempeñaba Francisco Guiliano. Además, según informó *El Nacional* (1/5/1860) una compañía norteamericana, la Compañía Ecuestre y Gimnástica de Nueva York, dirigida por Nobles y Odell, actuaría en el Teatro Hipódromo, dirigido por Alejandro Loande, lo que indica que también manejaba esa sala.

En 1862 realizó funciones el Circo Pavón (ubicado en la calle Montevideo entre Parque y Tucumán), actuando en abril y mayo. Su nombre sugiere procedencia criolla, elemento que se suma al hecho de que uno de sus integrantes también poseía nombre criollo, como fue el caso de Telésforo Luna (*El Nacional*, 23/4/1862). Realizaban fundamentalmente pruebas de equilibrio, así como con armas –tanto puñales como bayonetas–, y representaban, como última parte del programa, petipiezas o sainetes.

En el mes de mayo y junio realizaron funciones dos compañías: la primera, también criolla, que actuó en el mismo predio que la anterior fue de la Compañía Sud-Americana, dirigida por Eugenio Pereira (*El Nacional*, 16 y 21/5/1862), que se dedicaba a los números gimnásticos, pero estaba integrada también por payasos, números de equilibrio y de fuerza. Sus actuaciones fueron de importancia para la evolución del circo local porque incluían elementos de la cultura criolla en algunos números, además de haber logrado una permanencia, ya que en la década del '80 se presentaba una familia de gimnastas Pereira, muy probablemente compuesta por parientes de la primera. La otra era la Compañía Francesa dirigida por Eugenio Henault (*El Nacional*, 14/5/1862), que se especializaba en acrobacia y gimnasia, y en la cual el director hacia las veces de payaso. Fue una de las que más visitó el país en esa década, y con su prolongada presencia permitió un fortalecimiento de la actividad, además de producir cambios y renovaciones en el espectáculo circense de ese momento al incorporar otro tipo de números como los que prometían premios para el público. Regresó en diciembre de 1863 y estuvo hasta marzo de 1864 en el Circo Gimnástico en la Plaza de la Concepción (*El Nacional*, 26/12/1863) y luego, en 1869, en el denominado Circo Francés. (*El Nacional*, 6/3/1869). El Circo Anselmi, de los hermanos Luis y Gabriel Anselmi, comenzó su actividad en 1862 con una carpa que recorrió la provincia de Buenos Aires y el país. Fue uno de los que se instaló en la Argentina y continuó en trabajando durante el resto del siglo. En 1876 se anunció el debut de la familia gimnástica Anselmi como parte del programa de la Compañía Guillaume (*El Nacional*, 29/7/1876).

A comienzos de la década, también se presentó la compañía norteamericana denominada Gran Circo Oceánico de Spalding & Rogers, especializada en acrobacia, números ecuestres, gimnasia y pantomimas que ocupaban un lugar de fundamental importancia en sus programas (*La Nación*, 29/11/1862). Se diferenció por presentar el espectáculo en un espacio que denominaba anfiteatro portátil que se construyó especialmente en la esquina de Florida y Córdoba; los precios de los palcos, lunetas y gradas eran elevadísimos respecto de los habituales, hecho que ocasionó un conflicto con la prensa hasta que la compañía bajó el costo de sus entradas. Esta protesta demuestra que la actividad se encontraba muy afirmada en el ámbito local lo que permitía la existencia de reacciones para proteger tanto a la actividad como al propio público. El grupo presentaba los siguientes roles diferenciados en el programa: director general, director del circo, payaso principal, director de orquesta y los técnicos caballerizo mayor, guardarropa, maquinista y constructor (*La Nación Argentina*, 5/12/1862). Continuó sus representaciones hasta finales de enero1863, en que se embarcó para Montevideo. Esa extensa temporada demuestra que, con el transcurso del tiempo, la actividad adquirió un mayor desarrollo y ya se contaba con un público que permitía estadías más prolongadas.

Asimismo, continuaron presentándose representaciones híbridas de música o teatro culto y circo, hecho que demuestra que el espectáculo circense tenía una presencia tal en la época que permitía su ingreso a los teatros y la organización de espectáculos incorporando sus números y novedades. En el Teatro Colón, Guillermo, Jorge y Alfredo Hauton Lees presentan pruebas aéreas, gimnásticas y de equilibrio como "El salto por la vida" o "El gran salto mortal sobre la cuerda", como intermedios entre diversas operetas (*El Nacional*, 22/4/1863). En funciones posteriores, durante el mes de junio, alternaban las pruebas con un vodevil burlesco y luego con una comedia. Igualmente, la familia española Buislay, en unión con la Compañía Dramática Española, presentó –primero en el Colón y luego en el Teatro de la Victoria– ejercicios gimnásticos, de equilibrio, tiro y puñales, además de representar una zarzuela en un acto. Trabajaron de enero a marzo de 1864 (*El Nacional*, 18, 27 y 29/1/1864).

En la segunda mitad de la década decreció la actividad y se presentaron por breves períodos compañías extranjeras menos reconocidas: la Compañía de Baile, Pantomima, Canto y Vodevil en el

Teatro San Martín –lo que indica que podían existir compañías especializadas únicamente en pantomimas– (*El Nacional*, 9/3/1865); el Circo Norteamericano en Plaza de la Concepción (*El Nacional*, 12/2/1867); la Compañía de los Pirineos, dirigida por D. J. Fort, gran domesticador de animales feroces (*El Nacional*, 30/4/1868); la Gran Compañía Imperial Japonesa en el Teatro Colón (*El Nacional*, 20/10/1868).

En 1865 también se anunció el Circo Ecuestre y Gimnástico Calle de San Juan (esquina Bolívar) que, por su nombre, seguramente era local y demuestra que la actividad, se había desplazado a zonas alejadas del centro, en el que se contaba con escasos terrenos disponibles, motivo por el cual las carpas comenzaron a instalarse en las zonas más periféricas: los barrios de Almagro, Balvanera, Montserrat, San Telmo, Constitución, Barracas, La Boca. No obstante, la actividad estaba adquiriendo la importancia necesaria como para ser informada en los periódicos.

En agosto de 1869 llegó al país una compañía extranjera de mayor envergadura, el Circo Italiano José Chiarini, que se ubicó en la Plaza del Parque esquina Tucumán. Actuaron desde agosto hasta octubre y se presentaron como una compañía especializada en equitación (poseía treinta y tres caballos y mulas), acrobacia, gimnasia y mímica. Chiarini era anunciado como el "rey de la equitación y príncipe de los caballos" (*El Nacional*, 5/8/1869). Regresaron al país en 1877 y actuaron en el Circo Arena desde junio hasta septiembre, con la novedad de que lo hacían como circo ecuestre y agregación zoológica, porque exhibían "raros animales de las selvas africanas" (*El Nacional*, 14/6 y 4/9/1877). De julio a septiembre de 1873 se presentó otra compañía italiana, el Circo Casali, cuyo director era Luis Casali, y se estableció en la Plaza del Parque y Tucumán.

El sistema jerárquico se fundaba en el orden familiar, de padres a hijos o de hermanos mayores a menores. Entre los principales roles que integraban las compañías circenses estaban el de empresario, el director de la compañía, el artista principal –cargos ocupados por los mayores de la familia–, el director de pista, las especialidades que luego componían cada número circense además de los roles técnicos.[2] Básicamente, las disciplinas tradicionales en cualquier circo eran acrobacia (de arena, ecuestre, aérea), clown (musical, amaestrador, satírico), gimnasia (en barras o aérea en trapecios), malabarismo (sólo, en grupo o ecuestre), amaestramiento (grupo de caballos, animales pequeños y grandes), equilibrio (en escaleras, en el alambre, en cuerda floja), atletismo, magia. Cada artista se especializaba en determinadas técnicas, tratando de lograr a través del entrenamiento los mayores resultados profesionales. Además, se desempeñaban como intérpretes en la parte del espectáculo compuesta por un sainete o pantomima.

La tendencia común era la de dominar dos o tres prácticas, para lo cual era necesaria una preparación polifacética por parte de los artistas, quienes además de las técnicas físicas practicaban algún instrumento, bailaban o cantaban. A medida que los integrantes envejecían, iban abandonando el ejercicio de alguna de sus especialidades. Fue el caso de Pablo Raffetto, quien dejó de desempeñarse como luchador y se transformó en director de pista, manteniendo diálogos con el payaso en una pintoresca media lengua criollo-genovesa, además de intervenir en pantomimas y sainetes (Castagnino, 1953: 50). Su debut se produjo "el 10 de noviembre como director de una compañía francesa de pruebas y luchas, sin faltar los caballos, en el circo (...) Arena, y más tarde Politeama". (Bosch, 1910[b]: 363)

Las compañías estaban conformadas casi siempre por familias dedicadas en forma completa al circo, lo que les permitía mantener una vida trashumante, y a la vez determinaba una temprana iniciación en las prácticas con su consiguiente especialización. Se encontraban compuestas por numerosos integrantes, generalmente una o dos familias constituían el núcleo de la compañía. La Nueva Compañía Ecuestre Italiana de Natale Guillaume (Politeama Argentino, 1881), poseía un elenco mayoritariamente femenino conformado por: el director propietario Natale Guillaume, la directora Luigia Guillaume, la amazona y amaestradora de caballos Margherita Guillaume, Marietta –equilibrista sobre alambre flojo–, Clotilde –intrépida acróbata–, Basilio Bartoletti –luchador, hércules, equilibrista, ejecutor de ejercicios de precisión con cuchillos–, el "Tony" César, las hermanas Corini que realizaron pruebas en trapecio triple y los hermanos Girards. La Compañía Ecuestre Italiana, dirigida por David Guillaume se había presentado en el país con anterioridad, en 1875 y en 1876 (*El Nacional*, 9/1/1875; 20/7/1876), y luego, en enero de 1881, en el Politeama Argentino, destacándose por las pantomimas presentadas, que obtuvieron una considerable repercusión en los periódicos de la época e incidieron en el desarrollo de la puesta en escena del espectáculo pantomímico. A la vez, comparándola con otras compañías de ese momento, fue la de menor vinculación con los artistas locales, ya que éstos no eran mencionados entre los integrantes invitados a las distintas funciones.

La Gran Compañía Ecuestre, Gimnástica, Acrobática, Equilibrista y Bufa con Agregación Zoológica, de Pablo Raffetto (Circo Umberto Primo, 1883) –de origen genovés, que se estableció en Buenos Aires–, estaba integrada por cuarenta artistas, ocho niños, treinta caballos, ocho perros sabios, un oso de Rusia y un macaco africano, Pablo –empresario, director de la compañía, luchador, "hércules" y atleta–, su mujer doña Luisa –pruebista ecuestre–, sus hijos: Ángel –pruebista, malabarista, gimnasta–, Agustina, Josefa, Rosa y Margarita –"écuyeres" o pruebistas ecuestres, prestidigitadoras, pantomimos–. Ese año participaba en la compañía la familia de gimnastas Pereira, que era un grupo local.

La compañía Raffetto, con su actividad constante, contribuyó a impulsar el espectáculo circense local. Se caracterizó por contratar a artistas rioplatenses, y estuvo ligada a los comienzos de la carrera de los Podestá, a los que había contratado primero en 1877 en Uruguay (Canelones) y, más tarde, en 1880, para realizar una gira por la provincia de Buenos Aires. Asimismo, en 1882 (16/11/1882, Programa, Archivo del INET) en el Circo Umberto Iº de La Boca se presentó nuevamente junto a la familia Podestá, la que realizaba ejercicios de trapecio con salto mortal aéreo titulado "El vuelo de los tres cóndores", en el que Pablo, de seis años, era llevado en las espaldas de los trapecistas. Las dos últimas funciones se anunciaron para el 2 de setiembre de 1883, porque partían a Montevideo. (*La Nación*, 1/9/1883)[3]

Otra de las grandes compañías que se presentó fue la Gran Compañía Ecuestre Norteamericana (marzo de 1884) bajo la dirección de los hermanos Carlo, Jorge y Federico, también propietarios.[4] En ella, los directores actuaban como acróbatas, sus propias familias en diversos roles y el clown inglés que luego se estableció en Buenos Aires, Frank Brown[5] (*La Nación*, 6/3/1884) y, además, contrataban nuevos artistas –gran parte de ellos locales– según cada función o también se fusionaban con otras compañías para poder ofrecer variedad al público a lo largo de tantos meses. Ello sucedía cuando se realizaban funciones a beneficio para artistas o familias circenses, que eran espectáculos especiales en los que participaba una mayor cantidad de artistas (entre los cuales, al elegido le correspondía un beneficio mayor de lo recaudado en esa función). Así fue la función que los hermanos Carlo realizaron a beneficio de la familia Casali, en la que intervinieron tres compañías fusionadas: los Carlo, la compañía italiana Raffetto y la compañía Sudamericana Cándido Ferrez (*La Nación*, 30/5/1884). Entre los diversos artistas que contrataban es interesante destacar a los que fueron anunciados en marzo de 1884: "La compañía va a ser aumentada con siete artistas conocidos por nuestro público: la familia Pereira, compuesta de cinco acróbatas, y los dos hermanos Podestá" (*La Nación*, 27/3/1884). Los Podestá, seguramente, también trabajaban en las pantomimas, ya que en ellas participaba la totalidad de los integrantes de la compañía, aunque por el momento sus nombres aparecían sólo vinculados a los otros números del espectáculo, tales como: "el gran vuelo aéreo", ejecutado por los hermanos José y Juan Podestá (*La Nación*, 10/6/1884), que recibió un breve comentario periodístico que informaba: "los hermanos Podestá realizan con aplauso las atrevidas hazañas" (*La Nación*, 11/6/1884); "Nerón, caballo en libertad presentado por el domador señor Juan Podestá y el clown Pepino", número en el que por primera vez era mencionado Pepino 88 (*La Nación*, 19/6/1884), y finalmente, "'La percha bambú' difícil trabajo ejecutado por el señor Gerónimo y el niño Paulito Podestá (Pablo)" (*La Nación*, 20/6/1884). De modo que, unos días antes del estreno de la pantomima *Juan Moreira*, de Eduardo Gutiérrez, había ido creciendo gradualmente el protagonismo de la familia Podestá en los espectáculos del circo de los hermanos Carlo, preparando al público para su presentación en la pantomima.

Podestá (1930: 15) relata en sus memorias sus primeros acercamientos al arte circense. Comenzó a trabajar como aficionado en Montevideo en el año 1774, cuando tenía dieciséis años:

> Se arrendó un local en la calle Batlle, donde los vecinos se sentían orgullosos de tener en el barrio a los simpáticos aficionados.
> Así pasamos un tiempo precariamente, porque el local era muy reducido y pobre, y no reunía la comodidad necesaria para el público y para la compañía; no respondía; tuvimos que abandonarlo y quedar a la espera de algo mejor, sin dejar de ejercitarnos, en la casa de mis padres, que convertimos en verdadero gimnasio.

En 1875 realizó su primer gira por el interior de Uruguay, en carreta, contratado por Félix Henault, con quien se desempeñó unos meses como trapecista. Luego regresó a Montevideo y trabajó en pequeñas compañías mientras se entrenaba con un grupo en gimnasia y acrobacia, compuesto por Alejandro Scotti, Enrique Bozán y sus hermanos Juan y Antonio. Con posterioridad fueron contratados por primera vez por la compañía de Raffetto (1877). Se incorporó otro de los hermanos, Jerónimo, y alquilaron el Circo 18 de Julio, en Montevideo, donde obtuvieron un gran éxito de público por lo que siguieron trabajando por dos años. Entretanto, construyeron una carpa de lona y prepararon todos los accesorios necesarios para poder salir a los pueblos de campaña. Actuaron en Buenos Aires por primera vez en 1880.

El clown criollo "Pepino 88",[6] cuya presentación fue anterior al estreno de la pantomima *Juan Moreira*, ya que hizo sus primeras apariciones alrededor del año 1882, se convirtió en una de las máximas atracciones de los Podestá.

Una visión general del período permite observar que en las décadas del '50 y '60 eran comunes los espectáculos de mezcla entre compañías cultas de teatro y circo. Más tarde, estas mezclas desaparecieron y, a partir de 1880, se presentaron grandes compañías de circo que ofrecían sus propios espectáculos, hecho que señala que ya contaban con un considerable público propio. Por último, otro aspecto notorio es que la intensa práctica circense del período fue generando compañías criollas que paulatinamente obtuvieron un lugar central en la actividad hasta culminar este proceso con la familia Podestá.

Asimismo, durante esta etapa se produjo en forma progresiva la incorporación de elementos criollos al espectáculo circense europeo hasta constituir formas peculiares propias del circo criollo tales como la pantomima gauchesca y el clown criollo, ambos aportes de la familia Podestá.

Notas

[1] Una noticia informaba que se estaba construyendo un circo en Barracas para que actuara la Compañía de Alejandro Loande (*El Nacional*, 16/9/1859), por lo tanto, aunque no se publicó ninguna información periodística hasta que la compañía volvió a actuar en el Teatro Hipódromo en 1860, se puede inferir que durante ese tiempo actuaron una temporada en Barracas.

[2] Existía la figura del gerente, que cumplía funciones contables o, en ocasiones, la del empresario que no era el artista principal de la compañía. Este fue el caso de muchos circos, por ejemplo, la Compañía Ecuestre Italiana Natale Guillaume que visitó Buenos Aires en 1876 y 1881, que se presentaba como Empresa de A. Moreno.

[3] En 1884 la compañía actuaba en la Sala Politeama Umberto Primo (en la calle San Juan, esquina Buen Orden y Tacuarí) inaugurada el 4 de junio de 1884 "construido con toda elegancia y comodidad para 2000 personas" (*La Patria Argentina*, 12/6/1884). Las representaciones se realizaban paralelamente a las funciones de la compañía de los Carlo con quienes se estrenó la pantomima *Juan Moreira.*

[4] El sábado 8 debutaron los hermanos Carlo luego de haber actuado en Montevideo. Desde esa fecha hasta mediados de julio trabajaron en el teatro Politeama Argentino, Empresa C. Ciacchi. Representante: A. Cattaneo. Se anunciaba que disponían de veinticinco caballos, y se destacaba la "curiosa agregación zoológica": tres culebras, cuatro perros sabios, tres monos, cinco caballos amaestrados.

[5] La familia estaba compuesta por Amelia Carlo, gran equilibrista sobre cuerda, los niños Harry y Matilde Carlo.

[6] Según su propio testimonio, el traje "Llevaba volados amplios y alechugados, con cintas negras en el cuello y en los bolsillos y al final de las piernas y en la espalda un letrero que decía: El gran Pepino" (Podestá, 1930: 35-36). Con el tiempo modificó el traje e intentó decorarlo con lunares negros pero azarosamente recortó el número 88 que decidió colocar en la parte posterior del traje. El payaso principal de la compañía de Raffetto era José Camilo Rodríguez, un cubano, que debió ser reemplazado por enfermedad: "Preparé las entradas en las que debía tomar parte, ensayé algunas canciones, combiné varios chistes con el que hacía de director, y conquisté el más amplio suceso. (...) A fines del 82 fuimos con la misma compañía a Rosario. Allí se inició la popularidad de Pepino 88. Con las canciones de actualidad y chistes oportunos conquisté la simpatía general del público. Los estribillos de mis canciones se repetían en todas partes". (Podestá, 1930: 39-40)

•••

4.4.2. La pantomima

por Alicia Aisemberg

El circo ofrecía un espectáculo heterogéneo: una parte estaba constituida por ejercicios netamente circenses: clown, trapecio, pruebas ecuestres, acrobacia, gimnasia, prestidigitación e ilusionismo, animales amaestrados y lucha. La otra estaba compuesta por las pantomimas, muchas veces consideradas el número principal del programa ya que se anunciaban en los periódicos en forma destacada. Podían integrarse en forma alternada con los otros números o bien constituyendo una parte diferenciada, generalmente ubicada en el cierre de la representación. También existían compañías dedicadas exclusivamente a los espectáculos pantomímicos, aunque éstos eran casos excepcionales.[1]

Al no existir un texto dramático, ya que se trataba de espectáculos puramente visuales que no empleaban signos verbales, no se conservó ningún registro de los elementos escénicos o "guiones" de acciones de los espectáculos, sino únicamente algunos argumentos que se publicaban en los periódicos de la época para informar al público sobre las historias representadas. Algunas veces solían repartirse los argumentos en forma de folleto en el momento previo a la función.[2]

Las compañías podían reestrenar las pantomimas que ya habían obtenido éxito en Europa o proponer nuevas producciones. En este período continuó desarrollándose la diversidad y multiplicidad de géneros de pantomimas, de los cuales un número considerable había comenzado a ofrecerse desde los inicios del circo: las cómicas, ecuestres, de gran espectáculo (que combinaban el espacio del tablado y picadero), melodramáticas, las del género de cuadros vivos (que seguían una estética neoclásica) y arlequinadas (relacionadas con la Comedia del Arte). Otros géneros, menos habituales a comienzos de siglo, que se preferían en esta época, fueron las pantomimas-baile, las fantásticas-mágicas, y las pantomimas históricas o patrióticas. A la vez, cada uno de los géneros se constituía a partir de diferentes mezclas: como fue el caso de la "pantomima baile", en las que había música, danzas y escenas teatrales; el cruce entre lo dramático y lo circense al incorporar las habilidades con caballos dio como resultado las pantomimas ecuestres; lo plástico y lo escénico se combinaban en los cuadros vivos.

La pantomima era el número que generalmente constituía la mayor atracción del espectáculo porque en él participaban todos los artistas de la compañía, se empleaba un vestuario diseñado especialmente, se utilizaban efectos especiales, tales como explosiones, además se aprovechaban las amplias posibilidades espaciales del escenario circense. Generalmente se estrenaban en funciones especiales como eran las de gala o beneficio. El artista circense era poseedor de una multiplicidad de saberes escénicos que en el momento de la actuación pantomímica le permitían el empleo tanto de su especial manejo corporal, de la danza, de la interpretación musical, de sus habilidades con animales, como de los procedimientos cómicos y las técnicas gestuales desarrolladas en otro tipo de números.

Por lo tanto, la prolífica representación de pantomimas en el Río de la Plata en la segunda mitad del siglo XIX, propició la evolución de los modelos europeos y la incorporación de elementos criollos que se incluían en ellas y que significaban una particular apropiación de los géneros europeos. Las compañías extranjeras y locales que tuvieron mayor relevancia en cuanto a la cantidad de representaciones de pantomimas y en la evolución de las mismas fueron la de Madame Labarrere, la del Circo Oceánico, la de la Real Compañía Ecuestre Inglesa dirigida por Harry Williams y los hermanos Jorge y Benjamin Hadwin, la compañía Guillaume, la Carlo, las compañías criollas Loande y la familia Podestá.

Madame Labarrere (1858, Teatro de la Victoria) ofrecía extensos programas que alternaban números de animales con pantomimas. La función podía constituirse por tres pantomimas, tal como lo indicaba el siguiente programa: "Primera Parte: pantomima de la descripción de los animales y descripción de la creación de Adán y Eva. Tercera Parte: ilustraciones de las pasiones de la desesperación. Quinta parte: pantomima 'Los celos'" (*El Nacional*, 8/4/1858) lo que demuestra, por un lado, la gran diversidad de géneros que se podía presentar en una misma función y por otro, que no siempre la pantomima se ubicaba al final del programa, como "segunda parte", sino que existían infinitas variantes.

La Compañía Ecuestre y Gimnástica de Alejandro Loande (mayo-junio de 1859, Teatro Hipódromo en la Plaza de Montserrat), además de anunciar en sus representaciones pruebas con títulos referidos a personajes y temas argentinos, fue la que realizó la representación más relevante (a beneficio de la Sociedad Tipográfica Bonaerense) con un extenso programa dividido en dos partes, la primera consistía cinco números en los que se alternaban pruebas y pantomimas, que cerraba con una pantomima que es posible caracterizar como gauchesca unipersonal, presentada del siguiente modo:

> Por primera vez, el Sr. Domingo Araujo ejecutará una nueva escena compuesta expresamente en obsequio al beneficio de él mismo a la gran carrera titulada: "El gaucho porteño", en tres cuadros con transformaciones de vestuario. Nombre de los cuadros: 1) El gaucho, 2) El gaucho soldado, 3) El salvador de la Patria. (*El Nacional*, 6/6/1859)

Se trataba de una pantomima ecuestre, que puede ser considerada un antecedente temprano de la pantomima gauchesca que se configuró en 1884 con *Juan Moreira*, de la familia Podestá en la compañía de los Hermanos Carlo. Es decir que largo, la evolución de la pantomima criolla siguió un largo proceso de desarrollo, basado en la apropiación de los modelos europeos, en este caso de la pantomima ecuestre, que se tomaba en préstamo, y a la que luego se incorporaban elementos de la cultura criolla. Aunque presentaba un personaje único, poseía una estructura organizada en diversos cuadros de acuerdo a los modelos europeos. Esa misma función, integraban el extenso programa otras pantomimas presentadas como escenas mímicas a caballo. Una de ellas fue *El negro esclavo o Morir para la libertad*, en la que se anunciaba el desempeño del artista del siguiente modo: "Salvando una escalera toda llena de fuegos y puñales, arrancando la bandera, y concluyendo con la gran fuga". Otra fue *Napoleón I o Los amargos recuerdos del viejo soldado*, pantomima típica de gran espectáculo, de origen europeo, que recurría a la representación de las batallas napoleónicas. La primera presentaba un tema patriótico, y a partir del anuncio de las acciones que se ofrecerían se pueden reconstruir aspectos de la puesta en escena: en ella se empleaban objetos patrióticos como la bandera, que eran elementos remanentes de la estética alegórica neoclásica que pervivían en este tipo de representaciones. Además, se recurría a procedimientos característicos de los números circenses como la búsqueda de efectos de alto impacto y atracción para el público, como el empleo de fuego, puñales y el desempeño de la prueba ecuestre. El número privilegiaba el empleo del amplio espacio de la arena circense y el despliegue de la velocidad de la acción con el fin de configurar una representación de gran atractivo visual. Es decir, que en esta pantomima se priorizaba la espacialización del número, el empleo de objetos, la pregnancia de la acción y un gran dinamismo en cuanto al ritmo de la puesta en escena.

Otro circo que representó pantomimas fue el extranjero Gran Circo Oceánico (1862-1, 1863): anunciaba la pantomima popular inglesa *Jack, el matador de gigantes,* "Con música a propósito, maquinaria, chascos, metamorfosis y costumes" (*La Nación Argentina*, 12/12/1862). Para restablecer relaciones, deterioradas a raíz de problemas suscitados con la prensa, la compañía publicó que para el año nuevo se ejecutaría una alegoría ecuestre titulada *El destino de la América* "Compuesta por el director expresamente para esta función y respetuosamente dedicada a los héroes de Pavón" (*La Nación*, 30/12/1862):

> *Personal:*
> La Diosa de la libertad de Norte América, Srta. J. Worlaud
> La Diosa de la libertad de Sud América, Sra. M. T. Ormond.
> El Espíritu de la libertad del mundo, Srta. Kate Ormond.
> Incidente:
> 1°. Las banderas nacionales de las Repúblicas de Estados Unidos y Confederación Argentina y sus músicas nacionales entrelazadas y unidas, en medio de pruebas ecuestres difíciles y cuadros movibles.
> 2°. Cuadro ecuestre (la Srta. Kate Ormond montada en el caballo Kiram) celebrando las dos épocas más memorables de la historia americana, el 4 de julio de 1776 y el 25 de mayo de 1810.

Se trataba de una alegoría patriótica ecuestre, de homenaje, que proponía un intercambio entre ambas culturas. El reparto de personajes demuestra que no estaba realizada por una familia criolla invitada sino por los propios artistas de la compañía. El anuncio permite reconstruir importantes aspectos de la puesta en escena: el empleo de elementos remanentes de la alegoría neoclásica: personajes alegóricos y símbolos patrios, que significaban una apropiación por parte del circo de elementos del teatro neoclásico, la creación de imágenes plásticas alegóricas al estilo del género de cuadros vivos y la inclusión de acciones de gran dinamismo, como las pruebas de caballos, acompañados por música. Así se combinaban la espectacularidad de las amplias dimensiones de la escena circense, la música, las pruebas ecuestres, las imágenes y el dinamismo de la puesta en escena para construir espectáculos que potenciaban los signos visuales entrecruzando lo plástico, la puesta en escena teatral –sin empleo de la palabra– y lo musical.

Otras pantomimas representadas por la compañía fueron *La madre Ganza o El huevo de oro* (*El Nacional*, 3/1/1863), en algunos anuncios presentada como pantomima de niños o bien como pantomima cómica y mágica "con pruebas extraordinarias, metamorfosis asombrosas, contratiempos cómicos, cambios mágicos", además se prometía música, vestuario y maquinaria. Sobre la base de la fábula del ganso que ponía huevos de oro se construía un relato, cuyo argumento se publicó en la prensa, y que finalizaba con las transformaciones mágicas de los personajes, que se basaban en roles simples como la pareja de enamorados pobres, un hada, un padre, un viejo mísero y rico y la gansa, que luego se transformaban mágicamente en un Arlequín, una bailarina, un saltimbanqui y un payaso. Ello evidencia ciertos préstamos de la comedia del arte, apropiación que conformaba un género típico de pantomima como las arlequinadas, además de que las primeras se asentaban en un sistema de roles que permitía producir más fácil y rápidamente ya que cada actor se especializaba en uno determinado. Otra pantomima cómica representada fue *Los tres amantes*, igualmente basada en los roles: el amante cómico, el amante sentimental, el amante favorecido y Lissette como los personajes principales (*El Nacional*, 9/1/1863). También se presentó una pantomima ecuestre de tema histórico *El torneo o Los días de caballería andante*, "Reproduciendo las hazañas históricas y costumbres de los tiempos de los cruzados con trajes espléndidos, jaeces brillantes, episodios de estremecimiento" (*El Nacional*, 5/1/1863). En ella se escenificaban combates entre múltiples caballeros portando espadas y montados a caballos, con una puesta en escena que privilegiaba la acción, la atracción del vestuario y nuevamente la espacialización que permitía el picadero.

En el Circo Arena se presentaba la Real Compañía Ecuestre Inglesa dirigida por Harry Williams y los hermanos Jorge y Benjamin Hadwin (*El Nacional*, 1/12/1875), que se especializaba en números ecuestres y que para esa temporada anunció "la famosa pantomima" *Cendrillon* (*El Nacional*, 11/1/1876), una pantomima cómica. Luego representaron la pantomima de gran espectáculo ecuestre *La caza del ciervo*, ejecutada por toda la compañía y veinte caballos. En el anuncio detallaban personajes e intérpretes, hecho que demuestra que se ofrecían historias de cierta complejidad y desarrollo. Entre los intérpretes se puede mencionar a Bob, criado bobo, representado por el Tony, el imbécil; que confirma que, aunque no se trataba de una pantomima cómica, se incluían escenas realizadas por el clown. Se dividía en cuatro partes integradas por una cantidad de escenas que ya eran descriptas en los títulos, por medio de los que se indicaban las acciones principales. En algunos casos se llegaba a explicar algún número con mayor detalle para atraer al público con el anuncio del mismo. Es posible advertir que este tipo de avisos publicado en los periódicos cumplía tanto la función de publicitarlas como de adelantar una sinopsis argumental que proponía una apoyatura escrita para un tipo de representación que omitía el empleo de la palabra y, de este modo, ofrecía al espectador una serie de informaciones que le permitirían comprender mejor el espectáculo. La transcripción de algunos fragmentos aporta datos sobre cómo era la puesta en escena. Luego de una fiesta y una escena sentimental, en la primera parte, continuaba del siguiente modo:

> Parte Segunda: La madrugada. Preparativos para la fiesta. El rendez-vus. Llegada de Lord Briggs y su séquito. La apuesta. El grandioso salto, pasando sobre una mesa de dos metros de largo preparada para un banquete de 25 cubiertos, ejecutado por el célebre caballo Otello. La caída de Lord Bridggs. Baile cómico ejecutado por Tony el imbécil. La señal. El ciervo!! El ciervo!!
> Parte tercera: La gran caza del ciervo, con atrevidos saltos de barreras, palizadas, montañas, cascadas, etc., del principio del circo al fondo del escenario del teatro (en esta escena será empleado todo el circo y el palco escénico, con nuevas deco-

raciones expresamente pintadas para esta grandiosa pantomima). (*El Nacional*, 5/2/1876)

Finalizaba con la muerte del ciervo y un gran paseo con antorchas y fuegos de bengala. La existencia de argumentos escritos permite suponer que este era el tipo de registro que se hacía de las representaciones, y que permitía su circulación y transmisión entre diversas compañías, quienes para realizar las pantomimas partían de estos guiones que consistían en presentar el "esqueleto" de las acciones centrales. Otras modalidades, cuando se trataba de producir pantomimas, consistían en basarse en un sistema de apropiaciones de la cultura escrita, en reelaboraciones de pantomimas anteriores ya realizadas o vistas por la compañía, además de las posibilidades de generar nuevas historias y puestas en escena.

La intriga de *La caza del ciervo* combinaba la espectacularidad de la acción, en las escenas de la caza y en las fiestas, con la introducción de lo sentimental y lo cómico en otras escenas. La puesta en escena se basaba en las múltiples posibilidades de espacialización del circo, a las que se sumaba el empleo de decorados pintados que reproducían cascadas, montañas y otros paisajes que permitían representar miméticamente el bosque en donde se realizaba la caza. Se trataba de una sucesión de efectos de gran atracción: los bailes, las pruebas, un gran número de caballos e innumerables intérpretes, además del fuego. La música y el vestuario se sumaban como otros signos escénicos de gran relevancia que colaboraban en la construcción de un gran espectáculo visual. Posteriormente, estrenaron "la grandiosa pantomima cómica, ejecutada por diversos artistas, y protagonistas los hermanos Hadwin", *El sepultado vivo o sean los sustos de un imbécil,* evidenciando que podían representar todos los géneros (*El Nacional*, 19/2/1876). En el mismo circo, en el año 1878, otra compañía que se destacó por presentar diversas pantomimas fue la Gran Compañía Ecuestre Enrique Cottrelly. Repitieron *La caza del ciervo*, anunciando que se emplearían ciervos vivientes (*El Nacional*, 16/2/1878), lo cual prueba que una misma pantomima era representada por diversas compañías, y que la circulación de la misma, probablemente, se efectuara a partir de los guiones de acciones. Luego, ofrecieron la pantomima fantástica *El monstruo o sea El Rey de los infiernos*, *El correo de la Sierra More-*

na, *El diablo verde*, *Cendrillon* y *Aladin o la lampara maravillosa*, con cien niños, personajes históricos, maniobras militares, acciones coreográficas, trajes de época confeccionados expresamente y de gran lujo (*El Nacional*, 15/5/1878).

En enero de 1881 trabajaba en el Politeama Argentino la Compañía Ecuestre Italiana Natale Guillaume, que ya había visitado el país en 1875[3] y 1876, destacándose por las pantomimas que presentaba, con las que obtuvieron una considerable repercusión en los periódicos de la época e incidieron en el desarrollo de la puesta en escena del espectáculo pantomímico. A la vez, fue la de menor vinculación con los artistas locales, ya que no aparecen mencionados entre los integrantes de las distintas funciones. Una de las mayores atracciones que ofrecieron fue la pantomima-baile *Pedro Micca*, que, según se anunciaba, había tenido éxito en Europa. El despliegue era tal que para ensayar debieron suspender las dos funciones anteriores al estreno. Contenía escenas de bailes de campesinos, de batallas y al final una explosión en la que moría Pedro Micca. En la prensa se publicó una síntesis del argumento –que se repitió en días siguientes– y que informaba: "Nuestros lectores pueden buscar un folleto que ha hecho imprimir la empresa del Politeama, y encontrarán en él todos los detalles" (*La Nación*, 13/1/1881), evidenciando que el público letrado podía acercarse al espectáculo por otros medios, y que la complejidad visual y narrativa podía requerir de una explicación exterior al mismo.[4] Luego, se estrenó la pantomima-baile: *Los dos Tartufos burlados* (estrenada el 28 de enero de 1881) que era una clara apropiación del texto de Molière. Nuevamente se anunciaba que se había impreso en un folleto el argumento que se iba a repartir a los concurrentes para mejor inteligencia de la historia (*La Nación*, 28/1/1881). Posteriormente, partieron hacia Montevideo (*La Nación*, 17/2/1881) y regresaron en octubre del mismo año anunciándose como "Nueva Compañía Ecuestre Italiana de Natale Guillaume" (Politeama Argentino). En este período estrenaron las pantomimas *Los niños terribles* (*La Nación*, 30/10/1881) y *Masaniello* (*La Nación*, 11/11/1881).

El marzo de 1884 se presentó la Gran Compañía Ecuestre Norteamericana bajo la dirección de los Hermanos Carlo. Esta compañía también se caracterizó por presentar pantomimas que ofrecían un enorme despliegue escénico. La prensa de la época le otorgó notoriedad dedicándole un espacio de mayor importancia en la sección de noticias (*La Nación*, 11/3/1884), en el que se realizó un pormenorizado comentario crítico de cada uno de los números presentados y se la descalificó: "El espectáculo terminó con una pantomima grotesca y sin gracia, cuyos papeles principales fueron desempeñados por la vejiga, el papelón de harina, y el balde de agua". Esta valoración crítica demuestra que ya se había desarrollado una tradición y un conocimiento por parte de la crítica y el público de circo con respecto a la representación de pantomimas. Posteriormente, se estrenó una pantomima fantástica que fue anunciada como la atracción del espectáculo: *Una noche en Pekín o Un baile chinesco* (2/4/1884) "en la que tomarán parte todos los artistas de la compañía, diez bailarinas, 24 muchachos, trajes hechos expresamente, *mise en scène* con todo el lujo y el aparato que requiere" (*La Nación*, 2/4/1884). Poco antes del estreno de la pantomima gauchesca *Juan Moreira*, en una función de gala, se anunciaba como atracción de la velada *Los bandidos de Sierra Morena* (13/6/1884). Finalmente, el 26 de junio, se informó, a raíz de una función a beneficio de los hermanos Carlo, que el miércoles 2 de julio se representaba "una gran pantomima titulada *Juan Moreira*, sacada de la novela del mismo nombre, del Sr. Eduardo Gutiérrez. Los ensayos se prosiguen activamente bajo la dirección del Sr. Gutiérrez" (*La Nación*, 26/6/1884). Mientras ensayaban (una semana por lo menos) repitieron la pantomima *El terrible cacique Tripailot* (en dos actos y 12 cuadros plásticos) (*La Nación*, 26/6/1884). Luego de la primera función comenzó a comentarse la repercusión producida: "la pantomima *Juan Moreira*, que ha despertado en alto grado la curiosidad popular llevando a dicho centro de diversión públicos numerosísimos" (*La Nación*, 4/7/1884). Los periódicos comenzaron a nombrarla como "escena mímica nacional" o "gran escena mímica argentina", reconociendo su diferencia y novedad con respecto a otros géneros de pantomima por su incorporación de elementos criollos.[5] En el Politeama Umberto Primo, ese mismo año, continuó realizando funciones la compañía dirigida por Pablo Raffetto, que en esa temporada estrenó: *Garibaldi en Aspromonte* (*El Diario*, 18/7/1884), *Los bandidos de la Calabria* (*El Diario*, 26/9/1884), entre otras.

Por lo analizado puede concluirse que la pantomima era el número en el que se concentraba esfuerzo de producción de las grandes compañías. Éstas podían especializarse en algún género pero, en general, para dar variedad a los programas, recurrían a la heterogeneidad.

Las pantomimas se producían a partir de apropiaciones ya que muchas veces, cuando no se repetían las europeas, se elaboraban nuevas historias a partir de la transmisión oral o visual de la cultura escrita. Este era el caso de la producción local de pantomimas, según relataba Pepe Podestá: "Sus motivos nacían de recuerdos: tal obra de Molière, vista u oída; tal otra de algún clásico español, o cosas que se nos ocurrían" (*Crítica*, 20/2/1925). Muchas eran representadas por diversas compañías, este fue el caso de *Cendrillon*, *Los molineros* y *La caza del ciervo*, entre otras.

Existía una forma de registro escrito a partir de guiones de acciones que cumplían diversas funciones: 1) Permitir la circulación de las pantomimas entre las compañías o su registro para posibles reestrenos. 2) Su empleo como publicidad en los periódicos para adelantar al público los atractivos de la historia y de la puesta en escena. 3) Ofrecer al espectador de circo mayor información acerca de la intriga y los personajes, equilibrando a partir de los folletos o anuncios periodísticos la ausencia de palabra característica de las pantomimas. Es posible pensar que, a medida que evolucionaron, se tornaron narrativamente más complejas, tanto en la intriga como en la puesta en escena y en la cantidad de personajes, lo que determinó la necesidad de una explicación por medio de la cultura escrita que se incorporaba en el momento anterior a la representación.

Este tipo de incorporación de un texto escrito a una pantomima fue una práctica de la época que se puede considerar como un antecedente de la posterior incorporación del texto dramático a *Juan Moreira*. Si bien el folleto que narraba la historia debía leerse previamente a la representación, significaba un intento de interrelación entre un texto escrito y la pantomima, sólo restaba dar un paso y hacer hablar a los personajes en escena.

Finalmente, es posible afirmar que entre 1853 y 1884 se produjo una evolución significativa de la pantomima circense en Buenos Aires, ya que se representaba una cantidad y variedad significativa, además de que se fue produciendo una incorporación cada vez más frecuente de la cultura criolla. Esta tendencia comenzó con la pantomima gauchesca unipersonal *El gaucho porteño* (1859), de la Compañía Ecuestre y Gimnástica de Alejandro Loande y llegó a su apogeo con *Juan Moreira* (1884), de los Podestá en el circo de los Hermanos Carlo.

Notas

[1] La compañía Artística y Mímica dirigida por Mathevet en el Teatro del Retiro, ofrecía programas que se especializaban en números gimnásticos, de fuerza y pantomimas de diversos géneros, tales como las de baile y las escenas vivientes. El siguiente programa muestra el espectáculo que se proponía, y de qué manera podían presentarse tres pantomimas en una misma función: Primera Parte: Variación de Juegos Gimnásticos / Segunda Parte: El Puente de Arcol, por el Sr. Mathevet / Tercera Parte: El coronel pintor por afección, pantomima del Real Teatro de Cerburg en Londres / Cuarta Parte: Gran Baile del Arlequín Veneciano, ejecutado por el Sr. Víctor Renard, bailarín del teatro de Hodeon en París; recién llegado a esta capital contratado únicamente por dos funciones. / Quinta Parte: Panorama Viviente, representando varios grupos de mármol expuestos en el Vaticano de Roma. / La orquesta sostendrá los intermedios con agradables piezas de música (*El Nacional*, 26/4/1856). Otra compañía dedicada únicamente a las pantomimas –sin el acompañamiento circense– fue la que se presentó en el Teatro San Martín en 1865, denominada Compañía de Baile, Pantomima, Canto y Vodevil (*El Pueblo*, 9/3/1865).

[2] Se trataba de una práctica empleada también en la presentación de compañías teatrales extranjeras, como fue el caso de la Compañía Dramática Francesa (Teatro El Porvenir, 21/5/1857), que a raíz de la representación del drama *Jocko,* anunciaba en el periódico: "se ha impreso el argumento para ser distribuido gratis a toda persona que toma una localidad" (*El Nacional*, 18/5/1857). Como la función se completaba con la participación de la Compañía Gimnástica que realizaba números de circo, era necesario asegurar la comprensión de un público que, sin conocer el idioma, podía acercarse atraído por la totalidad del programa.

[3] En ese momento también estrenan pantomimas: *Crocco* (*El Nacional*, 27/3/1875) y *Los brigantes de la Calabria* (*El Nacional*, 7/4/1875).

[4] Contaba con la coreografía de Francisco Gualdi. En los anuncios se sintetizaba el hecho histórico que le servía de argumento: Pedro Micca, un heroico soldado de Turín, durante el sitio del ejército francés, en 1706, ofrece su vida a cambio de la salvación de su patria (*La Nación*, 13/1/1881). Unos días después publicaron: "Comienza con una fiesta de campesinos con baile antes de que partan los soldados mandados por Pedro Micca, atraviesan una serie de conspiraciones, hasta enfrentarse con los enemigos, finaliza con explosiones y lucha. Estaba dividido en cinco cuadros: introducción mimo danzante por el cuerpo de baile y baile característico; paso de carácter; marcha bailable de tambores; valse bailado por todo el cuerpo de baile" (*La Nación*, 16/1/1881). Continuó repitiéndose varios días.

[5] En la última semana de funciones se representó el 10 y 11; en esta última se anunció el debut de los payadores Clemencio Pereyra y Joaquín Almena y de los guitarreros

Guardi y Pedro Sarmiento (*El Diario*, 11/7/1884). Puede apreciarse cómo iban renovando y transformando la representación con nuevos artistas, y por último, la presentaron el domingo 13 en dos funciones; luego la compañía de los hermanos Carlo se embarcó y abandonó el país el 15 de julio de 1884. Habían llegado a las ciento veintiuna funciones.

•••

4.4.3. Espectáculos y público

por Alicia Aisemberg

El espectáculo circense en el Río de la Plata se nutrió de los procedimientos utilizados por el circo francés, el italiano y el norteamericano, que conoció a través de las compañías en gira o de las de origen extranjero que se establecían en el país.

Las representaciones se caracterizaban por ofrecer una enorme variedad, ya que estaban compuestas por una diversidad de números o partes, cada uno de los cuales exigía una especialización en determinadas destrezas o técnicas, que constituían un acto autónomo y recibían un ordenamiento especial que concretaba el programa de cada función. Dentro de cada número se podían producir apropiaciones o intercambios de técnicas, es decir que existía un abanico de posibilidades para realizar distintas combinaciones. La evolución del espectáculo circense se nutría tanto de la invención de nuevos números como del hallazgo de novedosas mezclas basadas en los números ya existentes. Por ejemplo, el acróbata podía incluir en su número la interpretación de instrumentos musicales o el clown realizar un número con animales amaestrados, de modo que surgía una variedad de formas espectaculares dentro de cada especialidad. Por ejemplo, en la presentación de la Compañía Española, en 1855, a la comedia o drama que se ofrecía se sumaba un número de prueba de fuerza en el que Kist soportaba en equilibrio un palo de la altura del teatro encima del cual su hijo Valentín ejecutaba cuadros de elegancia y gracia, denominada "La pértica equilibrada" (*El Nacional*, 10/7/1855). En otra función empleó un globo para la prueba, titulada "El globo ambulante", que consistía en ejecutar sobre el proscenio una carrera larga, con grandes saltos de elevación, finalizando con la ejecución de un aria en una armónica, siempre en equilibrio. (*El Nacional*, 11/7/1855)

Fue similar la representación conjunta de la Compañía Dramática Francesa y la Compañía Gimnástica con dirección de Alexandre (Teatro El Porvenir, 1857), que ejecutó pruebas de gimnasia y trapecio. De este modo, se constituían extensos programas que podían incluir desde cinco hasta ocho partes, constituidas por piezas breves o por los actos de obras largas y por los intermedios circenses, cada uno denominado con su propio título: "Un viaje a las antípodas", "El globo ambulante". Uno de los programas más extensos de la Compañía Española, con la participación de Kist, constaba de ocho partes: como introducción se ejecutó una sinfonía, luego el drama en tres actos *Es un ángel* con los tres intermedios y como séptima parte un baile titulado "Sinfonía veneciana", concluido por la prueba de fuerza titulada "La maravilla del siglo XIX":

> El Sr. Kist romperá con el puño una piedra sólida, de mármol, granito o cualquier otra clase, con dimensiones de largo de diez pulgadas, ancho cuatro y grueso tres, y a fin de convencer al público que no hay ningún engaño, la piedra podrá ser presentada por quien guste, la cual será examinada antes y después de romperla. (*El Nacional*, 17/7/1855)

Entre los números principales se hallaban los ecuestres, la acrobacia, los clown, la gimnasia, el malabarismo, el amaestramiento de animales, el equilibrismo, el atletismo y la prestidigitación. Las compañías se presentaban con una especialización determinada en algunas de estas destrezas, tal fue el caso de las antes mencionadas, que se dedicaban a gimnasia, equilibrio y números de fuerza. Otras presentaban una "agregación zoológica", o bien números ecuestres, o con animales amaestrados; como el Gran Espectáculo de Fieras de Madame Labarrere (Teatro de la Victoria, 1858), que ofrecía extensos programas que alternaban números de animales con pantomimas. La "célebre domadora de fieras" presentaba una hiena de Africa, un oso ruso, dos leonas africanas, dos pumas de América, un tigre de Bengala. En una función extraordinaria se anunció como sexta parte y última: "Mme.

Labarrere dará fin al espectáculo con todas las fieras; hará difíciles pruebas dentro de la jaula, la cual estará con algunos fuegos artificiales después del banquete de fieras, arderán los fuegos conservándose la Sra. dentro de la jaula todo el tiempo que éstos duren subyugando a las fieras".

El circo era un género que absorbía todas las manifestaciones populares del momento, tales como el varieté,[1] el sainete y la pantomima, que constituían una parte del programa. Los números destacados en el programa eran la mayor atracción del espectáculo, los más llamativos por la originalidad de la idea, los más esperados por el público y, muchas veces, se reservaban para el final como una culminación del programa. El director-empresario era el que seleccionaba el orden y se ocupaba de encontrar la mejor solución para cada número o para la atracción de esa función. Generalmente era el que tenía a cargo la atracción. Éste fue el caso de Madame Labarrere presentando el banquete de fieras; Kist en la prueba de fuerza titulada "La maravilla del siglo XIX"; y más tarde el de Pepe Podestá como Pepino 88, o de Pablo Raffetto en sus números de fuerza.

Los números mencionados permiten distinguir aspectos que caracterizaban al espectáculo circense de la época:

1) La búsqueda permanente del impacto visual y emocional en el público, cuya condensación se producía fundamentalmente en el número principal, que perseguía el objetivo de constituirse en una gran atracción para los espectadores. El orden de las partes del programa seguía una gradación "in crescendo" hasta arribar a la culminación. Sorpresa, asombro, admiración, temor eran las emociones básicas que despertaban. Los procedimientos estéticos de la atracción eran la búsqueda de una máxima espectacularidad visual conseguida, por ejemplo, a partir del empleo de fuegos artificiales o explosiones, o también por la actuación de todos los animales en un mismo número o de la compañía completa de artistas. También podía tratarse de una prueba de máximo riesgo o fuerza para el artista, es decir, de la intensificación en un único número de las mayores habilidades y destrezas para sortear los peligros.

2) El gusto por la exhibición de lo exótico, por lo desconocido y distante, predominaban en el espectáculo circense. Ello se lograba tanto en los números de animales provenientes de países lejanos, y quizás

nunca vistos antes, así como por el origen extranjero de las compañías que arribaban al país o por la inclusión de artistas de diversos países en una misma compañía. Existían también pantomimas que escenificaban estatuas de la antigua Europa, reproduciendo y trasladando para el público obras famosas nunca contempladas en América.

3) Se trataba de un espectáculo híbrido (constituido por especialidades diversas, por la música, y por la pantomima o el sainete) y colectivo (la representación era fruto de una multitud de artistas, muchas veces desconocidos, que aportaban sus breves números o se reunían en aquellas partes en las que actuaba la compañía completa para así construir un gran espectáculo colectivo).

4) La presencia de lo cómico y de lo festivo en el espectáculo. La comicidad se concentraba en el número del clown, en las pantomimas cómicas, en el sainete u otros números. La fiesta emergía de la totalidad del espectáculo, pero principalmente se conseguía a partir del lujo y los colores de los trajes, del enorme número de participantes simultáneamente en escena, de la música y los bailes. Asimismo, el constante movimiento de la puesta en escena, que se exhibía en las travesías aéreas de los trapecistas o en las veloces rondas de las cabalgatas de los números ecuestres, eran otros ingredientes que colaboraban en la creación de ese ambiente de celebración.

5) El trabajo corporal y físico del artista de circo se encontraba en primer plano. Sus habilidades corporales, el dominio de las técnicas y destrezas físicas constituían lo central del espectáculo. Otros signos escénicos otorgaban belleza formal a dichas aptitudes físicas: la mímica y la gestualidad del artista, la plasticidad corporal y la calidad interpretativa, el vestuario, el acompañamiento musical y la decoración. Estos elementos, orgánicamente relacionados con el número marcaban el ritmo, la gradación dramática, la ambientación y espacialización del número.

6) La construcción de una espacialización basada en la multiplicidad y simultaneidad de formas escénicas: aérea, arena circular y escenario elevado. El espacio circense estaba constituido por un tablado rectangular ubicado en la zona central posterior y la arena del picadero que conformaba un círculo. Una serie de equipos, aparatos y accesorios específicamente circenses completaban la puesta en escena. El equipo que era empleado en los números de gimnasia, acrobacia y equi-

librismo estaba constituido por barras, trapecio, escaleras, cables, trampolín, etc. Los aparatos eran estructuras mecánicas más complejas, como las estructuras giratorias o las que subían o bajaban y que se colocaban en la arena. También podían ser el resultado de la combinación de varios equipos, como puentes y barandas. Los accesorios eran todos los objetos empleados en los números como los bolos y los bastones del malabarista. (Gurevich, 1987: 17)

En el Río de la Plata el espectáculo de circo se renovó a partir de la incorporación de elementos criollos en los números, proponiendo intercambios y apropiaciones de las formas europeas. A fin de la década del '50 se destacó la Compañía Ecuestre y Gimnástica de Alejandro Loande en la que se realizaban ejercicios ecuestres, de equilibrio, fuerza y agilidad. En la segunda parte presentaba, como tercer número, una prueba ecuestre con la inclusión de la bandera argentina: "El diablo industrioso", Martín Loande, sobre su caballo a la gran carrera, ejecutará varios ejercicios, ejecutando el arriesgado "vuelo angelical" pasando por un gran tonel forrado de papel, arrancando la bandera argentina, concluyendo con la gran fuga en difícil equilibrio". (*El Nacional*, 6/6/1859)

La Compañía Sudamericana, que debutó en 1862 dirigida por Eugenio Pereira incluía, en una de sus funciones, un número de singular importancia para analizar la presencia de elementos de la cultura criolla en el espectáculo de circo, y ello demuestra la particular apropiación del espectáculo circense europeo por parte de las compañías locales. Se trata de la inclusión de un baile y vestuario criollo en una escena cómica y en una prueba de equilibrio: "Tercera Parte: El payaso bailará el gato, con espuelas, y también dará un baile por alto" (*El Nacional*, 16/5/1862). La compañía se especializaba en ejercicios de equilibrio y de gimnasia y se distinguía por el predominio de números cómicos en su programa, predominio que señala una tendencia peculiar del circo criollo que se continuó desarrollando hasta llegar a su momento culminante con el clown criollo Pepino 88. Esto se evidenciaba en los programas:

> Después de una linda sinfonía a toda orquesta se empezará por la:
>
> Primera parte– Gran baile en la cuerda por toda la compañía.

> Segunda parte– El Sr. D. Eugenio ejecutará la gran escalera diabólica sobre la cuerda, haciendo varias posiciones graciosas.
> Tercera parte– El Sr. D. Felipe ejecutará la gran cena diabólica acompañado por el Sr. D. Eugenio con sillas y mesas en equilibrio sobre la cuerda.
> Cuarta parte– el payaso bailará pasos de su composición, concluyendo con las pesas del reloj de Lima.
> Quinta Parte– la metamorfo o sea el payaso engañado por una mujer sobre la cuerda.
> (...) (Luego, continuaban los números serios de equilibrio, trapecio, fuerza)
> Undécima parte– Grandes y difíciles volteos por toda la compañía concluyendo con el gran salto del pescado.
> Dará fin a la función con el gracioso sainete que tiene por título *El mercachifle aborrecido*. (*El Nacional*, 21/5/1862)

La compañía de Pereira se caracterizó por integrar sainetes en la última parte del programa. En una función posterior representó *El diablo encantador* (*El Nacional,* 31/5/1862). El Circo Pavón (1862), también criollo, incluía como parte del programa petipiezas y sainetes, y la compañía francesa de Henault, generalmente concluía con un sainete; uno de ellos fue *Por la virtud de mi gran pistón* (*El Nacional*, 10/5/1862). Ninguna de éstas presentaba pantomimas. Esta práctica de mezcla circo-teatro popular fue común en la época –sobre todo en los circos locales– y se puede considerar un antecedente de la que posteriormente sería la máxima innovación de los Podestá con el estreno del teatro gauchesco en la escena circense.

En esa época surgieron algunas novedades a partir de números que proponían una mayor participación del público en el espectáculo. La Compañía Ecuestre y Gimnástica de Alejandro Loande, por ejemplo, en una función de beneficio ofrecía, para atraer al público, una rifa gratis con cinco premios: el primero era un par de floreros de porcelana dorada y los otros eran diversas bromas: "una señorita cloroformada", "una cosa indispensable para un joven", etc. (*El Nacional*, 17/8/59). Otra modalidad innovadora para la época fue la de proponer juegos en los que se integraba el público. Ése fue el caso de la Compañía Francesa Henault, que en su visita de 1864 anunciaba la prueba de fuerza

"La cinchada", en la que se desafiaba al público a participar en una apuesta por 5000 pesos (*El Nacional*, 4/1/1864). En otra representación promocionaba otro juego:

> Finalizará la función con un juego muy divertido y nunca ejecutado en este circo, cuyo título es: "El cerdo". Este juego es así: no podrán entrar más de ocho personas, llevando el cerdo una campanilla en la pata y el que lo persiga otra, un bastón y los ojos vendados el que lo agarre por la cola se hace dueño del animal. (*El Nacional*, 4/3/1864)

El Gran Circo Oceánico (1863), aunque era una compañía norteamericana, también incluyó un número criollo. Desde la función del 10 de enero de 1863 presentó "El gaucho y la mula", en el que se realizaban pruebas con una mula; la repitió el 22 de enero de 1863: "¡Podrá montarse la mula! El señor Martín, célebre gaucho ecuestre, después de madura reflexión y práctica, tiene confianza de que podrá montar la mula Balaam (...)", y nuevamente el 27 de enero. Esta inclusión de lo criollo en el espectáculo, seguramente, respondía a la necesidad de atraer al público local y demuestra que la práctica de intercambio de las compañías extranjeras con artistas locales invitados colaboraba en el desarrollo del circo criollo, y esos contactos resultaban de enorme productividad para la actividad circense.

La compañía Circo Italiano José Chiarini, que actuó en 1869 y en 1877, realizaba pruebas de equitación, acrobacia, gimnasia y mímica. Anunciaba que poseía "hábiles ecuestres, graciosos payasos, maravillosos acróbatas, lindas mujeres, ágiles gimnásticos y aplicados niños" (*El Nacional*, 5/8/1869). Uno de los elementos que se destacaba en sus puestas en escena era del vestuario: "Los uniformes, trajes, etc., de esta suntuosa compañía, son todos de gran lujo y de exquisito mérito y fueron hechos en Europa para uso de la Casa Imperial de Maximiliano ex emperador de México" (*El Nacional*, 5/8/1869).[2] También incorporó pruebas en las que intervenía el público, en una de ellas se ofrecían "10 patacones a la persona que monte la mulita y dé tres o cuatro vueltas al picadero" (*El Nacional*, 13/9/1869); en otra se rifaba un caballo (*El Nacional*, 12/10/1869). En la segunda visita presentó también animales como atracción. "En el Circo Chiarini, se hizo la notable prueba de los tres trapecios volantes llamada la *Zampillaerostación* conocida en Buenos Aires desde seis años antes (...) inventada por los hermanos Guillermo, Jorge y Alfredo Hauton Lees, auténticos, los maravillosos artistas del aire, no superados". (Bosch, 1910[b]: 363)

En 1876 y 1881 se presentó la Compañía Ecuestre Italiana Natale Guillaume. Sus espectáculos presentaban diversas atracciones, una de las principales eran las pantomimas. Otra fue la realizada por dos de sus integrantes, los gimnastas y acróbatas hermanos Ferrando, calificados de "intrépidos y elegantes" por la prensa, que en el día de su beneficio anunciaban: "Juan Ferrando se tirará de un trapecio al otro, situado a la extremidad de la escena, con la cabeza dentro de una bolsa de lona" (*La Nación*, 11/1/1881). Asimismo, presentaron a lo largo de sus actuaciones números ecuestres, de amaestramiento de caballos, de equilibrio sobre alambre flojo, de lucha, pruebas en trapecio triple, de gimnasia. Otra compañía importante de fines de esta etapa fue la Gran Compañía Ecuestre, Gimnástica, Acrobática, Equilibrista y Bufa con Agregación Zoológica, de Pablo Raffetto, que con su actividad constante contribuyó a impulsar el espectáculo circense local al incorporar a artistas rioplatenses. Pablo Raffetto era un luchador que realizaba el acto "el disparo de cañón", que fue uno de sus números fuertes, y una "atracción" en el Río de la Plata. "Una de las pruebas más emocionantes que hacía era el disparo de cañón de 21 arrobas cargado con una libra de pólvora. Ponía el cañón cruzado sobre los hombros y un artista encima con dos banderitas que hacía flamear después que encendía la mecha y disparaba el tiro". (Podestá, 1930: 22)

Se estableció en 1869 en el Río de la Plata. En un comienzo se vinculó al Circo Chiarini ofreciendo números como hércules y luchador. Después se convirtió en empresario y propietario de circo en Buenos Aires. Alquiló el terreno donde estuvo el Circo Arena y presentó una gran compañía con los espectáculos de lucha como número principal: se organizaban encuentros especiales con gran afluencia de público, en los que Raffetto se enfrentaba con otros luchadores franceses, ingleses, polacos. Otro número consistía en retar al público a luchar con un oso adiestrado en lucha y ofrecer cincuenta pesos oro al que fuera capaz de voltearlo (Castagnino, 1953: 47). Además, había números de fuerza que finalizaban con los aparatos a disposición del público, que ningún espectador podía levantar; en otros se trataba de tomar una gruesa goma, que en uno de sus extremos poseía una manija mientras el otro se mantenía sujeto a un poste y había que lograr estirarla hasta alcanzar un billete de 1000 pesos. Podestá (1930: 21) lo recordaba, destacando su formación en múltiples prácticas:

> Era genovés, muy buen hombre, incapaz de una maldad; fortacho como no he conocido otro, un hércules que lo mismo jugaba con balas de fierro pesadísimas, como luchaba con una elegancia singular o tomaba parte en pantomimas y sainetes, como hacía de director de pista charlando con el payaso en su media lengua criollo-genovesa, que tanto festejaba el público.

En los programas se presentaba como "director y empresario Pablo Raffetto" y muchas veces integraba números con otras familias y artistas más allá de los de su propia compañía. Los actos que podían componer un programa eran: "Grandes actos ecuestres" (Rosa y Margarita Raffetto; Matilde Pereyra); "Las tres barras fijas" (por el gimnasta Eduardo Pereyra); "La renombrada familia Scotti: Malabares"; "Difíciles experimentos japoneses"; "Números con animales adiestrados: carrera de monitos Jockey"; "Juegos acrobáticos por la familia alemana: los hermanos Pix-Pox"; Familia Lestrade: gimnastas; equilibristas, cuerda floja; entradas cómicas de los célebres clowns: Eduardo Pereyra y Pedro Bauzan. La función finalizaba con una pantomima y con corridas de toros. (Castagnino, 1953: 54)

En marzo de 1884 se presentó la Gran Compañía Ecuestre Norteamericana bajo la dirección de los hermanos Carlo, Jorge y Federico, también propietarios, que ofrecía múltiples atracciones. Los números que componían el espectáculo y la atracción principal iban modificándose permanentemente, de acuerdo a las distintas funciones, para las que solían contratar a otros artistas –algunos de ellos locales– lo que favorecía la variedad a lo largo de la temporada. Siempre se anunciaba alguna novedad: "El salto del Niágara", "números de animales" (*La Nación*, 25/3/1884); "Los cinco broncos", por Federico Carlo, "El trapecio aéreo", por Zilda (*La Nación*, 16/4/1884); "Las pirámides humanas" por los hermanos Carlo, F. Brown, Miss Amelia y Mr. Austin, y "el sin rival Frank Brown, clown por Excellence" (*La Nación*, 25/4/1884). También se caracterizó por presentar pantomimas que ofrecían un gran despliegue escénico. Actuaron con ellos la familia Pereira y los hermanos Podestá, que trabajaban en diversos números del espectáculo: de trapecio, con caballos y ya se mencionaba al clown Pepino (*La Nación*, 19/6/1884); y finalmente, participaban en las pantomimas, entre las que se destacó fundamentalmente *Juan Moreira*, por la incorporación de elementos criollos al espectáculo circense, ya no en números aislados sino constituyendo la mayor atracción de la función.

Posteriormente, José Podestá continuó interpretándolo hasta el momento en que se instaló en el Teatro Apolo. La renovación que produjo Pepino 88 en el espectáculo circense surgió de la inclusión de elementos y temas de la cultura rioplatense, que lo distinguían del clown inglés Frank Brown, quien se presentaba en la misma época en Buenos Aires. Pepino 88 era anunciado en los programas como "El rey de los payasos criollos", "Lo más verdadero en su género, inventor de sus mayores novedades. Repertorio interminable. Único por sus cantos populares, discursos, problemas, chistes, etc.". (Programa s/f, Archivo del INET).

Castagnino (1953: 76) destacó su particular empleo de las técnicas del clown y su carácter renovador:

> En el circo europeo, que establece escolar tipificación de especialidades para el payaso: blanco, clown inglés, Shakespeare-jester, augusto, trombo, clown acróbata, etc., no hubiera podido surgir fresca e inmediata, espontánea y unánimemente admitida, una figura cuya modalidad resumiera a todas las conocidas y además cantara, ejecutara la guitarra y el pistón, creara maquietas y sátiras políticas de explosivo eco en las graderías, como resulta la de Pepino 88, incorporada por José Podestá con la aprobación indiscutida de los públicos rioplatenses de fines del siglo pasado

Los espectadores estaban acostumbrados al clown "a la inglesa", con entradas pensadas para el público infantil, mientras que Pepino 88 se dirigía a los adultos. Sus números estaban compuestos por una heterogeneidad de técnicas: números cómicos con un burro adiestrado, monólogos, escenas paródicas que partían de la observación costumbrista, dichos y canciones. Estas últimas podían estar relacionadas con el momento político que vivía el país, como en el caso de: "Desesperación", en la que realizaba una crítica a la sociedad de la época mediante procedimientos cómicos. Como propone Bajtin (1987), a partir del humor se cuestionaba a la cultura oficial, y en las canciones del payaso Pepino 88 el mundo entero aparecía cómico y era considerado en un aspecto jocoso. Así, la risa permitía percibir aspectos del mundo de un modo diferente pero no menos importante que desde el punto de vista serio: "De todo lo que veía/ me reía sin cesar, / de lo triste, de lo alegre, / del placer/ y del pesar/ De lo grande, de lo chico..." (Podestá, 1912: 14)

La actuación de estos números constituyó un verdadero antecedente de los procedimientos del actor popular que se desarrolló con posterioridad en el sainete criollo, ya que el clown fue un: "verdadero introductor del monólogo satírico político social revisteril, a partir del chiste, la imitación, la canción intencionada, el decir, la copla, la pirueta, y de una incipiente, maquieta que pulirían los actores nacionales posteriores" (Pellettieri, 2001: 18). Pepino parodiaba los diversos tipos sociales y para representarlos no modificaba los signos del vestuario, ya que jamás abandonó el traje de payaso. Por ello su actuación, se basaba, fundamentalmente, aunque aún de un modo primitivo, en el procedimiento de la maquieta: la exageración y deformación del tono y del gesto. Caricaturizaba al compadrito de las orillas, tal como en "Semos mancos", en la que se reía de los guapos del barrio de La Boca; así como también parodiaba a los gringos en "Lo que yo he visto", a partir de un italiano que se peleaba con su mujer y se expresaba en cocoliche; y en "El vendedor ambulante" presentaba al inmigrante italiano como un hombre ambicioso, únicamente interesado en ganar dinero para regresar a Italia: "Yo sólo pienso en ser rico/ per decar de trabacar/ e andarme con la familia, / a l' Italia a descansar..." (Podestá, 1912: 42). Otros tipos populares representados eran el vasco lechero, en la canción con ese título; los cocheros en "¡Qué vida la del cochero!", y también parodiaba al poder político en "Lo que yo he visto", a través del personaje de un diputado que prometía:

"Si ustedes me nombran/ a mí diputado/ yo también prometo/ ser buen ciudadano

(...) Dicha y gran riqueza/ en el pueblo habrá/ y tendrán derechos/ plata y libertad

(...) Yo a todos prometo/ la felicidad..."

Luego fue al Congreso, y allí... no hizo *na*. (Podestá, 1912: 35-36)

El público de circo en Buenos Aires estaba compuesto por diversos sectores sociales. Ello provenía del propio carácter de mezcla que caracterizaba al espectáculo, ya que –en los casos en que se trataba de espectáculos conjuntos con compañías teatrales o de música– las funciones se realizaban en salas que convocaban al público culto. Sin embargo, esa ampliación social era rechazada por algunos sectores que hacían oír sus quejas en los periódicos: "El teatro argentino en boga: Nos aseguran que deben tener lugar en él algunas exhibiciones ecuestres. Es decir que se convierte en circo de equitación, y andando el tiempo será también circo de gallos, toril u otra cosa peor. Esto se llama descender deplorablemente". (*La Tribuna*, 9/1853)

En el anuncio de la Compañía Mágica del Profesor Herrmann (1959, Teatro Colón), se enfatizaba el origen aristocrático del público, intentando apuntar a sectores cultos de Buenos Aires y agregando a partir de dicha información una cuota de exotismo que también podía atraer al público popular:

> El Sr. Herrmann tiene el honor de presentarse al ilustre público de Buenos Aires, deseando y creyendo serle agradable tal como les ha sido, con su presencia y ejecución artística a los monarcas que expresa a continuación: S. M. Imperial Nicolás y Alejandro de Rusia, a los Emperadores Fernando y José de Austria, a S M el Emperador de Brasil, a la familia imperial del sultán de Turquía, a S. M. Luis Felipe, al Rey de Bélgica, el Duque de Balantes y Flandes a S. M. Sudovico Rey de Baviera, y a los Reyes de Sajona, Gutenberg y Dinamarca, a la familia real de Holanda y Portugal, a su Alteza Real el Duque de Cambridge, y su Alteza Imperial el Duque de Oldemburg. (*El Nacional*, 5/1/1859)

Cuando se trataba de espectáculos específicamente circenses, el público era predominantemente popular, y en la prensa se encuentran menciones a la numerosa concurrencia. Los anuncios que hacían las compañías circenses en los periódicos tendían a mantener informado al público de todas las novedades, y a captarlo a partir de la variedad y la originalidad.

La permanencia en Buenos Aires de varias compañías durante extensas temporadas, la regularidad de las visitas de grupos extranjeros y las funciones diarias en diversos horarios que podían ocupar la mayor parte de la semana, demuestran que existía un amplio público radicado en la ciudad, al que se integraban algunos personajes de la elite dirigente, como lo recuerda Podestá (1930: 37): "Recuerdo entre las muchas personalidades que allí nos aplaudieron al gran Sarmiento". Con respecto al público del Circo Anselmi, Miguel, pariente de Gabriel Anselmi –quien inauguró la familia circense–, dio testimonio de que en la década del '90, en la ciudad de Buenos Aires (Cuyo y Riobamba), entre el público se encontraba el Presidente de la República, Mitre, Pellegrini, Aristóbulo Del Valle, y que las damas concurrían en fechas de gala (*La Razón*, 19/3/1833).

A partir del clown Pepino 88 interpretado por José Podestá, comenzó a prefigurarse en forma muy incipiente, el modelo del actor popular nacional, caracterizado por la multiplicidad de técnicas que dominaba: cantaba, recitaba, era trapecista, actor de pantomimas y clown. Por último, el circo colaboró con la emergencia y conformación de un público para el espectáculo popular, así como con la implantación de hábitos que luego permitirían un acercamiento a otros géneros como el teatro gauchesco, el sainete criollo, y más tarde el cinematógrafo.

Notas

[1] La Compañía Roberts se especializaba en escenas de magia, ligereza de manos, prestidigitaciones (*El Nacional,* 17/7/1858). Primero actuó en el Teatro Argentino, luego en el Teatro de la Victoria en unión con una compañía dramática, permaneciendo hasta fin de agosto. El programa (*El Nacional*, 13/8/1858) anunciaba que se abría la función con una sinfonía, luego como primera parte: "'Los misterios del diablo', una hora de magia por Mr. Roberts. 2° la compañía dramática representa el drama sentimental *El lobo marino o La maldición de un padre*. 3° ejercicios de ligereza de manos. Dando final al espectáculo un baile con la participación del cuerpo coreográfico".

[2] Chiarini los había comprado en una venta pública.

•••

4.4.4. Formas parateatrales. El carnaval y las fiestas

por Isidro Salzman y Lidia Martínez Landa

La derrota de Rosas en la batalla de Monte Caseros y las posteriores acciones del Congreso General Constituyente que culminaron con la Constitución sancionada en 1853 permiten dividir al siglo XIX en dos períodos claramente diferenciados. El paso a la época constitucional importó una transformación profunda de la política, la economía y también de las costumbres de la sociedad argentina. Las tradicionales fiestas de carnaval resultan un importante indicador de los cambios sociales que se produjeron y dan cuenta de la nueva configuración que adoptaron las relaciones interpersonales. Lejos de constituir un hecho social de carácter lineal, el carnaval del período 1853-1884 revela en su desarrollo y sus contradicciones las características peculiares de la naciente organización nacional y, fundamentalmente, el impacto de las fuertes corrientes inmigratorias de origen europeo. De todos modos, lo que se percibe como constante en la segunda mitad de la centuria es el interés y hasta la impaciencia con que todas las clases sociales esperaban las fechas consagradas al carnaval por el calendario.

Hacia 1854, una vez levantada la prohibición decretada por Rosas diez años antes, las celebraciones carnavalescas se reanudaron en el Teatro Argentino, "previo permiso de la Policía, y eran organizadas por empresarios, responsables del orden en esos sitios, aún cuando la policía enviaba un comisario y algunos vigilantes para prevenir cualquier incidente" (*Cronista Mayor de Buenos Aires*, 2001: 2). Significativamente, el diario *La Tribuna* (2/3/1854) respecto de los bailes de máscaras de ese año, consignaba:

> Los carnavales del año 54 harán época en los recuerdos del pueblo de Buenos Aires y ocuparán un lugar prominente en sus anales históricos. Se ha jugado en ellos con todo el entusiasmo con que se ha hecho la defensa de las instituciones y han tomado

> parte en él aún los que en aquella época fueron tachados de indiferentes.

Llama la atención el paralelo que propone el articulista entre el fervor carnavalesco y el empeño que pusieron los defensores de la ciudad de Buenos Aires frente al asedio encarado por Urquiza luego de su triunfo en Caseros. La incorporación de los que se mantuvieron indiferentes al conflicto armado pone en evidencia el carácter masivo y eminentemente popular de las fiestas de carnaval. Al parecer, ni siquiera la sangre derramada en la batalla, ni la estrepitosa caída de Rosas, ni la perspectiva de los profundos cambios que se avecinaban, lograban opacar el vivo interés por las celebraciones carnavalescas.

La trascendencia que los festejos del carnaval tenían para los habitantes de Buenos Aires no se vio menguada en circunstancias de emergencias o catástrofes, obliga a remitir al análisis hecho por Bajtin (1987: 10-18) respecto del carnaval en la Edad Media. En efecto, también en el caso argentino puede hablarse de la necesidad del pueblo de disfrutar de una "segunda vida", más allá de las ceremonias oficiales y de los acontecimientos funestos que se viven en la sociedad. Es probable que, al asumir la "visión carnavalesca del mundo" de que habla Bajtin,[1] el hombre del período 1853-1884 intentara paliar la alienación provocada por los abruptos cambios socio-políticos y por la guerra.

Casi dos décadas después, en 1871, ese fervor desafió la terrible epidemia de fiebre amarilla. Un hecho que diezmó la población de la ciudad, digno de ser parangonado por su repercusión con la caída de Rosas, no resultó suficiente para acallar el espíritu carnavalesco. Al respecto, refiriéndose al mes de febrero de 1871, cuenta Groussac (Busaniche 1959: 819):

> Pasaron algunos días, y afirmándose por los diarios que el mal estaba "dominado", las únicas comisiones que en esa semana trabajaron "febrilmente" fueron las del carnaval. Aunque numerosos casos esporádicos habían sido comprobados en varios puntos de la ciudad, no pudieron contenerse los excesos carnavalescos.

Demostrada la trascendencia popular de los festejos en el período tratado, cabe consignar dos hechos significativos que resaltan entre 1853 y 1884: 1) el papel que, simultáneamente, tuvieron la calle y las salas teatrales en las fiestas de carnaval y 2) las consecuencias que la seducción ejercida por tales fiestas tuvo en las formas de integración de las diferentes clases sociales de Buenos Aires.

1) Suele considerarse que las fiestas de carnaval, con el aporte de murgas, comparsas y asociaciones carnavalescas, se producían fundamentalmente en un espacio callejero limitado por los frentes de las casas y que se prolongaba hasta las zonas más o menos desoladas de los suburbios. Sin embargo, coincidiendo con un incremento de la aparición de nuevas salas teatrales, en la segunda mitad del siglo XIX, los espacios específicamente destinados al teatro sirvieron subsidiariamente para el desarrollo de los carnavales. Esto no significa que la calle dejara de ser el ámbito propicio para la algarabía popular ni que con anterioridad a esos años los teatros no hayan sido usados con propósitos carnavalescos. Simplemente, se trata de una costumbre que se acentuó y que, curiosamente, acercó al teatro a formas parateatrales como el carnaval.

El carnaval se desarrolló en dos ámbitos bien diferenciados. Por un lado, el festejo eminentemente popular, proclive a los desbordes y a los juegos con agua y con vejigas, tenía lugar en las calles de la ciudad y en los barrios periféricos, donde se consagraban los célebres "cantones", esas trincheras desde las que los más exaltados lanzan toda clase de objetos a los desprevenidos transeúntes. Según el *Cronista Mayor de Buenos Aires* (2001: 3), "en 1869 se realizó el primer corso, con la participación de máscaras y comparsas únicamente" y "al autorizarse el corso, ganó terreno el carnaval callejero y las calles se poblaron de cantones en los que se jugaba intensamente". La importancia de tales efusiones callejeras queda demostrada por la participación que tuvieron en ellas altas figuras de la política argentina. Alfred Ebelot, un viajero francés que visitó Buenos Aires hacia 1869, descubrió con asombro que, mezclado entre la muchedumbre que se divertía, desfilaba con su hijo un ex ministro de Relaciones Exteriores. Su sorpresa queda evidenciada cuando relata: "El presidente de la República acertó a pasar en un coche descubierto. Lo mojaron hasta empaparlo. El presidente, el ex ministro, el chiquilín y los concurrentes se desternillaban de risa.

El presidente aquel era Sarmiento" (Carricarburo, 1987: 187). Este intercambio gozoso entre los altos dignatarios y el pueblo, del que también ha hablado Bajtin,[2] permitía que el hombre del común se mezclara transitoriamente con personajes del poder, mientras que para los gobernantes era una forma democrática de vincularse con la gente.

La ausencia de jerarquías que parece caracterizar el carnaval callejero sufrió un cambio si se enfocan los festejos que se cumplían a puertas cerradas, en teatros, clubes y asociaciones. En principio, conviene consignar el importante papel que tuvieron los teatros en la celebración. Según refiere Bilbao (1981: 166), "los bailes (de Carnaval) comenzaban dos meses antes en los teatros Victoria, Colón, Argentino, Alhambra, Alcázar, Lírico y demás centros carnavalescos que desbordaban de concurrencia. En el carnaval de 1858 se bailaron los primeros lanceros". Al respecto, también señala Puccia (1974) que en los primeros años a partir de 1854, "los bailes públicos de carnaval se daban en el teatro Argentino, previo permiso de la policía, organizados por los empresarios Agustín Pestalardo, Mariano Varela y don Hilario Ascasubi". (Romay 1937/1967: 75)

Confirmando la trascendencia que le cupo a los teatros en el período, Taullard, cuando habla del Teatro Colón, que se construyó en la calle Reconquista, cuenta que

> Por vía de ensayo, para probar sus condiciones o por mera impaciencia, cuando aún el edificio no estaba terminado ni revocado siquiera, se dio para los carnavales del 56 un gran baile de máscaras al que concurrió lo más selecto de la población, baile que se repitió en los carnavales del año siguiente (1932: 159).

Y luego, refiriéndose al Teatro Coliseum de la calle del Parque (Lavalle) construido en 1866, pone en evidencia que los teatros no sólo sirvieron para solaz carnavalesco de la elite: "Para las fiestas de carnaval sobre todo, era el punto de reunión obligado de negros y mulatos y cuanto elemento arrabalero había en la ciudad, algo así como fue años más tarde el 'Doria', hasta que finalmente se convirtió en pista de patinaje" (1932: 252-253).

Pese a estas oposiciones, puede conjeturarse que, al confinar el festejo carnavalesco al espacio cerrado de un teatro, cierto sector jerarquizado de la sociedad intentaba legitimar para su clase un festejo callejero que incurría frecuentemente en excesos y que muchos periódicos de la época reputaban como costumbres semibárbaras, ajenas a un pueblo culto.

Respecto de las relaciones entre el carnaval y los espectáculos teatrales, también ha teorizado Bajtin, enfatizando el "poderoso elemento de juego que contienen" (Bajtin, 1987: 12). Sin embargo, él mismo ha establecido la diferencia entre ambas ceremonias, al decir que: "el carnaval no es tampoco la forma puramente artística del espectáculo teatral, y en general, no pertenece al dominio del arte. Está situado en las fronteras entre el arte y la vida. En realidad es la vida misma, presentada con los elementos característicos del juego".

2) En cuanto a las consecuencias que una fiesta como el carnaval, que atrapaba por igual a las clases sociales altas y al pueblo de extracción media y baja, tuvo en la conformación de la nueva sociedad que surgía alrededor de los años ochenta, son muy diversas y a veces contradictorias. El hecho más relevante que se produjo en los albores de la segunda mitad del siglo XIX fue la autorización conferida por la Legislatura de la Confederación para la entrada de inmigrantes al país en 1853. En 1854 empezaron a llegar a Buenos Aires las primeras familias europeas y ese fue sólo el comienzo de una poderosa corriente inmigratoria que duplicó el número de habitantes de la Argentina y produjo transformaciones profundas en los usos y costumbres de los criollos (Onega, 1982). Los cambios que sufrió la composición poblacional del país a raíz de esa política liberal ejercieron también su influencia en las festividades del carnaval, ya que no sólo participaban la aristocracia local y la mayoría de los negros y pobres que fueron adictos a Rosas, sino los italianos, españoles y judíos desarraigados de sus países de origen. El espectro social se tornaba más complejo, y pronto los jóvenes, además de competir con el pueblo humilde de extracción criolla, rivalizaron con los inmigrantes.

Como opina Carricaburo (1987: 187), "la fiesta se ha europeizado, como el país" y, en consecuencia, "ya no existe un carnaval propio". La lenta integración de los inmigrantes a los festejos fue haciendo declinar la participación de los negros, quienes, además, seguían siendo asociados a Rosas por la clase alta. Todo esto llevó a que desde las editoriales se criticaran las costumbres y el modo de ser de la población negra, según pensaba Reid Andrews (1989: 227),

> este querer distanciarse de Rosas, sumado a un alejamiento del pasado negro y africano de la comunidad y a la adopción de la cultura y las costumbres europeas, favorecidas por la comunidad blanca, hizo que las sociedades de ayuda mutua africanas fueran desapareciendo durante las décadas de 1860 y 1870, ya que los jóvenes negros se rehusaban a entrar en ellas y apoyarlas. La comunidad abandonó el candombe a favor del vals, el chotís y la mazurca.

Paradojalmente, esa pérdida de identidad de los negros en las fiestas de carnaval provocó un efecto curioso: muchos jóvenes de clase social alta se pintaban la cara y asumían los modos de la gente de color.

De Lucía (1995: 11) considera que en ese período:

> van proliferando las comparsas que ganan las calles en los días de fiestas. Son comparsas de las naciones negras, que van copiando las pautas y los gustos de la élite (música y danza) y perdiendo su carácter candombero; comparsas extranjeras que forman parte de las estrategias de formación de ámbitos sociales propios de las colectividades y jóvenes de la élite que crean numerosas sociedades (Habitantes de la Luna, Gauchos de Uriarte) entre las que se destacan las de falsos negros donde los participantes se pintaban la cara e imitaban en tono farsesco la música y los bailes de los negros.

Durante el transcurso de la década del 80 se produjeron cambios en la fisonomía de los carnavales porteños, provocados por la inserción de las masas inmigratorias promocionadas por el proceso de modernización incentivado por las políticas liberales. Los escritores de la generación del 80, por su parte, reflexionaron de modo pesimista acerca del carnaval. Prieto (1988: 149) releva el registro de esta disconformidad en el relato del escritor Eugenio Cambaceres, "Silbidos de un vago", a comienzos de la década:

> habla de un desfile de comparsas y de máscaras, semialdeano en el gusto y modesto en las proporciones, sin otra nota de color local que la de "tal o cual bachicha disfrazado de turco o de marqués", y las bandas de negros "con sus caritas tiznadas, sus casaquitas celestes... sus tamboritos, sus matraquitas y campanillitas".

También lo hace la clase tradicional porteña, que abominaba tanto de los negros como de los inmigrantes. Es decir, mientras en las calles, salones y teatros todavía danzaban los disfrazados y se escuchaba la música del carnaval, la clase social que trazó la fisonomía del país en las décadas siguientes empezó a "enterrarlo". Como sucede en muchos casos, una fiesta popular en la que se mezclan o se rechazan distintos estratos sociales sirve de modo admirable para una lectura de las integraciones y enfrentamientos que caracterizaron a una sociedad en determinado período histórico.

Notas

[1] "A diferencia de la excepcional jerarquización del régimen feudal, con su extremo encasillamiento en estados y corporaciones, este contacto libre y familiar era vivido intensamente y constituía una parte esencial de la visión carnavalesca del mundo. El individuo parecía dotado de una segunda vida que le permitía establecer nuevas relaciones, verdaderamente humanas con sus semejantes." (Bajtin, 1987: 15)

[2] "La abolición de las relaciones jerárquicas poseía una significación muy especial. En las fiestas oficiales las distinciones jerárquicas se destacaban a propósito, cada personaje se presentaba con las insignias de sus títulos, grados y funciones y ocupaba el lugar reservado a su rango. Esta fiesta tenía por finalidad la consagración de la desigualdad, a diferencia del carnaval en el que todos eran iguales y donde reinaba una forma especial de contacto libre y familiar entre individuos normalmente separados en la vida cotidiana por las barreras infranqueables de su condición, su fortuna, su empleo, su edad y su situación familiar." (Bajtin, 1987:15)

•••

V• La crítica (c. 1700-1884)

5. La crítica (1700-1884)

por Liliana López

1. Umbrales discursivos

El teatro rioplatense y su crítica no siempre han transitado caminos simétricos; por el contrario, cada uno de esos discursos tuvo diferentes condiciones de posibilidad para su emergencia y continuidad, ya sea por razones de la especificidad que les es propia o porque las circunstancias contextuales los afectaban de muy distinta manera. Mientras que se ha verificado la existencia de una modesta actividad teatral durante la última etapa del período colonial, la crítica no era factible, ya que, en principio, no disponía de un espacio de enunciación desde el cual manifestarse textualmente. Esto no significa negar su existencia previa en otras latitudes en tanto discurso, con un campo conceptual bastante definido y regulaciones específicas, pero vale tener en cuenta que una de las condiciones para que la crítica se desarrolle plenamente consiste en la existencia y el funcionamiento dinámico y continuo de una serie de instituciones en el interior de una sociedad, así como la conformación de lo que Habermas (1981) denominó "esfera pública". Se hace preciso, antes de encarar una descripción de la situación en el Río de la Plata, mencionar algunos procesos culturales que constituyeron el antecedente europeo de esta práctica. Habermas ha estudiado la estrecha asociación entre la aparición de la crítica y el desarrollo de la prensa desde el último tercio del siglo XVII en Francia, Inglaterra y Alemania, así como también de los salones, las salas de café y las sociedades secretas, entre otros ámbitos formadores de opinión: "La disputa en torno del juicio profano, en torno del público como instancia crítica, resulta encarnizada allí donde un círculo de connaisseurs había vinculado su competencia especializada con algún privilegio social". (1981: 77)

Con respecto a los sujetos enunciadores, también ha seguido los cambios de su denominación, que grafican con bastante claridad su estatuto de clase. Mientras que en la primera mitad del siglo XVIII el círculo interno del nuevo público de arte estaba integrado también por los "aficionados esclarecidos", se ubica en la segunda mitad la emergencia de la crítica desde los salones, y los encargados de expresar su opinión –como mandatarios del público y como sus pedagogos– reciben el nombre de "jueces de arte", sujetos privados que emiten juicios sobre determinadas materias. Es en este enclave donde se suele situar coincidentemente con otro hecho de discurso (Habermas, 1981; Eagleton, 1999) el origen –puntual, histórico– de la crítica moderna:

> Los periódicos de crítica histórica y cultural como instrumentos que son de la crítica artística institucionalizada, son creaciones típicas del siglo XVIII. "Ya es suficientemente notable", se maravilla fundadamente Dresdner, "el hecho de que la crítica de arte, luego de haberse pasado el mundo milenios sin ella, aparezca del golpe en el horizonte de mediados del siglo XVIII". (Habermas, 1981: 79)

Si en Inglaterra el crecimiento del público "políticamente raciocinante" se desarrolló más tempranamente debido a sus cambios institucionales del siglo XVII, en Francia las condiciones no estuvieron dadas sino a partir de la Revolución de 1789, ya que la existencia de la censura no permitía estos procesos; por la misma época, en Alemania surgían en las tertulias privadas de los burgueses, y un poco más tarde, en las sociedades lectoras privadas y comerciales.

El periodismo, el crecimiento de la "esfera pública" y el lento proceso de autonomización de las artes produjeron, avanzado el siglo XIX, las primeras muestras de una crítica orientada claramente hacia la descripción y los juicios acerca de las representaciones teatrales y las textualidades dramáticas.

2. Sociedades y periódicos: la alianza fundante del discurso de la crítica

En el Río de la Plata hubo que esperar el inicio del siglo XIX para la aparición del primer periódico, aún bajo la hegemonía colonial. Este comenzó a publicarse el 1° de abril de 1801, bajo la dirección de Francisco Antonio de Cabello y Mesa,[1] y aparecía ligado a una sociedad literaria. El nombre completo del periódico era *Telégrafo Mercantil, Rural, Político, Económico e Historiográfico del Río de la Plata*; se distribuía por suscripción y sus lectores constituían el sector más ilustrado de Buenos Aires; tenía corresponsales en otros pueblos del virreinato (Potosí, Santa Fe, Montevideo, Córdoba, Charcas) y llegaba hasta Chile y Perú. Tal como sucedía en Europa, una parte de sus lectores, corresponsales y colaboradores constituían una Sociedad Patriótico-Literaria.[2] Entre sus miembros se contaba Manuel de Lavardén, cuya *Oda* se publicó en el primer número; otros integrantes eran Domingo de Azcuénaga, José Joaquín de Araujo, Juan José Castelli, Manuel Medrano y Miguel de Belgrano. Se caracterizó por la heterogeneidad de temas tratados, entre los cuales se formuló una consideración sobre la necesidad de un edificio teatral estable;[3] en ese contexto, el abogado cordobés José Eugenio del Portillo, quien firmaba con el anagrama Enio Tullio Grope, tomó a su cargo la cuestión teatral. En el número inicial lamentaba que "la preciosa capital argentina estuviese desairada sin el único solaz del hombre civil". A pesar de esta carencia, Portillo exponía sus preferencias genéricas, ligadas claramente al neoclasicismo español (la comedia antes que la tragedia) y autorales (Fernández de Moratín antes que Lope de Vega, Calderón de la Barca, Agustín Moreto y Cabaña, Guillén de Castro y Antonio de Zamora). En otra ocasión, reiteraba su propósito al escribir: "Va pues este otro rapidísimo no menos útil y conducente a tan digno y atendible objeto político" (26/9/1801), testimonio que deja claramente expresada la concepción instrumental y el carácter didáctico sobre los que se asentó prácticamente toda la actividad discursiva del siglo XIX. El *Telégrafo* no alcanzó a los dos años de existencia.[4]

En 1815 aparecieron, entre otros periódicos, *El Independiente* –con trece números, redactado por Manuel Moreno, y *El Censor*. Del primero, interesa reproducir un fragmento del "Artículo comunicado" firmado por el mismo Moreno, en el que advierte sobre las posibles contradicciones o incongruencias de carácter político entre lo que puede aparecer en la escena y la realidad local, sugiriendo, sin demasiados rodeos, la censura frente a esos casos:

> En todo pueblo civilizado es el teatro la primera escuela donde puede formar el gobierno con las mejores proporciones las costumbres públicas de la Nación, y dirigir la opinión general a los intereses primarios de ella. Por consiguiente, así como no debe permitirse la representación de piezas que contengan actos o locuciones indecentes o positivamente obscenas o de un ridículo insoportable por la falta de gusto en la composición, debe también cuidarse de excluir aquellas cuyo argumento contraría en modo alguno las bases fundamentales de la constitución del país o del sistema de gobierno que provisoriamente se haya adoptado y se intente promover [...] Su ilustración hará que no sufra en la escena sino lo decente y lo bueno; su libertad jamás será tanta que permita atacar de modo alguno las bases constitucionales del gobierno. Una monarquía no permitirá declamar contra los monarcas, decapitarlos en el teatro y elogiar las virtudes y patriotismo de los republicanos que lo hagan; en una república no se recomendarán ventajas de la administración real, ni aún se hablará de reyes, sino para representar su tiranía. (*El Independiente*, 24/1/1815)

Lo que también estaba señalando era la falta de un repertorio adecuado a las necesidades del flamante proyecto político independiente, iniciando así un reclamo sostenido, y el rechazo hacia un repertorio que juzgaban extemporáneo e incongruente.[5] Notaba también la contradicción en el hecho de que el gobierno había ordenado que todas las funciones comenzaran con la Marcha Patriótica; la representación artística del sistema político depuesto resultaba aún más inadecuada.

La institución política representada por el Cabildo de Buenos Aires tuvo como vocero al semanario *El Censor*, que en su primera etapa (7/1/1812 al 6/1/1816) fue dirigido por Vicente Pazos Silva (antes director de la *Gaceta de Buenos Ayres*). En su segunda etapa hasta el cierre (6/2/1819) tuvo como directores al liberal cubano Antonio José Valdés, y luego al chileno Camilo Henríquez, autor del drama *Camila o La patriota de Sudamérica*. El antihispanismo de la publicación fue una de las constantes en los apartados dedicados al teatro, que solía aparecer debajo del título principal "Política", creando una fuerte y explícita asociación:

> Yo considero al teatro unicamente [sic] como una escuela pública; y baxo este respecto es innegable que la musa dramática es un gran instrumento en las manos de la política. (*El Censor*, 29/1/1818)
>
> El teatro es una escuela ingeniosa y agradable de la moral pública y órgano de la política [...] el pueblo se educa en el teatro [...] En nuestras circunstancias actuales, el teatro debe respirar odio a la tiranía, amor a la libertad y, en fin, máximas liberales. (*El Censor*, 2/5/1818)

Contrario al teatro del Siglo de Oro, y en especial a Calderón y a Juan Pérez de Montalbán, desde el semanario se proponía a Corneille y a Molière como modelos para una dramática propia, la que debería contar con la protección oficial, y ponía como ejemplo a la propia pieza de Henríquez, lo cual generó un debate con la Sociedad del Buen Gusto, que no había autorizado su representación.

Respecto de esta asociación, fue creada el 28 de julio de 1817 por iniciativa estatal, durante el gobierno de Pueyrredón. Entre sus objetivos se contaban promover la mejora de las exhibiciones teatrales, procurando que "se den obras originales"; traducir las mejores extranjeras y reformar algunas antiguas, "para que el teatro sea escuela de costumbres, vehículo de ilustración y órgano de la política". De fuerte carácter restrictivo, los integrantes de la Sociedad del Buen Gusto –presidente: Juan Manuel Luca; vicepresidente: Bernardo Vélez Gutiérrez y secretario: Domingo Olivera– debían revisar las obras que se representaban y ejercer el poder de censura. También los ensayos estaban bajo su supervisión, porque consideraban que este elemento era central para la "comprensión" de los textos. Se proponían la difusión de obras locales (*Cornelia Bororquia* y *Camila*), o de traducciones, como la de *La Jornada de Maratón*, por Vélez Gutiérrez, y *Felipe II*, de Alfieri, por Esteban de Luca. La estética de la agrupación puede sintetizarse en el apego hacia el neoclasicismo y, por otra parte, por su antihispanismo, modulado bajo la descalificadora fórmula de "absurdos góticos" aplicada a las piezas de Pérez de Montalbán, Calderón y Lope de Vega. La polémica suscitada a raíz de la ya mencionada pieza de Henríquez, y de *Cornelia Bororquia* finalmente deshizo la agrupación.

El 28 de diciembre de 1821 se creó la denominada Sociedad Literaria de Buenos Aires, y sus órganos de difusión fueron el periódico *El Argos* y *La Abeja Argentina*, que suele ser considerada como la primera revista argentina. Según Gutiérrez (1979: 126), quien se ocupó extensamente de la misma, se creó por iniciativa de Julián Segundo de Agüero, miembro de la legislatura de la provincia de Buenos Aires. Entre sus miembros se contaba a Esteban de Luca, Vicente López, Antonio Sáenz, Felipe Senillosa, Manuel Moreno, Cosme Argerich, Juan Antonio Fernández, Ignacio Núñez y Santiago Wilde. En la introducción a las actas constan los objetivos de la agrupación, y además, se reseñan los anteriores intentos; en última instancia, se autolegitiman en tanto tienen una misión social propia de seres "esclarecidos", lo cual parece disimular la cadena de intentos fallidos:

> La una en 1811, conocida con el nombre del "Club", la otra en 1812, que tomó el título de "Sociedad patriótica", y la tercera en 1818, denominada "Sociedad del Buen Gusto". Si estas asociaciones fueron efímeras y de poco fruto, no puede desconocerse que la idea de congregar un número de hombres ilustrados, ha tenido siempre gran influencia en los progresos sociales del país en donde las fuerzas intelectuales se han vigorizado por medio de la asociación.

Admitía como modelos a las sociedades británicas, que también inspiraron a las norteamericanas. En los artículos 20, 22, 27 y 28 se establecía la publicación de *El Argos de Buenos Aires*, "el cual deberá contener todo cuanto conduzca a formar un canal verdadero de comunicación y noticias", y con respecto a *La Abeja Argentina*, su periodicidad y propósitos.[6] La excesiva amplitud de intereses, el escaso número de miembros y, sobre todo, la situación de conflictividad política imperante, seguramente incidieron en la disolución de esta asociación, sobre la que Sarlo Sabajanes (1967: 18) afirma que "Quizás sea éste el movimiento más importante dentro del ámbito de nuestra cultura, hasta 1830".

El Argos de Buenos Aires salió por primera vez el 12 de mayo de 1821, un año después de creada la Sociedad Literaria. Al igual que ésta, su impulsor fue Julián Segundo de Agüero, y entre sus redactores se contaron Santiago Wilde, Ignacio Núñez y el Deán Gregorio Funes. Pocos meses después, en setiembre, Rivadavia suprimía la *Gaceta*, a raíz de haber creado el Registro Oficial. Inmerso en la tumultuosa situación política interna y externa, *El Argos* dedicó un espacio al comentario teatral en casi todas sus ediciones, bajo el título "Coliseo", excepto cuando comentó la lectura de la tragedia *Dido*, de Juan Cruz Varela, bajo el sugestivo título "Comunicado. Teatro Nacional" (30/7/1823), acuñando uno de los conceptos que serían el eje del discurso de la crítica hasta bien avanzado el siglo XIX: la inauguración de una dramaturgia propia. Los redactores de *El Argos* no se limitaban al anuncio de las representaciones, sino que –como correlato de la actividad de la Sociedad Literaria–, extendieron sus apreciaciones hacia una vasta gama de temas relacionados: actores, actuación, costumbres, repertorio, escenografía, clasificaciones genéricas, entre otros tópicos. Una de sus críticas paradigmáticas fue la dedicada a la traducción del drama de Alfieri *Los hijos de Edipo* (20/5/1821), que apareció con un encabezado muy habitual en las publicaciones del período, en la que el comentarista se excusaba por la demora en ocuparse del teatro, tardanza ocasionada por cuestiones políticas candentes. Opinaba –como ocurrió respecto de la compañía de Luis Ambrosio Morante– sobre las actuaciones, interesándose por el maquillaje, la gestualidad, la memoria, la interpretación a cargo de actores habituados al sainete y la comedia; su escritura tenía un tono didáctico y prescriptivo; su destinatario no sólo incluía a los lectores, sino a los partícipes activos del mundo teatral. Por ejemplo, la categoría genérica de "drama" ocupó un considerable espacio, a lo largo de tres ediciones, con anuncio previo (3/11/1821), comienzo (10/11/1821) y culminación (17/11/1821), por lo cual puede considerarse que era concebida como imprescindible para comprender el canon de la época.

El Argos finalizó el 3 de setiembre de 1825, por lo que resulta interesante realizar un breve cotejo con otro periódico que coincidió con parte del lapso de su existencia; se trata de *El Centinela*, bajo la dirección de Florencio y Juan Cruz Varela, junto a Ignacio Núñez, que contó con setenta y dos ediciones entre julio de 1822 y diciembre de 1823. Si bien había coincidencias en cuanto al objeto de interés en las actividades teatrales entre ambas publicaciones, la segunda mostró también otros intereses. Una de sus principales preocupaciones era la conducta del público durante las representaciones y criticaba hábitos como el de producir ruidos o fumar durante las funciones; sin embargo, esas amonestaciones se complementaban con una concepción del público como árbitro artístico, especialmente cuando se trataba de cuestionar algunos desempeños actorales: "Es preciso que el público sepa, y que también sepan los actores, que los verdaderos jueces del teatro son los que pagan sus entradas" (8/12/1822). Muchos comentarios aparecían con encabezados semejantes a los de *El Argos* (16/3/1823), disculpándose por la discontinuidad de la sección dedicada al teatro ("Rara vez se nos presenta la ocasión de dedicar alguna de nuestras páginas al Drama, y a sus accesorios encantadores –el baile y el canto–"). El hecho no carece de importancia, ya que uno de los requisitos para el desarrollo de un discurso consiste en su continuidad y permanencia, y esa condición no se concretó sino cuando se alcanzó la independencia de los periódicos respecto de su tratamiento empresarial de la información, hacia fines de ese siglo. Durante el resto del período no se dieron las condiciones mínimas de estabilidad imprescindibles para asegurar no sólo a la crítica, sino a la actividad teatral misma. El gran número de periódicos u hojas sueltas era proporcionalmente inverso a su duración, especialmente hacia 1835, con la consolidación del régimen rosista. Sin embargo, cabe destacar por su interés hacia el teatro las numerosas publicaciones del sacerdote Francisco de Paula Castañeda, como el *Desengañador*, *Paralipomenon al Suplemento del Teofilantrópico*, el *Despertador*, el *Suplemento al Despertador*, el *Defensor*, *Doña María Retazos*, la *Matrona Comentadora*, y su autoría de tres comedias –truncas en la primera escena– que se publicaron en *Doña María Retazos* y que por ello se conocen con esa denominación.[7] El padre Castañeda, cuya agudeza le valió incontables disputas, también consideraba el teatro una herramienta didáctica, y mientras rechazaba al teatro español, reclamaba una dramaturgia americana que representara sus hechos históricos y sus costumbres.

3. El teatro y su crítica durante el rosismo

No necesariamente la periodización de la crítica resulta coincidente con los ciclos políticos; la extensa etapa en la que Juan Manuel de Rosas ocupó el poder, hasta 1852, sugiere una distinción cuyos criterios emanan de la esfera política, que permite deslindar la producción aparecida en los medios oficialistas de la realizada desde el exilio.

Entre los órganos del rosismo, se destacó *El Lucero. Diario Político, Literario y Mercantil*, dirigido por Pedro De Angelis, que se publicó entre el 7 de septiembre de 1829 y el 31 de julio de 1833. Si bien debe considerarse su peso como publicación oficial, la sección de teatro no superaba el anuncio o la escueta crónica de las representaciones, entre las que daban un lugar de privilegio a la compañía lírica Tani, a la actriz Trinidad Guevara y a Pablo Rosquellas. En 1833, cuando el general Juan Ramón Balcarce asumió el gobierno de la provincia de Buenos Aires, ordenó al fiscal Pedro José Agrelo que procediera a hacer la acusación al periódico opositor *El Restaurador de las Leyes*; esto provocó una reacción entre los simpatizantes de Rosas –la "Revolución de los Restauradores"–, cuyas consecuencias fueron que la legislatura exonerara a Juan Ramón Balcarce y nombrara en su lugar al general Juan J. Viamonte. En este lapso aparecieron los ochenta y cinco números de *El Constitucional de 1833. Diario Político, Literario y Mercantil*, cuyo director fue Miguel de Valencia.

De más prolongada existencia (mayo de 1831 hasta Caseros), el *Diario de la Tarde. Periódico Comercial, Político y Literario*, dirigido en su comienzo por Pedro Ponce y más tarde, en la época previa a su cierre, por Federico de la Barra, encabezaba la sección teatral bajo la consabida advocación "¡Viva la Federación!". En el año 1838 aparecieron comentarios acerca de las funciones del Teatro Argentino y del recién inaugurado Teatro Victoria que resultan esclarecedores acerca de las limitaciones de este discurso periodístico. Respecto del primero de los teatros, destacaban la dirección de la compañía dramática a cargo de Juan José de los Santos Casacuberta (integrada por Manuela Funes, Juan Cordero, José Taboada, entre otros); la compañía del Victoria, a su vez, estaba integrada por Trinidad Guevara y Joaquín Culebras, junto a Antonio González, Manuel Cossio, José Hilarión Uriarte y Josefa Funes. En todos los casos, los textos no pueden considerarse exponentes de la crítica, sino principalmente anuncios que acompañaban la información con adjetivos repetitivos y vacíos de significado: "preciosísima comedia", "divertido fin de fiesta", "asunto interesante", "graciosa comedia" o "acreditado drama".

Mientras tanto, en la opuesta vereda política, Juan Bautista Alberdi dio a conocer entre el 10 de noviembre de 1837 y el 21 de abril de 1838 el semanario *La Moda. Gacetín semanal de música, de poesía, de literatura, de costumbres*, en el que escribían Juan María Gutiérrez, Vicente Fidel López, Rafael Jorge Corvalán y Juan Esnaola. Las posibilidades discursivas alcanzadas pueden verse en la crítica "impresiones de la representación" del melodrama *Marino Faliero* (1829), de Casimiro Delavigne, autor francés romántico muy bien considerado en la época, sobre el cual el crítico de *La Moda* planteaba no pocas reservas:

> Delavigne no es tan nuevo como se cree, es un poeta intermediario entre el arte clásico y el arte revolucionario, un poco clásico por la forma y un poco romántico por el fondo, pero de fijo, al arte nuevo, socialista, democrático, completamente extranjero en esta pieza. *Marino Faliero* es un drama que no conduce a nada, a nada predispone, a nada impele. Indeciso y vago, como la Restauración bajo la cual fue escrito [...] En fin, Delavigne es el Martínez de la Rosa francés: poeta, ecléctico, hombre del gusto medio... (nº 7, 3/1/1838)

La publicación de Alberdi da cuenta de su definición ideológica: repudia la tibieza ideológica y estética de la tesis en nombre de un concepto de teatro fuertemente apelativo; el extenso artículo criticaba la fábula, sin olvidar la puesta en escena, y hasta se ocupaba de la dicción de una de las actrices. Mencionar a *La Moda* permite introducir a Alberdi en esta problemática: la incipiente crítica ya no tenía espacio en esta orilla del Plata, pues al poco tiempo se produjo la emigración de gran parte de la intelectualidad porteña que había integrado la denominada "Generación del 37", que había tenido como centro de reunión al Salón Literario y, luego de su clausura, a la Asociación de Mayo.

En el número 23 de *La Moda* (21/4/1838) se advertía sobre el cierre de la publicación: "He querido cesar, 1°. por las ocupaciones extraordinarias de la imprenta; 2°. por una considerable deserción de los suscriptores, y 3° por la no oportunidad de las publicaciones literarias".

La crítica y la producción literaria de los desterrados estuvieron marcadas por la "excentricidad" y "los enfervoriza como aventura e infinitud pero desgarrándolos como separación" (Viñas: 1982). En Montevideo, en 1837, Andrés Lamas fundó con Miguel Cané (padre) *Otro Diario*, publicación clausurada por Manuel Oribe. Ellos mismos crearon poco después, el 15 de abril de 1838, *El Iniciador*, en el cual colaboraron Bartolomé Mitre siendo aún adolescente, Félix Frías, Santiago Viola, Florencio y Juan Cruz Varela, Carlos Tejedor y Miguel Irigoyen. El 11 de noviembre del mismo año reapareció en Montevideo el periódico antirrosista *El Nacional*, dirigido también por Lamas y Cané, y al que se incorporó Alberdi. En 1839 fundaron *El Grito Argentino*. Estas y otras publicaciones posteriores se ocuparon muy especialmente de la difusión del teatro de los emigrados; cuando en 1842 José Mármol estrenó en Montevideo *El cruzado*, Alberdi asumió su defensa ante las críticas negativas de los periódicos locales. Homologó al autor con dramaturgos célebres que no fueron siempre aceptados, en una estrategia polémica que intentaba descalificar los códigos evaluativos de sus adversarios:

> Ahora falta que un señor A.N.A., con su *amor por los progresos* del señor Mármol, como denominaba a su atrabilis envidiosa en su artículo del 2 de septiembre, haga la crítica de sus defectos. Que los tenga el drama del señor Mármol, ¿quién puede negarlo? ¿Acaso él mismo se ha pretendido irreprochable? Que sus dramas no soporten el análisis, no es extraño, porque otro tanto sucede en las obras más fuertes del arte. El obscuro Marsellet, ¿no pulverizó tanto, por medio del razonamiento, la *Atala*, de Chateaubriand? El pobre Moratín, ¿no hizo pedazos, del mismo modo, el *Hamlet*, de Shakespeare? ¿Qué poesía no es una flor de fascinación y de prestigio, es decir, de engaño y de seducción? Aplicar el análisis a los medios de fascinación dramática que emplea el artista, es someter a la luz del mediodía los telones y bastidores que en la noche simularon con tan-

> to efecto un bosque o un salón en el teatro. El crítico sensato debe mirar la obra con el *criterium* del público; cuando el público encuentra digna una obra de poesía, bellezas contiene, sin duda, que se escapan a la falsa crítica. El razonamiento es el recurso que los malos poetas emplean para justificar sus obras sin vida y sin encanto. (*El Nacional*, 12/11/1842)

La operación hiperbólica y casi autodestructiva que consiste en negar una aproximación "racional" a la obra artística convierte a Alberdi en un modelo de la crítica romántica rioplatense; a pesar de esta encendida defensa, admitía que el drama erudito e histórico no se adecuaba a los intereses del espectador americano; proponía, en cambio, que los autores tomaran como asunto a su propia sociedad, "con sus tradiciones, usos, caracteres, pasiones e intereses peculiares". Consecuente con estas ideas, también aplicadas a la poesía en 1841, pueden leerse sus dos intentos dramáticos, *La Revolución de Mayo* (1840) y *El gigante Amapolas* (1841). De todos los escritos sobre teatro pertenecientes a Alberdi, Canal Feijóo (1956) ha interpretado que constituyen una teoría dramática completa pero, como ya se ha señalado, justamente la dispersión y discontinuidad de los mismos implican la dificultad de una conformación discursiva.

Del otro lado de la cordillera, en 1842, Sarmiento fundaba *El Progreso*, junto con Vicente Fidel López y Planes; desde allí, y también en *El Mercurio* y en *La Revista de Valparaíso* ejerció la crítica teatral entre otras actividades (Pellettieri, 1989: 113-114). Tanto él como López seguían la misma línea de Alberdi y de Mitre: polifacéticos y polemistas incansables, uno de los ejes de los debates en los que tomaron parte activa fue la escuela romántica. Sarmiento prefería a Mariano José de Larra sobre Moratín, a Bretón de los Herreros y al teatro francés en general, lo que era rechazado por los chilenos; además, se quejaba del atraso del teatro en Santiago. Desde *El Mercurio* (1841) afirmaba

> El teatro, en los pueblos modernos, no es un mero pasatiempo que no merezca llamar la atención del gobierno y de los patriotas. El teatro es un foco de civilización, menos por el espectáculo que ofrece que por los elementos que concurren a formarlo; todas las artes de prestan su auxilio, y la poesía y las

> bellas artes han hecho de él su campo de Marte, en que hacen parada de sus progresos y de sus ingenios.

Para él, la comedia debía ser un "fiel espejo de las costumbres, un bonito panorama en el que el espectador divise, al través del prisma del arte, los defectos del hombre". El paradigma axiológico se hacía explícito, y en ese punto coincidía con las conclusiones de Jean D´Alembert en su polémica con Rousseau acerca de la moral en el teatro, al afirmar que "el drama es de suyo inmoral, porque las acciones morales y las pasiones ordenadas nada tienen de dramáticas. Se necesitan virtudes grandes y pasiones fuertes y rebeldes para mover el corazón del espectador". En Chile tuvo oportunidad de observar con frecuencia a Casacuberta, al que admiraba profundamente, y se ocupó de describir especialmente las escenas de agonía. Bregaba por la creación de una escuela de declamación

> no para enseñar cómo debe manifestarse el dolor, ni la desesperación, ni la cólera, cuyo modelo no se encuentra en las escuelas sino en la naturaleza y en la sensibilidad del corazón, sino para quitar a los alumnos todas esas majaderas afectaciones con que, por copiar lo que no han entendido, hacen de una escena patética un motivo de risa y de farsa. (1925: 110)

4. La crítica historicista

La figura de Juan María Gutiérrez tiene la particularidad de haber atravesado gran parte del siglo XIX, experimentando sus vicisitudes desde el período revolucionario hasta las vísperas de la capitalización de Buenos Aires, coronación simbólica del proyecto liberal. Formado en la universidad rivadaviana, para Sarlo Sabajanes (1967: 36) tuvo "Conciencia de ser el primero que concibe como tal la historia literaria y cultural de la Argentina". Agrega que Gutiérrez no se planteó la existencia o no de una literatura nacional, pues partió de la convicción de que ésta existía y debía ser estudiada. Por eso realizaba dos tareas simultáneas: reunir y reflexionar sobre los datos y documentos que confirmaban su existencia.

Uno de los resultados más importantes de su trabajo fue la recopilación de poesía americana, *América poética*, publicada en Valparaíso; al estudiar la literatura colonial americana de todas las ciudades en que vivió, se diferenció de sus pares del Salón Literario, que negaban esta literatura, como puede verse en el discurso inaugural de Marcos Sastre, "Ojeada filosófica sobre el estado presente y la suerte futura de la Nación Argentina" (1837). El discurso de Gutiérrez (1979: 7-18), planteaba básicamente la relación entre independencia política e independencia cultural. Entre el neoclasicismo y el romanticismo, valoraba ambas vertientes; del primero, reconocía el sentido de la unidad y continuidad de una literatura nacional. Uno de los resultados fue su estudio sobre Juan Cruz Varela, titulado *Juan Cruz Varela; su vida; su obra; su época* (reeditado en 1918), un modelo de crítica historiográfica y erudita, en especial los capítulos dedicados a *Dido* y *Argia*. De los románticos, valoraba su eclecticismo y colocaba a Esteban Echeverría como su principal exponente.

Su concepción sobre el teatro se distanciaba críticamente de la instrumentalidad de las primeras asociaciones; así, en *La literatura de Mayo* (publicado por primera vez en la *Revista del Río de la Plata*, nº 8, 1871), y refiriéndose a la poesía, señalaba:

> Es de notarse la fe que existía por aquellos días en la influencia del verso sobre la opinión pública. No hablamos de la poesía dramática, de la cual se apoderó la "Sociedad del Buen Gusto" para servirse de ella como de instrumento para efectuar una reforma moral e intelectual del país. (1940: 170)

Gutiérrez se convirtió en el primer historiador del teatro argentino a través de la *Ojeada histórica sobre el teatro de Buenos Aires, desde su origen hasta la aparición de las tragedias "Dido" y "Argia", o sea desde la época del virrey Vértiz a la del Presidente Rivadavia*, que comenzó a aparecer en el *Correo del Domingo* en 1864, y luego en la *Revista del Río de la Plata*, en 1871. En ese mismo año lo publicó en forma de libro. En él se planteaba la cuestión del origen colonial por primera vez, luego prosiguió con el teatro de la independencia hasta las tragedias de Juan Cruz Varela (capítulos XII y XIII). Gutiérrez, un testigo privilegiado, documentó ese momento con la solemnidad de fechar un hecho históricamente trascendente:

> Estos ensayos imperfectos de la musa dramática argentina, fueron totalmente eclipsados en una noche de invierno de 1823, en la cual se leyó por primera vez, en la casa-habitación el señor Ministro de Gobierno y Relaciones Exteriores, la tragedia de don Juan Cruz Varela, titulada *Dido*.
> Aquel espectáculo era nuevo en el país. Un poeta llamando la atención de los gobernantes. (1967: 60-61)

Pagés Larraya (1983: 52) ha señalado que el tiempo transcurrido puede pesar en cuanto a algunas de sus valoraciones estéticas, aunque precisamente no puede afirmarse lo mismo de sus datos históricos y las noticias que se desprenden de sus trabajos. Su aporte metodológico: "una incipiente socio-crítica, demasiado apegada al dato histórico y preocupada menos por medir sus consecuencias que por establecer el contexto de cada autor; [...] una filología rudimentaria" (Croce, 1999: 35) marcan un momento fundante de la tarea crítica e historiográfica.

5. Después de Caseros, la crisis del objeto

Las consideraciones retrospectivas de Gutiérrez deben leerse a la luz de la escasa producción dramática local durante el período rosista, una situación que se extendió por varias décadas más.

Si se analiza la producción de Claudio Mamerto Cuenca, *Don Tadeo* y *Muza*, que sólo se conocieron póstumamente, Pedro Lacasa, Miguel Ortega, Pedro Echagüe –el padre del crítico Juan Pablo, conocido como Jean Paul–, y el entrerriano Francisco Fernández, entre no muchos más, se advierte que la dramática no fue precisamente productiva. Al rastrear los periódicos de la época, se observa que tampoco resulta exagerada la afirmación de que entre Caseros y la crisis de 1890, Buenos Aires se europeizó. Las compañías que actuaban en la época de Rosas se dispersaron, y la plaza teatral se vio nutrida de compañías extranjeras, especialmente líricas (Tamberlick, Tamagno, Passi, Ristori) y en menor medida, dramáticas (Salvini, Rossi).

Entre los periódicos que apoyaban a Urquiza se encontraban *La Tribuna*, fundado el 7 de agosto de 1853 por Héctor y Mariano Varela, *El Clamor* y *La Avispa*, mientras que eran opositores *La Lanceta* y *El Pueblo*. Entre estos últimos, la crítica política se realizaba mediante la parodia del discurso opositor, como rezaba el siguiente anuncio: "Gran función extraordinaria en San José de Flores. ¡Viva el cintillo punzó! ¡Mueran los salvajes traidores unitarios! Se suprime lo del Loco Traidor, aunque no faltarán espectadores que lo repitan en sus adentros" (*La Lanceta*, 2/5/1853).

Muchos intelectuales de primera línea escribían comentarios teatrales: Lucio V. López, Miguel Cané, Paul Groussac y Santiago Estrada fueron los más representativos; su tarea representó una "crisis del objeto"; a falta de estrenos de autores argentinos, lo más reseñado era el teatro europeo. Además, intentaron producir dentro de diversas líneas: crítica, traducción, antologías, memorias e incluso escritura dramática. Miguel Cané tradujo *Enrique IV* y *Las alegres comadres de Windsor*; también fue autor de un estudio sobre Shakespeare. Santiago Estrada publicó en 1889 en Barcelona un tomo titulado *Teatro*, que contiene artículos sobre la escena lírica y dramática en Buenos Aires; escribió en *La Religión*, *La Nación Argentina*, *Tribuna*, *La Unión*; dirigió *La América del Sud* y fundó *La Patagonia*. En menor escala, debe mencionarse a Calixto Oyuela, Carlos Guido y Spano y Paul Groussac, de quien se recuerda su crítica a Sarah Bernhardt en *Fedra*, también incursionó en la dramaturgia sobre el período rosista con *La divisa punzó* (1923). José Antonio Wilde aportó un volumen de memorias titulado *Buenos Aires setenta años atrás* (1881), que incluía la descripción y evaluación de diversas compañías teatrales de las décadas anteriores.

Las publicaciones que se destacaron fueron *El Comercio*, fundado el 1° de octubre de 1859 por Cané, Avellaneda y Gutiérrez (continuación de su primera etapa montevideana de catorce años con el nombre de *El Comercio del Plata*, dirigido por Florencio Varela); *La Nación Argentina* (1862) fundado por Juan María Gutiérrez para apoyar la obra de Mitre; en 1863, *El Mosquito*; en 1868, *La Revista Argentina* (dirigida por Pedro Goyena, con José Manuel Estrada, hasta 1872); en 1869, *La Prensa* y en 1870, *La Nación*. En 1871 y hasta 1877, la ya mencionada *Revista del Río de la Plata*, especializada en historia y literatura, creada por Andrés Lamas, Vicente Fidel López y Juan María Gutiérrez.

El año 1872 marcó una nueva etapa en el periodismo porteño, ya que en él aparecieron cuarenta y cuatro nuevas publicaciones de las noventa y cuatro que se editaron ese año, y funcionaban en Buenos Aires veintiséis imprentas. A su vez, esta eclosión de publicaciones agudizó aun más la carencia en lo que respecta a la falta de un teatro local para poder fomentar y representar en los nuevos medios de comunicación. Esta falta se advierte en la preocupación por el impulso a nuestra dramaturgia; en 1870 se creó El Porvenir Literario –que agrupaba a Rafael Obligado, Martín Coronado y Daniel Escalada, entre otros– y en 1871, la Sociedad de Estímulo Literario. En 1872 se fundó la Sociedad de Amigos del Teatro Nacional y en 1877, la Sociedad Protectora del Teatro Nacional. Entre sus miembros estaban Juan María Gutiérrez, Carlos Encina, Rafael Obligado, Martín Coronado, Olegario Andrade, Bartolomé Mitre, José María Cantilo, Lucio López, Miguel Cané y Francisco Fernández. Su importancia radicó en que esta última fue la primera asociación que planteó la cuestión de los derechos de autor, problema que sólo fue resuelto en el siguiente siglo; también por su iniciativa, estrenó el Teatro de la Victoria para la temporada de 1878 *Monteagudo*, de Francisco Fernández, y *Luz de luna y luz de incendio*, de Martín Coronado (véase 4.3.4).

En cuanto a las asociaciones en lo que resta del período, merece consignarse que en 1881 se organizó el Círculo Dramático; en éste, como en todos los intentos precedentes, participaron tanto los dramaturgos como quienes ejercieron, aunque fuera esporádicamente, la actividad crítica o historiográfica. Las asociaciones no sólo con sus acciones concretas, sino también, y muy especialmente a través de sus proclamas y manifiestos, sentaron otro precedente, aunque aislado, de lo que se desarrollaría posteriormente, en los umbrales de la conformación del sistema teatral local.

Conclusiones

Algunas de las cuestiones planteadas desde el inicio sobre la posibilidad de existencia de la crítica durante el siglo XIX, época previa a la profesionalización y a la autonomía del campo pueden sintetizarse de la siguiente forma:

1) En primer término, cabe la pregunta sobre la continuidad: las condiciones políticas irresueltas conjuraban contra esa práctica a la que se le dificultaba construirse como institución, en la medida en que la esfera pública tendía a la inestabilidad. Esto obligaba a recomenzar, a

"fundarse" una y otra vez en cada nueva asociación, en cada publicación cuya existencia solía ser efímera, y que incluso tuvo que realizarse en tanto práctica desde el exilio, sin perder de vista el objetivo, lexicalizado a través de la fórmula "teatro nacional".

2) En el plano estético, la fundación de este discurso crítico germinal se produjo entre la encrucijada del neoclasicismo y del romanticismo, si bien en ambos casos el discurso que daba cuenta de los hechos dramáticos y teatrales se encontraba en una dependencia muy estrecha con la esfera del poder político, y esa relación creaba algunas continuidades, como la concepción didáctica del arte conducente al "esclarecimiento ciudadano", tal como se apreció en las numerosas analogías citadas entre teatro y escuela, incluso en la fuerte restricción que intentaba imponerse sobre autores y textos contrarios a los principios independentistas.

De manera similar al nacimiento de la crítica europea, la crítica local surgió en la lucha contra el Estado absolutista, idea que aquí se asociaba con lo hispánico. Como textualidad resultante de este contexto y de la práctica periodística en la que se asentó con más frecuencia, se caracterizó por un tipo de discurso dialogal y polémico, que no siempre fue sistemático en la descripción y evaluación de los espectáculos.

3) El objeto de la crítica fue oscilante, aunque conviene desprenderlo de la continuidad de la escena con teatristas locales; intelectuales como Alberdi y Sarmiento ejercieron su teoría sobre los géneros y el espectáculo teatral en el exilio, así como los hombres de la década de 1870 se concentraron en la recepción crítica de espectáculos de elencos extranjeros.

4) Por último, habría que reexaminar la cuestión de la autoría, como principio de agrupación del discurso crítico, como unidad y origen de sus significaciones, como foco de su coherencia. En un período tan extenso, sólo es posible rastrear este principio en pocas figuras, cuya condensación se halla en Juan María Gutiérrez por la vastedad y el rigor de su producción.

Notas

[1] Rojas (1924: 760) lo describía así: "natural de Extremadura, coronel de un regimiento en el Perú, protector de indios en Jauja, abogado de la Real Audiencia de Lima, e incorporado al Consejo de Castilla. En Lima había fundado el *Diario Erudito, Econó-*

mico y Comercial (1790) y colaborado en *El Mercurio Peruano*". Cabello y Mesa solía utilizar, para las ocasiones en que realizaba colaboraciones satíricas en verso, el seudónimo de "Narciso Fellovio Catón".

[2] En el segundo número, bajo el título "Origen de las academias literarias y sociedades patrióticas" se incluía a la flamante Sociedad en la tradición prestigiosa de las academias del Renacimiento en Italia. Por otra parte, su carácter colonial queda evidenciado en las restricciones para el ingreso, que se reducía solo a "Españoles nacidos en estos Reynos, o en los de España, cristianos viejos, y limpios de toda mala raza, pues no se ha de poder admitir en ella ningún Extranjero, Negro, Mulato, Chino, Zambo, Quarterón o Mestizo..."

[3] Cabe recordar que la primera Casa de Comedias (o Teatro de la Ranchería) funcionó entre 1789 y su destrucción en 1792, y que recién en 1804 la reemplazó el Coliseo, denominado "Provisional".

[4] Al cesar, en 1802, Hipólito Vieytes creó el *Semanario de Agricultura, Industria y Comercio* que se publicó hasta 1807. Poco antes de la revolución, el 3 de marzo de 1810, Manuel Belgrano fundaba el *Correo de Comercio*, y con posterioridad, la Junta creaba *La Gazeta de Buenos Ayres*.

[5] "Pero, ¡qué contraste tan ridículo presenta a la consideración de un observador ver un pueblo lleno de un sagrado furor republicano entonar himnos al triunfo de la libertad, de la patria, y de sus hijos sobre las usurpaciones de los tiranos; y verlo a renglón seguido sufrir sobre la escena a esos mismos tiranos recomendados, aplaudidos, elogiados y proclamados por justos y benéficos para sus miserables vasallos!". (*El Independiente*, nº 3, 24/1/1815)

[6] "Art. 28– Este periódico será dedicado a objetos políticos, científicos y de industria, y contendrá, además, traducciones selectas; los descubrimientos recientes de los pueblos civilizados; las observaciones meteorológicas del país; las médicas sobre la constitución de los años, la de las estaciones; un resumen de las enfermedades del cada mes, y un sumario de los adelantamientos de la provincia."

[7] Sus títulos eran *El frenesí político-filosófico del siglo XIX, refutado por los siete periodistas*; *Progresos de Juan Santiago en Sud América* y *Los solteros corregidos por la Excma. e Ilustrísima Comentadora y por su escudero Da. María Retazos.*

•••

Bibliografía

AAVV, 1925. *Orígenes del teatro nacional.* Tomo I. Sección documentos 1° serie. Facultad de Filosofía y Letras, Universidad de Buenos Aires, Instituto de Literatura Argentina. Buenos Aires: Coni. Contiene: *Loa colonial en honor de Carlos III; El detalle de la acción de Maipú; La libertad civil; Felipe Segundo Rey de España; Las tres comedias de Doña María Retazos; Arauco libre; El nuevo Caupolicán; El hijo del sud; Tupac-Amarú; Rosas y Urquiza en Palermo; La lealtad más acendrada y Buenos Aires vengada.*

AAVV, 1925-1926. *Orígenes del teatro nacional.* Tomo II. Sección documentos 1° serie. Facultad de Filosofía y Letras, Universidad de Buenos Aires, Instituto de Literatura Argentina Buenos Aires: Imprenta de la Universidad. Contiene: *Molina; El poeta; El cruzado; Don Tadeo; Muza.*

Abad de Santillán, Diego, 1960. *Gran Enciclopedia Argentina.* Buenos Aires: Ediar.

Acha, Francisco Javier de, 1932. *Una víctima de Rosas.* Facultad de Filosofía y Letras, Instituto de Literatura Argentina. Sección Documentos, Tomo III, nº 8. Buenos Aires: Imprenta de la Universidad: 539-630.

Aguilera, Juan y Manuel Aznar, 1999. "Albores de la dirección escénica en el teatro español", en *ADE Teatro*, nº 77 (octubre): 183-185.

Alberdi, Juan Bautista, 1955. "Fragmento preliminar al estudio del derecho", en *Obras Completas*, Tomo 1. Buenos Aires: Hachette.

—, 1945. *Escritos sobre estética y de crítica literaria*. Prólogo y notas de José Oría. Buenos Aires: Estrada.

—, 1960. *El gigante Amapolas y La Revolución de Mayo*, en Blas Armando Cocca, *El teatro de Juan Bautista Alberdi*. Buenos Aires: Talía: 39-95 y 97-112.

—, 1977. "Doble armonía entre el objeto de esta institución, con una exigencia de nuestro desarrollo social; y de esta exigencia con otra general del espíritu humano", en F. Weinberg, *El Salón Literario de 1837*. Buenos Aires: Hachette: 137-143.

Altamira, Luis Roberto, 1944. *Juan Cruz Varela en la Universidad de Córdoba. Su despertar poético*. Córdoba: Universidad de Córdoba.

Altamirano, Carlos y Beatriz Sarlo, 1983. *Literatura y Sociedad*. Buenos Aires: Hachette.

Altamirano, Carlos, 1994. "El orientalismo y la idea del despotismo en el *Facundo*", en *Boletín del Instituto de Historia Argentina y Americana Dr Emilio Ravignani*, nº 9, 1er semestre: 7-19.

Amorós, Andrés y José María Diez Borque (coord.), 1999. *Historia de los espectáculos en España*. Madrid: Castalia.

Anderson Imbert, Enrique, 1970. *Historia de la literatura hispanoamericana. I. La colonia*. México: Fondo de Cultura Económica.

Anónimo, 1925. *El amor de la estanciera*, en Orígenes del teatro nacional. Tomo I. Sección documentos 1° serie. Facultad de Filosofía y Letras, Universidad de Buenos Aires, Instituto de Literatura Argentina Buenos Aires: Imprenta de la Universidad: 5-72.

Anónimo, 1927. *El hipócrita político*, Buenos Aires: Instituto de Literatura Argentina, Facultad de Filosofía y Letras, Universidad de Buenos Aires, Sección Documentos, tomo III, nº 7. Buenos Aires: Imprenta de la Universidad: 460-536.

Araujo, 1908. *Guía de forasteros del virreinato de Buenos Aires*. Buenos Aires: Compañía Sudamericana de Billetes de Banco: 325-556.

Arrieta, Rafael Alberto, 1945. "Espectáculos de Antaño", en *Boletín de Estudios de Teatro*. Buenos Aires: Instituto Nacional de Estudios de Teatro, Comisión Nacional de Cultura. Año III, nº 9: 64-67.

Arrom, José Juan, 1967. *Historia del teatro hispanoamericano*. México: De Andrea.

Ayestarán, Lauro, 1944. "La Casa de Comedia", en *Boletín de Estudios de Teatro*. Buenos Aires: Instituto Nacional de Estudios de Teatro, Comisión Nacional de Cultura. Año II, nº 5: 3-8.

—, 1977. *La primitiva poesía gauchesca (1812-1838)*. Montevideo: Arca.

Azara, Félix de, 1847. *Descripción e historia del Paraguay y Río de la Plata*. 2 tomos. Madrid.

Azorín, 1924. *Racine y Molière*, Madrid, Cuadernos Literarios.

Bajtin, Mijail, 1987. *La cultura popular en la Edad Media y en el Renacimiento: el contexto de François Rabelais*. Madrid: Alianza.

Barba, Fernando E., 1982. *Los autonomistas del 70*. Buenos Aires: CEDAL.

Barcia, Pedro L., 1976. "Prólogo" a Rafael Obligado, *Prosas*. Buenos Aires: Academia Argentina de Letras.

Barko Ivan y Bruce Burgess, 1988. *La dynamique des points de vue dans le texte de théâtre*. Paris: Lettres Modernes.

Barreda, Rafael, s/f. *La conciliación*. Manuscrito, Buenos Aires, Facultad de Filosofía y Letras, Instituto de Literatura Argentina.

Barthes, Roland, 1993. *El placer del texto*. México: Siglo XXI.

Beaumont, J. A. B., 1957. *Viajes por Buenos Aires, Entre Ríos, y la Banda Oriental (1826-1827*). Buenos Aires: Hachette.

Belgrano, Manuel, 1968. *Autobiografía*, Buenos Aires: Carlos Pérez.

Beltrán, Oscar, 1934. *Los orígenes del teatro argentino*. Buenos Aires: Luján.

Benarós, León, 1970. "Teatros, circos, parques de diversiones y teatros de títeres en el antiguo Buenos Aires", en *Todo es Historia*, 34 (febrero).

Berenguer Carisomo, Arturo, 1945. "El neo-clasicismo (Lavardén)", en *Boletín de Estudios de Teatro*. Año III, Tomo III, nº 8: 1-9.

—, 1947. *Las ideas estéticas en el teatro argentino*, Buenos Aires: Comisión Nacional de Cultura/Instituto Nacional de Estudios de Teatro.

Bernhardt, Sara, 1950. *El arte teatral*. Buenos Aires: Anaconda.

Biblioteca de Mayo, Colección de obras y documentos para la historia argentina. Periodismo, Tomo VIII (*El Censor* de 1815 a 1819). Edición especial en homenaje al 150 aniversario de la Revolución de Mayo de 1810, Buenos Aires, 1960.

Bilbao, Manuel, 1981. *Tradiciones y Recuerdos de Buenos Aires*. Buenos Aires: Dictio.

Blanco Amores de Pagella, Ángela, 1972. *Iniciadores del Teatro Argentino*. Buenos Aires: Ediciones Culturales Argentinas.

Bosch, Mariano G., 1904. *Teatro antiguo en Buenos Aries*. Buenos Aires: El Comercio.

—, 1910[a]. *Teatro antiguo en Buenos Aires. Piezas del siglo XVIII. Su influencia en la educación popular*. Buenos Aires: El Comercio.

—, 1910[b]. *Historia del teatro en Buenos Aires*. Buenos Aires: Imprenta El Comercio.

—, 1925-1934. "Noticia a El amor de la estanciera (1925). Sainete anónimo", y "Noticia a Las bodas de Chivico y Pancha (1925). Sainete", en *Orígenes del Teatro Nacional*, Tomo IV, Buenos Aires: Facultad de Filosofía y Letras, Instituto de Literatura Argentina.

—, 1932. "El Siripo que se atribuye a Lavardén es una obra muy posterior a su muerte", en *La Prensa* (10 de julio).

—, 1935. "Luis Ambrosio Morante ante el problema del 'Siripo' apócrifo tenido por de Lavardén", en *Boletín de la Academia Argentina de Letras*, III, nº 10: 142.

—, 1936. "Orígenes del teatro nacional", en *Cuadernos de Cultura Teatral*, nº 1: 51-53.

—, 1940[a]. "1830-1880. Panorama del teatro", en *Cuadernos de Cultura Teatral*, Buenos Aires: Instituto Nacional de Estudios de Teatro, nº 14: 27-56.

—, 1940[b]. "1700-1810. Panorama del teatro", en *Cuaderno de Cultura Teatral,* nº 13, Buenos Aires: Instituto Nacional de Estudios de Teatro, Comisión Nacional de Cultura: 13-32.

—, 1943. "Lavardén y el teatro", en *Boletín de Estudios de Teatro*. Buenos Aires: Instituto Nacional de Estudios de Teatro, Comisión Nacional de Cultura. Año 1, nº 1: 15-20.

—, 1944[a]. "Viejos circos porteños. Los bailes pantomímicos", en *Boletín de Estudios de Teatro*, Buenos Aires: Instituto Nacional de Estudios de Teatro. Año II, Tomo II, nº 6 (julio): 157-161.

—, 1944[b]. *Manuel de Lavardén. Poeta y filósofo*. Buenos Aires: Argentores.

—, 1946. "1830-1880. Panorama del teatro", en *Cuadernos de Cultura Teatral*, Buenos Aires: Instituto Nacional de Estudios de Teatro, nº 14: 27-56.

—, 1969. *Historia de los orígenes del Teatro Nacional Argentino y la época de Pablo Podestá*. Buenos Aires: Hachette.

Bourdieu, Pierre, 1967. "Campo intelectual y proyecto creador", en *Problemas del estructuralismo*. México: Siglo XXI: 135-182.

—, 1983. *Campo de poder y campo intelectual*. Buenos Aires: Folios.

—, 1988: *Cosas dichas*. Buenos Aires: Gedisa.

—, 1997. *Razones prácticas. Sobre la teoría de la acción*. Barcelona: Anagrama.

Brackenridge, Henry, 1988. *Viaje a América del Sur*, Tomo II. Buenos Aires: Hyspamérica.

Braudel, Fernand, 1958. "Historia de las ciencias sociales: la larga duración", en *Cuadernos Americanos*, XVIII, vol C1, nº 6 (noviembre-diciembre).

Burke, Peter, 1993: "Obertura: la nueva historia, su pasado y su futuro", en *Formas de hacer historia*. Madrid: Alianza: 11-37.

Caillet Bois, Ricardo, 1940. "La América española y la Revolución Francesa", en *Boletín de la Academia Nacional de la Historia*, XIII.

Caillet-Bois, Julio, 1958. "La literatura colonial", en Rafael Arrieta, *Historia de la literatura argentina*. Buenos Aires: Peuser: 5-259.

Calaza, José María, 1910. *Teatro, su construcción, sus incendios y su seguridad*. Tomo I. Buenos Aires: Talleres Gráficos de la Penitenciaría Nacional.

Calendoli, Giovanni, 1959. "Dal romanticismo al naturalismo", en *L'Attore. Storia de un arte*. Roma: dell'Ateneo.

Cambours Ocampo, Arturo, 1966. "Un sainete inédito de Juan Cruz Varela", en *Argentores*, nº 124.

Campos, Jorge, 1969. *Teatro y sociedad en España*: Madrid: Moneda y Crédito.

Caso González, José Miguel, 1983. "Ilustración y Neoclasicismo", en Francisco Rico (dir), *Historia y Crítica de la Literatura Española*. Barcelona, Editorial Crítica, Tomo IV.

Canal Feijóo, Bernardo, 1956. *Una teoría teatral argentina*. Buenos Aires: Ariadna.

Carilla, Emilio (compilación y prólogo), 1979. *Poesía de la Independencia*. Caracas: Biblioteca Ayacucho.

Carretero, Andrés, 2000. *Vida cotidiana en Buenos Aires*. Tomo I. Buenos Aires: Planeta.

Carricaburo, Norma, 1987. "Carnaval y carnavalización en la generación del 80", en *Filología*, XXII, n° 1: 181-205.

Castagnino, Raúl H., 1944. *El teatro en Buenos Aires durante la época de Rosas*. Buenos Aires: INET.

—, 1950[a]. "Su iniciación teatral", en *Boletín de Estudios de Teatro*, Buenos Aires: INET, Tomo VIII, nº 29-30 (mayo-septiembre): 73-80.

—, 1950[b]. *Esquema de la literatura dramática argentina (1717-1949)*. Buenos Aires: Instituto de Historia del Teatro Americano.

—, 1953. *El circo criollo. Datos y documentos para su historia 1757-1924*. Buenos Aires: Lajoaune.

—, 1960. *Milicia literaria de Mayo*. Buenos Aires: Nova.

—, 1962. *Martín Coronado*. Buenos Aires: ECA.

—, 1963. *Sociología del teatro argentino*. Buenos Aires: Nova.

—, 1968. *Literatura dramática argentina*. Buenos Aires: Pleamar.

—, 1969. *Teatro argentino premoreirista*. Buenos Aires: Plus Ultra.

—, 1977. *Crónicas del pasado teatral argentino (siglo XIX)*. Buenos Aires: Huemul.

—, 1981. *Circo, teatro gauchesco y tango*. Buenos Aires: Instituto Nacional de Estudios de Teatro.

Cavalaro, Diana, 1996. *Revistas argentinas del siglo XIX*. Buenos Aires: Asociación Argentina de Editores de Revistas.

Cazap, Susana, 1994. "Mecanismos de elaboración de lo cómico en el sainete español y el sainete criollo", en O. Pellettieri (ed.) *De Lope de Vega a Roberto Cossa*. Buenos Aires: Galerna/Facultad de Filosofía y Letras (UBA): 81-01.

Ceballos, Edgar, 1993. *Las técnicas de actuación en México*. México: Escenología

Chartier, Roger, 1996. *Escribir las prácticas*. Buenos Aires: Manantial.

Chávez, Fermín, 1982. *Historicismo e iluminismo en la cultura argentina*. Buenos Aires: CEAL.

—, 1991. *La cultura en la época de Rosas*. Buenos Aires: Teoría.

Chiaramonte, José Carlos, 1982. *La crítica ilustrada de la realidad*. Buenos Aires: Centro Editor de América Latina.

—, 1989. "Formas de identidad en el Río de la Plata luego de 1810", en *Boletín del Instituto de Historia Argentina y Americana Dr Emilio Ravignani* (Tercera Serie, n° 1, 1° Semestre). Buenos Aires: Facultad de Filosofía y Letras, UBA: 71-92.

—, 1991. "El mito de los orígenes en la historiografía latinoamericana", *Cuadernos del Instituto Ravignani*, n° 2, Instituto de Historia Argentina y Americana, Dr. Emilio Ravignani, Buenos Aires: Facultad de Filosofía y Letras, UBA.

Colmo, Alfredo, 1916. "Un antecedente del 'Siripo' de Lavardén", en *Nosotros,* año X, nº 92, Tomo 24 (diciembre): 307-315.

Concolocorvo 1908. *El lazarillo de ciegos caminantes desde Buenos Aires hasta Lima*. Buenos Aries: Compañía Sudamericana de Billetes de Banco: 1-324.

Coronado, Martín, 1878. "Academia Argentina. Memoria correspondiente al segundo período (9 de julio 1876 a julio 1878)", en *El Álbum del Hogar*, I, 2 (julio): 10-12.

—. 1925. *Obras Completas*. Buenos Aires: L. J. Rosso.

Corti, Alfonso, 1918. "'Argia', contribución al estudio histórico del teatro argentino", en *Revista de la Universidad de Buenos Aires*, n° XXXVIII: 77.

Corvin, Michel, "La redundance du signe dans le fonctionnement théâtral", en *Degrés*, 6º Année, 13 (Printemps) c20.

Cotarelo y Mori, Emilio, 1911. *Colección de Entremeses, Loas, Bailes, Jácaras y Mojigangas desde fines del siglo XVI a mediados del XVIII*. Madrid: Real Academia Española.

Couselo, Jorge Miguel, 1970. "Aquellos primeros circos", en *Todo es historia*, año 3, nº 36: 70.

Coxe, Anthony Hippisley, 1988. "Nacimiento de un arte. El circo comenzó a lomos de un caballo", en *El Correo de la Unesco*, XLI: 4-7.

Croce, Marcela, 1999. "Fundación y resonancias de la crítica sociológica argentina: Juan María Gutiérrez", en Nicolás Rosa (ed), *Políticas de la crítica. Historia de la crítica literaria en la Argentina*. Buenos Aires: Biblos: 33-40

Cronista Mayor de Buenos Aires, 2001, nº 21, "Veranitos Porteños" (enero), Buenos Aires: Instituto Histórico de la Ciudad de Buenos Aires.

Cuenca, Claudio Mamerto, 1926. "*Don Tadeo*", en *Orígenes del Teatro Nacional*, Facultad de Filosofía y Letras, Instituto de Literatura Argentina. Sección Documentos, Tomo II, nº 4. Buenos Aires: Imprenta de la Universidad: 365-679.

—, 1926. "*Muza*", en *Orígenes del Teatro Argentino*. Facultad de Filosofía y Letras. Instituto de Literatura Argentina, Sección Documentos, Tomo II, nº 6. Buenos Aires: Imprenta de la Universidad: 681-796.

De Barsotti, Rosanna C., 1954. *Una tragedia inédita de Juan Cruz Varela*. Buenos Aires: El Ateneo.

De Diego, Jacobo, 1987. *Grotesco y revista*. Buenos Aires: V. C.

—, s/f. "Un primitivo y olvidado sainete montevideano". Conferencia inédita.

De Gandía, Enrique, 1961. *Introducción a El Independiente, Periódicos de la época de la Revolución de Mayo*, IV. Buenos Aires: Academia Nacional de la Historia

de la Cruz, Sor Juana Inés. 1955. *Obras completas de Sor Juana Inés de la Cruz*. México: Fondo de Cultura Económica.

Deleito y Piñuela, José, s/f. *Estampas del Madrid teatral de fin de siglo*. Madrid: Saturnino Calleja.

Delgado, Jaime, 1946. "El pensamiento político de Mariano Moreno", en *Revista de Indias*, 26.

De Lucía, Daniel Omar, 1995. "Carnaval y sociedad en la Gran Aldea", en *Todo es historia*, nº 331: 8-24.

Del Solar, Alberto, 1920. "Rafael Obligado íntimo", en *Nosotros*, 131 (abril): 458-468.

De Marinis, Marco, 1993. *Mimo e teatro nel Novecento*. Firenze: La Casa Usher.

—, 1995. "I rapporti testo/spettacolo nel teatro occidentale moderno (con particolare riferimento all'Italia)", Seminario de Posgrado, Facultad de Filosofía y Letras, UBA.

—, 1997. "El actor cómico en el teatro italiano del siglo XX", en *Comprender el teatro. Lineamientos de una nueva teatrología*. Buenos Aires: Galerna: 155-170.

—, 2000. "La drammaturgia dello spazio", "La riscoperta del corpo", en *In cerca dell'attore. Un bilancio del Novecento teatrale*. Roma: Bulzoni: 29-51, 129-158.

Diago, Nel, 1997. "Algunas hipótesis en tono al género de *El amor de la estanciera*", en O. Pellettieri (ed), *El teatro y su mundo*. Buenos Aires: Galerna/Facultad de Filosofía y Letras-UBA: 189-201.

Di Stefano, Roberto, 1998. "Abundancia de clérigos, escasez de párrocos: las contradicciones del reclutamiento del clero secular en el Río de la Plata (1770-1840)", en *Boletín del Instituto de Historia Argentina y Americana Dr Emilio Ravignani* (Tercera Serie, 2° Semestre), Facultad de Filosofía y Letras, Universidad de Buenos Aires.

Eagleton, Terry, 1999. *La función de la crítica*. Barcelona: Paidós.

Etchepareborda, Roberto, 1812. "Nota de Juan Rademaker a Lord Strangford, del 1° de junio de 1812", en *Política lusitana en el Río de la Plata*, Buenos Aires, Labradío, vol. III: 53-57.

Dufrenne, Michel, 1953. *Phenomenologie de experience esthetique*, Paris: PUF.

Echagüe, Juan Pablo, 1925, "Rosas y Urquiza en Palermo", en *Orígenes del teatro nacional*. Tomo 1. Facultad de Filosofía y Letras, Instituto de Literatura Argentina. Buenos Aires: Imprenta Coni: 395-477.

—, 1925. *Sarmiento, crítico teatral*. Instituto de Literatura Argentina. Sección Crítica, T. 1, n° 4, Buenos Aires: Facultad de Filosofía y Letras.

—, 1943. *Figuras de América*. Buenos Aires: Sudamericana.

Echeverría, Esteban, 1967. *La cautiva, El matadero y otros escritos*. Buenos Aires: CEAL.

—, 1977. "Primera lectura", en F. Weinberg, *El Salón Literario de 1837*. Buenos Aires: Hachette: 162-163.

El Argos de Buenos Aires. 1942. Reimpresión facsímil dirigida por Rómulo Zabala, Mariano de Vedia y Mitre y Ernesto H. Celesia y prologada por Arturo Capdevilla. Buenos Aires: Atelier de Artes Gráficas Futura.

Elías, Norbert, 1993. *El proceso de la civilización. Investigaciones sociogenéticas y psicogenéticas*. Buenos Aires: Fondo de Cultura Económica.

Escalada Yriondo, Jorge, 1945. "Orígenes del Teatro Porteño", en *Boletín de Estudios de Teatro*. Buenos Aires: Instituto Nacional de Estudios de Teatro, Comisión Nacional de Cultura. Año III, nº 8: 23-32.

Etchepareborda, Roberto, 1812. "Nota de Ruan Rademaker a Lord Strangford, del 1º de junio de 1812", en Política lusitana en el Río de la Plata, vol. III, Buenos Aires: Labradío: 53-57.

Fajardo, Heraclio, 1856. *Camila O'Gorman*. Buenos Aires: Imprenta Argentina del Nacional.

—, 1862. *Camila O'Gorman*. Buenos Aires: Imprenta Americana.

Favelukes, Gustavo, 1992. "La relación de vecindad como articulador urbano (1810-1870)", en *IX Jornadas de Historia de la Ciudad de Buenos Aires: Buenos Aires y las ciudades hispanoamericanas*. Buenos Aires: Instituto Histórico de la Ciudad de Buenos Aires / Museo Mitre.

Feinmann, José Pablo, 1986. *Filosofía y Nación*. Buenos Aires-Madrid-México: Legasa.

Fevre, Fermín, 1980. "El arte", en Gustavo Ferrari y Ezequiel Gallo (comp) *La argentina del ochenta al centenario*. Buenos Aires: Sudamericana: 881-897.

Foucault, Michel, 1997. *Vigilar y castigar*. México: Siglo XXI.

Fowler, Alastair, 1971. "The Life and Death of Literary Forms", en *New Literary History*, II, 2 (Winter): 199-216.

Francisco Ruiz, Ramón, 1979. *Historia del Teatro español (Desde sus orígenes hasta 1900)*. Madrid: Cátedra.

Frye, Northrop, 1977. *Anatomía de la crítica*. Caracas: Monte Ávila.

Furlong, Guillermo, 1944. *Historia del Colegio del Salvador y de sus irradiaciones culturales y espirituales en la ciudad de Buenos Aires. 1617-1943*. Buenos Aires, Colegio del Salvador.

—, 1952. *Nacimiento y desarrollo de la filosofía en el Río de la Plata*, Buenos Aires:

Galván Moreno, C., 1944. *El periodismo argentino*. Buenos Aires: Claridad.

Gálvez, Víctor, 1942. *Memorias de un viejo. Escenas y costumbres de la República Argentina*. Buenos Aires: Solar.

Gandía, Enrique de, 1946. *Las ideas políticas de Mariano Moreno. Autenticidad del "Plan" que le es atribuido*. Buenos Aires: Facultad de Filosofía y Letras, Instituto de Investigaciones Históricas.

Garavaglia, Juan Carlos, 1996. "El teatro del poder: ceremonias, tensiones y conflictos en el estado colonial", en *Boletín del Instituto de Historia Argentina y Americana Dr. Emilio Ravignani*, Buenos Aires, Tercera serie, nº 14, 2do semestre.

—, 2000. "A la nación por la fiesta: las Fiestas Mayas en el origen de la nación en el Plata", en *Boletín del Instituto de Historia Argentina y Americana Ravignani* (Tercera serie, 22, 2º semestre): 73-100.

García Mérou, Martín, 1973. *Recuerdos literarios*. Buenos Aires: Eudeba.

García Velloso, Enrique, 1926. *El arte del comediante*, t. I. Buenos Aires: Estrada.

—, 1942. "El circo", en *Memorias de un hombre de teatro*. Buenos Aires: Kraft: 139-153.

Ghiano, Juan Carlos, 1957. "Prologo" a *Teatro gauchesco primitivo*. Buenos Aires: Losange: 5-17.

Giustachini, Ana Ruth, 1994. "La relaciones entre la revista española y la revista criolla a fines del siglo XIX", en O. Pellettieri (ed) *De Lope de Vega a Roberto Cossa*. Buenos Aires: Galerna/Facultad de Filosofía y Letras (UBA): 93-100.

Giusti, Roberto F., 1958. "Las letras de la Revolución y el período de la Independencia", en Rafael Alberto Arrieta (dir.) *Historia de la Literatura Argentina*, vol. I, Buenos Aires: Peuser: 261-398.

Goldberg, Marta Beatriz, 2000. "Nuestros negros: ¿desaparecidos o ignorados?", en *Todo es historia,* año XIII (abril) nº 393: 24-37.

Goldman, Noemí, 1992. *Historia y Lenguaje. Los discursos de la revolución de Mayo*. Buenos Aires: Centro Editor de América Latina.

—, 1998. "Crisis imperial, revolución y guerra (1806-1820)", en N. Goldman, (dirección de tomo), *Nueva Historia Argentina. Revolución, Republica, Confederación (1906-1852)*. Buenos Aires: Sudamericana.

Golluscio De Montoya, Eva, 1984. "Innovación dentro de la tradición escénica rioplatense: el caso de Nemesio Trejo", en *Boletín del Instituto de Teatro*. 4: 119-140.

González Bernaldo de Quiroz, Pilar, 1989. "Producción de una nueva legitimidad: Ejército y sociedades patrióticas en Buenos Aires entre 1810 y 1813", en *Cuadernos Americanos*, n° 17.

—, 1991. "La Revolución Francesa y la emergencia de nuevas prácticas de la política: la irrupción de la sociabilidad política en el Río de la Plata revolucionario (1810-1815)", en *Boletín del Instituto de Historia Argentina y Americana Dr. Emilio Ravignani*, (Tercera Serie, n° 3, 1° semestre): 7-28.

—, 1997. *Civilité et politique aux origines de la nation argentine: les sociabilités a Buenos Aires 1829-1862*. Paris: Publications de la Sorbonne.

—, 1999. "Vida privada y vínculos comunitarios: formas de sociabilidad popular en Buenos Aires, primera mitad del siglo XIX", en Fernando Devoto y Marta Madero (dir.), *Historia de la vida privada en la Argentina. País antiguo. De la colonia a 1870*. Buenos Aires: Taurus: 147-167.

Gourdon, Anne-Marie, 1982. *Théâtre, public, perception*. Paris: Centre National de Recherche Scientifique.

Gramsci, Antonio, 1961. *Literatura y vida nacional*. Buenos Aires: Lautaro.

Gramuglio, María Teresa, 1994. "La persistencia del nacionalismo", en *Punto de Vista*, año XVII, nº 50 (noviembre): 23-27.

Greenblatt, Stephen, 1990. *Learning to Curse*. New York-London: Routledge.

—, 1998. "La circulación de la energía social" y "Balas invisibles", en *Nuevo Historicismo*, A. Penedo y G. Pontón (comps), Madrid: Arco/ Libros: 33-58 y 59-128.

Greimas, Algirdas J., 1970. *Du Sens*, Paris: de Seuil.

—, 1973[a]. *Semiotique narrative et textuelle*. Paris: Livraire Larouse.

—, 1973[b]. *Semiótica estructural*, Madrid: Gredos.

Grignon, C. y Passeron, J. C., 1991. *Lo culto y lo popular*. Buenos Aires: Nueva Visión.

Grimm, G., 1977. *Rezeptionsgeschichte*, Grundlegeng einer Theorie.

Groussac, Paul, 1959. "La fiebre amarilla", en José Luis Busaniche (comp.), *Estampas del pasado*. Buenos Aires: Hachette.

Guillen, Claudio, 1971. "On the object of Literary Changue", en *Literature as System. Essais toward the Theory of Literary History*, N.J.: Princeton University Press.

—, 1985. "Las contingencias históricas: historiología", en *Entre lo uno y lo diverso. Introducción a la literatura comparada*, Barcelona: Grijalbo: 362-431.

—, 1989. *Teorías de Historia Literaria*, Madrid: Espasa Calpe.

Gumbrecht, Hans Ulrich, 1971 (comp.) *La actual ciencia literaria alemana*. Salamanca: Anaya: 37-114.

Gurevich, Zinovii, 1987. *Sobre los géneros del circo soviético*. La Habana: Pueblo y Educación.

Gutiérrez, Alicia, 1994. *Pierre Bourdieu: las prácticas sociales*. Buenos Aires: CEAL.

Gutiérrez, Juan María, 1918. *Juan Cruz Varela; su vida; su obra; su época*. Buenos Aires: La Cultura Argentina.

—, 1940. *Estudios histórico-literarios*. Buenos Aires: Estrada.

—, 1946. "El Coronel don Juan Ramón Rojas, soldado y poeta", en *Los poetas de la revolución*, Buenos Aires: Academia Argentina de Letras.

—, 1977. "Fisonomía del saber español: cuál deba ser entre nosotros", en F. Weinberg, *El Salón Literario de 1837*. Buenos Aires: Hachette: 147-157.

—, 1979. *La literatura de Mayo y otras páginas críticas*. Buenos Aires: CEAL.

—y otros 1967. *El ensayo romántico (selección)*. Buenos Aires: CEAL.

Habermas, Jürgen, 1981. *Historia y crítica de la opinión pública*. Barcelona: Gustavo Gilli.

Halperín Donghi, Tulio, 1972. *Revolución y guerra. Formación de una elite dirigente en la Argentina criolla*. Buenos Aires: Siglo XXI.

—, 1980. "Un nuevo clima de ideas", en Gustavo Ferrari y Ezequiel Gallo (comp) *La Argentina, del ochenta al Centenario*. Buenos Aires: Sudamericana: 13-24.

—, 1982. *Una nación para el desierto argentino*. Buenos Aires: CEDAL.

—, 1985. *José Hernández y sus mundos*. Buenos Aires: Sudamericana/ Instituto Torcuato Di Tella.

Hauser, Arnold, 1979. *Historia social de la literatura y el arte*. Barcelona: Guadarrama.

Hidalgo, Bartolomé, 1967. "Relación que hace el gaucho Ramón Contreras a Jacinto Chano de todo lo que vio en las fiestas mayas de Buenos Aires en 1822", en *Cielitos y diálogos patrióticos*. Buenos Aires: CEAL: 67-76.

Honzl, Jindrich, 1971. "La mobilité su signe teatral", en *Travail Théâtral*, 4: 5-20.

Huseby, Gerardo y Melanie Plesh, 1999. "La música desde el período colonial hasta fines del Siglo XIX", en J. E. Burucúa (dir), *Arte, Sociedad y Política*. Buenos Aires: Sudamericana: 217-268.

Ibarguren, Carlos, 1937. *Las sociedades literarias y la revolución argentina 1800-1824*. Buenos Aires: Espasa-Calpe.

Iglesia, Cristina, 1987. "Conquista y mito blanco", en C. Iglesia y J. Schvartzman, *Cautivas y Misioneros. Mitos blancos de la Conquista*. Buenos Aires: Catálogos: 63-88.

Ignatov, S., 1963. *Historia del teatro europeo (Desde la Edad Media hasta nuestros días)*. Buenos Aires: Mar Océano.

Ingenieros, José, 1956. *Las ideas políticas en Argentina*, México: FCE.

Jakobson, Roman, 1974. "Lingüística y poética", en *Ensayos de Lingüística General*. Barcelona: Seix Barral: 365-373.

Jameson, Fredric, 1971. *Marxism and Form: Twentieth-Century Dalectical Theories of Literature*, Princeton: PUP.

Jáuregui, Andrea y Marta Penhos, 1999. "Las imágenes en la Argentina colonial", en J. E. Burucúa (dir), *Arte, Sociedad y Política*. Buenos Aires: Sudamericana.

Jauss, Hans Robert, 1970. "Literary History as Challenge to Literary Theory", en *New Literary History*, II, 1 (Autoum) 7-37.

—, 1976. *La literatura como provocación*, Barcelona: Península.

—, 1978. *Pour une esthétique de la reception*, Paris: Gallimard.

—, 1985. "The Identity of the Poetic Text in the Changing Horizon of Understanding", en M. H. Valdés y O. Miller (eds), *Identity of the Literary Text*. Toronto: University of Toronto: 146-174.

—, 1986. *Experiencia estética y hermenéutica literaria. Ensayos en el campo de la experiencia estética*. Madrid: Taurus.

—, 1987. "El lector como instancia de una nueva historia de la literatura", en *Estética de la recepción*, J. A. Mayoral (ed). Madrid: Arco/Libros: 59-86

Jitrik, Noé, 1968. *Muerte y resurrección de Facundo*. Buenos Aires: CEAL.

—, 1982. *El mundo del 80*. Buenos Aires: CEAL.

Kartun, Mauricio, 1975. "Del candombe a la murga", en *Crisis*, nº 22 (febrero): 57-62.

Katz J. J. y Fodor J. A., 1966-1967. "Structure d'une théorie semantique", en *Cahiers de Lexicologie*, 9/10.

Klein Teodoro, 1984. *El actor en el Río de la Plata*, I. Buenos Aires: Asociación Argentina de Actores.

—, 1992. "Los primeros sainetes criollos. La identidad nacional en teatro", en: *Teatro 2*, año II, nº 3: 64-68.

—, 1993. "Rivadavia y el teatro", en *Actas de las VII Jornadas de Investigación y Crítica Teatral*. Buenos Aires: ACITA: 72-78

—, 1994. *El actor en el Río de la Plata II. De Casacuberta a los Podestá*. Buenos Aires: Asociación Argentina de Actores.

Korn, Alejandro, 1961. *El pensamiento argentino*, Buenos Aires. Nova.

Kuhn, Thomas S., 1971. *La estructura de las revoluciones científicas*, México: Fondo de Cultura Económica.

Lacasa, Pedro, 1924. *Lavalle*. Buenos Aires: La Cultura Argentina.

—, *El entierro de Urquiza*. Manuscrito original. (Museo Histórico Nacional.)

Liu, Alan, 1998. "El poder del formalismo", en *Nuevo Historicismo*, A. Penedo y G. Pontón (comps), Madrid: Aco/Libros: 193-264.

Llanes, Ricardo, 1968. *Teatros de Buenos Aires. Referencias historiales*, en Cuadernos de Buenos Aires XXVIII, Buenos Aires: Municipalidad de la Ciudad de Buenos Aires.

Lavarden, Manuel de, 1945. "*Siripo.* Tragedia en verso", en *Boletín de Estudios de Teatro*, año III, tomo III, nº 8: 11-22.

Levene, Ricardo, 1947. *Historia de las ideas sociales argentinas*, Buenos Aires: Editorial de Belgrano.

—, 1921. *Ensayo histórico sobre la Revolución de Mayo y Mariano Moreno*, Buenos Aires, vol. I, Buenos Aires: Facultad de Derecho y Ciencias Sociales.

—, 1978. *Lecciones de Historia Argentina*, vol I, Buenos Aires: Editorial de Belgrano.

Lewin, Boleslao, 1971. *Mariano Moreno, su ideología y su pasión*, Buenos Aires: Líbera.

López, Vicente Fidel, 1910. *Manual de la Historia Argentina*. Buenos Aires: A. V. López, Lección LIII.

Ludmer, Josefina, 1988. *El género gauchesco. Un tratado sobre la patria*. Buenos Aires: Sudamericana.

Macgowan, Kenneth y William Melnitz, 1966. *La escena viviente. Historia del Teatro Universal*. Buenos Aires: EUDEBA.

Mansilla, Lucio V., 1955. *Mis memorias*. Buenos Aires: Hachette.

Marco, Susana, Abel Posadas, Marta Speroni y Griselda Vignolo, 1975. *Teoría del género chico criollo*. Buenos Aires: EUDEBA.

Marín, A., 1997. *Tiempo de mascarada*. Buenos Aires: Instituto Nacional de Antropología y Pensamiento Latinoamericano.

Mármol, José, 1932[a]. *El cruzado*. Buenos Aires: Instituto de Literatura Argentina.

—, 1932[b]. *El poeta*. Buenos Aires: Instituto de Literatura Argentina.

—, 1960. *Amalia*. Buenos Aires: Kapeluz.

Marún, Gioconda, 1993. *El modernismo argentino incógnito en La Ondina del Plata y Revista Literaria (1875-1880)*. Santafé de Bogotá: Instituto Caro y Cuervo.

Masterman, Margaret 1970. "The Nature of Paradign", *in Criticism and the Growth of Knowledge*. Procedings the International Coloquium in the Philosophy of Science. Landon, 1965, I. Lakatos y A. Musgrave (comp.) Cambridge: Cambridge University Press: 58-89. *La crítica y el desarrollo del conocimiento*. Barcelona: Grijalbo, 1975.

Méndez Avellaneda, Juan, 1986. "Wynn, el Circo Olímpico y otras rarezas", en *Todo es historia*, Buenos Aires, nº 231: 80-92.

Menéndez Onrubia, Carmen y Julián Ávila Arellano, 1987. *El neorromanticismo español y su época. Epistolario de José Echegaray a María Guerrero*. Madrid: Consejo Superior de Investigaciones Científicas.

Mitre, Bartolomé, 1934. *Cuatro épocas*, en *Orígenes del teatro nacional*. Buenos Aires: Facultad de Filosofía y Letras, Instituto de Literatura Argentina, T IV (1925-1934).

—, 1947. *Policarpa Salavarrieta, Cuatro épocas, Traducción del "Ruy Blas"*. Buenos Aires: Institución Mitre.

Molho, Mauricio, 1977. *Semántica y poética*. Barcelona: Crítica.

Monner Sans, José María, 1944. "Teatro español a fines del siglo XIX", en *Cuaderno de Cultura Teatral*, 19: 83-100.

Morales, Ernesto 1944. *Historia del teatro argentino*. Buenos Aires: Lautaro.

Moreno, Manuel, 1968. *Memoria de Mariano Moreno*. Buenos Aires: Carlos Pérez.

Moreno, Mariano, 1943. *Escritos*. Selección de Ricardo Levene. Buenos Aires: Estrada.

Moya, Ismael, "El circo y el payador", en *Revista de Estudio de Teatro*, Buenos Aires: Instituto Nacional de Estudios de Teatro: 19-29.

Mukarovsky, J., 1977. "Función, norma y valor estético como hechos sociales", en *Escritos de Estética y Semiótica del Arte*, Barcelona: Gustavo Gilli: 44-121

Munilla Lacasa, María Lía, 1999. "Siglo XIX: 1810-1870", en J. E. Burucúa, *Nueva Historia Argentina. Arte, Sociedad y Política*. Tomo I. Buenos Aires: Sudamericana.

Myers, Jorge, 1995. *Orden y virtud. El discurso republicano en el régimen rosista*. Buenos Aires: Universidad Nacional de Quilmes.

—, 1999. "Una revolución en las costumbres: las nuevas formas de sociabilidad de la elite porteña, 1800-1860", en Fernando Devoto y M. Madero (dir) *Historia de la vida privada en la Argentina. País antiguo. De la colonia a 1870*. Volumen 1. Buenos Aires: Taurus: 111-145.

Oliva, César y Francisco Torres Monreal, 1994. *Historia Básica del Arte Escénico*. Madrid: Cátedra.

Olson, Elder, 1978. *Teoría de la comedia*. Barcelona: Ariel.

Onega, Gladys S., 1982. *La inmigración en la literatura argentina (1880-1910)*. Buenos Aires: Centro Editor de América Latina.

Ordaz, Luis, 1957. *El teatro en el Río de la Plata. Desde sus orígenes hasta nuestros días,* Buenos Aires: Leviatán.

—, 1962. "De la Revolución a Caseros", en *Breve Historia del Teatro Argentino*, Tomo I. Buenos Aires: Eudeba: 5-24.

—, 1994. "Los 'traslados' del 'género chico' hispano a la 'revistas de actualidad' porteñas finiseculares", en O. Pellettieri (ed) *De Lope de Vega a Roberto Cossa*. Buenos Aires: Galerna/Facultad de Filosofía y Letras (UBA): 75-80.

Orta Nadal, Ricardo, 1962. "Presencia de oriente en el *Facundo*", en *Anuario del Instituto de Investigaciones Históricas*. Rosario: Universidad Nacional del Litoral: 93-122.

Pagani, Rosana, Nora Souto, Fabio Wasserman, 1998. "El ascenso de Rosas al poder y el surgimiento de la Confederación (1827-1835)", en Noemí Goldman, (Dirección de Tomo), *Nueva Historia Argentina. Revolución, Republica, Confederación (1906-1852)*. Buenos Aires: Sudamericana.

Pagés Larraya, Antonio, 1983. *Iniciación de la crítica argentina. Juan María Gutiérrez y Ricardo Rojas*. Buenos Aires: Facultad de Filosofía y Letras.

Panettieri, José, 1982. *Los trabajadores*. Buenos Aires: CEAL.

Pasquariello, Anthony M., 1983. "The Evolution of the sainete in the River Plate Area", en *Latin American Theatre Review*, 17/1 (Fall): 15-24.

Pavis, Patrice, 1985. *Voix et images de la scène*. Nouvelle edition revue et augmentée, Lille: Presses Universitaires de Lille.

—, 1994[a]. *El teatro y su recepción. Semiología, cruce de culturas y posmodernismo*. La Habana: UNEAC Casa de las Américas Embajada de Francia en Cuba.

—, 1994[b]. Seminario dictado en el mes de agosto en la Facultad de Filosofía y Letras-UBA.

—, 1998. *Diccionario de teatro. Dramaturgia, estética, semiología*. Barcelona: Paidós.

Paz, José María, 1954. *Memorias póstumas*, Tomo II. Buenos Aires: Almanueva.

Pedroso, Manuel, 1925. "Nuestras campañas. Hacia un teatro nuevo. La Liga Pro Dama", en *Heraldo de Madrid* (8 de agosto).

Pelissot, Felisberto, 1856. *Camila O'Gorman*. Buenos Aires: Imprenta Americana.

Pellettieri, Osvaldo, 1989. "Sarmiento crítico teatral", en *Gestos*, 4, nº 7 (abril): 113-115.

—, 1990. *Cien años de teatro argentino. Del Moreira a Teatro Abierto*. Buenos Aires: Galerna.

—, 2001. "En torno al actor nacional: el circo, el cómico italiano y el naturalismo", en *De Totó a Sandrini. Del cómico italiano al actor nacional argentino*. Buenos Aires: Galerna. Cuaderno del Getea nº 13: 11-40.

Peña, Enrique, 1910. *Documentos y planos relativos al período edilicio colonial de la ciudad de Buenos Aires*. 5 tomos. Buenos Aires: Peuser.

Pernoud, R., 1962. *Los orígenes de la burguesía,* Buenos Aires: Fabril.

Picard, Roger, 1987. *El romanticismo social*. México: FCE.

Piccirilli, Ricardo, 1961. "Los libros de Mayo durante la era de la Independencia", en *Humanidades*, XXXVIII.

Piglia, Ricardo, 1980. "Notas sobre el Facundo", en *Punto de Vista*, año 3, nº 8 (marzo-junio): 15-18.

Pillado, José Antonio, 1910. *Buenos Aires colonial. Edificios y costumbres*. Buenos Aires: s/d.

Podestá, José J., 1912. *Canciones Populares del Gran Pepino 88*. Buenos Aires: s/d.

—, 1930. *Medio siglo de farándula*. Córdoba: Río de la Plata.

Prieto, Adolfo, 1988. *El discurso criollista en la formación de la Argentina moderna*. Buenos Aires: Sudamericana.

Prieto Valdés, Casimiro, 1934. *El sombrero de Don Adolfo*. Facultad de Filosofía y Letras, Instituto de Literatura Argentina. Sección Documentos, Tomo V, nº 2: 63-168.

Puccia, Enrique H., 1974. *Breve historia del carnaval porteño*. en Cuadernos de Buenos Aires, nº 46: MCBA.

Puig, Juan de la Cruz, 1910. *Antología de Poetas Argentinos.* Tomo II, *La Revolución.* Buenos Aires: Martín Biedma e hijo. (Incluye *Siripo*, de Lavardén: 5-45.)

Quesada, Ernesto, 1893. *Reseñas y críticas*. Buenos Aires: Lajouane.

Quesada, Vicente, 1868. "Obispos de Buenos Aires", en *La Revista de Buenos Aires,* Buenos Aires, T. XIX: 165-172.

Rama, Ángel, 1982. *Los gauchipolíticos rioplatenses*. Buenos Aires: CEAL.

—, 1985. *Las máscaras democráticas del modernismo*. Montevideo: Fundación Ángel Rama.

Ramos, Julio, 1989. *Desencuentros de la modernidad en América Latina. Literatura y política del siglo XIX*. México: FCE.

Ramos Mejía, José María, 1907. *Rosas y su tiempo*. Buenos Aires: Félix Lajouane.

Ramos, Julio, 1989. *Desencuentros de la modernidad en América Latina. Literatura y política en el siglo XIX*. México: Fondo de Cultura Económica.

Reid Andrews, George, 1989. *Los afroargentinos de Buenos Aires*. Buenos Aires: Ediciones de la Flor.

Rivas, Pedro. 1861. *La mano de Dios*. Córdoba: Imprenta de P. Rivas.

Rivera, Jorge B., 1968. *La primitiva literatura gauchesca*. Buenos Aires: Jorge Álvarez.

Rodríguez, Hernán, 1958. "John Locke en el Río de la Plata", en *Anuario del Instituto de Investigaciones Históricas*, nº 3.

Rodríguez, Martín, 1998. "Civilización y barbarie en el teatro del siglo XIX: *El entierro de Urquiza* (1851) de Pedro Lacasa", en O. Pellettieri (ed), *El teatro y su crítica*. Buenos Aires: Galerna/Facultad de Filosofía y Letras (UBA): 213-220.

Rohde, Jorge Max, 1925. "Breve noticia a El detall de la acción de Maipú. Sainete Provincial", en *Orígenes del Teatro Nacional*, Tomo I, Facultad de Filosofía y Letras, Instituto de Literatura Argentina. Buenos Aires: Imprenta Coni: 23-24.

Rojas, María Eugenia, 1960. "El público asistente a los circos, hasta la aparición de Juan Moreira", en *Revista de Estudio de Teatro*, Buenos Aires: Instituto Nacional de Estudios de Teatro, nº 3: 50-54.

Rojas, Ricardo, 1924. *La Literatura Argentina*. Buenos Aires: La Facultad 2ª ed.

—, 1957. *Historia de la literatura argentina. Ensayo filosófico sobre la evolución de la cultura en el Río de la Plata*. Buenos Aires: Kraft.

—, 1960. *Historia de la literatura argentina*. Los gauchescos, vol. II. Buenos Aires: Kraft.

Romay, Francisco L., 1963/1967. *Historia de la Policía Federal Argentina.*5 tomos. Buenos Aires: Editorial Policial.

Romero, José Luis, 1956[a]. *Las ideas políticas en Argentina*. México-Buenos Aires: Fondo de Cultura Económica.

Romero, José Luis, 1956[b]. *Argentina: Imágenes y Perspectivas*. Buenos Aires: Raigal.

—, 1982. "La Enciclopedia y las ideas liberales en el pensamiento argentino anterior a Caseros", en su *Las ideologías de la cultura nacional y otros ensayos*. Buenos Aires: CEAL: 115-124.

Rossi, Vicente, 1958. *Cosas de negros*. Buenos Aires: Hachette.

—, 1969. *Teatro Nacional Rioplatense. Contribución a su análisis y a su historia*. Buenos Aires: Solar/Hachette.

Ruiz-Guiñazú, Enrique, 1952. *Epifanía de la libertad*. Buenos Aires: Nova.

Rull, Enrique, 1987. *La poesía y el teatro en el siglo XVIII (Neoclasicismo)*. Madrid: Taurus.

Saldías, Adolfo, 1987. *Historia de la Confederación Argentina,* tomo III. Buenos Aires: Hyspamérica.

Salvadores, Antonio, 1940. "Una prédica de Fray José Costa contra la Casa de Comedias, en 1784", en *Labor de los Centros de Estudios*. La Plata: Universidad Nacional de La Plata, Secc. II, Tomo XXIV: 119-120.

Sánchez Escribano, Federico y Alberto Porqueras Mayo, 1965. *Perspectiva dramática española*. Madrid: Gredos.

Sánchez Garrido, Amelia, 1962. "El teatro de la revolución (1810-1823)", en *Revista del Instituto Nacional de Estudios de Teatro*, Buenos Aires, Tomo II, nº 4: 5-19.

—, 1962, *Indagación de lo argentino*. Buenos Aires: ECA.

Saraiva, A. J., 1974. "Message et Littérature", en *Poetique*, 17: 1-3.

Sarlo Sabajanes, Beatriz, 1967. *Juan María Gutiérrez: Historiador y crítico de nuestra literatura*. Buenos Aires: Escuela.

Sarmiento, Domingo Faustino, 1887. *Obras de D. F. Sarmiento*, Tomo I, Artículos críticos y literarios. Santiago de Chile: Imprenta Gutenberg.

—, 1949. *Educación popular*. Buenos Aires: Lautaro.

—, 1971. *Facundo*. Buenos Aires: Kapeluz.

Scavino, Dardo, 1993. *Barcos sobre la pampa: las formas de la guerra en Sarmiento*. Buenos Aires: El Cielo por Asalto.

Segreti, Carlos A., 1980, *La aurora de la independencia*, Buenos Aires: La Bastilla.

Seibel, Beatriz, 1992. "Las mujeres en el circo", en *Todo es historia*, nº 304.

—, 1993. *Historia del circo*. Buenos Aires: Ediciones del Sol.

Serrano Redonnet, Antonio, 1973. *La primera Loa universitaria argentina*. Buenos Aires: Facultad de Filosofía y Letras.

Sikora, Marina, 1994. "Dos autores españoles y la revista criolla", en O. Pellettieri (ed) *De Lope de Vega a Roberto Cossa*. Buenos Aires: Galerna/Facultad de Filosofía y Letras (UBA): 101-110.

Simpson, David, 1998. "La crítica literaria y el retorno a 'la historia'", en *Nuevo Historicismo*, S. Penedo y G. Pontón (comps). Madrid: Arco/Libros: 265-304.

Sorensen, Diana, 1998. *El Facundo y la construcción de la cultura argentina*. Rosario: Beatriz Viterbo.

Svampa, Maristella, 1994. *El dilema argentino: Civilización o barbarie*. Buenos Aires: El Cielo por Asalto.

Tanzi, Héctor José, 1975. *El poder político y la independencia argentina*. Buenos Aires: Cervantes.

Tatcher Gies, David, 1996. *El teatro en la España del siglo XIX*. London: Cambridge University Press.

Taullard, A., 1932. *Historia de nuestros viejos teatros*. Buenos Aires: Imprenta López.

Ternavasio, Marcela, 1998. "Las reformas rivadavianas en Buenos Aires y el Congreso General Constituyente (1820-1827)", en Noemí Goldman (dirección de tomo), *Nueva Historia Argentina. Revolución, Republica, Confederación (1906-1852)*. Buenos Aires: Sudamericana.

Thomasseau, Jean-Marie, 1989. *El melodrama*. México: FCE.

Tinianov, Juri, 1960. *Tiouttchev et Heine*. Paris.

—, 1968. *Avanguardia e tradizione*. Bari: Dedalo.

—, 1970. "La noción de construcción" y "Sobre la evolución literaria", en *Teoría de la literatura de los formalistas rusos*, T. Todorov (comp). Buenos Aires: Signos: x-x, 89-101.

Todorov, Tzvetan, 1974. "Las categorías del relato literario", en AAVV, *Análisis estructural del relato*, Buenos Aires: Tiempo Contemporáneo: 155-192

—, 1975. *Poética*, Buenos Aires: Losada.

Torre Revello, José, 1937. "Orígenes del teatro en Hispano-América", en *Cuaderno de Cultura Teatral* nº 8. Buenos Aires: Instituto Nacional de Estudios de Teatro, Comisión Nacional de Cultura: 37-64.

—, José, 1940[a]. "1700-1810. Panorama histórico, social y literario", en *Cuaderno de Cultura Teatral* nº 13, Buenos Aires: Instituto de Estudios de Teatro, Comisión Nacional de Cultura: 37-60.

—, José, 1940[b]. "El teatro", en *Boletín de Estudios de Teatro.* Buenos Aires: Instituto Nacional de Estudios de Teatro, Comisión Nacional de Cultura. Año II, nº 4: 21-30.

—, 1943. *Crónicas del Buenos Aires colonial*. Buenos Aires: Bajel.

—, 1945. "Los Teatros en el Buenos Aires del siglo XVIII", en *Boletín de Estudios de Teatro*. Buenos Aires: Instituto Nacional de Estudios de Teatro, Comisión Nacional de Cultura. Año III, nº 10: 121-134.

Trenti Rocamora, José Luis, 1946[a]. "El Coliseo Provisional de 1804", en *Boletín de Estudios de Teatro*. Buenos Aires: Instituto Nacional de Estudios de Teatro, Comisión Nacional de Cultura. Año IV, nº 13: 72-82.

—, 1946[b]. "La primera pieza teatral argentina", en *Boletín de Estudios de Teatro*. Buenos Aires: Instituto Nacional de Estudios de Teatro, Comisión Nacional de Cultura. Año IV, nº 15: 224-234.

—, 1947[a]. "Gente de Teatro del Buenos Aires Colonial", en *Boletín de Estudios de Teatro*. Buenos Aires: Instituto Nacional de Estudios de Teatro, Comisión Nacional de Cultura. Año V, nº 17: 69-83.

—, Trenti Rocamora, J. Luis, 1947[b]. "El Primer Teatro Porteño", en *Boletín de Estudios de Teatro*. Buenos Aires: Instituto Nacional de Estudios de Teatro, Comisión Nacional de Cultura. Año V, nº 16: 22-24.

—, 1947[c]. *El Teatro en la América Colonial*. Buenos Aires: Huarpes.

—, 1947[d]. "Documentos para la Historia del Teatro Porteño existentes en la Biblioteca Nacional", en *Boletín de Estudios de Teatro.* Buenos Aires: Instituto Nacional de Estudios de Teatro, Comisión Nacional de Cultura. Año V, nº 18-19: 22-24.

—, 1948. "Una prédica contra la representación de comedias en el Buenos Aires de 1783", en *Boletín de Estudios de Teatro*. Buenos Aires: Instituto Nacional de Estudios de Teatro, Comisión Nacional de Cultura. Año VI, nº 22/23: 87-89.

—, 1949. *La primera pieza teatral argentina, Santa Fe-1717*. Santa Fe: Universidad Nacional del Litoral.

Trigo Elhlers, Abril, 1983. "Antonio Ruiz y El valiente fanfarrón y criollo socarrón. Saynete. Texto y acotaciones histórico crítica", en *Primal/ Cabal*, 9/10 (Spring): 149-165.

Troncoso, Oscar, 1982. "Juegos y diversiones en la Gran Aldea", en *La vida de nuestro pueblo*, vol I. Buenos Aires: CEAL.

Ubersfeld, Anne. 1982, *Lire le Théâtre*, Paris: Editions Sociales, 4º ed.

Un inglés, 1962. *Cinco años en Buenos Aires*. Buenos Aires: Solar/ Hachette.

Urquiza Almandoz, Oscar F. 1972. *La cultura de Buenos Aires a través de su prensa periódica 1810-1820*. Buenos Aires: Eudeba.

Van Tieghem, Philippe, 1961. *Los grandes comediantes*. Buenos Aires: EUDEBA.

Varela, Juan Cruz, 1915. *Tragedias*. Buenos Aires: Biblioteca Argentina, Librería La Facultad.

—, 1962, "A río revuelto ganancia de pescadores", en *Breve historia del teatro argentino, 1. De la revolución a Caseros*. Buenos Aires: Eudeba: 25-56.

Vega, Carlos, 1937. "Los bailes criollos en el teatro nacional", en *Cuadernos de Cultura Teatral*, Buenos Aires: Instituto Nacional de Estudios de Teatro, nº 6: 61-82.

Veinstein, André, 1962. *La puesta en escena*, Buenos Aires: Fabril.

Villegas, Juan, 1982. *Interpretación y análisis del texto dramático*, Ottawa: Girol Books.

—, 1984. *Teoría de Historia Literaria y Poesía lírica*, Ottawa: Girol Books.

—, 1988. *Ideología y discurso crítico sobre el teatro de España y América Latina*. Minneapolis: The Prisma Institute.

Viñas, David 1982. *Literatura argentina y realidad política*. Buenos Aires: CEAL.

Virgilio, 1989. *Eneida*. Edición de José Carlos Fernández Corte. Madrid: Cátedra.

Weiger, John G., 1978. *Hacia la comedia: de los valencianos a Lope*. Madrid: Cupon.

Wellek, Rene, 1983. *Historia literaria. Problemas y conceptos*. Barcelona: Laia.

Weinberg, Félix, 1977. *El Salón Literario de 1837*. Buenos Aires: Hachette.

Weinberg, Gregorio, 1944. *El pensamiento de Monteagudo*. Buenos Aires: Lautaro.

White, Hayden, 1998. *Metahistoria*. México: Fondo de Cultura Económica.

Wilde, José Antonio, 1960. *Buenos Aires desde 70 años atrás (1810-1880)*. Buenos Aires: Eudeba.

Williams, Raymond, 1980. *Marxismo y literatura*. Barcelona: Península.

Williams, Raymond, 1982. *Cultura. Sociología de la comunicación y del arte*, Barcelona: Paidós.

Zayas de Lima, Perla, 1999. "Espectáculos teatrales y parateatrales en el Buenos Aires del siglo XIX", en *Teatro y Literatura*, Buenos Aires: Instituto Histórico de la Ciudad de Buenos Aires, Serie Jornadas de Historia: 9-32.

Índice onomástico

B

D

E

F

M

N

O

S

Índice de Obras

F

G

Índice

Se terminó de imprimir en
Talleres Gráficos D.E.L. S.R.L..
Humboldt 1803, Tel.: 4777-9177
Buenos Aires, Argentina,
en el mes de Marzo de 2005.